D1671328

Sabine Demel

Kirchliche Trauung – unerläßliche Pflicht für die Ehe des katholischen Christen?

Verlag W. Kohlhammer
Stuttgart Berlin Köln

Die Deutsche Bibliothek – CIP-Einheitsaufnahme

Demel, Sabine:
Kirchliche Trauung – unerlässliche Pflicht für die Ehe
des katholischen Christen? / Sabine Demel. –
Stuttgart ; Berlin ; Köln : Kohlhammer, 1993
ISBN 3-17-012304-1

Inhalt

Teil III
Die Ehe in ihrem Beziehungsverhältnis von Vertrag und Sakrament

1 Die Lehre von der Sakramentalität der Ehe im Spiegel der zeitgeschichtlichen Kontroversen

2 Das Sakrament der Ehe im heutigen Verständnis

3 Theologische und kirchenrechtliche Streitfragen im gegenwärtigen Verständnis des Ehesakramentes

Vorwort

Diese Arbeit wurde unter Betreuung von Prof. Dr. P. Krämer verfaßt und aufgrund der von ihm und Prof. Dr. M. Seybold erstellten Gutachten 1992 von der Theologischen Fakultät der Katholischen Universität Eichstätt als Dissertation angenommen.

Druckkostenzuschüsse wurden von den Diözesen Eichstätt und Bamberg sowie der Katholischen Universität Eichstätt gegeben.

Allen, die ideell und materiell zur Entstehung der Arbeit beigetragen haben, möchte ich herzlich danken.

Eichstätt, im Oktober 1992

Sabine Demel

Einführung

Eine Hochzeitsfeier ohne kirchliche Trauung – das ist auch heute noch kaum vorstellbar! Denn wie für den gläubigen und praktizierenden Christen Eheschließung im Angesicht Gottes und der Kirchengemeinschaft einen wichtigen Bestandteil seines Glaubenslebens darstellt, so gehören auch für den 'Weihnachtschristen' und den gleichgültigen oder ungläubigen Taufscheinchristen immer noch Hochzeit und kirchliche Feierlichkeiten fast wie selbstverständlich zusammen, und wenn auch nur wegen der romantischen Atmosphäre in der Kirche bei weißem Brautkleid und Orgelmusik. Weiß sich auch der künftige Ehepartner von einer dieser Einstellungen getragen, so wird wieder ein Hochzeitstag nach dem alten und bewährten Brauch ablaufen: Erst standesamtliche 'Eheschließung', dann kirchliche Trauung[1] und anschließend die weltlichen Festlichkeiten.

Doch was tun, wenn der eine katholisch, der andere evangelisch ist, der eine unbedingt nach den Regeln seiner Glaubensgemeinschaft heiraten will, der andere dazu aber nicht bereit ist, wenn der eine glaubt, der andere aber nicht (mehr), der eine kirchlich, der andere aber nur standesamtlich heiraten will?

Ist in solchen Konfliktfällen eine Trauung in der evangelischen Kirche genauso 'gut' wie in der katholischen? Reicht hier auch eine nur standesamtliche Trauung?

Während nach der Auffassung der evangelischen Kirche *jeder* evangelische Christ, ganz gleich, ob er einen anderen evangelischen Christen, einen Katholiken oder einen Ungetauften heiratet, stets schon durch die standesamtliche Trauung eine *gültige* Ehe schließt und die kirchliche Trauung als erwünschte, aber nicht unbedingt notwendige *Segnung* der schon gültigen Ehe betrachtet wird, unterscheidet die katholische Kirche – von dem Sonderfall der Noteheschließung und seltener vorkommenden Ausnahmen abgesehen – bei der Form der Eheschließungsfeier zwischen einem rein katholischen, bekenntnis- und religionsverschiedenen Brautpaar; die rechtliche Grundlage dieser Differenzierungen bildet vor allem c.1055, iVm cc.1108, 1117, 1127 und 1129 des kirchlichen Gesetzbuches (= CIC) von 1983. Wollen demnach zwei Katholiken heiraten, dann wird erst durch die *kirchliche Trauung* eine Ehe *gültig* geschlossen, die dann aber zugleich auch *sakramental* ist (c.1117 iVm cc.1108, 1055). Handelt es sich um ein bekenntnisverschiedenes Brautpaar, also um einen katholisch getauften Christen und einen nichtkatholisch getauften Christen (vgl. c.1124), so gilt grundsätzlich die gleiche Verpflichtung zur katholischen Trauung, von der allerdings auf Antrag befreit werden kann; liegt eine solche Befreiung von der Trauung nach katholischem Ritus vor, kann dieses Brautpaar eine gültige und auch zugleich sakramentale Ehe in der evangelischen Kirche oder sogar nur auf dem Standesamt eingehen (vgl. c.1127 iVm c.1055).[2] Auch für religionsverschiedene Brautleute, also für die Eheschließung

---

[1] Diese Reihenfolge gilt zumindest in Deutschland und in allen Ländern, in denen das System der vorgängigen Pflichtzivilehe besteht; siehe dazu S. 205f; 270ff.

[2] Die Sonderstellung der bekenntnisverschiedenen Ehe zwischen einem katholischen Christen und einem nichtkatholischen Christen des orientalischen Ritus bleibt im Rahmen der Einleitung unberücksichtigt; siehe dazu S. 172ff.

eines Katholiken mit einem Ungetauften (vgl. c.1086 §1), ist zunächst die katholische Trauung zur Gültigkeit der Ehe vorgeschrieben; doch auch in diesem Fall kann wiederum von der Verpflichtung zur katholischen Trauung dispensiert werden, so daß dieses Brautpaar seinen Ehewillen nur in einer öffentlich beweisbaren Form, egal, ob weltlich oder religiös, erklären muß, um eine in den Augen der katholischen Kirche gültige Ehe einzugehen (c.1129 iVm c.1055). Die religionsverschiedene Ehe genießt in der katholischen Kirche insofern einen Sonderstatus, als sie neben der Ehe von zwei Ungetauften die einzige Eheform eines Christen, näherhin eines Katholiken darstellt, die zwar als gültige, aber zugleich nichtsakramentale Ehe anerkannt wird; für jede andere Ehe eines Christen gilt aus der Perspektive der katholischen Kirche: entweder *gültig* und damit zugleich auch *sakramental* oder *ungültig* und damit zugleich auch *nichtsakramental*.

Unterzieht man diese auf den ersten Blick durchaus verwirrenden Regelungen der katholischen Kirche einer kritischen Würdigung, so fällt vor allem die Tatsache auf, daß der standesamtlichen Trauung ein recht unterschiedlicher Stellenwert eingeräumt wird, je nachdem, ob es sich um eine katholische, religions- oder bekenntnisverschiedene Ehe handelt. Wird bei einem rein katholischen Brautpaar der standesamtlichen Trauung keinerlei Rechtsfunktion für den kirchlichen Rechtsbereich zuerkannt, kann bei einer religionsverschiedenen Ehe durch die standesamtliche Trauung eine kirchlich gültige und bei einer bekenntnisverschiedenen Ehe sogar eine kirchlich gültige und sakramentale Ehe zustandekommen. Für den Katholiken entsteht dadurch die paradoxe Situation, daß er je nach Bekenntniszugehörigkeit seines Partners auf dem Standesamt in einem Fall eine zwar bürgerlich gültige, aber kirchlich ungültige, im anderen Fall eine bürgerlich und kirchlich gültige und im dritten Fall schließlich eine bürgerlich gültige und eine kirchlich nicht nur gültige, sondern auch sakramentale Ehe eingehen kann. Auf diese Widersprüchlichkeit erst einmal aufmerksam geworden, taucht dann eine Vielzahl von Fragen auf: Was ist nun eigentlich die Zivilehe für einen Katholiken? Ist sie eine Naturehe? Eine ungültige Ehe? Eine Scheinehe? Eine Nichtehe? Oder ein Konkubinat? Ist eine wegen Unglaubens bewußt nur zivil eingegangene Ehe von Katholiken weniger als die zivil geschlossene Ehe von Ungetauften? Oder ist die Zivilehe von Katholiken schon das Sakrament der Ehe, weil es eine anthropologisch (bzw. naturrechtlich) gültige Ehe ist? Wodurch kommt eine gültige Ehe überhaupt zustande? Durch einen tragfähigen Ehewillen oder durch Förmlichkeiten? Hat die Kirche überhaupt das Recht, durch die kanonische Formvorschrift das Grund- bzw. Naturrecht auf Ehe einzuschränken? Und umgekehrt: Hat die Kirche das Recht, eine nur aus sozialen Gründen erbetene kirchliche Trauung zu verweigern, weil jedes Sakrament ein Zeichen des Glaubens verlangt? Ist dann die Konsequenz einer solchen Verweigerung eine kirchlich ungültige, weil nur zivil geschlossene Ehe? Anders gefragt: Empfangen solche Katholiken, die sich vom Glauben distanziert haben und somit faktisch Ungläubige sind, ebenfalls in und bei ihrer kirchlichen Trauung das Sakrament der Ehe? Ist das dann nicht einerseits ein 'Automatismus', der dem bewußten Glaubensvollzug und Sakramentenempfang widerspricht und andererseits eine 'Vergewaltigung' dieser Eheleute, die der Freiheit im Glauben widerspricht? Wer spendet überhaupt das Sakrament? ...

Dieses aufgeworfene Fragefeld wird in der vorliegenden Arbeit durch folgenden Dreischritt zu beantworten versucht. Zunächst werden die geschichtlichen und theologischen Wurzeln der kirchlichen Trauung (Teil I) sowie die Regelung der Eheschließungsform in den kirchlichen Gesetzbüchern von 1917 und 1983 aufgezeigt (Teil II), um dann die genannten Probleme aus mehr theologisch-spekulativer Sicht angehen zu können (Teil III). Die Auswertung der Ergebnisse dieser drei Teile mündet schließlich in den Versuch, die theologischen Grundlagen und Grenzen für die Verbindlichkeit der kanonischen Eheschließungsform aufzuzeigen und daran anknüpfend einen Reformvorschlag zur geltenden Rechtslage zu entwickeln (Teil IV).

Teil I

Geschichtliche und theologische Wurzeln der kirchlichen Eheschließungsform

1 Das Schweigen über religiöse Hochzeitsriten im Alten und Neuen Testament

In nahezu allen Kulturen ist die Ehe seit jeher mit religiösen Zeremonien im Verband der Familie, der Sippe oder des Stammes verbunden; der Mensch verspürte stets das Verlangen, sich zu Beginn der Ehe durch Opfer, Reinigungs- und Entsühnungsriten des Segens und des Schutzes der Gottheit zu versichern.[3] Fragt man nach den religiösen Hochzeitsriten des biblischen Judentums und wirft zu diesem Zweck einen Blick in das *Alte Testament*, so macht man eine überraschende Entdeckung: Zwar betont auch das Alte Testament ganz im Einklang mit seiner Umwelt in den beiden Schöpfungsberichten, daß Gott selbst die Ehe begründet und besonders gesegnet hat (vgl. Gen 2,18-25 und Gen 1,26-28), doch lassen sich über diese Feststellung hinaus kaum Hinweise über religiöse Zeremonien bei der Eheschließung oder weitere Ausführungen über den religiösen Charakter der Ehe finden.[4] Ja es existiert nicht einmal ein terminus technicus für das Eingehen einer Ehe;[5] wird nämlich der Vorgang der Eheschließung aus der Sicht des Bräutigams berichtet, so heißt es nüchtern und lapidar: Er 'nahm' (laqah) die Betreffende zur Frau,[6] aus der Perspektive des Brautvaters: Er 'gab' (natan) ihm die Betreffende zur Frau.[7] Dieser Befund überrascht um so mehr, da das Alte Testament ansonsten, vor allem im Buch Deuteronomium, sehr reich an kultischen Bestimmungen ist.[8] Wie läßt sich diese Diskrepanz erklären?

Ein auf den ersten Blick sehr naheliegender Deutungsversuch kommt hier zu dem Ergebnis: In Israel muß der Eheabschluß offensichtlich als eine rein weltliche Angelegenheit betrachtet und daher ohne jeden religiösen Akt vollzogen worden

---

[3]vgl. Ritzer, Formen, Riten und religiöses Brauchtum, 1f.

[4]vgl. Eberharter, Das Ehe- und Familienrecht bei den Hebräern, 160.

[5]zur Eheschließungsterminologie im AT siehe Plautz, Die Frau in Ehe und Familie, 53ff und 138ff; ders., Die Form der Eheschließung, 311 - 315; Niebergall, Ehe und Eheschliessung, 10f.

[6]vgl. Gen 6,12; 11,29; 12,19; 21,21; 24,3.4.51; 25,1.20; 26,34; 28,1.2.9; 31,50; 34,9; 36,2; 38,6; Ex 2,1; 21,10; 34,16; Dtn 21,11; 22,13f; 24,1.4.5; 25,5.7; 1Sam 25,39.40.43.44; 2Sam 5,13; 1Kö 3,1; 16,31; Jer 16,2; 29,6; Hos 1,2f. u.a.
Auch das gelegentlich für den Vorgang der Eheschließung verwendete ba'al (vgl. z.B. Dtn 21,13; 24,1; Jes 62,5; 54,5; Ex 21,3; 2 Sam 11, 26) ist als 'zur Frau nehmen' zu verstehen; denn der Mann ist der 'Herr' der Frau und besitzt sie.

[7]vgl. Gen 16,3; 30,4.26; 41,45; Ex 2,21; Dtn 22,16; Jos 15,16; 1Sam 17,25; 18,17.19.21; 1Kö 2,17; 2Kö 14,9; Jer 29,6; Dan 11,17 u.a.

[8]Eberharter, Das Ehe- und Familienrecht bei den Hebräern, 160.

sein.[9] Tatsächlich scheint zur Zeit des Alten Testamentes die Eheschließung in Israel und den benachbarten Völkern ein kaufähnliches Rechtsgeschäft gewesen zu sein, das mit keinerlei sakralen Akten verbunden war.[10] Denn die Ehe wurde durch einen Vertrag zwischen dem Bräutigam und dem Brautvater geschlossen, in dem der Bräutigam dem Brautvater die 'Gewalt' über die Tochter abkaufte;[11] war diese Vertrags- oder Kaufehe abgeschlossen, folgten dann die Hochzeitsfeierlichkeiten und der Vollzug der Ehe.[12]

Um allerdings den 'Sitz im Leben' der Israeliten für die Ehe(schließung) zu orten, darf ein für die Jahwereligion wesentliches Fundament nicht übersehen werden, nämlich die Tatsache, daß es für den Israeliten nichts im Leben gab und geben durfte, das nicht in Beziehung zum Bund Jahwes mit Israel und mit dem Glauben Israels Jahwe gegenüber stand. Wenn sich aber für den alttestamentlichen Menschen Glauben und Leben so durchdringen, daß sie eine enge Einheit bilden, dann kann und darf man diese Zeit und Religion nicht einfach mit Hilfe der modernen Begriffsunterscheidung von 'profan' und 'religiös' zu deuten versuchen.[13] Deshalb kann das Fehlen alttestamentlicher Berichte über religiöse Zeremonien bei der Eheschließung nicht damit erklärt werden, daß im Volk Israel dem Eheabschluß jeder religiöse Charakter abgesprochen wurde; der Grund für diese Informationslücke muß vielmehr in der Religion selbst gesucht werden.

Wirft man zu diesem Zweck einen Blick auf die besonderen Merkmale der Jahwereligion, so verspricht das israelitische 'Prinzip der Abgrenzung',[14] den Schlüssel zur Lösung zu bieten. Denn um seine im Glauben an Jahwe begründete Eigenart zu erhalten, hat Israel sich stets von seiner ugaritisch - kanaanäischen Umwelt abzugrenzen versucht. Das Leben und der Glaube der Kanaanäer, vor allem ihre pansexualistisch ausgerichteten Fruchtbarkeitskulte und die damit zu-

---

[9]so de Vaux, Das Alte Testament und seine Lebensordnungen, 66; Nötscher, Biblische Altertumskunde, 79; Soetendorp, Symbolik der jüdischen Religion, 36; Eschelbacher, Vom Sinn der jüdischen Trauung, 435f; Niebergall, Ehe und Eheschliessung, 3f; Schubert, Die evangelische Trauung, 1f, nach dem sogar noch für die ersten Christen die Eheschließung "kein wesentlich religiöser oder gar gottesdienstlicher Akt, sondern bürgerlich - rechtlicher Natur war."

[10]Horst, Gottes Recht, 276.

[11]Eheschließung als Kaufvertrag der Braut durch den Bräutigam darf nicht nach modernen, europäisch - westlichen Gesichtspunkten beurteilt werden; in Israel war und ist 'Kaufen' nicht nur mit 'Sache' und 'Ware' verbunden, sondern auch mit 'Mensch' und 'Persönlichkeit', die ihr Eigenrecht behalten (vgl. Plautz, Die Form der Eheschließung, 304). Deshalb war in Israel die Eheschließung "kein Frauen- oder Brautkauf, die Frau keine käufliche Ware und das bei der Eheschließung dem Vater der Braut gezahlte Geld kein Kaufpreis in unserem Sinne. Man kann höchstens in formalrechtlicher Hinsicht von einem Kauf sprechen, der dem Kauf von Großgütern gleicht. Nur in dieser Beziehung ist die Frau Objekt eines Geschäftes. Für ihre Stellung in der Ehe ergibt sich damit ein Positivum. Ihre persönliche Würde wird durch den Akt der Eheschließung nicht angetastet. So wie sie nicht wie eine Ware zur Ehe gekauft wird, wird sie in der Ehe auch nicht als Sache behandelt. Die Zahlung eines Brautgeldes erniedrigt sie nicht. Es ist als Ausgleich dafür notwendig, daß die Familie der Braut eins ihrer Glieder, eine zukünftige Mutter verliert. Der Familienverband ist so fest und stark, daß nicht einfach ein Glied ausscheiden kann, ohne daß er eine bestimmte Gegenleistung erhält"(Plautz, Die Form der Eheschließung, 317f).

[12]vgl. Strack / Billerbeck, Kommentar zum Neuen Testament II, 372 - 399; v.a. 384 - 399; Niebergall, Ehe und Eheschliessung, 4 - 8.

[13]vgl. ebda, 31.

[14]vgl. Hempel, Das Ethos des Alten Testamentes, 165.

sammenhängende enge Verquickung von Kultus und Sexualität war für Israel so fremdartig, unheimlich und deshalb minderwertig und verächtlich, daß ihm eine Abgrenzung von diesen Praktiken für sein Glaubensleben als Volk Israel überlebensnotwendig schien; und diese mußte gerade im Bereich der Ehe offensichtlich so radikal erfolgen, daß die Eheschließung betont kultlos vollzogen bzw. durch den Ausschluß jedes kultischen Elementes jeglicher Anschein einer Angleichung an die heidnische Umgebung vermieden wurde.

Das Fehlen eines kultischen Ritus beim Abschluß der Ehe hatte also keineswegs eine (religiöse) Geringschätzung der Ehe oder Sexualität zur Ursache, sondern sollte gerade umgekehrt der heidnischen 'Profanisierung' der Ehe durch deren 'Verkultung' entgegenwirken; dafür spricht allein schon die Tatsache, daß Israel für die Existenz eines ledigen Mannes und einer ledig gelassenen Frau überhaupt kein eigenes Wort kannte.[15] Der Stand der Ehe war also der normale Lebensstand des erwachsenenen Israeliten; und in einer Volksgemeinschaft, in der alle heiraten und alle geheiratet werden, fallen eben viele Spannungen und Probleme weg bzw. wird alles so selbstverständlich, daß es nicht mehr extra erwähnt werden muß.[16]

Abgrenzung von der Verkultung der Ehe durch die heidnische Umwelt einerseits und der Ehestand als so selbstverständliche Lebensform, daß man darüber gar nicht mehr spricht andererseits, haben also die spärlichen Auskünfte des Alten Testamentes über Ehe und Eheschließung verursacht. Nur wenn in geschichtlichen Ausnahmesituationen Jahwe durch eine bestimmte Ehe(schließung) seinem Volk eine besondere Botschaft übermitteln will, dann kann auch das Alte Testament in relativ breiten Ausführungen über diese Ehe(schließung) berichten. Hierher gehört die Brautwerbung um Rebekka (Gen 24), die Ehe des Propheten Hosea (Hos 1-3), die Eheschließung Boas' mit Rut (Rut 1-4) und die Verheiratung des Tobias mit Sara (Tobit 6-10). "Will man sich über den Sinn dieser vier besonderen Eheschließungen klar werden, so wird man zunächst daran festhalten müssen, daß es sich um Eheschließungen in Ausnahmesituationen handelt. Die beteiligten Personen sind keine normalen Anhänger des Jahweglaubens, sondern sie vertreten diesen Glauben in einer besonders eindrucksvollen Weise, und zwar provoziert durch die Situation, in der sie sich befinden. ... An keiner Stelle zeigt es sich jedoch, daß die Eheschließung als sakraler Akt, als Kultfeier oder dergleichen interpretiert und praktiziert wird. Das religiöse Moment, das in unterschiedlicher Weise zum Ausdruck kommt, besteht darin, daß die jeweilige Eheschließung in den Ablauf der von Jahwe bestimmten Geschichte integriert wird."[17] Dabei gibt vor allem das Buch Tobit in 7,12-14 einen guten Einblick über die Eheschließung und die sie begleitenden Riten: Die Übereinkunft zwischen Brautvater und Bräutigam, die Übergabe der Braut an den Bräutigam, Segensgebet, Beurkundung und Festmahl. Diese Elemente tauchen auch in der Folgezeit immer wieder auf.[18]

---

[15]vgl. Niebergall, Ehe und Eheschliessung, 32f; 233.
[16]vgl. Köhler, Der hebräische Mensch, 76; Leipoldt, Die Frau in der antiken Welt, 103.
[17]Niebergall, Ehe und Eheschliessung, 23f.
[18]vgl. Kleinheyer, Riten um Ehe und Familie, 78; für ein spätjüdisches Beispiel: Strack - Billerbeck, Kommentar zum Neuen Testament I, 500 - 518; II, 372 - 399.

Auch das *Neue Testament* enthält nur sehr wenige Hinweise über die Ehe und Eheschließung, allerdings aus einem ganz anderen Grund als das Alte Testament: Die Botschaft des mit Christus angebrochenen Gottesreiches, dessen Vollendung unmittelbar bevorsteht, zieht alle anderen Themen in seinen Bann. So ist auch die Ehe und Eheschließung nur unter der Perspektive des mit Christus angebrochenen und bald vollkommenen Gottesreiches interessant und wird deshalb nur unter dem Blickwinkel betrachtet, wie man sich angesichts der Parusie in den Fragen der Sexualität und Ehe verhalten soll, bzw. ob es im Hinblick auf diese 'kurze Zeit' (1Kor 7,29) überhaupt noch einen Sinn hat, verheiratet zu bleiben oder gar erst zu heiraten.[19]

Weil die Ehe eine zwar von Gott in der Schöpfungsordnung grundgelegte (vgl. Mk 10,2 - 9 par), aber vergängliche Einrichtung ist, an deren Stelle in der Vollendung des Reiches Gottes etwas viel Vollkommeneres tritt, wird über sie nur in dem Sinn gesprochen, wie sie den Zugang zum Gottesreich erleichtert bzw. verhindert:[20] Sie soll als gottgewollte und gottgestiftete lebenslange Partnerschaft von Mann und Frau geführt werden (vgl. Mt 19,4-8 par) und so die natürliche Schöpfungsordnung heiligen. Denn die nach der Schöpfungsabsicht Gottes geführte Ehe hat heiligende und damit rettende Kraft nicht nur für den gläubigen, sondern auch für den ungläubigen Ehepartner und für die Kinder (vgl. 1 Kor 7,14ff).[21] Bei zwei gläubigen Eheleuten bewirkt diese soteriologische Funktion des Glaubens nach Eph 5,32 etwas ganz Besonderes; weil hier nicht mehr nur der eine auf den anderen, sondern beide füreinander heiligend wirken, stellen sie das μυστήριον μέγα dar: in dieser ehelichen Zuordnung zweier an Christus Glaubenden und auf ihn Getauften offenbart sich die erlösende Zuordnung Christi zur Kirche. Die Ehe unter Christen bzw. die Liebe des christlichen Mannes und der christlichen Frau zueinander ist der "Nachvollzug des Verhältnisses Christi und der Kirche"[22]

Für die richtige Einordnung dieser Aussage von Eph 5 muß allerdings die wichtige Frage geklärt werden, ob dieser 'Nachvollzug' ontologisch[23] oder ethisch im Sinne

---

[19]vgl. Niebergall, Ehe und Eheschliessung, 235.

[20]vgl. Molinski, Theologie der Ehe, 48f.

[21]Niebergall, Ehe und Eheschliessung, 68 will die 'Heiligung' nur als Sinn einer Mischehe, nicht aber einer Ehe unter Christen verstehen, da Paulus den zweiten Fall nirgends explizit genannt hat. Doch kann ein Schweigen einfach als Negation gedeutet werden? Hier ist vielmehr von dem Gedankengang auszugehen: Wenn der Glaube schon in einer Ehe zwischen einem Gläubigen und einem Ungläubigen als eine heilige Kraft wirkt, dann doch erst recht in einer Ehe zwischen zwei Gläubigen. Das war für Paulus vielleicht so selbstverständlich und für die Korinther kein Problem, weshalb es dann auch nicht thematisiert werden mußte.

[22]Schlier, Der Brief an die Epheser, 276.

Der Vollständigkeit halber muß hier darauf hingewiesen werden, daß es heute drei verschiedene Deutungen von μυστήριον gibt: "Man kann μυστήριον als den verborgenen Sinn der zitierten Schriftstelle Gen 2,24 verstehen; man kann die Ehe selbst als μυστήριον charakterisiert sehen; schließlich kann man das μυστήριον in der Verbindung von Christus und der Kirche finden. Dem Sprachgebrauch der paulinischen und deuteropaulinischen Briefe entspricht wohl am ehesten die letztgenannte Deutung. Denn μυστήριον bedeutet in diesen Schriften immer den ewigen Heilsplan und Heilswillen Gottes, der in Jesus Christus geschichtlich verwirklicht und durch die Kirche vergegenwärtigt wird. In diese umfassende Heilsrealität wird die Ehe einbezogen"(Kasper, Zur Theologie der christlichen Ehe, 39; vgl. Schneider, Zeichen der Nähe Gottes, 285; siehe auch ausführlicher dazu Christen, Ehe als Sakrament, 34 - 36).

[23]so Schlier, Der Brief an die Epheser, 253ff; Gnilka, Der Epheserbrief, 289; Schnackenburg,

einer Paränese bzw. eines zur Nachahmung dienenden Vorbildes[24] zu verstehen ist.[25]

Ohne Zweifel haftet Eph 5,22ff eine gewisse Bildhaftigkeit an und gewiß soll das Verhältnis Christi und der Kirche Vorbild, Modell und bestimmende Größe für das Verhalten beider Ehepartner im täglichen Leben sein; aber darüber hinaus ist das Verhältnis Christi und der Kirche unverkennbar "nicht nur mahnend vorgestellt, sondern den 'Gliedern des Leibes (Christi)' auch vom 'Christus - Kirche' - Verhältnis aufgrund der 'Dahingabe' und 'Heiligungstat' Christi mitgeteilt und ermöglicht, so daß eine Ehe unter Christen an der Unverbrüchlichkeit und Stabilität des neubundlichen 'Christus - Kirche' - Verhältnisses partizipiert."[26] In Eph 5,22 - 33 wird also den Eheleuten ein Modell und Beispiel zur Nachahmung vor Augen geführt, "das ihnen bereits seinshaft - personal einmoduliert wird und in das sie hineingeboren sind."[27] Denn zwischen der Einheit in der Liebe zweier Menschen und der Einheit Christus - Kirche besteht nicht nur eine äußere Ähnlichkeit, sondern auch ein Bedingungsverhältnis: "Jene ist, *weil* diese ist. Ihr gegenseitiges Ähnlichkeitsverhältnis ist nicht beiden nachträglich, sondern ein echtes Partizipationsverhältnis durch ursächliche Herkunft der Eheeinheit von der Christus-Kirche-Einheit her."[28]

So erlangt die Ehe zwischen Christen "wegen ihrer Beziehung zu Christus und der Kirche gegenüber einer bloßen 'Naturehe' doch eine neue, tiefere Dimension, einen übernatürlichen Charakter;"[29] die christlichen Ehepartner befinden sich "als Glieder des Leibes Christi im Wirkbereich Christi und sollen sich darum so verhalten, wie die Kirche gegenüber Christus und Christus gegenüber der Kirche." In diesem Sinne haben die Christen im Gegensatz zu den Nichtchristen "in der

---

Der Brief an die Epheser, 28ff; Mußner, Der Brief an die Epheser, 156; Ernst, Die Briefe an die Philipper, 392; Schürmann, Neutestamentliche Marginalien, 423 - 427; Christen, Ehe als Sakrament, 31 - 34; Ratzinger, Zur Theologie der Ehe, 81ff; Schmaus, Der Glaube der Kirche, 219f; Reinhardt, Ehe – Sakrament in der Kirche des Herrn, 25f; Reidick, Der Vertragsschließungsakt, 24 - 30, bes. 24 - 26.

[24]so Bornkamm, Art. μυστήριον, 829f; Baltensweiler, Die Ehe im neuen Testament, 230f; Conzelmann, Der Brief an die Epheser, 88; Niebergall, Ehe und Eheschliessung, 93f; Baumann, Die Ehe, 156f; 165 - 167.

[25]Die Tatsache, daß nach einem weitgehenden Forschungskonsens der katholischen Exegeten nicht Paulus, sondern die Deuteropaulinen als Verfasser des Epheserbriefes gelten, ist in diesem Zusammenhang unerheblich (vgl. Mußner, Der Brief an die Epheser, 33f; Schnackenburg, Der Brief an die Epheser, 20 - 26; Ernst, Die Briefe an die Philipper, 258 - 263).
Auch die zeitbedingten Verzeichnungen des paulinischen Eheverständnisses müssen hier nicht näher behandelt werden. Nur folgendes sei gesagt: "Wenn der Mann das Haupt seiner Frau genannt wird, wie Christus das Haupt seiner Kirche ist, liegt hier ein Verständnis der Frau zugrunde, das kulturbedingt und für uns nicht verpflichtend ist. Dadurch wird auch eine Vorstellung von Liebe und Gehorsam, Herrschaft und Unterordnung ins Spiel gebracht, die unserem heutigen Verständns von Ehe, die mehr eine partnerschaftliche Ordnung darstellt, nicht gerecht wird"(Auer, Das Sakrament der Ehe, 239). Reidick, Der Vertragsschließungsakt, 30 - 32 hält das Bild der Über- und Unterordnung von Mann und Frau gerade nicht für eine zeitbedingte, sondern für eine aus den Wesensunterschieden der Geschlechter resultierende Repräsentationsordnung.

[26]Schürmann, Neutestamentliche Marginalien, 424f.
[27]ebd., 426.
[28]Rahner, Schriften zur Theologie, 539.
[29]Schnackenburg, Der Brief an die Epheser, 28.

Ehe eine übernatürliche Wirkungsweise"[30], durch die sie in ihrem Ehe-Stand das Verhältnis von Christus und der Kirche verwahren und es in ihrem Verhältnis zueinander abbilden.[31]

Damit hat Paulus die "schon im Alten Testament erfolgte In-Beziehung-Setzung der Ehe zum Bund Gottes mit seinem Volk ... auf das Christus-Kirche-Verhältnis" übertragen und dabei gleichzeitig "einen ungewöhnlich starken Impuls [gegeben], die Ehe in Christus neu, und abhängig davon, das Verhältnis der Ehegatten untereinander personal und partnerschaftlich zu sehen und im Herrn zu gestalten."[32] So ist die paulinische Feststellung in Eph 5,32, daß die Ehe als Nachvollzug und Abbild des Verhältnisses Christi und der Kirche ein 'großes Geheimnis' ist, zwar noch keine direkte Aussage über ihre Sakramentalität, wohl aber bietet sie den Ansatzpunkt für die Entwicklung der Lehre vom Sakrament der Ehe.[33] Die paulinische Auffassung der christlichen Ehe als ein geheimnisvolles Zeichen für die Liebe Christi zur Kirche trägt aber auf jeden Fall schon die Dynamik in sich, daß diese Ehe 'im Herrn' vollzogen werden muß, will sie dieser Zeichenhaftigkeit gerecht werden.[34] In diese Richtung weist bereits 1 Kor 7,39; hier erteilt Paulus im Zusammenhang mit der Frage, ob eine Witwe noch einmal heiraten darf, seine Erlaubnis, die er allerdings an die Bedingung knüpft: '$\mu \acute{o} \nu o \nu \ \grave{\epsilon} \nu \ \kappa \nu \rho \acute{\iota} \omega$'. Zwar gehen die Exegeten meistens davon aus, daß sich dieses '$\mu \acute{o} \nu o \nu \ \grave{\epsilon} \nu \ \kappa \nu \rho \acute{\iota} \omega$' auf den künftigen Ehepartner bezieht, nämlich in dem Sinn, daß dieser ein Christ (und nicht ein Heide) sein soll;[35] doch vom Sprachduktus her scheint sich die aufgestellte Forderung des 'im Herrn' eher auf die Gesinnung der heiratswilligen Witwe zu beziehen.[36] Wenn aber von einer Witwe verlangt wurde, daß sie ihre zweite Ehe mit der Gesinnung des 'im Herrn' eingeht, dann galt diese Forderung doch wohl erst recht für jede erste Eheschließung eines Christen.[37]

---

[30]ebd., 29 - 31.

[31]vgl. Schlier, Der Brief an die Epheser, 253.

[32]Molinski, Theologie der Ehe, 49f; vgl. Lubscyzk, Die Ehe im alten Bund, 24f, auch 30f.

[33]vgl. Neumann, Mischehe und Kirchenrecht, 12.

[34]vgl. ebd., 10.

[35]vgl. Fascher, Der erste Brief des Paulus an die Korinther, 199; Lang, Die Briefe an die Korinther, 103.

[36]vgl. Niebergall, Ehe und Eheschliessung, 74f; implizit wohl auch die Herausgeber der Einheitsübersetzung, wenn sie das $\mu \acute{o} \nu o \nu \ \grave{\epsilon} \nu \ \kappa \nu \rho \acute{\iota} \omega$ mit 'nur geschehe es im Herrn' wiedergeben; ebenso Klauck, Erster Korintherbrief, 59, der die Einheitsübersetzung kommentarlos übernimmt; auch Conzelmann, Der erste Brief an die Korinther, 169 übergeht das 'im Herrn' ohne jede Erläuterung.

[37]vgl. Stälin, Die Lehre von der Form der Eheschließung, 3f, für den die in 1 Kor 7,39 gegebene Ermahnung $\mu \acute{o} \nu o \nu \ \grave{\epsilon} \nu \ \kappa \nu \rho \acute{\iota} \omega$ zu heiraten, nicht nur als Rat, sondern als Gehorsam heischende Aufforderung zu verstehen ist, die Ehe im Hinblick auf den Herrn und im Bewußtsein der Heiligkeit zu schließen; damit bezieht sich die Mahnung $\mu \acute{o} \nu o \nu \ \grave{\epsilon} \nu \ \kappa \nu \rho \acute{\iota} \omega$ vor allem auf die innere Gesinnung.
Ebenso Niebergall, Ehe und Eheschliessung, 75, der allerdings in Anm. 93 zu Recht die Position von Allmen, Maris et femmes, 19ff, als zwar verlockend, aber als doch zu weitgehend zurückweist. Nach Allmen, sei 1Kor 7,39 im Sinn der $\gamma \nu \acute{\omega} \mu \eta$ des Ignatius in seinem Brief an Polycarp zu verstehen, nämlich als eine Art Kontrolle, die sich darauf bezieht, daß die Heiratswilligen keine Ehebrecher sind oder eine Bigamie anstreben (Röm 7,3; 1Kor 7,11.39), daß sie nicht in einem verbotenen Verwandtschaftsgrad zueinander stehen (1Kor 5,1-5) und daß sie, wenn beide Christen sind, als Glieder der Gemeinde leben.

2 Der Eheschließungsakt von Christen in der Frühzeit der Kirche

2.1 Der bischöfliche Segenswunsch für die Eheschließung bei Ignatius von Antiochien

"Während in der neutestamentlichen Phase sich das ganze Leben des Christen mit dem Anfangsschwung des Neuen 'im Herrn' vollzieht und außer Taufe, Handauflegung und Eucharistie keine Einzelakte besonderer Unterstellung 'unter den Herrn' bekannt sind,"[38] gilt der Brief des Bischofs Ignatius von Antiochien (spätestens 117 gestorben) an Polycarp als erster Beleg für den Anspruch und die Forderung der Kirche, an der Eheschließung der Christen mitzuwirken.[39] Die entscheidende Stelle dieses Briefes lautet:

"πρέπει δὲ τοῖς γαμοῦσι καὶ ταῖς γαμουμέναις μετὰ γνώμης τοῦ ἐπισκόπου τὴν ἕνωσιν ποιεῖσθαι, ἵνα ὁ γάμος ᾖ κατὰ κύριον καὶ μὴ κατ' ἐπιθυμίαν. πάντα εἰς τιμὴν θεοῦ γινέσθω."[40]

Um diesen Brief in seiner Bedeutung für die Entstehung einer kirchlichen Formpflicht richtig zu verstehen und einzuordnen bzw. nicht überzubewerten, müssen folgende Fragen geklärt werden:

- Warum soll sich der Bischof um die Eheschließung kümmern?

Die Forderung des Ignatius von Antiochien, daß die 'Vereinigung' von Mann und Frau mit der Zustimmung des Bischofs geschehen soll, darf nicht isoliert betrachtet werden; sie muß vielmehr in dem Kontext der übrigen Briefe des Ignatius gesehen werden.[41] In diesen fordert er nämlich, daß *alle* Angelegenheiten von Belang mit der Billigung des Bischofs bzw. daß *nichts* in der Gemeinde ohne das Einverständnis des Bischofs geschehen soll.[42] Denn der Bischof ist der Repräsentant Gottes in der Gemeinde; [43] wie die 'Herrschaft' Gottes alle Lebensbereiche des Christen umfaßt, also total ist,

---

[38]Neumann, Mischehe und Kirchenrecht, 10.

[39]vgl. Kleinheyer, Riten um Ehe und Familie, 80; Niebergall, Ehe und Eheschliessung, 106; Ritzer, Formen, Riten und religiöses Brauchtum, 29; Vogt, Die Eheschließung in der frühen Kirche, 119.
Der erste Clemensbrief, der um 96 n.Chr. datiert wird, gilt dagegen noch als Beleg dafür, daß man am Ende des 1. Jahrhunderts noch keinerlei Interesse an der Frage der Eheschließung hatte, "weil es sich dabei offensichtlich um ein ἀδιάφορον handelte." (vgl. Niebergall, Ehe und Eheschliessung, 109)

[40]Ignatius an Polykarp 5,2, in: Fischer, J.A., Die apostolischen Väter, Darmstadt 1981, 220 mit dt. Übersetzung auf S. 221: "Es ziemt sich aber für die Männer, die heiraten, und die Frauen, die verheiratet werden, die Vereinigung mit Zustimmung des Bischofs einzugehen, damit die Ehe dem Herrn entspreche und nicht der Begierde. Alles soll zur Ehre Gottes geschehen."

[41]Die sieben Briefe des Ignatius von Antiochien sind in: Fischer, J.A., Die apostolischen Väter, Darmstadt 1981, 142 - 225, in griechisch-deutscher Sprache ediert.

[42]vgl. ad Polycarp. 4,1; ad Smyr. 8,1; ad Magn. 7,1; ad Trall. 2,2.

[43]vgl. ad Magn. 3,1f; ad Trall. 3,1 u.a.

und wie sich umgekehrt der Christ Gott ganz hingibt, also ausschließlich ἐν κυρίῳ, im Bewußtsein des 'Im-Herrn'-Sein lebt und handelt,[44] so umfaßt auch die 'Herrschaft' des Bischofs alle Lebensbereiche des Christen und weiß sich demzufolge der Christ in der unbedingten Zuordnung zum Bischof. Es gehört sich, zum Bischof wie zum Herrn selbst aufzuschauen[45] und wer etwas hinter dem Rücken des Bischofs tut, der dient dem Teufel.[46]

● Wie hat man sich die γνώμη des Bischofs vorzustellen?

Der Terminus γνώμη kann nicht einfach nur mit 'Zustimmung' wiedergegeben werden. Denn "untersucht man die nicht wenigen Stellen, an denen Ignatius diesen Ausdruck verwendet, dann ergibt sich, daß er weitaus mehr als eine förmliche Zustimmung oder Einwilligung bedeutet. Die γνώμη des Bischofs ist vielmehr das Kennzeichen der ihm von Gott verliehenen Autorität, ja sie läßt die Identität seiner Autorität mit der Autorität Gottes erkennen."[47] Versteht man außerdem 'Begierde' nicht einfach im sexuellen Sinn, sondern eher in der Bedeutung von 1 Joh 2,16 als weltlich-irdische Begierde,[48] so ist es naheliegend, die γνώμη des Bischofs in die Richtung eines Segenswunsches zu deuten,[49] der sicherlich auch in irgendeiner Weise gemeindeöffentlich geäußert wurde.[50] Doch allen weitergehenden Vermutungen, etwa einer Eheschließung im Beisein des Bischofs in einer Art Frühform kirchlicher Trauung[51] oder gar inmitten der Gemeindeversamm-

---

[44]vgl. ad Polycarp. 7,3.

[45]vgl. ad Eph. 6,1

[46]vgl. ad Smyr. 9,1.

[47]Niebergall, Ehe und Eheschliessung, 111; vgl zu den Untersuchungen über den Begriff γνώμη bei Ignatius von Antiochien auch Niebergall, Zur Entstehungsgeschichte der christlichen Eheschließung, 115.

[48]vgl. dazu z.B. ad Polycarp. 4,3, wo Ignatius den Sklaven die Mahnung erteilt, von der Gemeinde nicht ihren Loskauf zu verlangen, 'damit sie sich nicht als Sklaven der Begierde erweisen'.

[49]vgl. Ritzer, Formen, Riten und religiöses Brauchtum, 30, 53, 61 - 63; Leipoldt, Die Frau in der antiken Welt, 231; Keßler, Die Entwicklung der Formvorschriften, 7f, dessen Ausführungen über den Ursprung dieses kirchlichen Segens bei der Eheschließung allerdings kaum dem Sachverhalt gerecht werden können: "Der Einfluß der Kirche bestand darin, die Eheschließung durch ihren Segen aus der Sphäre des Alltäglichen herauszuheben und zu heiligen. Ein 'großes Geheimnis' ist ja nach St. Paulus die Ehe, und zwar wegen der Beziehung zu Christus und seiner Kirche. Was Wunder, daß dies den Christen den Wunsch eingab, nur mit dem Segen und damit in Gottes Namen den Bund fürs Leben einzugehen. So stand denn bereits in der ersten christlichen Zeit die Ehe unter dem Schutz und der Sorge der Kirche, die bei der Eheschließung segnend mitwirkte..."

[50]vgl. Vogt, Die Eheschließung in der frühen Kirche, 121, mit dem Hinweis, daß sonst die Verheirateten ja vor den Asketen mit ihrer Geringschätzung den Verheirateten gegenüber nicht hätten geschützt werden können; vgl. auch Keßler, Die Entwicklung der Formvorschriften, 10, der den eigentlichen Sinn in der "Besorgnis um den guten Ruf des Christen in der Gemeinde, sofern der Segen der Kirche nicht am Anfang der Ehe stand", sieht.

[51]so Bauer, Die Apostolischen Väter, 278: "Das μετὰ γνώμης τοῦ ἐπισκόπου erschöpft sich für Ignatius sicherlich nicht in der Einholung der bischöflichen Zustimmung zur beabsichtigten Ehe. Angesichts der Stellung des Bischofs innerhalb der Gemeinde und der wiederholt erneuerten Forderung, schlechthin nichts ohne ihn zu tun ..., ist es gewiß die Meinung des Ign., daß eine rechte christliche Ehe nur im Beisein des Bischofs, wenn nicht gar unter seiner aktiven Mitwirkung geschlossen werden kann." Bauer / Paulsen, Die Apostolischen Väter, 105, äußert sich hier vorsichtiger: Er nimmt zwar auch ein Beisein, nicht aber eine Mitwirkung des Bischofs an.

lung,[52] fehlt dagegen nicht nur die quellenmäßige Grundlage, sondern auch die innere Logik.[53] Insofern sind für die Zeit und den Wirkungsbereich des Ignatius Behauptungen wie: "Die Ehen gehören also in den sakramental-juristischen Zuständigkeitsbereich des Bischofs"[54] oder "Der Weg der Gnade führt also von Gott über die Kirchenvorsteher zum Menschen"[55] nicht nachvollziehbar, zumal Ignatius dort, wo er die Kulthandlungen im eigentlichen Sinn erwähnt, nur von der Taufe und der Eucharistie spricht, nicht aber von der Eheschließung.[56]

Wenn auch Belege darüber fehlen, in welcher Form der Bischof seinen Segenswunsch aussprach bzw. was es hieß, die Ehe 'im Herrn' und damit christlich zu schließen, sicher ist auf jeden Fall: Der Segenswunsch des Bischofs anläßlich einer (bevorstehenden) Heirat, die wohlgemerkt nicht verpflichtend ($\delta\epsilon\tilde{\iota}$), sondern "nur" empfehlenswert ($\pi\rho\acute{\epsilon}\pi\epsilon\iota$) ist, meint auf keinen Fall "eine direkte Beteiligung des Bischofs an dem Akte der Eheschließung, sondern etwas der Eheschließung Vorausgehendes. Aber es handelt sich auch weder um eine bloße Erklärung des Bischofs, daß gegen die betreffende Eheschließung von seiten der Kirche nichts einzuwenden sei, noch bloß darum, daß die Nupturienten dem Bischof respektive der Kirche durch Mitteilung ihres Vorhabens eine gewisse Garantie geben, sondern um ein Verfahren, durch welches der Ehe der bestimmte Charakter aufgedrückt wird, $\kappa\alpha\tau\grave{\alpha}\ \kappa\acute{\upsilon}\rho\iota o\nu$ zu sein, " nicht eine Ehe $\kappa\alpha\tau\ \grave{\epsilon}\pi\iota\vartheta\upsilon\mu\acute{\iota}\alpha\nu$.[57]

• Welcher 'Sitz im Leben' kommt dieser Anweisung des Ignatius zu?

Die Gemeinde des Ignatius war sicherlich noch von der neutestamentlichen Erwartung der baldigen Wiederkunft des Herrn geprägt (vgl. Ign Eph 11,1) und damit auch von der Unsicherheit, ob es sich angesichts dessen noch lohnt zu heiraten. Wenn nun Ignatius in seiner Anweisung nicht das Faktum des Heiratens problematisiert, sondern eine Empfehlung ausspricht, was zu einer Eheschließung gehört, die dem Herrn entspricht, dann ist davon auszugehen, daß es ihm in seiner Anweisung irgendwie um eine Verteidigung der Ehe und der Ehewilligen ging. Eine solche Verteidigung war wahrscheinlich deshalb notwendig, weil in der Gemeinde die rigoristische Auffassung kursierte, daß ein wahrer Christ in der Stunde der Wiederkunft Christi auf eine so rein irdische Einrichtung wie die Ehe verzichten muß. Angesichts dieser Situation fühlte sich Ignatius offenbar veranlaßt, heiratswillige Christen gegen Geringschätzung und Verdächtigungen von seiten strenger Vertreter des Ideals der Ehelosigkeit in Schutz zu nehmen; und dies gelingt ihm in ein-

---

[52]so Preisker, Christentum und Ehe, 168; Joyce, Die christliche Ehe, 155. Probst, Sakramente und Sakramentalien, 440, für den die Ehe nach diesem Zeugnis des Ignatius von Antiochien sogar als sakramentaler Akt vor dem Bischof geschlossen wurde.

[53]vgl. Ritzer, Formen, Riten und religiöses Brauchtum, 30; Kleinheyer, Riten um Ehe und Familie, 81; vgl. Niebergall, Zur Entstehungsgeschichte der christlichen Eheschließung, 121; Niebergall, Ehe und Eheschliessung, 114.

[54]Vogt, Die Eheschließung in der frühen Kirche, 122.

[55]Hoermann, Leben in Christus, 54.

[56]vgl. ad Smyr. 8,2; Neumann, Mischehe und Kirchenrecht, 12.

[57]Cremer, Die kirchliche Trauung, 11; vgl. Bernhard, Le decret Tametsi, 220: "Es ist der Gedanke an Gott, der der Ehe vorausgehen muß, und nicht die Leidenschaft."

drucksvoller Weise. Denn Ignatius beschreibt den Eheschließungsakt nicht einfach als 'heiraten' (γαμεῖν), sondern als τὴν ἕνωσιν ποιεῖσϑαι, als 'eine Vereinigung eingehen'.

Zwar ist es naheliegend, diesen Ausdruck zunächst in seiner wörtlichen Bedeutung als (leiblich - geistige) Vereinigung von Mann und Frau zu verstehen. Doch darf nicht übersehen werden, daß der Ausdruck ἕνωσις in den Briefen des Ignatius einen zentralen Begriff seiner Theologie, vor allem seiner Ekklesiologie, darstellt und die 'Einheit' der Gemeinde das eigentliche Thema des Ignatius ist: Angesichts der kritischen Situation, in die die Gemeinden des Ignatius infolge schismatischer und häretischer Tendenzen geraten waren, konnten sie nach Meinung ihres Bischofs diesen Gefahren nur entgehen, wenn die ἕνωσις unter allen Umständen gewahrt bleibt, und zwar als fleischliche und geistliche Einheit der Gemeindeglieder (vgl. IgnMagn 13,2) mit dem Bischof, seinen Presbytern und Diakonen und damit als Einheit der Kirche (vgl. IgnPhld 3,2), wie auch als Einheit Gottes (vgl. ebd., 8,1; 9,1) und als Einheit Jesu (vgl. ebd., 5,2). "Wenn nun dieser Ausdruck für die Ehe verwandt wurde, dann deswegen, weil auch die beiden Ehegatten auf die ἕνωσις hin geschaffen sind, weil sie zu ihrem Zusammenleben innerhalb der Ehe das verwirklichen sollen, wozu alle Christen verpflichtet sind, und weil darüber hinaus die Ehe jene ἕνωσις widerspiegelt, die sich in dem Verhältnis des Kyrios zur Gemeinde darstellt. Die Ehe bildet also ein Ereignis der 'Einigung', zu der aufzufordern Ignatius nicht müde wird."[58] Damit sagt Ignatius zugleich: Heirat mit dem Segenswunsch des Bischofs entfremdet den Christen nicht von Christus und seiner Kirche, sondern im Gegenteil, läßt ihn in und durch die eheliche ἕνωσις noch tiefer in Christus und damit auch in die Gemeinschaft der Christen hineinwachsen.[59]

• Knüpft Ignatius mit seiner Anweisung, nur mit dem Segenswunsch des Bischofs zu heiraten, an eine bereits vorhandene Tradition an oder führt er eine neue Praxis ein? Ist das Einholen des bischöflichen Segens eine auf die Gemeinden und auf die Zeit des Ignatius beschränkte oder eine gemeinde- und/oder zeitübergreifende Sitte?

Gegen eine bereits vorhandene kirchliche Ordnung oder gar allgemeine kirchliche Praxis spricht schon die Tatsache, daß in der syrischen Didaskalie[60],

---

[58]Niebergall, Ehe und Eheschliessung, 112; vgl. auch ebd., 110; Vogt, Die Eheschließung in der frühen Kirche, 120, der auch darauf hinweist, daß sich das Wort sonst hauptsächlich im christologischen Zusammenhang findet und dort "eine Zusammenführung von gleich zu beachtenden oder gar gleich zu bewertenden Bestandteilen, nämlich der beiden Naturen in Christus" bedeutet. Die daraus gezogene Schlußfolgerung von Vogt, daß Ignatius durch die Bezeichnung der Ehe als ἕνωσις die Gleichwertigkeit und Gleichrangigkeit der Frau andeuten will, wenn er auch sonst noch dem antiken Sprachgebrauch verhaftet ist, wonach der Mann heiratet und die Frau ge- bzw. verheiratet wird, sind durch die oben dargelegten Ausführungen Niebergalls über den Ausdruck ἕνωσις kaum haltbar, ganz abgesehen davon, ob Ignatius überhaupt so eindeutig von zwei gleichwertigen Naturen in Christus ausgegangen ist.
[59]vgl. Niebergall, Ehe und Eheschliessung, 113f.
[60]vgl. DidascS 17.22, lateinisch und englisch in: Connolly, R.H., Didascalia Apostolorum. The syriac version translated and accompanied by the Verona Latin Fragments, Oxford 1969, 152f.

die nur etwa ein Jahrhundert nach dem Tod des Ignatius in Syrien entstanden ist, im Zusammenhang mit der Eheschließung nur die Empfehlung ausgesprochen wird, daß Christen ihre Töchter unter Glaubensgenossen verheiraten und die Eltern die Eheschließung der nachwachsenden Generation nicht lange hinauszögern sollen. Vom Einholen der bischöflichen γνώμη ist in dieser pseudoapostolischen Schrift nirgends die Rede. Es ist aber doch kaum denkbar, daß der Verfasser dieser Gemeindeschrift, der anscheinend an anderen Stellen die Briefe des Ignatius sehr wohl benutzt hat und in Richtung einer starken Stellung des Bischofs innerhalb der Gemeinde ausgewertet hat, von der Notwendigkeit, den Segenswunsch des Bischofs einzuholen, nichts gesagt hätte, wenn sich die Praxis der bischöflichen γνώμη im Sinne des Ignatius durchgesetzt hätte.[61] Auch Cyprian von Karthago (200/210 - 258) erwähnt in seinen Briefen nichts mehr von einer bischöflichen Tätigkeit anläßlich der Eheschließung von Christen.[62] Nimmt man außerdem zur Kenntnis, daß der Brief des Bischofs Ignatius an Polycarp durch den Begriff ἕνωσις, sowie durch die eigentümliche Sicht der Gemeinde und deren Einheit, wie auch des Bischofs und dessen Funktionen in Stil, Ausdrucksweise und Konzeption ganz die Handschrift des Ignatius verrät, so scheint sich die Vermutung zu erhärten, daß die Vorschrift des Ignatius lediglich in den Gemeinden des Ignatius und auch nur zu Lebzeiten des Ignatius praktiziert wurde.[63] Andernfalls hätten weitere zeitgenössische Quellen sicherlich zumindest Andeutungen über diese kirchliche Sitte bei einer Eheschließung von Christen enthalten.

2.2 Die Feier der Eheschließung in einem Gemeindegottesdienst bei Tertullian von Karthago

Als Kronzeuge für die Eheschließung der Christen in der Zeit um die Wende des 2. zum 3. Jahrhundert gilt Tertullian von Karthago (ca. 160 - 220); er hat sich dem Problemkreis Ehe, Eheschließung wie auch dem Verhältnis von Ehe und Askese bzw. von Ehe und Nachfolge Christi in einer Ausführlichkeit gewidmet wie kein anderer Bischof oder christlicher Autor vor ihm.

Über die Ehe und ihre Bedeutung für das Leben eines Christen spricht Tertullian zum erstenmal in seiner um 203 verfaßten Schrift *Ad uxorem*; in diesem Plädoyer gegen die Zweitehe einer Witwe und die Mischehe, die beide den christlichen Grundsätzen widersprechen, stimmt er sozusagen als Gegenpol zu diesen beiden 'Verfehlungen' ein Loblied auf das Glück einer (einmaligen) Ehe unter Christen an:

---

[61]vgl. Ritzer, Formen, Riten und religiöses Brauchtum, 32; Niebergall, Ehe und Eheschliessung, 152; vgl. auch Neumann, Mischehe und Kirchenrecht, 12.
Gegen eine bereits existierende kirchliche Ordnung hatte sich auch schon Cremer, Die kirchliche Trauung, 11, und Schubert, Die evangelische Trauung, 6, ausgesprochen.
[62]vgl. Niebergall, Ehe und Eheschliessung, 153 - 155.
[63]vgl. ebd., 114.

"Unde vero sufficiamus ad enarrandam felicitatem eius matrimonii, quod ecclesia conciliat et confirmat oblatio et obsignat benedictio, angeli renuntiant, pater rato habet?"[64]

Wie ist diese Stelle, die zum ersten Mal die Tatsache einer aktiven Mitwirkung der Kirche beim Eheschließungsakt selbst bezeugt, zu verstehen? Was tut die Kirche? Was geschieht in der Kirche?

Wählt man zur Beantwortung dieser Fragen den Weg vom Einfachen zum Komplizierten bzw. von den allgemein anerkannten zu den kontrovers diskutierten Interpretationen, so muß man den Schlußsatz *angeli renuntiant, pater rato habet* zum Ausgangpunkt machen. Denn daß nach Tertullian die Engel die Ehe von Christen nur dann im Himmel vermelden und der (himmlische) Vater diese nur dann anerkennt, wenn die Christen nicht nur mit der Zustimmung der Eltern, sondern auch mit der 'Einwilligung' der Kirche – was auch immer darunter zu verstehen ist – heiraten, ist einhellige Forschungsmeinung. Als Kinder der Kirche ist es nur recht und billig, daß die Christen auch nicht ohne Wissen, Placet und Mitwirkung ihrer neuen Eltern eine Ehe schließen.[65]

Schwieriger wird es dann schon mit der Frage, ob sich Tertullian mit seinem Loblied auf das Glück einer christlichen Ehe bewußt auch von den Heiden der römischen Umwelt absetzen bzw. die Vorzüge der christlichen Eheschließung gegenüber den heidnischen hervorheben wollte? Stellt man in Rechnung, daß Tertullian sich in anderen Schriften sehr oft gerade auch im religiösen Bereich gleichsam nach dem alttestamentlichen 'Abgrenzungsprinzip' von den heidnischen Einrichtungen durch einen Vergleich derselben mit den christlichen abgesetzt hat,[66] so ist folgende Gedankenkonstruktion durchaus denkbar und nicht einfach von der Hand zu weisen: Der "Zusammenführung der Brautleute durch die Pronuba[67] [stehen] die Worte *ecclesia conciliat* gegenüber. Der Ausdruck *confirmat oblatio* steht im Gegensatz zum heidnischen Opfer. Zu den Worten *obsignat benedictio* bildet das Gebet der heidnischen Brautleute die Parallele. Bei den Worten *angeli renuntiant* ist auf heidnischer Seite zu denken an die Rufe der Volksmenge während der 'pompa nuptialis'. Die letzten Worte *pater rato habet* besagen, daß die christlich eingegangene Ehe vom himmlischen Vater als geschlossen erachtet wird. Nach römischem Recht war die Zustimmung der Väter der Eheschließenden erforderlich, was Tertullian in einem folgenden Satze noch eigens erwähnt."[68] Unterstützung findet diese Vermutung auch dadurch, daß Chrysostomos zwar nicht für die Zeit Tertullians, wohl aber für die spätere Zeit belegt, daß der heidnische Brauch der *pompa nuptialis*, in der das neuvermählte Paar einherschritt und die

---

[64]Ad uxor II,8,6, in: CSEL 70, 123, und in: CChr SL I, 393.

[65]vgl. Kleinheyer, Riten um Ehe und Familie, 81; Niebergall, Ehe und Eheschliessung, 136; Neumann, Mischehe und Kirchenrecht, 13; Dieckhoff, Die kirchliche Trauung, 26 u.a.

[66]vgl. Köhne, Die kirchliche Eheschließungsform, 649.

[67]Pronuba ist die Brautführerin, die als Ehestifterin fungiert, indem sie die rechte Hand der Braut mit der des Bräutigams verbindet.

[68]ebd., 650; vgl. auch Stevenson, Nuptial Blessing, 18; dieser Versuch der Parallelisierung von römischen und christlichen Elementen bei der Eheschließung wird von Niebergall, Ehe und Eheschliessung, 137, Anm. 106 ohne jegliche Begründung als wenig überzeugend abgetan.

begleitende Volksmenge zweideutige Lieder sang, auch bei den Christen Eingang gefunden hatte.[69]

Ein unübersehbar großes Meer von Interpretationsmöglichkeiten haben schließlich die Worte *ecclesia conciliat et confirmat oblatio et obsignat benedictio* hervorgebracht. Daher ist eine genaue Betrachtung dieser umstrittenen Aussagereihe, nach der sich die Kirche bei der Eheschließung unter Christen in drei deutlich voneinander zu unterscheidenden Akten beteiligt, unerläßlich:

- *matrimonium ecclesia conciliat*: Die Kirche stiftet die Ehe.

  Wie hat man sich dieses Zustandebringen der Ehe durch die Kirche vorzu-stellen? Etwa als eine kirchliche, vielleicht sogar sakramentale Eheschlie-ßungsform[70] oder nur als eine förmliche Zustimmung der Gemeinde bzw.

---

[69]vgl. Chrysostomus, In epist. 1 Cor. Homilia 12, in: PG 61,95.

[70]so offensichtlich Dieckhoff, Die kirchliche Trauung, 26, der das *ecclesia conciliat* durch die Worte *dabunt viros et uxores* aus *De monogamia* 11,2 (in: CSEL 76,65) in dem Sinn konkretisiert sieht, daß das *dare* auf ein Zusammengeben des Bräutigams und der Braut durch die Kirche hinweist, so daß der Bischof oder der Presbyter in ähnlicher Weise handelnd beteiligt gewesen sei wie der Vater der Braut bei der Trauung im Buch Tobias. Allerdings denkt Dieckhoff bei diesem Akt des *conciliare* an das der Hochzeit vorhergehende und die Ehe begründende Verlöbnis, während erst das folgende *coniungere* in *De monogamia* 11,1 den Eheschließungsakt im Gemeindegottesdienst am Hochzeitstag meine. (S.27ff) Da das bei Dieckhoff angesprochene Problem des Verhältnisses von Verlöbnis und Eheschließung nicht zum Thema dieser Arbeit gehört und Dieckhoff selbst auf die historische Nichtbeweisbarkeit seiner Vermutung hingewiesen hat, soll hier auf seine These nicht näher eingegangen werden.
Schubert, Die evangelische Trauung, 7, nach dem die Kirche die vor dem weltlichen Recht schon geschlossene Ehe in dem gemeinsamen Gottesdienst des Paares unter Fürbitte der Gemeinde in einem höheren Sinn erst recht zusammenfügt.
Leipoldt, Die Frau in der antiken Welt, 232f, nach dem hier eine kirchliche Trauung mit allem, was die Kirche hier zu tun hat, als klarer Tatbestand vorliegt.
Andresen, Die Kirchen der alten Christenheit, 239, schließt aus diesen Worten auf eine Fürbitte für die Brautleute im Zusammenhang mit dem sogenannten Großen Kirchengebet.
Delling, Eheschließung, 727f, sieht in der Aussage zwar keinen förmlichen Eheschließungsakt, wohl aber eine gottesdienstliche Fürbitte nach bereits geschlossener Ehe.
Dagegen Ritzer, Formen, Riten und religiöses Brauchtum, 66f, nach dem von einem "liturgischen Ehesegen und einem Braut-Meßformular keine Rede sein" kann. Denn "so sehr eine oberflächliche Betrachtung das Gegenteil nahezulegen scheint", ist hier nicht von "einem kirchlich rituellen Begründungsakt der Eheschließung mit Messe und Priestersegen" die Rede; *ecclesia conciliat* meint vielmehr, daß die Kirche als Mutter aller Gläubigen Mischehen vermeidet und eine Christin nur einen Christen heiraten läßt (vgl. ebd., 60).
Für Baumann, Die Ehe, 177, ist unter Berufung auf Ritzer, Formen, Riten und religiöses Brauchtum (S. 58 - 61), "mit weitaus besseren Gründen an eine bloß ehevermittelnde Tätigkeit des Bischofs oder eines Presbyters zu denken." Baumann verfährt dabei allerdings mehr plakativ als argumentativ. Um sich von der Auffassung abzusetzen, daß diese Tertullianstelle "einen kompletten kirchlichen Eheschließungsritus" belegt, führt er nämlich aus: "Zunächst übersetzte man den sprachlich mehrdeutigen Schlüsselbegriff *ecclesia conciliat* mit 'von der Kirche *geeint*', wodurch der Eindruck entstand, die Kirche habe bereits damals die Eheleute zusammengegeben". Diese Behauptung wird erstens mit keiner Quelle belegt, obwohl sich Baumann ansonsten als sehr belegfreudig zeigt, und zweitens bietet er im zu erwartenden Gegenzug keine Alternativübersetzung an.
Vogt, Die Eheschließung in der frühen Kirche, 123f (vgl. auch Vogt, Die Ehe ein Sakrament, 19), hält Ritzers Position (vgl. S.60), daß die Kirche als Mutter aller Gläubigen die Ehe dadurch stiftet, daß sie gemäß dem Gebot des Apostels Paulus eine Christin nur einen Christen heiraten

eines Gemeindeorgans[71] oder als eine Art Verkündigungsakt (innerhalb eines Gemeindegottesdienstes)[72]?

Die Antwort auf diese Frage muß an dieser Stelle noch offen bleiben. Denn aus den Worten *ecclesia conciliat* allein läßt sich nicht mehr feststellen, *wie*, sondern nur noch, *daß* die kirchliche Gemeinde irgendwie die Ehe unter Christen stiftet.

● *matrimonium confirmat oblatio*: Das Darbringen bestätigt die Ehe.

Wie ist der Begriff *oblatio* zu verstehen, eher in einem allgemeinen Sinn als Almosen und Werke der Frömmigkeit[73] oder als Opferdarbringung innerhalb der Eucharistiefeier[74]? Die Hoffnung, diese Frage mit Hilfe eines Vergleichs des Wortgebrauchs von *oblatio* in anderen tertullianischen Schriften beantworten zu können, schlägt leider fehl. Denn die Stellen, an denen der terminus *oblatio* nachweisbar ist, werden von den Althistorikern zum Teil ganz unterschiedlich interpretiert; der eine liest die Bedeutung eines eucharistischen Opfers heraus[75], während für den anderen an den gleichen Stellen nur von Opfer im allgemeinen Sinn die Rede ist.[76] Bedenkt man allerdings die Tatsache, daß Tertullian noch keinen festen Ausdruck für die

---

läßt, für eine minimalistische und als wohl kaum zutreffende Deutung, weil mit 'conciliare' immer die Tätigkeit einer Heiratsvermittlung, nicht aber die negative einer Heiratsverhinderung ausgesagt wird. Vogt legt dann kurz seine eigene Position dar, die er auf die Tatsache aufbaut, daß Tertullian die Tätigkeit des *conciliare* auch auf den Teufel übertragen kann (vgl. *Ad uxorem* II,7,3; 8,3, in: CChr SL I, 391f), der nämlich als der *conciliator* einer Mischehe betrachtet wird: "Tertullian betrachtet also den Teufel selbst als den conciliator, den Vermittler einer solchen Mischehe. Dabei gibt er keinen Hinweis auf eine rituelle Handlung, etwa die Einsegnung einer solchen Ehe durch einen heidnischen Priester. Dann kann man auch aus dem 'conciliat ecclesia [matrimonium]' nicht eine irgendwie geartete rituelle Handlung des kirchlichen Amtsträgers beim Eheabschluß mit Sicherheit schließen"(S. 124).

[71]So offensichtlich Rietschel, Lehrbuch der Liturgik, 222, nach dem Tertullian nichts anderes zum Ausdruck bringen wollte als Ignatius, nämlich daß die Kirche den Eheschluß, dessen Billigung vorher durch die Kirche erfolgt ist, als einen nach Gottes Willen vollzogenen angesehen hat.

[72]so offensichtlich Köhne, Die Ehen zwischen Christen und Heiden, 70 bzw. ders., Die kirchliche Eheschließungsform, 648, nach dem während eines eucharistischen Gottesdienstes vor der Opferung der Eheabschluß bekanntgegeben wurde und anschließend ein Segensgebet über das Brautpaar gesprochen wurde.

[73]so Köhne, Die Ehen zwischen Christen und Heiden, 70, und Ritzer, Formen, Riten und religiöses Brauchtum, 66; Dieckhoff, Die kirchliche Trauung, 23

[74]so wohl schon Flügge, Geschichte der kirchlichen Einsegnung, 34, wenn er diese Stelle eher im Sinne von 'feierlichen Gebeten' statt als 'Darbringung eines Geschenkes' auffaßt; Stälin, Die Lehre von der Form der Eheschließung, 13; Müller / Campenhausen, Kirchengeschichte, 241; Andresen, Die Kirchen der alten Christenheit, 145, 229ff; Niebergall, Ehe und Eheschliessung, 138; Stevenson, Nuptial Blessing, 18; Studer, Zur Hochzeitsfeier der Christen, 82; Bernhard, Le decret Tametsi, 221.

[75]so Niebergall, Ehe und Eheschliessung, 138, Anm. 109 aus De praescr haer 40,4, in: CChr SL I, 220,8 u.a.: *oblatio panis* und De exhort cast 11,1, in: ebd. II, 1031,8; De coron 3,4, in: ebd. II, 1043,22: *oblationes profunctis*.

[76]so Vogt, Die Eheschließung in der frühen Kirche, 124.

Übereinstimmend verstehen Niebergall und Vogt den Ausdruck *oblatio* an den Stellen De orat 9,2, in: CChr SL I, 263,5; De virginibus velandis 13,2, in: ebd. II, 1222,18 als Darbringung des Gehorsams bzw. des Willens.

Eucharistiefeier hat,[77] sondern sie sowohl mit *eucharistia*[78] als auch mit *convivium*[79] umschrieb, dann ist der Gedanke, daß in einem entsprechenden Kontext *oblatio* im Sinne eines *pars pro toto* auch als Ausdruck für die Eucharistiefeier verwendet sein kann, nicht einfach von der Hand zu weisen.

Betrachtet man von diesem Gedanken inspiriert, den engeren Kontext von *oblatio* in *Ad uxorem* II, 8,6, dann darf man wohl spätestens bei dem nachfolgendem *obsignat benedictio* von einem liturgischen Geschehen ausgehen. Nimmt man des weiteren an, daß der ganze Vorgang des *conciliare, confirmare* und *obsignare* eine Einheit darstellt, dann legt sich wiederum die Vermutung nahe, daß sich diese drei zusammenhängenden Akte innerhalb eines Gemeindegottesdienstes ereigneten. Betrachtet man nun das zu *oblatio* gehörende Verb *confirmat*, dann kann man sagen, daß eine Opfergabe im allgemeineren Sinn, die dann vielleicht während des Gottesdienstes von den Brautleuten am Altar niedergelegt worden wäre,[80] höchstens im Sinne eines Öffentlichkeitsnachweises, kaum aber als Konfirmation der gestifteten Ehe vorstellbar ist; daß dagegen die Feier des eucharistischen Opfers eine *confirmatio* bzw. Bestätigung der eben gestifteten Ehe bewirkt, ist viel eher denkbar: durch das eucharistische Opfer wird die Ehe besonders geheiligt.[81] Wenn die Aussage *oblatio confirmat* in diesem aufgezeigten Sinn verstanden werden darf, dann hat Tertullian an dieser Stelle ein Zeugnis über die Ehe gegeben, das so gar nicht in den Trend der Zeit zu passen scheint. Die Ehe unter Christen wird durch die Teilnahme am eucharistischen Opfer nicht nur legitimiert und sanktioniert, sie wird sogar "im Hinblick auf gegenläufige, asketisch bestimmte Tendenzen sozusagen heiliggesprochen."[82]

---

[77]vgl. Jungmann, Missarum Solemnia I, 226, Anm.7.

[78]vgl. De coron 3,3, in: CChr SL II, 1043,19; De orat 19,2, in: ebd. I, 267,4; De praescr haer 36,5, in: ebd. I, 217,19; De pud 9,16, in: ebd. II, 1298,74 u.a.

[79]vgl. Apol 39,18, in: ebd. I,153,88; Ad uxor II 4,2, in: ebd. I, 388,12.

[80]so die Vorstellung von Köhne und Ritzer a.a.O.

[81]vgl. Niebergall, Ehe und Eheschliessung, 138f.

Für Baumann, Die Ehe, 178, ist die Vermutung der Trauung innerhalb einer Eucharistiefeier zumindest nicht belegbar; denn die "Möglichkeit, mit der Heirat eine besondere Eucharistiefeier zu verbinden, ist erst aus dem 5. Jahrhundert sicher bezeugt." Bei dieser Feststellung differenziert Baumann aber zu wenig; denn eine Eheschließung im Rahmen einer Eucharistiefeier der Gemeinde kann nicht einfach gleichgesetzt werden mit einer Eheschließung in einer speziellen Hochzeitsmesse. Das erste ist vielmehr ein notwendiges Vorstadium für die Entstehung des zweiten. Deshalb ist hier Bernhard, Le decret Tametsi, 221, zuzustimmen, der zu Recht darauf aufmerksam macht, daß dieser tertullianische Text zwar wichtig ist für den Zusammenhang Ehe - Eucharistie, aber nichts mit einer Trauungsliturgie zu tun hat. Vgl. auch ders., A propos de la forme ordinaire du mariage, 578, Anm.13: Hier ist weder von einer speziell für die Neuverheirateten zelebrierten Messe noch von einem Brautsegen die Rede.

[82]Niebergall, Ehe und Eheschliessung, 147.

- *matrimonium obsignat benedictio*: Die Segnung versiegelt die Ehe.[83]

Die über diese Stelle kontrovers geführte Diskussion, ob *benedictio* als 'Lobpreis Gottes' zu übersetzen und im Sinne eines Lobgebetes zu verstehen ist, das die christlichen Gatten gemeinsam verrichten und das die christliche Ehe in ihrem Bestand erhält,[84] oder als 'kirchliches Segensgebet',[85] läßt sich relativ klar entscheiden. Denn die erste Position kann sich nur darauf berufen, daß beide Wortbedeutungen von *benedictio* bei Tertullian belegt sind und Tertullian in *Ad uxorem*[86] beklagt, daß in einer Mischehe die *divina benedictio* vom christlichen Partner nicht laut gesprochen werden kann, sondern stumm bleiben muß. Gegen diese Auffassung und damit für die Übersetzung der *benedictio* als 'Segensgebet' der Kirche spricht aber die Verbindung mit *obsignare*. Denn "das 'obsignare', das nach Tertullian durch 'benedictio' geschieht, bedeutet 1. einen einmaligen Akt, 2. das Tätigwerden einer anderen Person, eines Zeugen, was man mit 'Gegenzeichnen' wiedergeben könnte. Das eigene Gebet der Eheleute kann nicht als 'obsignatio' verstanden werden, erst recht nicht das ständig wiederholte! Eine 'benedictio', die eine 'obsignatio' sein soll, muß vielmehr als Segnung verstanden werden, die den Brautleuten gespendet wird."[87] Außerdem scheint auch vom Kontext her, nämlich der Eheschließung innerhalb einer Eucharistiefeier der Gemeinde, die Bedeutung von *benedictio* als Segensgebet naheliegender zu sein.

Eine zweite in diesem Zusammenhang erörterte Streitfrage, ob man sich diese Segnung als eine *obsignatio crucis* "mit den Worten 'Der Herr sei mit euch', wahrscheinlich als eine Art 'Versiegelung', vorstellen kann"[88], oder nicht,[89] ist mehr von liturgischem, nicht aber von kirchenrechtlichem Interesse.

Will man diese Kernaussage in *Ad uxorem* nicht nur isoliert, sondern auch im Kontext weiterer Ausführungen Tertullians über die Ehe(schließung) betrachten, muß zunächst die entscheidende Frage geklärt werden, ob der vom 'Katholizis-

---

[83]Die Lesart *obsignat benedictio* wird zwar oft zugunsten von *obsignatum* bestritten (so Flügge, Geschichte der kirchlichen Einsegnung, 34; Keßler, Die Entwicklung der Formvorschriften, 8, Anm. 16; Schubert, Die evangelische Trauung, 7, Anm. 4; Stälin, Die Lehre von der Form der Eheschließung, 12f; Cremer, Die kirchliche Trauung, 14f; Dieckhoff, Die kirchliche Trauung, 22, Anm. 40), doch ist nach dem alten Grundsatz des Parallelismus membrorum die erste Lesart als die wahrscheinlichere anzusehen (so wohl auch Köhne, Die kirchliche Eheschließungsform, 648, Anm. 9; Ritzer; Niebergall und alle anderen, die auf dieses Problem gar nicht eingehen).

[84]so Ritzer, Formen, Riten und religiöses Brauchtum, 64f; Studer, Zur Hochzeitsfeier der Christen, 80; Baumann, Die Ehe, 178.

[85]so Kleinheyer, Riten um Ehe und Familie, 82, Niebergall, Ehe und Eheschliessung, 139; Vogt, Die Eheschließung in der frühen Kirche, 125.

[86]vgl. Ad uxor II, 6,2 und 8,8, in: CChr SL I, 390f; 393f.

[87]Vogt, Die Eheschließung in der frühen Kirche, 125; vgl. ders., Die Ehe ein Sakrament?, 20.

[88]Niebergall, Ehe und Eheschliessung, 139.

[89]so Vogt, Die Eheschließung in der frühen Kirche, 123, Anm.15: "Ich kann mir übrigens eine 'obsignatio crucis', das hieße also, daß ein Kreuz auf die Stirn gezeichnet wurde, durchaus nicht 'mit den Worten 'Der Herr sei mit euch!' vorstellen.' Obsigniert durch Kreuzzeichen auf die Stirn kann immer nur einer werden, dem müßte dann ein Deutewort im Singular entsprechen."

mus' seiner Zeit in die Sekte des Montanismus übergetretene Tertullian fortan nur montanistische Verhältnisse beschrieben oder auch noch die katholischen Gemeinden im Blick behalten hat. Die montanistische Sekte ist in der Mitte des 2. Jahrhundert aus einer eschatologisch-rigoristischen Tendenz heraus bzw. aus Kritik an der lax gewordenen Lebensführung in den christlichen Gemeinden entstanden und fand mit ihrem Aufruf zur Umkehr im Blick auf das drohende Weltende starken Anklang. Im Dienste dieser Bewegung hat Tertullian in seiner montanistischen Zeit keine Gelegenheit verpaßt, vorhandene Unterschiede zwischen den Montanisten und Katholiken herauszuarbeiten und dabei die ethisch strengen, ja rigorosen Montanisten den Katholiken als nachahmenswertes Vorbild vor Augen zu stellen. Im Bereich der Eheschließungsriten fehlt aber weitgehend eine solche Gegenüber- bzw. Herausstellung der montanistischen Praxis; daher wird Tertullian hier wohl insgesamt kaum einen montanistischen Sonderritus im Auge gehabt haben, sondern vielmehr die "katholischen" Verhältnisse,[90] die sich aber offensichtlich mit montanistischen Verhältnissen deckten, denn sonst hätte er die Unterschiede zwischen den Montanisten und den Katholiken wie sonst auch deutlich angegeben.[91]

Liest man nun in Zusammenhang mit dieser Feststellung und mit *ecclesia conciliat et confirmat oblatio et obsignat benedictio* die aus montanistischer Zeit stammende Schrift *De monogamia*, in der Tertullian die menschliche Ehe mit der Verbindung Christus-Kirche vergleicht und im Anschluß an Eph 5,32 auch von dem *magnum sacramentum* spricht,[92] so ist man geneigt zu vermuten, daß Tertullian zwar noch weit davon entfernt ist, die Ehe oder die Eheschließung als Sakrament zu bezeichnen, daß seine Gedanken aber schon haarscharf in diese Richtung gehen.[93] Diese Vermutung wird auch durch seine in der gleichen Schrift gegebenen Definition der Ehe in Abgrenzung zu einem ehebrecherischen Verhältnis gestützt:

> "*Matrimonium est, cum Deus iungit duos in unam carnem, aut iunctos deprehendens in eadem carne coniunctionem signavit. Adulterium est, cum quoquo modo disiunctis duobus alia caro, immo aliena miscetur, de qua dici non possit: Haec est caro ex carne mea et hoc os ex ossibus meis.*"[94]

Aus dieser Definition folgt ganz klar, daß für Tertullian Gott derjenige ist, der die Ehe stiftet, und dies auf zwei verschiedene Arten : "Entweder verbindet Gott die beiden zu einem Fleisch, wie es Mt 19,6 ausgesprochen wird; oder aber Gott findet die bereits Verbundenen vor und bestätigt die vorhandene Verbindung. Das ehebrecherische Verhältnis unterscheidet sich dadurch von der Ehe, daß die

---

[90]vgl. Vogt, Die Eheschließung in der frühen Kirche, 127; Niebergall, Ehe und Eheschliessung, 144; Stevenson, Nuptial Blessing, 17f; Köhne, Die kirchliche Eheschließungsform, 646, schließt das dagegen zumindest für *De pudicitia* explizit aus.

[91]vgl. Vogt, Die Eheschließung in der frühen Kirche, 129.

[92]vgl. De monog 5,7, in: CChr SL II, 1235,47 und in: CSEL 53,45 u.a.

[93]vgl. Niebergall, Ehe und Eheschliessung, 138 - 140; ähnlich auch Vogt, Die Eheschließung in der frühen Kirche, 126: "So wird man Ritzer zustimmen, daß Tertullian hier an eine 'sakramentale Begründung' 'des hochzeitlichen Bundes zwischen Getauften', 'ja selbst der ... zweiten Ehe' herankommt; das ist für uns entscheidend"(vgl. ders., Die Ehe ein Sakrament?, 20).

[94]De monog 9,4, in: CChr SL II, 1241, 27 - 32.

Betreffenden von sich aus die Initiative ergreifen und infolgedessen Gen 1,23 nicht für sich in Anspruch nehmen können. An dieser Definition der Ehe ist einmal bemerkenswert, daß in jedem Fall Gott es ist, der sie zustande bringt; wenn es 'Ad uxorem' II 8,6 hieß: 'Ecclesia conciliat ...', so ergibt sich aus der Stelle 'De monogamia' 9,4, daß es in Wahrheit Gott ist, auf den die konkrete Ehe zurückzuführen ist, so daß die Kirche nichts anderes tut, als daß sie den Willen Gottes nachvollzieht."[95]

Einen weiteren Einblick über die mit einer christlichen Eheschließung verbundenen Regeln bietet *De monogamia* 11,1:

"*[1.] Ut igitur in Domino nubas secundum legem et apostolum (si tamen vel hoc curas), qualis es id matrimonium postulans quod eis a quibus postulans non licet habere, ab episcopo monogamo, a presbyteris et diaconis eiusdem sacramenti, a viduis, quarum sectam in te recusasti? [2.] Et illi plane sic dabunt viros et uxores, quomodo buccellas. Hoc enim est apud illos: Omni petenti te dabis. Et coniungent vos in ecclesia virgine, unius Christi unica sponsa. Et orabis pro maritis tuis, novo et vetere? ...*"[96]

Tertullian polemisiert hier eindeutig gegen die in den katholischen Gemeinden mögliche Wiederheirat eines verwitweten Ehepartners, die in den montanistischen Gemeinden wohl nicht vorstellbar, geschweige denn gestattet war, und zwar aus dem dreifachen Grund, daß die Gemeindeführer auch nur einmal heiraten dürfen, die Kirche (als Jungfrau) die einzige Braut Christi ist, und außerdem die groteske Situation zu vermeiden ist, für den verstorbenen und lebenden Ehepartner beten zu müssen. Für die Frage nach einer Mitwirkung der Gemeinde an einer Eheschließung sind allerdings nur die dabei erwähnten Vorgänge des *matrimonium ab eis postulans, ... illi dabunt viros et uxores* und *coniugent vos in ecclesia* interessant: Ohne jede Erläuterung, gleichsam nur nebenbei bemerkt, stehen sie außerhalb der Polemik, stellen also nicht das Problem dar, und sind so selbstverständlich, daß sie nicht erklärt werden müssen, sind also offensichtlich bei den Katholiken wie auch bei den Montanisten üblich; da die Montanisten keine Zweitehe kennen, sind diese Schilderungen außerdem nicht nur auf die zweite Eheschließung eines verwitweten Ehepartners zu beziehen, sondern auf jede Eheschließung: Will ein Christ 'im Herrn' heiraten, muß er bei einem Repräsentanten der Gemeinde um eine Mitwirkung 'nachsuchen' (*postulare*); als Stellvertreter der Gemeinde, an den dieses Gesuch zu richten ist, wird hier allerdings nicht mehr wie

---

[95]Niebergall, Ehe und Eheschliessung, 140.
[96]CChr SL II, 1244, 1 - 9.
"Damit du also im Herrn heiratest nach der Weisung des Apostels (vgl. 1 Kor 7,39) – wenn du dich überhaupt darum kümmerst –, wie stehst du da, wenn du diese Ehe von denen forderst, die denen, von denen du sie forderst, nicht gestattet ist, vom nur einmal verheirateten Bischof, von den Priestern und Diakonen, für die dasselbe sacramentum (dieselbe religiöse Verpflichtung) gilt, und von den Witwen, denen du nicht folgen willst? ... Und jene werden ohne Zweifel so Männern und Frauen geben, wie man Brotkrumen [austeilt]. Das bedeutet nämlich bei ihnen das Wort: 'Gib jedem, der dich bittet'.[Lk 6,30] Und sie werden euch [ehelich] verbinden in der Kirche, welche Jungfrau ist, die einzige Braut des einen Christus, und du wirst für deine beiden Gatten beten, den neuen und den alten" (Vogt, Die Eheschließung in der frühen Kirche, 126f)

bei Ignatius von Antiochien nur der Bischof genannt, sondern auch die Presbyter, Diakone und Witwen.[97] Wie dieses Nachsuchen vonstatten ging und an welche Bedingungen die kirchliche Mitwirkung gebunden war, sagt Tertullian allerdings nicht; lediglich die Art der kirchlichen Mitwirkung wird angedeutet: sie besteht in einem *dare* und *coniungere*, und zwar *in ecclesia*; wer von der Gemeinde dieses *dare* und *coniungere* wann vollzog, wird aber ebenfalls verschwiegen.

Eine wenigstens annähernde Klärung der in *De monogamia* 11,1 offengebliebenen Fragen verspricht die Schrift *De pudicitia* in Kapitel 4 zu geben, in dem Tertullian hervorhebt, daß bei den Montanisten nicht nur jeder außereheliche Geschlechtsverkehr als Ehebruch und Hurerei gilt, sondern auch jede nicht vor der Gemeinde geschlossene Ehe Gefahr läuft, ebenfalls als Ehebruch und Hurerei betrachtet zu werden:

> *"Ita et ubicunque vel in quacunque semetipsum adulterat et stuprat, qui aliter quam nuptiis utitur. Ideo penes nos occultae quoque coniunctiones, id est non prius apud ecclesiam professae, iuxta moechiam et fornicationem iudicari periclitantur, nec inde consertae obtentu matrimonii crimen eludant."*[98]

Von dem Unterschied in der Beurteilung einer im verborgenen geschlossenen Ehe bei den Montanisten und Katholiken abgesehen, ist hier vor allem die Aussage *coniunctiones ... prius apud ecclesiam professae* wichtig: Wird die Ehe nicht geheim geschlossen, wird sie vorher der Gemeinde bekannt gegeben; da dieses Ehebekenntnis *apud ecclesiam*, also öffentlich vor bzw. im Beisein der Gemeinde abgelegt wurde, war die *professio* wohl als ein förmlicher Akt gestaltet.[99] Deshalb ist es auch denkbar, daß Tertullian hier in *De pudicitia* mit *professio* den gleichen Vorgang beschrieben hat, den er in *De monogamia* als *matrimonium postulare* bezeichnet hat, nur eben aus einer anderen Perspektive, nämlich nicht aus der des Heiratswilligen, sondern aus der der Gemeinde: Wenn ein Christ von der Gemeinde die 'Ehe erbittet' im Sinne einer Mitwirkung der Gemeinde an der

---

[97]Nach Köhne, Die Ehen zwischen Christen und Heiden, 69, bzw. ders., Die kirchliche Eheschließungsform, 648, werden die aufgezählten Personen nur beispielhaft aus der Gesamtgemeinde genannt bzw. herausgehoben, weil gerade diesen erwähnten Personen das Eingehen einer Zweitehe verboten war. Denn die Verben *postulare* und *coniungere* ließen deutlich die Zuständigkeit der gesamten christlichen Gemeinde erkennen.

Da es kaum vorstellbar ist, wie dies konkret ausgesehen haben soll, d.h. wie sich die Brautleute an die Gemeinde als solche gewandt haben sollen und wie die Gesamtgemeinde diese "verbunden" haben soll, scheint diese Position dem Sachverhalt kaum gerecht zu werden.

Nach Niebergall, Ehe und Eheschliessung, 142, deutet die Tatsache, daß in diesem Zusammenhang auch von Witwen die Rede ist, darauf hin, "daß es sich bei jener Zulassung nicht einfach um einen Verwaltungsakt handelt, sondern um einen Vorgang, der geistliches Entscheidungsvermögen voraussetzt."

[98]De pud 4,4, in: CChr SL II, 1287,11 - 16 und in: CSEL 20, 26 - 31.

[99]vgl. Köhne, Die kirchliche Eheschließungsform, 647; Vogt, Die Eheschließung in der frühen Kirche, 128f; Dieckhoff, Die kirchliche Trauung, 22; Cremer, Die kirchliche Trauung, 13f; Ritzer, Formen, Riten und religiöses Brauchtum, 34f; Stälin, Die Lehre von der Form der Eheschließung, 10f, sieht hier sogar das spätere Aufgebot, wenn gleich noch unentwickelt grundgelegt.

Eheschließung, dann ist das aus der Sicht der Gemeinde ein öffentliches 'Bekenntnis', eine Ehe eingehen zu wollen.[100]

Faßt man die gewonnenen Erkenntnisse aus *Ad uxorem, De monogamia* und *De pudicitia* zusammen, dann könnte zur Zeit und in dem Wirkungsbereich Tertullians die Eheschließungsfeier von Christen folgendermaßen abgelaufen sein: Der Christ erbittet die kirchliche Mitwirkung für seine Eheschließung (= *matrimonium postulare*) und bekennt damit der Gemeinde seine Heiratsabsicht (= *professio*), dann wird die Ehe innerhalb eines Gemeindegottesdienstes geschlossen, der die Elemente des *ecclesia conciliat et confirmat oblatio et obsignat benedictio* enthält.[101] Jedenfalls bezeugt Tertullian zum erstenmal nicht nur eine Beteiligung der Kirche an der Eheschließung von Christen, sondern gibt auch einen Einblick in die Art der Mitwirkung der Kirche. Darüber hinaus vermittelt er auch erstmals den Eindruck, daß diese kirchlichen Akte bei einer Eheschließung unter Christen zu seiner Zeit etwas Selbstverständliches bzw. sozusagen feste Gewohnheit waren[102] und nicht nur im Rahmen, sondern in enger Verbindung mit dem Höhepunkt des Gemeindelebens, der Eucharistiefeier, stattfanden. Die Ehe der Christen wird sogar nicht nur innerhalb der Eucharistiefeier geschlossen, sondern erhält darüber hinaus auch selbst Anteil an dem Mittelpunkt des eucharistischen Geschehens: dem eucharistischen Opfer. Dadurch wiederum werden die Neuvermählten in besonderer Weise mit Christus verbunden.

Aus heutiger Sicht geurteilt, scheint somit Tertullian wegweisend für die Entwicklung der kirchlichen Trauungungszeremonie gewesen zu sein; deshalb sollte man sich aber nicht gleich zu der Behauptung hinreißen lassen, daß man "in diesen dunklen Andeutungen Tertullians mit einigem Geschick unser ganzes gegenwärtiges kirchliches Eherecht, wenn nicht enthalten, so doch 'begründet' sehen [kann]: Aus der Elternschaft der Kirche könnte der kirchliche Anspruch auf ausschließliche Zuständigkeit für die Ehen aller Christen (c.1016) abgeleitet werden, die Formpflicht (c.1094ss.) aus dem Verlangen, die Eheschließung möge in foro ec-

---

[100]vgl. Niebergall, Ehe und Eheschliessung, 143, der sich aber selbst widerspricht, wenn er auf S.144 plötzlich mit *profiteri* den ganzen Vorgang des *postulare* und der *conciliatio, confirmatio, obsignatio* bezeichnet sieht.

[101]Die Frage, ob die *professio* bzw. *postulatio* unmittelbar vor der *conciliatio, confirmatio* und *benedictio* sozusagen als Akt zu Beginn der Eheschließung erfolgte (so Niebergall, Ehe und Eheschliessung, 143, Anm. 119) oder schon zu einem früheren Zeitpunkt erfolgt war, muß offen bleiben.

Nimmt man allerdings wie Ritzer, Formen, Riten und religiöses Brauchtum, 33ff, und Bernhard, A propos de la forme ordinaire du mariage, 578, Anm.13, an, daß die Schriften *De monogamia* und *De pudicitia* ausschließlich montanistische Verhältnisse beschreiben, dann würden sich die montanistischen und katholischen Gemeinden dadurch unterscheiden, daß an die Stelle der *conciliatio, confirmatio* und *obsignatio* in der katholischen Kirche bei den Montanisten ein formloseres *matrimonium postulare* bzw. *profiteri* gerückt ist (vgl. Niebergall, Ehe und Eheschliessung, 144). Bei dieser Annahme stellt sich allerdings die Frage, warum die ansonsten durch eine strengere Praxis als die Katholiken geprägten Montanisten gerade in der Frage der Eheschließung eine laschere Handhabung gepflegt haben sollen. Umgekehrt darf man aber auch nicht von diesen durch Tertullian belegten afrikanischen Ritus einfach schon auf einen allgemein christlichen Brauch schließen (so Schubert, Die evangelische Trauung, 7f; Stevenson, Nuptial Blessing, 19).

[102]Kleinheyer, Riten um Ehe und Familie, 82, ist sich dessen noch nicht so sicher; Dieckhoff, Die kirchliche Trauung, 21, dagegen sehr wohl.

clesiae geschehen; und selbst die Trauriten mit Traumesse (cc. 1100s.) könnten mit der 'Darbringung' begründet werden."[103]

2.3 Ignatius und Tertullian als die ersten und einzigen Zeugen einer kirchlichen Mitwirkung

Die erstmals von Ignatius und Tertullian bezeugte Mitwirkung der Kirche bei der Eheschließung ist offensichtlich nicht zufällig und allmählich, etwa durch eine Anpassung an andere Kulte entstanden, sondern vielmehr aus der Notwendigkeit heraus, die Einrichtung der Ehe gegen die eigene Unsicherheit der christlichen Gemeinden wie auch gegen ehefeindliche Auffassungen häretischer Bewegungen zu schützen.[104] Damit läßt sich dann auch ein zumindest hypothetischer Grund angeben, warum zur gleichen Zeit in anderen Gemeinden nichts von einer kirchlichen Mitwirkung bei der Eheschließung berichtet wird, obwohl auch dort schon eine ausgeprägte Stellung des Bischofs bezeugt ist: Vielleicht lebte man in diesen Gemeinden in einer Art 'heilen Welt', die von solchen Anfechtungen verschont geblieben war und deshalb eine kirchliche Mitwirkung beim Eingehen einer Ehe unnötig machte. Wie sonst sollte man das Fehlen jeglicher Nachricht über eine kirchliche Beteiligung bei einer Eheschließung unter Christen erklären können, gerade bei solchen Gemeindeverhältnissen wie die der Didaskalie und des Cyprian von Karthago, für die in allen anderen Lebensbereichen detaillierte Verhaltensanweisungen des Bischofs bezeugt sind?[105] Deshalb wird man zu recht aus dem Schweigen der Zeugnisse dieser Zeit schließen dürfen, daß es zumindest bis zum 3. Jahrhundert keine für alle Christen übliche, geschweige denn verbindliche (kirchliche) Eheschließungsform gegeben hat. Denn Seelsorger und Lehrer dieser Zeit, wie vor allem Origenes und Clemens von Alexandrien im Osten und Hippolyt und Lactantius im Westen, hätten sicherlich nicht versäumt, in ihren Schriften "auf eine bestimmte Eheschließungsform hinzuweisen und auf ihre Einhaltung zu pochen, wie sie sonst auf die Einhaltung und Beachtung nicht weniger kirchlicher Vorschriften drängen, hätte es eine bestimmte und die Ehe begründende kirchliche Form gegeben."[106]

3 Die kirchliche Beteiligung an der Eheschließung nach den Zeugnissen der Kirchenväter

In der Zeit, in der das Christentum von einer verfolgten Sekte über einen tolerierten Kult zu einer Staatsreligion wird, hat sich offensichtlich auch ein Wandel

---

[103]Neumann, Mischehe und Kirchenrecht, 14, der sich bei den Angaben der canones auf den CIC/1917 bezieht.
[104]vgl. Ritzer, Formen, Riten und religiöses Brauchtum, 53.
[105]vgl. Niebergall, Ehe und Eheschliessung, 150 - 155.
[106]Neumann, Mischehe und Kirchenrecht, 14f; vgl. Niebergall, Ehe und Eheschliessung, 237f; Ritzer, Formen, Riten und religiöses Brauchtum, 57.

in der Art und Weise vollzogen, wie ein Christ die Ehe eingeht. Denn Chrysostomus (344/354 - 407) spricht ganz selbstverständlich davon, daß er die Ehe durch Gebete und Benediktionen 'zusammenbindet' ($\sigma\upsilon\sigma\varphi\iota\xi\epsilon\iota\nu$).[107] Und Gregor von Nazianz (329/30 - 390) – offensichtlich von Tertullian beeinflußt – bezeichnet sich selbst als 'Ehestifter', als einen, der eine eheliche Verbindung zusammenfügt,[108] und berichtet in diesem Zusammenhang auch von einem Segenswunsch, den er über das Brautpaar ausspricht.[109]   Ebenso setzt Hieronymus (347 - 420) offensichtlich eine 'ehestiftende' Tätigkeit des Gemeindebischofs als zu seiner Zeit übliche Praxis voraus, denn sonst hätte er sie wohl kaum als die eines Priesters unwürdige, weil mit der Verkündigung der Enthaltsamkeit nicht zu vereinbarende Tätigkeit abgelehnt.[110] Sogar Augustinus (354 - 430) scheint diesen Brauch gekannt zu haben, zumindest nach der von Possidius, einem Schüler von Augustinus, verfassten Augustinusvita; in dieser Biographie wird berichtet, daß Augustinus im Anschluß an Ambrosius seinen Schülern den Rat erteilt hat, sich als Priester von der Mitwirkung an einer Eheschließung möglichst fernzuhalten, d.h. der Einladung zu einem Hochzeitsgastmahl nicht nachzukommen, sondern erst dann zu kommen und die getroffenen Abmachungen und Vereinbarungen zu unterschreiben wie auch diese (= die Abmachungen, nicht etwa die Brautleute!!) zu segnen, wenn sich die beiden Partner in ihrem Ehevorhaben völlig einig geworden sind und ihn eigens darum bitten. Denn dadurch könne man vermeiden, im Falle eines Ehestreites als derjenige verwünscht zu werden, der die beiden Eheleute verbunden hat (coniungere).[111]

---

[107]vgl. Hom. 48. in Gen., in: PG 54, 434ff.

[108]vgl. Orat. 40,18 in S. Baptisma, in: PG 36,382:
"$K\alpha\vartheta\alpha\rho\grave{o}\varsigma$ $\epsilon\tilde{\iota}$, $\kappa\alpha\grave{\iota}$ $\mu\epsilon\tau\grave{\alpha}$ $\tau\grave{o}\nu$ $\gamma\acute{\alpha}\mu o\nu$. $\dot{\rm E}\mu\grave{o}\varsigma$ $\dot{o}$ $\kappa\acute{\iota}\nu\delta\upsilon\nu o\varsigma$, $\dot{\epsilon}\gamma\grave{\omega}$ $\tau o\acute{\upsilon}\tau o\upsilon$ $\sigma\upsilon\nu\alpha\rho\mu o\sigma\tau\grave{\eta}\varsigma$, $\dot{\epsilon}\gamma\grave{\omega}$ $\nu\upsilon\mu\varphi o\sigma\tau\acute{o}\lambda o\varsigma$ ... $M\iota\mu\acute{\eta}\sigma o\mu\alpha\iota$ $X\rho\iota\sigma\tau\grave{o}\nu$, $\tau\grave{o}\nu$ $\kappa\alpha\vartheta\alpha\rho\grave{o}\nu$ $\nu\upsilon\mu\varphi\alpha\gamma\omega\gamma\acute{o}\nu$, $\kappa\alpha\grave{\iota}$ $\upsilon\mu\varphi\acute{\iota}o\nu$, $\dot{o}\varsigma$ $\kappa\alpha\grave{\iota}$ $\vartheta\alpha\upsilon\mu\alpha\tau o\upsilon\rho\gamma\epsilon\tilde{\iota}$ $\gamma\acute{\alpha}\mu\eta$, $\kappa\alpha\grave{\iota}$ $\tau\iota\mu\tilde{\alpha}$ $\sigma\upsilon\zeta\upsilon\gamma\acute{\iota}\alpha\nu$ $\tau\tilde{\eta}$ $\pi\alpha\rho o\upsilon\sigma\acute{\iota}\alpha$."

[109]vgl. Ep 231, in: PG 37, 374; dt. in: Wittig, M., Gregor von Nazianz, Briefe, Stuttgart 1981, 219:
"Für meine liebste Evopia ist die Zeit der Heirat gekommen, das Fundament eines Lebens (wird gelegt) und die Gebete der Väter sind erfüllt. Wir aber sind nicht da, wir, die vor allem anwesend sein und mit Euch beten sollten. Und ich hatte es ja auch versprochen und die Hoffnung stand hinter meinem Wunsch; aber etwas zu wollen reicht, um sich zu täuschen. Mehrmals bin ich aufgebrochen, mehrmals habe ich innegehalten, schließlich wurde ich von der Krankheit besiegt. Mögen andere die Liebenden rufen – weil zu einer Hochzeit auch das Spielen gehört –, die Schönheit des Mädchens beschreiben, den Charme des Bräutigams entzünden und das Brautgemach mit Worten wie mit Blumen überschütten. Ich will Euch mein Hochzeitslied singen: Es segne der Herr Euch vom Sion her [vgl. Ps 127,5], möge er selbst die Ehe zusammenfügen und 'mögest Du die Söhne Deiner Söhne sehen' [Ps 127,6] – es fehlt wenig, daß ich sage: sogar bessere. Das hätte ich Euch auch gewünscht, wenn ich anwesend gewesen wäre, und das wünsche ich Euch auch jetzt. Das Übrige soll Euere Sorge sein, und der Vater möge die Kränze auflegen, wie er es gewünscht hat. So haben wir es auch gehalten, wenn wir bei Hochzeiten dabei waren: den Vätern stehen die Kränze zu, uns aber die Gebete – und die sind, wie ich weiß, nicht räumlich begrenzt."

[110]vgl. Ep. 52,16 (in: CSEL 54, 439): Praedicator continentiae nuptias ne conciliet. Qui apostolum legit: *Superest, ut et qui habent uxores, sic sint, quasi non habentes*: cur virginem cogit, ut nubat? qui de monogamia sacerdos est, quare viduam hortatur, ut $\delta\acute{\iota}\gamma\alpha\mu o\varsigma$ sit?

[111]vgl. Sancti Augustini vita scripta a Possidio Episcopo. Edited with revised text, introductio notes and English version by H.T. Weiskotten, London 1919, Kap. 27,4 - 5, S.138: "4 Servandum quoque in vita et moribus hominis Dei referebat, quod instituto sanctae memoriae Ambrosii compererat, ut uxorem cuiquam numquam posceret, neque militare volentem ad hoc

Doch wie hat man sich diese von Chrysostomus, Gregor von Nazianz, Hieronymus und Augustinus vorausgesetzte Mitwirkung des Priesters[112] beim Eheschließungsakt konkret vorzustellen? Hier ist wieder einmal keine klare Antwort, sondern nur eine aus verschiedenen Mosaiksteinchen zusammengesetzte Vermutung möglich. Einen ersten Mosaikstein stellen die Konzilien von Neocäsarea 314/25, Laodicäa um 360 und von Karthago 399 dar, da man aus ihren Dekreten indirekt entnehmen kann, daß es um diese Zeit üblich war, den Bischof oder die Presbyter zum Hochzeitsmahl einzuladen. Denn das Konzil von Neocäsarea verbot in c.7 den Priestern, bei den Hochzeitsfeiern einer Zweitehe mitzuessen,[113] und das Konzil von Laodicäa in c. 54 dem Klerus, bei Hochzeiten und Gastmählern die Schauspiele mitanzusehen; bevor die Schauspieler erscheinen, soll der Geistliche gehen.[114] Das 4. Konzil von Karthago verordnete schließlich sogar in c.13, daß der Bräutigam und die Braut vom Priester gesegnet werden sollen.[115] Hat sich vielleicht aus einem anfänglichen *gratulatio* - Besuch des Priesters, wie ihn Chrysostomus bei der Schilderung von Hochzeiten bezeugt, sozusagen wie von selbst eine priesterliche *benedictio* (mit anfangs mehr privatem Charakter) entwickelt und diese wiederum im Laufe der Zeit das Gepräge eines kirchlich – liturgischen Aktes angenommen,[116] der immer weitere Kreise zog und allmählich "obligatorischer Bestandteil der (ersten) Eheschließung" wurde?[117]

Ein weiterer Baustein kann aus dem Brief 193 des Gregor von Nazianz gewonnen werden, in der er seine Abwesenheit bei einer Hochzeitsfeier entschuldigt; wenn Gregor in diesem Zusammenhang von einer Schar anwesender Bischöfe (ἐπισκόπων ὅμιλος) spricht und betont, daß er im Geiste anwesend sei, die rechten Hände der jungen Leute miteinander verbinde und beide durch die Hand Gottes,[118] so beschreibt er hier wohl nicht nur die einem der anwesenden Priester zugedachte Funktion beim Eheschließungsakt, sondern zugleich auch deren

---

commendaret, neque in sua patria petitum ire ad convivium; 5 de singulis rebus praestans causas, scilicet ne dum inter se coniugati iurgarent, ei maledicerent per quem coniuncti essent, sed plane ad hoc sibi iam consentientes petitum interesse debere sacerdotem, ut vel eorum iam pacta et placita firmarentur vel benedicerentur."

Die Frage, ob Augustin wie schon vorher Ambrosius, Chrysostomus, Gregor von Nazianz u.a. hier vom Verlöbnis spricht (so Dieckhoff, Die kirchliche Trauung, 30 - 34, und Schubert, Die evangelische Trauung, 11f) oder von der Hochzeit, bleibt hier unberücksichtigt (vgl. dazu die prägnante Zusammenfassung dieses Problems bei Plöchl, Geschichte des Kirchenrechts I, 226 u. II, 306f). Denn falls in dieser Zeit tatsächlich zwischen Verlöbnis und Hochzeit unterschieden wurde, dann kam auf jeden Fall bereits dem Verlöbnis die eheschließende Wirkung zu; und gerade um diesen Eheschließungsakt bzw. um die Beteiligung der Kirche an diesem Akt geht es ja in dieser Arbeit.

[112]'Sacerdos' wie auch ἱερεύς ist nicht in dem heutigen engen Sinn von Priester zu verstehen, sondern nach frühchristlichem Sprachgebrauch zunächst hauptsächlich als Amtsbezeichnung für den Bischof und dann als Oberbegriff für Presbyter (= Priester) *und* Bischof (vgl. Gy, M., Bemerkungen zu den Bezeichnungen des Priestertums in der christlichen Frühzeit, in: Guyot, J., (Hg) Das Apostolische Amt, Mainz 1961, 92 - 109, 103 - 105).

[113]vgl. c.7, in: Mansi II, 541.

[114]vgl. c.54, in: Mansi II, 573.

[115]vgl. c.13, in: Mansi III, 952.

[116]vgl. Hofmeister, Die Form der Eheschließung, 225f; Niebergall, Ehe und Eheschliessung, 238f; Ritzer, Formen, Riten und religiöses Brauchtum, 47f, 53, 81.

[117]Gerhartz, Geschichtlicher Aufriss, 9.

[118]vgl. Ep. 193, in: Gallay, P., (Hg), Gregor von Nazianz, Briefe, Berlin 1969, 140.

Interpretation, nämlich daß durch die priesterliche Zusammenfügung die göttliche vollzogen wird. Des weiteren darf man aus seiner Bemerkung in Epistula 231, daß nicht er, sondern der Brautvater die Bekränzung bzw. Krönung des Brautpaares vornehmen soll,[119] wohl entnehmen, daß diese Bekränzung durch den Brautvater schon des öfteren durch den anwesenden Priester erfolgt war.[120] Nimmt man schließlich noch die Auskunft des Augustinus in Sermo 332 hinzu, daß die Heiratsurkunde vom Bischof unterzeichnet wurde,[121] so ist die Vermutung durchaus angebracht, daß der Vollzug der für die Eheschließung wesentlichen Zeremonien, die bisher dem Brautvater oder dem Vormund der Braut vorbehalten waren, allmählich auf den offiziellen Vertreter Gottes übergegangen waren.[122] Aus der persönlichen und mehr privaten Teilnahme war offensichtlich schrittweise die aktive und mehr amtliche Mitwirkung des Priesters und damit der Kirche entstanden. Dies wiederum machte es nötig, die vom Priester übernommenen Funktionen und Symbole christlich umzudeuten. Eine solche Umdeutung nahm bereits Chrysostomos vor, der dem Bekränzungsritus des Brautpaares nach 1 Kor 9,25 und II Tim 4,8 folgende Sinndeutung gab: Die Brautleute erhalten deswegen den Kranz bzw. die Krone, weil sie im Kampf um die Keuschheit den Sieg davongetragen haben.[123] Den vorläufigen Abschluß dieser Entwicklungslinie stellt schließlich die Verlagerung der dem Priester übertragenen Riten vom Hochzeitshaus in die Kirche dar; dieser Ortswechsel ist zum ersten Mal in der um die zweite Hälfte des 5. Jahrhunderts entstandenen *Statuta ecclesiae antiqua* bezeugt, nach der in c.101 das Brautpaar den Klerus nicht mehr im Haus empfing, sondern zum Priester geführt wurde, um den Segen zu empfangen.[124] Damit waren die Grundlagen dafür geschaffen, daß die Mitwirkung der Kirche langsam zu einem festen Brauch wurde, allerdings noch lange nicht im Sinne eines Gesetzes oder eines Anspruchs der Kirche auf Beteiligung, sondern bis weit ins Spätmittelalter hinein als eine lobenswerte Gewohnheit; die priesterliche Benediktion war so etwas wie ein "Ehrenrecht" und "eine Ehrenpflicht für die Gläubigen, die zum ersten Mal eine Ehe eingingen."[125] Nichtbeachtung dieser christlichen Sitte führte deshalb auch nicht zur Ungültigkeit einer Ehe, sondern galt als "ein religiös - sittliches Verdict ohne juristische Tendenz"[126]. Der kirchliche Segen hatte damals noch keine "konstitutive Bedeutung für die Ehe gehabt .... Ob ein Christ solchermaßen seine Ehe unter den Segen der Kirche stellte, war eine Frage seiner persönlichen Gläubigkeit und Ausdruck seines Verhältnisses zur Kirche, war ein Zeichen seiner christlichen Gesinnung, war moralisch zurechenbar, hatte aber auf die Gültigkeit seiner Ehe keinerlei rechtlichen Einfluß!"[127]

---

[119]vgl. Ep. 231, in: ebd., 160.
[120]vgl. Dieckhoff, Die kirchliche Trauung, 32; Kleinheyer, Riten um Ehe und Familie, 95.
[121]Sermo 332, in: PL 38, 1463.
[122]vgl. Ritzer, Formen, Riten und religiöses Brauchtum, 77 und 81.
[123]vgl. Ep I ad Tim hom 9,2, in: PG 62, 545 - 548.
[124]vgl. StatEcclAnt can 101 (XIII), in: CChr SL 148, 162 - 188, 184.
[125]Ritzer, Formen, Riten und religiöses Brauchtum, 82, der dies allerdings auf die Eheschließung in der griechisch - byzantinischen Kirche in der Zeit vom 4. bis zum 7. Jh bezieht.
[126]Richter, Lehrbuch, des katholischen und evangelischen Kirchenrechts, 1045, Anm. 2; vgl. auch Stälin, Die Lehre von der Form der Eheschließung, 27; Scheuerl, Die Entwicklung des kirchlichen Eheschliessungsrechts, 29 und 42f.
[127]Neumann, Mischehe und Kirchenrecht, 23f; vgl. auch 27.

4   Der kirchliche Segensakt im Mittelalter

Wie in vielen Bereichen so entwickelten sich auch die Eheschließungsformen in den östlichen und westlichen Kirchen ganz verschieden. Im Osten wurde durch die enge Verbindung von Staat und Kirche schon unter Leo VI. (886 - 912) ein kirchlich-staatliches Eherecht entwickelt und darin die kirchliche Segnung als die 'conditio sine qua non' für das Zustandekommen einer rechtmäßigen Ehe festgelegt.[128] Nach der Auffassung der Ostkirchen war und ist die priesterliche Benediktion nicht nur Segnung der geschlossenen Ehe, sondern göttliche Zusammenfügung der Ehe. Durch die Gebete während der Benediktion "wird Gott selbst bei der Schließung der Ehe wirksam gegenwärtig, tritt Gott selbst ins Mittel zwischen den zu copulirenden Brautleuten und bestätigt und befestigt den Bund der Ehe, welcher nun nicht mehr bloß ein von Menschen geschlossener, sondern zugleich ein von Gott zusammengefügter ist."[129]

Im Westen dagegen war durch die Völkerwanderung bzw. den Einbruch der Germanen das römische mit dem germanischen (Ehe-)Rechtssystem aufeinandergeprallt. Dies hatte gerade auf dem Gebiet der Ehe(-Schließung) eine kontinuierliche Entwicklung (des Rechtes) so gut wie unmöglich gemacht; denn hier klafften die Anschauungen der beiden Völker in besonderem Maße auseinander: Nach der Auffassung des römischen Rechtes, die auch die römisch-katholische Kirche übernommen hatte, galt der von Ulpian formulierte Grundsatz: *non concubitus, sed consensus facit nuptias*; das germanische Recht aber kannte vier verschiedene Formen der Eheschließung. "Die verbreitetste Form dürfte die Eheschließung aufgrund Vertrages mit den sippen- und familienrechtlichen Gewalthabern der Braut (Mikat) gewesen sein. Sie bestand aus verschiedenen Teilakten, nämlich der Verlobung, der Trauung, d.h. der Übergabe (*traditio* = Trauung) der Braut durch den 'Gewalthaber' an den Bräutigam, der Heimführung der Braut in das Haus des Mannes mit dem Hochzeitsmahl und schließlich aus dem Beilager, d.h. der Beschreitung des Ehebettes in Anwesenheit von Zeugen. Dabei spielen die Brautgabe bei der Verlobung und die Morgengabe nach der Hochzeit ebenso eine Rolle wie die Anwesenheit von Zeugen als Bürgen der Öffentlichkeit. Diese genannten Faktoren machen den Vorgang zum Rechtsgeschäft. Eine zweite allerdings freiere Form der Eheschließung erfolgte so, daß die offenkundig begründete Geschlechts- und Lebensgemeinschaft den Tatbestand der Ehe schuf (Mikat). Eine dritte Form ist die Friedelehe, die auf der freien Übereinkunft der Partner beruhte; zu ihr gehörten zwar die öffentliche Heimführung und das Beilager, aber nicht der rechtliche Schutz der Übergabe der Braut an den Bräutigam. Schließlich konnte eine Eheschließung auch durch eine freie Verfügung zustandekommen, aufgrund deren Unfreie von ihren Herren, aber auch andere, z.B. vom König, verheiratet werden konnten."[130]

---

[128]vgl. Const 89, in: PG 107, 601 - 604.

Interessant ist die Begründung für diese Verfügung: Durch Gottes Gnade sei man jetzt zu einem höheren und heiligeren Stande der Sitten als früher gelangt.

Für die gegenwärtige Regelung der Eheschließung in den Ostkirchen siehe S. 172ff.

[129]Dieckhoff, Die kirchliche Trauung, 45.

[130]Niebergall, Ehe und Eheschliessung, 243, der sich hier auf Mikat, P., Ehe, 848 - 855, stützt; vgl. Ritzer, Formen, Riten und religiöses Brauchtum, 158.

Zwar war auch in der Westkirche die priesterliche Benediktion inzwischen feste Sitte, ja vielleicht sogar so etwas wie eine allgemeine (aber nicht verbindliche) Regel geworden, deren Beobachtung von der Kirche eingeschärft wurde; doch die kirchliche Mitwirkung, speziell den Segensakt wie im Osten zu einer Gültigkeitsbedingung für eine rechtmäßig anerkannte Ehe erheben zu wollen, war in dieser Situation undenkbar, stand aber auch nicht zur Debatte; denn von der Konsenstheorie her bestand nicht das Interesse und von der germanischen Umwelt her nicht die Möglichkeit, eine solche Forderung aufzustellen. Somit galt in der Westkirche die priesterliche Segnung der Ehe weiterhin als ein durchaus empfehlenswerter Akt der Ehe*heiligung*, des Ehe*bekenntnisses* und der Ehe*bestätigung* durch die Kirche, nicht aber als ein Akt der Ehe*schließung* selbst. Deshalb fanden auch Eheschließung und Kirchgang zeitlich und örtlich getrennt statt.[131]

4.1 Papst Nikolaus I. und die Auswirkungen der 'Responsa ad Bulgaros'

Eine entscheidende Kursänderung in der weiteren Entwicklung der Eheschließungsform wurde von Papst Nikolaus I. ausgelöst, und zwar näherhin durch sein vielzitiertes Schreiben *Responsa ad consulta Bulgarorum* aus dem Jahre 866;[132] denn hierin erklärt er als erster und sozusagen *autoritativ*, daß alle im Zusammenhang mit einer Eheschließung üblichen Förmlichkeiten rechtlich bedeutungslos sind. Anlaß für diese Erklärung war eine Anfrage der Bulgaren, die sich aus dem Einflußbereich des oströmischen Reiches lösen und sich stattdessen Rom anschließen wollten, weil sie sich dadurch mehr Selbständigkeit für ihr von Konstantinopel begründetes Kirchenwesen erhofften. Zu diesem Zweck stellten sie dem Bischof von Rom einige Fragen, u.a. auch über das Eheschließungsrecht und die Eheschließungsbräuche der römischen Kirche; in seinem Antwortbrief schildert Nikolaus I. ausführlich die bei der Eheschließung üblichen Feierlichkeiten und schließt dann mit der Erklärung, daß die Einhaltung derselben weder für den äußeren Rechts- noch für den inneren Gewissensbereich bindend ist; rechtlich verpflichtend ist vielmehr nur der Konsensaustausch der Brautleute:

> "Nach der Verlobung, welche die vertragliche Absprache der künftigen Ehe ist und die nach Übereinkunft des Brautpaares und seiner Vormünder gefeiert wird und bei der der Bräutigam sich der Braut mit Verlobungsgeschenken (arrhae) und durch den Ring, mit dem er den Finger der Treue schmückt, verlobt und ihr das von beiden vereinbarte Brautgeld (dos) zusammen mit einem Schriftstück über diesen Vertrag öffentlich vor den von beiden geladenen Zeugen übergibt, werden die zwei bald darauf oder zu einem passenden Zeitpunkt – natürlich darf ein solcher Akt nicht vor dem vom Gesetz festgelegten Alter erfolgen – zur Trauung geführt. Zunächst stellen sie sich in

---

[131]vgl. Friedberg, Das Recht der Eheschliessung, 10; Stälin, Die Lehre von der Form der Eheschließung, 27; Scheuerl, Die Entwicklung des kirchlichen Eheschliessungsrechts, 42; Schubert, Die evangelische Trauung, 19.

[132]Zu den Responsa ad consulta Bulgarorum insgesamt siehe Heiser, L. Die Responsa.

der Kirche des Herrn mit Opfergaben, welche sie schuldigerweise Gott darbringen, nach der Weisung des Geistlichen auf. So empfangen sie erst den Segen und den himmlischen Schleier, selbstverständlich sinnbildhaft, denn der Herr hat die ersten Menschen im Paradies gesegnet mit den Worten: 'Wachset und mehret euch!' (Gen 1,28), und so weiter. So hat auch Tobias, ehe er mit seiner Gattin zusammenkam, mit ihr im Gebet zu Gott gefleht, wie die Schrift (vgl. Tob 8,4) berichtet. Gleichwohl empfangen diesen Schleier jene nicht, welche zum zweiten Mal eine Ehe schließen. Wenn sie danach die Kirche verlassen, tragen sie auf dem Haupte Kronen, die man immer in der Kirche aufzubewahren pflegt. Auf solche Weise wird die Hochzeit gefeiert, und im übrigen werden sie dazu angehalten, künftig unter Gottes Führung ein unzertrennliches Leben zu führen.

Dies sind die rechtlichen Bestimmungen für die Heirat; außer ihnen gibt es noch andere feierliche Verträge unter den Ehepartnern, welchen hier nicht Erwähnung getan wird. Wir behaupten jedoch, daß es keine Sünde ist, wenn dies alles den Eheabschluß nicht begleitet, wie nach eueren Aussagen die Griechen euch einreden, zumal eine unzureichende Vermögenslage etlichen Menschen Beschränkungen aufzuerlegen pflegt, so daß ihnen die Mittel fehlen, wenn sie dies ausrichten wollten. Vielmehr genügt nach den Gesetzen hierzu einzig das Einverständnis [consensus] derer, um deren Verbindung es sich handelt. Allein wenn diese Zustimmung [consensus][133] bei der Heirat fehlen sollte, ist auch alles übrige, was im Zusammenhang mit dieser Vereinigung gefeiert wird, sinnlos, wie der große Lehrer Johannes Chrysostomus bezeugt; er sagt: 'Nicht die geschlechtliche Vereinigung macht die Ehe, sondern der Wille!'... "[134]

Die hier von Nikolaus I. als dem Bischof von Rom ausdrücklich vorgenommene Feststellung, daß der Konsens der Heiratenden *allein* schon eine gültige Ehe begründet, ist zum Grundsatz des kanonischen Eherechtes geworden und bis heute geblieben, obwohl durch diese Hervorhebung des Ehekonsenses zunächst eine negative Wende eingeleitet wurde.[135] "Durch die ausschließliche Betonung

---

[133]'consensus' ist in beiden Fällen wohl treffender mit Konsensaustausch zu übersetzen.

[134]Deutsche Übersetzung von Heiser, Die Responsa, 403f; lateinische Quelle in: Mansi XV, 402f.

[135]Die Position von Dieckhoff, Die kirchliche Trauung, 58f, und Keßler, Die Entwicklung der Formvorschriften, 13, daß der Grund dieser Wende die wachsende Ausdehnung der Kirche mit den damit verbundenen Hemmungen und Schwierigkeiten, ihre Forderungen durchzusetzen, gewesen sei, scheint von der falschen Voraussetzung auszugehen, daß die kirchliche Mitwirkung an der Eheschließung nicht nur Sitte, sondern unerläßliche Vorschrift gewesen ist. Genau das war aber nicht der Fall! Deshalb markiert auch nicht Nikolaus I. einen "Wendepunkt in der Haltung der Kirche zur Frage der Eheschließungsform" (Keßler, Die Entwicklung der Formvorschriften, 11), sondern schreibt die von Anfang an eingenommene – wenn auch nie explizit geäußerte – Haltung der Kirche fest und leitet durch diese klare Stellungnahme eine Wende ein. Die entscheidende Bedeutung dieser 'Responsa' für die weitere Entwicklung liegt also nicht so sehr im Inhalt, sondern in der Methode/Form begründet.
Insofern betont auch Mörsdorf, Der Ritus sacer, 256f bzw. in: Kanonische Schriften, 595f, zu Recht: "Es ist nicht zu bestreiten, daß dieses päpstliche Schreiben das lateinische Ehe-

der Rechtsbedeutsamkeit des Konsenses [wurden] die sinnfälligen und in der Öffentlichkeit sich abspielenden Eheschließungsgebräuche der Volksrechte ihrer Rechtswirksamkeit"[136] beraubt. Dies mußte dazu führen, daß fortan viele Ehen formlos, also ohne jeden Öffentlichkeitscharakter, d.h. privat bzw. *klandestin* geschlossen wurden. Dadurch mußten früher oder später vor allem zwei Probleme entstehen: zum einen, daß unter dem Vorwand einer Ehe tatsächlich Unzucht getrieben wurde; zum anderen, daß wirkliche Eheleute getrennt wurden, indem der eine Partner den anderen einfach verließ, ohne daß dieser die Ehe beweisen oder Wiedergutmachung des ihm geschehenen Unrechts erlangen konnte. So sehr die Durchsetzung dieses Prinzips von grundlegender Bedeutung für die Gleichberechtigung der Frau wurde, so hatte es andererseits "eine Abwertung der weltlichen Eheschließungsformen, aber auch der priesterlichen Ehesegnung zur Folge und begünstigte trotz aller kirchlichen Verbote das Aufkommen klandestiner Ehen[137] und wirkte damit wiederum zerstörend auf die Ehegesinnung der Menschen ein.[138] Denn es machte zeitgebundene Verbindungen möglich, maskierte Bigamie und vereinfachte die Scheidung und Wiederverheiratung.[139]

Um diesen sozialen Mißständen und damit der Gefährdung der Ehe an sich entgegenzuwirken, drängte die Kirche um so mehr auf eine öffentliche Form des Eheabschlusses, also auf die Beobachtung der herkömmlichen Eheschließungsbräuche. Damit war eine zweite Wende eingeleitet: Diente die kirchliche Mitwirkung, vor allem der kirchliche Segensakt, bisher hauptsächlich der Rechtfertigung und dem Schutz der Ehe, so erfüllte sie künftig die Funktion der Beweisbarkeit des Ehebeginns bzw. des Konsensaustausches. Diese Verlagerung im Bedeutungsgehalt der kirchlichen Mitwirkung führte wiederum dazu, daß das spezifisch religiöse Moment der Segnung allmählich in Vergessenheit geriet, seine religiöse Bedeutung verlor und nur noch als eine (kirchliche) 'Formalität' von unwesentlicher, aber nicht wertloser, weil von beweissichernder[140] Bedeutung betrachtet wurde. Tatsächlich kannte man schon bald nicht mehr den eigentlichen Sinn des Gebotes kirchlicher Mitwirkung bei der Eheschließung. "Es [wurden] zwar noch die Verbote der Kirche zitiert; als Grund des Verbotes klandestiner Eheschließung [erschien] jedoch nur noch die der Eheschließung unter vier Augen immanente Gefahr, daß bei Bestreiten des einen Ehepartners die tatsächlich vorgenommene Eheschließung nicht bewiesen werden kann."[141] So behandelte z.B. Gratian in seiner um 1140 verfaßten Rechtssammlung *Concordia discordantium canonum* das Thema der feierlichen Eheschließung unter der Frage: *An clandestina desponsa-*

---

schließungsrecht nachhaltig beeinflußt hat; man tut dem Papstwort aber Gewalt an, wenn man in ihm, wie dies seit Jahr und Tag in unserer Theologie geschieht, eine Bestimmung über die Form des Ehesakramentes sieht. Daran hat der Papst sicher nicht gedacht. Er bezieht sich klar und bestimmt darauf, daß *secundum leges*, das will heißen: nach römischem Recht, der beiderseitige Konsens allein genüge."

[136]Neumann, Mischehe und Kirchenrecht, 28; vgl. auch Mörsdorf, Der Ritus sacer, 258 bzw. in: Kanonische Schriften, 597.

[137]Mörsdorf, Der Ritus sacer, 257 bzw. in: Kanonische Schriften, 596.

[138]vgl. Plöchl, Geschichte des Kirchenrechts IV, 269.

[139]vgl. Bernhard, Le decret Tametsi, 229.

[140]vgl. Portmann, Wesen und Unauflöslichkeit der Ehe, 70.

[141]Keßler, Die Entwicklung der Formvorschriften, 21.

tio manifestae preiudicet[142] und kam zu dem Schluß, daß die klandestine Eheschließung zwar verboten ist, aber dennoch eine wahre Ehe begründet, die nicht getrennt werden kann oder darf, weil 'der Wille allein entscheidend ist'.[143] Demzufolge beurteilte Gratian die Feierlichkeiten bzw. die Formalitäten als wichtig für den Beweis des Konsensaustausches, aber nicht als wesentlich für das Zustandekommen einer gültigen Ehe. Denn auch ohne Beobachtung der vorgesehenen Zeremonien galt die (somit formlos geschlossene) Ehe als ein matrimonium *ratum*; den Anspruch eines matrimonium *legitimum*, einer in den Augen der *Kirche* legitimen Ehe konnte dieselbe allerdings nicht erheben.[144]

Fragt man nach den eigentlichen Wurzeln dieser vor allem sozial verheerenden Folgen der *Responsa ad Bulgaros*, so muß man sich nur den folgenden Sachverhalt und dessen Kettenwirkung vor Augen führen: "Die Herauslösung und Abstraktion des Konsenses aus dem gesamten Gefüge der historischen Eheschließungsformen bedeutet sachlich eine radikale Spiritualisierung des Rechtes. Frei von Publizität und Realität wird der Konsens als Minimalform zu einem rein intimen Verbalakt. Dem eheschaffenden Konsenswort stehen alle anderen traditionellen Rechtsakte als nur Äußeres, als adiaphora gegenüber. Innen und Außen treten völlig auseinander. Um so notwendiger die Folge: da der Konsens nicht mehr wie ehedem die Rechtsakte der Eheschließung ... ihre Publizität in sich selbst, in ihrer konkreten Gestalt trägt, muß diese Publizität dann durch autoritativ verordnete Akte dem Konsens wieder hinzugefügt, angeklebt und so gesichert werden. Gerade die Spiritualisierung erzeugt und befördert die Ansprüche auf souveräne, ordnende Entscheidung über die geistlichen Tatbestände."[145]

---

[142]Einleitung zu C.30, q.1,1, in: Corpus Iuris Canonici I, 1095.

[143]C.30 q.5 c.8, in: ebd., 1107: "voluntas propria suffragaverit".

[144]"Illorum vero coniugia, qui contemptis omnibus illis solempnitatibus solo affectu aliquam sibi in coniugem copulant, huiuscemodi coniugium non legitimum, sed ratum tantummodo esse creditur." (C.28 q.1 c.17, in: ebd., 1089; vgl auch C.30 q.5 c.9, in: ebd., 1107; C.30 q.5 c.11, in: ebd., 1108).

Keßler, Die Entwicklung der Formvorschriften, 16 und 24 (im Gegensatz zu S. 26) hat die Begriffe *legitimum* und *ratum* genau umgekehrt zugeordnet. Das hängt wahrscheinlich damit zusammen, daß es bei Gratian unmittelbar vor der oben zitierten Stelle heißt: "Legitimum matrimonium est, quod legali institutione vel provinciae moribus contrahitur. Hoc inter infideles ratum non est, quia non est firmum et inviolabile coniugium eorum. Dato enim libello repudii licet eis recedere ab invicem et aliis copulari lege fori, non lege poli, quam non sequuntur. Inter fideles vero ratum coniugium est, quia coniugia semel inita inter eos solvi non possunt. Horum quaedam sunt legitima veluti quam uxor a parentibus traditur, a sponso dotatur et a sacerdote benedicitur. Haec talia coniugia legitima et rata appellantur (C.28 q.1 c.17, in: Corpus Iuris Canonici I, 1089)."

Ehen zwischen Nichtchristen können demnach nie das Attribut *ratum* erhalten, weil sie nach Gratian nicht fest und unauflöslich sind. Die Ehen zwischen Christen sind aber immer *ratum*, weil es den Christen nicht wie den Heiden gestattet ist, ihre Ehe aufzulösen (vgl. Dieckhoff, Die kirchliche Trauung, 163f). Wenn die Ehen unter Christen aber *rata et legitima* sein sollen, dann ist für einen legitimen Eheschließungsakt die Trauung mit priesterlicher Benediktion unentbehrlich (vgl. Scheuerl, Die Entwicklung der kirchlichen Eheschliessungsrechts, 65; Ritzer, Formen, Riten und religiöses Brauchtum, 305 - 307; Portmann, Wesen und Unauflöslichkeit der Ehe, 75f; Joyce, Die christliche Ehe, 176f).

Keßler, a.a.O. scheint die unterschiedlichen Adressatenkreise, Nichtchristen und Christen, nicht beachtet zu haben und dadurch zu einer falschen Zuordnung von *ratum* und *legitimum* gekommen zu sein.

[145]Dombois, Das Decretum 'Tametsi', 211.

Nikolaus selbst hatte sicherlich kaum diese Entwicklung beabsichtigt. Hätte man den 'Sitz im Leben' dieser 'Responsa' in der Folgezeit mehr beachtet, dann hätten sie wahrscheinlich auch kaum ihre negativen Auswirkungen entfalten können. Denn die *Responsa ad Bulgaros* stellen "eine typisch taktische Entscheidung" dar;[146] die Griechen hatten den Bulgaren erklärt, daß eine Ehe ohne priesterliche Benediktion sündhaft sei. Dieser Überbetonung des Segensaktes in der griechischen Kirche wollte nun Nikolaus die gegenteilige Haltung Roms deutlich gegenüberstellen: In der römischen Kirche gehört der Segensakt nicht wie in der griechischen Kirche zum Eheschließungsakt selbst, sondern nur zu dessen rechtsunerheblicher, wenn auch wünschenswerter Form; daß diese römische Auffassung die richtigere ist, versucht Nikolaus den Griechen dadurch zu suggerieren, daß er sich nicht auf römisches Recht, sondern auf Chrysostomus, eine angesehene Autorität der griechischen Kirche, beruft.[147]

Nikolaus ging es also um eine Klarstellung und nicht etwa um ein Propagieren des formlosen Eheabschlußes;[148] das wird vor allem in dem von Nikolaus I. anläßlich der Ehesache Lothars II. mit Waldrada 863 verfaßten Sendschreiben deutlich. Darin gibt er nämlich die Anweisung, genau zu untersuchen, ob Lothar Waldrada tatsächlich seinerzeit geheiratet habe. Dies sei dann der Fall, wenn er die üblichen Förmlichkeiten eingehalten habe, d.h. wenn er Waldrada nach der Übergabe der Mitgift vor Zeugen und gemäß den üblichen Hochzeitsbräuchen, zu denen die priesterliche Segnung gehörte, als Frau angenommen hatte.[149] Daß zu diesen 'Förmlichkeiten' auch die kirchliche Segnung gehörte, geht aus der Formulierung *secundum ... ritum* und der Auflösung mit *nuptiis more celebratis, per benedictionem scilicet sacerdotis* hervor.[150] Bei dieser Anweisung geht es aber

---

[146]Keßler, Die Entwicklung der Formvorschriften, 14.

[147]vgl. Dieckhoff, Die kirchliche Trauung, 54, Anm.79.

[148]vgl. Dieckhoff, Die kirchliche Trauung, 47, 53; Ritzer, Formen, Riten und religiöses Brauchtum, 105f u. 331; Plöchl, Geschichte des Kirchenrechts I, 400; Joyce, Die christliche Ehe, 56; Heiser, Die Responsa ad consulta Bulgarorum, 286.

[149]"... si eundem gloriosum regem praedictam Gualdradam praemissis dotibus coram testibus secundum legem, et ritum, quo nuptiae celebrari solent, per omnia inveneritis accepisse ... Si vero minime probatum fuerit Gualdradam uxorem fuisse legitimam, neque nuptiis more celebratis, per benedictionem scilicet sacerdotis, filio nostro Lothario extitisse coniunctam ..." Siehe ausführlicher Decretum Gratiani C.31 q.2 c.4, in: Corpus Iuris Canonici I, 1114:
"Lotharius rex ... profitetur, Gualdradam se a patre accepisse, et sororem postmodum admisisse Huberti. Ubi primum diligenti investigatione inquirite, et si eundem gloriosum regem praedictam Gualdradam praemissis dotibus, coram testibus, secundum legem, et ritum, quo nuptiae celebrari solent, per omnia inveneritis accepisse, et publica manifestatione eadem Gualdrada in matrimonium ipsius admissa est, restat, ut perscrutemini, cur illa repudiata sit, vel filia Bosonis admissa. Sed quia idem gloriosus rex metu Thebergam se admisisse dicit, metu unius hominis non debuit tantus rex contra divinum praeceptum in inmane praecipitium mergi. In hoc certe magis reprehensibilem se ostendit, in quo amorem Dei amori mundi postposuit, cum nec etiam occisores corporis sint timendi, contra iustitiam hominem inpellentes. Nihil itaque praecipimus, aliud vobis, manifestatione sua eodem rege convicto, nisi secundum canonicam auctoritatem nostra vice freti causam illius diffiniatis. Si vero minime probatum fuerit Gualdradam uxorem fuisse legitimam, neque nuptiis more celebratis, per benedictionem scilicet sacerdotis, filio nostro Lothario extitisse coniunctam, suggerite illi, ut non moleste ferat legitimam sibi (si ipsa innocens apparuerit) reconciliari uxorem. ..."

[150]Die Behauptung von Dieckhoff, Die kirchliche Trauung, 65, Anm. 92, daß Nikolaus I. bei den Bulgaren römisches und bei Lothar fränkisches Recht angewendet habe, wird wohl kaum zutreffend sein.

wohl gemerkt um die Beweisbarkeit, nicht um die Gültigkeit der Ehe, jedoch mit der Folge, daß die klandestine und damit nicht beweisbare Ehe mit Waldrada gegenüber der öffentlich und feierlich eingegangenen Ehe mit Theutberga beim kirchlichen Richter, d.h. vor dem 'forum externum', keine Anerkennung fand. Aber – und das ist das Entscheidende – die erste Ehe wird deswegen nicht für nichtig erklärt.[151]

4.2 Die Einführung des Eheaufgebotes auf dem 4. Laterankonzil

Versuchte zunächst jede Kirche vor Ort formlose Eheschließungen dadurch zu verhindern, daß sie irgendwie auf das Einhalten einer öffentlichen Eheschließungsform drängte,[152] so legte das 4. Laterankonzil 1215 zum ersten Mal eine *gesamtkirchliche* Regelung fest; es erteilte nicht nur die *Empfehlung*, die Ehe in *einer* öffentlichen Form einzugehen, sondern erließ die *Vorschrift*, die Ehe in *der* Form öffentlich zu schließen, daß die Brautleute einige Zeit vor dem Hochzeitstermin ihre geplante Eheschließung im Gottesdienst verkünden:

> Kap.51 "*De poena contrahentium clandestina matrimonia.*
>
> *Cum inibitio copulae coniugalis fit in tribus ultimis gradibus revocata: eam in aliis volumus districte observari. Unde praedecessorum nostrorum inhaerendo vestigiis, clandestina coniugia penitus inhibemus; prohibentes etiam, ne quis sacerdos talibus interesse praesumat. Quare specialem quorumdam locorum consuetudinem ad alia generaliter prorogando, statuimus, ut, cum matrimonia fuerint contrahenda, in ecclesiis per presbyteros publice proponantur, competenti termino praefinito, ut infra illum, qui voluerit et valuerit, legitimum impedimentum opponat. Et ipsi presbyteri nihilo minus investigent, utrum aliquod impedimentum obsistat. Cum autem probabilis apparuerit coniectura contra copulam contrahendam, contractus interdicatur expresse, donec quid fieri debeat super eo, manifestis constiterit documentis.*
>
> *Si qui vero huiusmodi clandestina vel interdicta coniugia inire praesumserint in gradu prohibito, etiam ignoranter: soboles de tali coniunctione suscepta, prorsus illegitima censeatur, de parentum ignorantia nullum habitura subsidium, cum illi taliter contrahendo non expertes scientiae, vel saltem affectatores ignorantiae, videantur. Pari modo illegitima proles censeatur, si ambo parentes, impedimentum scientes legitimum, praeter omne interdictum in conspectu ecclesiae contrahere praesumserint.*
>
> *Sane parochialis sacerdos qui tales coniunctiones prohibere contemserit, aut quilibet etiam regularis qui eis praesumserit interesse, per*

---

[151] vgl. Keßler, Die Entwicklung der Formvorschriften, 16.

[152] vgl. die bei Dieckhoff, Die kirchliche Trauung, 166, Anm. 235 und bei Hofmeister, Die Form der Eheschließung, 230f angeführten zahlreichen bischöflichen Dekrete und Synodalkanones des Zeitraumes von 1076 - 1643, die die klandestinen Ehen unter Strafandrohung, teilweise sogar unter Androhung der Exkommunikation verbieten und eine öffentliche Eheschließung unter Mitwirkung eines Priesters gebieten. Diese Beschlüsse der deutschen Provinzialkonzilien sind bei Schannat, J.F., Hartzheim, J., Concilia Germaniae tom. III - V, Aalen 1970 nachzulesen.

triennium ab officio suspendatur, gravius puniendus, si culpae qualitas postulaverit. Sed iis, qui taliter copulari praesumserint, etiam in gradu concesso, condigna poenitentia iniungatur. Si quis autem ad impediendum legitimam copulam malitiose impedimentum obiecerit, ecclesiasticam non effugiet ultionem."[153]

Durch diese kirchliche Proklamation der beabsichtigten Eheschließung sollte sowohl die Öffentlichkeit der Eheschließung als auch die Prüfung etwaiger Ehehindernisse gewährleistet sein. Als Meilenstein auf dem Weg zur tridentinischen Formvorschrift[154] führte diese Regelung des 4. Laterankonzils zu einem Bedeutungswandel des *matrimonium clandestinum*. Seit dem 13. Jahrhundert galten nämlich fortan alle Ehen, die ohne vorausgegangenes Aufgebot geschlossen wurden, als klandestin. "Der Begriff des matrimonium clandestinum war also ein anderer geworden als früher. Während Gratian und Petrus Lombardus darunter nur eine Ehe verstehen, welche ohne glaubwürdige Zeugen geschlossen ist, so daß die Existenz derselben nicht bewiesen werden kann, versteht man seit dem 13. Jahrhundert unter den heimlichen Ehen solche, denen die vorgeschriebenen kirchlichen Aufgebote nicht vorhergegangen waren, mögen sie im Uebrigen noch so öffentlich, ja mögen sie auch ... mit priesterlicher Trauung vollzogen sein".[155] Deshalb wurde schon auf dem Laterankonzil selbst wie auch auf den Provinzialkonzilien in der Folgezeit den Priestern unter Androhung von schweren Strafen untersagt, beim Abschluß heimlicher Ehen gegenwärtig zu sein und sich irgendwie zu beteiligen.[156]

---

[153]Mansi 22, 1038f; vgl. DS/DH 817.
In der Folgezeit wurden die universal geltenden Regelungen des Lateranum IV vielfach durch partikularrechtliche Bestimmungen ergänzt. Da z.B. "die Zahl der öffentlichen Verkündigungen des Aufgebotes nicht festgelegt war, wurde sie partikularrechtlich bis zu viermal ausgedehnt. Auch wurde unterschiedlich bestimmt, daß das Aufgebot an Sonn- und Feiertagen, bisweilen ausdrücklich nach der Verlesung des Evangeliums, stattfinden sollte. Die Voruntersuchung wurde durch eigene eingehende Frageformulare geregelt. Aufgedeckte Ehehindernisse waren grundsätzlich an den Bischof oder officialis zu berichten. Bis zur Klärung des Falles konnte ein Verbot der Eheschließung oder ein Trauungsverbot für den Geistlichen erlassen werden." (Plöchl, Geschichte des Kirchenrechts II, 310). Auch die Form der Eheschließung wurde teilweise partikularrechtlich geregelt. "Gewöhnlich wurde die Anwesenheit eines Priesters und bis zu vier Zeugen (Geschäftszeugen) gefordert. ... Als regelmäßiges Beweismittel des *matrimonium manifestum* galt der Zeugenbeweis. Dies wurde durch zwei Dekretalen von Innozenz III. beziehungsweise Honorius III (1216 bis 1227) erhärtet" (Plöchl, Geschichte des Kirchenrechts II, 311).
[154]vgl. Ritzer, Formen, Riten und religiöses Brauchtum, 331.
[155]Dieckhoff, Die kirchliche Trauung, 170; vgl. Keßler, Die Entwicklung der Formvorschriften, 46 - 49; Schönsteiner, Grundriß des kirchlichen Eherechts, 661.
[156]vgl. die bei Dieckhoff, Die kirchliche Trauung, 171, Anm. 242, aufgeführten Synoden.
Bernhard, Le decret Tametsi, 229, weist darauf hin, daß bereits zu Beginn des 13. Jahrhunderts der Bischof von Paris unter Androhung der Exkommunikation sowohl des Priesters, der bei heimlichen Ehen anwesend ist oder sie segnet, wie auch des heimlich verheirateten Ehepaars in seinen Statuten bestimmt hat, daß dem Volk jede Ehe an drei Sonntagen oder Feiertagen verkündet werden muß. Das 4. Laterankonzil hat diese Pariser Maßnahme dann über die ganze Kirche ausgedehnt, ohne aber die Strenge des Pariser Rechts zu übernehmen. Das Konzil spricht 'nur' eine dreijährige Suspension gegen den Pfarrer aus, der das Aufgebot nicht verkündigt und einer heimlichen Eheschließung beiwohnt; den heimlichen Eheleuten wird nur eine Buße aufgegeben. Dennoch wurden weiterhin in vielen Gegenden Priester, die bei einer heimlichen Eheschließung mitwirkten, wie auch die heimlichen Eheleute exkommuniziert.

Trotz dieser Verbote bzw. der Androhung empfindlicher Strafen gelang es der Kirche nicht, das Übel der klandestinen Ehen zu verhindern. "Denn ihre Forderung nach Offenkundigkeit blieb ein Messer ohne Griff, weil sie die Form der *öffentlichen* Erklärung des Eheschließungswillens nicht zur zwingenden Voraussetzung der Gültigkeit des Eheabschlusses erhob. Das sachlich, wenn auch niemals formell dogmatisierte Rechtsprinzip, daß die Ehe allein durch formlos geäußerten maritalen Konsens zustande kam, machte zwar eine heimliche Ehe unerlaubt, aber nicht ungültig."[157]

4.3 Die Entstehung der kirchlichen Trauung

Wenn auch die formlosen Ehen wegen der durch sie verursachten sozialen und theologischen Probleme das Hauptaugenmerk dieser Zeit auf sich ziehen, so darf dennoch nicht übersehen werden, daß es auch viele Eheschließungen gab, die sehr wohl die öffentliche Form eingehalten und weiterhin auf die kirchliche Mitwirkung Wert gelegt haben. Zumindest läßt sich aus den Ritualien seit dem 11./ 12. Jahrhundert eine engere Verbindung zwischen dem öffentlichen Eheschließungsakt und der kirchlichen Feierlichkeit belegen; die öffentliche Konsenserklärung der Brautleute ist nicht nur auf den gleichen Tag wie die kirchliche Segenshandlung, sondern auch *vor* die Kirchentür verlegt worden.[158] "So wurde der Gang zur Kirche zugleich ein Gang zur Trauung. Dennoch blieb die Trauung im eigentlichen Sinne ein ausserkirchlicher Vorgang, geschah '*in facie ecclesiae*', nicht '*in ecclesia*', *vor* dem Priester, nicht *durch* den Priester."[159] Da der Geistliche

---

[157]Reicke, Geschichtliche Grundlagen des Deutschen Eheschließungsrechts, 46; vgl. auch Dombois, Rechtsgeschichtliche und systematische Bemerkungen, 121f; ders., Zur Geschichte des weltlichen und kirchlichen Eheschliessungsrechtes, 166; Dieckhoff, Die kirchliche Trauung, 176f; Keßler, Die Entwicklung der Formvorschriften, 50.

[158]vgl. Martene, ordo II, Sp.355; III, 356; XI, 376; XII, 378f; XII, 382; XIV, 385; XV, 387.
Die zwei ältesten Ordines der Ehe 'in facie ecclesiae' sind in einem Missale von Rennes und einem Pontifikale der normanischen Abtei Lire belegt (vgl. Martene, ordo II (Rennes) und ordo III (Lire), Sp. 355 - 359).
Im Missale von Rennes heißt es beispielsweise:

"In primis veniat sacerdos ante ostium ecclesiae indutus alba atque stola cum benedicta aqua: qua aspersa, interroget eos sapienter utrum legaliter copulari velint, quaerat quomodo parentes non sint, doceat quomodo simul in lege Domini vivere debeant. Deinde faciat parentes sicuti mos est dare eam, atque sponsum dotalitium dividere, cunctisque audientibus legere. Ipsumque suae sponsae libenter dare. Anulo quoque benedicto in nomine sanctae Trinitatis, eam in dextra manu sponsare faciat, atque honorare auro vel argento, pro ut poterit sponsus. Postremo benedictionem inibi faciat quae in libris continentur. Qua finita intrando in ecclesiam, missam incipiat. Sponsus autem sponsa candelas ardentes in manibus tenentes offertorium, missam audientes offerunt, antequam *Pax Domini* dicatur, ante altare sub pallio vel alio quolibet opertorio, sicuti mos est, eos benedicat: ad ultimum praedictus sponsus pacem de presbytero accipiat, suaeque sponsae ipse ferat" (Martene, Bd I, Caput IX, Articulus V, ordo 2 (Rennes), Sp. 355).

[159]Schubert, Die evangelische Trauung, 20f; vgl. Sohm, Das Recht der Eheschließung, 160 - 169; ebenso Plöchl, Geschichte des Kirchenrechts I, 227, der darauf hinweist, daß der Begriff *in facie ecclesiae* auch durch *conspectu ecclesiae* ersetzt werden konnte und ursprünglich eine lokale

bereits bei der Trauhandlung *ante ostium ecclesiae* durch einen beliebigen Dritten anwesend war und das Brautpaar mit den Worten 'Deus vos coniungat ...'
gesegnet hatte, lag es nahe, daß er dann allmählich nicht erst und nur segnete,
sondern auch schon traute mit den Worten: 'Ego vos coniungo ...' Ein Grund
für 'diese Klerikalisierung des Ritus kam ohne Zweifel aus der Tatsache heraus,
daß die väterliche Macht oft mißbraucht worden ist; es war auch die praktische
Folgerung der neuen Theorie des Petrus Lombardus und Alexander III., daß die
Eltern nicht die Ehe ihrer Kinder zu vermitteln haben',[160] d.h. die elterliche
Zustimmung keine Bedingung für die Rechtsgültigkeit der Ehe ist. Des weiteren
war es "nur natürlich, dass die Brautleute niemand lieber zum 'Scheinvormund'
wählten als den priesterlichen Vertreter der Kirche, unter deren Vormundschaft
die mittelalterliche Laienwelt sich fühlte, und in deren Wirken sich ihr das Wirken Gottes offenbarte. Und es war ebenso natürlich, dass die segnende Kirche
den Anspruch erhob, einem beliebigen Laien vorgezogen zu werden."[161] So tra-
fen sich in der Form der priesterlichen Trauung die Interessen beider Seiten, des
Volkes und der Kirche: "Da nämlich im bürgerlichen Rechtsleben infolge der
der Kirche zugesprochenen Kompetenz das Bedürfnis sich fühlbar machte, zwischen der Notwendigkeit kirchlicher Anerkennung der Ehe und dem weltlichen
Eheschließungsvorgange eine sichere Wechselbeziehung herzustellen, suchte der
Volksbrauch in vielen Gebieten zu diesem Zwecke durch Wahl des Priesters zum
Fürsprecher die geforderte Zustimmung der Kirche im voraus zu sichern, ein Bestreben, das die Kirche in jeder Weise, namentlich dadurch förderte, daß sie die
Abgabe der Ehekonsenserklärung außerhalb der Kirche und ohne Anwesenheit des
Priesters verbot. Dieser Vorgang der kirchlichen Praxis wird dadurch begreiflich,
daß bei dem zähen Festhalten der Volkssitte an althergebrachten, unentbehrlich gewordenen Formen und Symbolen der Familiengründung die Aufstellung
einer ganz neuen kirchlichen Eheschließungsform einfach undurchführbar gewesen wäre und die Kirche ein solches Experiment umsomehr vermeiden konnte, als
die angedeutete, leicht durchführbare, zum Teil schon verbreitete Umänderung
der weitverbreiteten Fürsprechertrauung gerade den besprochenen Tendenzen der
beabsichtigten Reform nach Öffentlichkeit und Verkirchlichung des Eheschlusses

---

Bedeutung hatte, später aber zur Kennzeichnung kirchlich geschlossener Ehen wurde. Binder,
Geschichte des feierlichen Ehesegens, 4, erklärt, daß der Hochzeitszug deshalb vor dem Kir-
chenportal stehenblieb und sich die Eheschließung *in conspectu ecclesiae* bzw. *in facie ecclesiae*
bzw. *ante foras ecclesiae* bzw. in aller Öffentlichleit vollzog, weil sich um den Abschluß der Ehe
"viele rechtlich symbolische Handlungen [rankten], die nicht in das Gotteshaus hineinpaßten."
    anders Dieckhoff, Die kirchliche Trauung, 76, der die "Außerkirchlichkeit dieses vor der Kir-
chentür vollzogenen Actes" als unbegründet ablehnt mit dem Hinweis: "Als ob es keine kirchliche oder gottesdienstliche Handlungen außer der Kirche, dem gottesdienstlichen Gebäude,
gäbe. Die priesterliche Einsegnung ist immer, mag sie in oder außer der Kirche geschehen, ein
kirchlicher und gottesdienstlicher Akt, dessen Bedeutung aus seinem Inhalte erkannt sein will."
Vgl. auch Scheuerl, Die Entwicklung des kirchlichen Eheschliessungsrechts, 116.
    [160] Bernhard, Le decret Tametsi, 229; vgl auch ders., A propos de la forme ordinaire du mariage,
582, Anm. 31.
    [161] Schubert, Die evangelische Trauung, 31f; vgl. Ritzer, Formen, Riten und religiöses Brauch-
tum, 318 u. 336, Dombois, Zur Geschichte des weltlichen und kirchlichen Eheschliessungsrechtes, 164f; Mörsdorf, Der Ritus sacer, 260f bzw. in: Kanonische Schriften, 599f.
    Zur Entwicklung der und Diskussion über die Entstehung der geistlichen Brauttradition vgl.
Opet, Brauttradition und Konsensgespräch, 7 - 96; auch Hörmann, Die tridentinische Trauungsform, 27 - 30.

vollen Erfolg verbürgte."[162] In der Linie dieser Entwicklung war es dann nur logisch, daß die Trauhandlung nun zu einem Zusammensprechen der Brautleute geworden war.

"Dennoch blieben es noch lange, bis ins 16. Jahrhundert zwei Akte, verbunden durch die Personalunion des Geistlichen. Er traute draussen vor der Kirche, während er drin in der Kirche Messe las und am Altar einsegnete. Die Handlung draussen war wesentlich eine des weltlichen Rechts, die Handlung drinnen blieb die eigentlich kirchliche. Aber freilich musste auch die Handlung draussen immer mehr geistliches Gepräge annehmen. Der Geistliche traute auch im Namen Gottes."[163]

Der Gottesdienst aus Anlaß der vollzogenen Trauung hatte also die Trauungshandlung immer näher an sich heran und schließlich in sich hineingezogen;[164] der Konsensaustausch vor dem Pfarrer war zum Konsensaustausch unter Mitwirkung und schließlich auf Befragen des Pfarrers geworden, der dann durch den priesterlichen Segen bestätigt wurde.[165] Oder anders gesagt: "Aus der *benedictio sacerdotalis* wurde auf diese Weise die *coniunctio parochialis*, oder vielmehr: mit der *benedictio* wird die *coniunctio* verknüpft."[166]

5 Die Einführung der Formpflicht auf dem Konzil von Trient

Als wichtigstes und fruchtbarstes Konzil der Kirchengeschichte[167], Markstein[168], Wende[169], Wendepunkt und völliger Neuansatz[170], als wahrhafte Revolution[171] und bahnbrechend[172], als totaler Umbruch in der bis dahin einheitlich verlaufenden Linie ..., für die ganze Folgezeit wesentliche[, aber auch notwendige] Richtungsänderung ... und großes Verdienst[173], als Bruch mit einem lange festgehal-

---

[162]Hörmann, Die tridentinische Trauungsform, 30.

[163]Schubert, Die evangelische Trauung, 32; vgl. Sohm, Das Recht der Eheschließung, 172 - 174; vgl. auch Dieckhoff, Die kirchliche Trauung, 91 - 107; Scheuerl, Die Entwicklung des kirchlichen Eheschliessungsrechts, 110 - 116; Binder, Geschichte des feierlichen Ehesegens, 4 - 7; Dombois, Zur Geschichte des weltlichen und kirchlichen Eheschliessungsrechtes, 160; Köstler, Ringwechsel und Trauung, 29f.

[164]vgl. Sohm, Das Recht der Eheschließung, 185.

[165]vgl. Friedberg, Das Recht der Eheschliessung, 9; vgl. Dieckhoff, Die kirchliche Trauung, 67; Ritzer, Formen, Riten und religiöses Brauchtum, 317; Plöchl, Geschichte des Kirchenrechts I, 227.

[166]Niebergall, Ehe und Eheschliessung, 244.

[167]Lacoma, El origen del capitulo 'Tametsi', 613.

[168]Hofmeister, Die Form der Eheschließung, 231; Conrad, Das tridentinische Konzil, 298; Barry, Die kanonische Eheschließungsform, 59, und ders., The tridentine form of marriage, 162.

[169]Gerhartz, Geschichtlicher Aufriss, 10.

[170]Dombois, Das Decretum 'Tametsi', 208.

[171]vgl. Bernhard, Le decret Tametsi, 210: "revolution veritable"; vgl. auch Klein, Die Ehe als Vertrag und Sakrament, 247.

[172]Plöchl, Geschichte des Kirchenrechts IV, 203.

[173]Keßler, Die Entwicklung der Formvorschriften, 49.

tenen Prinzip des römischen Rechts und als Sieg eines tief im deutschen Volksgeiste wurzelnden, ihm eigentümlichen Rechtsgedankens[174], aber auch als Übergriff der Kirche[175] und folgenschwerste Stellungnahme[176] in der Geschichte des Eheschließungsrechtes bezeichnet, steht das Konzil von Trient mit seinem Dekret über die Formpflicht bei der Eheschließung in der Tat "am Ende der Entwicklung des mittelalterlichen Eherechtes und zugleich am Anfang der Geschichte des kirchlichen und weltlichen Eherechtes der Neuzeit."[177] Denn mit der Einführung einer verpflichtenden Formvorschrift für die Eheschließung war der "Weg, der in der Entwicklung zur Brauttorvermählung begonnen worden war, ... konsequent zu Ende gegangen" worden,[178] allerdings auf eine ganz neuartige Art und Weise, nämlich durch die "Umkleidung des Konsenses der Ehepartner mit zwingenden Rechtsförmlichkeiten"[179], deren Nichteinhaltung die (geschlossene) Ehe nichtig macht.[180] Damit hatte das Konzil von Trient zum ersten Mal in der Geschichte der Kirche eine rechtliche Formpflicht als für eine gültige Eheschließung verbindlich eingeführt und den das ganze Mittelalter hindurch gültigen kanonistischen Grundsatz von der rechtlichen Bedeutungslosigkeit jeglicher Zeremonie außer Kraft gesetzt.[181] Bisher hatte zwar die Kirche immer wieder den Abschluß der Ehe vor dem Priester gefordert und auch mit Strafen und Rechtsnachteilen zu erzwingen versucht, jedoch nie die Eheschließung einer bestimmten Form unterworfen, deren Nichtbeachtung die Nichtigkeit der Ehe zur Folge hatte. Auf dem Trienter Konzil aber wurde jetzt eine Bestimmung erlassen, die der Seuche der klandestinen Ehen[182] den Todesstoß versetzen[183] und klare Verhältnisse schaffen sollte:

"Tametsi dubitandum non est, clandestina matrimonia, libero contrahentium consensu facta, rata et vera esse matrimonia, quamdiu eccle-

---

[174]Hörmann, Die tridentinische Trauungsform, 42, der sich einer Hypothese anschließt, nach der sich in der Forma Tridentina die Grundzüge der ältesten germanischen Eheschließungsform erhalten hätten.

[175]Friedberg, Das Recht der Eheschliessung, 126.

[176]Molinski, Theologie der Ehe, 155.

[177]Conrad, Das tridentinische Konzil, 298.
Zur Bedeutung des Trienter Konzils für die Lehre von der Sakramentalität der Ehe siehe S. 199ff.

[178]Kleinheyer, Riten um Ehe und Familie, 113.

[179]Conrad, Das tridentinische Konzil, 306; ders., Die Grundlegung der modernen Zivilehe, 341; vgl. auch Dombois, Das Decretum 'Tametsi', 216.

[180]vgl. DS/DH 1813 - 1816.
Plöchl, Geschichte des Kirchenrechts IV, 270f macht darauf aufmerksam, "daß auch die weltlichen Intervenienten auf dem Tridentinum für eine *kirchliche* Eheschließungsform eintraten" und daß aus heutiger Sicht betrachtet "die gemeinrechtliche Einführung einer zwingenden Eheschließungsform durch die Kirche vielleicht im letzten historisch möglichen Zeitpunkt erfolgte. Man geht kaum fehl, anzunehmen, daß die Kirche zu einer späteren Zeit kaum noch in der Lage gewesen wäre, sich so wirksam in die Entwicklung des Eherechts einzuschalten, wie dies damals in der Zeit der sich verbreitenden Auflösung der kirchlichen Einheit und der zunehmenden staatlichen Machtansprüche der Fall war. Der gewaltige Einfluß, den diese tridentinische Eheschließungsform auch auf das weltliche Recht ausgeübt hat, zeigt zugleich, wie richtig die Konzilsväter den Kern des Problems der Formgebung der Konsenserklärung erfaßt haben."

[181]vgl. Neumann, Mischehe und Kirchenrecht, 33.

[182]vgl. ebd., 30.

[183]vgl. Hofmeister, Die Form der Eheschließung, 231.

sia ea irrita non fecit, et proinde iure damnandi sint illi, ut eos sancta synodus anathemate damnat, qui ea vera ac rata esse negant quique falso affirmant, matrimonia, a filiis familias sine consensu parentum contracta, irrita esse, et parentes ea vera vel irrita facere posse: nihilominus sancta Dei ecclesia ex iustissimis causis illa semper detestata est atque prohibuit. Verum cum sancta synodus animadvertat, prohibitiones illas propter hominum inobedientiam iam non prodesse, et gravia peccata perpendat, quae ex eisdem clandestinis coniugiis ortum habent, praesertim vero eorum, qui in statu damnationis permanent, dum, priore uxore, cum qua clam contraxerant, relicta, cum alia palam contrahunt et cum ea in perpetuo adulterio vivunt; cui malo cum ab ecclesia, quae de occultis non iudicat, succurri non possit, nisi efficacius aliquod remedium adhibeatur: ... Qui aliter quam praesente parocho, vel alio sacerdote de ipsius parochi seu Ordinarii licentia, et duobus vel tribus testibus matrimonium contrahere attentabunt: eos Sancta Synodus ad sic contrahendum omnino inhabiles reddit, et huiusmodi contractus irritos et nullos esse decernit, prout eos praesenti decreto irritos facit et annullat."(CT IX, 968f; vgl. DS/DH 1813f; 1816.)

Diesem Beschluß waren heftige und mit großer Leidenschaft geführte Diskussionen vorausgegangen,[184] deren Brennpunkt schließlich seinen Niederschlag bereits im ersten Wort des heißumstrittenen und mehrmals überarbeiteten Dekretes gefunden hat: "Sein erstes Wort und Name selbst bezeichnet das Problem, die Spannung... *Tametsi* – wiewohl die Kirche immer den freien Konsens der Eheschließenden für ausreichend zur Begründung einer gültigen Ehe angesehen hat, macht sie gleichwohl nunmehr die Gültigkeit des Eheschlusses von der Beobachtung neu verordneter kirchlicher Formvorschriften abhängig."[185]

Ausgangspunkt der Konzilsdebatten über die Eheschließungsform war die Behauptung Luthers, die Eltern könnten die klandestin geschlossenen Ehen ihrer Kinder nichtig machen; Luther hatte im Kampf gegen die klandestinen Ehen und ihren Mißständen dem Begriff Klandestinität diese neue bzw. besondere Bedeutung gegeben: ohne Zustimmung der Eltern. Diese lutherische Auffassung von klandestinen Ehen wie auch seine Absicht, diese für ungültig zu erklären, wurden fast einmütig von den Konzilsvätern verworfen. Wie sollte dann aber das Übel der klandestinen Ehen bekämpft werden? Welche Alternative hatten die Konzilsväter anzubieten? Wenn gegen Luther argumentiert wird, daß allein der freie Wille der Partner für das Zustandekommen der Ehe wesentlich ist, können dann überhaupt klandestine Eheschließungen verhindert werden? Mit anderen Worten: Hat die Kirche das Recht, die Gültigkeit der Ehe von weiteren Faktoren als nur dem Ehekonsens der Partner abhängig zu machen, d.h. von Faktoren, die für das Wesen der Ehe eigentlich nebensächlich sind? Und ganz konkret gefragt: Kann die Kirche verfügen, daß die freie Ehewillenserklärung nur dann gültig ist,

---

[184]vgl. dazu die ausführliche Zusammenstellung der einzelnen Aussagen der Konzilsväter und Theologen bei Lettmann, Die Diskussion über die klandestinen Ehen, 31 - 165, die den folgenden Ausführungen zugrunde liegt.

[185]Dombois, Das Decretum 'Tametsi', 208; vgl. Hofmann, Formpflicht oder Formfreiheit, 247.

wenn sie öffentlich erfolgt, und zwar in einer ganz bestimmten Form?[186] In der Beantwortung dieser Fragen schieden sich die Geister, und es bildeten sich zwei Fronten, die sich trotz der langen und intensiven Diskussionen bis zum Ende so unversöhnlich gegenüberstanden, daß sogar der Papst wiederholt geraten hatte, schlimmsten Falles die ganze Bestimmung fallen zu lassen, um nicht wegen dieses Streites das ganze Konzil zum Platzen zu bringen.[187] "Die Entscheidung stand auf Messers Schneide"[188] und statt eines klaren Sieges der Mehrheit stand am Ende nur eine Feuerpause.[189]

5.1 Argumente für die Formpflicht

Etwa zwei Drittel der Konzilsväter waren der Überzeugung, daß die Gültigkeit der Ehe nicht allein vom Ehewillen der Ehepartner abhängt, sondern auch von der Mitwirkung der Kirche. Deshalb sprachen sie der Kirche das Recht einer Einflußnahme auf die Gültigkeit der Ehe zu, das sie auf drei verschiedenen Argumentationsebenen zu beweisen versuchten:

1. Die Kirche hat die Vollmacht, *Ehehindernisse* aufzustellen.

   Die Ehe kommt zwar allein durch den Austausch des Ehekonsenses zustande; allerdings hat die Kirche das Recht und die Pflicht vorzuschreiben, unter welchen Voraussetzungen dieser Konsensaustausch gültig bzw. ungültig ist; dazu steht ihr das Rechtsmittel des *Ehehindernisses* zur Verfügung, das folgendes besagt: Wenn einer oder beide Partner mindestens eine der von der Kirche festgesetzten Bedingungen nicht erfüllt, wird er für eheunfähig erklärt (= Ehehindernis) und kann damit keine gültige Ehe schließen. Dieses Rechtsmittel kann die Kirche jederzeit anwenden, sei es, daß sie neue Ehehindernisse aufstellt, sei es, daß sie aufgestellte Ehehindernisse wieder rückgängig macht. So hat die Kirche z.B. einst das Ehehindernis der Verwandtschaft im 5. Grad aufgestellt und damit alle Brautleute, die im 5. Grad miteinander verwandt waren, für eheunfähig erklärt; inzwischen hat die Kirche dieses Ehehindernis wieder aufgehoben und damit den davon betroffenen Personenkreis wieder für ehefähig erklärt. Seitdem gilt das Ehehindernis der Verwandtschaft, das dem Ziel der Ehe dient, die Freundschafts- und Liebesbande auszuweiten, nur noch bis zum 4. Grad der Verwandtschaft. Bei dem Problem der klandestinen Ehen könnte die Kirche nun genau umgekehrt wie bei der Verwandtschaft im 5. Grad verfahren: War bisher jeder, der heimlich heiratete, ehefähig, so kann ihn nun die Kirche absofort durch die Einführung des Ehehindernisses der Klandestinität für eheunfähig erklären; damit wären künftig alle klandestin geschlossenen Ehen ungültig.[190] Diese Befugnis kommt der Kirche auch deshalb zu, weil

---

[186]vgl. Lettmann, Die Diskussion über die klandestinen Ehen, 75.
[187]vgl. Friedberg, Das Recht der Eheschliessung, 119.
[188]Jedin, Geschichte des Konzils von Trient, 157.
[189]vgl. Lacoma, El origen del capitulo 'Tametsi', 633.
[190]vgl. CT VI, 632, 27ff; 634, 10ff; 654,35ff; IX, 404,14ff; 642,38f; 650,22ff; 651,7ff; 663,21ff; 678,6ff; 718, 36ff u.a..

sie nicht nur das Recht hat, Personen, die vom Naturrecht und/oder göttlichen Recht her eheunfähig sind, durch Gesetz für eheunfähig zu erklären; sie besitzt vielmehr auch die Vollmacht, durch kirchliches bzw. rein positives Gesetz Gründe einzuführen, durch die vom Naturrecht und göttlichen Recht her ehefähige Personen eheunfähig gemacht werden; das beweist das Ehehindernis der geistlichen Verwandtschaft, das die betreffenden Personen keineswegs wegen einer von der Natur oder vom göttlichen Recht her bleibend gegebenen Eigenschaft eheunfähig macht, sondern allein durch das Kirchengesetz.[191] Bedenkt man in diesem Zusammenhang außerdem, daß durch das bereits bestehende Ehehindernis der Verwandtschaft nur ein Übel verhindert wird, das auf einzelne Familien beschränkt ist, durch das Aufstellen des Ehehindernisses der klandestinen Ehen dagegen ein Mißstand beseitigt würde, der das ganze Gemeinwesen betrifft, so wird die Notwendigkeit der Einführung dieses neuen Ehehindernisses umso deutlicher.[192]

2. Die Kirche hat die Aufgabe, *Form* und *Materie* des Sakramentes der Ehe festzulegen.

Jesus Christus hat sich an keiner Stelle zu Materie und Form der Ehe geäußert; daher ist es der Kirche als dem 'Ursakrament der Sakramente' – wie das Zweite Vaticanum später sagen wird – überlassen, Materie und Form dieses Sakramentes einzusetzen und zu verwalten.[193] Von diesem Recht und dieser Pflicht hat die Kirche auf dem Konzil von Florenz nicht nur hinsichtlich des Ehesakramentes, sondern auch bei dem Sakrament der Priesterweihe Gebrauch gemacht, wobei sie bei letzterem sogar die von Christus angewendete Form verändert hat.[194]

Daß die Kirche ein gewisses Verfügungsrecht über die Sakramente hat, wird schließlich auch daran deutlich, daß sie das Sakrament der Buße für ungültig erklärt hat, wenn die Lossprechung durch irgendeinen statt durch den zuständigen Priester erfolgt ist,[195] und daß sie sogar eine sakramentale Ehe auflösen kann, dann nämlich, wenn diese nicht vollzogen wurde.[196] Da Christus weder Form noch Materie des Ehesakramentes eingesetzt hat, besitzt die Kirche ein so großes Verfügungsrecht über das Ehesakrament, daß sie sogar das, was heute als Materie des Ehesakramentes gilt, morgen widerrufen kann.[197] Da also die Materie des Ehesakramentes stets veränderbar ist und außerdem sich nicht mit Sicherheit Form und Materie dieses Sakramentes bestimmen lassen, kann man auch nicht behaupten, daß durch die Ungültigkeitserklärung der klandestinen Ehen etwas Wesentliches dieses Sakramentes zerstört wird.[198]

---

[191]vgl. CT IX, 644,19ff; 699, 10ff; 706, 29ff; 727f,43ff u.a.
[192]vgl. CT IX, 661,40ff; 715f,43ff u.a.
[193]vgl. CT IX, 678,23ff; 697,16ff; 704,28ff; 719,24f u.a.
[194]vgl. CT IX, 719f,42ff; 725,32ff u.a.
[195]vgl. CT 644, 27f.
[196]vgl. CT IX, 670,45f; 672,15f; 719,3ff; 720,4ff u.a.
[197]vgl. CT IX, 719,9f.
[198]vgl. CT IX, 709,11ff.

3. Die Kirche hat das Recht, den *Ehevertrag* an eine bestimmte Form zu binden.

Die Kirche nimmt durch die Formvorschrift gar nicht (direkt) auf das Ehesakrament, sondern nur auf den Ehevertrag Einfluß;[199] das wiederum ist ihr gutes Recht. Denn wie der Staat als Gemeinwesen alle Tätigkeiten seiner Glieder auf das Gemeinwohl ausrichten muß und deshalb seinen Gliedern eine bestimmte Form für einen gültigen Vertragsabschluß vorschreiben kann, so muß und kann das auch die Kirche als Gemeinwesen tun, da ja die Ehe als Sakrament nicht ihren Vertragscharakter verliert.[200] Somit kann die Kirche (wie der Staat) das gültige Zustandekommen eines Vertrages verhindern, indem sie zwar nicht das Zustandekommen des Vertrages an sich unterbinden kann, da dieses allein der Vertragswille der Kontrahenten bewirkt, wohl aber dessen Wirksamkeit, da diese von der vorgeschriebenen Form des Vertragsabschlusses abhängt.[201] Wenn die Kirche die Wirksamkeit eines Ehevertrages verhindert, da der Konsensaustausch nur in irgendeiner, aber nicht in der rechtmäßig vorgeschriebenen Form erfolgt ist, dann verhindert sie damit zwar auch das Zustandekommen des Ehesakramentes; denn der gültige bzw. wirksame Ehevertrag ist das Fundament des Ehesakramentes,[202] der sich zum Sakrament wie das Subjekt zum Akzidenz und wie die Natur zur Gnade verhält.[203] Aber der freie und rechtmäßig vollzogene Ehevertrag ist weder die Materie noch die Form des Ehesakramentes, weil ein Vertrag immer eine geistige Sache ist, Form und Materie eines Sakramentes aber stets etwas Greifbares sein müssen;[204] er ist vielmehr – wie schon das Konzil von Florenz sagt – die Wirkursache des Ehesakramentes.[205] Somit berührt das Ehehindernis der klandestinen Ehen bzw. die Einführung einer zur Gültigkeit der Ehe verbindlichen Eheschließungsform gar nicht die Substanz des Ehesakramentes.

Mit dieser Argumentation wollte man den Haupteinwand der Gegenseite umgehen, daß die Kirche sich nicht die Macht anmaßen darf, durch die Einführung einer neuen Form des Sakramentes ein bisher gültiges Sakrament ungültig zu machen.

---

[199] vgl. CT IX, 404,34ff; 645,14f; 650,30; 651,40ff; 655,27ff; 663,24f,33f; 666,6f; 675,41f; 713,37f; 716,3ff; 721,13ff u.a.

[200] vgl. CT IX, 404,3ff; 661,9ff; 665,23ff; 698,15ff u.a.

[201] vgl. CT IX, 384f,24ff; 722,14ff; 697,24ff u.a.
Diese Überlegungen stellen bereits einen Ansatzpunkt dar für die "Unterscheidung zwischen der *Konstituierung* des Wesens der Ehe, die allein vom freien Ehewillen, d.h. von der personalen Tätigkeit des Menschen, abhängt, und dem Bereich ihrer *Rechtswirksamkeit*, auf den die Kirche als Gemeinwesen Einfluß hat."(Lettmann, Die Diskussion über die klandestinen Ehen, 182).

[202] vgl. CT IX, 699,17.

[203] vgl. CT IX, 704,15ff.

[204] vgl. CT IX, 738,38ff.
Das Argument der Nichtgreifbarkeit eines Vertrages ist natürlich insofern nicht stichhaltig, da ja der Vertrag durch Worte (schriftlich oder mündlich) geschlossen wird und damit greifbar wird.

[205] vgl. CT IX, 727,37ff.

5.2 Argumente gegen die Formpflicht

Unter dem Eindruck der Solus-Consensus-Tradition sprach sich aber auch fast ein Drittel der Konzilsväter gegen die Einführung der Formpflicht aus, und zwar vor allem mit dem Argument, daß mit einer Formpflicht der eigentliche Problemkreis überschritten wird. Denn wenn eine Formpflicht eingeführt wird, geht es nicht mehr um die Frage, ob die klandestinen Ehen zu verwerfen und zu verbieten sind oder nicht, sondern vielmehr um die Frage, ob künftig bei einem frei erfolgten Ehekonsensaustausch zwischen ehefähigen Personen nur deshalb eine Ehe für ungültig erklärt werden soll, weil der Vertrag nicht vor drei Zeugen oder mit der Einwilligung der Eltern zustande gekommen ist, und daß deshalb eine Ehe, die bisher gültig und Sakrament der Kirche war, in Zukunft nicht mehr gültig und sakramental ist.[206] In allen Argumenten der Gegner der Formvorschrift kam daher "der eine große Grundgedanke zur Ausprägung, daß die Ehe wesentlich allein vom freien Ehewillen der Ehepartner begründet wird. Wo der Ehewille gegeben ist, ist eine gültige und unter Christen auch sakramentale Ehe. Die Ehe und das Ehesakrament empfangen ihr Wesen und ihre Gültigkeit unabhängig vom Tun der Kirche. Darum steht es nicht in der Macht der Kirche, die Gültigkeit der Ehe zu verhindern."[207] Im einzelnen wurden vor allem folgende Einwände vorgebracht:

1. Die Kirche hat kein Eingriffsrecht in *Form* und *Materie* des Ehesakramentes.

   Wenn die Ehe durch den freien Ehewillen der Partner zustandekommt, dann kann die Kirche die Ehe durch nichts verhindern. Die Kirche kann lediglich einer Ehe die Anerkennung im Bereich der Öffentlichkeit der Kirche verweigern, indem sie eine Rechtsvermutung aufstellt, daß kein gültiger Ehewille vorliegt; dadurch wird aber die Gültigkeit der Ehe selbst nicht berührt, da mit dem frei geäußerten Konsensaustausch die Ehe vor Gott gültig ist. Denn die Kirche urteilt nach der Beweisbarkeit, Gott aber nach der Gültigkeit, die nach göttlichem Recht allein durch die auf die Gegenwart bezogene Ehewillenserklärung zweier ehefähiger Personen bewirkt wird.[208] Tauschen zwei ehefähige Christen den Ehekonsens aus, dann ist diese gültige Ehe zugleich auch ein gültiges Sakrament. Damit sind also die ehefähigen Christen die Materie und der wechselseitige Austausch des Ehekonsenses die Form des Ehesakramentes. Materie und Form eines Sakramentes stehen aber nicht in der Verfügungsgewalt der Kirche, d.h. dürfen von der Kirche nicht verändert werden. Genau das würde sie aber tun, wenn sie die Gültigkeit der Ehe von dem Einhalten einer Form abhängig machte; durch die Einführung einer Formpflicht würde die Kirche das Unwesentliche zum Wesentlichen machen und damit das Wesen oder/und die Form des Ehesakramentes verändern, was ihr aber nicht zusteht.[209] Die Kirche kann

---

[206]vgl. CT IX, 646,24ff; 691,5ff.

[207]Lettmann, Die Diskussion über die klandestinen Ehen, 171.

[208]vgl. CT VI, 533,11ff; IX, 384f,24ff; 407,28ff; 643,23ff; 660,41ff; 669,7ff; 726,19ff; 781,36ff u.a.

[209]vgl. CT VI, 625,6ff; 629,18ff; CT IX, 647,11ff; 671,6ff,39ff; 677f,41ff; 687,28ff; 688,17ff; 717,32ff; 729,11f; 972,11f, 19ff; 975,9f u.a.

Der Ehevertrag wird von den Konzilsteilnehmern zum Teil als Form, zum Teil als Wesen und Form und schließlich zum Teil auch als Wirkursache des Ehesakramentes betrachtet.

nicht einfach das, was bisher nur für die Beweisbarkeit und Feierlichkeit der Ehe notwendig war, zum Wesens- und Formelement des Ehesakramentes erheben.[210]

Wenn die klandestinen Ehen für ungültig erklärt werden sollen, dann muß dies auf einem anderen Weg geschehen, nämlich mit Hilfe der Rechtsvermutung, daß bei klandestinen Ehen der Ehewille nicht freiwillig, sondern unter Furcht und Zwang oder unter Täuschung erklärt worden ist.[211] Da man allerdings bisher von der Rechtsvermutung ausgegangen ist, daß bei den klandestinen Ehen ein wahrer Ehewille vorliegt, würde nun durch die gegenteilige Rechtsvermutung die Gefahr bestehen, durch diesen grundlegenden Wechsel in der Rechtsvermutung jegliche Rechtsgrundlage zu zerstören.[212]

2. Die Kirche darf nicht das *Grundrecht* auf Ehe verletzen.

Aufgrund des Naturrechtes wie des göttlichen Rechtes hat jeder Mensch die Freiheit zur Ehe. Diese darf durch keine menschliche Macht, geschweige denn durch ein menschliches Gesetz über Formalitäten, Äußerlichkeiten oder Nebensächlichkeiten eingeschränkt werden.[213] Die Kirche hat immer gelehrt, daß der Ehewille von Natur aus frei sein muß und nicht von dem Willen oder dem Machteinfluß eines anderen abhängen darf; mit dieser Auffassung hat die Kirche das weltliche Recht korrigiert. Daher kann die Kirche unmöglich in Zukunft das glatte Gegenteil vertreten und den Ehewillen von dem Willen bzw. der Anwesenheit des Pfarrers und zweier Zeugen abhängig machen, zumal sie dadurch indirekt auch die Freiheit des Sakramentenempfanges beseitigt, zumindest in dem Fall, wo kein Pfarrer vorhanden ist oder wo er nicht anwesend sein will aus Furcht vor den Eltern, den Fürsten oder dem Bischof, der es verbietet.[214]

3. Die Kirche hat nicht die Vollmacht, Formalitäten zu einem *Ehehindernis* zu erklären.

Die Kirche hat zwar das Recht, Ehehindernisse aufzustellen; dabei ist aber zu beachten, daß die von der Kirche durch ein Ehehindernis für eheunfähig erklärten Personen immer schon vor dem Eingreifen der Kirche eheunfähig sind entweder durch göttliches Recht oder von Natur aus. Die Gültigkeit der Ehe hängt somit letztlich nicht von der Kirche ab, sondern diese interpretiert nur mit dem Aufstellen eines Ehehindernisses eine der Person anhaftende Eigenschaft, die sie von Natur aus oder nach dem göttlichen Recht eheunfähig macht und die unabhängig von dem kirchlichen Eingreifen vorhanden ist. Nicht die Kirche macht also eine Ehe ungültig oder eine Person eheunfähig, sondern sie macht mit den Ehehindernissen nur diesen von ihr unabhängigen Tatbestand deutlich. Wenn nun folglich die Kirche das

---

[210] vgl. CT IX, 647,14ff; 976,13ff; 977,22ff u.a.

[211] vgl. CT IX, 644, 35ff; 690,15ff u.a.

[212] vgl.CT IX, 669,12ff.

[213] vgl. CT VI, 427,4ff; 624,5ff,26f; 625,18f,29ff; 629,10ff; 634,19ff; IX, 687,39ff; 729,9ff; 779,42ff u.a.

[214] vgl. CT IX, 976,17ff.

Ehehindernis der Formpflicht aufstellen will, dann muß sie für diesen einschneidenden Eingriff auch einen entsprechenden Grund haben. Das kann aber nur ein Grund sein, der in der Person selbst liegt, mit der Person selbst gegeben ist und nicht nur von außen hinzukommt, und der den Ehezwecken, -zielen oder -eigenschaften widerspricht. Bei den klandestinen Ehen ist aber keiner der genannten Gründe gegeben, sondern nur die Tatsache, daß bei der Eheschließung keine Zeugen vorhanden sind und/oder die Einwilligung der Eltern fehlt. Wenn ein so formaler, unbestimmter und unsicherer Sachverhalt wie die Klandestinität zum Ehehindernis erklärt werden kann, dann können damit alle Männer und Frauen für eheunfähig erklärt werden.[215]

4. Die Kirche hat kein Eingriffsrecht in den *Ehevertrag*.

Die Argumentation, daß die Kirche mit der Einführung der Formpflicht nur in den Ehevertrag, nicht aber in das Ehesakrament eingreift, ist nicht haltbar. Der Staat und die Kirche können zwar als Gemeinwesen die Gültigkeit von Verträgen beeinflussen und sie unter bestimmten Bedingungen ungültig machen; doch diese Einflußmöglichkeit gilt nicht bei dem Ehevertrag. Denn die Ehe ist nicht nur ein weltlicher Vertrag, sondern als eine Einrichtung göttlichen Rechtes auch und vor allem ein göttlicher Vertrag. Göttliches Recht aber kann und darf nicht vom menschlichen Gesetz verändert werden;[216] und nach dem göttlichen Recht ist der Ehevertrag die Wirkursache des Ehesakramentes. Daher sind beide so eng miteinander verbunden, daß der Vertrag nicht ohne das Sakrament und das Sakrament nicht ohne den Vertrag zustandekommt; der Ehevertrag ist nämlich nicht zeitlich, sondern nur gedanklich vor dem Sakrament da.[217] Deshalb kann man auch gar nicht den Vertrag ungültig machen, ohne das Sakrament zu berühren. Wie also die Kirche das Ehesakrament nicht ungültig machen kann, so kann sie auch den Ehevertrag nicht ungültig machen, weil sie nicht ungültig machen kann, was Gott selbst als gültig anerkennt.[218] Denn Ehevertrag und Ehe(sakrament) verhalten sich zueinander wie Wärme und Feuer.[219] "Wie das Feuer Wärme bewirkt, so der Ehevertrag die Ehe. Wie es ohne Feuer keine Wärme gibt, so auch keine Ehe ohne Ehevertrag. Macht man also den Ehevertrag ungültig, so ist damit auch zwangsläufig die Ehe nichtig."[220]

Eine Art Zwischenposition nahmen in dieser Frage jene Konzilsväter ein, die zwischen einer einfachen bzw. gültigen und einer sakramentalen Ehe unterscheiden wollten. Nach dieser Auffassung ist die klandestine Ehe eine gültige, aber nicht eine sakramentale Ehe, da für eine gültige Ehe der bloße Ehewille durchaus genügt, für das Zustandekommen einer sakramentalen Ehe aber *religio, fides*

---

[215]vgl. CT VI, 471,14ff; 629,20ff; 651f,25ff; CT IX, 671,13ff; 691,9ff; 671,13ff; 707,24ff; 728f,40ff; 729,29ff; 735f,40ff; 781,28ff u.a.

[216]vgl. CT IX, 669,28ff; 687,30f.

[217]Dagegen wird von der Gegenposition eingewendet, daß zwischen Ungetauften die Ehe (zunächst) nur ein Vertrag ist, wenn sie sich aber taufen lassen, ihre Ehe Sakrament wird, wobei sie ihre Natur als Vertrag beibehält (vgl. CT IX, 704,13ff).

[218]vgl. CT IX, 671,13ff,26ff; 701,38ff; 707,21ff; 793,16ff u.a.

[219]vgl. CT IX, 725,11ff.

[220]Lettmann, Die Diskussion über die klandestinen Ehen, 100.

und *ecclesia*, also auch die Mitwirkung der Kirche, notwendig ist.[221] Als Zwischen-zwischen-Position könnte man schließlich jene Ansicht bezeichnen, die die klandestinen Ehen für gültige und sakramentale, allerdings nicht für vollkommen sakramentale Ehen hielt und dazu auf die Analogie verwies, daß auch der Knabe ein Mann ist, aber noch kein vollendeter; die Unvollkommenheit des Sakramentes der klandestinen Ehe zeige sich darin, daß es im Falle der klandestinen Eheschließung keine Gnade bewirkt, weil der Gnade durch die Übertretung eines kirchlichen Gebotes ein Hindernis entgegensteht.[222] Diese verschwindend kleine Minderheit von Konzilsvätern, deren Standpunkt auf dem Konzil offensichtlich keine Beachtung gefunden hat, kann man als Vertreter einer relativen Identität von Vertrag und Sakrament wie auch eines gestuften Ehesakramentes bezeichnen.[223]

5.3 Die Konzilsverhandlungen

Wie bereits ein kurzer Blick auf die angeführten Argumente für und gegen die Einführung einer Formpflicht einen interessanten Diskussionsverlauf auf dem Konzil vermuten läßt, so zählen in der Tat die Diskussionen über das Formpflichtdekret "zu den stürmischsten Auseinandersetzungen des ganzen Konzils"[224], die der Entstehung des Dekretes *Tametsi* eine "eigene und aufschlußreiche Geschichte"[225] verliehen haben.

Da die Konzilsversammlung 1547 beschlossen hatte, die weiteren Sitzungen von Trient nach Bologna zu verlegen, konnten die ausführlichen Beratungen über die Ehe erst nach der Wiedereröffnung des Konzils 1562 in Bologna stattfinden; bereits ein Jahr später lag der erste Entwurf für ein Dekret über die heimlichen Ehen zur Diskussion vor, der folgenden Wortlaut hatte:

> "*Sacrosancta Dei ecclesia, divino Spiritu afflata, magna incommoda et gravia peccata perpendens, quae ex clandestinis matrimoniis ortum habent, praesertim vero eorum, qui in statu damnationis permanent, dum saepenumero priore uxore, cum qua clam contraxerant, relicta, cum alia palam illicite contrahunt et cum ea in perpetuo adulterio vivunt: eadem sub gravissimis poenis alias inhibuit, non tamen irritavit. Verum cum haec sancta synodus animadvertat, propter hominum inobedientiam remedium illud hactenus parum profuisse: statuit et decernit, ea matrimonia, quae in posterum clam, non adhibitis tribus testibus, contrahentur, irrita fore ac nulla, prout praesenti decreto irritat et annullat.*
>
> *Insuper eadem sacrosancta synodus ea quoque matrimonia, quae filiifamiliias ante decimum octavum, filiae vero ante decimum sextum*

[221]vgl. CT VI, 420,34ff; 427,30ff; 533,21ff; CT IX, 406,6ff; 734,17ff u.a.
[222]vgl. CT VI, 534,4ff; 654,7ff.
[223]vgl. dazu ausführlich S. 237ff.
[224]Plöchl, Geschichte des Kirchenrechts IV, 270; vgl. auch Lacoma, El origen del capitulo 'Tametsi', 613.
[225]Reidick, Der Vertragsschließungsakt, 56.

suae aetatis annum completum sine parentum consensu de cetero con-
traxerint, praesenti decreto irritat et annullat. Aliis tamen legibus,
quae contra clandestine contrahentes promulgatae sunt, suo loco et
robore permanentibus."[226]

Die sich an diesem Entwurf anschließende Diskussion der Konzilsväter[227] dringt bereits zum Zentrum der ganzen Problematik vor. Denn alle Stellungnahmen kreisen immer wieder um folgenden grundsätzlichen Fragekomplex: Kann die Kirche überhaupt solche Ehen ungültig machen oder nicht? Wie kann man die Vollmacht der Kirche dazu begründen bzw. widerlegen? Wie ist eine Ungültig-keitserklärung der klandestinen Ehen theologisch zu bewerten? Verändert eine zwingende Vorschrift gewisser Förmlichkeiten das äußere Zeichen des Ehesakra-mentes oder stellt sie nur eine Einschränkung der Ehefähigkeit dar?[228]

Die größte Überzeugungskraft gewann dabei offensichtlich folgender Argumenta-tionsgang: Die Tatsache, daß die Kirche schon immer Ehehindernisse aufgestellt und damit Bedingungen für die Gültigkeit einer Ehe festgesetzt hat, beweist, daß die Kirche bei dem Sakrament der Ehe ein größeres Eingriffsrecht besitzt als bei den anderen Sakramenten.[229] Deshalb ist es theologisch und rechtlich unbedenklich, wenn die Kirche eine neue Bestimmung über die Gültigkeit der Ehe festlegt, sofern sie nur das Wesen bzw. die Substanz des Ehesakramentes, nämlich den Ehekonsens, nicht verändert; damit überschreitet sie nicht ihre Be-fugnis, sondern macht nur von ihrem Recht und ihrer Pflicht dem Ehesakrament gegenüber Gebrauch. Von diesem Gedanken war es nur noch ein kleiner Schritt zu dem Vorschlag, die Formpflicht als ein neues Ehehindernis einzuführen. Mit der Vorstellung, daß man damit die entferntere Materie ungültig macht bzw. nicht den Ehevertrag ungültig, sondern die Ehepartner eheunfähig macht,[230] glaubte man nämlich, "das Problem der kirchlichen Gewalt zur Veränderung des äusse-ren Zeichens glücklich zu umschiffen."[231] Zwar lehnten etliche Konzilsväter diese Konstruktion ab,[232] vor allem mit der Begründung, daß zwischen einem 'De-fekt' der Person selbst und einem 'Defekt' in der Handlungsweise unterschieden werden müsse; eine heimliche Eheschließung stelle nicht einen Defekt bzw. eine Eheunfähigkeit von Personen dar, sondern einen Defekt in der Handlung bzw. ei-

---

[226]CT IX, 640.

[227]vgl. CT IX, 642 - 679.

[228]vgl. Reidick, Der Vertragsschließungsakt, 57f; Lettmann, Die Diskussion über die klande-stinen Ehen, 13f.

[229]Diese Eingriffsmöglichkeit der Kirche bei der Ehe ist andererseits auch als Argument für die Position verwendet worden, daß die Ehe gar kein richtiges Sakrament des Neuen Bundes sein kann. Denn bei einem richtigen Sakrament kann die Kirche unmöglich Veränderungen am Wesentlichen des Sakramentes vornehmen. Mit dieser Position setzt sich vor allem Joannes An-tonius Delfinus in seiner dem Konzil eingereichten Schrift *De matrimonio et caelibatu*, Camerini 1553, 10f (zit. nach Lettmann, Die Diskussion über die klandestinen Ehen, 106f), auseinander und argumentiert, daß die Kirche ohne Zweifel die Materie jener Sakramente ändern kann, die der kirchlichen Gewalt unterstehen. Und Mann und Frau, die die Materie des Ehesakramentes bilden, unterstehen eben als Glieder der Kirche der kirchlichen Gewalt.

[230]vgl. CT VI, 654,35ff; IX, 651,7ff; 678,6ff u.a.

[231]Reidick, Der Vertragsschließungsakt, 59f.

[232]vgl. CT IX, 680,33ff.

nen Mangel im ordnungsgemäßen Modus der Eheschließung.[233] Doch diese Argumentation schlug auf dem Konzil nicht durch; stattdessen setzte sich der Wunsch der Mehrheit durch, beim zweiten Entwurf die Irritation der klandestinen Ehen in die Form einer Inhabilitation der Kontrahenten zu kleiden.[234]:

> "... *Verum cum haec sancta synodus animadvertat, propter hominum inobedientiam remedium illud parum profuisse: statuit ac decernit, illas omnes personas, quae in posterum clam, sine trium saltem testium praesentia, matrimonium sive sponsalia contrahere attentaverint, ad matrimonium sive sponsalia sic contrahenda inhabiles fore, ac propterea omnia ab eis acta pro matrimonio seu sponsalibus contrahendis irrita fore ac nulla, prout praesenti decreto irritat et annullat ...*"[235]

Die Diskussion dieses zweiten Entwurfes brachte nicht die erhoffte Annäherung, geschweige denn Einigung der gegensätzlichen Positionen, sondern eher eine Verhärtung der Fronten, indem die verschiedensten Argumente Pro und Contra der Formpflicht ins Feld geführt wurden.[236] So blieb auch im dritten[237] und vierten[238] Entwurf die Formulierung der Inhabilitation, die dann schließlich auch in die endgültige Fassung des Dekretes über die klandestinen Ehen einging,[239] allerdings mit einer wichtigen Neubestimmung: Zur Gültigkeit der Ehe genügt nicht mehr nur die Gegenwart dreier beliebiger Zeugen, sondern es müssen mindestens zwei Zeugen und ein *Pfarrer* bzw. ein mit einer Erlaubnis des zuständigen Pfarrers oder Ortsoberhirten ausgestatteter Priester anwesend sein. Der Grund dieser Anordnung lag sicherlich nicht darin, den Pfarrern die ihnen zukommende Eheassistenz sichern zu wollen,[240] sondern in der Absicht, für eine geeignete Registrierung der Eheschließungen zu sorgen.[241] Dafür spricht erstens die Tatsache, daß diese Änderung erst beim dritten Textentwurf des Dekretes erfolgt war, und zwar fast nebenbei bzw. ohne große Debatten; zweitens, daß der Pfarrer eindeutig die dritte Zeugenstelle übernimmt, sonst hätte die erforderliche Mindestzahl der Zeugen nicht einfach von drei auf zwei reduziert werden können; drittens, die Vorschrift, daß nicht jeder Priester, sondern nur der Ortspfarrer bzw. ein von ihm bevollmächtigter Priester der Eheschließung beiwohnt, und schließlich viertens, daß der Pfarrer nur passiv assistiert, wie die zur Auslegung des Konzils unmittelbar nach Abschluß des Tridentinums eingesetzte Kardinalskongregation erklärt hatte.[242] Zwar hatte der Austausch des dritten Zeugen durch den Ortspfarrer zugleich den Vorteil, jenen Konzilsvätern entgegengekommen zu sein, die

---

[233] vgl. vor allem CT IX, 691,9ff.
[234] vgl. Reidick, Der Vertragsschließungsakt, 61; Lettmann, Die Diskussion über die klandestinen Ehen, 22; Mörsdorf, Der Ritus sacer, 262 mit Anmerkung 34 bzw. in: Kanonische Schriften, 601.
[235] CT, IX, 683.
[236] siehe dazu S. 51ff.
[237] vgl. CT IX, 761f.
[238] vgl. CT IX, 889f.
[239] vgl. CT IX, 968f.
[240] so Hofmeister, Die Form der Eheschließung, 231.
[241] vgl. Joyce, Die christliche Ehe, 121.
[242] vgl. Schulte, F., Richter, Ae., L., (Hgg), Canones et Decreta Concilii Tridentini, Lipsiae,

den ehelichen Segen für ein notwendiges Element des Ehesakramentes hielten[243] und zum Teil sogar vom Konzil definiert haben wollten, daß der Priester Diener des Sakramentes ist.[244] Doch das Hauptmotiv für die ab jetzt geforderte Anwesenheit des eigenen Pfarrers war, jede Heimlichkeit noch sicherer auszuschließen. Denn als dritter Zeuge stand nicht nur der Priester[245], sondern auch die Alternative entweder ein Priester oder ein Notar[246] zur Debatte; ja es wurde sogar vorgeschlagen, statt der Zeugen die Anwesenheit einer öffentlichen Person zu fordern.[247] Streng genommen kommt daher dem Pfarrer bei dem eigentlichen Eheschließungsakt lediglich eine rein rechtliche Aufgabe zu: er fungiert als Solemnitäts- und Beurkundungszeuge, der die Öffentlichkeit und die Autorität der Kirche vertritt,[248] ist also Urkundsperson, die die Vernehmung des Konsenses verrichtet, ohne dabei irgendeine geistliche Amtshandlung zu vollziehen.[249] Mit der Einführung des Pfarrers als dritten Zeugen war somit die Entwicklung, die mit der Brauttorvermählung begonnen hatte, zum Abschluß gebracht worden: die entscheidenden Rechtsakte des Brautvaters bzw. des Vormunds fielen nicht mehr nur aufgrund einer geübten Gewohnheit und nach Belieben des Brautpaares dem Priester zu, sondern waren ihm nun vom Recht her und als Gültigkeitsbedingung für jede Eheschließung übertragen worden.

Darüber hinaus erfuhr auch die Formulierung der Irritation gegenüber dem zweiten Entwurf eine Änderung. Das *inhabiles reddere* der Personen bzw. die Nichtigkeit der Ehe wurde "nicht ganz so eindeutig auf die Unfähigkeit der Kontrahenten zurückgeführt. Bei dem zweiten Entwurf wurde das 'irrita fore ac nulla' des Getätigten unzweideutig durch 'propterea' auf die Eheunfähigkeit zurückgeführt. Beim dritten und vierten Entwurf und im endgültigen Wortlaut ist die Abhängigkeit der Nichtigkeit der Ehe von der Unfähigkeit der Kontrahenten *sprachlich* nicht zum Ausdruck gebracht. Er spricht sowohl von einem 'inhabiles reddere' der Personen wie von einem 'irritos et nullos esse decernere' der Verträge."[250]

1853, Nr. 63, S. 234f:

"Episcopo Giennensi ad dubia III. Si invitus et compulsus per vim adsit sacerdos, dum contrahitur matrimonium, utrum tale matrimonium subsistat?

IV. Si sacerdos adfuerit, nihil tamen eorum, quae agebantur, vidit neque audivit, utrum tale matrimonium valide contrahatur, vel potius, tanquam sine sacerdote, nullius sit ponderis et momenti?

V. Si adsit sacerdos, dum contrahitur matrimonium, casu, non cogitans se ad id esse vocatum, sed aliud agens audit duos inter se contrahentes matrimonium, utrum validum sit tale matrimonium, in quo fuit praesens, non tamen certioratus, nec ad id expresse vocatus, neque interponens suam auctoritatem dicto vel facto, vel potius sit nullum, quasi assistentia auctoritativa per Concilium requiratur et non nuda vel causalis praesentia?

S.C. resp. ad dub. III. subsistere; ad IV. non valere, si sacerdos non intellexit, nisi tamen non affectasset non intelligere; ad V. valere, etiamsi parochus aliam ob causam adhibitus sit ad illum actum. 1581. Rel. e 1. III. Decr. p.59. a Bened. XIV. De syn. dioec. XIII.23."

[243]vgl CT IX, 406,10ff; 653,10ff; 660,10f; 666,19f; 717,1f; 734,12f.17ff u.a.

[244]vgl. vor allem CT IX, 674f,45f.

[245]vgl. vor allem CT IX, 697,42ff.

[246]vgl. CT IX, 714,23; 738,15f; 723,8ff u.a.

[247]vgl. vor allem CT IX, 716,9f.

[248]vgl. Hörmann, Die tridentinische Trauungsform, 42.

[249]vgl. Scheuerl, Die Entwicklung des kirchlichen Eheschliessungsrechts, 152; auch Conrad, Das tridentinische Konzil, 311; Bernhard, Le decret Tametsi, 231.

[250]Reidick, Der Vertragsschließungsakt, 64.

Der unter heißem Ringen zustandegekommene, endgültige Konzilskanon über die Einführung der Formvorschrift, der das Herzstück des späteren Gesamtdekretes *Tametsi* darstellte, lautete somit:

> "... *Qui aliter quam praesente parocho vel alio sacerdote de ipsius parochi seu ordinarii licentia, et duobus vel tribus testibus matrimonium contrahere attentabunt: eos sancta synodus ad sic contrahendum omnino inhabiles reddit, et huismodi contractus irritos et nullos esse decernit, prout eos praesenti decreto irritos facit at annullat. ...*"[251]

In und mit diesem Konzilsbeschluß wurde fortan jede nicht entsprechend der Formvorschrift geschlossene Ehe gleich in zweifacher Weise für ungültig erklärt: "Entsprechend dem Wunsche vieler Väter wird die Formvorschrift zunächst in die Form eines trennenden Ehehindernisses gekleidet, so daß alle, die nicht in der vorgeschriebenen Form die Ehe schließen wollen, zu dieser Ehe unfähig gemacht werden. Hinzugefügt wird aber noch, daß das vorliegende Dekret jeden Ehevertrag, der nicht in der vorgeschriebenen Form geschlossen wird, für null und nichtig erklärt. Damit kommt die Ansicht vieler Väter zur Geltung, daß die Kirche die Gewalt hat, für die Gültigkeit von Verträgen eine bestimmte Form vorzuschreiben."[252] Diese Doppelformulierung der Ungültigkeit zeigt, daß man sich auch am Ende der intensiven Auseinandersetzungen trotz vieler beachtlicher Fortschritte in der Bewältigung anderer theologischer Fragen immer noch nicht darüber einig war, "daß die Kirche die Macht hat, durch ihren Recht setzenden Willen in das äußere Zeichen des Ehesakramentes einzugreifen. ... Um diesen Schwierigkeiten zu entgehen, wählte man den rechtsbegrifflich unmöglichen Weg über eine Inhabilitation. Man gab damit an, nicht über die Form bestimmen zu wollen, legte aber doch eine bestimmte Rechtsform unter der Sanktion der Nichtigkeit fest. Man verschloß sich die Augen vor dem Problem des äußeren Zeichens und schuf eine Norm, die man durch den Ausweg in die Inhabilität abgeschirmt zu haben glaubte von den theologischen Fragen, zu deren Lösung die Väter des Konzils nicht gelangt sind."[253]

Somit hatte die Kirchenversammlung zu Bologna zwar sprachlich die Klandestinität als neues trennendes Ehehindernis aufgestellt. Doch aufgrund der inneren Struktur eines Ehehindernisses als ein der Person innewohnender Umstand konnte dieses Vorhaben eben nur sprachlich, nicht aber tatsächlich gelingen.[254]

---

[251]CT IX, 968f.

[252]Lettmann, Die Diskussion über die klandestinen Ehen, 30.

[253]Mörsdorf, Der Ritus sacer, 262f bzw. in: Kanonische Schriften, 601f.

[254]Böckle, Das Problem der bekenntnisverschiedenen Ehe, 23, vertritt dagegen die Auffassung: "Da die Ehe keine bloße Privatsache ist, sondern ihrem Wesen nach eine gesellschaftliche Grundinstitution darstellt, kann man sich fragen, ob der Gedanke so abwegig war, wenn die Väter von Trient die Klandestinität als einen Mangel an Ehefähigkeit betrachtet haben. Es geht ja nicht nur um das Fehlen einer bestimmten Form; es geht vielmehr um die Partner, die mit ihrem Bund nicht an die Öffentlichkeit treten wollen. Wenn aber für eine solche Geheimhaltung keine schwerwiegenden äußeren Gründe vorliegen, so wäre mindestens ein echter Zweifel an den konstitutiven Elementen der Ehe berechtigt. Die Existenz eines rechtlichen Aktes (des Ehekonsenses) kann also nur da vermutet werden, wo dieser Akt in irgendeiner gesellschaftlich anerkannten Form in Erscheinung getreten ist."

In Wirklichkeit haben nämlich die tridentinischen Konzilsväter statt der Aufstellung eines neuen Ehehindernisses eine Erweiterung des bis dahin geltenden äußeren Zeichens des Ehesakramentes vorgenommen.[255] "Der Gedanke der Ausweitung oder Erweiterung besagt folgendes: das für jedes Sakrament spezifische Handeln, das sogenannte Kernsymbol, ist vorgegeben und steht nicht zur Disposition der Kirche. Diese kann aber und muß den konkreten Vollzug ordnen und gestalten (ius liturgicum)."[256] Beim Ehesakrament ist das Kernsymbol d.h. die unwandelbar festgelegte Substanz des äußeren Zeichens der Ehevertrag. Als Kernsymbol ist der Ehevertrag somit der Verfügungsgewalt der Kirche entzogen, doch die Ausgestaltung und Konkretisierung dieses Kernsymbols liegt sehr wohl in der Vollmacht der Kirche.

Konstituierte bis zum Tridentinum der einfache Konsensaustausch das sakramentale Zeichen, so sollte "in Zukunft nur mit einer in Anwesenheit des Pfarrers und der Zeugen erfolgenden Ehewillenserklärung das äussere Zeichen des Sakramentes perfekt vorliegen. ... Durch das Kapitel *Tametsi* wurde das bis zu jenem Zeitpunkt geltende sakramentale Zeichen der Ehe verändert – aber 'salva illius substantia'."[257] Denn die durch göttliches Recht festgesetzte und somit durch keine menschliche, auch nicht kirchliche Verfügung abänderbare Substanz des ehesakramentlichen Zeichens ist und bleibt die Konsenserklärung der Ehepartner, jedoch nicht jede beliebige Konsenserklärung, sondern nur die in der rechtmäßigen Form erfolgte. Mit anderen Worten: "Es liegt nicht in der Gewalt der Kirche, zu erklären, dass eine formgerechte (d.h. eine alle zur Rechtswirksamkeit des Aktes vorgeschriebenen Förmlichkeiten erfüllende) Eheschliessungshandlung nicht mehr das äussere Zeichen des Ehesakramentes konstituieren solle; denn das würde einen Eingriff in die substantia des Zeichens bedeuten. Dagegen hängt es durchaus von ihrem rechtsetzenden Willen ab, welcher Modus des Vertragsschlusses als formgerecht anzusehen ist und somit zur perfekten Konstituierung des äußeren Zeichens eingehalten werden muss. Wenn somit das Kernsymbol des Ehesakramentes in der formgerechten Eheschliessung besteht, so schliesst die Substanz des Zeichens bereits eine Abhängigkeit vom setzenden Willen der Kirche ein."[258]

---

[255]vgl. Reidick, Der Vertragsschließungsakt, 65.

Nicht gerade überzeugend wirkt die Kritik von Lettmann, Die Diskussion über die klandestinen Ehen, 19, Anm. 21, an Reidick, daß sie offensichtlich zu jenen zählt, die die Tatsache, daß die Formpflicht als Ehehindernis gefaßt wurde, überbewerten; diese Behauptung ist schon allein deswegen fragwürdig, da sie nicht näher belegt, sondern nur aus den Darlegungen Dombois' über Reidick gefolgert wird.

[256]Dombois, Das Decretum 'Tametsi', 215; zur Funktion der Brautleute und des kirchlichen Amtsträgers beim Zustandekommen des Ehesakramentes siehe ausführlicher S. 257ff.

[257]Reidick, Der Vertragsschließungsakt, 66.

[258]ebd., 66f.

Dombois' Kritik in seinem Beitrag Das Decretum 'Tametsi', 214, wird den Ausführungen von Reidick wohl kaum gerecht: Es ist "nicht zu sehen, worin konkret die Differenz zwischen Konsensaustausch und 'perfekter' Vertragsschließungshandlung liegen soll. Es handelt sich um einen völligen Zirkelschluß, um die nach Fortfall der Inhabilitätslehre übrigbleibende Irritation zu begründen. In der Sache läuft es darauf hinaus, daß die Anerkennung durch die Kirche, ausgedrückt durch die Konformität mit der von ihr vorgeschriebenen Form, das Sakrament mache. Das liegt schon sehr nahe an der aktiven, konstituierenden Assistenz." So sehr man geneigt ist, gerade den beiden letzten Gedanken Dombois' zuzustimmen, so werden sie durch seine eigenen Ausführungen S. 218 widerlegt, wo er nämlich von der "Insuffizienz des nudus consensus" und

Der alte Eherechtsgrundsatz *consensus facit nuptias* wurde damit keineswegs außer Kraft gesetzt, sondern nur zu dem Grundsatz erweitert: *Contractus facit nuptias.* In dieser Ergänzung kommt deutlicher zum Ausdruck, daß es sich bei der Ehe immer um einen Vertrag handelt, auch wenn sie zugleich Sakrament ist bzw. sein kann; denn Christus hat an der Vertragsnatur der Ehe nichts geändert, sondern ließ vielmehr den Ehevertrag wie er war und fügte die Gnade hinzu. Ehe als Vertrag, und zwar als ein rechtsgültiger Vertrag, ist aber mehr als nur der beiderseitige Austausch des Ehewillens; Ehe als rechtsgültige Vertragshandlung ist der Austausch des Ehewillens in der vom zuständigen Gesetzgeber vorgeschriebenen Form; denn der Ehevertrag ist wie jeder Vertrag ein rechtlicher Akt, für dessen rechtswirksames Zustandekommen der zuständige Gesetzgeber Regeln und damit eine bestimmte Form festlegen muß. Erfüllt der rechtliche Akt des Vertragsabschlusses alle erlassenen Vorschriften, so ist er formgerecht und damit gültig und rechtswirksam; jede andere Vertragshandlung, die nicht die vorgeschriebene Form einhält, ist zwar gültig, aber nicht rechtswirksam. Denn die Gültigkeit erlangt die Vertragshandlung allein durch den Konsens der Vertragspartner, während die Rechtswirksamkeit nicht schon jeder Vertragshandlung sondern nur der formgerechten Vertragshandlung zukommt.

Der Ehevertrag, der zugleich Sakrament sein kann, untersteht dem kirchlichen Gesetzgeber; dieser hat bisher nur das *Faktum* des Konsensaustausches vorgeschrieben, die *Form* des Konsensaustausches aber offen gelassen. Daher ist bisher die Ehewillenserklärung an keine bestimmte Form gebunden gewesen, um rechtswirksam zu werden, sondern durch jeden in irgendeiner Form geäußerten Austausch des Ehekonsenses ist ein rechtsgültiger bzw. rechtswirksamer Ehevertrag zustandegekommen; oder anders gesagt: die Ehewillenserklärung (in welcher Form auch immer) ist mit dem rechtsgültigen Vertragsakt identisch gewesen; diese Gleichsetzung ist aber nur eine faktische bzw. geschichtliche, nicht aber eine grundsätzliche; deshalb kann sie jederzeit abgeschafft werden, indem der kirchliche Gesetzgeber verfügt, daß künftig nur die in einer bestimmten Form erfolgte Ehewillenserklärung als rechtswirksam zustandegekommener Ehevertrag und damit unter Getauften als Ehesakrament anerkannt wird.

Hätten die Konzilsväter diese Unterscheidung zwischen gültigen und rechtswirksamen Vertrag klarer erkannt, hätten sie sich wahrscheinlich viele Auseinandersetzungen gespart. Denn dann hätten sie einfach erklären können, daß die Kirche fortan die beiderseitige Ehewillenserklärung nicht mehr mit der (rechtswirksamen) Ehevertragshandlung gleichsetzt, sondern für die (rechtswirksame) Ehevertragshandlung eine ganz bestimmte Form des Ehekonsensaustausches vorschreibt. "Die Schwierigkeiten der Diskussionen ergaben sich somit zum grossen Teil aus

von der Eheschließung als einen "mehraktigen Vorgang" spricht und schließlich auch zugibt: "Liegen aber Konsens, aktive Assistenz und konsummierende Kopula unleugbar vor, so ändert sich das Gesamtbild. Die monistische Reduktion auf den Konsens wird unhaltbar, ohne daß der Bedeutung des Konsenses als solchem Abtrag getan wird." Insofern wird man Dombois zugeben dürfen, daß die Kirche durch ihre Formvorschrift zwar das Sakrament *mit*macht, aber nicht einfachhin 'macht', wie er behauptet. Diese *Mit*wirkung der Kirche entspringt aber nicht nur ihrem "unabweisbaren Bedürfnis", sondern auch ihrem Recht und ihrer Pflicht "die christliche Ehe in eine bestimmte Verbindung mit dem Leben der Kirche selbst zu setzen und zu erhalten, sie nicht einfach herumvagieren zu lassen", wie Dombois auf S. 218 schreibt.

einer mangelnden Unterscheidung zwischen der faktischen Identität eines jeglichen Konsensaustausches mit der Vertragsschliessung und einer grundsätzlichen Gleichsetzung der beiderseitigen Ehewillenserklärung mit dem Vertrag."[259]

5.4 Die innere Spannungseinheit des Formpflichtdekretes

"Mit Recht ist darauf hingewiesen worden, daß die gesamte Diskussion über die klandestinen Ehen von einem gewissen inneren Gegensatz gekennzeichnet ist, der bis in das Caput Tametsi hinein spürbar ist, insofern einerseits festgestellt wird, daß die Gültigkeit der Eheschließung wesentlich allein vom freien Ehewillen der Partner abhängt, andererseits aber die Mehrheit der Väter einen derartigen Einfluß der Kirche auf die Eheschließung anerkennt, daß sie die Gültigkeit der Ehe von der Einhaltung einer bestimmten Form abhängig machen kann."[260] Läßt sich eine "Synthese dieser auf den ersten Blick widersprüchlichen Aussagen" aufzeigen[261] oder vermag nicht einmal ein "scharfsinniger Kopf diesen Widerspruch aufzulösen"[262]?

Ein Blick auf die Entstehungsgeschichte des Dekretes *Tametsi* wird für die Beantwortung dieser Frage aufschlußreich sein und wird vor allem auch zeigen, daß die tridentinischen Konzilsväter sich sehr wohl der inneren bzw. inhaltlichen Spannung ihres Dekretes bewußt waren, sich ihr auch stellten und nicht etwa auswichen. Denn nur aus der Überzeugung heraus, daß es sich dabei nicht um einen unlösbaren Widerspruch handelte, ist die Ausdauer der Konzilsväter zu verstehen, mit der sie sich in bewegten und langwierigen Disputen um eine schlüssige Formulierung des Dekretes und damit um einen Ausgleich der (scheinbar) widersprüchlichen Aussagen bemühten.[263] Ausgangspunkt für die Entstehung des

---

[259]Reidick, Der Vertragsschließungsakt, 67f; vgl. Lettmann, Die Diskussion über die klandestinen Ehen, 182ff.

[260]Lettmann, Die Diskussion über die klandestinen Ehen, 2.

[261]so Lettmann, Die Diskussion über die klandestinen Ehen, 2.

[262]so Dombois, Das Decretum 'Tametsi', 208.

[263]Bernhard, Le decret Tametsi, 209- 211 und 230- 232 (und auch schon in seinem Beitrag A propos de la forme ordinaire du mariage, 585f), sieht in den Aussagen von *Tametsi* keinerlei (innere) Spannung. Für ihn 'liegt *Tametsi* ganz in der Tradition der klassischen Lehre des Ehekonsenses, ja stellt sogar einen Triumph der Lehre vom Ehekonsens dar. Erst das Dekret 'Ne temere' (1908) und der CIC/1917 hat durch die Einführung der *aktiven* Eheassistenz diese innere Spannung bzw. die eigentliche Revolution gebracht. Denn durch die *aktive* Eheassistenz ist der Konsensaustausch der Eheleute als juristischer Akt dem Beachten einer feierlichen Form unterworfen worden, und das erst stellt einen schweren Widerspruch zum Prinzip des Konsensualismus dar. Man muß nämlich die feierliche von der habilitierenden Form unterscheiden. Letztere ist deshalb notwendig, um eine Person überhaupt erst zum Setzen eines juristischen Aktes zu befähigen (zu habilitieren). Denn die Gültigkeit jedes juristischen Aktes setzt tatsächlich voraus, daß der Autor des juristischen Aktes auch die Fähigkeit bzw. Kapazität dazu hat. Um diese notwendige Fähigkeit festzustellen, kann per Gesetz das Beobachten bestimmter Formalitäten vorgeschrieben werden, d.h. die Form vorgeschrieben werden, nach der der (eheliche) Konsens veräußerlicht werden muß. Denn jeder konsensualistische juristische Akt verlangt – allerdings von seinem Inhalt, nicht von seiner Form her – eine Äußerung des Willens. Im Unterschied zum feierlichen Akt ist der einer habilitierenden Form unterstellte juristische Akt gegen den Schein weiterhin konsensualistisch. Unter rein konsensualistischer Heirat ist also eine Heirat zu verstehen, die auf einmal (nicht in Etappen) durch das alleinige Einverständnis

Dekretes *Tametsi* war die Tatsache, daß die Konzilsväter nicht nur über die Abfassung eines Dekretes über die Formpflicht zu beraten hatten, sondern auch über die Formulierung von Glaubenssätzen über das Sakrament der Ehe. Zu diesem Zweck war ihnen 1563 ein erster Entwurf zur Prüfung vorgelegt worden, der dem Dekret über die klandestinen Ehen 12 canones über das Sakrament der Ehe vorangestellt hatte. In der Diskussion wurde diese Reihenfolge beibehalten, d.h. zuerst wurde zu den canones Stellung genommen, dann erst zu dem Dekret. Einer dieser 12 canones nahm auch Bezug auf die klandestinen Ehen und schrieb deren Gültigkeit fest:

"Si quis dixerit, clandestina matrimonia, quae libero contrahentium consensu fiunt, non esse vera et rata matrimonia, ac proinde esse in potestate parentum, ea rata vel irrita facere: anathema sit."[264]

Diesem gegen Luther formulierten und in einen Glaubenssatz gekleideten Canon zuzustimmen, bereitete zunächst keinem der Konzilsteilnehmer ernsthafte Schwierigkeiten. Die eigentlichen Probleme entstanden erst im Zusammenhang mit dem sich an die 12 Ehecanones anschließenden Dekret über die klandestinen Ehen, dessen Kernaussage folgendermaßen lautete:

"... haec sancta synodus ... statuit et decernit, ea matrimonia, quae in posterum clam, non adhibitis tribus testibus, contrahentur, irrita fore ac nulla, prout praesenti decreto irritat et annullat. ..."[265]

Hatte unmittelbar vorher der 3. Konzilskanon die Gültigkeit der klandestinen Ehen festgeschrieben, so wurde nun das genaue Gegenteil verkündet: alle klandestin geschlossenen Ehen sollten künftig für ungültig erklärt werden. Abgesehen

---

der zukünftigen Eheleute vereinbart und durch eine freigewählte Form ausgedrückt wird. Es ist also eine Äußerung des Einverständnisses erforderlich, aber nicht die so oder so bestimmte Weise der Äußerung. Die feierliche Form dagegen konstituiert eine spezifische Forderung, die nichts mit der des Ausdrucks des Willens zu tun hat.' (Bereits in seinem Beitrag A propos de la forme ordinaire du marriage, 576, legte Bernhard diesen Sachverhalt folgendermaßen dar: 'Der Ausdruck *Konsensvertrag*: durch bloße Zustimmung gültiger Vertrag steht im Gegensatz zu *feierlicher Vertrag* und nicht zu *realer Vertrag*'). 'Tametsi' befiehlt zwar, daß der Pfarrer die Leute befragt, um sich ihres Einverständnisses zu vergewissern, und ein paar Worte zu sprechen. Aber diese Worte sind nicht wesentlich für die Gültigkeit, was schon dadurch deutlich wird, daß sie je nach Gegend variieren können. Und genau aus dieser Tatsache folgt, daß das Konzil die Lehre des Konsensualismus beibehalten hat, wonach die Ehewillenserklärung der Eheleute die Ehe begründet.

Daraus wird also ersichtlich: Wie es sicher ist, daß Trient mit der Habilitierungsform zur Gültigkeit der Ehe die klandestinen Ehen beseitigen wollte, so ist es ebenfalls sicher, daß es der Konsenserklärung der Ehepartner keine liturgische Form geben bzw. die Ehezelebration nicht sakramentalisieren wollte. Dies zeigt sich u.a. schon darin, daß der gleiche Text des Dekretes 'Tametsi' ja mit Nachdruck auf die Veröffentlichung des Aufgebotes und dem Einschreiben der Ehe in offizielle Register bestand.

Die Theorie des Einverständnisses wurde also von Trient überhaupt nicht verändert, wohl aber von 'Ne temere', wonach der Pfarrer zur Gültigkeit der Ehe das Einverständnis der zukünftigen Eheleute erfragen und entgegen nehmen muß.'

[264] CT IX, 640, can.3.
[265] CT IX, 640, 37ff

von der inhaltlichen Auseinandersetzung mit dieser Ungültigkeitserklärung aller formlos geschlossenen Ehen,[266] mußte nun vor allem folgende Frage geklärt werden: Wie kann das Konzil zuerst die Behauptung, daß klandestine Ehen ungültig seien, unter Anathem verwerfen und im nächsten Atemzug dann erklären, daß klandestine Ehen in Zukunft ungültig seien? Diesen ekklatanten Widerspruch meinte man im zweiten Entwurf des Dekretes dadurch entschärft zu haben, indem man der Lehre von der Gültigkeit klandestiner Ehen nicht mehr einen eigenen Glaubenssatz widmete, sondern diese als (lehrhafte) Einleitung zum Dekret über die Formpflicht formulierte. So lautete schließlich der zweite Entwurf folgendermaßen:

> *"Tametsi sacrosancta Dei ecclesia clandestina matrimonia, libero contrahentium consensu facta, vera ac rata esse non dubitat, ac proinde iure damnandi sunt illi, prout ab hac sacrosancta synodo damnantur, qui huiusmodi matrimonia vera ac rata esse negant ...*
>
> *haec sancta synodus ... statuit ac decernit, illas omnes personas, quae in posterum clam, sine trium saltem testium praesentia, matrimonium sive sponsalia contrahere attentaverint, ad matrimonium sive sponsalia sic contrahenda inhabiles fore, ac propterea omnia ab eis acta pro matrimonio seu sponsalibus contrahendis irrita fore ac nulla, prout praesenti decreto irritat et annullat. ..."*[267]

Mit dieser Formulierung war nun der dogmatische Kanon in das Disziplinardekret eingearbeitet worden; man glaubte und hoffte wohl, daß die Väter bei dieser so umstrittenen Sache eher zu einer neues Recht schaffenden Verordnung als zu einer die herrschenden Ansichten zusammenfassenden Lehrdefinition zustimmen würden.[268] Doch in der anschließenden Diskussion[269] zeigte sich, daß auch dieser Entwurf noch für viele Konzilsväter unannehmbar schien, da erster und zweiter Aussageteil des Dekretes immer noch zu widersprüchlich bzw. nicht vereinbar schienen.[270] In der Auseinandersetzung mit diesem Einwand wurde nun aber ein wichtiger Gedanke entwickelt, der sozusagen die Synthese von These und Antithese brachte: Der Begriff *consensus* des einleitenden Satzes muß im Sinne des *consensus legitimus* verstanden und gedeutet werden, dann bildet er auch keinen Widerspruch mehr zum folgenden Passus. Denn mit dem Verständnis des *consensus* als *consensus legitimus* sagt das Dekret in einem ersten Schritt aus, daß die klandestinen Ehen solange gültig sind, wie die Kirche den *consensus (nudus)* als *consensus legitimus* anerkennt; denn das Recht und die Pflicht, die Bedingungen festzulegen, die den *consensus* zum *consensus legitimus* machen, kommt allein der Kirche zu. In einem zweiten Schritt verfügt dann das Dekret, daß der *consensus legitimus* künftig nur dann gegeben ist, wenn der *consensus* in

---

[266]siehe dazu S. 51ff.

[267]CT IX, 683.

[268]vgl. Sarpi, P., Historia Concilii Tridentini libris octo exposita, Lipsiae 1699, Bd 2, 636 und Pallavicini, S., Istoria del concilio di Trento, Rom 1833, lib. XXII, c.4, §2, als Historikerurteile aus dieser Zeit.

[269]vgl. CT IX, 686 - 739.

[270]vgl. vor allem CT IX, 688,2f.

Anwesenheit des (Orts-) Pfarrers und mindestens zweier Zeugen erfolgt.[271] Dieser für das Verständnis des Dekretes überaus wichtige Hinweis ging dann auch in die Formulierung des dritten Entwurfes ein:

> *"Tametsi dubitandum non est, clandestina matrimonia, libero contrahentium consensu facta, rata et vera esse matrimonia, quamdiu ecclesia ea rata esse voluit ...*
>
> *Qui aliter quam praesente parocho vel alio sacerdote de ipsius parochi seu ordinarii licentia, et duobus vel tribus testibus matrimonium contrahere attentaverint; eos sancta synodus ac sic contrahendum omnino inhabiles reddit, et huiusmodi contractus irritos et nullos esse decernit ..."*[272]

In diesem dritten Textentwurf kam somit ganz klar der entscheidende Sachverhalt zum Ausdruck: Es hängt ganz allein vom Willen der Kirche ab, ob und wielange sie einer heimlichen Erklärung des Ehekonsenses den Charakter einer (formgerechten und damit legitimen bzw.) gültigen Vertragsschließung zuerkennt.

Leider ersetzte aber der vierte Entwurf die treffende Formulierung des dritten Entwurfes *quamdiu ecclesia ea rata esse voluit* durch *quamdiu ecclesia irrita non fecit*[273]; dieser Wortlaut ging dann auch in die endgültige Fassung des Dekretes ein.[274] Zwar besagen beide Formulierungen eigentlich das gleiche: "es hängt vom setzenden Willen der Kirche ab, ob heimliche Konsenserklärungen die Ehe begründen können oder nicht. Aber die endgültige Formulierung führt die Gültigkeit der klandestinen Ehen auf ein Nicht-nichtig-erklären, der frühere Wortlaut führte sie auf ein Als-gültig-anerkennen zurück. Damit betonte der letzte Wortlaut im Vertragscharakter der heimlichen Konsenserklärung stärker die Nichtaktivierung eines ablehnenden Willens der Kirche, während die erste Formulierung mehr auf das aktive Element des kirchlichen Annahmewillens abstellte."[275] In beiden Formulierungen war somit also "die – positiv oder negativ bestimmte – Mitwirkung der Kirche bei der Setzung des sakramentalen Zeichens der Ehe anerkannt, und es bleibt rätselhaft, warum diese Erkenntnis nicht genutzt worden ist, um der Irritation der heimlichen Eheschließung eine einwandfreie Grundlage zu geben."[276] Denn das ist genau der Ansatzpunkt, der zu einer befriedigenden Lösung des Problems hätte führen können, dann nämlich, wenn man von hier aus zu der grundsätzlichen Erörterung nach der Vollmacht der Kirche über die Sakramente übergegangen wäre. Doch wahrscheinlich wollte man im Rahmen der Diskussion über Reformmaßnahmen nicht diese dogmatische Frage nach der Vollmacht der Kirche über die Ehe als Sakrament behandeln und suchte deshalb eine andere Lösung.[277] Eine leider folgenschwere Entscheidung! Denn nach

---

[271]vgl. vor allem CT IX, 722,14ff.

[272]CT IX, 761f,28ff.

[273]vgl. CT IX, 889,26f.

[274]vgl. CT IX, 968,15f.

[275]Reidick, Der Vertragsschließungsakt, 70.

[276]Mörsdorf, Der Ritus sacer, 264 bzw. in: Kanonische Schriften, 603.

[277]vgl. Lettmann, Die Diskussion über die klandestinen Ehen, 179f.

einer solchen Debatte hätten dann die Konzilsväter vielleicht diese Unterscheidung zwischen einfachem und legitimem Konsensaustausch konsequent zu Ende gedacht, so daß ihnen wohl kaum der Begriffsfehler unterlaufen wäre, die Formpflicht als Ehehindernis bzw. Ehesakraments(un)fähigkeit einzuführen statt als (rechtmäßige) Gestaltungsbefugnis der Kirche bezüglich des Ehevertrags, der für an Christus Glaubende zugleich auch das äußere, also sakramentale Zeichen des Ehesakraments darstellt.

Wenn es auch der Mehrzahl der Konzilsväter selbst noch nicht bewußt war, so haben sie dennoch mit der Einführung der Formvorschrift das Defizit des *nudus consensus* behoben; der *consensus legitimus*, durch den eine gültige und unter Christgläubigen eine sakramentale Ehe zustandekommt, war fortan nicht mehr schon durch den *consensus nudus* gegeben, sondern erst durch den vor einem berechtigten Geistlichen und mindestens zwei Zeugen geäußerten *consensus*. Damit ist aber nicht schon gesagt, daß der *nudus consensus n u l l u m matrimonium* bewirkt. Diese Konsequenz wurde erst im 19. Jahrhundert behauptet bzw. gezogen, nämlich im Zusammenhang mit der Auseinandersetzung der staatlichen und kirchlichen Jurisdiktionsvollmacht über die Ehe und der damit verbundenen Frage des Verhältnisses von Ehevertrag und Ehesakrament.[278] Das tridentinische Ehegesetz dagegen hat noch den Platz, "um auch dem naturalen Akt der für das ganze Menschengeschlecht gestifteten Eheschließung spezifischen Raum zu geben."[279] Für das tridentinische Eherecht trifft noch nicht die heute allerdings berechtigte Forderung zu, die Kirche sollte, "um nicht in ein höchst partikulares und insofern gänzlich unkatholisches kirchliches Ghetto zu geraten, zugestehen, daß vor jenem kirchlich unmittelbar relevanten Handeln auch schon ein naturales, wirksames, aber eben geistlich und kirchlich gesehen partielles Handeln im Eheschluß vorliegt.[280]

Sie müßte aktive Assistenz und Benediktion neu interpretieren, aber andererseits die bürgerliche Wirksamkeit einer gleichwohl in den geistlichen Zusammenhang der Kirche, in die sakramentale Dimension einzuführenden Ehe zugestehen."[281] Dies ist auch schon allein deshalb dringend nötig, da ja die tridentinischen Ehegesetze sich keineswegs gegen die bürgerliche Jurisdiktion über die Ehe richteten, sondern lediglich gegen die Protestanten, die die kirchliche Ehejurisdiktion rundweg leugneten; das Tridentinum wollte (und mußte) noch keine Erklärung über das Verhältnis zwischen Staat und Kirche in Eheangelegenheiten abgeben.[282]

5.5 Das tridentinische Dekret Tametsi

Nach langwierigen Verhandlungen war schließlich "jenes merkwürdige Dekret entstanden, von dem am Schlusse der Verhandlungen gesagt wurde, dass seinetwegen allein ein Konzil hätte berufen werden müssen."[283] Die endgültige Fassung des

---

[278]vgl. dazu S. 203ff.
[279]Dombois, Das Decretum 'Tametsi', 219.
[280]vgl. dazu ausführlicher S. 268ff.
[281]ebd., 219.
[282]vgl. Molinski, Theologie der Ehe, 156.
[283]Friedberg, Das Recht der Eheschliessung, 123.

Dekretes *Tametsi*, das durch die Bestätigung des Papstes allgemeines Gesetz der Kirche geworden ist, lautet:

"Tametsi dubitandum non est, clandestina matrimonia, libero contrahentium consensu facta, rata et vera esse matrimonia, quamdiu ecclesia ea irrita non fecit, et proinde iure damnandi sint illi, ut eos sancta synodus anathemate damnat, qui ea vera ac rata esse negant quique falso affirmant, matrimonia, a filiis familias sine consensu parentum contracta, irrita esse, et parentes ea rata vel irrita facere posse: nihilominus sancta Dei ecclesia ex iustissimis causis illa semper detestata est atque prohibuit. ..."

Darauf folgt ein Hinweis auf die durch klandestine Ehen verursachten Mißstände sowie eine erneute Einschärfung der schon vom 4. Laterankonzil erlassenen Bestimmungen über das dreimalige Aufgebot zur Ermittlung von Ehehindernissen. Über den Ablauf der Eheschließungsfeier *in facie ecclesiae* heißt es dann:

"... parochus viro et muliere interrogatis, et eorum mutuo consensu intellecto, vel dicat: 'Ego vos in matrimonium coniungo, in nomine Patris et Filii et Spiritus Sancti', vel aliis utatur verbis iuxta receptum uniuscuiusque provinciae ritum. ..."[284]

Diese Bestimmung enthält zwei wichtige Aspekte:

1. Nicht nur das Zusammensprechen, sondern auch das bloße Bestätigen des geäußerten Ehewillens durch den zuständigen Priester ist bei einer nach tridentinischem Recht gültig geschlossenen und damit sakramentalen Ehe möglich.

2. Das Dekret macht den sakramentalen Charakter weder von dem priesterlichen Zusammensprechen noch von der priesterlichen Bestätigung oder Benediktion abhängig. Damit wird indirekt ausgesagt, "dass diese priesterlichen Handlungen und Worte niemals die Bedeutung eines Sakramentsvollzuges haben; nicht durch sie, sondern durch die vorschriftsmässige declaratio consensus wird nach der Auffassung des Concils im einzelnen Fall die göttliche Stiftung wirksam. Das Concil behandelt damit das Ehesakrament entschieden als ein Sakrament, welches keiner priesterlichen Vermittlung bedürftig ist. Im Grunde ist die Frage, wer minister dieses Sakraments sei, damit indirekt so entschieden: die Gatten selbst sind hier ministri sacramenti."[285] Die Ehe wird zwar *vor* dem Priester, aber nicht *durch* den Priester geschlossen, weshalb der Priester nur Zeuge,[286] wenn auch qualifizierter Zeuge ist,[287] *vor* dem, aber *ohne* den der Konsensaustausch stattfindet.[288]

---

[284]CT, IX, 968,31ff.

[285]Scheuerl, Die Entwicklung des kirchlichen Eheschliessungsrechts, 121f; vgl. auch schon Flügge, Geschichte der kirchlichen Einsegnung, 65f.

[286]vgl. Dombois, Zur Geschichte des weltlichen und kirchlichen Eheschliessungsrechtes, 167.

[287]vgl. Sägmüller, Lehrbuch des katholischen Kirchenrechts II, 126; Triebs, Handbuch des kanonischen Eherechts IV, 595; Conrad, Das tridentinische Konzil, 311.

[288]vgl. Triebs, Handbuch des kanonischen Eherechts IV, 573.

Das Kernstück des Dekretes bildet aber die nun folgende Bestimmung:

"Qui aliter, quam praesente parocho vel alio sacerdote, de ipsius parochi seu ordinarii licentia, et duobus vel tribus testibus matrimonium contrahere attentabunt: eos sancta synodus ad sic contrahendum omnino inhabiles reddit, et huiusmodi contractus irritos et nullos esse decernit, prout eos praesenti decreto irritos facit et annullat."[289]

Nach der Aufzählung einiger Bestimmungen über Strafen bei Übertretung der Formvorschrift, über die Zuständigkeit des Pfarrers, die Ehevorbereitung der Brautleute sowie der neuen Vorschrift, die geschlossene Ehe in ein von dem Pfarrer zu führendes Trauungsbuch einzutragen, schließt das Dekret mit den Worten:

"Decernit insuper, ut huiusmodi decretum in unaquaque parochia suum robur post triginta dies habere incipiat, a die primae publicationis in eadem parochia factae numerandos."[290]

Diese letzte Bestimmung machte die Gültigkeit des Dekretes von seiner amtlichen Verkündigung in den einzelnen Pfarreien abhängig und ging als Trienter Schlußklausel in die Geschichte ein.

6 Die Trienter Schlußklausel

Nach dem Wortlaut des Dekretes *Tametsi* waren fortan grundsätzlich *alle* Getauften an die neuerlassene Formpflicht gebunden, egal ob sie Katholik, Häretiker oder Schismatiker waren; dennoch ergab sich in der Praxis bald ein ganz anderes Bild. Denn gemäß der Schlußklausel der tridentinischen Eherechtsvorschriften hatte das Dekret *Tametsi* in den einzelnen Pfarreien nur dann Geltung, wenn es dort verkündet *und* rezipiert worden war.[291] Das bedeutete ganz konkret, daß die tridentinische Formpflicht nur für jene Christen verbindlich wurde, die entweder in einer sogenannten 'tridentinischen Pfarrei' heirateten oder durch ihren Wohnsitz oder Nebenwohnsitz aus einem sogenannten 'tridentinischen Ort' stammten. Hatte jedoch ein Christ seinen Wohnsitz oder Nebenwohnsitz an einem Ort, an dem das Dekret nicht publiziert worden war und heiratete dort, so war er nicht an die tridentinische Formpflicht gebunden;[292] Personen, die ihren Wohnsitz an einem tridentinischen Ort hatten, aber an einem nichttridentinischen Ort 'formlos' heirateten, gingen allerdings eine ungültige Ehe ein. "Der Grund dafür lag

---

[289]Die Behauptung von Friedberg, Das Recht der Eheschliessung, 113, trifft wohl kaum den Sachverhalt: "Auch stellte man ... die Notwendigkeit der Aufgebote und die anderen Feierlichkeiten, welche der Sitte gemäss bei der Eheschliessung zu beobachten wären, als eigentlichen Kern des Dekretes voran, und liess die Nichtigkeitserklärung der heimlichen Ehen gewissermassen ganz beiläufig folgen."
[290]CT IX, 968f.
[291]Zu Details über die Art der Publikation vgl. Plöchl, Geschichte des Kirchenrechts IV, 204.
[292]vgl. Gerhartz, Geschichtlicher Aufriß, 10.

in dem Charakter der tridentinischen Satzung als einer lex personalis, welche die kraft Wohnsitzes dem Gesetze unterstehenden Personen überallhin verpflichtend begleitete."[293] So war also die Verbindlichkeit von *Tametsi* "in erster Linie durch *örtliche* Gesichtspunkte, in zweiter Linie durch *persönliche* Beziehungen hergestellt. Nach der ersten Richtung hin erwies sich besagtes Dekret als eine lex territorialis, nach der letzteren als eine lex personalis,"[294] so daß nicht nur zwischen tridentinischen (formgebundenen) und nichttridentinischen (formfreien) Orten, sondern auch zwischen tridentinischen und nichttridentinischen Personen unterschieden werden mußte. Durch diese Doppelung einer lex localis plus personalis hoffte man, die Möglichkeit klandestiner Eheschließungen so gut wie ausgeschlossen zu haben; denn eine klandestine, aber dennoch gültige Ehe konnten jetzt nur noch nichttridentinische Personen an nichttridentinischen Orten eingehen.[295]

Mit dieser Schlußklausel wollte das Trienter Konzil offenbar einerseits die Protestanten nicht ausdrücklich von der Formvorschrift befreien, andererseits aber deren Eheschließungen nicht einfach ungültig machen, sondern ihnen die Möglichkeit gültiger Eheschließungen in weitestem Umfang belassen.[296] Denn die Konzilsversammlung war realistisch genug, von der Vermutung auszugehen, daß die Protestanten als Verächter der Autorität der (katholischen) Kirche dieses für alle getauften Christen verbindliche Dekret kaum annehmen würden und deshalb künftig alle Eheschließungen der Protestanten ungültig wären.[297] So macht diese "in der kirchlichen Rechtsgeschichte einzig dastehende Publikationsweise"[298] deutlich, daß sich der kirchliche Gesetzgeber bereits mit der Einführung der Formpflicht um eine Abgrenzung zwischen formpflichtigen und formfreien Personen bemüht hat, eine Last, von der er sich bis heute noch nicht hat befreien können.[299] "Das Einfachste wäre freilich gewesen, die Akatholiken von der kanonischen Formvorschrift schlechterdings auszunehmen; allein zu solcher Erklärung konnte sich die Kirche des 16. Jahrhunderts noch nicht verstehen."[300] Dafür mußte sie allerdings den Preis zahlen, daß dreieinhalb Jahrhunderte später das Dekret an manchen Orten immer noch keine Geltung erlangt hatte[301], wahrscheinlich ohne die damals

---

[293]Schönsteiner, Grundriß des kirchlichen Eherechts, 664; vgl. Sägmüller, Lehrbuch des katholischen Kirchenrechts II, 122; Triebs, Handbuch des kanonischen Eherechts IV, 635.

[294]Schönsteiner, Grundriß des kirchlichen Eherechts, 664; vgl. Scharnagl, Kirchliche Eheschließungsform, 4.

[295]vgl. Triebs, Handbuch des kanonischen Eherechts IV, 636.

[296]vgl. Gall, Fragwürdige Unauflöslichkeit der Ehe, 120; Hofmeister, Die Form der Eheschließung, 232; Sägmüller, Lehrbuch des katholischen Kirchenrechts II, 123; Triebs, Handbuch des kanonischen Eherechts IV, 634.

[297]vgl. z.B. CT III, 705,9ff.

Insofern greift die Erklärung von Beykirch, Von der konfessionsverschiedenen zur konfessionsverbindenden Ehe, 57, zu kurz: "Um durch die Vermeidung des Mißstandes der klandestinen Ehen nicht sofort wieder ein neues Übel, nämlich das übermäßig vieler ungültiger Ehen durch Unkenntnis der verpflichtenden Eheschließungsform zu schaffen, sollte das Dekret 'Tametsi' nur dort Gesetzeskraft erhalten, wo es verkündet worden war." Die Trienter Schlußklausel zielt nicht so sehr auf die Unkenntnis der Katholiken, sondern viel mehr auf die Weigerung der Protestanten, *Tametsi* zu beachten.

[298]Thomas, Formlose Ehen, 36.

[299]vgl. auch Hofmann, Die Reformbedürftigkeit der Mischehenbestimmungen, 252.

[300]Schönsteiner, Grundriß des kirchlichen Eherechts, 663.

[301]vgl. Knecht, Die neuen eherechtlichen Dekrete, 48.

stattgefundene Revision der tridentinischen Ehegesetze auch nie erlangt hätte, und deshalb in dieser Zwischenzeit die Gültigkeit und damit auch die Sakramentalität einer Ehe auf zwei verschiedene Arten zustandekommen konnte, die mehr oder weniger durch Zufall festgelegt waren. War nämlich das Trienter Dekret in der Pfarrei der Eheschließenden publiziert worden, konnte die Ehe nur gültig und damit sakramental in der forma tridentina geschlossen werden, war es aber nicht publiziert worden, so konnte die Eheschließung in jeder beliebigen Form stattfinden und wurde auch als gültig und sakramental betrachtet.[302]

7 Die Aufnahme des tridentinischen Rechtes in der Folgezeit

7.1 Das nachtridentinische Rechtschaos

Die Ausführung der Trienter Schlußklausel führte innerhalb kurzer Zeit zu folgenden Problemen in der Rechtslage:

1. In allen Ländern, Gebieten oder Pfarreien, in denen das Dekret nicht verkündet wurde, blieben weiterhin formlose, d.h. auch klandestine Eheschließungen möglich und legitim, wenn auch unerlaubt; so existierten also vortridentinisches und tridentinisches Recht nebeneinander her.[303]

2. Überall dort, wo das Dekret verkündet worden war, entstand sehr bald die Frage, ob eine Eheschließung unter Protestanten oder eines Protestanten mit einem Katholiken an die tridentinische Eheschließungsform gebunden war oder nicht; denn die Zielrichtung des Dekretes waren ja nicht die Protestanten, sondern die Katholiken gewesen.[304] "Im allgemeinen galt der Grundsatz, daß in jenen Orten, in denen die Anhänger der neuen Lehre schon eigene Pfarrgemeinden hatten, bevor in der katholischen das *Tametsi* verkündet war, die Evangelischen nicht gebunden waren. Schwierigkeiten entstanden dort, wo eine nichtkatholische Christengemeinde erst *nach* Verkündigung des Dekrets gebildet wurde. Es muß jedoch hervorgehoben werden, ... daß die römische Kurie in immer stärkerem Maß eine mildere Praxis, gegründet auf der *bona fides* der nicht katholischen Christen, obwalten ließ."[305]

---

[302]vgl. Scheuerl, Die Entwicklung des kirchlichen Eheschliessungsrechts, 121.

[303]Daher macht Plöchl, Geschichte des Kirchenrechts IV, 203, zu recht auf die fast etwas paradoxe Tatsache aufmerksam, daß das tridentinische Eherecht zwar "in bedeutsamer Weise auch auf das weltliche Eherecht und dessen Entwicklung selbst in Staaten Einfluß genommen hat, die alles eher als geneigt waren, das Recht der katholischen Kirche anzunehmen oder dessen Anwendung zu ermöglichen", daß aber andererseits "dieses Recht des Tridentinums nicht einmal im Bereich der Kirche seine volle Geltung erlangte."

[304]vgl. Conrad, Das tridentinische Konzil, 308.

[305]Plöchl, Geschichte des Kirchenrechts IV, 272; vgl. ausführlicher dazu S. 74ff.

3. Schon nach kurzer Zeit konnte man nicht mehr mit Sicherheit feststellen, ob und in welchen einzelnen Ländern, Gebieten und erst recht Pfarreien die Vorschriften des Trienter Konzils Geltung erlangt hatten.[306] Denn die Rezeption der Bestimmungen von *Tametsi* war sowohl "von der politischen Lage als auch von der Zusammensetzung der Bevölkerung" abhängig.[307] Zu dieser Unsicherheit über eine (nicht) stattgefundene Publikation, die parallel zum zeitlichen Abstand vom Konzil zunahm, kam auch noch die "schnell fortschreitende konfessionelle Verschiebung und Durchmischung, welche durch die Verbesserung der Verkehrsmittel nur noch mehr gefördert wurde."[308]

Es liegt auf der Hand, daß dies alles keineswegs zu der gewünschten Rechtssicherheit, sondern gerade zur Rechtsunsicherheit über Gültigkeit bzw. Ungültigkeit von Ehen beitrug.[309] Ebenso klar ist, "daß die Verschiedenheit von sogenannten 'tridentinischen' und 'nichttridentinischen' Orten, ferner die Differenzierung, ob das Dekret nur für Katholiken oder auch für andere Christen galt, im reichsten Maß zu Komplikationen beitrug, aber auch eine förmliche Zergliederung der gemeinrechtlichen Vorschriften in eigentlich partikularrechtliche Bereiche mit sich brachte."[310]

Obwohl also das Dekret *Tametsi* für alle Christen als verpflichtend gedacht und auch vom Wortlaut her verfaßt war und gerade dadurch Rechtseinheitlichkeit hätte gewährleisten können, hatte die eigenartige Publikationsweise dieses Dekretes genau das Gegenteil herbeigeführt: *Tametsi* war keineswegs für alle Christen, ja nicht einmal für alle Katholiken zur verbindlichen Vorschrift geworden. Somit war die tridentinische Schlußklausel die entscheidende Wurzel des nachtridentinischen Rechtschaos, das sich als Rechtsungleichheit, Rechtszersplitterung und Rechtsunsicherheit innerhalb der katholischen Kirche umschreiben läßt. Deshalb kann man durchaus sagen: Wie "hoch auch der Fortschritt eingeschätzt werden mag, der in der obligatorischen Einführung einer Eheschließungsform liegt: so zeitigte die nachtridentinische Rechtsentwicklung doch gerade auf diesem Gebiete mehr Nachteile und Übelstände als vielleicht auf irgendeinem anderen."[311] Denn die tridentinische Schlußklausel hatte zweierlei Recht zur Grundlage einer kirchlich gültigen Eheschließung gemacht. "Das Tridentinum wollte durch Einführung einer zwingenden Eheschließungsform die klandestinen Ehen, also die nicht *in facie ecclesiae* geschlossenen Ehen, ausmerzen. Klandestinität wurde zu einem Nichtigkeitsgrund. Da jedoch das *Tametsi* nicht überall galt, entstanden in Wirklichkeit zwei Formen der Klandestinität: die *nichtige* tridentinische und die *gültige* und zudem nicht immer unerlaubte *außer*tridentinische Klandestinität. ... [Man wollte] Scylla vermeiden und fiel Charybdis zum Opfer. Während man auf der einen Seite durch die tridentinische Klandestinität die Rechtssicherheit der Ehe

[306]vgl. Friedberg, Das Recht der Eheschliessung, 127.

[307]Beykirch, Von der konfessionsverschiedenen zur konfessionsverbindenden Ehe, 57.

[308]Triebs, Handbuch des kanonischen Eherechts IV, 635.

[309]vgl. Gerhartz, Geschichtlicher Aufriß, 11; verschiedene Fallbeispiele der verwirrenden Rechtslage im Eheschließungsrecht seit der Publikation von *Tametsi* bis zum CIC/1917 bei Oesterle, Klandestine Ehen nach altem Rechte.

[310]Plöchl, Geschichte des Kirchenrechts IV, 205.

[311]Schönsteiner, Grundriß des kirchlichen Eherechts, 666.

bestärken wollte, öffnete man den Weg in zahllose Prozesse wegen behaupteter Ungültigkeit klandestiner Ehen."[312] Dieses Rechtschaos wurde darüber hinaus auch dadurch verstärkt daß "die mit der neuen Zeit heraufziehenden Staaten absolutistischer Prägung die Ehe und damit auch die Form der Eheschließung zunehmend in ihren ehernen Griff nahmen."[313]

Eine besonders verzwickte Rechtslage entstand dabei noch in den Ländern, die zum Zeitpunkt der Dekretverkündigung katholisch, durch die Reformation aber inzwischen protestantisch geworden waren. Konnten die hier von Protestanten 'formlos' eingegangenen Ehen als gültig betrachtet werden oder nicht?

7.2 Declaratio Benedictina, Provida und Ne temere als Stabilisierungsversuche der Rechtslage

Die Frage, ob in tridentinischen Gebieten später zum Protestantismus Konvertierte an die tridentinische Formpflicht gebunden sind oder nicht, gewann vor allem in Holland und Belgien besondere Aktualität; dort war unter spanischer Vorherrschaft das Dekret *Tametsi* verkündet worden, aber der Großteil der Bevölkerung war nach der Reformation zum evangelischen Bekenntnis übergewechselt.[314] Galt jetzt die tridentinische Formpflicht nur für die katholischen oder auch für die nicht (mehr) katholischen Niederländer? Der niederländische Klerus ging offensichtlich sehr pragmatisch vor und wendete die tridentinische Formpflicht seit 1671 nur noch auf die niederländischen Katholiken an; das römische Placet dieser Entscheidung vor Ort erfolgte allerdings erst 1741 in der sogenannten *Declaratio Benedictina* von Papst Benedikt XIV.[315] Diese 'Declaratio' schränkte die tridentinische Formvorschrift für die niederländischen Generalstaaten auf rein katholische Ehen ein. Denn sie verfügte, daß die Eheschließung der häretischen Christen unter sich und mit Katholiken auch bei Nichteinhaltung der tridentinischen Eheschließungsform gültig ist, und zwar mit rückwirkender Geltung:

---

[312]Plöchl, Geschichte des Kirchenrechts IV, 274.

[313]Neumann, Mischehe und Kirchenrecht, 33, der auch darauf hinweist, daß sich dabei interessanterweise das weltliche Eherecht das kirchliche Eheschließungsrecht zum Vorbild genommen hat, so daß das Caput *Tametsi* ein bedeutender Schritt zum modernen Eherecht geworden ist. Conrad, Das tridentinische Konzil, 321f stellt schließlich sogar fest, daß die tridentinische Eheschließungsform heute noch in der Zivilehe, allerdings in säkularisierter Gestalt weiterlebt; "denn an die Stelle des die Eheschließungserklärungen entgegennehmenden Geistlichen des Dekretes 'Tametsi' ist der staatliche Standesbeamte getreten. Anstatt des kirchlichen Aufgebots zur Ermittlung von Ehehindernissen wird ein staatliches Aufgebot erlassen. Die staatlich geschlossene Ehe wird in staatliche Bücher eingetragen, die die Stelle der Kirchenbücher einzunehmen bestimmt sind. Auch heute noch wirkt die Willensübereinstimmung der Brautleute rechtsbegründend. Doch begründet diese nur einen bürgerlichen Vertrag, dem keinerlei Bedeutung für den religiösen Bereich zukommen soll (vgl. §1588 BGB). Vgl. auch Plöchl, Geschichte des Kirchenrechts IV, 191 und 203; Heimerl / Pree, Kirchenrecht, 157f.

[314]vgl. Conrad, Das tridentinische Konzil, 308.
Für eine genauere Darstellung der Entwicklung in den Niederlanden vgl. Joyce, Die christliche Ehe, 127 - 129; Plöchl, Geschichte des Kirchenrechts IV, 275.

[315]Declaratio cum Instructione super Dubiis respicientibus MATRIMONIA in Hollandia et Belgio contracta, et contrahenda, in: Benedicti Papae XIV. Bullarium 1, Rom 1746, 87 - 89.

"... Sanctitas Sua ... declaravit statuitque, Matrimonia in dictis Foederatis Belgii Provinciis inter Haereticos usque modo contracta, quaeque imposterum contrahentur, etiamsi forma a Tridentino praescripta non fuerit in iis celebrandis servata, dummodo aliud non obstiterit canonicum impedimentum, pro validis habenda esse ...

Quod vero spectat ad ea Coniugia, quae pariter in iisdem Foederatis Belgii Provinciis, absque forma a Tridentino statuta, contrahuntur a Catholicis cum Haereticis, sive Catholicus Vir Haereticam Foeminam in Matrimonium ducat, sive Catholica Foeminam Haeretico Viro nubat, dolens imprimis quam maxime Sanctitas Sua, eos esse inter Catholicos, qui insano amore turpiter dementati, ab hisce detestabilibus conubiis, quae S. Mater Ecclesia perpetuo damnavit, atque interdixit, ex animo non abhorrent, prorsus sibi abstinendum non ducunt, laudansque magnopere zelum illorum Antistitum, qui fervioribus propositis spiritualibus poenis, Catholicos coercere student, ne sacrilegio hoc vinculo se Haereticis coniugant; ... At si forte aliquod huius generis Matrimonium, Tridentini forma non servata, ibidem contractum iam sit, aut imposterum (quod Deus avertat) contrahi contingat; declarat Sanctitas Sua, Matrimonium huiusmodi, alio non concurrente canonico impedimento, validum habendum esse ..."[316]

Damit hatte Benedikt XIV. in diesen Gebieten nicht nur *protestantische*, sondern auch *bekenntnisverschiedene* Eheschließungen von der tridentinischen Formpflicht befreit. Hatte das Tridentinum zu der Frage der konfesssionellen Mischehe noch in keinerlei Hinsicht Stellung genommen, hatte nun die *Benedictina* als offizielles römisches Schreiben nicht mehr nur die Unerlaubtheit bzw. das strikte Verbot einer bekenntnisverschiedenen Ehe betont herausgestellt, sondern zum ersten Mal trotz dieses Verbotes die Möglichkeit einer bekenntnisverschiedenen Ehe*schließung* ins Auge gefaßt und dafür Normen erlassen.[317] Durch diese Sonderregelung waren somit für die Niederlande alle Rechtsunsicherheiten beseitigt.

---

[316]ebd., 88.

[317]Beykirch, Von der konfessionsverschiedenen zur konfessionsverbindenden Ehe, 60, stellt ganz richtig heraus: "Das Verbot, bekenntnisverschiedene Ehen zu schließen, und die Formvorschrift müssen ... unbedingt auseinandergehalten werden. Sowohl die Intention des Gesetzgebers als auch die Wirkungen waren andere. Während jede Ehe, die unter Nichtbeachtung der Formvorschrift geschlossen wurde, ungültig war, wurden die Ehen konfessionsverschiedener Partner sowohl vor dem Tridentinum als auch danach von der katholischen Kirche als gültig anerkannt, wenn sie auch unerlaubt waren. Erst die Kombination von Konfessionsverschiedenheit und verbindlich von der katholischen Kirche vorgeschriebener Eheschließungsform machte die Lage problematisch.
Im Tridentinum wurde ausdrücklich festgehalten, daß Häresie kein Grund sei, eine Ehe aufzulösen [vgl. CT IX, 682, c.5], aber über Ehen konfessionsverschiedener Partner wurde nichts ausgesagt. So konnte sich die Lehre der katholischen Kirche im 17. und frühen 18. Jahrhundert bezüglich der Frage des Eingehens konfessionsverschiedener Ehen auf keine universalkirchliche Rechtsgrundlage stützen, was sowohl zu unterschiedlichen Positionen in der Lehre als auch zu unterschiedlicher Handhabung in der Praxis führte. Brisant wurde das Problem ja immer erst da, wo in der Praxis die Frage nach den Grenzen des Verbotes und einer eventuellen Befreiung von diesem Verbot aufkam. So wurde die Dispensfrage sehr verschiedenartig gehandhabt."

Der Inhalt dieser römischen Verlautbarung wurde dann sehr bald wegen seiner eindeutigen Stellungnahme und damit klaren Linie der kirchlichen Politik auch auf andere Staaten bezogen und schließlich als eine grundsätzliche Entscheidung betrachtet für alle Gebiete mit überwiegend *protestantisch* gewordener Bevölkerung, d.h. für alle Gebiete, in denen der Protestantismus bereits eine eigene religiöse Organisation besaß. Auf Wunsch wurde solchen Gebieten durch Dekret die Sonderregelung der *Benedictina* gewährt.[318] Während noch in der Theorie diskutiert wurde, ob die 'Benedictina' ein rechtsetzendes Dekret oder eine Dispens darstellt, wurde ihr bereits in der Praxis die Stellung einer neuen Rechtsnorm gegeben.[319]

Somit war nun durch die Regelung der 'Benedictina' und deren Verbreitung zwar die Unterscheidung zwischen tridentinischen und nichttridentinischen Orten beseitigt, dafür aber die zwischen katholischen und protestantischen Gebieten eingeführt: In protestantischen Ländern unterlagen künftig nur noch die Katholiken der tridentinischen Formpflicht; in katholischen Gegenden aber blieben auch die dort sich aufhaltenden Protestanten an die Formpflicht gebunden.

Ein weiterer Schritt in der Lockerung der Formpflichtregelung wurde schließlich 1805 durch einen Brief Papst Pius VII. an Napoleon[320] eingeleitet:

> Der Grundsatz, daß eine bekenntnisverschiedene Eheschließung wegen Nichteinhalten der tridentinischen Form nicht ungültig ist, "ward durch ein Dekret unseres Vorgängers, Benedict XIV., für die gemischten Ehen aufgestellt, welche in Holland und in dem conföderirten Belgien geschlossen wurden. Da dies Decret kein neues Recht begründet, sondern, wie die Aufschrift desselben besagt, nur eine Erklärung (näm-

---

[318]vgl. die Entscheidungen der Konzilskongregation von 1741 und 1780, in: CICfontes V, Nr. 3527, S.967 - 970, und VI, Nr. 3811, S.104 - 106.

[319]vgl. Plöchl, Geschichte des Kirchenrechts IV, 274f.

[320]Napoleon hatte den Papst gebeten, die in Amerika bzw. Baltimore geschlossene und von einem spanischen Priester eingesegnete Ehe seines minderjährigen Bruders mit einer Protestantin für ungültig zu erklären, und zwar aus folgenden Gründen: wegen der Ungleichheit des Kultus der Contrahenten; der fehlenden Mitwirkung des zuständigen Priesters, d.h. des Pfarrers des Wohnsitzes des Katholiken; Mangel der Einwilligung der Mutter und der Verwandten des Minderjährigen; Verführung und damit Raub des Minderjährigen. Der Papst erklärte jedoch in einem ausführlichen Antwortbrief an Napoleon, daß es nicht in seine Kompetenz falle, eine Verbindung aufzulösen, die zweifelsfrei gültig ist. Denn die Ungleichheit des Kultus als trennendes Ehehindernis gilt nur für die Ehe zwischen einem Katholiken und einem Heiden, nicht aber für die Ehe zwischen zwei Getauften; die Einwilligung der Eltern ist keine Gültigkeitsbedingung der Ehe; die sogenannte Verführung fällt nicht unter den Tatbestand des Ehehindernisses des Raubes; das Ehehindernis der Klandestinität bzw. die Abwesenheit des zuständigen Priesters trifft hier ebenfalls nicht zu, da es für die Gültigkeit der Ehe genügt, die Gesetze des Wohnsitzes eines der beiden Brautleute zu beachten, am Wohnsitz der Braut gilt aber das tridentinische Dekret nicht, weil es in einem den Häretikern untertanen Land wie Amerika nicht verkündet worden ist, und selbst wenn es doch in diesem ursprünglich katholischen Land verkündet worden ist, dann aber nur in katholischen Pfarreien. Deshalb kann eine bekenntnisverschiedene Ehe nie wegen Nichteinhalten der tridentinischen Formpflicht für ungültig betrachtet werden; dieser Grundsatz geht aus der *Declaratio Benedictina* hervor (siehe dazu die Fortsetzung im Haupttext; zum Ganzen vgl. den Brief Napoleons an den Papst und dessen Antwortbrief, deutsch in: Ritter, A., Geschichte des Papstes Pius VII, zweiter Band, erster Teil, Wien 1838, 71 - 73, 72f und 76 - 82).

lich eine Entwicklung dessen ist, was diese Ehen in ihrer Wirklichkeit sind), ist es leicht einzusehen, daß das nämliche Prinzip auf Ehen muß angewendet werden, die zwischen einem Katholischen und einer Ketzerin in einem Land geschlossen werden, das den Häretikern unterthan ist; selbst wenn das besagte Decret [sc. *Tametsi*] unter den daselbst existirenenden Katholiken wäre öffentlich bekannt gemacht worden. ..."[321]

Nach dieser Erklärung Pius VII., daß Papst Benedikt XIV. seine Entscheidung deshalb eine *Declaratio* genannt hatte, weil sie keine spezielle Dispensation sei, sondern eine Anwendung allgemeiner Grundsätze auf einen besonderen Fall, wurde die Ausnahmeregelung der *Declaratio Benedictina* schließlich auch auf Gebiete mit überwiegend *katholischer* Bevölkerung ausgedehnt, unter denen auch viele deutsche Diözesen und Kirchenprovinzen waren.[322] Damit war nun die Unterscheidung zwischen katholischen und protestantischen Gebieten zu der zwischen katholischen und protestantischen Personen geworden. Da aber weder die 'Declaratio' noch die folgenden Schreiben Roms den Begriff des Protestanten bzw. Häretikers klar umschrieben hatten, schälte sich allmählich folgender Kriterienkatalog für einen *Häretiker* heraus, der dann schließlich 1859 vom Heiligen Offizium bestätigt wurde. Als häretisch und damit nichtkatholisch hinsichtlich der Eheschließung galten:

1. die katholisch Getauften, die von Kindheit an, d.h. vor vollendetem 7. Lebensjahr, akatholisch erzogen worden sind und sich als Akatholiken bekennen;

2. die zwar nicht in Häresie, aber doch von Häretikern erzogen worden sind, auch wenn sie die häretische Lehre nicht oder nur wenig kennen und an dem häretischen Gottesdienst nur gelegentlich teilnehmen;

3. die als Jugendliche zu einem häretischen Bekenntnis geführt worden sind und sich zu diesem bekennen;

4. die als Apostaten von der katholischen Kirche zu einer häretischen Sekte übergewechselt sind;

5. die von Häretikern abstammenden und häretisch Getauften, die zwar ohne feierliches Bekenntnis zur Häresie, aber gleichsam religionslos aufgewachsen sind.[323]

Jede Eheschließung zwischen einem Katholiken und einem der genannten Häretiker galt also als bekenntnisverschiedene Eheschließung, die von der Formpflicht befreit war; diese großzügige Befreiung aller nicht rein katholischen Ehen von der

---

[321] Brief Pius VII. an Napoleon von 1805, deutsch in: ebd., 76 - 82, 81.

[322] vgl. die Aufzählung der einzelnen Sonderregelungen bei Sägmüller, Lehrbuch des katholischen Kirchenrechts II, 121f; Neumann, Mischehe und Kirchenrecht, 34, Anm. 40; Scharnagl, Kirchliche Eheschließungsform, 7f, Anm. 10.

[323] vgl. CICfontes IV, Nr. 950, S. 224.

Formpflicht bedeutete aber faktisch, daß fortan alle diese Ehen, gleich wo und wie sie geschlossen wurden, als kirchlich gültig und sakramental betrachtet werden mußten, da nach katholischer Auffassung der gültige Ehevertrag unter Christen zugleich das Ehesakrament bewirkt.[324] Seit der Einführung der Zwangszivilehe[325] beinhaltete dies auch die Anerkennung einer (nur) auf dem Standesamt geschlossenen Ehe von konfessionverschiedenen Christen als gültige *und* sakramentale Ehe.

Da nach protestantischer Auffassung die eigentliche Konsenserklärung sowieso auf dem Standesamt erfolgt, hatte nun auch die katholische Kirche überall dort, wo die Regelung der *Declaratio Benedictina* Geltung hatte, zumindest für bekenntnisverschiedene Christen, die nach dem Recht der evangelischen Kirche heirateten, die Ziviltrauung praktisch zum ehe- und sakramentsbegründenden Akt erklärt.[326]

Hatte die *Declaratio Benedictina* als Ausnahmeregelung für die Niederlande erlassen, dort auch tatsächlich Rechtseinheitlichkeit und damit Rechtssicherheit wieder hergestellt, so hatte ihre analoge Anwendung in den anderen Ländern zu großen Rechtsverschiedenheiten und damit Rechtsunsicherheiten geführt, da sie dort als Sonderregelung immer nur für Teilgebiete, nicht aber für das ganze Land eingeführt worden war. So galt z.B. auch im Deutschen Reich in einigen Diözesen die *Declaratio Benedictina* und in anderen das Decretum Tridentinum. Diese Situation veranlaßte 1906 die Deutschen Bischöfe, den Apostolischen Stuhl um eine Vereinheitlichung der kirchlichen Eheschließungsvorschriften für das Deutsche Reich zu bitten;[327] sie erfolgte noch im gleichen Jahr durch die päpstliche Konstitution *Provida*,[328] die die Grundsätze der *Declaratio Benedictina* mit rückwirkender Geltung auf das gesamte Deutsche Reich[329] übertrug:

> "I. - *In universo hodierno Imperio Germaniae caput Tametsi Concilii Tridentini ... omnes catholicos, etiam hucusque immunes a forma Tridentina servanda, ita adstringat ut inter se non aliter quam parocho et duobus vel tribus testibus validum matrimonium celebrare possint.*
>
> II. - *Matrimonia mixta quae a catholicis cum haereticis vel schismaticis contrahuntur, graviter sunt manentque prohibita, nisi accedente*

---

[324]vgl. dazu auch S. 203ff; 234ff.

[325]vgl. dazu auch S. 205f.

[326]vgl. Zepp, Einflüsse der staatlichen Ehegesetzgebung, 295f.

[327]vgl. ASS 39 (1906), 81f.

[328]ASS 39 (1906) 81 - 84; mit deutscher Übersetzung in: Knecht, Die neuen eherechtlichen Dekrete, 21 - 25.

[329]Knecht, Die neuen eherechtlichen Dekrete, 34f führt zu den in *Provida* verwendeten Begriffen 'Germania' und 'Imperium Germaniae' aus: "Die Bezeichnung des 'Deutschen Reiches' mit 'Germania' ist ungenau, gerade so wie mit 'Deutschland'. 'Germania' = 'Deutschland' ist ein ethnographischer, 'Deutsches Reich' ein politischer, staatsrechtlicher Begriff. Die Reichsverfassung vom 16. April 1871 kennt in ihrem Eingang offiziell nur den durch König Ludwig II. von Bayern beantragten Namen 'Deutsches Reich' und den Titel 'Deutscher Kaiser', aber kein 'Deutschland' und keinen 'Kaiser von Deutschland'. Ein politisches Deutschland existiert nicht. Der ethnographische Begriff 'Deutschland' umfaßt Völkerteile, die jetzt nicht zum 'Deutschen Reiche' gehören, und schließt manche aus, die heute zu diesem zählen" (S.34, Anm.1). Der kirchliche Gesetzgeber hat ohne Zweifel das Deutsche Reich im Sinne der Reichsverfassung gemeint.

iusta causa canonica datis integre, formiter, utrimque legitimis cautionibus per partem catholicam dispensatio super impedimento mixtae religionis rite fuerit obtenta. Quae quidem matrimonia, dispensatione licet impetrata, omnino in facie Ecclesiae coram parocho ac duobus tribusve testibus celebranda sunt, adeo ut graviter delinquant qui coram ministro acatholico vel coram solo civili magistratu vel alio quolibet modo clandestino contrahunt. Immo si qui catholici in matrimoniis istis mixtis celebrandis ministri acatholici operam exquirunt vel admittunt, aliud patrant delictum et canonicis censuris subiacent.

Nihilominus matrimonia mixta in quibusvis Imperii Germanici provinciis et locis, etiam in iis quae iuxta Romanarum Congregationum decisiones vi irritanti capitis Tametsi certo hucusque subiecta fuerunt, non servata forma Tridentina iam contracta vel (quod Deus avertat) in posterum contrahenda, dummodo nec aliud obstet canonicum impedimentum, nec sententia nullitatis propter impedimentum clandestinitatis ante diem festum Paschae huius anni legitime lata fuerit, et mutuus coniugum consensus usque ad dictam diem perseveraverit, pro validis omnino haberi volumus, idque expresse declaramus, definimus atque decernimus.

III. - Ut autem iudicibus Ecclesiasticis tuta norma praesto sit, hoc idem iisdemque sub conditionibus et restrictionibus declaramus, statuimus ac decernimus de matrimoniis acatholicorum, sive haereticorum sive schismaticorum, inter se in iisdem regionibus non servata forma Tridentina hucusque contractis vel in posterum contrahendis; ita ut si alter vel uterque acatholicorum coniugum ad fidem catholicam convertatur, vel in foro ecclesiastico controversia incidat de validitate matrimonii duorum acatholicorum cum quaestione validitatis matrimonii ab aliquo catholico contracti vel contrahendi connexa, eadem matrimonia, ceteris paribus, pro omnino validis pariter habenda sint."[330]

Das Dekret *Provida* verpflichtete in einer ersten Bestimmung alle katholischen Brautleute im Deutschen Reich auf die tridentinische Formpflicht, egal ob sie Reichsangehörige waren oder sich nur im Deutschen Reich aufhielten; in einem zweiten Schritt schärfte es dann das weiterhin bestehende strenge Verbot der Mischehe ein und bestimmte: Nur wenn bekenntnisverschiedene Brautleute von diesem Verbot unter bestimmten Voraussetzungen Dispens erlangt haben, *können* sie vor dem zuständigen Pfarrer und zwei oder drei Zeugen ihre Ehe schließen. Damit war die verbotene, aber gültige Mischehe zwar nur zur *Erlaubtheit* der Eheschließung an die tridentinische Form gebunden, doch wurde bekenntnisverschiedenen Brautleuten gleichzeitig auch eingeschärft, daß sie unter allen Umständen im Angesicht der Kirche vor dem Pfarrer und zwei oder drei Zeugen ihre Ehe schließen sollten. Jede andere Form der Verehelichung wie ein Eheabschluß vor einem nichtkatholischen Geistlichen oder nur auf dem Standesamt wurde zwar für gültig erklärt, aber zugleich auch als schwere Sünde betrachtet, die den kirch-

---

[330] ASS 39 (1906), 82 - 84.

lichen Besserungs- bzw. Beugestrafen unterliegt.[331] Der Katholik, der somit eine bekenntnisverschiedene Ehe einging und dabei nicht die kanonische Eheschließungsform einhielt, hatte zwar eine kirchlich gültige, aber zweifach verbotene Ehe geschlossen.

Die Freistellung der bekenntnisverschiedenen Ehe von der Gültigkeitsbedingung der Formpflicht aufgrund der Unteilbarkeit des Ehevertrages entsprach zwar nicht schon einem "Grundsatz des Trienter Eherechts"[332], wohl aber der Auffassung in der Kirchenrechtswissenschaft seit Inkrafttreten von *Tametsi*[333] und schließlich der von Benedikt XIV. in der *Declaratio Benedictina* eingeführten und seitdem geltenden Eherechtspraxis.[334] Von der Tatsache ausgehend, daß ein Vertrag immer entweder für alle oder aber für keinen Vertragspartner rechtskräftig wird, da andernfalls für den einen Teil eine Verpflichtung entstünde, für den anderen aber nicht,[335] wurde die Unteilbarkeit des Ehevertrages in die Richtung ausgelegt, daß die Formfreiheit des eines Partners auf den an sich formpflichtigen anderen Partner überging, weshalb jede Eheschließung zwischen einem formfreien und einem formpflichtigen Partner von der tridentinischen Formpflicht befreit war.[336]

Da *Provida* mit rückwirkender Geltung erlassen war, wurden mit Inkrafttreten dieser Konstitution auch alle bisher im Deutschen Reich geschlossenen und wegen Nichteinhaltung der tridentinischen Form ungültigen Mischehen gültig. Diese rückwirkende Kraft galt auch für die dritte Bestimmung des Dekretes, die alle Nichtkatholiken von der tridentinischen Formpflicht befreite.

Auf Wunsch der ungarischen Bischöfe wurden die Bestimmungen von *Provida* 1909 auch für Ungarn rechtsgültig.[337]

---

[331]Nach Knecht, Die neuen eherechtlichen Dekrete, 69, ist bei den genannten Besserungs- bzw. Beugestrafen namentlich an die auf den favor haeresis gelegte und von selbst eintretende Exkommunikation zu denken, die dem Papst besonders vorbehalten ist.
Wie der CIC/1917 so kennt auch der CIC/1983 drei Arten von Beugestrafen: die Exkommunikation, das Interdikt und die Suspension (vgl. cc. 2255 - 2285 CIC/1917; cc. 1331 - 1335 CIC/1983). Die Exkommunikation schließt von allen Sakramenten, liturgischen und kirchlichen Diensten aus, das Interdikt nur von allen Sakramenten und liturgischen Diensten; die Suspension als Amtsenthebung kann nur Kleriker treffen und verbietet die Ausübung aller oder einiger Akte der Weihe und / oder der Leitungsvollmacht und / oder der mit einem Amt verbundenen Rechte und Aufgaben.
Besserungsstrafen schränken also die Teilhabe an den Lebensvollzügen der Kirche ein und wollen dadurch den sündigen Christen zur Umkehr und Wiederversöhnung mit der Kirche bewegen; sie haben daher immer vorläufigen Charakter.
[332]so Beykirch, Von der konfessionsverschiedenen zur konfessionsverbindenden Ehe, 120; Hecht, Die kirchliche Eheschließungsform, 741; 747.
[333]vgl. die bei Böckenhoff, Die Unteilbarkeit des gegenseitigen Vertrages, 483 - 485, angeführten Kirchenrechtler Sanchez sowie Barbosa, Maschat, Cabassutius, Reiffenstuel, Schmalzgrueber und Engel mit Belegstellen.
[334]vgl. ebd., 485 - 492 mit Belegen.
[335]vgl. ebd., 469.
[336]Scharnagl, Kirchliche Eheschließungsform, 12f hält die Befreiung der konfessionell gemischten Ehe von der Formpflicht für eine "unrichtige Auffassung von der Unteilbarkeit des Ehevertrages" durch die beiden Verfügungen der *Declaratio Benedictina* und *Provida*.
[337]vgl. AAS 1 (1909), 516f; näheres bei Neumann, Mischehe und Kirchenrecht, 36, Anm. 41; Plöchl, Geschichte des Kirchenrechts IV, 277.

Stellten die *Declaratio Benedictina* von 1741 und *Provida* von 1907 teilkirchliche Versuche dar, durch Ausnahmeregelungen die mit und durch das Inkrafttreten des *Decretum Tridentinum* verursachten Mißstände und Unklarheiten in der Eheschließungsform zu überwinden, so wurde 1908 in *Ne temere* erstmals eine *gesamtkirchliche* Revision der tridentinischen Ehegesetzgebung vorgenommen.[338] *Ne temere* sollte endlich die von und seit Trient zwar festgelegte, aber bisher noch nicht verwirklichte *Einheitlichkeit* der Eheschließungsform in der ganzen Kirche herbeiführen. Um dieses Ziel zu erreichen, mußte *Ne temere* vor allem die Ungleichheit des Rechtszustandes an tridentinischen und nichttridentinischen Orten infolge der eigentümlichen Publikationsweise des *Tametsi*-Dekretes ebenso beseitigen wie die Unsicherheit, Verwirrung und Härten bezüglich der Gültigkeit der gemischten und akatholischen Ehen; außerdem mußte die Zuständigkeit des trauungsberechtigten Geistlichen klarer geregelt werden.[339]

Deshalb wurden vor allem fünf wichtige Neuerungen an der tridentinischen Regelung angebracht:

1. Alle Nichtkatholiken wurden ohne Wenn und Aber von der tridentinischen Formpflicht freigestellt, egal ob sie getauft waren oder nicht:

   "XI. - §3. Acatholici sive baptizati sive non baptizati, si inter se contrahunt, nullibi ligantur ad catholicam sponsalium vel matrimonii formam servandam."[340]

Mit der Freistellung nicht nur der ungetauften, sondern auch der getauften Nichtkatholiken von der Formpflicht hatte der kirchliche Gesetzgeber erstmals die Bestimmungen über die kanonische Eheschließungsform nicht mehr nur teilkirchlich, sondern auch gesamtkirchlich von dem Grundsatz ausgenommen, daß jeder Mensch mit der Taufe Mitglied der katholischen Kirche wird und damit allen ihren Gesetzen unterliegt. "Vollzieht sich sonst der Eintritt in die Kirche mit Rechten und Pflichten schlechthin durch den Empfang der Taufe, so ist hier zur Verpflichtung des Gesetzes noch die einmalige förmliche Zugehörigkeit zu der Kirchengemeinschaft gefordert."[341]

Diese selbstgesetzte Grenze im Verbindlichkeitsanspruch der kirchlichen Eheschließungsform hat die katholische Kirche nicht mehr aufgegeben; seit *Ne temere* besitzt die katholische Kirche die Loyalität, immer wieder neu "ohne jede Klausel die *Freiheit der Ehen der Akatholiken*, auch der getauften, von der kanonischen Formvorschrift auszusprechen."[342]

---

[338] ASS 40 (1907), 525 - 530; mit deutscher Übersetzung, in: Knecht, Die neuen eherechtlichen Dekrete 11 - 20.

[339] vgl. ASS 40 (1907), 525 - 527.

[340] ASS 40 (1907), 530.
Unter die Akatholiken wurden nach einer Entscheidung der Congregatio Concilii 1908 (vgl. ASS 41 (1908), 287 - 289, 288) auch die Schismatiker und Häretiker der orientalischen Riten gezählt.

[341] Knecht, Die neuen eherechtlichen Dekrete, 38.

[342] Schönsteiner, Grundriß des kirchlichen Eherechts, 670.

2. Den bekenntnisverschiedenen Brautleuten wurde die Formpflicht nicht mehr nur zur *Erlaubtheit*, sondern zur *Gültigkeit* ihrer Eheschließung vorgeschrieben:

> *"XI. - §1. Statutis superius legibus tenentur omnes in catholica Ecclesia baptizati et ad eam ex haeresi aut schismate conversi (licet sive hi, sive illi ab eadem postea defecerint), quoties inter se sponsalia vel matrimonium ineant.*
>
> *§2. Vigent quoque pro iisdem de quibus supra catholicis, si cum acatholicis sive baptizatis sive non baptizatis, etiam post obtentam dispensationem ab impedimento mixtae religionis vel disparitatis cultus, sponsalia vel matrimonium contrahunt; nisi pro aliquo particulari loco aut regione aliter a S. Sede sit statutum."*[343]

Damit hatte *Ne temere* die Unteilbarkeit des Ehevertrages also genau in umgekehrter Richtung von *Provida* und allen vorhergehenden Regelungen verstanden: "Nicht die Formfreiheit des nichtkatholischen Partners ist ausschlaggebend, sondern die Formgebundenheit des katholischen Partners bewirkt, daß bei einer konfessionsverschiedenen Eheschließung die kanonische Eheschließungsform einzuhalten ist.

Rechtssystematisch gesehen handelte es sich [somit] bei der in der Konstitution *Provida* geregelten Freiheit von der kanonischen Eheschließungsform bei konfessionsverschiedenen Ehen vor dem Inkrafttreten des Dekretes *Ne temere* um ein auf dem Rechtsgrundsatz der Unteilbarkeit des Ehevertrages beruhendes Gesetz, nach dem Inkrafttreten aber entsprechend *Ne temere* XI, 2 um die Ausnahme von einem allgemein gültigen Rechtsgrundsatz."[344] Diese veränderte Blickrichtung und die damit implizierte Verschärfung war vermutlich deshalb erfolgt, "weil der Kirche durch die nichtkatholische Trauung zu viele Kinder verlorengingen, denn die protestantische Kirche verlangt bei Ehen, die sie einsegnet, protestantische Taufe und Erziehung der Kinder."[345]

Durch *Ne temere* wurden also alle Sonderregelungen bezüglich des formpflichtigen Personenkreises aufgehoben und für sie alle einheitlich bestimmt, daß fortan *jeder* Katholik der kirchlichen Eheschließungsform unterlag. Als katholisch galt dabei jede(r), der/die in der katholischen Kirche getauft oder zu ihr konvertiert ist, auch wenn er/sie inzwischen abgefallen ist.[346]

---

[343] ASS 40 (1907), 530.

Die Bestimmung des Dekretes, daß konfessionsverschiedene Partner an die kanonische Formpflicht gebunden sind, 'soweit nicht für einen besonderen Ort oder eine einzelne Gegend vom Hl. Stuhl anders bestimmt ist' (ASS 40 (1907), 530), legte die Konzilskongregation noch vor Inkrafttreten von *Ne temere* in dem Sinn aus, daß mit dieser einschränkenden Bestimmung nur der Erlaß *Provida* gemeint ist (vgl. ASS 41 (1908), 110).

[344] Beykirch, Von der konfessionsverschiedenen zur konfessionsverbindenden Ehe, 121f; vgl. Hecht, Die kirchliche Eheschließungsform, 748.

[345] Hofmeister, Die Form der Eheschließung, 233, der sich dabei auf Liermann, H., Deutsches Evangelisches Kirchenrecht, Stuttgart, 1933, 325, und Friedrich, O., Einführung in das Kirchenrecht, Göttingen, 1961, 373, beruft.

[346] Die auch bei der Vorbereitung dieses Dekretes aufgeworfene Frage, ob vor dem vollen-

Lediglich Deutschland und Ungarn waren von dieser gesamtkirchlichen Neuregelung ausgenommen, da für sie erst kurz vorher in *Provida* ein Sonderrecht geschaffen worden war; in diesen beiden Ländern blieben also weiterhin 'formlos' geschlossene Mischehen unerlaubt, aber gültig, allerdings ab 1909 mit der restriktiven Einschränkung, daß das in *Provida* den gemischten und akatholischen Eheschließungen gewährte Privileg der Formfreiheit fortan nur noch für zwei Deutsche galt, die *beide* in Deutschland *geboren* waren und in *Deutschland* die Ehe miteinander eingingen. Diese Bestimmung galt analog auch für Ungarn und blieb bis zum CIC/1917 in Kraft.[347] Unter Berücksichtigung dieses auch noch künftig geltenden Sonderrechtes ist deshalb festzuhalten, daß *Ne temere* "zwar eine ganz wesentliche Vereinheitlichung des Eheschließungsrechtes, jedoch kein einheitliches Eherecht" gebracht hatte.[348]

3. Vollkommen neu war auch die Bestimmung von *Ne temere*, daß zur Einhaltung der tridentinischen Formpflicht fortan eine *aktive* Assistenz des Geistlichen erforderlich ist:

> "*IV. - Parochus et loci Ordinarius valide matrimonio adsistunt,*
>
> ...
>
> *§3. dummodo invitati ac rogati, et neque vi neque metu gravi constricti requirant et excipiantque contrahentium consensum.*"[349]

Diese Reform, die der CIC/1917 in c.1095 §1 n.3 inhaltlich voll übernommen hat, besagte zweierlei: Zum einen durfte der Priester nicht unter Zwang oder Furcht der Ehe assistieren, zum anderen genügte es nicht mehr, daß die Brautleute ihren Ehewillen erklärten, sondern sie mußten sich von dem trauenden Priester danach fragen lassen; nur auf diese Weise war fortan die Eheschließungshandlung perfekt gegeben bzw. der consensus als consensus legitimus vollzogen und damit das sakramentale Zeichen konstituiert.[350] Somit konnte seit Inkrafttreten von *Ne temere* ein Katholik nur vor einem Geistlichen, der frei und gewollt den Ehewillen des Brautpaares erfragte, und vor zwei Zeugen eine kirchlich gültige Ehe schließen. Blieb der Priester passiv oder erfragte er den Ehewillen unter Zwang, war der Eheschließungsakt künftig ungültig. "Außer den Brautleuten war nun der die Trauung vornehmende Geistliche zum entscheidenden Akteur des gültigen Eheschließungsaktes geworden."[351]

---

deten 7. Lebensjahr akatholisch erzogene und sich deshalb auch als akatholisch bekennende Katholiken gemäß der Entscheidung von 1859 auch als Akatholiken gelten sollten und von der Formpflicht befreit werden sollten (vgl. ASS 40 (1907), 538; 562) wurde insofern negativ entschieden, als dieser Personenkreis in der Endfassung von *Ne temere* keinerlei Erwähnung fand.

[347] vgl. AAS 1 (1909), 516f.

[348] Plöchl, Geschichte des Kirchenrechts IV, 205.

[349] ASS 40 (1907), 528.

[350] vgl. Reidick, Der Vertragsschließungsakt, 75.

[351] Neumann, Mischehe und Kirchenrecht, 36; vgl. Mörsdorf, Der Ritus sacer, 266 bzw. in: Kanonische Schriften, 605.

Allerdings war vom Hl. Offizium seit 1912 für Mischehen bei verweigerten Kautionen wieder die rein passive Eheassistenz vorgeschrieben worden. Wurde nämlich einerseits die Kautelen-

Warum wurde die passive durch die aktive Eheassistenz ersetzt bzw. verschärft? Die zur Interpretation des Dekretes unmittelbar nach dem Trienter Konzil eingesetzte Kongregation hatte ja auf Anfrage ursprünglich entschieden, daß die *passive* Assistenz des betreffenden Geistlichen ausreiche, d.h. daß der Pfarrer nur in der Lage sein mußte, die Kundgabe des Ehewillens der Brautleute wahrzunehmen.[352] Diese Erklärung der römischen Kongregation hatte also die Rolle des trauungsbefugten Geistlichen als eine reine Zeugenrolle bestimmt, einerseits wohl, weil dies zur Rechtssicherheit zu genügen und gleichzeitig andererseits der Lehre von der eheschaffenden Kraft des *consensus solus* am wenigsten zu widersprechen schien; damit war die dem Pfarrer im Formpflichtdekret des Konzils ausdrücklich auferlegte Pflicht, den Konsens zu erfragen und dessen Entgegennahme explizit zu erklären,[353] aufgehoben worden. Zwar kam diese Fehlinterpretation im praktischen Vollzug der Eheschließung zunächst nicht zum Tragen, da es in der Regel dem Geistlichen gemäß dem seit Jahrhunderten üblichen liturgischen Ritus der aktiven Beteiligung des Pfarrers an der Eheschließung keine Schwierigkeiten bereitete, gemäß der Bestimmung von *Tametsi* den Ehewillen von Braut und Bräutigam zu erfragen und beide dann zusammenzusprechen.[354] "Das aber wurde anders, als die kirchliche Hoheit über die Eheschließung überhaupt in Frage gestellt und die bloß passive Assistenz gesucht wurde, um unter Protest gegen den kirchlichen Hoheitsanspruch zu einer gültigen Eheschließung zu gelangen. Diese praktizierte im Jahre 1640 ein gewisser Gilbert Gaulmin; Ehen dieser Art wiederholten sich und erhielten den Namen 'Ehen

---

leistung hartnäckig verweigert und drohte andererseits aus einer Verweigerung der kirchlichen Trauung ein noch größeres Übel, wie z.B. Glaubensabfall, so durfte der Pfarrer gemäß einem kirchlichen Indult dennoch die kirchliche Trauung vornehmen, bei der er sich allerdings passiv zu verhalten hatte, d.h. nur den Konsensaustausch anhörte. In diesen und nur in diesen Fällen sollte die Anordnung gelten, die schon Gregor XVI. im Jahr 1841 gegeben hatte (vgl. AAS 4 (1912), 443f). Ein solches Indult war zum ersten Mal von Pius VIII. 1830 in einem Breve an den Episkopat der Kirchenprovinz Köln gewährt worden. In diesem Breve war dem Pfarrer erlaubt worden, auch bei verweigerter Kautelenleistung den Konsensaustausch der Brautleute anzuhören und diese so geschlossene Ehe in die Matrikel einzutragen. Doch jegliche Art von Gebeten oder Segnungen waren ihm untersagt, um nicht den Eindruck zu erwecken, die Kirche billige eine solche Eheschließung (vgl. CICfontes II, 733). Durch eine Instruktion des Kardinals Bernetti wurde diese Tolerierung der passiven Assistenz am 12. 9. 1834 auch auf Bayern ausgedehnt (vgl. CICfontes VIII, Nr. 6452, S.475 - 479.) und 1841 durch ein Breve von Gregor XVI. auf Ungarn (vgl. CICfontes II, 788). "Juristisch liegt in einem solchen Indult keine Dispens von der Pflicht, die Kautionen zu leisten, sondern ein Dissimulieren, ein bloß passives Tolerieren eines Übels, um weit größere Übel zu verhüten."(Triebs, Handbuch des kanonischen Eherechts IV, 621).

1916 erklärte schließlich das Heilige Offizium, daß dieses Indult nur in jenen Gegenden gelte, denen Rom bereits vor *Ne Temere* diese Gunst bewilligt habe (vgl. AAS 8 (1916), 316).

Als nach Inkrafttreten des CIC 1917 erneut Zweifel aufkamen, ob trotz des c.1102 §2 in den betreffenden Ländern das genannte Indult weitergelte, hatte es die PCI 1928 ein für alle Mal für aufgehoben erklärt, und zwar mit rückwirkender Geltung (vgl. AAS 20 (1928), 120).

[352] vgl. S.59f, Anm. 242.

[353] vgl. CT IX, 968,31ff: "parochus viro et muliere interrogatis, et eorum mutuo consensu intellecto, vel dicat: *Ego vos in matrimonium coniungo, in nomine Patris et Filii et Spiritus Sancti*, vel aliis utatur verbis ..."

[354] vgl. Kaiser, Bedeutung der kirchlichen Eheschließung, 133; ders., Grundfragen des kirchlichen Eherechts, 740.

a la Gaulmine'."[355] Darunter fielen jene Eheschließungen, bei denen ein Pfarrer mit oder ohne Wissen der Brautleute, die eine kirchliche Trauung in der katholischen Kirche ablehnten, als unerbetener stiller Zeuge einer bürgerlichen oder nichtkatholisch - kirchlichen Trauung beiwohnte, so daß eine kirchlich gültige, wenn auch unerlaubte Eheschließung zustandekam.[356] Um solche der Sinnrichtung der tridentinischen Regelung zuwiderlaufende Überraschungsehen ein für alle Mal zu unterbinden, führte *Ne temere* die *aktive* Assistenz des trauungsberechtigten Geistlichen als unerläßlichen Bestandteil der tridentinischen Eheschließungsform ein.

Läßt man an dieser Stelle die Frage nach der Art der Mitwirkung des trauungsberechtigten Priesters bei der ehesakramentalen Zeichenhandlung[357] wie auch die nach dem Verständnis der Identität von Ehevertrag und Ehesakrament[358] noch offen, dann kann man durchaus sagen: Mit dieser Neubestimmung hatte sich zugleich "ein grundlegender Wandel vollzogen, der allgemein so charakterisiert werden darf, daß sich die Rechtsform der Eheschließung wesentlich der Trauliturgie genähert hat, insbesondere dadurch, daß der trauende Priester nicht mehr in der Rolle des Zeugen steht, sondern Mitträger (persona agens) der heiligen Handlung ist. ... Wir haben damit den *ritus sacer* bereits in einem äußerst dichten Sinn in der lateinischen Rechtsform der Eheschließung, und nichts liegt näher als dies, die Brautleute durch den priesterlichen Segen im Namen des Dreieinigen Gottes zur Ehe miteinander zu verbinden und so für Ost und West eine einheitliche Rechtsform der Eheschließung zu schaffen",[359] in der sich die beiden Grundelemente der Ehe widerspiegeln: das freie Sich-Binden der Brautleute und ihr Gebundenwerden durch Gott.[360] Dieser Feststellung kann man vor allem dann zustimmen, wenn man die Bedeutung des Ehesegens in den Ostkirchen nicht überbewertet. Zwar ist der priesterliche Ehesegen in den Ostkirchen enger mit der Sakramentalität der Ehe verbunden als in der Westkirche, allerdings nicht so eng, daß ohne diesen nicht das Sakrament der Ehe zustandekäme. In den Ostkirchen nimmt der priesterliche

---

[355]Mörsdorf, Der Ritus sacer, 265 bzw. in: Kanonische Schriften, 604.

[356]vgl. Knecht, Die neuen eherechtlichen Dekrete, 58.

[357]vgl. dazu S. 253ff.

[358]vgl. dazu S. 228ff.

[359]Mörsdorf, Der Ritus sacer, 265f bzw. in: Kanonische Schriften, 604f; vgl. ders. Lehrbuch des Kirchenrechts II, 247 und ders., Matrimonia mixta, 400.

[360]vgl. Mörsdorf, Die kirchliche Eheschließungsform, 242 bzw. in: Kanonische Schriften, 576. Hofmann, Formpflicht oder Formfreiheit, 245, lehnt die von Mörsdorf, Die kirchliche Eheschließungsform, 249 bzw. in: Kanonische Schriften, 583, vertretene Auffassung, daß *Ne temere* mit der Einführung der aktiven Eheassistenz "ein neues Verständnis des priesterlichen Tuns eingeleitet" hat, ab. Die Argumentation von Hofmann scheint aber mehr die Position von Mörsdorf zu bestätigen als zu widerlegen: "Das Konsensgespräch ohne Einbeziehung des assistierenden Geistlichen, das bloße 'coram parocho' des alten Rechts, war eine merkwürdige, künstlich eingeengte Einrichtung, die Rechtsunsicherheit schuf und darum durch das Konsensgespräch *mit* dem Priester (aktive Assistenz) ersetzt wurde. Praktische Überlegungen reichen aus, diese Neuerung zu erklären, und sie sind als Hintergrund einer Rechtsänderung von vornherein eher zu vermuten denn theologische Sinneswandlungen." Auch nach Mörsdorf war der pragmatische Grund der Rechtsunsicherheit der Anlaß für die Rechtsänderung; diese allerdings leitete (allmählich) auch ein neues Verständnis der priesterlichen Rolle beim kirchlichen Eheschließungsakt ein.

Ehesegen, die sogenannte *benedictio nuptialis*, zwar eine besondere Stellung innerhalb der Trauungszeremonie ein und verleiht der Ehe eine besondere Heiligung, bewirkt aber nicht die Sakramentalität der Ehe an sich; das geht vor allem aus zwei Tatsachen deutlich hervor:

Nicht nur in den unierten, sondern auch in den orthodoxen Ostkirchen ist seit altersher bei der Witwenehe keine priesterliche Segenshandlung vorgesehen, obwohl auch diese zweite Ehe nach dem Tod des ersten Ehepartners als sakramental betrachtet wird;[361] außerdem kennen die unierten wie auch vereinzelte orthodoxe Ostkirchen die Noteheschließungsform, bei der unter bestimmten Voraussetzungen ebenfalls auf den priesterlichen Segen verzichtet werden kann und dennoch eine gültige und sakramentale Ehe zustandekommt.[362]

4. *Ne temere* ersetzte auch das tridentinische Personalprinzip durch das Territorialprinzip. Konnte nach dem tridentinischen Eheschließungsrecht der Heimatpfarrer oder Heimatbischof seine Untergebenen überall gültig trauen, so legte nun *Ne temere* fest, daß der Ortspfarrer oder Ortsbischof nur innerhalb seines Amtssprengels gültig der Trauung assistieren kann, und zwar sowohl bei seinen Untergebenen als auch Nichtuntergebenen:

> "*IV. - Parochus et loci Ordinarius valide matrimonio adsistunt,*
>
> ...
>
> *§2. intra limites dumtaxat sui territorii: in quo matrimoniis nedum suorum subditorum, sed etiam non subditorum valide adsistunt ...*"[363]

Auch diese wichtige Neuerung von *Ne temere* ging in den CIC 1917 ein (vgl. c. 1095 §1 n.2).

5. Das Spannungsverhältnis, daß die Ehe als Sakrament einerseits durch Brautexamen, Aufgebot und Formpflicht vor Mißbrauch geschützt, andererseits aber auch denen nicht vorenthalten werden sollte, die aus einer Not heraus die von der Kirche vorgeschriebene Eheschließungsform nicht einhalten können, war wohl der Anlaß dafür, daß das *Ne temere* nun auch erstmals gesamtkirchliche Vorschriften für Notformen der Eheschließung erließ:[364]

> "*VII. - Imminente mortis periculo, ubi parochus, vel loci Ordinarius, vel sacerdos ab alterutro delegatus, haberi nequeat, ad consulendum conscientiae et (si casus ferat) legitimationi prolis, matrimonium contrahi valide ac licite potest coram quolibet sacerdote et duobus testibus.*

---

[361]vgl. Plöchl, Geschichte des Kirchenrechts IV, 200f; als historischer Beleg die 'Responsa ad Bulgaros' von Papst Nikolaus I. (siehe S. 39f).

[362]vgl. c.89 IOmatr. und c.832 CCEO/1990; siehe außerdem auch S. 175f; 184f.

[363]ASS 40 (1907), 528

[364]vgl. Holböck, Die Zivilehe, 45f; nähere Ausführungen zu den Notformen der Eheschließung, deren Rechtsgeschichte und weitere Rechtsentwicklung ebd., 46 - 48; bei Plöchl, Geschichte des Kirchenrechts IV, 280 - 288; Mörsdorf, Die Noteheschließung; Fahy, M., The origin of the extraordinary canonical form of marriage, in: EThL 41 (1965), 79 - 95; Bidagor, R., Circa interpretationem canonis 1098 CIC, in: ME 78 (1953), 473 - 488, 473 - 480.

VIII. - Si contingat ut in aliqua regione parochus locive Ordi-
narius, aut sacerdos ab eis delegatus, coram quo matrimonium
celebrari queat, haberi non possit, eaque rerum conditio a mense
iam perseveret, matrimonium valide ac licite iniri potest emisso
a sponsis formali consensu coram duobus testibus."[365]

Zwar hatten schon vorher die meisten Kanonisten den Grundsatz vertreten
und praktiziert: *Nulla est obligatio observandi formam, quae sit impossibi-*
lis observatu, doch als Rechtsnorm hatte erst *Ne temere* die außerordentliche Eheschließungsform für Not- und Ausnahmesituationen ins Kirchenrecht eingeführt und damit gesetzlich verankert. Mit kleinen Änderungen
sind diese Besimmungen von *Ne temere* über die Noteheschließungsform
dann auch in den c. 1098 des CIC 1917 und in c. 89 des orientalischen
Eherechtes[366] wie schließlich auch in c.1116 des CIC/1983 und c.832 des
neuen Ostkirchenrechts (CCEO/1990) eingegangen. Damit hatte sich die
katholische Kirche neben der *katholischen* Taufe die Notsituation als eine
weitere (theologische) Grenze ihrer ansonsten als verbindlich vorgeschriebenen Formpflicht gesetzt und auch diese seitdem stets beibehalten.

Unterzieht man diese Neuregelungen von *Ne temere* einer abschließenden Würdigung, so kann man durchaus sagen, daß *Ne temere* "unter prinzipiellem Festhalten am 'Tametsi'-Dekret eine fast ganz neue Eheschließungsform für die ganze
lateinische Kirche" vorgenommen hatte.[367]

Da *Ne temere* die allgemein beklagte nachtridentinische Rechtsungleichheit weithin beseitigt und gleichzeitig die Rechtssicherheit erhöht hatte, war es von *Ne*
temere zu den Ehebestimmungen des CIC/1917 nur noch ein kleiner Schritt,
durch den dann eine wirklich für die *ganze* Kirche geltende *einheitliche* Regelung
der Eheschließungsform geschaffen wurde. *Ne temere* war sowohl "ein dringend
notwendiges Provisorium bis zur Promulgation des CIC als auch eine Probe gewesen, ob die in Aussicht genommenen Normen des CIC sich in der Praxis bewähren
würden. Tatsächlich erfuhren die Normen keine grundlegenden Veränderungen
mehr bis zur endgültigen Formulierung im CIC."[368] So gingen zum einen die
in *Ne temere* normierte Rechtsform der Eheschließung im wesentlichen in den
CIC/1917 ein und zum anderen wurden mit Inkrafttreten des CIC/1917 auch
die Sonderregelungen von *Provida* für Deutschland und Ungarn aufgehoben. Seit
Inkrafttreten des CIC 1917 konnten daher auch in diesen beiden Ländern Mischehen nur in der kirchlichen Form gültig geschlossen werden. Mit dem Codex von
1917 war somit endlich, aber auch erst die "allumfassende Verpflichtungskraft"[369]
der tridentinischen Formpflicht erreicht. Doch die "vortridentinische Einheit des
Eheschließungsrechts in der abendländischen Welt – namentlich in der Formfrage – war damit freilich nicht wiederzugewinnen. Längst hatte sich neben dem
kanonischen ein staatliches Eherechtssystem entwickelt, das den Anspruch des

---

[365]ASS 40 (1907), 529.
[366]vgl. Wenner, Formpflichtige und formfreie Brautleute, 49.
[367]Sägmüller, Lehrbuch des katholischen Kirchenrechts II, 128.
[368]Plöchl, Geschichte des Kirchenrechts IV, 277f.
[369]Primetshofer, Die Formverpflichtung bei Mischehen, 17.

ersteren auf Sozialverbindlichkeit durchweg unbeachtet ließ und (auch) den Ehebegründungsakt eigenständig regelte."[370]

8 Ursprung und Ausgestaltung der kanonischen Eheschließungsform im Zeitraffer

Zwei auf Christus Getaufte, die die Ehe schließen, sind in Christus verbunden, sind Abbild seines Liebesbundes mit der Kirche. Das ist Eheliturgie genug bzw. machte lange Zeit eine eigene Eheliturgie überflüssig. Deshalb ist in den ersten Jahrhunderten die Ehe unter Christen wie überhaupt die gesamte Existenz und Lebensführung der Christen 'eine weltliche Angelegenheit, durchdrungen von christlichem Geist,'[371] die nach dem Brauch der Familie und des Volkes sowie nach den Gesetzen des Staates begonnen wurde. Doch mit dem sich wandelnden anthropologischen und theologischen Verständnis des Menschen und seiner Existenz als Christ in der Welt änderte sich auch die (äußere Rechts-) Gestalt der Ehe und des Ehebeginns. Wenn auch die Ehe eine irdische Realität ist, so mußte sie dennoch wegen ihrer moralischen und religiösen Implikationen zur pastoralen Sorge der erstarkenden Kirche werden. Daher trat im Laufe der Jahrhunderte immer mehr die Tendenz hervor, die Ehe zu einer kirchlichen Angelegenheit zu machen; dieses Bestreben ging von beiden Seiten aus, den Gläubigen und den offiziellen Kirchenvertretern. Hierher gehört der Rat des Ignatius von Antiochien, vor der Eheschließung die Gutheißung des Bischofs einzuholen, was auch immer darunter zu verstehen ist, ebenso wie die Erteilung des Ehesegens unter Gebet und Handauflegung im Gemeindegottesdienst bei Tertullian und in den römischen Sakramentaren. Dieser Ehesegen, stets als ein Vorrecht, aber nie als eine Bedingung für eine gültige Trauung verstanden, setzte sich allmählich als das eigentlich christliche Element einer christlichen Ehe im Mittelalter durch und führte zur Entstehung einer kirchlichen Eheliturgie, die sich zunächst einfach den familiären Zeremonien zugesellte. Die Ausprägung der systematischen Theologie seit dem 11. Jahrhundert wurde maßgebend für die Verbindung der kirchlichen mit den familiären Hochzeitsfeierlichkeiten, die dadurch erreicht wurde, daß der Priester regelmäßig in facie ecclesiae den Ehewillen des Brautpaares erfragte. Damit wurde das, was einst privat und familiär war, sehr schnell liturgisch und kanonisch. Denn aus diesem Brauttorritus entwickelte sich eine genau geregelte Trauungsliturgie, die vom 4. Lateran-Konzil als verpflichtend vorgeschrieben wurde, allerdings noch nicht mit einer Gültigkeitsklausel versehen, sondern nur mit einer Erlaubnisklausel. Die Kirche verbot die heimlichen (klandestinen) Eheschließungen, glaubte aber, sie dennoch als gültig ansehen zu müssen, da nach allgemeiner Überzeugung die Gültigkeit der Ehe allein durch den ehelichen Willen zweier ehefähiger Partner begründet wird. Das Fehlen staatlicher Eheregister auf der weltlichen Seite führte aber durch die Rechtsgültigkeit klandestiner Heiraten

---

[370]Thomas, Formlose Ehen, 37.
[371]Schillebeeckx, Le mariage, 219.

zu überaus großen Rechtsunsicherheiten mit schwerwiegenden sozialen Folgen in den eherechtlichen Verhältnissen. Die Lösung beider Probleme, der sozialen einerseits und der (ehe)rechtlichen andererseits, meinte man auf dem Konzil von Trient nach langen und heißen Streitgesprächen darin gefunden zu haben, daß jeder, der nicht bereit war, seine Ehe vor der Öffentlichkeit – und das bedeutete damals: vor der Kirche – zu schließen, für eheunfähig erklärt wurde. Der Formmangel wurde also als Ehehindernis aufgestellt; das Trienter Konzil erklärte fortan alle Ehen von Getauften für nichtig, die nicht vor dem zuständigen Ortspfarrer und in Anwesenheit zweier Zeugen geschlossen wurden. Damit war die kanonische Formpflicht geboren, die aber nicht die gewünschte Wirkung entfaltete. Das Ziel, einen möglichst großen Personenkreis an die Formpflicht zu binden und dadurch das Problem der klandestinen Ehen auszurotten, wurde nicht durch das Trienter Formpflichtdekret 'Tametsi' von 1562 erreicht, sondern erst drei Jahrhunderte später durch das Dekret *Ne temere* von 1908. Hauptursache dafür war die eigenartige Schlußklausel des Dekretes 'Tametsi', mit der die Konzilsväter sozusagen ihren eigenen Beschluß boykottierten. Denn diese Schlußklausel wurde zum Ausgangspunkt dafür, daß die Zielrichtung des Trienter Formpflichtdekretes genau entgegengesetzt verlief; die hierin enthaltene Ausnahmebestimmung des Geltungsbereiches der Formpflicht wurde immer weiter ausgedehnt, wie vor allem die Sonderregelungen der *Declaratio Benedictina* (1741), deren analoge Anwendung in der Folgezeit wie auch die Ausnahmebestimmungen von *Provida* (1906) zeigen, durch die nur die Eheschließung von zwei Katholiken an die tridentinische Formpflicht gebunden und somit der formpflichtige Personenkreis denkbar klein gezogen wurde. Da diese Sonderrechte aber nur regional galten, entstanden große Rechtsungleichheiten, die durch eine gesamtkirchliche Verfügung beseitigt werden mußten. Diese erfolgte zunächst im Dekret *Ne temere* von 1908, das allerdings nicht die regionalen Ausnahmeregelungen zu gesamtkirchlichen Normen erhob, sondern umgekehrt alle Sonderrechte wieder abschaffte und damit den formpflichtigen Personenkreis wieder denkbar groß gestaltete: Jede Ehe, bei der ein Partner katholisch war, mußte – außer im Notfall – als Gültigkeitsbedingung der Ehe die tridentinische Eheschließungsform einhalten. Diese grundsätzliche Verpflichtung jedes Katholiken auf die kanonische Eheschließungsform, egal, ob er einen Katholiken oder Nichtkatholiken heiratete, wurde sowohl in das kirchliche Gesetzbuch von 1917 als auch von 1983 übernommen, aber zugleich auch mit gesamtkirchlichen Ausnahmeregelungen versehen.

Teil II
Die Eheschließungsform in den kirchlichen Gesetzbüchern von 1917 und 1983

1 Die Bestimmungen des CIC/1917 im Gesamtüberblick

Der Codex Iuris Canonici von 1917 (CIC/1917) widmete der Frage der kanonischen Eheschließungsform ein eigenes Kapitel, das die canones 1094 - 1103 umfaßte. Dieser Rechtsstoff war dabei folgendermaßen gegliedert: C.1094 stellt zunächst die Grundnorm über die kanonische Form der Eheschließung dar; in c.1095 werden dann die Bedingungen für eine gültige Eheassistenz, in c.1096 die Regeln für eine Delegation zur Eheassistenz und in c.1097 die Erfordernisse für eine erlaubte Eheassistenz aufgezählt. C.1098 normiert die Regeln für eine gültige Noteheschließung. Der an die *forma canonica* gebundene Kreis der Nupturienten wird in c.1099 festgelegt. Liturgische Vorschriften der Eheschließung behandeln die cc. 1100 - 1102, und zwar spricht c.1100 vom Ritus der Trauung im allgemeinen, c.1101 vom feierlichen Brautsegen und c.1102 von der Frage der Liturgie bei Mischehen. C.1103 sorgt abschließend für die ordnungsgemäße Beurkundung der erfolgten Eheschließung durch den Pfarrer.[1]

Von der Systematik her gesehen, hätten eigentlich auch die cc. 1088 - 1091 des vorhergehenden Kapitels über den Ehewillen, in denen es um die persönliche Anwesenheit und die in Worten zu erfolgende Ehewillenserklärung geht, besser in das Kapitel über die Formpflicht gepaßt, da sie weniger den *inneren* Ehewillen als vielmehr den Modus seiner Erklärung und somit die Form der Eheschließung betreffen.[2] Außerdem ist zu bedenken, daß die Aussage von c.1088 §1 noch der Ergänzung des c.1094 bedarf und einschlußweise in c.1095 §1 n.3 vorausgesetzt wird; "denn die Vorschrift, daß der assistierende Geistliche den Ehewillen der Brautleute erfragen und entgegennehmen muß, setzt deren Anwesenheit in persönlicher Präsenz oder durch Stellvertreter voraus. Die Zweiteilung der Formvorschriften läßt sich gesetzessystematisch nicht verantworten. Es muß daher gefordert werden, daß cc. 1088 - 1091 in Cap. VI 'De forma celebrationis matrimonii' eingeordnet werden."[3] Auch die Tatsache, daß die Forderung der Konsenserklärung in persönlicher oder stellvertretender Präsenz für alle Getauften gilt, die tridentinische Formvorschrift aber nur für die in c.1099 bezeichneten

---

[1]vgl. Schönsteiner, Grundriß des kirchlichen Eherechts, 671f.
[2]vgl. Mörsdorf, Staatliche Ferntrauung, 95; Reidick, Der Vertragsschließungsakt, 74 c-d; Schmitz, Die Gesetzessystematik, 277f.
[3]Schmitz, Die Gesetzessystematik, 278.

Personen, spricht dafür, daß die cc. 1088 - 1091 am zweckmäßigsten vor den
Bestimmungen über die Traugewalt und die Zuständigkeit des Pfarrers (vgl. cc.
1095 - 1097) eingefügt hätten werden sollen.[4] Doch wahrscheinlich hat der CIC
von 1917 "in traditionsgebundener Weise nur jene Fragen zur Eheschließungsform
[ge]rechnet, welche die Abgabe der Ehewillenserklärung vor dem Pfarrer und zwei
Zeugen betreffen, mithin jene Formbestimmungen, die erstmals von dem Tridentinum und zuletzt von Ne temere geordnet worden sind"[5]; die vom CIC 1917 vor
allem aus den Dekretalien Bonifaz VIII. und aus dem liturgischen Recht übernommene Norm der persönlichen oder stellvertretenden Anwesenheit der Brautleute[6]
mußte dann fast zwangsläufig im vorhergehenden Kapitel untergebracht werden.

Unter dem Aspekt der Gesetzestechnik hätten aber ebenso die folgenden cc. 1104
- 1107, die die Normen über die Gewissensehe enthalten,[7] nicht in einem eigenen
Kapitel behandelt werden müssen, sondern wären besser in das Kapitel über
die Form der Eheschließung eingefügt worden. Denn vom Wegfall des Aufgebotes abgesehen, unterliegt auch die Gewissensehe in allen übrigen Bestimmungen der kanonischen Formvorschrift. Im Hinblick auf den geschichtsträchtigen
Bedeutungswandel von Klandestinität[8] kann deshalb seit dem CIC 1917 unter
einem *matrimonium clandestinum* die Gewissensehe als eine zwar "formgebun-
dene, aber ohne Aufgebot erfolgte und daher kirchenamtlich geheimgehaltene
Eheschließung" verstanden werden.[9] Aber auch Kapitel VIII mit den Bestimmungen über Zeit (c.1108) und Ort (c.1109) der kirchlichen Trauung hätte bei
Kapitel VI mitbehandelt werden können. Der CIC/1917 behandelte sie nicht im
Anschluß an c.1103, sondern in einem eigenen Kapitel, das zudem noch durch die
Einschaltung des Kapitels über die Gewissensehe ziemlich weit von dem Kapitel
über die Eheschließungsfeier getrennt war.

Faßt man diese gesetzessystematischen Anmerkungen zusammen, so hätten die
canones über die kanonische Eheschließungsform besser folgendermaßen angeordnet werden sollen: die cc. 1088 - 1091 vor die cc. 1094 - 1103, die cc. 1108f und
daran anschließend die cc. 1104 - 1107 nach den cc. 1094 - 1103, und zwar alle
unter das gleiche Kapitel *De forma celebrationis matrimonii*.[10]

---

[4]vgl. ebd., 287f.

[5]Mörsdorf, Ferntrauung, 95.
Dies ist um so wahrscheinlicher, da dieses Kapitel ursprünglich mit *De matrimonii forma*
überschrieben werden sollte und nur deshalb in *De forma celebrationis matrimonii* umgewandelt
worden ist, weil eingewendet wurde, daß nicht die Eheform, sondern die Eheschließungsform
behandelt werden soll (vgl. Gasparri, Tractatus canonicus de matrimonio II, 101, Anm.1;
Schmitz, Die Gesetzessystematik, 287, Anm. 367).

[6]vgl. c.1088 CIC/1917 mit Anm.4.

[7]Zur Entstehung des Rechtsinstituts der Gewissensehe vgl. u.a. Plöchl, Geschichte des
Kirchenrechts IV, 288 - 294.

[8]vgl. S. 40ff; 45; 50.

[9]Scheftelowitz, Das religiöse Eherecht, 45.

[10]vgl. Schmitz, Die Gesetzessystematik, 288, der allerdings die gesetzliche Regelung über
die Gewissensehe weiterhin in einem eigenen Kapitel vorgesehen hatte, wenngleich er in der
Fußnote 374 darauf hinweist, daß Gasparri, Tractatus canonicus de matrimonio II, 161f die
Gewissensehe als Scholion hinter cc. 1100 - 1102 behandelt hat, also nicht in einem eigenen
Kapitel, sondern innerhalb des Kapitels über die kirchliche Eheschließungsfeier.

Für die Fragestellung nach den (theologischen) Grundlagen und Grenzen des Geltungsbereiches der Formpflicht sind vor allem folgende Regelungen von Bedeutung:

1. Bereits in der Grundnorm c.1094 hatte der kirchliche Gesetzgeber von 1917 eine wichtige Veränderung der tridentinischen Ursprungsbestimmung vorgenommen. Denn mit der Bestimmung von c.1094, daß eine nicht in der kanonisch festgelegten Form geschlossene Ehe nichtig ist, war die lex inhabilitans des Trienter Konzils zu einer lex irritans umformuliert worden. Damit hatte also der CIC von 1917 den sprachlichen Fehler von Trient, daß die Nichtbeobachtung der tridentinischen Form die Kontrahenten zur Eheschließung 'omnino inhabiles' mache, aufgegeben und die in der Wissenschaft schon längst gewonnene Einsicht nun auch gesetzlich anerkannt, daß die Nichtbeobachtung der gesetzlichen Form nicht ein der Person der Kontrahenten anhaftender Mangel und damit ein Ehehindernis, sondern eine außerhalb der Person der Kontrahenten liegende, den Ehehindernissen gleichgestellte Gültigkeitsvoraussetzung ist.[11] Die Kanonistik hat also im CIC 1917 das Ehehindernis der Klandestinität fallen gelassen, sicherlich nicht nur aus der eben beschriebenen Einsicht heraus, sondern auch deshalb, weil die Klandestinität aufgrund der obligatorischen Zivilehe damals wie auch heute kein gesellschaftliches Problem mehr bildet. Mit dem Wegfall dieses Ehehindernisses entstand aber auch für die Kirchenrechtswissenschaft die Notwendigkeit, die Formpflicht neu zu legitimieren. Im und seit dem CIC von 1917 wird die verbindlich vorgeschriebene Eheschließungsform mit der Identität von Vertrag und Sakrament (vgl. c.1012 CIC 1917 und c.1055 CIC 1983) in Verbindung mit dem Rechtsanspruch der Kirche, als selbständiges Gemeinwesen die Rechtsgültigkeit kirchlicher Verträge durch eine eigene rechtlich verbindliche Form zu ordnen, begründet. Mit dieser Argumentation hatte die Kirchenrechtswissenschaft seit dem 19. Jahrhundert endlich eine Gedankenlinie aufgegriffen und bis heute nicht mehr aufgegeben, die schon bei den Debatten in Trient geäußert worden war,[12] sich aber damals leider nicht durchgesetzt hatte.[13]

2. Als eine Vorschrift *menschlichen* Rechts gilt die Formpflicht nicht für jeden Menschen zu jeder Zeit unter jedem Umstand, sondern die Kirche hat vielmehr die Möglichkeit bzw. Befugnis, gewisse Personen unter bestimmten und genau geregelten Umständen von dieser Vorschrift freizustellen. Der CIC/1917 hat davon in dreifacher Hinsicht Gebrauch gemacht:

   • in den cc.1043f, in denen er die kirchenrechtliche Einrichtung des Dispenswesens auf die Eheschließungsform anwendet und deshalb bestimmt, daß im Falle der Todesgefahr einzelne Personen von der Formpflicht befreit werden können;

---

[11]vgl. Triebs, Handbuch des kanonischen Eherechts IV, 563.
[12]vgl. S. 58f.
[13]vgl. Böckle, Das Problem der bekenntnisverschiedenen Ehe, 21f mit Anm. 12 auf S. 61.

- in c.1098, in dem die außerordentliche Eheschließungsform bzw. die Noteheschließungsform im wesentlichen wie in *Ne temere* normiert war;
- in c.1099 §1 n.1 und §2, in dem alle getauften und ungetauften Akatholiken von der Formpflicht befreit werden, wobei c.1099 §1 n.1 in allgemeiner und positiver Form den Personenkreis umschreibt, der an die Formpflicht gebunden ist, c.1099 §2 dagegen in aufzählender Weise und negativ den Personenkreis nennt, der nicht an die Formpflicht gebunden ist.

C.1099 §1 n.1 stellt somit eine gesetzliche Exemtion des Grundsatzes aus c.87 in Verbindung mit c.12 CIC 1917 dar. Denn nach c.87 ist die Taufe das Eingangstor zur Kirche, so daß jeder gültig Getaufte als *konstitutionelles* Glied der einen katholischen Kirche angehört und gemäß c.12 grundsätzlich allen Gesetzen der katholischen Kirche unterliegt. In bezug auf das Eherecht werden nun aber nach c.1099 §1 n.1 nur die *in ecclesia catholica* Getauften der kanonischen Formpflicht unterworfen, d.h. die aufgrund der Taufe bei der Eheschließung zu beobachtende Formpflicht trifft nur den, "der in der aktiven Kirchengemeinschaft, d.i. der katholischen Kirche i.e.S. getauft worden ist. Kennzeichen hierfür ist die Absicht des Taufspenders, des Täuflings oder der Eltern."[14]

Allerdings war dabei das Verständnis von *katholisch* in c.1099 §1 n.1 zwar das gleiche wie in c.1070, der das Ehehindernis der Religionsverschiedenheit regelte, aber ein anderes wie in c.1060, der über das Ehehindernis der Bekenntnisverschiedenheit handelte,[15] und wie in c.1065, wo c.1060 auf die abgefallenen Katholiken angewendet wurde. Denn ein Katholik, der konfessionslos wurde oder förmlich in eine andere Konfession übertrat, blieb nach

---

[14]Mörsdorf, Lehrbuch des Kirchenrechts II, 254.
Insofern muß Knecht, Grundriß, 149, widersprochen werden, wenn er schreibt: "Der allgemeine kanonische Grundsatz, daß alle gültig getauften Menschen als Glieder der Kirche deren Gesetzen unterworfen sind (can. 87), hatte bezüglich der Trienter Eheschließungsform keine Änderung erfahren." Denn akatholisch Getaufte konnten unter sich formlos und dennoch gültig heiraten. Wenn Knecht allerdings mit seiner Aussage die damals gängige kanonistische Auffassung zum Ausdruck bringen wollte, daß die katholische Kirche den Anspruch erheben könnte und dürfte, *alle* Getauften als konstitutionelle Kirchenglieder, d.h. kirchlich rechtsfähige Personen, den Gesetzen der Kirche, also auch dem Gesetz der Formpflicht, zu unterwerfen, die nichtkatholisch Getauften aber faktisch von diesem Gesetz befreit hat, dann hätte er Recht. Denn dann ist seine oben zitierte These folgendermaßen zu verstehen: Die katholische Kirche ist dem Trienter Grundsatz prinzipiell treu geblieben, hat diesen Grundsatz aber dadurch den konkreten Verhältnissen angepaßt und in dieser Hinsicht dann verändert, daß sie den genannten Personenkreis ausdrücklich von diesem tridentinischen Gesetz befreit hat. Diesen Gedankengang hätte dann aber Knecht ausführlicher entfalten müssen, um nicht Gefahr zu laufen, mißverstanden zu werden.
Mörsdorf, Lehrbuch des Kirchenrecht, 256, erläutert diesen Gedankengang in klarer und griffiger Art und Weise: "Christen, die weder durch die Taufe noch durch Bekehrung jemals katholisch gewesen sind, unterliegen zwar als konstitutionelle Kirchenglieder den Gesetzen der Kirche (z.B. den kirchlichen Ehehindernissen, ausgenommen das Hindernis der Kultusverschiedenheit, c.1070), sind aber von der Formpflicht ausdrücklich befreit" durch c.1099 §2.
Primetshofer, Der Kreis der Normadressaten, 484f, bezeichnet den kanonistischen Standpunkt, daß der getaufte Nichtkatholik prinzipiell allen Kirchengesetzen unterliegt, treffend als 'programmatischen Grundsatz, der der praktischen Anwendbarkeit entbehrt.'
[15]vgl. Triebs, Handbuch des kanonischen Eherechts IV, 607.

c.1099 §1 n.1 weiterhin formpflichtig, d.h. galt also implizit – wie schon in *Ne temere* art. XI §1 – weiterhin als katholisch; in c.1060 und c.1065 wurde aber *jeder* Konfessionslose oder einer anderen Konfession Zugehörige explizit nicht als *katholisch* angeführt. Damit kannte also das kanonische Recht aus dem Jahr 1917 zwei Katholikenbegriffe: einen *statischen* (cc.1099 §1 n.1; 1070) und einen *dynamischen* (cc.1060; 1065).[16]   Das ebenfalls bereits in *Ne temere* angewandte neue Verständnis der Unteilbarkeit der Ehe in dem Sinn, daß die Gebundenheit des formpflichtigen Teils auf den formfreien Teil übergeht, kam in n. 2 des gleichen §1 zum Tragen. Denn nach c.1099 §1 n.2 galt die Formpflicht des Katholiken auch dann, wenn er einen Akatholiken heiratete, egal, ob dieser akatholische Teil getauft oder ungetauft war. Dabei wurde noch extra darauf hingewiesen, daß mit der Dispens vom Ehehindernis der Bekenntnisverschiedenheit bzw. der Religionsverschiedenheit keineswegs auch eine Befreiung vom Formzwang gegeben war. In der Konsequenz dieser Auffassung über den Grundsatz von der Unteilbarkeit der Ehe war es nur logisch, daß gemäß n. 3 des gleichen § auch alle Orientalen, wenn sie mit einem Glied der lateinischen Kirche eine Ehe eingehen wollten, ebenfalls der Formpflicht unterworfen waren.

C.1099 §2 stellte sozusagen im Umkehrschluß zu den Bestimmungen des c.1099 §1 fest, daß alle Akatholiken, getauft oder ungetauft, bei einer Eheschließung untereinander von jeder Formvorschrift befreit sind. Beabsichtigten diese allerdings einen Katholiken zu heiraten, so galt wiederum die Bestimmung von c.1099 §1 n.2. Eine wichtige Neuerung beinhaltete dann aber der folgende Satz dieses §2: Als Akatholik bezüglich der Eheschließung galt auch jeder, der zwar katholisch getauft, aber von akatholischen Eltern abstammte *und* von Kindheit an akatholisch, d.h. in Häresie, Schisma, Judentum, Islam, Atheismus, Heidentum usw. erzogen worden war. Diese letztgenannte Bestimmung des CIC/1917 über die *nati ab acatholicis* hatte bereits eine wechselvolle Vorgeschichte und sollte eine noch interessantere Nachgeschichte haben.

2   Die Frage nach der Formpflicht für die *nati ab acatholicis* vor und nach dem CIC/1917

Ne temere hatte zwar viele entscheidende Rechtsunsicherheiten und fragwürdige rechtliche Lösungen der Vergangenheit beseitigt, doch eine gerade für die Folgezeit wichtige Frage hatte dieses römische Dokument nicht befriedigend gelöst, die Frage nämlich, ob auch diejenigen an die kirchliche Eheschließungsform gebunden sind, die zwar in der katholischen Kirche getauft worden sind, aber aus verschiedenen Gründen nicht oder nicht mehr zu deren lebendigen Gliedern zählen.[17] Dies

---

[16]vgl. Primetshofer, Der Kreis der Normadressaten, 496, Anm.7 und 497, Anm.9.
[17]vgl. Plöchl, Geschichte des Kirchenrechts IV, 279.

verwundert um so mehr, da bereits 1859 das Heilige Offizium auf eine holländische Anfrage hin eine eigentlich richtungsweisende Entscheidung getroffen hatte, indem es alle, ob durch Erziehung oder eigene Entscheidung, häretisch oder religionslos gewordene Katholiken hinsichtlich der Eheschließungsform als Nichtkatholiken betrachtet und daher die Eheschließungen zwischen einem Katholiken und einem solchen Nichtkatholiken als bekenntnisverschiedene und damit von der Formpflicht befreite Eheschließungen eingestuft hatte.[18] In *Ne temere* galten aber (wieder) alle in der katholischen Kirche getauften oder zu ihr bekehrten Personen auch hinsichtlich der Eheschließungsform *zeitlebens* als Katholiken, ungeachtet ihrer Erziehung und/oder ihres späteren Abfalles, selbst wenn letzterer bereits vor dem 7. Lebensjahr stattgefunden hatte. Damit hatte *Ne temere* die Entscheidung von 1859 rückgängig gemacht und den Kreis der Formpflichtigen wieder so erweitert, daß nur noch derjenige, der *niemals* förmlich zur katholischen Kirche gehört hatte, von der Formpflicht befreit war. Diese in *Ne temere* vorgenommene Verschärfung der Formpflicht einerseits und die eingeschränkte Geltung von *Provida* andererseits hatte die Deutschen Bischöfe bereits 1907 veranlaßt, folgende Anfrage an Rom zu stellen:

"*V. Num in imperio Germaniae catholici, qui ad sectam haereticam vel schismaticam transierunt, vel conversi ad fidem catholicam ab ea postea defecerunt, etiam in iuvenili vel infantili aetate, ad valide cum persona catholica contrahendum adhibere debeant formam in decreto Ne temere statutam, ita scilicet ut contrahere debeant coram parocho et duobus saltem testibus. – Et quatenus affirmative.*

VI. An, attentis peculiaribus circumstantiis in imperio Germaniae existentibus, opportuna dispensatione provideri oporteat."[19]

Mit dieser Anfrage wollte man also wissen, ob die durch *Provida* für das Deutsche Reich gewährte Formfreiheit bei bekenntnisverschiedenen Eheschließungen auch für die Ehe zwischen einem Katholiken und einem häretisch oder schismatisch gewordenen Katholiken galt; d.h. man wollte wissen, ob der häretisch oder schismatisch gewordene Katholik hinsichtlich der Eheschließungsform als Nichtkatholik betrachtet werden kann und daher unter einer bekenntnisverschiedenen Ehe auch eine Ehe zwischen einem Katholiken und Apostaten im weiteren Sinn zu verstehen ist, so daß auch diese Eheschließung von der Formpflicht befreit wäre.

Rom antwortete auf die erste Anfrage mit Ja und auf die zweite mit Nein,[20] so daß in der Folgezeit das dem Deutschen Reich in 'Provida' gewährte Privileg der Formfreiheit für bekenntnisverschiedene Eheschließungen nur für die Ehe zwischen einem katholischen und einem *schon immer evangelisch* gewesenen Christen galt und daß folglich der (einmal) katholisch Getaufte "jederzeit an die katholische Eheschließungsform des *Ne temere* gebunden blieb, gleichgültig, ob er *bona* oder *mala fide* handelte,"[21] ob er 'akatholisch' erzogen worden war oder nicht.

---

[18]vgl. S. 77.
[19]vgl. ASS 41 (1908), 108.
[20]vgl. ebd., 110.
[21]Plöchl, Geschichte des Kirchenrechts IV, 280.

Als drei Jahre später nochmals angefragt wurde, ob nicht wenigstens die *Kinder* akatholischer Eltern, die zwar katholisch getauft, aber von Kindheit an im Irrglauben oder ohne Religion erzogen worden sind, von der kirchlichen Eheform befreit sind, wurde auch diese Anfrage von Rom negativ beantwortet. Im gleichen Antwortschreiben von 1911 ordnete aber das Offizium an, daß fortan jede *einzelne* Eheschließung mit einem nichtkatholischen, ungläubigen, bekenntnisverschiedenen, von nichtkatholischen oder ungläubigen Eltern stammenden und/oder erzogenen oder schließlich zu keiner Religionsgemeinschaft gehörenden Partner der Konzilskongregation zur Entscheidung über die Gültigkeit der Formpflicht vorzulegen sei.[22] Damit hatte das Heilige Offizium die *praktische* Auswirkung der Regelung von *Ne temere* modifiziert. Denn mit der Anordnung, daß alle Brautleute, die unter die in der Antwort von 1859 angeführten Kategorien fallen, sich immer an das Heilige Offizium wenden sollten, ließ Rom zwar das Gesetz von 1908 bestehen, griff aber in seiner Handhabung bis zu einem gewissen Grad auf die frühere Regelung zurück.[23] Rein *gesetzlich* blieb es aber dabei: "Wer einmal in der katholischen Kirche getauft oder zu ihr bekehrt war, der galt lebenslänglich als Katholik, auch wenn er nichtkatholische Eltern hatte und schon vor dem 7. Lebensjahr der katholischen Kirche entzogen war. Wenn daher solche Personen untereinander oder mit Katholiken eine Ehe schlossen, so war das eine *ungemischte* oder katholische Ehe, die ohne die kirchliche Form ungültig war."[24]

Erst zehn Jahre nach Erscheinen von *Ne temere* wurde dann auch das Gesetz selbst geändert, und zwar durch den CIC/1917. Obwohl die Kodifikationskommission noch 1913 an den Bestimmungen von *Ne temere* festgehalten hatte,[25] setzte sich dann bei den Schlußberatungen zur Neufassung des kirchlichen Gesetzbuches doch noch die Auffassung durch, daß zur Verhütung von ungültigen Ehen der Kreis der Formpflichtigen wieder nach dem Vorbild der Entscheidung des Heiligen Offiziums von 1859 eingegrenzt werden sollte; dabei regte man sogar an, gemäß der Entscheidung von 1859, in dieser Frage der katholisch getauften, aber akatholisch erzogenen Kinder nicht zwischen Kindern von *katholischen* und *akatholischen* Eltern zu differenzieren.[26] Doch da man wohl nicht mehr Zugeständnisse machen wollte als nötig und 1911 die Anfrage ja nur die katholisch getauften, aber akatholisch erzogenen Kinder *akatholischer* Eltern im Blick gehabt hatte, wurden im Anschluß an diese Anfrage von 1911 eben auch nur jene Kinder akatholischer Eltern von der Formpflicht ausgenommen. Somit hat die Entscheidung von 1859 bei der Abfassung des c.1099 §2 CIC/1917 Pate gestanden, wurde aber auf die 'ab *acatholicis* nati' eingeschränkt.[27] Der kirchliche Gesetzgeber von 1917 hat offensichtlich nicht mehr erwogen bzw. nicht mehr erwägen wollen, daß eine akatholische Erziehung auch bei einer Abstammung von *katholischen* Eltern

---

[22] AAS III (1911), 163f.

[23] vgl. Barry, Die kanonische Eheschließungsform, 61 und ders., The tridentine form of marriage, 165.

[24] Hecht, Die kirchliche Eheschließungsform, 755.

[25] vgl. Wenner, Formpflichtige und formfreie Brautleute, 42, nach dessen Aussage c.380 Schema Codicis Iuris Canonici von 1913 fast wörtlich mit Artikel XI von *Ne temere* übereinstimmt.

[26] vgl. Gasparri, Tractatus canonicus de matrimonio II, 145 - 147.

[27] vgl. Mörsdorf, Lehrbuch des Kirchenrechts II, 258.

durchaus im Bereich des Möglichen liegt.[28] So wurde also in c.1099 §2 CIC/1917 die bereits 1859 geborene, jedoch 1909 eleminierte Kategorie *ab acatholicis natus* wieder eingeführt und alle jene Personen von der kanonischen Eheschließungsform befreit, die zwar die katholische Taufe empfangen hatten, aber von akatholischen Eltern stammten *und* von Kindheit an bzw. schon vor dem vollendeten 7. Lebensjahr nichtkatholisch erzogen worden waren. Das 7. Lebensjahr wurde dabei aus folgender zwar ansatzweise anthropologischer, aber letztendlich doch sehr theoretischen Überlegung heraus als Kristallisationspunkt genommen:

Die (religiöse) Erziehung eines Kindes *bis* zum 7. Lebensjahr kann einerseits vom Kind so gut wie nicht beeinflußt werden und prägt das Kind andererseits so sehr, daß es sich später allein aus eigenem Antrieb nur sehr schwer umorientieren kann. Somit kann also einem bereits seit dieser frühen Kindheit *und* auch weiterhin akatholisch erzogenem Kind keine Schuld für seinen katholischen Nicht- oder Unglauben angelastet werden; weil dieses Kind als Erwachsener aufgrund seiner Erziehung gar nichts von der Formvorschrift, geschweige denn deren Sinn, wissen kann, wird es von der Formpflicht befreit. Ist aber ein Kind bis zum 7. Lebensjahr oder noch länger katholisch erzogen worden und wird erst später nichtkatholisch erzogen, so ist es an die Formvorschrift gebunden; denn *ab* dem 7. Lebensjahr kann jeder für seine nichtkatholische Erziehung mitverantwortlich gemacht werden, weil er ja *seit* dem 7. Lebensjahr im Besitz des Vernunftgebrauches ist und deshalb als erwachsen gilt. Ab dem 7. Lebensjahr ist also jeder an seiner nichtkatholischen Erziehung mitschuldig und dafür soll er nicht mit der Formbefreiung belohnt werden. Wenn er allerdings "bis zum 7. Lebensjahre nichtkatholisch, später aber katholisch erzogen wurde, trifft die Befreiung noch weniger zu, weil die spätere katholische Erziehung sicher eine höhere Verantwortung gegenüber dem Gesetz der Kirche begründet. Die volle Eigenverantwortung für einen Glaubensabfall tritt mit der Geschlechtsreife ein (vgl. c.2230). Die Befreiung von der Formpflicht setzt also voraus, daß der von Nichtkatholiken Abstammende von *früher Kindheit an nichtkatholisch herangewachsen und nichtkatholisch geblieben ist.*"[29]

Die Ausnahmebestimmung des c.1099 §2 hatte also im Bereich der Formpflichtregelung den Begriff des Nichtkatholiken erweitert, allerdings mit der durchaus paradoxen Folge, daß jeder, der katholisch getauft war, aber nichtkatholische Eltern hatte und schon vor dem 7. Lebensjahr akatholisch erzogen wurde, seit dem 19. Mai 1918 als Nichtkatholik galt, nicht jedoch derjenige, der unter den gleichen Bedingungen aufgewachsen ist, nur eben katholische Eltern hatte; ebenso wurde auch derjenige, der katholische oder akatholische Eltern hatte, katholisch getauft und erzogen wurde, aber *nach* dem 7. Lebensjahr die katholische Kirche verlassen hatte, keineswegs als Nichtkatholik, sondern weiterhin als Katholik betrachtet, der folglich auch an die Formpflicht gebunden blieb. Denn dem Kirchenaustritt wurde in der Frage nach den Normadressaten der kirchlichen Gesetze keinerlei Wirkung zugeschrieben. Diese Tatsache führte zu der widersprüchlichen Rechtsfigur, daß der Katholik, der einer *secta haeretica seu schismatica* beitrat,

---

[28]vgl. Primetshofer, Der Kreis der Normadressaten, 500, Anm. 43.
[29]Mörsdorf, Lehrbuch des Kirchenrechts II, 257.

nach c.1060 nicht mehr als Katholik, nach c.1099 §2 aber sehr wohl als Katholik angesehen werden mußte.[30]

Dennoch macht die Norm c.1099 §2 deutlich, daß 1917 plötzlich das möglich wurde, was noch 1911 abgeschlagen worden war. Man könnte auch sagen: Damit kehrte der Gesetzgeber wieder "zu seiner gewohnten Nachsicht jenen gegenüber zurück, die aus ihren natürlichen Gegebenheiten heraus von den gesetzlichen Pflichten nichts wußten,"[31] und versuchte, "– wenn auch in sehr beschränktem Rahmen – die Rechtsnorm den Gegebenheiten des Lebens anzupassen."[32]   Betrachtet man nämlich diese Ausnahmeregelung des c.1099 §2 CIC 1917 im Zusammenhang mit den rechtlichen Voraussetzungen für die katholische Kindertaufe, so erkennt man, daß der kirchliche Gesetzgeber mit c.1099 §2 nur einen ganz eng begrenzten Kreis von der Formpflicht ausnehmen wollte. Denn nach "den Bestimmungen des kirchlichen Gesetzbuches (can. 750 §2 und 751) dürfen Kinder akatholischer (getaufter oder ungetaufter) Eltern normalerweise nur dann katholisch getauft werden, wenn die Eltern oder sonstige Erziehungsberechtigte zustimmen und die katholische Erziehung gewährleistet ist. Ohne dem ist die katholische Taufe nur erlaubt, wenn nach den Umständen vorauszusehen ist, daß das Kind vor Erlangung des Vernunftgebrauches sterben wird (can. 750 §1). Gedacht war also bei der neuen Bestimmung in erster Linie an Missionsgebiete und an solche Fälle, in denen ein Kind in Todesgefahr von einem Arzt, einer Klosterfrau oder einem Priester katholisch getauft wird, nach erfolgter Genesung aber wieder zu seinen akatholischen Eltern zurückkommt und akatholisch oder ohne jede Religion erzogen wird."[33]

Zwar hoffte man, mit dieser Rechtsnorm c.1099 §2 CIC 1917 alle Schwierigkeiten gebannt zu haben bzw. die Gültigkeit der akatholischen Eheschließungen gesichert zu haben. Doch die Formulierung *ab acatholicis natus* blieb noch weitere dreißig Jahre lang eine viel diskutierte Streitfrage. Denn bei der Durchführung dieser Ausnahmeregelung stieß man sehr schnell auf Unklarheiten und Schwierigkeiten. So entstand bald die Frage, ob die Ausnahme des c.1099 §2 nur gelte,

---

[30]vgl. Primetshofer, Der Kreis der Normadressaten, 488 mit Anm. 35 auf S. 499.
Seit 1930 betrachtete der Apostolische Stuhl durch die Anwendung der Kategorie *nati ab acatholicis* auf die Kinder der von der katholischen Kirche abgefallenen Eltern zwar auch die Apostaten als Nichtkatholiken, befreite sie aber immer noch nicht von der Formpflicht; diese Gunst durften erst die Kinder dieser Apostaten unter bestimmten Voraussetzungen genießen (vgl. dazu die Ausführungen S. 99ff).
[31]Barry, Die kanonische Eheschließungsform, 62, und ders., The tridentine form of marriage, 166.
[32]Gall, Fragwürdige Unauflöslichkeit der Ehe, 122.
Insofern ist die Kritik von Beykirch, Von der konfessionsverschiedenen zur konfessionsverbindenden Ehe, 122, unberechtigt, daß der "Aspekt der Berücksichtigung verschiedenartiger Verhältnisse ... allerdings bei den Bestimmungen des CIC über die Formpflicht keine Beachtung" fand; "man knüpfte vielmehr an das Dekret 'Tametsi' an und bemühte sich, eine für die Gesamtkirche einheitliche Regelung zu schaffen." Gerade c.1099 §2 zeigt doch deutlich, daß eine Anpassung an die gegebenen Verhältnisse versucht wurde und deshalb eben gerade nicht einfach auf das Dekret 'Tametsi' zurückgegriffen wurde, sondern auf die Regelung von 1859.
Ebenso stellt Örsy, Marriage in Canon Law, 159, zu Unrecht fest: "Finally, CIC/17 put an end to all exceptions and declared all baptized persons to be bound by the canonical form."
[33]Scharnagl, Kirchliche Eheschließungsform, 9; vgl. Mörsdorf, Lehrbuch des Kirchenrechts II, 256f; Müssener, Das katholische Eherecht, 163.

wenn *beide* Elternteile akatholisch sind, oder ob schon ein akatholischer Elternteil ausreiche. 1929 erklärte daher die Kodex-Kommission, daß die Bezeichnung *ab acatholicis nati* auch bei nur einem akatholischen Elternteil zutreffe, und zwar auch dann, wenn bei der betreffenden Eheschließung die katholische Erziehung der Kinder ausdrücklich gewährleistet war.[34] Damit war also die Ausnahmebestimmung des c.1099 §2 auch auf die Personen ausgedehnt worden, die aus einer Mischehe hervorgegangen waren, und zwar unabhängig davon, ob das Versprechen für eine katholische Kindererziehung geleistet worden war oder nicht. Eine akatholische Erziehung war dabei allerdings noch nicht gegeben, wenn z.B. ein Kind von dem katholischen Elternteil nach Kräften katholisch erzogen wurde, der nichtkatholische Elternteil aber das Kind in eine protestantische Schule gehen ließ. Dieses Kind konnte nicht als formfrei betrachtet werden, "selbst wenn es etwa protestantisch konfirmiert worden ist. Die Ablegung der Erstbeichte und der Empfang der Erstkommunion und erst recht der Empfang der Firmung sind stets sichere Zeichen für eine katholische Erziehung; dagegen ist ein Nichtempfang dieser Sakramente kein hinreichendes Anzeichen für eine nichtkatholische Erziehung."[35]

1930 wurden dann schließlich auch die Kinder von abgefallenen Katholiken (Apostaten) als *ab acatholicis nati* betrachtet und ebenfalls von der Formpflicht befreit.[36]

---

[34]AAS 21 (1929), 573.
Vgl. eine ausführliche Diskussion darüber, ob es sich bei der Entscheidung von 1929 um eine *erklärende* oder *erweiternde* Gesetzesauslegung des c.1099 §2 CIC 1917 handelt, bei: Hecht, Kinder nichtkatholischer Eltern, 346 - 355. Diese Frage war insofern von Bedeutung, als eine erklärende Gesetzesinterpretation rückwirkend bereits vom 19. Mai 1918 an Geltung erlangt hätte; eine erweiternde dagegen erst ein Vierteljahr nach ihrer Verkündigung wirksam werden würde, und zwar nur für die Zukunft, da sie einem neuen Gesetz gleichkommt. Das Heilige Offizium hatte dieses Problem zunächst ungeklärt gelassen und sich stattdessen bis 1932 vorbehalten, in jedem Einzelfall zu entscheiden, ob die authentische Interpretation von 1929 auch rückwirkend galt oder nicht (vgl. Periodica 21 (1932), 41,45); erst 1931 erklärte es schließlich, daß die authentische Auslegung des c.1099 §2 von 1929 nicht als extensive, sondern 'nur' als deklarative Gesetzeserklärung zu betrachten ist und deshalb auch rückwirkende Geltung erhält (vgl. ASS 23 (1931), 388).
[35]Mörsdorf, Lehrbuch des Kirchenrechts II, 258.
[36]AAS 22 (1930), 195.
Zwar wurde nirgends offiziell erklärt, ob auch diese Gesetzesinterpretation deklarativ oder extensive zu verstehen ist, d.h. ob sie mit rückwirkender Kraft gilt oder nicht, doch ist sie wahrscheinlich analog zu der von 1929 zu betrachten. Daß es sich bei dieser Entscheidung von 1930 um eine *auslegende* Erklärung des c.1099 CIC 1917 handelt, ergibt sich für Schmitz, Die Eheschließung der Kinder von Apostaten, 203, aus einer näheren Betrachtung dieses Kanons. Der Gesetzgeber hat nämlich in §1 des c.1099 vermieden, "die vom katholischen Glauben Abgefallenen hinsichtlich ihres Eheschlusses als Katholiken zu bezeichnen, sondern er sagt nur, daß sie an die katholische Eheschließungsform gebunden seien. Diese faktischen Nichtkatholiken haben aus ihrer katholischen Periode die Verpflichtung des katholischen Eheabschlusses in ihr nichtkatholisches Dasein mit herübergenommen, sind aber sonst durchaus als Nichtkatholiken zu betrachten. Sie selbst sind daher auch als Apostaten durchaus an die Ehegesetze der katholischen Kirche gebunden, was ja §1 n.1 dieses Kanons ausdrücklich sagt - aber ihre Kinder können als Kinder von Nichtkatholiken mit Fug und Recht bezeichnet werden. Deshalb ist die Erklärung der Interpretationskommission nur von deklarativer, d.h. erklärender oder auslegender Art. Damit sind die Ehen der Apostatenkinder, die vor dem Erlaß dieser authentischen Entscheidung geschlossen worden sind, als gültig anzusehen."

Der Begriff des Apostaten war dabei allerdings im Sinne des Eheschließungs-rechts in einem weiteren Sinn zu verstehen als er in c.1325 §2 CIC 1917 defi-niert war. Denn nach dem Zusammenhang des Kanons 1099 sind "in Fragen der Eheschließungsform als Apostaten alle jene zu betrachten, die entweder in der katholischen Kirche getauft oder aus der Häresie oder dem Schisma zu ihr zurückgekehrt sind und dann auf irgendeine Weise von ihr abgefallen sind. Es ist nicht erforderlich, daß sie dem Christentum vollständig den Rücken gekehrt haben, sondern es genügt, wenn sie Schismatiker oder Häretiker oder auch kon-fessionslos geworden sind. Denn in bezug auf die Eheschließungsform macht das Kirchenrecht keinen Unterschied zwischen diesen Kategorien von Nichtkatholi-ken. Deshalb ist als Apostat in unserer Materie jeder anzusehen, der einmal den katholischen Glauben bekannt und ihn dann wieder aufgegeben hat, ob er nun Heide, Jude, [Moslem][37] oder Protestant, Altkatholik, konfessionslos geworden ist. ... Gegenüber der bisher allgemeinen Lehre ist dadurch auch der Begriff des Nichtkatholiken in bezug auf die Eheschließung erweitert worden."[38] Es war da-bei aber nicht erforderlich, daß beide Eltern Apostaten waren, sondern es genügte bereits, wenn nur ein Elternteil zur Zeit der Geburt des betreffenden Kindes dem katholischen Glauben den Rücken gekehrt hatte. "Darüber kann kein Zweifel sein, nachdem die päpstliche Interpretationskommission unter dem 20. Juli be-reits entschieden hatte, daß auch der als von Nichtkatholiken abstammend zu bezeichnen ist, dessen Vater oder Mutter nicht katholisch ist."[39] Andererseits galten aber bloßer religiöser Indifferentismus der Eltern oder eines Elternteiles noch nicht als Apostasie, sondern erst ein positiv gesetzter und nachweisbarer Akt des Abfalles von der katholischen Kirche. Denn bei "Kindern religiös gleichgülti-ger Eltern liegt vielfach eine bloße Unterlassung der katholischen Erziehung vor, ohne daß irgendeine nichtkatholische Erziehung erfolgte. In einem solchen Falle genügt schon eine mäßige Beteiligung an katholischen Gottesdiensten (z.B. an den Hauptfesten), um die Annahme zu rechtfertigen, daß das Kind nicht ohne jede Religion herangewachsen ist."[40] Schließlich wurde sogar die Frage disku-tiert, "ob die Apostasie eines oder beider Elternteile bereits vor der Geburt des Kindes oder erst später, aber noch vor Vollendung seines siebten Lebensjahres erfolgt sein muß. Richtiger ist wohl die erstere Meinung, denn der Ausdruck *nati ab apostatis* ist nicht ganz zutreffend, wenn die Eltern zur Zeit der Geburt des Kindes der katholischen Kirche angehörten. Sind überdies die Kinder noch über das siebte Lebensjahr hinaus katholisch erzogen worden, so sind sie unbedingt formpflichtig."[41]

Die aus heutiger Sicht kleinlich wirkenden Diskussionen über das Verständnis der *nati ab acatholicis* waren offensichtlich von dem Bemühen getragen, bei den mit Formfehler geschlossenen Ehen zwischen der sogenannten *bona fides*, d.h. dem

---

[37]Der vom Autor gewählte und in der Aufzählung der verschiedenen religiösen Richtungen befremdend wirkende Ausdruck "Türke" wurde hier zur Vermeidung des falschen Eindruckes eines Rassismus durch "Moslem" ersetzt.

[38]Schmitz, Die Eheschließung der Kinder von Apostaten, 202.

[39]ebd., 204.

[40]Mörsdorf, Lehrbuch des Kirchenrechts II, 258; vgl. Mosiek, U., Zapp, H., Kirchliches Eherecht, Freiburg 1981, 191.

[41]Wenner, Formpflichtige und formfreie Brautleute, 48; vgl. auch Schmitz, Die Eheschließung der Kinder von Apostaten, 203.

Handeln aus unverschuldeter Unwissenheit und daher im 'guten Glauben', und der *mala fides*, d.h. dem Handeln wider besseren Wissens und daher im 'böswilligen Glauben', zu unterscheiden.[42] Die Ehe von katholisch Getauften, die *bona fide* nicht in der vorgeschriebenen Form geschlossen wird, sollte nicht einfach für ungültig erklärt werden; weil die in c.1099 §2 CIC/1917 genannten Personen aus dem Verschulden ihrer Eltern keinen Nachteil für ihre Ehe haben sollten bzw. weil sie ohne eigene Schuld der katholischen Kirche nicht angehörten und vielfach in gutem Glauben handelten, entschloß sich die katholische Kirche deren formlos geschlossene Ehe als eine gültige Ehe anzusehen. Diesen Gedanken, aus unverschuldeter Unwissenheit formwidrig geschlossene Ehen dennoch für gültig anzuerkennen bzw. die Zahl der wegen Formmangels ungültigen Ehen möglichst gering zu halten, hatte schon das Trienter Konzil verfolgt und deshalb die eigenartige Promulgationweise des Dekretes *Tametsi* gewählt.[43]

Seit 1930 galten somit fortan viele Personen, die von 1908 bis 1917 noch als katholisch betrachtet wurden, nicht mehr als katholisch bzw. viele bis zum CIC 1917 noch als katholische und daher ohne die kirchliche Form ungültige Ehen wurden jetzt als nichtkatholische Ehen und somit von der kirchlichen Form befreite Ehen angesehen. Von 1930 an war also der Kreis der verbindlich an die kanonische Eheschließungsform gebundenen Personen in der Geschichte der kanonischen Formpflicht so eng wie noch niemals vorher gezogen worden. Denn alle Personen, die zwar katholisch getauft, aber von nichtkatholischen, abtrünnigen oder konfessionsverschiedenen Eltern stammten *und* noch vor dem 7. Lebensjahr der katholischen Kirche entzogen worden waren, konnten seit 1930 unter sich oder mit anderen Nichtkatholiken formlos heiraten. Wenn sie allerdings erst nach dem 7. Lebensjahr die katholische Kirche verlassen hatten, blieben auch sie weiterhin zeitlebens an die kirchliche Eheform gebunden.[44] Die naheliegende und bereits bei der Abfassung des CIC/1917 erörterte Konsequenz, in der Frage der Formpflicht von katholisch getauften, aber akatholisch erzogenen Kindern nicht zwischen Kindern von akatholischen und katholischen Eltern zu unterscheiden, wurde aber immer noch nicht gezogen. Denn katholisch getaufte Kinder, die zwar von katholischen Eltern stammten, aber trotzdem nichtkatholisch oder außerhalb eines jeden religiösen Einflusses erzogen worden waren, wurden nicht von der kanonischen Formpflicht befreit. Nur weil diese Personengruppe rein *begrifflich* nicht unter die *nati ab acatholicis* fiel, konnte sie nicht formfrei werden, auch wenn sie niemals bewußt oder gewollt sich zur katholischen Kirche bekannt hat.[45] Bei der damaligen äußerst kasuistisch-positivistischen Beschäftigung und Handhabung mit der Frage der Formpflicht war man anscheinend unfähig, über die reine Begrifflichkeit hinweg zum tieferen bzw. eigentlichen Sinn dieser Kategorie *natus ab acatholicis* vorzudringen und sie auf den Personenkreis auszudehnen,

---

[42]vgl. Barry, Die kanonische Eheschließungsform, 62, und ders., The tridentine form of marriage, 166.

[43]vgl. Triebs, Handbuch des kanonischen Eherechts IV, 612.

[44]vgl. Hecht, Die kirchliche Eheschließungsform, 756.

[45]Insofern hat Triebs, Handbuch des kanonischen Eherechts IV, 610, Unrecht, wenn er die verschiedenen Möglichkeiten der *nati ab acatholicis* durchspielt und dabei u.a. behauptet: Ist eine Person "A aber von katholischen Eltern geboren, *katholisch* oder akatholisch getauft, von Kindheit an akatholisch erzogen, so ist er an die Form nicht gebunden, da er niemals bewußt und gewollt zur katholischen Kirche gehört hat."

der zwar *formal* nicht alle Bedingungen erfüllte, wohl aber *material*. Der kirchliche Gesetzgeber wollte offensichtlich stattdessen diese 'Katholiken' weiterhin im Sinne der 'abgestandenen Katholiken' der cc.1065f verstehen und Eheschließungen mit solchen 'Katholiken' nicht mit der Formbefreiung 'belohnen', sondern vielmehr als Ehehindernis verbieten. Und genau diese Denkweise war wohl auch der Ausgangspunkt dafür, daß der 1930 wieder in Anlehnung an die Entscheidungen Roms von 1741 und 1859 relativ eng gezogene Kreis der formpflichtigen Personen zugleich den Wendepunkt für die gegenteilige Entwicklung einleitete, nämlich den Kreis wieder systematisch weiter zu fassen, so daß bereits 1948 genau der Gegenpol erreicht war: ein denkbar weit gezogener Kreis von formpflichtigen Personen. Kann bereits die auch 1930 nicht erfolgte Freistellung katholisch getaufter, aber akatholisch erzogener Kinder von *katholischen* Eltern als erster Schritt in diese Gegenrichtung betrachtet werden, so stellt die folgende auf Anfrage erfolgte Antwort der Kodex-Kommission von 1940 den zweiten Schritt dar:

> *"An ab acatholicis nati, de quibus in canone 1099 §2, ad normam canonis 1070 subiiciantur impedimento disparitatis cultus, quoties cum parte non baptizata contraxerint.*
>
> *R. Affirmative."*[46]

Mit dieser Entscheidung wurde die paradoxe Rechtslage geschaffen, daß die in der katholischen Kirche getauften *nati ab acatholicis* bei der Heirat mit einem *ungetauften Nichtkatholiken* zwar nicht an die tridentinische Form gebunden waren, daß sie aber in diesem Fall dennoch ungültig verheiratet waren, da für sie

---

[46] AAS 32 (1940), 212.

Zur Diskussion, ob die Ehe eines katholisch getauften, aber akatholisch erzogenen *natus ab acatholicis* mit einem Ungetauften in jedem Fall als eine religionsverschiedene Ehe zu betrachten ist oder nicht, vgl. Hilling, N., Neueste Entscheidungen des Hl. Stuhles über das Ehehindernis der Religionsverschiedenheit, die Auflösung einer Naturehe und die Anwendung des Privilegium Paulinum, in: AfkKR 107 (1927), 178 - 186, 178 - 181. Anlaß dieser Diskussion war eine Entscheidung des Hl. Offiziums vom 1. April 1922, in der die Ehe eines *natus ab acatholicis*, der als Kind in Todesgefahr von einem Arzt, aber ohne Wissen der Eltern, katholisch getauft, jedoch nach Genesung weiterhin akatholisch erzogen worden war, mit einer Ungetauften wegen des Ehehindernisses der Religionsverschiedenheit für nichtig erklärt wurde (vgl. den abgedruckten Wortlaut dieser Entscheidung, ebd., S.179f).
Hilling nimmt dazu folgendermaßen Stellung: "Es kommt aber für die Geltung der in den can. 1070 und 1099 erwähnten Vorschriften nicht ohne weiteres jede in der katholischen Kirche gespendete Taufe in Betracht, sondern nur die gesetzmäßig gespendete. Für die Gesetzmäßigkeit gelten die in den can. 750 und 751 erwähnten Vorschriften. In Todesgefahr darf ein Kind auch gegen den Willen der Eltern getauft werden. Dieser Fall lag der vorhin angezogenen Entscheidung des Hl. Offiziums zu Grunde. Außerhalb der Todesgefahr ist dagegen die Taufe nur erlaubt, wenn die katholische Erziehung garantiert ist und wenn wenigstens ein Eltern- oder Vormünderteil darin einwilligen oder Eltern oder Großeltern oder Vormünder fehlen oder das Recht auf das Kind verloren haben oder nicht ausüben können. ... es liegt gar kein Grund vor, Kinder protestantischer Eltern, die unrechtmäßiger Weise in der katholischen Kirche getauft, aber von Jugend auf in der protestantischen Religion erzogen sind, anders zu behandeln, als solche Kinder, die nach dem Willen der protestantischen Eltern in der protestantischen Kirche getauft und erzogen sind. Außer dem Akte der Taufe ist auch der Wille der Erziehungsberechtigten zu berücksichtigen" (ebd., 180f). Vgl. ähnlich auch Triebs, Handbuch des kanonischen Eherechts IV, 611f, der in der Entscheidung von 1940 die "eigentümliche Konsequenz" des Nichtigkeitsurteils von 1922 sieht.

das trennende Ehehindernis der Glaubensverschiedenheit bestand. Wollte also ein akatholisch erzogener Getaufter mit einem ungetauften Partner eine kirchlich gültige Ehe schließen, so mußte er Dispens vom Ehehindernis der Religionsverschiedenheit beantragen; wurde diese gewährt, konnte er dann allerdings seine Ehe formlos gültig schließen. War man bisher schon in der Frage der praktischen Anwendung der Kategorie *natus ab acatholicis* und damit in der Frage nach dem formpflichtigen Personenkreis rein positivistisch verfahren, so offenbart sich in der letztgenannten mehr als paradoxen Regelung der Gipfel einer erschreckenden Kasuistik: Wie soll denn eine von der Formpflicht nicht betroffene Person von der Formpflicht Kenntnis erlangen und den Sinn der Formpflicht verstehen können? Das aber ist doch die Mindestvoraussetzung dafür, daß sich jemand überhaupt veranlaßt sieht, Dispens von einer anderen eherechtlichen Norm, wie z.B. dem Ehehindernis der Religionsverschiedenheit, zu beantragen! Angesichts einer solchen juridisch verengten Sichtweise und Gesetzesregelung kann man nur noch an die warnende Mahnung Jesu erinnern: " Weh euch, ihr Schriftgelehrten und Pharisäer, ihr Heuchler! Ihr berechnet den Zehnten von Minze, Dill und Kümmel, doch was von größerem Gewicht ist im Gesetz, das vernachlässigt ihr: das Recht der Barmherzigkeit und die Treue. Dies soll man tun und jenes nicht unterlassen. Ihr blinden Wegweiser! Ihr seht die Mücke, verschluckt jedoch das Kamel." (vgl. Mt 23,23f).

Der dritte Schritt wurde dann 1948 vollzogen, als durch das Motu Proprio (=MP) *Decretum Ne temere* alle Regelungen bezüglich der *nati ab acatholicis* wieder gänzlich aufgehoben, d.h. aus dem Kodex beseitigt wurden.[47] Als Begründung wurden erhebliche Schwierigkeiten bzw. Rechtsunsicherheiten bei der konkreten Anwendung der *nati ab acatholicis* – Regelungen angeführt:

> *"At experientia triginta annorum satis docuit exemptionem a servanda canonica matrimonii forma, huiusmodi in Ecclesia catholica baptizatis concessam, bono animarum haud emolumento fuisse, immo in solutione casuum saepe saepius difficultates multiplicasse; quamobrem Nobis visum est expedire ut memorata exemptio revocetur."*[48]

Die erwähnten, aber nicht näher aufgeführten Schwierigkeiten werden wohl dadurch verursacht worden sein, daß es oft nicht leicht feststellbar war, ob ein Kind nach der katholischen Taufe wirklich von Kindheit an und gänzlich akatholisch erzogen worden war. Dieses Problem und die damit verbundene Rechtsunsicherheit sollte nun durch die gänzliche Streichung aller *nati ab acatholicis* - Regelungen beseitigt werden. In dieser einfachen, aber dadurch auch rigorosen Vorgehensweise der Problemlösung kam sicher auch die Einstellung zum Tragen, daß die

---

[47]vgl. AAS 40 (1948), 305f
  Damit war wenigstens auch die oben erwähnte Unlogik zwischen den cc.1070 und 1099 behoben bzw. - wie Schmitz, Die Gesetzessystematik, 287, Anm. 371, sehr konziliant ausführt – "c.1070 und c.1099 waren nun zur vollen Deckung gebracht; denn die in c.1099 §2, 2. Satzteil, von der katholischen Eheschließungsformpflicht ausgenommenen Personen unterlagen gleichwohl dem Hindernis der Kultusverschiedenheit, so daß die in c.1099 §2 vorgesehene Ausnahme nicht voll zum Zuge kommen konnte".
[48]AAS 40 (1948), 305.

Gültigkeit solcher Ehen nicht das Seelenheil fördert; "im Gegenteil, sie stellt ein Hindernis für eine neue Verbindung dar, die mit einem katholischen Partner eingegangen wird, unauflöslich ist und eine katholische Familie begründet."[49]

Mit dieser "radikalen Methode, den gordischen Knoten zu zerschlagen,"[50] hatte Rom die 30 Jahre lang kontrovers diskutierte Frage der *nati ab acatholicis* ein für alle Mal beendet und "die einheitliche, klare Rechtslage, die Pius X. im Dekret 'Ne temere' geschaffen hatte, wieder hergestellt."[51]

Denn mit Inkrafttreten dieses Motu Proprio am 1. Januar 1949 waren fortan wieder *alle* katholisch Getauften ausnahmslos und zeitlebens an die katholische Eheschließungsform gebunden, einerlei, ob sie das wußten oder nicht, ob sie katholisch erzogen worden waren oder nicht, und schließlich unabhängig davon, ob sie von der katholischen Kirche inzwischen abgefallen waren oder nicht. Die Formpflicht wurde also nunmehr endgültig durch das bloße Faktum der Taufe begründet nach dem Grundsatz: *semel catholicus semper catholicus!*[52] Denn

---

[49]Creusen, Annotationes, in Periodica, 37 (1948), 335 - 344, 340, der mit dieser Erläuterung sozusagen das einhellige Meinungsbild der damaligen Kanonisten widerspiegelt. Denn auch Wenner, Formpflichtige und formfreie Brautleute, 43, erklärt: "Es wurde deshalb als eine befreiende Wohltat empfunden, als Papst Pius XII. nach Anhörung der Mitglieder des Heiligen Offiziums aus eigenem Antrieb und kraft seiner Apostolischen Vollgewalt diese Exemtionsnorm aufhob." Ebenso Oesterle, Die Form der Eheschliessung, 114.
Vgl. auch Scharnagl, Kirchliche Eheschließungsform, 11: "Dadurch sind nicht nur alle Auslegungsschwierigkeiten erledigt, sondern wir besitzen jetzt auch ein für die ganze Kirche des lateinischen Ritus einheitliches, in sich geschlossenes und in allen Einzelheiten innerlich begründetes Eheschließungsrecht. Einheitlichkeit des Rechts besagt nicht, daß es gar keine Ausnahme geben darf. Jedes menschlich kirchliche Recht läßt Ausnahmen zu, aber sie dürfen nicht weiter gehen, als es mit dem Gesamtwohl vereinbar ist. Es war und ist innerlich begründet und mit dem Gemeinwohl vereinbar, daß die Kirche in ihrem Eheschließungsrecht zwischen Katholiken und Nichtkatholiken unterscheidet und *rein akatholische* Ehen von der Einhaltung der kanonischen Eheschließungsform ausnimmt."
[50]Barry, Die kanonische Eheschließungsform, 62, und ders., The tridentine form of marriage, 167.
[51]Wenner, Formpflichtige und formfreie Brautleute, 43, der auch darauf hinweist, daß mit Inkrafttreten des neuen Eherechts für die Ostkirche am 22. Februar 1949 auch für sämtliche unierte Orientalen die gleiche Rechtslage geschaffen wurde.
Zur Geschichte und gegenwärtigen Regelung der Eheschließungsform in den Ostkirchen siehe S. 172ff.
[52]vgl. Gall, Fragwürdige Unauflöslichkeit der Ehe, 121; Primetshofer, Der Kreis der Normadressaten, 484; Wenner, Formpflichtige und formfreie Brautleute, 45, der dann im folgenden genau aufschlüsselt, wer als 'Getaufter in der katholischen Kirche' zu betrachten ist; ebenso Mörsdorf, Die Formpflicht bei der kirchlichen Eheschließung, 75 - 78.
Trummer, Eheschließung katholisch Getaufter, 351, weist darauf hin, daß der Begriff 'in der katholischen Kirche getauft' durch *Ne temere* (Art. XI, §1) in das Eherecht eingeführt worden ist und nicht die Taufe nach ihrer dogmatischen Seite hin bezeichnet, "wie sie sich aus dem finis operis ergibt, wonach alle irgendwo gültig Getauften der katholischen Kirchengewalt unterworfen werden. Maßgebend ist für obige Bezeichnung die Rücksicht auf den finis operantis, d.h. die Absicht für ein unmündiges Kind den Taufakt Bestellenden oder des Taufenden oder des erwachsenen (über sieben Jahre alten) Taufempfängers. Wenn diese Absicht auf die formelle Eingliederung des Täuflings in die äußere Rechtsgemeinschaft der katholischen Kirche gerichtet war, dann ist der Täufling 'in der katholischen Kirche getauft', vorausgesetzt, daß dabei die Vorschriften der can. 570 - 571 eingehalten wurden. Ob auch Personen, die entgegen diesen Bestimmungen von einem Katholiken getauft wurden (z.B. von einem katholischen Laien gegen den Willen der Gewalthaber des Kindes und ohne daß für dieses eine Todesgefahr bestand), als

wer "einmal zur katholischen Kirche gehört hat, soll aus seinem Abfall keinen Vorteil ziehen".[53] Deshalb war es für jeden, der einmal katholisch geworden war, unmöglich, jemals den Status eines Nicht-mehr-Katholiken zu erreichen; er konnte vielmehr nur den Status des aufgrund von Kirchenstrafen geminderten Katholiken erlangen.[54] Heiratete somit künftig ein getaufter Katholik – aus welchen Gründen auch immer – nicht in der kanonischen Form, dann war seine Ehe ungültig und wurde außerdem seit dem 26. Januar 1949 nicht einmal mehr als Putativehe gemäß c.1015 §4 CIC/1917 betrachtet, sondern als Nichtehe. Damit war der vierte und letzte Schritt auf dem Weg getan, den formpflichtigen Adressatenkreis so weit wie möglich zu fassen. Denn die Codex - Kommission hatte 1949 auf eine Anfrage hin bestimmt, daß nur im Falle einer kirchlich geschlossenen Ehe von einer Putativehe gesprochen werden kann.[55] "Diese Interpretation

---

'in der katholischen Kirche getauft' zu gelten haben, ist strittig."

[53]Mörsdorf, Lehrbuch des Kirchenrechts II, 254.

[54]vgl. Lüdicke, Die Kirchengliedschaft und die plena communio, 379.

[55]AAS 41 (1949), 158.
Vielleicht hat man sich bei der Endredaktion des CIC/1983 an diese Antwort erinnert und deshalb die noch im ersten Eherechtsentwurf c.293 (vgl. Communicationes 9 (1977), 368) und in c.1014 §4 des Schemas von 1980 vorgesehene Definition der Zivilehe Formpflichtiger als eine wegen Formmangels ungültige Ehe wieder gestrichen. Nach Schwendenwein, Rezension zu Baudot, 673, wurde der Satz von der Ungültigkeit der Zivilehe deshalb gestrichen, "weil man vermeiden wollte, daß, wenn Formpflichtige bloß standesamtlich geheiratet haben, zum Erweis des Ledigenstandes ein kanonischer Nichtigkeitsprozeß geführt werden muß. Dahinter stand die Vorstellung, daß die Zivilehe eine Nicht-Ehe ist, d.h. es stand jene theoretische Position, die die Nicht-Ehe von der ungültigen Ehe (die den Schein der Ehe: species matrimonii für sich hat) abhebt, im Blick. Im letzteren Fall (wenn der Schein der Ehe gegeben ist) ist zum Erweis der Ungültigkeit ein Eheprozeß notwendig, im ersteren nicht. Man hatte bei der Streichung die *Normae generales* (den nunmehrigen c.124 §2), in denen eine Differenzierung betreffend das Verhältnis von Nicht-Akt und ungültigem Akt anklingt, vor Augen. Zwar ist die Abhebung der Nicht-Ehe von der ungültigen Ehe nicht konsequent durch das gesamte Kirchenrecht durchgezogen, aber für die Streichung der Aussage, daß die Zivilehe eine ungültige Ehe ist, war die besagte Überlegung maßgeblich."
Dagegen ist nach Zapp, Kanonisches Eherecht, 71, dieser c.1061 §4 des Schemas von 1980 wohl deshalb gestrichen worden, weil er eine Selbstverständlichkeit normiert hätte, nämlich die, daß eine nur zivil geschlossene Ehe von formpflichtigen Katholiken auf keinen Fall als Nichtehe zu bezeichnen ist, sondern als ungültige Ehe. Auch nach Heimerl / Pree, Kirchenrecht, 181 ist die Zivilehe als ungültige Ehe einzustufen, und zwar deshalb, weil die zusätzliche Voraussetzung des *coram Ecclesia* der PCI-Entscheidung von 1949 keinen Eingang in den CIC/1983 gefunden hat; "vielmehr muß wegen des Charakters als begünstigender Norm die Vorschrift über die Putativehe und ihre Voraussetzungen weit interpretiert werden. Deshalb wäre eine Einschränkung auf jene Fälle, in denen auch der *favor iuris* für die Gültigkeit streitet, unzulässig. Diese Auffassung entspricht sowohl dem Wortlaut des c.1061 §3 als auch dem Normzweck (Schutz des guten Glaubens)."
Kommt nach dem CIC/1983 für alle gemäß cc.1117, 1127 und 1129 formfreien Personen durch einen bürgerlichen bzw. rein zivilrechtlichen Eheabschluß eindeutig eine kirchlich gültige Ehe zustande, die im Fall von zwei Getauften zugleich sakramental ist (c.1055 §2), so ist zwar auch klar, daß für alle gemäß c.1117 formpflichtigen Personen durch einen zivilrechtlich gültigen Eheabschluß keine kirchlich gültige Ehe zustandekommt, unklar jedoch, ob dieser Zivilehe von Formpflichtigen die rechtlichen Wirkungen einer Schein- oder Putativehe zukommen oder nicht, d.h, ob diese Zivilehe als ungültige Ehe oder als Nichtehe einzustufen ist. Oder anders ausgedrückt: Die Zivilehe von formpflichtigen Personen "ist eine in der Kirche nicht existente Ehe. Anderseits ist sie auch nicht ein bloßer Konkubinat. Dieser besteht in einem faktischen Zusammenleben zwischen Mann und Frau ohne den Willen einer dauerhaften Bindung. In der

des Can.1015 §4 setzte den Schlußpunkt unter eine alte Streitfrage – ob nämlich eine Ehe, die nicht vor der Kirche und wegen Formmangels ungültig geschlossen wurde, eine Putativehe sein könnte, wenn der nichtkatholische Teil in gutem Glauben handelte. Das bedeutete, daß jene, die früher durch Kanon 1099 §2 von der Formpflicht ausgenommen waren, weder eine gültige noch eine Putativehe ohne die tridentinische Eheschließungsform eingehen konnten, auch wenn beide Teile in gutem Glauben handelten. Aus Can. 1114 folgt, daß die Kinder, die aus einer solchen Verbindung hervorgehen, illegitim sind."[56] Außerdem sind solche 'Eheleute' nach c. 2256 n.2 CIC 1917 vom Sakramentenempfang und von den kirchlichen Ehrendiensten ausgeschlossen. Schließlich dürfen sie gemäß c. 1240 §1 n.6 sogar nicht einmal kirchlich beerdigt werden, es sei denn sie geben vor ihrem Tod ein Zeichen der Reue.[57]

Damit hatte also die katholische Kirche 1948/49 ihre seit der Einführung der Formpflicht zugleich geübte Grenzöffnung bezüglich des formpflichtigen Personenkreises so restriktiv wie noch niemals vorher gehandhabt. Betrachtet man nämlich die Geschichte der von der kanonischen Eheschließungsform in Pflicht genommenen Adressaten, so läßt sich diese mit einem Pendel vergleichen, das ständig von einer Seite zu der anderen ausschlägt und dabei stets die jeweilige Seite für sich auszubauen versucht. Hatte bereits Trient 1563 bei der Einführung der Formpflicht Ausnahmen vorgesehen, wurden diese durch die 'Declaratio Benedictina' von 1741 und deren Verbreitung in der Folgezeit für bestimmte Gebiete derart ausgedehnt, daß das Pendel 1908 mit *Ne temere* ins Gegenteil ausgeschlagen hat und nie mehr zu dem – wenn auch nur teilkirchlich geltenden – Höhepunkt von 1859 zurückzukehren vermochte, obwohl bereits der CIC/1917 das Pendel, wenn auch nur sehr mäßig, wieder auf die Ausnahmeseite zu bewegen suchte. Diese Tendenz wurde beibehalten und systematisch, wenn auch in kasuistischer Art und Weise, ausgebaut; als das Pendel 1930 die größte Schwingung der gesamtkirchlichen Ausnahmeregelungen erreicht hatte, schlug es binnen kurzer Zeit derartig schwungvoll auf die Gegenseite um, so daß es 1948/49 den

---

Zivilehe ist in der Regel der Wille zu einem fest umschriebenen, dauerhaften Lebensstand gegeben, wenn auch oft mit dem Blick auf eine mögliche Scheidung. Wenn das vor dem Standesamt gegebene Ja-Wort die Verpflichtung zu lebenslanger Treue beinhaltet, kann die Kirche den naturrechtlich gültigen Ehewillen unter bestimmten Voraussetzungen durch Heilung in der Wurzel anerkennen, wodurch die Ehe in der Kirche konstituiert wird (vgl. can. 1161)" (Prader, Das kirchliche Eherecht, 212, Anm. 22). Die Zivilehe hat also im kirchlichen Gesetzbuch eine Art Zwischenstellung zwischen Konkubinat und Ehe. In diesem 'Zwitter'-Dasein liegt wohl auch der Grund dafür, daß die Zivilehe von formpflichtigen Personen, das *matrimonium etiam civile tantum*, zwar keine *eh*erechtlichen Wirkungen nach sich zieht, ansonsten aber durchaus nicht wirkungslos im Kirchenrecht ist (vgl. Köstler, Zivilehe, 8f): Das Eingehen einer Zivilehe hat für einen Kleriker den Verlust des Kirchenamtes (c.194 §1 n.3) und zumindest die Suspension (c.1394 §1) zur Folge, für ein Ordensmitglied den Ausschluß aus dem Orden (c.694 §1 n.2) und nach Ablegen der ewigen Gelübde das Interdikt (c.1394 §2), für einen Weihewerber ein Weiheverbot (c.1041 n.3).
Zur Bewertung der Zivilehe im Kirchenrecht siehe auch Anm. 198, S. 244, und Anm. 210, S. 248f.
[56]Barry, Die kanonische Eheschließungsform, 63, und ders., The tridentine form of marriage, 167; vgl. auch Primetshofer, Die Stellung der Zivilehe, 303 - 305.
[57]vgl. Wenner, Formpflichtige und formfreie Brautleute, 52; Holböck, Die Zivilehe, 52; 80f; Mosiek, U, Kirchliches Eherecht, Freiburg 1976, 77.

höchsten Punkt der Formpflichtseite erlangt hatte. Oder anders gesagt: "Die Kirche war immer bestrebt, das schwerwiegende Übel ungültiger und ungesetzlicher Ehen zu verringern, besonders bei jenen Personen, die aufgrund ihrer natürlichen Gegebenheiten von der Formpflicht keine Kenntnis haben. ... Mit 'Tametsi' wurden die Ungültigkeitsklausel und die tridentinische Formpflicht eingeführt, um wichtigen seelsorglichen Anliegen zu entsprechen. So weit, so gut. In den nachfolgenden mehr als dreihundert Jahren erfuhr das tridentinische Gesetz in seiner Auswirkung eine allmähliche Milderung, um bona fide geschlossene Ehen vor den Folgen der Ungültigkeitsklausel zu schützen. Mit 'Ne temere' wurde diese Politik umgestoßen. Innerhalb von zehn Jahren wurde das Dekret selbst wieder durch die Einführung von can. 1099 §2 ins Gegenteil verkehrt. In den darauffolgenden Jahren zeigten auch die Antworten der Kodex-Kommission die traditionelle Haltung wohlwollender Interpretation. In den Jahren 1948 und 1949 hingegen sehen wir dieselbe Umkehr der Politik wie bei 'Ne temere'. ... Nach dem jetzigen Gesetz unterliegen gewisse Personen, die den kirchlichen Gesetzen unterworfen sind, einer Pflicht, die sie aus ihrer natürlichen Situation heraus nicht erfüllen können."[58] Somit hatte wie bereits 1908 auch wieder 1948/49 der Aspekt der Rechtssicherheit und der Rechtseinheitlichkeit zu Ungunsten der sich den verschiedenen Lebensverhältnissen anpassenden Gesetzgebung die Oberhand gewonnen. Die schematische Uniformierung hatte über die sich weise anpassende Gesetzgebung der weltumspannenden katholischen Kirche gesiegt. Hier zeigte "sich wieder einmal, daß das isolierte Streben nach formaler Rechtssicherheit im Ergebnis eine Verkürzung des materiell Richtigen zur Folge hat, das Idol also sein Gegenteil bewirkt, nämlich das sicher eintretende Unrecht."[59] Denn für den genannten Personenkreis ist es nun einmal praktisch und psychologisch fast unmöglich, die katholische Eheschließungsform einzuhalten. Deshalb liegt hier "ein eklatanter Fall naturrechtswidrigen Kirchenrechts vor,"[60] da die Kirche diesen betroffenen Personen mit ihrer Gültigkeitsklausel bei der Formpflicht das jedem Menschen zustehende, grundsätzliche Naturrecht auf Eingehen einer gültigen Ehe nimmt bzw. einen Weg vorschreibt, der für sie von vornherein ungangbar ist, so daß ihre Ehen ungültig sein müssen.[61]

---

[58]Barry, Die kanonische Eheschließungsform, 65f und ders., The tridentine form of marriage, 170.
Wenner, Formpflichtige und formfreie Brautleute, 44, würdigt dagegen diese geschichtliche Entwicklung der Eheschließungsform nur aus dem Blickwinkel der Einheitlichkeit und kommt daher zu dem positiven Ergebnis: "Die katholische Gesamtkirche besitzt nunmehr sowohl für den lateinischen Ritus wie auch für die orientalischen Riten ein einheitliches, in sich geschlossenes und in allen Einzelheiten innerlich begründetes Eheschließungsrecht, das hinsichtlich der zwingenden Form auf das Tridentinische Dekret 'Tametsi', cap. 1, de reformatione matrimonii vom 11. November 1563 zurückgeht. Wenn diese auch zeitgemäß weitergebildet wurde, so ist doch ihr wesentlicher Kern unverändert geblieben." Vgl. auch Mörsdorf, Die Formpflicht bei der kirchlichen Eheschließung, 75 und 79, der die Änderung durch das Dekret von 1948 sogar in Zusammenhang mit dem durch MP vom 12. März 1949 verkündeten Eherecht für die Ostkirche sieht.
[59]Steininger, Auflösbarkeit unauflöslicher Ehen, 124.
[60]ebd., 122; vgl. Herrmann, Ehe und Recht, 127.
[61]vgl. Gall, Fragwürdige Unauflöslichkeit der Ehe, 122f; Socha, Die kirchenrechtliche Bewertung der ungültigen Ehe, 40 - 42, der nach den Grundsätzen der Epikie dem genannten Personenkreis auch ohne kirchliche Trauung eine kirchenrechtlich gültige Eheschließung zugesteht. Socha's Anliegen, diese Epikie auch auf katholisch Getaufte und Erzogene, aber nur

Hat das kirchliche Gesetzbuch von 1983 diesen Mißstand abgeschafft und das Pendel der Formpflicht von 1948/49 wieder in die Mitte zu bewegen versucht oder die Pendelbewegung von 1948/49 belassen oder gar fortgesetzt?

3 Der CIC/1983 im Vergleich mit dem CIC/1917

3.1 Übersicht

Das Eherecht ist zweifelsohne einer der am besten gelungenen Teile des neuen Gesetzbuches der katholischen Kirche, wenngleich auch hier nicht alle der aus dem Geist des II. Vaticanum vorgeschlagenen Reformwünsche umgesetzt worden sind. Vom formalen Gesichtspunkt her ist vor allem die vorgenommene Straffung der Materie bzw. Reduzierung der Canones von 135 im CIC/1917 auf 111 im CIC/1983 zu begrüßen.[62]

Die Bestimmungen über die kirchliche Eheschließungsform sind im CIC/1983 in den cc. 1108 - 1123 enthalten, die die Gliederung dieses Rechtsstoffes aus dem CIC/1917 beibehalten haben. So umschreibt auch c.1108 zunächst die Grundregel der kanonischen Formpflicht; die folgenden cc.1109 - 1112 gehen dann auf die zur Eheassistenz befugten Personen ein und cc. 1113 - 1114 enthalten die Rechtsvorschriften über die Delegation der Assistenzbefugnis. Während c.1115 die für eine Eheschließung zuständigen Pfarreien aufzählt, normiert c.1116 die Noteheschließungsform und c.1117 den an die Formpflicht gebundenen Personenkreis. C.1118 betrifft den Ort der Eheschließung und cc. 1119 - 1120 die liturgischen Riten. Abschließend wird in den cc. 1121 - 1123 die Eintragung der Eheschließung in die Kirchenbücher geregelt.[63]

Unter *systematischem* Aspekt ist hier (folglich) die gleiche Kritik wie am CIC/1917 anzumelden. Denn auch im CIC/1983 werden die Canones über die Anwesenheit der Brautleute und die in Worten zu erfolgende Ehewillenserklärung (c.1104 - 1106) wiederum nicht im Kapitel über die Eheschließungsform, sondern im vorhergehenden Kapitel über den Ehekonsens behandelt. So stehen also auch wieder im neuen Gesetzbuch die sich mit Formalien befassenden cc. 1104 - 1106 nicht im Kapitel V, das den äußeren Vorgang der Trauung regelt, sondern weiterhin nicht ganz einsichtig im Kapitel über den Ehewillen, das sich mit den inneren Voraussetzungen einer Eheschließung befaßt.[64]

---

vage religiös Eingestellte anzuwenden, würde allerdings zu einer Aushöhlung der kanonischen Formpflicht führen.

[62]vgl. Gradauer, Das Eherecht im neuen Codex, 231.

[63]vgl. Lüdicke, K., in: MK, Überblick vor 1108/1.

[64]Heimerl / Pree, Kirchenrecht, 234, sind hier anscheinend anderer Meinung, wenn sie ausführen: "Die Willensübereinstimmung zweier Personen bedarf naturgemäß der äußeren Kundgabe. Bestimmungen, die diese Kundgabe selbst betreffen (gleichzeitige Gegenwart, Worte), werden daher dem Ehekonsens zugerechnet (can.1104 - 1106) und als 'innere Form' bezeichnet. Die äußere Form hingegen bindet die Konsensäußerung in die Rechtsgemeinschaft ein durch Mittel, die zur Konsensabgabe hinzutreten, wie Zeugen, amtliche Feststellung und

Ebenso wird auch die geheime Eheschließung wie im CIC/1917 (cc.1104 - 1107) in einem eigenen Kapitel (cc.1130 - 1133) behandelt und durch das dazwischen geschobene Kapitel über die Mischehen (cc.1124 - 1129) noch weiter von dem thematischen Zusammenhang mit der Eheschließungsform entfernt als im CIC/1917.[65] Wie schon so oft hat auch beim Übergang vom CIC/1917 zum CIC/1983 ein Begriffswandel des Sachverhaltes *matrimonium clandestinum* stattgefunden. Das im CIC/1917 mit *De matrimonio conscientiae* (= Gewissensehe) überschriebene Kapitel wird nun im CIC/1983 *De matrimonio secreto celebrando* (= Geheime Eheschliessung) genannt. Ob diese neue Überschrift deswegen gewählt wurde, weil die Geheimehe durch die kanonische Form und durch die Eintragung sehr wohl dem Rechtsbereich angehört und dies durch die frühere Bezeichnung als Gewissensehe nicht hinreichend deutlich wurde,[66] mag dahin gestellt bleiben; jedenfalls ist die neue Überschrift insofern zu kritisieren, da es nicht nur um eine Geheimhaltung des Eheabschlusses, sondern des Bestehens der Ehe überhaupt geht. Die Ehepartner wollen nicht als verheiratet erscheinen. Die Fragwürdigkeit dieser Normen in unserer Zeit außer acht gelassen,[67] hätte man also dieses Kapitel sinnvoller mit *De matrimonio secreto* (= Geheimehe) überschreiben sollen. Denn bei einer gemäß den cc.1130 - 1133 abgeschlossenen Ehe handelt es sich um eine nach c.1108 §1 in kanonischer Form vor dem trauungsberechtigten Amtsträger und zwei Zeugen geschlossene Ehe; sie unterscheidet sich nur darin von der ordentlichen Eheschließungsform, daß sie im geheimen und ohne Aufgebot stattgefunden hat und auch künftig geheimgehalten wird. Eine solche Ehe wird also nicht nur im Verborgenen (= *secretum*) geschlossen, sondern auch nach dem Eheabschluß weiterhin geheimgehalten (= *clandestinum*).

Eintragung."

[65] vgl. auch Zapp, Kanonisches Eherecht, 195.
Im neuen Gesetzbuch der Ostkirchen von 1990 (CCEO/1990) wird dagegen die Geheimehe, die inhaltlich genauso wie im CIC/1983 geregelt ist, innerhalb des Kapitels über die Form der Eheschließungsfeier (cc. 828 - 842) in c.840 CCEO behandelt und ist somit von der Gesetzessystematik her sinnvoller plaziert als im CIC/1983.

[66] vgl. Heimerl / Pree, Kirchenrecht, 248.

[67] Die mit dem Institut der Geheimehe gegebene Gefahr der Doppelehe und der Gefährdung der menschlichen und religiösen Erziehung der Kinder, die von ihren Eltern verleugnet werden, steht doch in keinem Verhältnis zu dem Argument, daß das Institut der Geheimehe ein gangbarer Ausweg aus einer Zwangslage wie Heirat zwischen standesungleichen Personen oder einem Paar mit sehr großem Altersunterschied, die von der Öffentlichkeit nicht akzeptiert werden würden, wie z.B. Sebott, Das neue kirchliche Eherecht, 218f, diese Einrichtung zu legitimieren versucht. Dagegen führt Zapp, Kanonisches Eherecht, 195, treffend aus: "Als Gründe für die Erlaubnis zu einer geheimen Eheschließung gelten Situationen, die es verbieten, daß die Betreffenden in der Öffentlichkeit als Eheleute erscheinen. Als Beispiele solcher wohl der Vergangenheit angehörenden Umstände werden vorwiegend Standesrücksichten genannt, etwa Ehen von Gardeoffizieren, Mißheirat von Angehörigen aus Königshäusern u.ä. Modernen Verhältnissen dürften die Normen über diese Art der Eheschließung kaum gerecht werden. So ist etwa für den Bereich der Bundesrepublik die geheime Ehe kein Ausweg für sog. Rentenehen. Auch zur kirchlichen Regelung eines eheähnlichen Verhältnisses ist der Weg über die geheime Eheschließung kaum gangbar. Deren mitunter vertretene Schutzfunktion für politisch Verfolgte ist sehr fragwürdig, da auch das bischöfliche Geheimarchiv in solchen Verhältnissen nicht vor Zugriffen durch Staatsorgane geschützt ist; für derartige Situationen sieht das kanonische Eherecht die außerordentliche Eheschließung vor." Vgl. in diesem Sinn auch Prader, Das kirchliche Eherecht, 146.

Vom *inhaltlichen* Gesichtspunkt her hat der CIC/1983 im Vergleich zum CIC/1917 einige neue und wichtige Akzente gesetzt:

1. In der Umschreibung der aktiven Eheassistenz in c.1108 §2 CIC/1983 ist nicht mehr die Bestimmung des c.1095 §1 n.3 CIC/1917 enthalten, daß der trauende Geistliche nicht gültig der Ehe assistiert, wenn er aus Zwang oder schwerer Furcht handelt.[68] Der CIC/1983 hat aber nicht nur eine Streichung in der Definition der aktiven Eheassistenz vorgenommen, sondern auch eine Erweiterung, nämlich daß der Assistierende *im Namen der Kirche* den Konsens entgegennimmt. Dieser im Vergleich zum c.1095 CIC/1917 erfolgte Textzusatz bringt zwar sachlich nichts Neues,[69] hebt aber den Grundsatz der aktiven Assistenz des kirchlichen Amtsträgers deutlicher hervor als der CIC/1917[70] und entspricht damit "dem Anliegen, bei der Eheschließung ungeachtet der unverzichtbaren Rolle des Konsenses der beiden Brautteile die Einbindung in das kirchliche Leben zum Ausdruck zu bringen."[71]

2. Die im CIC/1917 ausschließlich territorial gegliederte Traubefugnis kraft Amtes (c.1095 §1 nn.1,2) ist im CIC/1983 um das Personalprinzip ergänzt worden, so daß nun auch Personalordinarien und Personalpfarrern (z.B. Militärgeistliche, Ausländerseelsorger, Studentenpfarrer, Krankenhausgeistliche) Trauungsbefugnis zukommt (vgl. cc.1109f).

3. Die Bestimmungen des c.1097 CIC/1917 über das Trauungsvorrecht des Pfarrers der Braut wie auch die Vorschrift, daß die Eheschließung von Brautleuten verschiedener katholischer Riten vor dem Pfarrer des Mannes und nach dessen Ritus erfolgen sollte, sind nicht mehr in den CIC/1983 (c.1115) übernommen worden.[72]

4. Konnte nach dem Gesetzbuch von 1917 (cc.1095 §2; 1096) nur der im Dienst der Pfarrei angestellte Hilfsgeistliche eine allgemeine Delegation zur Eheassistenz erhalten, so kann nach c.1111§1 CIC/1983 jeder Priester oder Diakon generell delegiert werden. Damit hat der CIC/1983 die Möglichkeit der Trauungsdelegation wesentlich umfassender und besser geregelt.[73]

---

[68]zur Bedeutung dieser Streichung siehe S. 124f.

[69]vgl. Sebott, Das neue kirchliche Eherecht, 163.

[70]vgl. Schwendenwein, Das neue kirchliche Eherecht, 208.

[71]ders, Das neue Kirchenrecht, 394.
Örsy, in Marriage in Canon Law, 162 mit Anm. 4, ist dagegen der Auffassung: The expression 'in the name of the church' does not go well with the contractual theory. If the agreement is strictly between the parties, they should receive the consent from each other. But if to receive the sacrament of marriage is to accept a 'consecration' from the church for a new state of life with appropriate rights and duties, the requesting and receiving of the consent 'in the name of the church' makes good sense. There is no reason to think, however, that the drafters of the Code would have accepted the theory of 'consecration' even if the text can be construed as being favorable to it. ... The meaning of the expression can be only to ask for the *manifestation* of the consent and to take notice of it when it is done."

[72]Im neuen Ostkirchenrecht von 1990 gilt dagegen weiterhin die Regelung, daß die Ehe vor dem Pfarrer des Bräutigams zu schließen ist, wenn das Partikularrecht nichts anderes vorsieht und wenn nicht ein gerechter Grund für eine Ausnahme vorliegt (vgl. c.831 §2 CCEO).

[73]Zur Entstehung dieser Regelung siehe S. 113f.

5. War es im CIC/1917 überhaupt nicht und in der Zeit nach dem 2. Vatikanischen Konzil nur in Einzelfällen und durch Sondervollmacht gestattet, einem Laien die Trauungsbefugnis zu erteilen,[74] so ist jetzt im CIC/1983 bei Priestermangel generell möglich, daß unter bestimmten Voraussetzungen Laien mit der Eheassistenz beauftragt werden können, und zwar nicht mehr durch Sondervollmacht, sondern durch den Ortsbischof (vgl. c.1112 §1).[75]

6. Neu im CIC/1983 ist auch, daß c.144 §2 einen expliziten Verweis auf c.1111 §1 des Eheschließungsrechtes wie auch umgekehrt c.1108 §1 auf c.144 enthält und somit der *ecclesia-supplet*-Gedanke ausdrücklich für die Trauungsbefugnis anwendbar gemacht worden ist. Nach c.144 §2 iVm 1111§1 gilt folglich, daß eine kirchliche Trauung, bei der ein Kleriker assistiert, der keine Trauungsbefugnis besitzt, nicht einfach wegen dieses Formfehlers für ungültig erklärt wird; ist in diesem Fall nicht aus einer bösen Absicht oder wider besseren Wissens, sondern aus einem Nichtwissen, Irrtum oder Zweifel über die notwendige Trauungsbefugnis heraus gehandelt worden, wird die fehlende Trauungsbefugnis von der Kirche ergänzt.[76]

7. Die Regelung der Noteheschließungsform hat einige Veränderungen im Wortlaut erfahren, von denen zwei hervorzuheben sind: "Der Ausdruck in c.1116 §1 *ad normam iuris competens* besagt nicht *zuständig* im Sinne des c.1115, sondern *trauungsbevollmächtigt* im Sinne der cc. 1108 - 1112. Wenn also auch der eigene Ortspfarrer nicht zu erreichen ist, so kann doch die Noteheschließung nicht angewandt werden, solange ein anderer trauungsberechtigter Pfarrer in seiner Pfarrei ohne großen Nachteil aufgesucht werden kann. Auf die Erlaubnis (= licentia im Sinne des can. 1115) des eigenen Pfarrers kann in diesen Fällen verzichtet werden."[77]

Überraschend ist dann aber vor allem der Austausch des Wortes *assistere* des c.1098 n.2 CIC/1917 durch das Verb *adesse* des c.1116 §2 CIC/1983. Mit dieser sprachlichen geht nämlich eine wichtige inhaltliche Änderung einher: Der gemäß c.1116 §2 gegebenenfalls zugezogene Priester bzw. Diakon ohne Trauungsbefugnis hat im neuen Gesetzbuch die gleiche Funktion wie die beiden Zeugen, während er nach dem CIC/1917 noch den Ehekonsens der

---

[74]vgl. die Quellenangaben zu c.1112, in: Codex Iuris Canonici. Fontium, S.305: die Instruktionen der Kongregation für die Sakramentendisziplin *Ad Sanctam Sedem* vom 7.12.1971 und *Sacramentalem indolem* vom 15.05.1974 sowie die *Normae* der Kongregation für den Gottesdienst vom Dezember 1974, von denen nur die Instruktion *Ad Sanctam Sedem* veröffentlicht wurde, und zwar nicht in den AAS, sondern als Archivmaterial in: AfkKR 141 (1972), 510 - 512.

[75]In diesem Zusammenhang ist Primetshofer, Die Eheschließung, 784, nicht zuzustimmen, wenn er u.a. ausführt: "Wenn c. 1108 §1 als Empfänger der Delegation nur den Priester und Diakon ins Auge faßt, so ist das insofern unvollständig, als zufolge c.1112 eine Delegation zur Eheassistenz auch an Laien möglich ist." Durch den Verweis auf c.1112 §1 hat c.1108 §1 sehr wohl den Laien als Empfänger der Trauungsdelegation berücksichtigt, allerdings nicht als den ordentlichen, sondern sozusagen als außerordentlichen Empfänger für Ausnahmesituationen. Siehe zur Trauung durch Laien ausführlicher S. 121ff.

[76]siehe ausführlicher dazu S. 114ff.

[77]Sebott, Das neue kirchliche Eherecht, 179f.

beiden Brautleute erfragen mußte. Diese nunmehr rein passive Zeugenfunktion des herbeigeholten Priesters oder Diakons ist insofern "verwunderlich, da der Sinn der Hinzuziehung eines Geistlichen doch der war, durch die Konsenserfragung eine größere Sicherheit zu haben. Der Konsensaustausch sollte in richtiger Weise vorgenommen werden. Da Priester bzw. Diakon jetzt nur noch eine Zeugenfunktion haben, muß gefragt werden, ob die Noteheschließung gültig ist, wenn außer einem Priester (Diakon) nur noch *ein* Zeuge zugegen ist. Früher wurde diese Frage verneint, da der Priester eine andere Aufgabe hatte als die beiden Zeugen. Nach dem neuen Recht möchte ich die Frage bejahen und für Gültigkeit plädieren."[78]

8. C.1118 CIC/1983 kennt nicht mehr die Bestimmung des c.1109 §3 CIC/1917, daß Ehen zwischen Katholiken und Nichtkatholiken (ob getauft oder nicht) nur mit der Erlaubnis des Ordinarius geschlossen werden durften. Nach c.1118 §3 CIC kann nun eine Ehe zwischen einem Katholiken und einem Ungetauften wahlweise in der Kirche oder an einem anderen geeigneten Ort geschlossen werden.

9. Die zeitlichen Einschränkungen in c.1108 CIC/1917 hat das kirchliche Gesetzbuch von 1983 nicht mehr übernommen.

10. Blieb der von der katholischen Kirche durch Formalakt abgefallene Katholik im CIC/1917 durch den Grundsatz *semel catholicus semper catholicus* weiterhin an die Formpflicht gebunden, so ist er nach c.1117 CIC/1983 von der Formpflicht befreit.[79]

11. Vollkommen neu im Vergleich zum CIC/1917 ist die Bestimmung des c.1127 §1 CIC/1983, daß eine bekenntnisverschiedene Ehe zwischen einem Katholiken des lateinischen Ritus und einem Nichtkatholiken des orientalischen Ritus nur dann an die kanonische Eheschließungsform gebunden ist, wenn diese Eheschließung kirchlich gültig *und* erlaubt sein soll; begnügen sich aber die Brautleute einer solchen Mischehe damit, zwar in gültiger, aber in verbotener Weise die Ehe zu schließen, dann müssen sie die Ehe nur unter Mitwirkung eines geistlichen Amtsträgers eingehen.[80] "Diese Bestimmung

---

[78]Sebott, Das neue kirchliche Eherecht, 181f.
Zapp, Kanonisches Eherecht, 190 mit Anm. 4, hält dagegen die Änderung von *assistere* in *adesse* für korrekt, da dem Geistlichen bei der Noteheschließung eben keinerlei Funktion zukomme. Genau das ist doch aber zu kritisieren!

[79]Der im Formalakt von der katholischen Kirche abgefallene Katholik ist nicht nur von der Formpflicht (c.1117) befreit, sondern auch vom Hindernis der Religionsverschiedenheit (c.1086 §1) und ebenso vom Verbot der konfessionsverschiedenen Ehe (c.1124). Alle anderen Kirchengesetze, also auch die restlichen Ehehindernisse rein kirchlichen Rechts, gelten aber auch für diesen 'abgefallenen' Katholiken weiter. Außerdem betrifft diese Sonderbestimmung auch nur die Katholiken der lateinischen Kirche, nicht aber die der orientalischen Kirchen. Dort gilt weiterhin, ohne Ausnahme, der Grundsatz *semel catholicus, semper catholicus* (vgl. Prader, Interrituelle, interkonfessionelle und interreligiöse Probleme, 452f und c.834 §1 CCEO). Zur Bedeutung des Abfalls von der Kirche im Formalakt für die Eheschließungsform siehe S. 128ff.

[80]Zapp, Kanonisches Eherecht, 181, kritisiert im Zusammenhang mit c.1127 §1 CIC zu Recht, daß der Druckfehler beim Verweis auf diese Ausnahmeregelung der Formpflicht bei einer be-

dürfte indessen nicht unproblematisch sein. Nach orthodoxem Verständnis der Unauflöslichkeit der Ehe ist durchaus nach einer gescheiterten Ehe eine erneute kirchliche Eheschließung möglich. Gemäß kanonischem Eherecht ist eine derartige Eheschließung wegen des Hindernisses des Ehebandes ausgeschlossen. Eine solche nach dem 2. Halbsatz des c.1127 §1 geschlossene Mischehe kann daher unter dem Aspekt der orthodoxen Kirchen gültig bzw. anerkannt, unter dem der lateinischen Kirche unzulässig und ungültig sein."[81]

12. Ebenso war im Gesetzbuch von 1917 noch nicht die Möglichkeit vorgesehen, daß der Katholik bei einer bekenntnis- oder religionsverschiedenen Eheschließung auf Antrag und bei Vorliegen erheblicher Schwierigkeiten von der kanonischen Formpflicht dispensiert werden kann[82] und dann nur zum Einhalten irgendeiner öffentlich bzw. amtlich nachweisbaren Eheschließungsform verpflichtet ist, d.h. sowohl in einer nichtkatholischen Kirche oder kirchlichen Gemeinschaft oder nur in ziviler Form eine kirchlich gültige Ehe eingehen kann, die im Fall der Bekenntnisverschiedenheit zugleich auch sakramental ist (vgl. cc.1127 §2; 1121 §3 CIC).[83]

Gilt die Verpflichtung auf das Einhalten irgendeiner öffentlichen Eheschließungsform auch für die Eheschließung eines von der katholischen Kirche im Formalakt abgefallenen und daher nach c.1117 CIC von der kanonischen Formpflicht befreiten Katholiken mit einem Nichtkatholiken oder mit einem ebenfalls 'abgefallenen' Katholiken? Diese Frage hat der kirchliche Gesetzgeber von 1983 versäumt zu regeln.

3.2 Details und offene Rechtsfragen

3.2.1 Trauungsbefugnis der Diakone

Eine wichtige Neuerung gegenüber dem Gesetzbuch von 1917 ist die rechtliche Möglichkeit, daß nun auch dem Diakon ordentliche Trauungsbefugnis übertragen werden kann (vgl. cc.1108; 1111 §1 CIC/1983). Im Zuge der auf dem Zweiten Vaticanum geforderten Neuordnung der Weihestufen hatte bereits LG 29 die Eheassistenz als Aufgabe des Diakons aufgezählt und das MP *Sacrum Diaconatus Ordinem* von 1967[84] bestimmt: Sofern der Ortsordinarius dem Diakon die

---

kenntnisverschiedenen Ehe mit einem orthodoxen Christen in c.1117 immer noch nicht behoben ist. Der Verweis auf §2 des c.1127 muß korrigiert werden zu §1 des genannten Kanon; denn der Hinweis auf die Möglichkeit der Formdispens für Mischehen (c.1127 §2) ist in diesem Zusammenhang fehl am Platz.

[81]ebd., 205.
Zur Eheschließungsform zwischen Christen des lateinischen und orientalischen Rechtskreises siehe ausführlicher S. 188f.

[82]Bei Religionsverschiedenheit kann natürlich nur dann von der kanonischen Eheschließungsform dispensiert werden, wenn vorher vom Ehehindernis der Religionsverschiedenheit Dispens erteilt worden ist.

[83]Zur Geschichte und derzeitigen Regelung der Eheschließungsform bei bekenntnisverschiedenen Partnern siehe S. 155ff.

[84]AAS 59 (1967), 697 - 704; dt in: NKD 9.

Ausübung übertragen hat, kommt ihm zu, "wo kein Priester vorhanden ist, im Namen der Kirche zu assistieren und sie zu segnen aufgrund der Delegation des Bischofs oder des Pfarrers, wobei im übrigen zu beachten ist, was im CIC [cc. 1095 §2; 1096] vorgeschrieben ist; auch can. 1098 ist anwendbar; was dort vom Priester gesagt wird, gilt auch für den Diakon."[85] Diese wie auch alle anderen in diesem MP genannten Aufgaben kamen gemäß einer Erklärung der Kommission für die authentische Interpretation der Konzilsdekrete von 1968 nicht nur den ständigen Diakonen zu, sondern auch den Diakonen, die das Presbyterat anstrebten;[86] das geforderte Fehlen eines Priesters wurde 1969 nur als Erlaubtheitsvoraussetzung ausgelegt.[87] 1970 legte schließlich die gleiche Kommission fest, daß ein rechtmäßig und auf Dauer einer Pfarrei zugewiesener Diakon eine dem Kaplan vergleichbare Stellung hat und daher generell zur Eheassistenz bevollmächtigt werden kann.[88] Ein weiterer Schritt zur Konsolidierung dieser Rechtsentwicklung war schließlich zum einen die Nichtbeachtung und damit Zurückweisung des Einwandes, daß die dem Ortsordinarius zugebilligte Befugnis, jeglichem Pfarrer oder Diakon die allgemeine Delegation zu erteilen, zu einer Verletzung der Rechte des Pfarrers führen könnte[89] und zum anderen die Ablehnung des Vorschlages, auch den Pfarrvikaren gewohnheitsmäßig die delegierte allgemeine Befugnis innerhalb der ganzen Pfarrei einzuräumen; denn eine solche Ausweitung würde nur unnötige Konflikte nach sich ziehen.[90] Diese (nach)konziliare Entwicklung zur generellen Delegation der Traubefugnis an einen Diakon hat also der CIC/1983 übernommen und festgeschrieben.

Das neue Ostkirchenrecht von 1990 hat dagegen in c.830 CCEO die Möglichkeit einer Delegation der Traubefugnis bzw. der Befugnis zur Ehesegnung an Diakone mit der Rücksichtnahme auf die orientalische Tradition wie auch auf die Ökumene nicht vorgesehen.[91] Die Regelung der Delegationsbefugnis im CCEO/1990 und CIC/1983 unterscheidet sich auch noch in einem weiteren Punkt: Kann nach c.830 CCEO nur der Ortshierarch eine generelle Delegation der Trauungsbefugnis vornehmen, so kann dies im CIC/1983 nicht nur der Ortsordinarius, sondern auch der Ortspfarrer.

3.2.2 Suppletion der Trauungsbefugnis

Die Anwendung der Suppletion auf die Trauungsbefugnis hat eine interessante Vorgeschichte. Rechtshistorisch betrachtet ist in dieser Regelung eine Entscheidung der CIC-Interpretationskommission von 1952 übernommen worden, ohne allerdings alle damit verbundenen Unsicherheiten zu klären.[92]

---

[85] Art. 22 Nr. 4, in: NKD 9, 39.
[86] vgl. AAS 60 (1968), 363.
[87] vgl. AAS 61 (1969), 348.
[88] vgl. AAS 62 (1970), 571.
[89] vgl. Communicationes 10 (1978), 88.
[90] vgl. Relatio 1981 zu c.1065, S. 259f bzw. in: Communicationes 15 (1983), 235.
[91] vgl. Nuntia 8 (1979/80), 21; vgl. auch Anm. 377, S. 179.
[92] vgl. Heimerl, Das neue Eherecht der Kirche, 19; vgl. Zapp, Kanonisches Eherecht, 186; Gradauer, Das Eherecht im neuen Codex, 237; Zepp, Die Suppletion der Trauungsgewalt, 317.

Nach c.209 CIC/1917[93] war das Rechtsinstitut der Suppletion folgendermaßen normiert gewesen:

"In errore communi aut in dubio positivo et probabili sive iuris sive facti, iurisdictionem supplet Ecclesia pro foro tum externo tum interno".

Bei Vorliegen eines allgemeinen Irrtums oder eines positiven und begründeten Rechts- oder Tatsachenzweifels ergänzte die Kirche die fehlende potestas *iurisdictionis*, also die fehlende Leitungs- bzw. Jurisdiktionsvollmacht oder anders gesagt: die fehlende Befugnis zur Ausübung der in der Weihe verliehenen Vollmacht, kirchliche Leitungs- bzw. Jurisdiktionsakte zu setzen.[94] Da aber nicht geklärt war, wie die Eheassistenz des Priesters rechtlich zu beurteilen ist, d.h. ob sie einen Jurisdiktionsakt darstellt oder nur einen Akt der Amtszeugenschaft, war auch die Frage nach der grundsätzlichen Anwendbarkeit der kirchlichen Suppletion gemäß c.209 CIC/1917 auf eine fehlende Vollmacht bzw. Befugnis zur Trauungsassistenz umstritten. Die Qualifizierung der Eheassistenz als Jurisdiktionsakt wurde vor allem damit begründet, daß die Assistenzvollmacht auf dem Weg der Delegation weitergegeben wird (vgl. cc.1094; 1096 §1; 1098 CIC/1917), daß es innerhalb der Kirche nur eine *potestas iurisdictionis* gibt (vgl. c.108f CIC/1917) und daß die Bestimmung über die aktive Eheassistenz (vgl. c.1095 §1 n.3 CIC/1917) nicht eine bloße Amtszeugenschaft, sondern die Ausübung wirklicher Hirtengewalt bezeugt. Für die rechtliche Bewertung der Eheassistenz als Amtszeugenschaft wurden vor allem die beiden historischen Gründe ins Feld geführt, daß die Formpflicht erst auf dem Tridentinum eingeführt wurde und bis zum Dekret *Ne temere* von 1908 die passive Eheassistenz galt.[95]

Der Rechtszweifel über die Anwendbarkeit des c.209 auf eine fehlende Vollmacht bzw. Befugnis zur Eheassistenz wurde zwar 1952 behoben, allerdings ohne dabei die Frage zu klären, ob die Eheassistenz einen Akt der Jurisdiktion oder der Amtszeugenschaft darstellt. Denn 1952 erfolgte auf eine Anfrage hin die Entscheidung der päpstlichen Kommission zur authentischen Interpretation des Codex Iuris Canonici (= PCI), daß c.209 CIC/1917 auch in dem Fall angewendet werden kann, wo die Delegation zur Trauungsassistenz fehlt:

"D. An praescriptum c.209 applicandum sit in casu sacerdotis, qui delegatione carens, matrimonio assistit.

R. Affirmative."[96]

---

[93]vgl. dazu Herrmann, Ecclesia supplet.

[94]Nach Krämer, Geistliche Vollmacht, 126, sollte die in der Weihe verliehene *eine sacra potestas* nicht in eine *potestas ordinis* und *potestas iurisdictionis* aufgespalten werden, da die *potestas iurisdictionis* nicht erst zur *potestas ordinis* hinzukommt, sondern vielmehr in der, mit der und durch die Weihe gegeben wird; daher sollte besser zwischen einer *potestas sacra*, die die *potestas ordinis* und *potestas iurisdictionis* umfaßt, und einer *facultas*, d.h. einer Befugnis oder Beauftragung, die in der Weihe verliehene Vollmacht in einen bestimmten Bereich auszuüben, unterschieden werden (vgl. ausführlicher dazu: ders., Dienst und Vollmacht, 73 - 117, bes. 100 - 111).

[95]vgl. Herrmann, Ecclesia supplet, 284 - 289; Valls, La forma juridica del matrimonio, 498 - 501.

[96]AAS 44 (1952), 497.

Ist mit dieser Entscheidung des Apostolischen Stuhls das Rechtsinstitut der Suppletion erweitert worden, also nicht mehr nur auf Akte der *potestas* bzw. *facultas iurisdictionis* beschränkt, oder ist damit die Eheassistenz (indirekt) zu einem jurisdiktionellen Akt erklärt worden? Diese Frage ist bis heute noch nicht klar beantwortet; deshalb gingen und gehen auch nach dieser römischen Entscheidung die Meinungsverschiedenheiten in der Frage der Suppletion der Trauungsvollmacht bzw. Trauungsbefugnis weiter.[97] Vielleicht war dies auch der Grund dafür, daß die Studienkommission zur Revision des Eherechts in der Frage, wie die Ungültigkeit einer kirchlichen Eheschließung wegen fehlender Trauungsbefugnis vermieden werden kann, zunächst nicht die Regelung der Suppletion von 1952 übernommen, sondern die Anwendung der *sanatio in radice* vorgesehen hatte. Bei fehlender Trauungsbefugnis sollte die Ehe im Augenblick der Eheschließung in der Wurzel geheilt werden, allerdings nur wenn die drei folgenden Bedingungen erfüllt waren: die Ehe mußte in einer Kirche oder öffentlichen Kapelle geschlossen werden; der Trauende durfte nicht mit einem Eheassistenzverbot belegt sein; die Brautleute mußten guten Glaubens handeln.[98] Der erste Textvorschlag dazu lautete:

> *"Valet matrimonii contractus assistente sacerdote (vel diacono) qui delegatione caret, dummodo matrimonium celebretur (ritu sacro) in ecclesia vel oratorio publico et assistens ab auctoritate ecclesiastica non sit prohibitus ne matrimonio assistat."*[99]

Die Diskussion dieses Entwurfs führte nur zu geringfügigen Änderungen, die hauptsächlich sprachlicher Art waren.[100] Überraschend war dann allerdings, daß im Schema zum Sakramentenrecht von 1975 neben der *sanatio in radice* plötzlich ein Alternativvorschlag genannt wurde, nämlich das Rechtsinstitut der Suppletion:

> *"Can. 315 (novus). Matrimonium contractum assistente sacerdote vel diacono, facultate assistendi carente, Ecclesia a momento celebrationis in radice sanat, dummodo matrimonium celebretur coram duobus testibus in ecclesia vel oratorio et assistens ab auctoritate ecclesiastica non sit prohibitus ne matrimonio assistat.*

> *AUT*

> *Can. 315. In errore communi de facto aut de iure, itemque in dubio positivo et probabili, sive iuris sive facti, facultatem assistendi supplet Ecclesia."*[101]

Für die *sanatio*-Regelung sprach zwar, daß durch sie jeder Zweifel bezüglich der Gültigkeit einer mit fehlender Trauungsbefugnis geschlossenen Ehe beseitigt wäre,

---

[97] vgl. Herrmann, Ecclesia supplet, 288; zu den Meinungsverschiedenheiten siehe S. 118f.
[98] vgl. Communicationes 3 (1971), 79.
[99] c. 1096, in: Communicationes 8 (1976), 43.
[100] vgl. Communicationes 8 (1976), 43 - 45.
[101] Schema 1975 bzw. Communicationes 10 (1978), 90.

gegen sie allerdings, daß durch sie letzlich die im Kanon über die ordentliche Eheschließungsform normierte Vorschrift der notwendigen Trauungsbefugnis ausgehöhlt würde und schließlich die ständige Gefahr des Mißbrauchs durch Betrug bestünde. Da andererseits die Regelung durch Suppletion auch hinreichende Klarheit über die Gültigkeit hinsichtlich der Form gewährt, wurde der Vorschlag der *sanatio* fallen gelassen[102] und der der Suppletion wortwörtlich in c.1068 des ersten Gesamtentwurfs zum CIC von 1980 übernommen.

Unter den Stellungnahmen zu diesem ersten CIC - Gesamtentwurf von 1980 wurde zwar gefordert, c.1068 zum Schutz des Delegationssystems wieder zu streichen oder wenigstens eine *bona fides* auf seiten des Eheassistierenden zu verlangen; doch die Kodexreformkommission wies beide Einwände ab mit der Erklärung, daß dieser Kanon für das Seelenheil der Gläubigen notwendig ist, das ja das oberste Gesetz der Kirche ist, daß bereits c.209 CIC/1917 seit der Entscheidung der Interpretationskommission zum CIC/1917 von 1952 in diesem Sinn angewendet worden ist und daß sich die Mehrheit für die Regelung der Suppletion anstelle der Sanation ausgesprochen hat.[103] Daher ging c.1068 des Schema von 1980 wörtlich in c.1114 des zweiten CIC - Gesamtentwurfs von 1982 ein. In der Endfassung des CIC/1983 ist diese eherechtliche Suppletionsregelung allerdings nicht mehr als eigener Kanon aufgenommen worden, sondern nur noch als Verweis in c.144 §2 und c.1108 §1 CIC/1983. Für diese Endredaktion dürfte wohl die durchaus richtige Überlegung ausschlaggebend gewesen sein, daß ein eigener Kanon über die Suppletion der Trauungsbefugnis außer der Spezifizierung auf die Trauungsbefugnis wörtlich dem jetzigen generell verbindlichen c.144 CIC/1983 entsprochen hätte und daher zur Vermeidung unnötiger Wiederholungen zu einem Verweis reduziert werden kann.[104]

Nach c.144 §2 iVm c.1111§1 gilt folglich: Besteht ein allgemeiner Irrtum oder positiv und gut begründeter Zweifel darüber, ob der Assistierende die Trauungsbefugnis besitzt, wird die fehlende Trauungsbefugnis gesetzlich ergänzt, aber natürlich nur bei den Personen, die fähig sind, die ergänzte Befugnis auszuüben.[105] Mit dieser Regelung verzichtet die Kirche also in gewissen Situationen auf die Traubefugnis, ohne daß die betreffende Eheschließung deshalb ungültig wäre. Ob dieser Verzicht darin gründet, daß die Suppletion auf die Trauungsassistenz erweitert wird, so daß die Trauungsbefugnis nicht als jurisdiktioneller Akt, sondern mehr als Amtszeugenschaft einzustufen ist, oder die Trauungsbefugnis als ein jurisdiktioneller Akt zu verstehen ist, hat auch der Gesetzgeber von 1983 noch

---

[102]vgl. Communicationes 10 (1978), 90.

[103]vgl. Relatio 1981 zu c.1068, S.260 bzw. in: Communicationes 15 (1983), 236.

[104]vgl. Zapp, Kanonisches Eherecht, 186.

Auch das neue Ostkirchenrecht kennt die Suppletion der Befugnis zur Ehesegnung (vgl. c.995 iVm c.994 CCEO/1990, auf die aber im Eherecht – im Gegensatz zum CIC/1983 – nicht extra verwiesen wird). In den Schemata zum Ostkirchenrecht hatte man ebenfalls zunächst die Form der *sanatio* im Augenblick der Eheschließungsfeier bevorzugt, die aber nur für den Fall einer mangelhaften Trauungs- bzw. Segnungsbefugnis gelten sollte; eine gänzlich fehlende Befugnis sollte explizit von der Möglichkeit der *sanatio* ausgeklammert werden. Der Einwand, daß die *sanatio* nicht exakt genug den Sachverhalt trifft, veranlaßte dann aber die Kodexkommission des Ostkirchenrechts, doch auch die Lösung des lateinischen Rechts zu übernehmen (vgl. die Diskussionen dazu in: Nuntia 8 (1979/80), 24f; 10 (1979/80), 51; 15 (1981/82), 82f).

[105]vgl. Socha, in: MK 144/2 Rdn.4 (4. Erg.-Lfg. Nov.1986).

nicht klar ausgesagt (vgl. c.144 CIC/1983). Deshalb wird heute immer noch darüber diskutiert, ob die Eheassistenz als Jurisdiktionsakt[106] oder lediglich als eine Amtszeugenschaft[107] zu qualifizieren ist. Grundlage dieser Diskussion bildet die Erklärung der Codex-Reformkommission von 1981, die sie im Zusammenhang mit der Einführung der Delegationsmöglichkeit von Trauungsassistenz an Laien in Ausnahmesituationen gegeben hat:

> "... Laicus denique in casu est mere testis qualificatus, nulla gaudens potestate regiminis."[108]

Die Kirchenrechtler, die die Eheassistenz als Amtszeugenschaft verstehen, beziehen offensichtlich diese Aussage der Codex-Reformkommission nicht nur auf den Fall der Eheassistenz durch einen Laien, sondern generell auf jede Eheassistenz. Die Vertreter der anderen Richtung argumentieren dagegen, daß bei der genannten Erklärung der Codex-Reformkommission zweierlei zu beachten ist: Zum einen geht es darin primär um die Rechtfertigung der Eheassistenz durch Laien und zum zweiten ist sie keineswegs unbestritten, zumal sich aus c.144 allein kein durchschlagendes Argument für oder gegen die jurisdiktionelle Natur der in §2 angesprochenen Befugnisse gewinnen läßt. Denn es "ist zu beachten, daß 1111 von der *delegatio facultatis*, 1112 hingegen lediglich von der *delegatio* spricht, und daß in 1108 von 144 und nicht nur von 144 §2 die Rede ist. Hier bedarf es noch weiterer Klärungen, die nicht zuletzt von der Frage abhängen, ob die Assistenz des geweihten Amtsträgers bei der Eheschließung als sakramentale Mitwirkung der Kirche beim Zustandekommen der Ehe verstanden werden kann."[109] Unter Berücksichtigung dieser theologischen Unklarheit wie auch des Rechtswandels von der passiven zur aktiven Eheassistenz seit *Ne temere* sollte deshalb die rechtliche Einstufung der Eheassistenz als bloße Amtszeugenschaft durch

---

[106]so Socha, in: MK 144/8, Rdn. 20 (4. Erg.-Lfg., Nov.1986); vgl. Zapp, Kanonisches Eherecht, 186, Anm. 42; Aymans, Kanonisches Recht, 443f.

[107]so Lüdicke, in: MK Einf. vor 1108/2, Rdn. 6; Heimerl / Pree, Kirchenrecht, 237; Sebott, Das neue kirchliche Eherecht, 170f; Zepp, Die Suppletion der Trauungsgewalt, 317.

[108]Relatio zu c.1066 des Schemas von 1980, in: Relatio 1981, 260 bzw. in: Communicationes 15 (1983), 236.

[109]Socha, in: MK 144/8, Rdn. 20 (4. Erg.-Lfg., Nov.1986); vgl. Zapp, Kanonisches Eherecht, 186, Anm. 42. Genau entgegengesetzter Ansicht ist Lüdicke, in: MK 1111/1 Rdn.3; Valls, La forma juridica del matrimonio, 500 und wohl auch Sebott, Das neue kirchliche Eherecht, 170f, der zu dieser Frage ausführt: "Die Frage, ob es sich bei der Eheassistenz nur um eine qualifizierte (Amts-)Zeugenschaft handelt oder um Ausübung hoheitlicher Hirtengewalt (Jurisdiktion, potestas regiminis executiva), scheint vom Gesetzgeber in dem Sinne beantwortet zu sein, daß man nicht von hoheitlicher Hirtengewalt sprechen kann. Denn in can. 144 spricht der §1 von 'potestas regiminis executiva', der §2 von sonstigen 'facultates' ".

Auch für Müller, Zur Frage nach der kirchlichen Vollmacht, 96f, ist die Traubefugnis als eine der in c.144 §2 genannten facultates "inhaltlich klar von der potestas regiminis [des c.144 §1] abgesetzt"; dennoch läßt Müller die Frage nach der Qualität der Trauungsbefugnis offen: Es "kann aus den Gesetzestexten nicht zwingend geschlossen werden, daß die Befugnis zur Trauungsassistenz bei Bischof, Priester und Diakon (cc.1108 - 1111), wenn sie mehr als eine passive Rolle sein soll, ähnlich wie bei den Sakramenten der Buße und der Firmung als Ausübbarkeit der in der Weihe mitgeteilten sakramentalen Vollmacht zu verstehen ist; andererseits ist diese Interpretation aber durch den Wortlaut des Gesetzes auch nicht gänzlich ausgeschlossen."

Zur Frage der sakramentalen Mitwirkung des kirchlichen Amtsträgers bei der Eheassistenz siehe S. 253ff.

die Kodex-Reformkommission "nicht ohne weiteres verallgemeinert und zur Wesensbestimmung der bei der Eheschließung überhaupt ausgeübten Amtsbefugnis herangezogen werden."[110]

C.144 CIC sorgt aber nicht nur durch die Frage der Bewertung der Eheassistenz als Jurisdiktionsakt oder als Amtszeugenschaft für wissenschaftlichen Diskussionsstoff, sondern auch durch die gegenüber c.209 CIC/1917 neueingefügte Klausel *de facto aut de iure*. Denn die Formulierung *de facto aut de iure* wird von den einen mit *allgemeiner Irrtum über die Tatsachen- oder Rechtslage* wiedergegeben,[111] während die anderen *allgemeiner tatsächlicher oder rechtlich anzunehmender Irrtum* übersetzen.[112]

Schließlich wirft auch noch der Verweis in c.144 §2 auf c.1111 §1 die Frage auf: Gilt die Suppletion für die ordentliche, generell delegierte und speziell delegierte Befugnis[113] oder muß nach Art der Trauungsbefugnis differenziert werden?[114] Der kirchliche Gesetzgeber hat also keine klare Abgrenzung gegeben, in welchen Fällen ein Verzicht auf die Trauungsbefugnis gerechtfertigt ist und in welchen nicht (mehr). Bedenkt man in diesem Zusammenhang aber die Zielsetzung dieser Rechtsbestimmung, so mag man durchaus vermuten, daß der Gesetzgeber vielleicht absichtlich diese Unklarheit in Kauf genommen hat. Denn "der Zweck der Vorschrift liegt darin, in den Fällen ungültige Ehen zu vermeiden, in denen ohne Schuld der Beteiligten angenommen wurde, daß unter dem Gesichtspunkt der Berechtigung des Priesters oder Diakons zur Eheassistenz alles in Ordnung sei. ... Angesichts d[ies]er Zielsetzung ... ist eine möglichst weite Auslegung geboten, die dem Recht auf gültige Ehen weitesten Raum gibt."[115] Wo der Gesetzgeber nicht unterscheidet, braucht auch in der Rechtsanwendung nicht unterschieden zu werden. "Haben die Eheschließenden den Willen, eine gültige Ehe einzugehen, und wählen sie dazu die kanonische Form, so widerspricht es ihrer Intention, aber auch dem favor matrimonii, wenn ihre Ehe wegen eines ihnen nicht erkennbaren Mangels der Trauungsvollmacht ungültig ist."[116] Deshalb darf die Bedingung des 'error *communis*' auch nicht in dem Sinn mißverstanden werden, daß die Suppletion nicht schon in *jedem* Einzelfall geltend gemacht werden könne, sondern

---

[110]Socha, in: MK 144/8, Rdn. 20 (4. Erg.-Lfg., Nov.1986).

[111]so z.B. Prader, Das kirchliche Eherecht, 125; Heimerl, Das neue Eherecht der Kirche, 19; Ruf, Das Recht der katholischen Kirche, 58; Schwendenwein, Das neue Kirchenrecht, 395; Sebott, Das neue kirchliche Eherecht, 171; Gradauer, Das Eherecht im neuen Codex, 237; Aymans, Kanonisches Recht, 443.

[112]so z.B. Socha, in: MK 144/3 (4. Erg.-Lfg., Nov.1986); Heimerl / Pree, Kirchenrecht, 239; Primetshofer, Die Eheschließung, 786; Zapp, Kanonisches Eherecht, 186; Zepp, Die Suppletion der Trauungsgewalt, 320; 326.

[113]so Schwendenwein, Das neue Kirchenrecht, 395, wenn er für eine weite Interpretation eintritt, ohne zu differenzieren; Prader, Das kirchliche Eherecht, 126.

[114]so Heimerl / Pree, Kirchenrecht, 119, die die Suppletion nur für die delegierte Traubefugnis gelten lassen wollen, und Zapp, Kanonisches Eherecht, 187, für den fehlende oder ungültige spezielle Delegation kaum unter die Voraussetzungen des c.144 §1 fallen, so daß "Ergänzung fehlender Trauungsgewalt wohl nur im Zusammenhang mit ordentlicher oder generell delegierter Trauungsvollmacht in Frage kommt"; Primetshofer, Die Eheschließung, 786; Zepp, Die Suppletion der Trauungsgewalt, 329.

[115]Lüdicke, in: MK 1111/3, Rdn.6.

[116]Heimerl / Pree, Kirchenrecht, 238.

nur dann, wenn es zu einer *größeren Zahl* von ungültigen Ehen komme.[117] Denn das Kriterium der Vielzahl oder Einzahl von ungültigen Ehen aufgrund fehlender Trauungsbefugnis spielt für die Suppletion keine Rolle.[118] Einzige Bedingung für die gesetzliche Suppletion der fehlenden Trauungsbefugnis nach c.144 CIC ist vielmehr nur die '*bona* fides', d.h. die Handlung aus gutem Glauben, aber einem Nicht-Wissen-Können und/oder Irrtum heraus. Sobald also der Assistierende selbst und/oder das Brautpaar und/oder die Gemeinde glaubt – auch wenn dieser Glaube Zweifeln oder gar einem Irrtum unterliegt –, daß der Assistierende die Trauungsbefugnis besitzt, tritt beim Vollzug der Trauung die Suppletion nach c.144 CIC ein, falls die Trauungsbefugnis nicht vorhanden war.[119] Negativ ausgedrückt lautet der gleiche Sachverhalt folgendermaßen: C.144 CIC greift dann nicht, wenn '*mala* fide' gehandelt wird, wenn also der Assistierende und/oder Brautpaar und/oder Gemeinde genau wissen, daß der Assistierende keine Trauungsbefugnis besitzt, und dennoch die Trauung vollzogen wird. In diesem Fall der '*mala* fides', also der Handlung wider besseren Wissens, wird die fehlende Trauungsbefugnis nicht suppliert, so daß die Trauungshandlung und damit die Eheschließung ungültig ist. Diese Grenze der *bona* bzw. *mala fides* ist zum Schutz der Formpflicht notwendig, da sie sonst durch die Regeln der Trauungsbefugnis ausgehöhlt werden würde. Allerdings sollte man hier dann eine Unterscheidung zwischen der *mala fides* des Assistierenden und der des Brautpaares und/oder der Gemeinde vornehmen. Wenn nämlich nur der Assistierende *mala fide* handelt, dann sollte angesichts des vorhandenen Eheschließungswillen des Brautpaares und aufgrund des *favor matrimonii* die ungültige Eheschließung im Augenblick der Eheschließung als saniert betrachtet, der betreffende Trauungsassistierende jedoch im nachhinein bestraft werden. In allen anderen Fällen der *mala fides* sollte dagegen gelten: Wer wissentlich von einem nicht Befugten eine Rechtshandlung entgegennimmt, hat es sich selbst zuzuschreiben, daß die Handlung nicht die erstrebte Wirkung entfaltet; hier entfällt das Schutzbedürfnis.[120]

Ist also *error communis* nach den oben genannten Kriterien "verwirklicht, wenn auch nur bei einer *einzelnen Eheassistenz*, muß die Ehe wegen supplierter Trauungsbefugnis gültig sein. Nach dem CIC 1983 ist dies leichter möglich als vorher, da der *error de iure* nun *gesetzlich anerkannt* ist. Das Vornehmen einer Trauung im vollen dafür vorgesehenen Ritus in einer Kirche mit liturgischen Gewändern und in aller Öffentlichkeit setzt in der Regel die Kenntnis und das Mitwirken des

---

[117]So versteht Lüdicke, in: MK 1111/3, Rdn.6 die Bedingung des *error communis*, da für ihn andernfalls die Formpflicht im Hinblick auf die Regeln über die Trauungsbefugnis ausgehöhlt werden würde.

[118]vgl. Heimerl / Pree, Kirchenrecht, 239; Socha, in: MK 144/4 (4. Erg.-Lfg., Nov.1986); Valls, La forma juridica del matrimonio, 501.

[119]Wenn nach Lage der Dinge allerdings allgemein *leicht* feststellbar war, daß keine Traubefugnis vorhanden ist, einige aber trotzdem der irrigen Meinung sind, einen Trauungsbefugten vor sich zu haben, ergänzt die Kirche die fehlende Trauungsbefugnis nicht (vgl. Socha, in: MK 144/5 Rdn. 12 (4. Erg.-Lfg., Nov.1986)); ebenso findet auch keine gesetzliche Suppletion statt, wenn der amtlich Wirkende nur in *Unkenntnis* über seine fehlende Trauungsbefugnis ist oder *ohne hinreichende Motive* an ihr Vorhandensein glaubt. In diesem Fall liegt also kein begründeter Zweifel vor; allerdings kann hier jedoch eine Ergänzung infolge allgemeinen Irrtums in Frage kommen (vgl. Socha, in: MK 144/6, Rdn. 17 (4. Erg.-Lfg., Nov.1986)).

[120]vgl. Kaiser, M., Der gute Glaube im Codex Iuris Canonici, München 1965, 51.

zuständigen Pfarrers voraus und ist für die Gemeinschaft ein solider Grund zum Irrtum, der Priester handle mit delegierter Vollmacht, gleichgültig ob wirklich der Großteil der Gemeinde irrt oder nicht."[121]

3.2.3 Trauung durch Laien

Mit c.1112 CIC/1983 ist – wenn auch nur als Ausnahmeregelung – die schon im frühen Mittelalter üblich gewesene Trauung durch Laien wieder rechtlich zulässig. Im Frühmittelalter war die Ehe wegen des stark geschäftlichen Charakters zwischen dem Brautvater (= Muntwalt) und dem Bräutigam geschlossen worden; die eigentliche Eheschließung hatte also durch einen Laien stattgefunden und erst bzw. schon als Eheleute ging man in die Kirche zum Empfang des Segens. Als im 11./12. Jahrhundert aus praktischen Erwägungen heraus der Vertragsakt der Eheschließung vor die Kirchentür verlegt worden war, nahm dann auch allmählich der Geistliche nicht nur die Segens- , sondern auch die eigentliche Eheschließungshandlung vor.[122] An diese Tradition knüpfte schließlich das Konzil von Trient an und schaffte mit der Einführung der Formpflicht die sowieso schon meist aus der Übung gekommene und seit dem 13. Jahrhundert durch Provinzialkonzilien und Synoden verbotene Trauung durch Laien endgültig ab. Diese Regelung wurde in den folgenden Jahrhunderten beibehalten und auch in den CIC/1917 übernommen. Erst 1970 wurde im Zuge der vom II. Vaticanum angeregten Reformarbeiten des kirchlichen Rechtsbuches vorgeschlagen, die Möglichkeit einer Laientrauung durch Erweiterung der Trauungsdelegation auf Laien wieder einzuführen.[123] Dieser Vorschlag wurde aber zunächst abgelehnt, und zwar nicht nur von der zuständigen CIC - Studienkommission,[124] sondern auch von der Sakramentenkongregation, die ihre Entscheidung damit begründete, daß bereits die Noteheschließungsform des c.1098 CIC/1917 eine Art Laientrauung darstellt.[125] Folglich war auch im Entwurf zum Sakramentenrecht von 1975 in c.313 §1 die Delegationsmöglichkeit der Trauungsassistenz nur auf Priester und Diakone beschränkt.[126] Doch bei der Diskussion dieses c.313 §1 Schema 1975 wurde erneut vorgeschlagen, die Delegationsmöglichkeit zur Eheassistenz auch auf Laien auszuweiten, da es sich bei der Eheassistenz nicht um einen Akt der Leitungsvollmacht, sondern lediglich der qualifizierten Zeugenschaft handle.[127] Bereits auf der nächsten Sitzung hatte die Studienkommission zum Eherecht c.313 um zwei Paragraphen ergänzt, in denen sie die Trauung durch einen Laien in den Fällen des Priester- bzw. Diakonmangels als gesamtkirchliche Rechtsnorm einführte:

> "§1. *Ubi desunt sacerdotes et diaconi, potest loci Ordinarius, praevio voto favorabili Episcoporum Conferentiae et obtenta facultate Sanc-*

---

[121]Heimerl / Pree, Kirchenrecht, 239f.

[122]vgl. ausführlicher dazu S. 46ff.

[123]vgl. Communicationes 8 (1976), 40.

[124]vgl. ebd.

[125]vgl. Instruktion der Sakramentenkongregation vom 7.12.1971, in: AfkKR 141 (1972), 510 - 512.

[126]C.313 §1, in: Schema 1975: "Parochus et loci Ordinarius, quandiu valide officio funguntur, possunt facultatem intra fines sui territorii matrimonii assistendi, etiam generalem, delegare sacerdotibus et diaconis."

[127]vgl. Communicationes 10 (1978), 88f.

tae Sedis, per seipsum exercendam, delegare laicos qui matrimoniis assistant.

§2 Laicus seligatur idoneus, ad institutionem nupturientibus tradendam capax et qui liturgiae matrimoniali pie peragendae aptus sit."[128]

Ausschlaggebend für diese gewandelte Position der Kommission war die auf Anfrage erteilte Bestätigung der Kongregation für die Sakramente und deren Gottesdienst, daß bis vor wenigen Jahren für einige Regionen mit Priestermangel die Erlaubnis erteilt worden war, Laien zur Eheassistenz zu delegieren.[129]

Wörtlich, aber nicht als §3 und §4 der 'ordentlichen' Delegationsregelung an Priester und Diakone (vgl. c.1065), sondern als eigene Rechtsnorm der 'außerordentlichen' Delegationsmöglichkeit an Laien (vgl. c.1066) in den CIC-Gesamtentwurf von 1980 übernommen, ging diese Bestimmung über die Trauung durch Laien schließlich – trotz eines Einspruches[130] – fast unverändert als c.1112 in die Endfassung des CIC/1983 ein. Nach dem neuen Gesetzbuch der Kirche gibt es also wieder die Trauung durch Laien, auch wenn sie nur als Notregelung für den Fall des Priestermangels vorgesehen ist. Die Begründung dafür ist zum einen "das Seelenheil der Gläubigen, die sich in bestimmten Missionsgebieten in einer gewissen Notlage befinden, wenn ein Seelsorger durch längere Zeit nicht erreichbar ist. Ein weiterer Grund dürfte die Rechtsunsicherheit über jene Ehen sein, die nach dem geltenden Recht gültigerweise vor bloß zwei Zeugen geschlossen werden können, falls ein Priester oder Diakon voraussichtlich einen Monat lang nicht zu erreichen ist (vgl. can. 1116 §1, Nr.2.)."[131]

Beachtenswert an dieser Norm der Trauung durch Laien ist auch, daß die in c.1112 §1 genannten Klauseln des Priestermangels und der vorgängigen empfehlenden Stellungnahme der Bischofskonferenz sowie die Erlaubnis (keine Sondervollmacht) des Apostolischen Stuhles nicht die Gültigkeit der Delegation betreffen, sondern nur möglichen Mißbräuchen vorbeugen sollen. Dafür spricht schon die Textgeschichte des c.1112 §1 CIC:

Die ursprüngliche Fassung dieses Kanons hatte die Formulierung *de licentia Sanctae Sedis* vorgesehen,[132] die wegen des Einwandes, daß es sich hierbei um eine spezielle Befugnis handelt, die einem übertragen werden muß, zu *obtenta facultate Sanctae Sedis* abgewandelt wurde[133] und bis zum CIC - Gesamtentwurf von 1982 beibehalten wurde (vgl. c.1112 §1). Doch in der Endfassung des CIC/1983 hatte man plötzlich wieder auf die allererste Formulierung zurückgegriffen und das 'obtenta *facultate* Sanctae Sedis' des c.1112 §1 Schema von 1982 zu '*licentia* Sanctae Sedis' verändert. Mit der Entscheidung für den rechtlich schwächeren Begriff der *licentia* hat der Gesetzgeber somit deutlich zum Ausdruck gebracht, daß eine Delegation an Laien ohne diese Erlaubnis zwar unerlaubt, aber dennoch gültig ist.[134]

---

[128]ebd., 93f.
[129]vgl. ebd., 92f.
[130]vgl. Relatio von 1981 zu c.1066, S. 260 bzw. in: Communicationes 15 (1983), 236.
[131]Prader, Das kirchliche Eherecht, 123f.
[132]vgl. Communicationes 10 (1978), 93.
[133]vgl. ebd., 93f.
[134]vgl. Sebott, Das neue kirchliche Eherecht, 174.

Eine Trauung durch Laien ist allerdings nur in der lateinischen Kirche möglich und nur dann, wenn keiner der Eheschließenden einer katholischen oder nichtkatholischen orientalischen Rituskirche angehört. Denn nach dem Recht der Ostkirchen ist die *priesterliche* Segnung der Ehe (ritus sacer) ein wesentlicher Bestandteil der Eheschließungsform und daher – von Bestimmungen über die Noteheschließungsform in den mit Rom unierten und einigen orthodoxen Ostkirchen abgesehen – Gültigkeitsbedingung der Eheschließung.[135]

Mit der Regelung der Trauung durch Laien sind auch zwei offene Rechtsfragen verbunden, nämlich zum einen die, an welche Art von Delegation der Gesetzgeber bei der Eheassistenz von Laien gedacht hat: an die generelle oder spezielle oder an beide, und zum anderen die, ob auch für die Laientrauung das Rechtsinstitut der Suppletion gilt. Der erstgenannte Rechtszweifel kann mit dem Hinweis behoben werden, daß der Gesetzgeber hier wohl nur die generelle Delegation im Auge hat; diese Vermutung liegt deshalb nahe, da die in c.1112 genannten Voraussetzungen für eine spezielle Delegation zu umständlich wären[136] und die Textgeschichte des c.1112 zeigt, daß die Ausnahmenorm der Trauung durch Laien für priesterlose (Missions-) Gebiete vorgesehen ist, also für Regionen, in denen ein Laie auf längere Sicht hin verschiedene Seelsorgsaufgaben erfüllt. Was die Frage nach der Suppletion einer nichtbefugten Laientrauung betrifft, so muß sie aus rechtssystematischen Gründen mit Nein beantwortet werden, da c.144 CIC keinen Verweis auf c.1112 enthält und umgekehrt; legt man allerdings die Diskussion um die Beurteilung der Eheassistenz als Jurisdiktionsakt oder Amtszeugenschaft zugrunde,[137] dann müßte aus logischen Gründen folgendes gelten: Setzt sich die Meinung durch, daß es sich bei jeder Eheassistenz, sei es die ordentliche des Priesters oder Diakons, sei es die außerordentliche des Laien, nur um einen Akt der Amtszeugenschaft handelt, dann müßte auch eine unbefugte Trauung durch Laien suppliert werden, da mit dieser Deutung der Eheassistenz (indirekt) die Suppletion auf alle Akte der Amtszeugenschaft erweitert, d.h. nicht mehr nur auf jurisdiktionelle Akte beschränkt wäre. Ist dagegen die Eheassistenz des Priesters und Diakons als Jurisdiktionsakt zu verstehen und lediglich die Eheassistenz des Laien als Amtszeugenschaft, dann kann eine unbefugte Laientrauung nicht suppliert werden. Favorisiert man schließlich die Auffassung, daß auch Laien an der kirchlichen Leitungsvollmacht beteiligt werden können,[138] so müßte – natürlich nur unter der Voraussetzung, daß die Eheassistenz einen Jurisdiktionsakt darstellt – auch die unbefugte Trauung durch einen Laien suppliert werden. Diese Position widerspricht zwar den cc.129 und 274 CIC/1983, wonach die Leitungsvollmacht (*potestas regiminis* bzw. *potestas iurisdictionis*) nur durch die Weihe übertragen werden kann, entspricht aber c.1421 §2 CIC/1983, nach dem in Aus-

---

Heimerl / Pree, Kirchenrecht, 237, die sich für ihre Position auf die cc.10, 39 und 124 §1 CIC berufen.

[135] vgl. Prader, Das kirchliche Eherecht, 124; zur Eheschließungsform in den Ostkirchen siehe S. 172ff.

[136] vgl. Lüdicke, in: MK 1112/1, Rdn 2 und Zapp, Kanonisches Eherecht, 186; anders Prader, Das kirchliche Eherecht, 124, der sowohl von der allgemeinen wie auch besonderen Delegation spricht.

[137] vgl. dazu S. 114ff.

[138] so z.B. Krämer, Geistliche Vollmacht, 127; Dienst und Vollmacht, 57 - 70; 111 - 115.

nahmesituationen ein Laie zum (erkennenden) Richter ernannt werden kann und damit Leitungsvollmacht ausübt, sowie den Vorentwürfen des CIC bis 1982.[139]

3.2.4 Freiwillige Eheassistenz

Die Bestimmung des c.1095 §1 n.3 CIC/1917, daß die Eheschließung ungültig ist, wenn der trauende Geistliche aus Zwang oder schwerer Furcht heraus der Ehe assistiert, ist ohne jede weitere Begründung als überflüssig nicht mehr in den CIC/1983 aufgenommen worden.[140] Die Annahme, daß diese Bestimmung des CIC/1917 implizit in c.1108 §2, der eigens erklärt, was unter aktiver Eheassistenz zu verstehen ist, mitgesagt sein soll,[141] erscheint sehr fraglich; denn gerade weil durchaus Situationen denkbar sind, in denen das Trauungsorgan den Ehekonsens *erzwungenermaßen* erfragen kann bzw. muß, war seit *Ne temere* die *freiwillige* Anwesenheit des Trauungsorganes in die Festlegung der aktiven Eheassistenz mit- aufgenommen worden. Die jetzt vorgenommene Streichung dieser Zusatzbestim- mung führt nun aber in Verbindung mit den cc.10 und 125 §2 CIC zu folgendem Sachverhalt: "Da c.10 im Gegensatz zu c.11 CIC/1917 Nichtigkeit des Aktes nur dann festlegt, wenn die Nichtigkeit im Gesetz *ausdrücklich* fixiert ist, müßte man aufgrund von c.125 §2 zu dem Ergebnis kommen, daß eine Ehe gültig wäre, wenn das Trauungsorgan zur Entgegennahme des Ehekonsenses durch schwere Furcht veranlaßt wurde."[142]

Allerdings ist hier die Unterscheidung zwischen absolutem und relativem Zwang zu beachten. Unter absolutem Zwang gemäß c.125 §1 versteht man eine von außen auf den Menschen einwirkende (physische und /oder psychische) Gewalt, der er sich *in keiner Weise* widersetzen kann; d.h. in diesem Fall ist der Wille vollständig ausgeschaltet und daher kein actus humanus mehr möglich. Relativer Zwang gemäß c.125 §2 wird dagegen als *Androhung von schweren Übeln* defi- niert; d.h. hier wird der Wille nicht direkt ausgeschaltet, aber beeinflußt durch die *schwere* Furcht vor den angedrohten Übeln im Falle des Widerstandes. Der Wille ist also vorhanden, aber erzwungen und deshalb mangelhaft, weshalb der Akt anfechtbar und durch den Richter sofort aufhebbar ist. Das Kriterium der *schweren* Furcht unterliegt dabei nur dem subjektiven Empfinden, nicht aber der objektiven Beurteilung.[143] Auf den Zwang zur Eheassistenz angewendet folgt daraus: Liegt gemäß c.125 §1 ein absoluter Zwang zur Eheassistenz vor, dann ist die Eheschließung ungültig; bei relativem Zwang zur Eheassistenz ist die Ehe- schließung dagegen gemäß c.125 §2 gültig. Da eine einmal gültig geschlossene

---

[139]vgl. Communicationes 3 (1971), 187f; c.126 Schema 1980:

> *"Can.126 - Potestatis regiminis, quae quidem ex divina institutione est in Ecclesia et etiam potestas iurisdictionis vocatur, ad normam praescriptorum iuris, habiles sunt, qui ordine sacro sunt insigniti; in exercitio eiusdem potestatis, quatenus eodem ordine sacro non innuitur, christifideles laici eam partem habere possunt singulis pro causis auctoritas Ecclesiae suprema ipsis concedit."*

Siehe auch Relatio zu c.126, S. 37 - 41 bzw. in: Communicationes 14 (1982), 146 - 149; cc. 129; 273; 1421 §2 Schema 1982.

[140]vgl. Communicationes 8 (1976), 37.
[141]vgl. Zapp, Kanonisches Eherecht, 183.
[142]Primetshofer, Die Eheschließung, 784.
[143]vgl. Heimerl / Pree, Kirchenrecht, 105f.

124

Ehe im nachhinein nicht mehr als ungültig erklärt werden kann, greift im Falle des relativen Zwanges zur Eheassistenz die für alle anderen Rechtsgeschäfte in c.125 §2 vorgesehene Möglichkeit der Anfechtbarkeit und damit Aufhebbarkeit des Rechtsaktes bei einer Eheschließung nicht.

3.2.5 Noteheschließungsform

Die Reformarbeiten an der außerordentlichen Eheschließungsform als eines in Notfällen erleichterten Formalaktes weisen eine interessante Entwicklungsgeschichte auf. Denn die an der Regelung der Noteheschließungsform im CIC/1917 geäußerte Kritik, daß sie eine Art neue, nicht immer gerechtfertigte Klandestinität begünstigte, sollte im neuen Codex dadurch vermieden werden, daß die außerordentliche Form künftig an die Einhaltung der zivilen Eheschließungsform gebunden werden sollte; nur wenn die weltlichen Vorschriften der Eheschließung nicht befolgt werden könnten, sollte die Ehe auch gültig vor nur zwei Zeugen geschlossen werden können:

> "*§1. Si haberi (vel adiri) nequeat (sine gravi incommodo) assistens ad normam cann. 1095, 1096, in mortis periculo validum et licitum est matrimonium contractum (forma lege civili praescripta, vel, si haec adhiberi nequeat) coram solis testibus; ...*"[144]

Wahrscheinlich war der Einwand, ob man es zulassen könne, daß die außerordentliche Eheschließungsform gleichsam die nach dem bürgerlichen Recht vorgeschriebene Form sei,[145] ausschlaggebend dafür, daß dieser Vorschlag bald wieder verworfen wurde. Oder anders gesagt: Weil die Formulierung *forma lege civili praescripta* eine – zumindest partielle – Kanonisation der Zivilehe bedeutet hätte,[146] wurde sie wohl sehr schnell wieder fallen gelassen. Jedenfalls wurde schon in der gleichen Sitzung, in der diese neue Formulierung der Noteheschließungsform zur Debatte stand, gegen sie abgestimmt.[147] Daher enthielt bereits das Sakramentenschema von 1975 und alle weiteren CIC - Entwürfe bei der Regelung der Noteheschließungsform keinen Hinweis mehr auf die zivile Form der Eheschließung, sondern die in die Endfassung des CIC/1983 übernommene Regelung des heutigen c.1116.

Durchgesetzt hat sich dagegen der im Vergleich zum CIC/1917 neue Zusatz, daß die Brautleute *eine wirkliche Ehe eingehen wollen*. Diese textliche Ergänzung ist gegen den virtuellen und praktischen Automatismus der außerordentlichen Eheschließungsform gerichtet. Denn dadurch daß die Norm der Noteheschließung als ein Recht und nicht als eine zu erweisende Gunst gewährt wird, kam es nach der bisherigen Rechtslage häufig – die objektiven Gegebenheiten einer Noteheschließung vorausgesetzt – zu kanonischen Eheschließungen, die unbewußt geschlossen worden waren.[148] Durch die Ergänzung um die subjektive Bedingung

---

[144]vgl. Communicationes 8 (1976), 50.
[145]vgl. ebd., 50.
[146]vgl. Valls, La forma juridica del matrimonio, 502.
[147]vgl. Communicationes 8 (1976), 51.
[148]vgl. Valls, La forma juridica del matrimonio, 501; 503.

des wahren Ehewillens soll dieser genannte Automatismus und mit ihm kasuistische Komplikationen vermieden werden,[149] auch wenn dadurch der Anwendungsbereich der außerordentlichen Eheschließungsform eingeschränkt ist.[150]

4 Die neuen Regelungen der Freistellung von der Formpflicht im CIC/1983

Der Vergleich der geltenden mit der früheren Rechtslage hat gezeigt, daß der CIC/1983 nicht nur die Ausnahmeregelungen von der ordentlichen Formvorschrift des CIC/1917 übernommen, sondern weitere Sonderbestimmungen eingeführt hat. Der CIC/1983 sieht die Befreiung eines Katholiken von der ordentlichen Formpflicht nicht nur in Notsituationen und Todesgefahr vor, sondern auch durch Dispens von der Formpflicht bei bekenntnis- und religionsverschiedenen Eheschließungen, durch die gesetzliche Freistellung von der Formpflicht bei einer bekenntnisverschiedenen Ehe mit einem orientalischen Christen sowie bei einer Eheschließung eines im Formalakt von der katholischen Kirche abgefallenen Katholiken mit einem Nichtkatholiken oder einem ebenfalls im Formalakt von der katholischen Kirche abgefallenen Katholiken.

Diese Neuerungen im Kreis der von der Formpflicht befreiten Personen haben ihre Wurzel in dem Geist der Glaubens- und Gewissensfreiheit, der um die Zeit des II. Vaticanums im Bereich der kanonischen Formvorschrift zu einer Preisgabe des seit 1949 ausnahmslos geltenden Grundsatzes *semel catholicus semper catholicus* für das Eheschließungsrecht geführt hat. Theoretisch hatte dieses Prinzip schon seit Inkrafttreten von *Ne temere* gegolten, war jedoch zunächst noch durch das Fortbestehen von *Provida* teilkirchlich für Deutschland und Ungarn und schließlich durch c.1099 §2 CIC/1917 und dessen pastoralen – wenn auch zugleich kasuistisch geprägten – Auslegungen gesamtkirchlich in seiner praktischen Auswirkung begrenzt worden. Erst als 1949 c.1099 §2 aus Gründen der Rechtssicherheit ersatzlos aus dem CIC/1917 gestrichen worden war, kam der Grundsatz des *semel catholicus semper catholicus* nun wirklich in seinem vollen Umfang zum Tragen.[151] Doch spätestens mit der Betonung der Glaubensfreiheit (vgl. DH 2) und des ökumenischen Geistes (vgl. LG 15; UR 3)[152] in der Zeit um das II. Vatica-

---

[149]Eine solche kasuistische Komplikation führt Valls, ebd., 503f, aus: Wenn z.B. Personen, die der kanonischen Formregelung unterworfen waren, aber unter den für eine Noteheschließung vorgesehenen Bedingungen lebten, eine Zivilehe schlossen, ohne den Willen zur kanonischen Eheschließung zu haben, dann stellte sich in diesem Fall die Frage, ob diese Personen nun die Ehe kanonisch geschlossen hatten oder nicht. Gesetzt den Fall, diese Zivilehe wurde später wegen Nichteinhaltung ziviler Formalien von einem Zivilgericht für nichtig erklärt und gleichzeitig von der kirchlichen Jurisdiktion in Anwendung des c.1098 als gültig angesehen, dann blieben die Ehepartner nicht wie angestrebt standesamtlich verheiratet, aber doch durch die kanonische Ehe gebunden, eine Situation, die sie bewußt nicht angestrebt hatten.

[150]vgl. Communicationes 10 (1978), 94 - 96.

[151]vgl. ausführlicher S. 103ff.

[152]nähere Ausführungen dazu bei Beykirch, Von der konfessionsverschiedenen zur konfessionsverbindenden Ehe, 205f.

num war dieser Grundsatz nicht mehr haltbar und mußte deshalb nicht mehr nur in seiner praktischen Auswirkung eingeschränkt, sondern auch als theoretisches Gebilde aufgegeben werden. Tatsächlich haben die Konzilsväter des II. Vatikanischen Konzils im Ökumenismusdekret die *semel catholicus, semper catholicus* - Idee aufgegeben und stattdessen erklärt, daß sowohl den Ostkirchen als auch den evangelischen Kirchen und Gemeinschaften ekklesiale Wirklichkeit zukommt (vgl. UR 3; 16). Damit gelten fortan nicht mehr nur die einzelnen getrennten Christen, sondern auch ihre kirchlichen Gemeinschaften als in den Heilswillen Gottes und in das Heilswerk Christi einbezogen.

Dieser grundlegende Wandel im Kirchenverständnis mußte natürlich praktische Folgen nach sich ziehen, vor allem im Bereich des Mischehenrechtes,[153] und hier wiederum auch und sogar gerade in der Regelung des auf die kanonische Eheschließungsform verpflichteten Personenkreises. Den ersten Schritt in der praktischen Umsetzung des vatikanischen Geistes im Bereich des Eherechts stellt die Mischeheninstruktion *Matrimonii sacramentum* von 1966 dar, die in der Regelung der Formpflicht für die Katholiken eine erhebliche Erleichterung brachte, die eine konfessionelle Mischehe einzugehen beabsichtigten: Für bekenntnis- oder religionsverschiedene Eheschließungen wurde die Möglichkeit eröffnet, unter bestimmten Voraussetzungen vom Apostolischen Stuhl Dispens von der Formpflicht zu erlangen. In einem zweiten Schritt wurde diese Dispensvollmacht in dem Motu Proprio *Matrimonia mixta* von 1970 den Ordinarien übertragen. Diese wichtige Neuregelung im Eheschließungsrecht ist nicht nur in den CIC/1983 eingegangen (vgl. c.1127),[154] sondern auch noch weiterentwickelt worden. Die Formbefreiung der durch einen Formalakt von der Kirche abgefallenen Katholiken (vgl. c.1117) ist auch ein Niederschlag des Geistes, der hinter den rechtlich eröffneten Möglichkeiten, Dispens von der Formpflicht zu beantragen, steht. Denn "im Anschluß an das Motu Proprio und seine Ausführungsbestimmungen war die Beibehaltung der kanonischen Form als Gültigkeitsbedingung für konfessionsverschiedene Ehen trotz der eingeführten Dispensmöglichkeit durch den Ortsordinarius kritisiert worden. Ein Verbesserungsvorschlag bestand darin, den Kreis der formpflichtigen Personen zu verkleinern, damit möglichst wenige Ehen ungültig geschlossen werden. Diese Einschränkung des Kreises Formpflichtiger findet sich in c.1117 CIC/1983 verwirklicht."[155]

4.1 Freistellung von der Formpflicht des im Formalakt von der katholischen Kirche abgefallenen Katholiken

4.1.1 Die Klausel des Kirchenabfalls in ihrer Entstehung und Bedeutung für die Formpflicht

Bereits 1971 hatte die Studiengruppe zur Revisionsarbeit am Eherecht des CIC vorgeschlagen, zur Vermeidung ungültiger Ehen alle die Katholiken von der Form-

---

[153]zur Bedeutung des neuen Kirchenverständnisses für die Bewertung der konfessionsverschiedenen Ehe vgl. Beykirch, Von der konfessionsverschiedenen zur konfessionsverbindenden Ehe, 201 - 204.

[154]vgl. Ruf, Das Recht der katholischen Kirche, 275f.

[155]Beykirch, Von der konfessionsverschiedenen zur konfessionsverbindenden Ehe, 447f.

pflicht freizustellen, die offenkundig die katholische Kirche verlassen haben und damit bekunden, daß sie nicht mehr Katholiken sein wollen; denn wer sich nicht (mehr) als Katholik versteht, kümmert sich auch nicht (mehr) um die Vorschriften der Kirche, hält also auch nicht die von der Kirche als verpflichtend vorgeschriebene Formpflicht bei der Eheschließung ein. Daher sollten solche Katholiken von vornherein nicht mehr der kanonischen Eheschließungsform unterworfen werden, da andernfalls weiterhin viele Ehen nur wegen Nichteinhalten der kanonischen Eheschließungsform ungültig wären.[156] So war dann auch in der ersten Fassung des Eherechtsschemas von 1975 vorgesehen gewesen, nicht nur durch formellen Akt, sondern auch *offenkundig* abgefallene Katholiken von der Formpflicht zu entbinden[157] und die formell abgefallenen Katholiken darüber hinaus auch von *allen* kirchlichen Ehehindernissen freizustellen.[158]

Für diese beiden Vorschläge konnte sich die Studienkommission für das Eherecht auch auf den schon 1973 ausgearbeiteten Reformentwurf zum Strafrecht stützen. Denn in c.1 §2 sah dieser vor, die getauften Nichtkatholiken generell von allen kirchlichen Strafsanktionen auszunehmen, es sei denn, daß Strafgesetz oder Strafgebot es ausdrücklich anders bestimmen.[159]

Hatte das Gesetzbuch von 1917 in c.12 noch die prinzipielle Normunterworfenheit der getauften Nichtkatholiken normiert, nahm nun c.1 §2 des Entwurfs von 1973 für das Strafrecht genau die umgekehrte Blickrichtung ein und legte die grundsätzliche Normbefreiung der getauften Nichtkatholiken von den kirchlichen Strafen fest. Da aber die zuständige CIC-Reformkommission unterlassen hatte, den Begriff des *acatholicus baptizatus* in c.1 §2 des Schemas von 1973 zu definieren, wurde anschließend vor allem darüber diskutiert, ob unter diesem Begriff nur der nichtkatholisch Getaufte und niemals zur katholischen Kirche Konvertierte fällt oder auch der abgefallene Katholik, also der Katholik, der nicht (mehr) den katholischen Glauben bekennt, und der Katholik, der nichtkatholisch erzogen wurde.[160] Diese offenen Fragen glaubte man dann wohl durch folgende Umformulierung des c.1 §2 Schema 1973 beantwortet zu haben:

"*Nisi lex vel praeceptum aliter caveat, poenalibus sanctionibus in Ecclesia ii tantum subiciuntur, qui post adeptum duodevicesimum aetatis annum catholicam fidem professi sunt.*"[161]

---

[156]vgl. Communicationes 3 (1971), 80.

[157]Schema 1975 bzw. Communicationes 10 (1978), 96:

"can. 319 §1: Statuta superius forma servanda est, si saltem alterutra pars matrimonium contrahentium in Ecclesia catholica baptizata vel in eandem recepta est nec actu formali aut notorie ab ea defecerit ..."

Zur Diskussion über die Frage, wer an die kanonische Eheschließungsform gebunden sein soll, vgl. Communicationes 8 (1976), 57 - 60.

[158]Schema 1975 bzw. Communicationes 9 (1977), 136:

"can. 263: Impedimentis iuris mere ecclesiastici tenentur tantum illi qui sunt in Ecclesia catholica baptizati vel in eam recepti nec actu formali ab ea defecerunt."

[159]Schema 1973, c.1 §2: "Nisi lex vel praeceptum aliter expresse caveant, acatholici baptizati a poenalibus sanctionibus in Ecclesia eximuntur."

Vgl. Communicationes 2 (1970), 101.

[160]Communicationes 8 (1976), 167f.

[161]ebd., 168.

Nach diesem Vorschlag sollten also prinzipiell nur die Katholiken dem kirchlichem Strafrecht unterworfen werden, die nach dem 18. Lebensjahr den katholischen Glauben bekennen. Damit war zwar relativ klar, daß die nichtkatholisch erzogenen Katholiken vom kirchlichen Strafrecht prinzipiell befreit sein sollten, sofern sie sich nicht seit dem 19. Lebensjahr zum katholischen Glauben bekannten. Doch was heißt *fidem catholicam profiteri* konkret? Welche Kriterien müssen angewendet werden um festzustellen, daß ein katholisch getaufter Christ 'den katholischen Glauben bekennt' und daher dem kirchlichen Strafrecht unterliegt bzw. nicht bekennt und daher als 'getaufter Nichtkatholik' von allen kirchlichen Strafen unbetroffen bleibt?

Die Studienkommission zum Strafrecht hat sich diese Frage nach dem Inhalt des *fidem catholicam profiteri* offensichtlich nicht gestellt, wohl aber die Arbeitsgruppe zum Eherecht, allerdings mit dem Ergebnis, daß sie das 'Bekenntnis zum katholischen Glauben' und damit den Begriff des (Nicht-)Katholiken im Zusammenhang mit den Ehehindernissen anders umschrieben hat als im Kapitel über die Formvorschrift (vgl. c.263 mit c.319 §1 Schema 1975). Bei der Freistellung von den rein kirchlichen Ehehindernissen umfaßte der Begriff des Nichtkatholiken die nichtkatholisch Getauften und die im Formalakt von der katholischen Kirche abgefallenen Katholiken,[162] im Kanon über den formpflichtigen Personenkreis wurde aber neben diesen beiden Arten auch der offenkundig von der katholischen Kirche abgefallene Katholik als Nichtkatholik betrachtet (vgl. c.319 §1 Schema 1975).

Doch beide canones stießen auf heftige Kritik und wurden daher in zwei Punkten geändert: Die offenkundig abgefallenen Katholiken wurden aus Gründen der Rechtssicherheit gestrichen[163] und die Freistellung der abgefallenen Katholiken von allen kirchlichen Ehehindernissen auf die Befreiung vom Ehehindernis der Religionsverschiedenheit reduziert,[164] wohl aus der Überlegung heraus, daß der Glaubensabfall nicht noch durch eine Besserstellung belohnt werden soll; zumindest wurde 1981 dieses Argument ins Feld geführt, um auch noch die Freistellung vom Ehehindernis der Religionsverschiedenheit abzuschaffen. Dieser Antrag wurde aber von der Kodexreformkommission mit der Begründung abgelehnt, daß dieses Ehehindernis zum Schutz des Glaubens dient, der aber beim 'abgefallenen' Katholiken nicht mehr nötig ist, und daß durch diese Freistellung ungültige Eheschließungen vermieden werden sollen; auch der Einwand, daß diese Freistellung der 'abgefallenen' Katholiken vom Ehehindernis der Religionsverschiedenheit zum Glaubensabfall einlade, sei nicht haltbar, da ja von diesem Ehehindernis in der Regel leicht Dispens erhalten werden könne.[165]

Auch c.1 §2 des Strafrechtsschemas von 1973 wurde abgeändert bzw. ersatzlos gestrichen.[166] Dahinter stand wohl der Gedanke, daß diese ursprünglich geplante Bestimmung im Strafrecht lediglich eine Konkretisierung der Regelung aus den

---

[162]vgl. c.263 Schema 1975 und die Diskussion über diesen Kanon, in: Communicationes 9 (1977), 136.

[163]vgl. Communicationes 10 (1978), 96f.

[164]vgl. c.1039 Schema 1980; c.1086 Schema 1982 und CIC/1983.

[165]vgl. Relatio 1981 zu c.1039 §1, S. 252f bzw. Communicationes 15 (1983), 229.

[166]vgl. c.1263 Schema 1980; c.1311 Schema 1982 und CIC/1983.

'Allgemeinen Normen' darstellte, nach der rein kirchliche Gesetze nur die Katholiken betreffen,[167] und daher überflüssig ist.

Wie hat nun der kirchliche Gesetzgeber von 1983 die Vorschrift über den formpflichtigen Personenkreis abgefaßt? Wie hat er die 'abgefallenen' Katholiken eingebaut? Oder anders gefragt: Von welchen theologischen und systematischen Überlegungen hat er sich bei der Abfassung des c.1117 CIC/1983, der den an die kanonische Eheschließungsform gebundenen Personenkreis normiert, leiten lassen?

Die im CIC/1983 neu aufgenommene Grundnorm, daß rein kirchliche Gesetze nur diejenigen verpflichten, die in der katholischen Kirche getauft oder in diese aufgenommen worden sind (c.11; vgl. auch c.1059 als Konkretisierung des c.11 für das Eherecht),[168] wird in c.1117 zunächst auf die Formpflicht angewendet und mit der Unteilbarkeit des Ehevertrages verbunden. Daraus ergibt sich dann, daß nur jene Ehen an die ordentliche Eheschließungsform des c.1108 §1 bzw. in Ausnahmesituationen an die außerordentliche des c.1116 §1 gebunden sind, bei denen wenigstens *ein* katholischer Partner beteiligt ist.

Der Begriff des *Katholiken* hat dabei im Vergleich zu c.1099 §1 n.1 CIC/1917 eine neue Abgrenzung erfahren. Als *nichtkatholisch* gelten nicht mehr nur die Personen, die *nie* zur katholischen Kirche gehört haben, sondern auch diejenigen, die durch einen Formalakt von ihr abgefallen sind. Mit dieser Bestimmung hat c.1117 (wie auch c.1086) eine Ausnahme des c.11 geschaffen, der die Verbindlichkeit kirchlicher Gesetze für alle in der katholischen Kirche Getauften oder in sie Aufgenommenen normiert,[169] d.h. c.11 wird durch c.1117 (und cc.1086; 1124) modifiziert und korrigiert, so daß zumindest für die Formpflicht (und dem Ehehindernis der Religionsverschiedenheit sowie dem Eheverbot der Bekenntnisverschiedenheit) nicht mehr der den CIC/1917 beherrschende Grundsatz des *semel catholicus, semper catholicus* gilt. Angesichts der Textgeschichte des c.11 CIC/1983 ist diese Tatsache durchaus beachtenswert. Der erste Entwurf des heu-

---

[167]vgl. c.12 Schema 1977, c.11 Schema 1980, 1982 und CIC/1983.

[168]vgl. Schwendenwein, Das neue Kirchenrecht, 360, für den nach Anm. 30 auf S.591 diese Einschränkung der kirchlichen Eherechtsnormen auf die Katholiken "keinen Verzicht auf eine weiterreichende Gesetzgebungskompetenz für alle Getauften [bedeutet], sondern nur eine praktische Beschränkung der Ausübung derselben insbesondere aus ökumenischen Gründen. Der kirchliche Gesetzgeber hat bewußt darauf verzichtet, Bestimmungen über die Ehen, die Angehörige getrennter christlicher Kirchen und Gemeinschaften unter sich schließen, zu geben (auch nicht in Form einer Aussage, daß für sie das Recht ihrer Kirche oder kirchlichen Gemeinschaft bzw. das jeweilige staatliche Recht gilt)." In dieser Frage wird man aber eher der gegenteiligen Position von Krämer, P., Was brachte die Reform des Kirchenrechts, 317f, zustimmen müssen, für den es zunächst erst noch einmal offen bleibt, "ob es sich hier um einen aus ökumenischen Gründen erfolgten Verzicht der katholischen Kirche handelt oder ob darüber hinaus auch der grundsätzliche Anspruch aufgegeben worden ist, nichtkatholische Christen verpflichten zu können. Ein bloß aus ökumenischen oder gar aus opportunistischen Gründen erfolgter Verzicht dürfte aber wohl kaum vereinbar sein mit der Tatsache, daß das Konzil die Heilsbedeutung der getrennten Kirchen und kirchlichen Gemeinschaften und das Recht auf religiöse Freiheit in einem umfassenden Sinn anerkannt hat." Vgl. auch Prader, Zur Anwendung nichtkatholischen Eherechts, 354 iVm 356f.

[169]vgl. dazu ausführlicher, Socha, in: MK 11/7f, Rdn.12 (13. Erg.-Lfg., November 1990).

tigen c.11 war nämlich noch ganz von der Sichtweise des CIC/1917 geprägt und unterwarf *alle* Getauften den Gesetzen der katholischen Kirche:

> *"Legibus mere ecclesiasticis tenentur soli baptizati pro quibus latae sunt, quique sufficienti rationis usu gaudent, et nisi aliud iure expresse caveatur, qui septimum aetatis annum expleverunt."*[170]

Im Schema von 1977 war zwar c.12 des Schemas von 1974 als §1 übernommen worden, aber um einen §2 ergänzt worden, der alle getauften Nichtkatholiken prinzipiell von den rein kirchlichen Bestimmungen freistellte:

> *"§1. Legibus mere ecclesiasticis tenentur soli baptizati ...*
>
> *§2. Baptizati qui Ecclesiis aut communitatibus ab Ecclesia catholica seiunctis adscripti sunt, ordinationibus mere ecclesiasticis directe obligari non intelliguntur, nisi exceptio statuatur"* (c.12 Schema 1977).

Damit hatte sich im Schema von 1977 offensichtlich die neue Blickrichtung des Strafrechtsschemas von 1973 niedergeschlagen, nach der nicht mehr von der grundsätzlichen Normunterworfenheit, sondern der prinzipiellen Normfreiheit der getauften Nichtkatholiken von allen kirchlichen Gesetzen auszugehen ist. Die theologische Grundlage dieser gewandelten Sichtweise im Geltungsanspruch der rein kirchlichen Gesetze bildet die Ekklesiologie des Zweiten Vatikanischen Konzils, in der die nichtkatholischen Christen nicht nur als die von der katholischen Einheit Getrennten, sondern auch als die in getrennten Kirchen und kirchlichen Gemeinschaften Lebenden gesehen werden.[171]

Wahrscheinlich war die offene Formulierung *Ecclesiis aut communitatibus ab Ecclesia catholica seiunctis adscripti* öfters in dem Sinn ausgelegt worden, daß hierzu auch die von der katholischen Kirche im Formalakt abgefallenen Katholiken, also die sogenannten 'ehemaligen' Katholiken, zu rechnen sind. Denn im Schema von 1980 war dieser canon wiederum um einen §3 erweitert worden, der ausdrücklich die von der katholischen Kirche Abgefallenen aus dem Personenkreis des §2 herausnahm und den kirchlichen Gesetzen unterwarf:

> *"§1: ...*
>
> *§2: Baptizati qui Ecclesiis aut communitatibus ecclesialibus ab Ecclesia catholica seiunctis adscripti sunt, iisdem legibus directe non obligantur.*
>
> *§3: Firmo praescripto §2, eaedem leges iis applicantur qui ab Ecclesia catholica defecerint, nisi aliud iure expresse caveatur"* (c.11 Schema 1980).

Das Plenum der Codex-Reformkommission kritisierte zwar 1981 diesen Entwurf von 1980, vor allem. wegen des Widerspruchs von §3 zu c.707 §2 (heute c.748

---

[170]c.12 Schema 1974, in: Communicationes 23 (1991), 73.
[171]vgl. Aymans, Kanonisches Recht, 168.

§2), der die Anwendung von Zwangsmitteln in Glaubens- und Gewissensfragen untersagt, und forderte, §1 von c. 11 um den Zusatz *nisi actu formali (et publico) ab eadem defecerint* zu erweitern, sowie §3 ersatzlos zu streichen. Doch das Kommissionssekretariat lehnte diesen Verbesserungsvorschlag mit der Begründung ab, daß er auf dem irrigen ekklesiologischen Konzept der Kirche als eine 'Kirche der freien Gefolgschaft' (J. Klein), aus der jeder nach Belieben austreten kann, beruhe, und daß er zu absurden Konsequenzen führen würde, die dem kirchlichen Gesetz alle Kraft nähmen: Es würde eine formale Abfallserklärung ausreichen, um sich von einem Gesetz zu befreien; die Verpflichtung der Gesetze hinge von der Privatperson selbst ab; Apostasie wäre nicht länger ein strafbares Delikt.[172]

Diese Entscheidung ist in zweifacher Hinsicht zu kritisieren: Im Gegensatz zu dem Verbesserungsvorschlag von 1981 wie auch zu der offenen Formulierung im Schema von 1977 ist man nun zum einen in der Anerkennung der Lebensordnungen anderer Kirchen und kirchlicher Gemeinschaften auf halben Weg stehen geblieben[173] und zum anderen auf die Ausnahmeregelungen der cc. 1086, 1117 und 1124 angewiesen, die man sich bei den beiden anderen Konzeptionen hätte sparen können. Abgesehen davon, daß eigentlich kein Sachgrund dafür angegeben werden kann, warum der niemals katholisch gewesene Getaufte von kirchlichem Recht freigestellt wird, der ehemals katholische aber nicht,[174] wäre die Beibehaltung der grundsätzlichen Freistellung aller Abgefallenen von den kirchlichen Gesetzen schon allein deswegen besser gewesen, da nach der jetzigen Regelung genau auch das eintreten kann, was man durch die mehrmals überarbeitete Fassung des c.11 CIC vermeiden wollte: Ein Katholik kann sich durch einen simulierten Formalakt von dem Ehehindernis der Religionsverschiedenheit des c.1086, dem Eheverbot der Bekenntnisverschiedenheit des c.1124 und von der Formpflicht des c.1117 befreien.[175]

Wann aber ist das Faktum *durch einen Formalakt von der katholischen Kirche abgefallen* gegeben? Schon durch inneren Glaubensabfall, mangelnde kirchliche Praxis u.ä. oder erst durch Kirchenaustritt, Eintritt in eine andere Religionsgemeinschaft u.ä.? Konkreter gefragt: Genügt hierfür schon "der Austritt aus der katholischen Kirche beispielsweise nach dem deutschen Recht, um die Kirchensteuer nicht entrichten zu müssen, deren Betrag möglicherweise in voller Höhe freiwillig einer bestimmten kirchlichen Institution zugewendet wird, mit der erklärten Absicht, im übrigen uneingeschränkt zur Kirche gehören zu wollen (z.B. der Gastarbeiter, der den Kirchenbeitrag seiner armen Heimatpfarrei zukommen läßt)? Ist unter einem *Formalakt* in Deutschland die Kirchenaustrittserklärung auf dem Standesamt oder Rathaus gemäß §39 BGB zu verstehen, oder fallen darunter auch schriftliche Erklärungen gegenüber dem Bischof oder der Diözesankurie oder dem Pfarrer, man wolle mit der katholischen Kirche nichts mehr zu tun haben (vielleicht nur infolge einer ärgerlichen Ungeschicklichkeit eines kirchlichen Amtsträgers)? Sind auch sogenannte 'Möbelwagenaustritte' oder

---

[172]vgl. Relatio von 1981 zu c.11, S.23 bzw. in: Communicationes 14 (1982), 132. Zu "Kirche der freien Gefolgschaft" (J. Klein) vgl. Krämer, P., Kirche der freien Gefolgschaft. Kirchenrechtliche Überlegungen zu einem umstrittenen Kirchenmodell, München 1981.

[173]Lüdicke, Die Kirchengliedschaft, 384f.

[174]vgl. ebd., 385; Socha, in: MK 11/8, Rdn.12 (13. Erg.-Lfg., Nov. 1990).

[175]vgl. Lüdicke, Die Kirchengliedschaft, 385.

'Möbelwagenkonversionen' (Unterlassung oder Änderung der Konfessionsangabe bei der Meldung auf dem Einwohnermeldeamt anläßlich eines Umzugs) solche Formalakte?"[176]

Zur Klärung dieser sich sehr schnell als äußerst schwer erweisenden Fragestellung bedarf es zunächst einer grundlegenden Vorbemerkung:

4.1.2 Der Kirchenabfall im Spiegel der unzerstörbaren Kirchenzugehörigkeit aufgrund der Taufe

Nach katholischer Glaubenslehre wird durch die Taufe eine Zugehörigkeit des einzelnen Menschen zur communio der Kirche begründet, die unzerstörbar ist, d.h. die weder durch Ausschluß von der Gemeinschaft (Exkommunikation) noch durch formellen Abfall von der Kirche wieder rückgängig gemacht werden kann (vgl. cc. 204 §1; 849 CIC). Exkommunikation und formeller Abfall von der Kirche bedeuten daher zwar immer einen Verlust der *plena*, nie aber der *tota* bzw. *omnis* communio; denn wie die Taufe selbst ist auch die durch die Taufe erfolgte Eingliederung in die Kirche unwiderruflich, unaufhebbar und unverlierbar. Weil die Taufe der Person ein unauslöschliches Merkmal der Kirchenzugehörigkeit einprägt, kann es weder einen endgültigen Ausschluß aus der Kirche noch einen wirklichen Kirchenaustritt geben, "sondern allenfalls einen selbstgewählten Ausschluß aus den Rechten ohne völlige Trennung von der Kirche".[177] Somit behält in diesem Zusammenhang der alte Grundsatz: *Semel Christianus – semper Christianus* seine Gültigkeit, d.h. jeder Getaufte bleibt sowohl bei Exkommunikation wie auch bei Abfall von der Kirche weiterhin ein Glied der Kirche, kann also *metaphysisch wirksam* weder aus der Kirche ausgeschlossen werden noch selbst austreten.[178]

In der traditionellen Kanonistik hat man diesem doppelten Aspekt der sakramental geprägten und dadurch unverlierbaren Zugehörigkeit zur Kirche einerseits und der Minderung oder Verweigerung der Verwirklichung dieser Gliedschaft andererseits dadurch Rechnung getragen, daß man zwischen *konsekratorischer* und *tätiger* Gliedschaft unterschieden hat.[179] Im Anschluß an die Kirchenlehre des Zweiten Vatikanischen Konzils gibt es aber bereits Versuche, diesen doppelten Gliedschaftsbegriff um eine weitere Ebene zu ergänzen, so daß nun das Verhältnis zwischen Taufe, Konfessionszugehörigkeit und *plena communio* durch eine dreischichtige Kirchengliedschaft bestimmt wird, nämlich durch die der sakra-

---

[176]Ruf, Das Recht der katholischen Kirche, 258f.

[177]Cavelti, Der Kirchenaustritt, 95; vgl. Mikat, Grundfragen des staatlichen Kirchenaustrittsrechtes, 496.

[178]vgl. Gradauer, Der Kirchenaustritt, 65; Heinemann, Die rechtliche Stellung der nichtkatholischen Christen, 30; Lüdicke, Die Kirchengliedschaft, 385; Listl, Die Rechtsfolgen des Kirchenaustritts, 162f; Mikat, Grundfragen des staatlichen Kirchenaustrittsrechtes, 488; May, Der Kirchenaustritt, 6.

[179]vgl. Mörsdorf, Lehrbuch des Kirchenrechts I, 176f, wo er die konsekratorische Gliedschaft noch nach dem in c.87 CIC/1917 verwendeten Verb 'constituitur' konstitutionelle Gliedschaft nannte; erst in seinem Artikel 'Die Kirchengliedschaft nach dem Recht der katholischen Kirche', in: HdbStKirchR I, 613 - 634, 618 ersetzte Mörsdorf den Begriff der 'konstitutionellen' durch den der 'konsekratorischen' Gliedschaft, da dieser "das, worum es sachlich geht, d.i. die sakramental - ontologische Schicht der Kirchengliedschaft, besser zum Ausdruck" bringt (ebd.).

mentalen, korporativen und der vollen Gliedschaft: "Die gültige Taufe begründet die Eingliederung in Christus, die Zugehörigkeit zum Volk Gottes, die zunächst unabhängig ist von der konkreten Eingliederung in eine konfessionelle Existenzgestalt des Gottesvolkes. Diese Zugehörigkeit ist unverlierbar. Man könnte sie als *sakramentale Gliedschaft* bezeichnen.

Die Aufnahme in die katholische Kirche erfolgt durch die Taufe in diese Kirche hinein oder durch die Aufnahme als gültig Getaufter (Konversion). Diese *korporative Gliedschaft* ist verlierbar, sie kann durch eine solche Gliedschaft in nichtkatholischen Kirchen und kirchlichen Gemeinschaften ersetzt werden.

Schließlich folgt aus den drei Bändern gemäß can.205 die Ebene der *Vollgliedschaft*, die vom Maß der communio Ecclesiae catholicae bestimmt ist. Dabei ist eine solche Vollgliedschaft nur denkbar auf der Basis der korporativen Gliedschaft in der katholischen Kirche, weil ohne diese ein Bestand der drei Bänder nicht möglich ist. Der korporativen Gliedschaft in anderen Kirchen oder kirchlichen Gemeinschaften entspricht eine communio non plena, die je nach dem Maß der kirchenbildenden Elemente gestuft ist."[180] Zwar ist hier die Anfrage durchaus berechtigt, wie denn eine gültige Taufe aussehen soll, die einerseits die Zugehörigkeit zum Volk Gottes begründet, andererseits aber *zunächst* unabhängig von jeder konkreten Glaubensgemeinschaft gespendet wird. "Kann es überhaupt eine solche Unabhängigkeit geben oder ist nicht mit jeder Taufe die Eingliederung in eine konkrete Glaubensgemeinschaft verbunden, d.h. korporative Gliedschaft begründet?"[181] Geht man aber von der umgekehrten Blickrichtung aus, also nicht vom Erwerb, sondern von der Verweigerung der einst erworbenen Gliedschaft durch einen formellen Abfall von der Communio, so erweisen sich diese drei Ebenen als durchaus hilfreich. Mit ihnen kann nämlich der Über- bzw. Beitritt in eine andere Religionsgemeinschaft als *actus formalis* der cc. 1086, 1117 und 1124 CIC von anderen Formen dieses Formalaktes, etwa Beitritt in eine nichtreligiöse Vereinigung oder nur Abfall von der katholischen Kirche ohne Beitritt in eine andere Gemeinschaft unterschieden werden, nämlich als korporative in Abhebung zur nur sakramentalen Kirchengliedschaft. Diese Unterscheidung müßte dann auch dazu führen, daß ein *actus formalis* im Sinne einer Änderung der korporativen Kirchenzugehörigkeit in konsequenter Fortführung der hinter c.11 stehenden ökumenischen Anerkennung anderer Kirchen und kirchlichen Gemeinschaften die von c.11 geforderte Bindung an die rein kirchlichen Gesetze aufhebt. Ein Abfall mit *actus formalis*, der dagegen nur die *plena communio* betrifft, die mittlere Ebene der Kirchengliedschaft aber unberührt läßt, sollte dagegen nicht zur prinzipiellen Freistellung von allen kirchlichen Gesetzen führen.[182] Außerdem ist durch diesen dreischichtigen Gliedschaftsbegriff auch endlich ein vom Grundrecht der Religionsfreiheit gefordertes Unterscheidungskriterium gegeben "zwischen einem

---

[180]Lüdicke, Die Kirchengliedschaft, 383.

[181]Krämer, P., Rezension zu 'Recht im Dienste des Menschen. Eine Festgabe. Hugo Schwendenwein zum 60. Geburtstag. Hrsg. von Klaus Lüdicke, Hans Paarhammer, Dieter A. Binder, Graz, Wien, Köln 1986', in: AfkKR 156 (1987), 643 - 646, 645.

[182]vgl. Lüdicke, Die Kirchengliedschaft, 386, der für den letzten Fall allerdings auch die Ausnahmen der cc. 1086, 1117 und 1124 gestrichen haben möchte.

Abfall mala fide vom katholischen Glauben und einer Konversion bona fide zu einer anderen Kirche oder kirchlichen Gemeinschaft."[183]

4.1.3 Der Übertritt in eine andere Religionsgemeinschaft oder antikirchlichen Vereinigung als Formalakt

Wagt man sich nun mit dem Proviant des tauftheologischen Grundsatzes von der unzerstörbaren Zugehörigkeit zur Kirche im Gepäck auf das weite Meer der kanonistischen Literatur über die Interpretation des *durch Formalakt von der Kirche Abgefallenen*, so gerät man nach einem ruhigen, aber sehr kurzen Gleiten auf den sich einmütig wiegenden Wogen sehr schnell in die im Widerstreit sich bewegenden Sturmesfluten der kanonistischen Auffassungen. Über eines sind sich nämlich zunächst alle Kanonisten einig: Als formeller Abfall von der Kirche gilt ganz sicher jeder Übertritt bzw. Beitritt in eine andere Religionsgemeinschaft oder antikirchlichen Vereinigung, also alle *Akte*, die – auch einschlußweise – einen formellen Abfall beinhalten und dadurch selbst formeller Natur sind, so daß eine formelle bzw. offizielle *Erklärung* des Kirchenabfalles nicht mehr nötig ist. Eine stillschweigende Nichtteilnahme am kirchlichen Leben ist allerdings nicht als ein solcher Formalakt einzustufen. Im ersten Entwurf für das Eherecht von 1975 war zwar auch noch für solche nichtpraktizierenden und damit offenkundig von der Kirche abgefallenen Christen die Befreiung von der Formpflicht vorgesehen gewesen. Doch die Worte *aut notorie* wurden mit der Begründung, daß sie zu Rechtsunsicherheiten führen können, im folgenden Schema wieder gestrichen.[184] Innerer Glaubensabfall oder mangelnde kirchliche Praxis allein sind somit also noch keine ausreichend sicheren Kriterien für den Nachweis eines förmlichen Abfalles. Auf den ersten Blick mag man diese Klarstellung bzw. Streichung durchaus als "eine bedauerliche Lücke in der Gesetzgebung" bewerten, da dadurch alle, "die ohne eine formelle Erklärung die Kirche 'lautlos' verlassen haben, keine gültige Ehe eingehen, weil sie an die kanonische Formpflicht gebunden sind, ohne sich dessen bewußt zu sein."[185] Doch auf den zweiten Blick muß man dann zugeben, daß die Streichung des *aut notorie* zu recht erfolgt ist, "weil die Tatbestandsmerkmale zu unbestimmt sind."[186] Denn wie hätte dann das Kriterium für das *notorie ab ecclesia deficere* aussehen sollen? Wie hätte man den offenkundigen Abfall rechtlich dingfest machen können? Wo hätte man die Grenze ziehen sollen? Bei Gottesdienstbesuchen, die sporadisch erfolgen? oder mehr oder weniger erzwungen beispielsweise anläßlich einer Familienfeier geschehen? oder beim jährlichen Weihnachtsfest absolviert werden? Und wenn eines dieser Kriterien gelten sollte, durch welches Rechtsmittel sollte dies dann festgestellt werden können?[187]

---

[183]Stoffel, O., Der ökumenische Auftrag im neuen Kirchenrecht, in: SKZ 37 (1984), 546 - 553, 548, der das Fehlen dieser Unterscheidung bedauert.

[184]vgl. Communicationes 8 (1976), 59f; 10 (1978), 96f.

[185]Sebott, Das neue kirchliche Eherecht, 184.

[186]Schmitz, Reform des kirchlichen Gesetzbuches, 30.

[187]Mit dem gleichen Argument kann man versucht sein, auch c.1071 n.4 CIC zu kritisieren, der dem trauungsbefugten Amtsträger die Eheassistenz bei der Eheschließung eines offenkundig vom katholischen Glauben abgefallenen Katholiken ohne Erlaubnis des Ortsordinarius verbietet. Dieser Versuchung kann aber leicht mit dem Hinweis gewehrt werden, daß es sich bei c.1071 n.4 nicht um ein irritierendes Gesetz handelt, sondern nur um eine erlaubnisgebundene Handlung,

4.1.4 Die Frage nach dem staatlich erklärten Kirchenaustritt als Formalakt

Rechtliche Klarheit und damit auch allgemeine Übereinstimmung herrscht also in der Bewertung des Übertritts in eine andere (Religions-)Gemeinschaft als Abfall von der Kirche durch Formalakt ebenso wie darüber, daß mangelnde Glaubens- und Kirchenpraxis diesen Sachverhalt noch nicht erfüllen. Ganz kontrovers wird dagegen die Frage diskutiert, ob auch ein vor dem Staat erklärter Kirchenaustritt als ein solcher Formalakt im Sinne des c.1117 (wie auch c.1086 und c.1124) CIC zu verstehen ist. Das unüberschaubare Meer der in dieser Frage vorhandenen Auffassungen vermag durchaus den c.1117 CIC/1983 eines Tages in die Gefilde der Vergangenheit zu verbannen, mit anderen Worten: Gemäß der Geschichtsanalogie droht c.1117 CIC/1983 das gleiche Schicksal wie c.1099 §2 CIC/1917, nämlich daß er eines Tages aus Gründen der großen Rechtsunsicherheiten, die er mit sich gebracht hat, wieder gestrichen wird. Denn in seiner jetzigen Form stiftet die Aussage des c.1117 über den Kirchenabfall mehr Verwirrung statt Klarheit, so daß sich eine PCI - Entscheidung zur genauen Definition des *actus formalis* als dringendes Gebot der Stunde erweist,[188] soll c.1117 CIC/1983 und der dahinter stehenden positiven Absicht, im Interesse der Religions- und Gewissensfreiheit eine bestimmte Personengruppe von der Formpflicht zu befreien und dadurch ungültige Eheschließungen zu vermeiden, das Schicksal des c.1099 §2 CIC/1917 erspart bleiben.

Zum (besseren) Verständnis der kanonistischen Streitfrage über die kirchenrecht- liche (Nicht-)Einordnung des staatlich erklärten Kirchenaustritts als einen *actus formalis* im Sinne des c.1117 CIC ist der historische und verfassungsrechtliche Hintergrund der Einrichtung des staatlich erklärten Kirchenaustritts unentbehr- lich: Zunächst muß der umgangssprachliche Ausdruck des 'Kirchenaustritts', den es ja vom theologisch-ekklesiologischen Standpunkt her gar nicht gibt, korrekt definiert werden als "die vom staatlichen Recht eingeräumte Möglichkeit, mit bürgerlicher Wirkung aus der Kirche auszutreten."[189] Diese staatlicherseits ein- geräumte Möglichkeit wurde – zumindest in der Bundesrepublik Deutschland – durch das besondere Beziehungsverhältnis von Kirche und Staat notwendig. Denn die in Artikel 140 des Grundgesetzes (= GG) in Verbindung mit Artikel 137 Ab- satz 5 der Weimarer Reichsverfassung (= WRV) ausgesprochene und immer noch gültige Trennung von Kirche und Staat ist eine Trennung eigener Art, "da die Kirche unter anderem wegen ihrer sozialen Bedeutung die staatliche Anerkennung als Körperschaft des öffentlichen Rechts beibehalten hat. Mit dieser staatlichen Anerkennung der Kirche sind aber manche Vorrechte verbunden, so vor allem das Besteuerungsrecht, so daß der Staat seinen Untertanen einen Weg eröffnen zu müssen glaubte, sich dieser Steuerpflichten durch 'Kirchenaustritt' entledigen zu können. Die Kirche allein hat die Zugehörigkeit, d.h. Aufnahme und Aus- schluß, und den Inhalt der Gliedschaftsrechte und -pflichten zu regeln. Staatliche

---

die deshalb auch eine allgemeinere Formulierung in Kauf nehmen kann bzw. auf direkt greifbare Kriterien bis zu einem gewissen Grad verzichten darf.

[188]vgl. auch Primetshofer, Die Eheschließung, 789; Prader, Interrituelle, interkonfessionelle und interreligiöse Probleme, 453.

[189]Heinemann, Die rechtliche Stellung der nichtkatholischen Christen, 27.

Bestimmungen darüber sind mit dem Trennungsprinzip völlig unvereinbar. Eine Mitwirkung des Staates kann nur da in Frage kommen, wo der staatliche Bereich berührt wird. Das ist vor allem bei der Kirchensteuerpflicht der Fall ..."[190]

Aus staatsrechtlicher Sicht kann und muß die katholische Kirche also nur als eine Religionsgemeinschaft betrachtet werden, die den Status einer Körperschaft des öffentlichen Rechts und damit verbunden das Besteuerungsrecht ihrer Mitglieder besitzt (vgl. Art. 140 GG/ Art. 137 Abs.6 WRV). Mit diesem Rechtsstatus der katholischen Kirche hat der Staat zwei Aufgaben für diese Religionsgemeinschaft zu erfüllen:

1. Macht die Kirche von ihrem Besteuerungsrecht Gebrauch, so muß der Staat für die Kirche den Einzug der Steuern übernehmen, d.h. dafür sorgen, daß und wie die erhobene Kirchensteuer an die Kirche gezahlt wird. Denn wie bei jeder Steuer so handelt es sich auch bei der Kirchensteuer um eine geschuldete Abgabe, die wie die staatlich verordneten Steuern notfalls "im Wege des Verwaltungszwangs, d.h. ohne vorherige Klageerhebung, beigetrieben werden. Der Staat handelt dabei nicht als 'brachium saeculare' der Kirche, sondern aus eigenem Recht kraft seiner Souveränität. Er stellt seine Hilfe in zwar herausgehobener und verdichteter, aber keineswegs dem Wesen nach anderer Weise zur Verfügung, als er jedem einzelnen und jedem innerstaatlichen Verband für die Durchsetzung seiner Forderungen Rechts- und Vollstreckungsschutz gewährt."[191]

2. Wie bei jeder Körperschaft so muß auch bei der katholischen Kirche die Mitgliedschaft auf Freiwilligkeit beruhen, d.h. es muß jedem Mitglied (staats-) rechtlich garantiert sein, bei Vorliegen bestimmter und genau festgelegter Voraussetzungen der Körperschaft 'katholische Kirche' bei- und auch wieder austreten zu können. Somit gehört es also zu den Aufgaben des Staates, die Freiwilligkeit der Mitgliedschaft in jeder Körperschaft öffentlichen Rechts, also auch jeder Kirche oder Religionsgemeinschaft, zu schützen; als Garant der Glaubens- und Gewissensfreiheit (vgl. Art.4 Abs.1 GG) muß der Staat Bestimmungen zur Sicherung des freien Eintretens in eine und Austretens aus einer Körperschaft des öffentlichen Rechts erlassen.[192] Hinsichtlich des Eintritts in eine Kirche (oder Religionsgemeinschaft) hat der Staat bisher keine eigenen gesetzlichen Bestimmungen erlassen, sondern erkennt hier das jeweilige innerkirchliche Aufnahmegesetz an, so daß jede innerkirchliche

---

[190]Heinemann, Die rechtliche Stellung der nichtkatholischen Christen, 28, der auch darauf hinweist, daß die Regelung des mit staatlicher Wirkung verbundenen Kirchenaustritts der jeweiligen Landesgesetzgebung überlassen ist (ebd., 29). Vgl. Mörsdorf, Lehrbuch des Kirchenrechts I, 183f und III, 424; auch May, Der Kirchenaustritt, 6; 25 und 27f; Mikat, Grundfragen des staatlichen Kirchenaustrittsrechtes, 483f; 491; 498; 503; 507; Campenhausen, Der Austritt aus den Kirchen, 656; 663f; Marre, Das kirchliche Besteuerungsrecht, 31; Hollerbach, Kirchensteuer, 896; Corecco, La sortie de l'Eglise pour raison fiscale, 49f; Listl, Verfassungsrechtlich unzulässige Formen des Kirchenaustritts, 346 und 352.

[191]Hollerbach, Kirchensteuer, 893.

[192]vgl. Heinemann, Die rechtliche Stellung der nichtkatholischen Christen, 28; Engelhardt, Der Austritt, 31 - 34; 40; Marre, Das kirchliche Besteuerungsrecht, 30; ders., Die Kirchenfinanzierung, 45; Hollerbach, Kirchensteuer, 895; Listl, Verfassungsrechtlich unzulässige Formen des Kirchenaustritts, 347; May, Der Kirchenaustritt, 25.

Aufnahme zugleich auch die Kirchenmitgliedschaft im Bereich des staatlichen Rechts bewirkt.[193] Daher bildet auch die innerkirchliche Regelung der Aufnahme in die Kirchengemeinschaft der katholischen Kirche die Grundlage der Zugehörigkeit zur katholischen Kirche als staatlich anerkannten Rechtsverband.[194]

Den Austritt aus einer Kirche (oder Religionsgemeinschaft) hat aber der Staat durch eigene Gesetze geregelt, ja sogar regeln müssen, da nicht alle Religionsgemeinschaften ein innerkirchliches Austrittsrecht kennen. Das vom Staat festgelegte Kirchenaustrittsrecht muß dabei so abgefaßt sein, daß die eigentliche (inner)kirchliche Mitgliedschaft nach dem dogmatischen Verständnis der Kirchen und die daraus abgeleitete (inner)kirchliche Rechtsstellung unberührt bleiben. Denn "die verfassungsmäßige Schranke des Art. 140 GG mit Art. 137 Abs. 3 WRV legt fest, daß sich die Wirkungen des staatlich geregelten Kirchenaustritts nur bis zur Grenze der in dem Wesen der Kirche begründeten eigenen kirchlichen Angelegenheiten erstrecken dürfen."[195] Deshalb kann und darf der Staat auch in keiner Weise verhindern, daß die Kirche den staatlich geregelten Austritt in ihrem innerkirchlichen Rechtsbereich untersagt, ahndet oder ignoriert.[196] Ob in einer Kirche oder Religionsgemeinschaft der Kirchenaustritt nach den staatlichen Bestimmungen zugleich auch den Verlust der Mitgliedschaft nach dem Kirchenrecht bedeutet oder 'nur' irgendwelche innerkirchlichen Diszi-

---

[193] vgl. May, Der Kirchenaustritt, 27f; vgl. auch Campenhausen, Der Austritt aus den Kirchen, 657; Mikat, Grundfragen des staatlichen Kirchenaustrittsrechtes, 501f; Engelhardt, Der Austritt, 21 und 30f

[194] vgl. dazu die Ausführungen des Bundesverfassungsgerichts vom 31. März 1971, in: BVerfGE 30, S.415 (424):
Durch die Taufe "ist hinreichend sichergestellt, daß ein Kirchenangehöriger für die Kirchensteuer nicht ohne oder gegen seinen Willen der steuerberechtigten Kirche zugeordnet wird. Für den Regelfall der Kindertaufe erklären die sorgeberechtigten Eltern die Bereitschaft zur Erziehung des Kindes in diesem Bekenntnis. Dabei wissen sie, daß diesem Akt herkömmlich die Bedeutung der Zugehörigkeit zu der entsprechenden Kirche beigemessen wird. Daß damit nicht auf den Willen des noch unmündigen Kindes, sondern seiner sorgeberechtigten Eltern abgehoben wird, beeinträchtigt nicht das Grundrecht des Kindes auf Glaubens- und Bekenntnisfreiheit. Insoweit handeln die Eltern kraft ihrer Elternverantwortung für das Kind, das ihrer Hilfe bedarf, um sich zu einer eigenverantwortlichen Persönlichkeit innerhalb der sozialen Gemeinschaft zu entwickeln ... und sein Grundrecht auf Glaubens- und Bekenntnisfreiheit noch nicht selbst ausüben kann. Belastende Rechtsfolgen für das Kind werden an die Taufe in der Regel erst in einem Zeitpunkt angeknüpft, in dem es die Religionsmündigkeit erlangt hat und daher jederzeit durch Austritt seine Mitgliedschaft beenden kann. Wird die Mitgliedschaft gleichwohl aufrechterhalten, so liegt darin ein Element der Freiwilligkeit, das es ausschließt, von einer Zwangsmitgliedschaft zu sprechen. Eine darüber hinausgehende förmliche Beitrittserklärung nach Maßgabe der Vorschriften des bürgerlichen Rechts ist verfassungsrechtlich nicht erforderlich . Das den Kirchen durch Art.137 Abs.3 Satz 1 WRV in Verbindung mit Art.140 GG verbürgte Selbstbestimmungsrecht verpflichtet den Staat zur Anerkennung ihrer Mitgliedschaftsordnung für seinen Bereich, auch soweit sie von den staatlichen Regeln für Zusammenschlüsse abweicht."

[195] May, Der Kirchenaustritt, 29; vgl. Campenhausen, Der Austritt aus den Kirchen, 664; Mikat, Grundfragen des staatlichen Kirchenaustrittsrechtes, 492; 495f; Engelhardt, Der Austritt, 8 - 10; Robbers, Kirchenrechtliche und staatskirchenrechtliche Fragen des Kirchenübertritts, 25.

[196] vgl. Heinemann, Die rechtliche Stellung der nichtkatholischen Christen, 30.

plinarmaßnahmen nach sich zieht oder überhaupt keine kirchenrechtlichen Folgen auslöst, liegt außerhalb des behördlichen Interesses.[197] "Solange sich die Stellungnahmen der Religionsgemeinschaften zu dem Kirchenaustritt in dem *Rahmen der eigenen Angelegenheiten* halten, nimmt der Staat davon keine Notiz. Ob die Religionsgemeinschaften ein Ausscheiden kennen und zulassen oder ob sie ein solches nicht kennen und verbieten, ist dem Staat so lange gleichgültig, als kirchliche Bestimmungen und etwaige Strafandrohungen den Bereich der eigenen kirchlichen Angelegenheiten nicht überschreiten. Mit den ihnen von Natur eigenen, geistigen und geistlichen Mitteln dürfen die Religionsgemeinschaften das Ausscheiden eines Mitgliedes zu verhindern suchen."[198] Der Staat kann allerdings den Kirchen und Religionsgemeinschaften insofern entgegenkommen und dadurch die Diskrepanz zwischen innerkirchlichem und staatlichem Recht möglichst gering halten, als er die Voraussetzungen eines im Kirchenrecht nicht verankerten Kirchenaustritts relativ streng regelt. "Je großzügiger aber der Staat den Kirchenaustritt entgegen dem innerkirchlichen Recht zuläßt, in desto höherem Maße versagt er dem kirchlichen Mitgliedschaftsrecht für seinen Bereich die Anerkennung."[199]

Welche Folgen zieht der staatlich erklärte Kirchenaustritt im Rechtsbereich der katholischen Kirche nach sich? Zunächst offensichtlich keine; dieser mit der Stellung der katholischen Kirche als Körperschaft des öffentlichen Rechts verbundenen Tatsache hat der kirchliche Gesetzgeber von 1983 offensichtlich keine Rechnung getragen. Denn im Gesetzbuch von 1983 wird an keiner Stelle der Tatbestand des (staatlich erklärten) Kirchenaustritts erwähnt. Dieses Fehlen einer kirchlichen Rechtsnorm über den Kirchenaustritt einerseits und die verfassungsrechtliche Einrichtung des Kirchenaustritts andererseits bilden die Grundlage für die heißumstrittene kirchenrechtliche Einordnung bzw. Bewertung des staatlich erklärten Kirchenaustritts. Die verschiedenen Auffassungen können dabei in zwei Grundpositionen zusammengefaßt werden:

1. Für die eine Richtung der Autoren erfüllt der staatlich erklärte Kirchenaustritt den Tatbestand des in einem Formalakt vollzogenen Kirchenabfalles.[200] Nehmen dabei einige lediglich diese Einordnung vor, ohne eine nähere Begründung dafür anzugeben,[201] argumentieren die anderen zum Teil mit dem

---

[197]vgl. Campenhausen, Der Austritt aus den Kirchen, 664.

[198]May, Der Kirchenaustritt, 29; vgl. Mikat, Grundfragen des staatlichen Kirchenaustrittsrechtes, 492; 496; 504; Caveltí, Der Kirchenaustritt, 94f.

[199]Engelhardt, Der Austritt, 39.

[200]vgl. Gradauer, Der Kirchenaustritt, 67; Primetshofer, Die Eheschließung, 789; ders., Der Kreis der Normadressaten, 500, Anm. 42, und ders., Zur Frage der Rechtsfolgen eines Kirchenaustritts, 196ff; Sebott, Das neue kirchliche Eherecht, 183, Zapp, Kanonisches Eherecht, 178; 180f; Ruf, Das Recht der katholischen Kirche, 259; Heimerl / Pree, Kirchenrecht, 244; Bernhard, Entscheidungsfreiheit, 34; Listl, Rezension, 613; Pree, Rezension, 216.

[201]so Sebott, Das neue kirchliche Eherecht, 183; Ruf, Das Recht der katholischen Kirche, 259, der allerdings einen Gegenbeweis nicht ausschließt; Bernhard, Entscheidungsfreiheit, 34; so auch noch Primetshofer, Die Eheschließung, 789 und ders., Der Kreis der Normadressaten, 500, Anm.42, mit Begründung dann aber ders., Zur Frage der Rechtsfolgen eines Kirchenaustritts, 196ff.

für alle Varianten offenen Wortsinn der cc. 1086, 1117 und 1124[202] wie auch mit der Deutung jedes Kirchenaustrittes als eines öffentlichen Lossagens von der Kirche und damit als einer Trennung von der kirchlichen Einheit.[203] Zwar wird bei der letztgenannten Argumentation betont, daß der staatlich erklärte Austritt nicht einfach mit Häresie, Apostasie oder Schisma, wie sie in c.751 CIC/1983 definiert sind, gleichgesetzt werden kann,[204] daß aber dennoch jeder – wie auch immer motivierte – Kirchenaustritt stets als eine Trennung bzw. Abspaltung von der Kirche und daher doch als eine dem Schisma zuzuordnende Trennung von der kirchlichen Einheit zu bewerten ist.[205] Ob mit dem Kirchenaustritt neben dem Tatbestand des Schismas auch Apostasie oder Häresie vorliegt, muß dagegen in jedem Einzelfall geprüft werden und kann dabei nur dann als Apostasie bzw. Häresie bezeichnet werden, wenn der Betreffende selbst ihn so versteht.

Kurz zusammengefaßt könnte man diese Position folgendermaßen umschreiben: Kirchenaustritt ist immer automatisch Schisma; die Motive für dieses Schisma können zwar sehr verschieden sein wie Apostasie oder Häresie, aber die Wirkung bleibt immer die gleiche: Exkommunikation aufgrund des damit vorliegenden Schismas. Es kommt einzig und allein auf die Tatsache des Kirchenaustritts an; denn wollte man hier nach dem zugrundeliegenden Motiv differenzieren, wäre der Rechtsunsicherheit Tür und Tor geöffnet.[206]

2. Die andere Autorenrichtung vertritt dagegen die Auffassung, daß der staatlich erklärte Kirchenaustritt nicht automatisch als Schisma zu bewerten ist,

---

[202]so Pree, Rezension, 216; Heimerl / Pree, Kirchenrecht, 244.

[203]so schon Mörsdorf, Lehrbuch des Kirchenrechts III, 424; May, Der Kirchenaustritt, 6; Gradauer, Der Kirchenaustritt, 67; Listl, Rezension, 613; ders., Die Rechtsfolgen des Kirchenaustritts, 179f; Primetshofer, Zur Frage der Rechtsfolgen eines Kirchenaustritts, 196ff; Zapp, Kanonisches Eherecht, 181.

[204]Eine Ausnahme stellt O'Rourke, Thoughts on Marriage, 189, dar, wenn er schreibt: "From c.751 of 1983 it is seen that to reject the Catholic Church by a formal act one must become a heretic, an apostate or a schismatic."

[205]vgl. schon Mörsdorf, Lehrbuch des Kirchenrechts III, 424 zusammen mit I, 184; ebenso Heimerl / Pree, Kirchenrecht, 245; Listl, Die Rechtsfolgen des Kirchenaustritts, 179f; May, Der Kirchenaustritt, 6; wohl auch Gradauer, Der Kirchenaustritt, 67; Zapp, Kanonisches Eherecht, 181.
Dagegen kann nach Corecco, La sortie de l'Eglise pour raison fiscale, 26, jeder nicht durch persönlichen Glaubensabfall motivierte Kirchenaustritt nicht als Delikt des Schismas betrachtet werden, weil Schisma immer ein kollektiver Akt sei, der notwendig auf die Gründung einer alternativen Kirche hinziele. Außerdem sei der Kirchenaustritt im CIC nicht als Rechtsgestalt vorgesehen, so daß er dann auch nicht einfach an das Delikt des Schismas angeglichen werden könne (vgl. S. 27).
Vgl. auch Steinmüller, Kirchenrecht und Kirchensteuer, 218f, der dadurch eine lebhafte Diskussion angeregt hat (vgl. ebd., 239 - 262).

[206]Schwendenwein, Ab ecclesia catholica actu formali deficere, lassen das Kriterium der Rechtssicherheit wie auch "das Anliegen, die Bedeutung der staatlichen Kirchenaustrittserklärung nicht herunterzuspielen"(S.59), zu der Auffassung tendieren, daß die Kirchenaustrittserklärung eine Form des *actus formalis* darstellen kann (vgl. S. 56; 61), wenngleich Schwendenwein dafür eintritt, diese Frage je nach Landessituation zu entscheiden; in einem Land mit staatlich organisiertem Kirchensteuersystem sollte die staatliche Kirchenaustrittserklärung nicht einfach als *actus formalis* gewertet werden, wohl aber in jenem Land, wo die Kirchenbeiträge durch die Kirche selbst eingezogen werden (vgl. S.58f).

das die Exkommunikation nach sich zieht. Der staatlich erklärte Kirchenaustritt für sich genommen kann noch nicht als *actus formalis* bewertet werden, sondern bedarf noch eines zusätzlichen *innerkirchlichen* Aktes, um diesen Tatbestand zu erfüllen; der staatlich erklärte Kirchenaustritt als solcher kann nicht einfach Kriterium des Kirchenabfalles sein, da er "eine Einrichtung des jeweiligen Staatsrechts ist. Seine Bewertung als Abfall von der Kirche muß sich entgegenhalten lassen, daß dadurch Kirchensteuerpflicht und Kirchenzugehörigkeit zu eng gekoppelt werden"[207] und eine Differenzierung der verschiedenenartigen Motive des Kirchenaustritts wie Glaubensabfall, politischer Druck, Befreiung von der Kirchensteuer, Kirchensteuerstreik,[208] Stellenjägerei, momentane Verärgerung u.ä. nicht erfolgt.[209]

Deshalb kommt diese Richtung der Autoren dann zu dem Ergebnis: Der Abfall von der katholischen Kirche durch einen Formalakt ist immer nur dann gegeben, "wenn der Wille, der katholischen Kirche nicht mehr anzugehören, vor der *kirchlichen* Öffentlichkeit in beweisbarer Form zum Ausdruck gebracht worden ist. Zu denken ist an eine entsprechende eigenhändig unterzeichnete Erklärung gegenüber einem kirchlichen Amtsträger als Vertreter der kirchlichen Öffentlichkeit ... Statt der Schriftform ist auch die mündliche Erklärung vor Zeugen möglich. Der Amtsträger sollte dann ein Protokoll aufnehmen und mindestens von den Zeugen mitunterschreiben lassen. ... Nicht ausreichend ist die Erklärung des Kirchenaustritts gegenüber dem Standesamt oder Amtsgericht, besonders dann, wenn ein Vorbehalt der fortdauernden Zugehörigkeit zur geistlichen Gemeinschaft der Kirche gemacht wird."[210] Denn man darf nicht so sehr "von der Intention

---

[207]Lüdicke, in: MK 1086/2 und 3, Rdn.3. (2.Erg.-Lfg, Januar 1986); vgl. Corecco, La sortie de l'Eglise pour raison fiscale, 49 - 55, für den es sich bei der Erklärung des Kirchenaustritts lediglich um eine Erklärung des Ausscheidens aus der Kirche, soweit diese den Rechtsstatus einer Körperschaft des öffentlichen Rechts besitzt, handelt (S.51f). Denn vor dem religiös - neutralen Staat kann man keine Glaubensverleugnung begehen. Der Staat verlangt kein Glaubensbekenntnis (S.49).

[208]vgl. dazu Engelhardt, Der Austritt, 93 - 95.

[209]vgl. dazu auch Schüepp, Kirchenaustritte, 246 - 270, der die verschiedenen Motive mehr unter pastoralem Aspekt analysiert, bewertet und Kriterien für ein angemessenes pastorales Verhalten der Kirche gegenüber den einzelnen Betroffenen entwickelt.

[210]Lüdicke, in: MK 1086/2 (2. Erg.-Lfg., Januar 1986); vgl. Prader, Interrituelle, interkonfessionelle und interreligiöse Probleme, 453; ders., Das kirchliche Eherecht, 130f; Strigl, Die einzelnen Straftaten, 941, Anm.1; Schmidt, G., Rezension zu Schulz, W., (Hg), Recht als Heilsdienst. FS M. Kaiser, Paderborn 1989, in: ThPh 66 (1991), 310 - 312, 312; Örsy, Marriage in Canon Law, 172; Corecco, La sortie de l'Eglise pour raison fiscale, 52; wohl auch Lenherr, Der Abfall von der katholischen Kirche, 123f, wenn er zwischen einem Kirchenaustritt ohne und mit modifizierender Erklärung unterscheidet, d.h. mit oder ohne Zusatzerklärung, trotz Kirchenaustritts dennoch weiterhin zur katholischen Glaubensgemeinschaft gehören zu wollen.
Heimerl / Pree, Kirchenrecht, 245, vertreten dagegen die Auffassung: "Der Kirchenaustritt bildet auch dann einen Abfall von der katholischen Kirche, wenn jemand zugleich erklärt, er wolle den katholischen Glauben bewahren. Der vor einer kirchlichen oder staatlichen Behörde kundgegebene Austritt aus der katholischen Kirche stellt also den Tatbestand des formellen Abfalles von der katholischen Kirche dar. ... Die Motive für diesen Austritt oder Intentionen, die ihn modifizieren (Austritt von der Kirchensteuer, nicht vom Glauben) sind hinsichtlich der Formpflicht unbeachtlich."
Für Pree, Rezension, 216, spricht der Wortsinn von c.1117 CIC keineswegs für die Annahme, daß es sich beim förmlichen Abfall um eine Erklärung vor der katholischen Kirche handeln muß.

der Kirchenaustrittserklärung ausgehen, sondern muß ihr staatsrechtliches Wesen berücksichtigen. Vor allem bei der Kirchensteuerflucht steht nicht so sehr die Trennung von der Kirche im Vordergrund der Überlegungen als die staatsrechtliche Wirkung der Lastenbefreiung."[211] Da nun einmal die Motive für einen Kirchenaustritt sehr unterschiedlich sind und vor allem in Bezug auf den Glauben sehr unterschiedlich zu bewerten sind, muß deshalb in jedem einzelnen Fall festgestellt werden, ob mit dem Kirchenaustritt auch wirklich die Zugehörigkeit zur Kirche als Glaubensgemeinschaft aufgegeben wird oder nicht.[212] Von diesem Standpunkt ausgehend, wird vereinzelt sogar die Schlußfolgerung gezogen, daß jedem Gläubigen, der den "Rechtfertigungsgrund der innerkirchlichen Gewissensfreiheit" auf seiner Seite hat, das Recht des Kirchenaustritts und damit das Recht der Weigerung, Kirchensteuern zu zahlen, eingeräumt werden muß.[213]

So konträr diese beiden Positionen sind, in einem Punkt sind auch sie sich einig: Für beide ist der staatlich erklärte Kirchenaustritt dann kirchenrechtlich unproblematisch, wenn sich mit ihm Glaubensabfall in der Form der Apostasie oder Häresie verbindet, so daß "der Kirchenaustritt eine nach außen tretende Manifestation des inneren Glaubensabfalles oder des Abfalles zum Irrglauben"[214]

Dieser Annahme widerspricht nach Pree auch die Tatsache, daß ja auch der einfache Übertritt in eine andere Kirche oder Religionsgemeinschaft den Tatbestand des förmlichen Abfalles erfüllt.

Ebenso scheitert nach Listl, Die Rechtsfolgen des Kirchenaustritts, 173, die Interpretation Lüdickes "bereits am Wortlaut des Gesetzes. Sie verkennt aber auch den Sinngehalt und die innerkirchliche Bedeutung des Kirchenaustritts."

[211]Heinemann, Die rechtliche Stellung der nichtkatholischen Christen, 36; vgl. auch Prader, Interrituelle, interkonfessionelle und interreligiöse Probleme, 454: "Der Kirchenaustritt aus steuerrechtlichen Gründen schließt den Willen, katholisch zu bleiben, nicht ohne weiteres aus."

[212]vgl. Gradauer, Der Kirchenaustritt, 67; Prader, Das kirchliche Eherecht, 130f; Cavelti, Der Kirchenaustritt, 100 - 102; Steinmüller, Kirchenrecht und Kirchensteuer, 222f; Stenson, The concept and implications of the formal act, 189; 191; 194.

[213]so Steinmüller, Kirchenrecht und Kirchensteuer, 223, der seine Position durch mehrere Fallbeispiele zu belegen versucht, von denen hier zwei genannt seien: Ein Gläubiger, der der Kirche großzügige Spenden vermacht, darf dann guten Gewissens seinen (staatlichen) Kirchenaustritt erklären, wenn seiner Forderung, sein Geld nach eigenen Wünschen zum Wohl der Kirche verteilen zu dürfen, nicht entsprochen wird. Ebenso darf auch ein Katholik seinen Kirchenaustritt mit der Begründung erklären, daß er es mit seinem Gewissen nicht vereinbaren kann, daß aus dem Kirchensteueraufkommen auch eine bekannte katholische Wochenzeitschrift, die in Wirklichkeit antikirchlich agiert, mitfinanziert wird. Auch die folgende Argumentation von Steinmüller kann diese Beispiele nicht legitimieren: Zwar weiß der Gläubige, "daß er die Kirchensteuer nicht bezahlt und daß dies dem Willen der Kirche widerspricht. Aber ihm steht der Rechtfertigungsgrund der innerkirchlichen Gewissensfreiheit zur Seite. Dieser ist unabhängig von der Frage, ob sein Gewissen irrt oder nicht, sogar unabhängig davon, daß die declaratio über die Religionsfreiheit vorwiegend im Verhältnis zum Staat gelten will. Denn die freie Gewissensentscheidung in religiösen Dingen ist jetzt auch nach kirchlicher Lehre allgemeines Menschenrecht, also Naturrecht, das nach allgemeinen Regeln selbstverständlich auch in der Kirche gilt. Der kirchliche Gesetzgeber ist verpflichtet, für solche Fälle Möglichkeiten bereitzustellen. Wenn er bisher als einziges Mittel zur Wahrung des Gewissens den Kirchenaustritt offenläßt, muß er das vertreten und darf es nicht dem Austretenden als Glaubensabfall zur Last legen. Es genügt nicht, hier das Auseinanderfallen von forum internum und externum zu beklagen. Die moderne Rechtstechnik kennt genügend geeignete Mittel, diese Schwierigkeiten zu meistern" (ebd., 223f).

[214]Heinemann, Die rechtliche Stellung der nichtkatholischen Christen, 39; vgl. auch Prader, Interrituelle, interkonfessionelle und interreligiöse Probleme, 454.

darstellt. Hier tritt in jedem Fall gemäß c.1364 CIC/1983 die Strafwirkung der Exkommunikation ein.

Um allerdings die Streitfrage der beiden Autorenrichtungen klären zu können, ob der staatlich erklärte Kirchenaustritt allein auch schon als ein Kirchenabfall *actu formali* zu bewerten ist oder nicht, muß der Ausdruck *actu formali deficere* der cc.1086, 1117 und 1124 CIC genauer untersucht werden. Geht man zu diesem Zweck zunächst von der Prämisse aus, daß ein *formaler* Akt gleichbedeutend ist mit einem *rechtlich öffentlichen* Akt, so ist klar, daß ein *formaler* Abfall von der katholischen Kirche immer durch einen *rechtlich öffentlichen* Akt geschehen muß, in dem der bisherige Katholik durch Wort und/oder Tat *erklärt*, nicht mehr der katholischen Kirche angehören zu wollen.[215] Mit diesem Verständnis lassen sich dann drei negative Abgrenzungen des *actus formalis* vornehmen:

1. Eine zwar öffentliche, aber nur vor Privatpersonen abgegebene Abfallserklärung stellt keinen formalen Abfall dar.[216]

2. Aber auch ein Abweichen von der katholischen Lehre, selbst bei einer kirchenamtlichen Feststellung derselben etwa durch Verurteilung eines Buches, kann nicht schon als formeller Abfall gewertet werden, da das Verb *deficere* per definitionem immer ein aktives Verlassen der katholischen Kirche meint.[217]

3. Ebenso kann auch nie ein Unterlassen der Konfessionsangabe beim Einwohnermeldeamt den Tatbestand des *actus formalis ab ecclesia deficere* erfüllen, da auch hier das nachweisbare aktive Handeln fehlt.[218]

In einem weiteren Schritt sind dann zwei Beobachtungen an Text und Kontext des Kirchenabfalls *actu formali* äußerst aufschlußreich für die Fragestellung, ob der staatlich erklärte Kirchenaustritt den Tatbestand des im Formalakt vollzogenen Abfalls von der katholischen Kirche erfüllt oder nicht:

1. Der CIC/1983 schreibt an keiner Stelle eine bestimmte Form des formellen Abfallaktes vor, sondern läßt vielmehr völlig offen, wie der formale Akt beschaffen sein muß.[219] Somit ist die *Formalität* dieses Aktes bereits dann schon (aber auch nur dann) gegeben, wenn er als ein rechtlich öffentlicher Akt vollzogen wird; dieses Kriterium ist erfüllt, wenn in der Öffentlichkeit vor Rechtspersonen, also vor einer staatlichen oder kirchlichen Behörde,

---

[215]vgl. Heimerl / Pree, Kirchenrecht, 244; Lenherr, Der Abfall von der katholischen Kirche, 108; Valls, La forma juridica del matrimonio, 492f.

[216]Dagegen betrachtet Lenherr, Der Abfall von der katholischen Kirche, 120, jeden Katholiken als formal abgefallen, der "einem anderen gegenüber erklärt, kein Katholik mehr zu sein/oder nicht mehr als Katholik betrachtet werden zu wollen."

[217]vgl. Heimerl / Pree, Kirchenrecht, 244; Lenherr, Der Abfall von der katholischen Kirche, 119; Schwendenwein, Ab ecclesia catholica actu formali deficere, 54.

[218]vgl. Lüdicke, Die Kirchengliedschaft, 385.

[219]vgl. Krämer, Die Zugehörigkeit zur Kirche, 162 - 171, 169, Anm. 31; Heimerl / Pree, Kirchenrecht, 244; Örsy, Marriage in Canon Law, 172; Lenherr, Der Abfall von der katholischen Kirche, 112; Pree, Rezension, 216.

Worte geäußert werden, die ihrem Sinn nach besagen: 'Ich sage mich von der katholischen Kirche los.'[220] Mit anderen Worten heißt das, daß mit dem formalen Abfall von der katholischen Kirche zwar nicht schon der bloß bewußte und gewollte, sondern nur der ausdrücklich und in der Öffentlichkeit vor Rechtspersonen erklärte Abfall gemeint ist,[221] dieser sich aber an keine bestimmte Form halten muß.

2. In den cc. 1086, 1117 und 1124 heißt es 'deficere *ab Ecclesia catholica*' und nicht 'deficere *a fide*'.[222]

Diese beiden Tatsachen können als Hauptargumente dafür herangezogen werden, daß auch eine formale Austrittserklärung vor einer *staatlichen* Behörde den genannten Tatbestand erfüllt und nicht nur bzw. nicht erst eine Austrittserklärung vor einer *kirchlichen* Behörde. Denn wenn der Kodex keine klare Definition des Formalaktes gibt, dann muß sein Schweigen in diesem Punkt auch so verstanden werden, daß er nicht zwischen einer Kirchenaustrittserklärung vor dem *Staat* und einer vor der *Kirche* unterscheiden will. Diese Tatsache wird durch zwei Stationen in der Textgeschichte des c.1117 bestätigt:

1. Der Alternativvorschlag eines Relators, statt von *actus formalis* besser von *declaratio proprio parocho scriptis data* zu sprechen,[223] wurde von der Kodex-Reformkommission abgelehnt.

2. Ebenso wurde die in den Entwürfen vorgesehene Einzelfallprüfung, ob mit dem Kirchenaustritt zugleich ein Widerspruch zum kirchlichen Glaubensverständnis gegeben ist, um dann gegebenenfalls den Betreffenden mit der Exkommunikation belegen zu können,[224] von der Kodexreformkommission nicht in die Endfassung übernommen.

Diese Ergebnisse über Text, Kontext und Textgeschichte des *actus formalis* zusammengenommen, müssen schließlich zu der Erkenntnis führen: Wo der kirchliche Gesetzgeber keine Unterscheidung vorgesehen hat, da braucht und darf auch in der Gesetzesanwendung keine Unterscheidung eingeführt werden. Durch die Ablehnung des alternativen Textvorschlages *declaratio proprio parocho scriptis data* hat der kirchliche Gesetzgeber zwar nur implizit, aber dennoch deutlich den vor einer *staatlichen* Behörde erklärten Kirchenaustritt als ausreichend für den Tatbestand des formalen Abfalles von der Kirche erklärt. Damit sind also alle anderen Rechtsvorstellungen wie z.B. die einer vor der staatlichen *und* vor der kirchlichen Behörde abzugebenden Kirchenaustrittserklärung oder die einer *modifizierten* Kirchenaustrittserklärung vor dem Staat, bei der jeder Austretende vor dem Staat erklären muß, ob er nur aus der Kirche als Körperschaft des öffentlichen Rechts austreten möchte oder auch von der Kirche als Glaubensgemeinschaft, vom

---

[220]vgl. Lenherr, Der Abfall von der katholischen Kirche, 117 und 120.

[221]vgl. ebd., 120, dessen Ausführungen hier um das Kriterium der Öffentlichkeit ergänzt werden mußten.

[222]vgl. Ruf, Das Recht der katholischen Kirche, 258; Pree, Rezension, 216.

[223]vgl. Communicationes 8 (1976), 57.

[224]vgl. Communicationes 9 (1977), 305; Bernhard, Entscheidungsfreiheit, 34.

geltenden Gesetzbuch der Kirche her nicht gedeckt. Gerade dieser letztgenannte Kompromißvorschlag einer modifizierten Kirchenaustrittserklärung ist vom staatlichen Recht her gar nicht möglich. Denn das staatliche Recht kann nicht eine *partielle* Kirchenmitgliedschaft anerkennen, etwa in dem Sinn, "daß ein Kirchenmitglied sich durch den Kirchenaustritt unter Aufrechterhaltung seiner Kirchenmitgliedschaft lediglich seiner Kirchensteuerpflicht entzieht. Art. 4 GG wird nicht verletzt, wenn die Kirchenmitglieder vor die Alternative gestellt werden, entweder Mitglied der Kirche zu bleiben und damit auch den mitgliedschaftlichen Pflichten, wie z.B. der von den Kirchen als gerecht und sozial zumutbar in Anspruch genommenen Kirchensteuerpflicht, nachzukommen oder aber nach staatlichem Recht aus der Kirche auszutreten und damit zugleich bestimmte Folgen der Kirchenmitgliedschaft wie die Kirchensteuerpflicht zu beenden. Im Gegenteil: Würde der Staat einem Kirchenmitglied helfen, seine gegenüber der Kirche bestehende Kirchensteuerpflicht nicht zu erfüllen, so würde er nicht nur die Kirchenartikel seiner Verfassung (speziell das Recht der Kirchen, von ihren Mitgliedern Steuern zu erheben) verletzen, sondern auch seine religiös-weltanschauliche Neutralität, weil er in das (intern gestörte) Verhältnis zwischen Kirche und Kirchenmitglied eingreifen würde."[225] Somit kann es für das staatliche Recht keinen sog. modifizierten Kirchenaustritt geben, der bloß als Austritt aus der Kirche als Körperschaft des öffentlichen Rechts oder als Kirchensteuerverband gemeint ist. Denn "die konkrete Existenzform der Katholischen Kirche in Deutschland [ist] der Status einer steuerberechtigten Körperschaft. Wer zu ihr gehören will, muß aus Solidarität die sich daraus ergebenden rechtlichen Konsequenzen auch hinsichtlich seiner Abgabenpflichtigkeit übernehmen. Eine 'Kirchensteuerverweigerung' müßte als Verfehlung gegen eine wichtige, auch kirchenrechtlich legitimierte Gemeinschaftspflicht qualifiziert werden."[226] Sobald deshalb eine Kirchenaustrittserklärung mit diesem modifizierten Zusatz versehen wird, "kann von einem Kirchenaustritt im Sinne des Staatsrechts, d.h. 'mit bürgerlicher Wirkung', keine Rede sein. Da hier das Bekenntnis zur Kirche als Glaubensgemeinschaft nicht nur nicht aufgegeben,

---

[225]Marre, Das kirchliche Besteuerungsrecht, 31f; ders., Die Kirchenfinanzierung, 45; vgl. auch Engelhardt, Der Austritt, 39ff; 20; 45; Listl, Das Verhältnis von Kirche und Staat, 1067, und Rezension, 613; ebenso auch die Ausführungen von Listl, Verfassungsrechtlich unzulässige Formen des Kirchenaustritts, 347: "Nach der in der Rechtslehre und Rechtspraxis unbestritten herrschenden Auffassung ist für die Auslegung einer Rechtsnorm in erster Linie der in ihr zum Ausdruck gelangende objektivierte Wille des Gesetzgebers maßgebend, so wie er sich aus dem Wortlaut der Gesetzesbestimmung und dem Sinnzusammenhang ergibt, in den diese hineingestellt ist." Das Austrittsgesetz macht bereits in seiner Überschrift *Gesetz betr. den Austritt aus den Religionsgesellschaften öffentlichen Rechts* deutlich, "daß es den *Austritt* aus den Religionsgemeinschaften öffentlichen Rechts regeln will und sich an denjenigen wendet, der aus einer Kirche oder sonstigen Religionsgemeinschaft des öffentlichen Rechts mit bürgerlicher Wirkung austreten will (§1 Abs. 1 S.1). Nach dem objektiven Wortsinn bringt das Gesetz hier mit hinlänglicher Deutlichkeit zum Ausdruck, daß der Gesetzgeber unter der Bezeichnung *Austritt* aus einer Religionsgemeinschaft, der die dauernde Befreiung des Ausgetretenen von allen Leistungen im Gefolge hat, die auf der persönlichen Zugehörigkeit zu der Kirche oder Religionsgesellschaft beruhen (§2 Abs. 1 S. 1), beim Austretenden *den Willen des Ausscheidens aus seiner Religionsgemeinschaft und zur definitiven Trennung* und, da es sich bei einer Kirche und jeder anderen Religionsgemeinschaft immer auch um eine *Bekenntnisgemeinschaft* handelt, damit die *Aufgabe des öffentlichen Bekenntnisses zu dieser Religionsgemeinschaft* voraussetzt."
[226]Hollerbach, Kirchensteuer, 896; vgl. auch dazu die Erklärung der Diözesanbischöfe zu Fragen des kirchlichen Finanzwesens vom Dezember 1969, in: AfkKR 138 (1969), 557 - 559.

sondern ausdrücklich bekräftigt und erklärt wird, liegt in einem solchen Falle eine Erklärung des Kirchenaustritts im Sinne der staatlichen Kirchenaustrittsgesetze tatbestandsmäßig überhaupt nicht vor."[227] Weil also in der Bundesrepublik Deutschland eine *Realidentität* zwischen der Kirche als Körperschaft des öffentlichen Rechts und der Kirche als Institution des kanonischen Rechts besteht, ist staatsrechtlich gesehen ein *modifizierter* Kirchenaustritt unmöglich.[228]

Vom kirchenrechtlichen Standpunkt aus muß diese staatsrechtliche Regelung begrüßt und gutgeheißen werden, da es keinen vernünftigen Grund dafür gibt, daß "der kirchensteuerlich motivierte Austritt vor in anderer Weise motivierten Erklärungen des Kirchenaustritts in irgendeiner Weise privilegiert werden sollte oder auch könnte."[229] Denn wie jeder aus der Kirche Austretende, so muß sich erst recht derjenige, der nur aus steuerrechtlichen Gründen seinen Austritt aus der Kirche erklärt und sich dennoch als kirchenzugehörig verstanden wissen will, sagen und vorwerfen lassen, daß er wohl nur egoistisch seine Vorteile ernten, aber nichts dafür leisten will,[230] daß er damit die gebotene Solidarität gegenüber der kirchlichen Gemeinschaft grob verletzt,[231] nur aus Mißgunst den Anschein betont und hervorkehrt, als ginge es der Kirche in erster Linie um Geld,[232] er an einem defizienten meist einseitig spiritualistischen Kirchenbild leidet[233] und vor allem, daß es mit seinem Glauben nicht weit her ist, wenn er nur aus steuerrechtlichen Gründen aus der Kirche ausgetreten ist.

Auch das Lehramt hat in zwei Stellungnahmen den staatlich erklärten Kirchenaustritt mehr oder weniger deutlich als einen im Formalakt vollzogenen Abfall von der Kirche bewertet. Bereits 1969 hatten die Diözesanbischöfe der Bundesrepublik zu Fragen des kirchlichen Finanzwesen u.a. folgende Erklärung abgegeben:

> "Der Austritt hat nicht nur Wirkungen im staatlichen Bereich, sondern auch in der Kirche. Die Ausübung der Grundrechte eines katholischen Christen ist untrennbar von der Erfüllung seiner Grundpflichten. Wenn also ein Katholik seinen Austritt aus der Kirche erklärt –

---

[227]Listl, in: AfkKR, 142 (1973), 659 - 662, 660, wo er sich in einer Rezension (S. 656 - 664) zu 'Campenhausen von, A., Staatskirchenrecht. Ein Leitfaden durch die Rechtsbeziehungen zwischen Staat und den Religionsgemeinschaften, München 1973' mit der gegenteiligen Auffassung von Campenhausen auseinandersetzt; vgl. ders., Verfassungsrechtlich unzulässige Formen des Kirchenaustritts, 347 und 352; ders., Die Rechtsfolgen des Kirchenaustritts, 176f; vgl. dazu auch die 'Verordnung des Erzbistums München und Freising vom 22. Juni 1971 über die Behandlung von Kirchenaustritten mit Zusätzen', in: AfkKR 140 (1971), 557.

[228]vgl. Listl Rezension, 611f, als Widerlegung Coreccos, und Verfassungsrechtlich unzulässige Formen des Kirchenaustritts, 349 - 351, und ders., Die Rechtsfolgen des Kirchenaustritts, 176ff; Primetshofer, Zur Frage der Rechtsfolgen eines Kirchenaustritts, 188f.

[229]Listl, Rezension, 613, als Widerlegung Coreccos; ders., Die Rechtsfolgen des Kirchenaustritts, 175.

[230]vgl. Gradauer, Der Kirchenaustritt, 69.

[231]vgl. Erklärung der Diözesanbischöfe der Bundesrepublik 1969 zum kirchlichen Finanzwesen, in: AfkKR 138 (1969), 558.

[232]vgl. Gradauer, Der Kirchenaustritt, 71.

[233]vgl. auch Erklärung der Diözesanbischöfe der Bundesrepublik zum kirchlichen Finanzwesen, in: AfkKR 138 (1969), 558; die Ausführungen von Listl, Verfassungsrechtlich unzulässige Formen des Kirchenaustritts, 350, über die dabei "unausgesprochen zugrundegelegte Dualität zweier unabhängig voneinander existierender Kirchen".

aus welchen Gründen auch immer – so stellt dies eine schwere Verfehlung gegenüber der kirchlichen Gemeinschaft dar. Er kann daher am sakramentalen Leben erst wieder teilnehmen, wenn er bereit ist, seine Austrittserklärung rückgängig zu machen und seinen Pflichten auch in Bezug auf die Kirchensteuer wieder nachzukommen."[234]

Man könnte zwar versucht sein, diese Stellungnahme insofern zu kritisieren, als die deutschen Diözesanbischöfe hier nicht deutlich zu erkennen gegeben haben, wie sie nun den Kirchenaustritt bewerten. Denn entweder erfüllt die Kirchenaustrittserklärung für die Diözesanbischöfe den Tatbestand des Schismas oder nicht. Wenn ja, dann zieht sie gemäß c.2314 CIC/1917 und c.1364 CIC/1983 die Exkommunikation und nicht nur den Ausschluß von den Sakramenten nach sich, wenn nicht, dann darf sie auch nicht mit dem Ausschluß von der Sakramentengemeinschaft 'bestraft' werden.[235] Doch andererseits regt diese Stellungnahme auch zum Nachdenken an. Denn wenn der Kirchenaustritt als (eine Form des) *actus formalis* sich nicht *voll* mit dem in c.751 CIC umschriebenen Tatbestand des Schismas deckt, sondern 'nur' einen dem Schisma *zuzuordnenden* Sachverhalt darstellt, erhebt sich die Frage, ob denn dann jeder Kirchenaustritt im Sinne des *Strafrechts* als Delikt des Schismas bewertet werden muß oder ob man diese *Voll*identifikation mit dem Strafrecht nicht offen lassen sollte, so daß eine nach den jeweils zugrundeliegenden Motiven des Kirchenaustritts an den Straftatbestand des Schismas angeglichene, aber nicht unbedingt *voll* deckungsgleiche Maßnahme vorgenommen werden kann.[236]

Sehr klar und prägnant hat 1983 die Berliner Bischofskonferenz festgestellt:

"Als Actus formalis gem. can 1117 wird angesehen die formale Erklärung bei staatlichen Stellen oder bei einer siegelführenden kirchlichen Dienststelle, wenn diese Erklärung schriftlich beurkundet und vom Antragsteller gegengezeichnet wird. Falls der Antragsteller diese Gegenzeichnung ablehnt, muß der zur Siegelführung berechtigte kirch-

---

[234]in: AfkKR 138 (1969), 557 - 559, 558.

[235]vgl. dazu die Kritik von Corecco, La sortie de l'Eglise pour raison fiscale, 27 und 45, der diese von den deutschen Bischöfen ausgesprochene "Strafe" des Sakramentenausschlusses, der in der Praxis das Äquivalent für die Exkommunikation darstelle, als eine Überschreitung der Grenzen der Verhältnismäßigkeit zwischen Delikt und Strafe wertet. Bisher habe die Kirche noch nie die aus Solidarität geforderte Beitragspflicht jedes Gläubigen strafrechtlich eingefordert, da in einer Communio, wie sie die Kirche darstellt, die Gemeinschaft das Versäumnis eines Gliedes auffängt (vgl. 42 - 44). Bei steuerrechtlich motivierten Kirchenaustritt solle deshalb nicht zu strafrechtlichen Mitteln gegriffen werden, sondern 'nur' zu disziplinären, wie Entzug bestimmter Vorrechte, z.B. der Patenschaft und des aktiven und passiven Wahlrechts (vgl. S.65 - 67). Da für Corecco das unter Mitwirkung der staatlichen Finanzverwaltung praktizierte Kirchensteuersystem einem überholten *societas-perfecta*-Denken wie auch auf Vorstellungen beruht, die dem Naturrecht, nicht jedoch dem *communio*-Denken entnommen sind, schlägt er vor, in Zukunft auf dieses Kirchensteuersystem zu verzichten (vgl. S.57 - 59).

[236]vgl. in ähnlichem Sinn Zapp, Kanonisches Eherecht, 180f: Wenn es sich bei dem staatlich erklärten Kirchenaustritt nicht um einen Kirchenabfall, sondern 'nur' um einen 'modifizierten Kirchenaustritt' handelt, könnte dies dadurch bewiesen werden, daß die vor der staatlichen Behörde nicht mögliche 'modifizierte Erklärung' vor der 'kirchlichen Öffentlichkeit' erfolgt; dadurch könnte dem zugrundeliegenden Motiv des Kirchenaustritts besser Rechnung getragen werden, besonders hinsichtlich des strafrechtlichen Aspekts.

liche Amtsträger dies eigens in dem Protokoll vermerken. Der sogenannte Kirchenaustritt erfolgt nur 'mit bürgerlicher Wirkung', d.h. nur mit Wirkung für den staatlichen Rechtsbereich, und läßt demgemäß die kraft Kirchenrechts bestehenden Bindungen, wonach es einen Austritt aus der Kirche theologisch und rechtlich nicht gibt, unberührt."[237]

Damit hat die Berliner Bischofskonferenz das Verhältnis von staatlich erklärtem Kirchenaustritt, formalem Abfall von der Kirche und unzerstörbarer Kirchenzugehörigkeit aufgrund des Taufsakramentes theologisch wie auch staats- und kirchenrechtlich korrekt herausgestellt: Die Kirchenaustrittserklärung ist als (eine Form des) *actus formalis* im Sinne des c.1117 CIC zu bewerten, wenngleich es vom theologischen bzw. ekklesiologischen Standpunkt aus betrachtet, gar keinen Kirchenaustritt gibt.

4.1.5 Die Formpflichtregelung für katholisch getaufte, aber akatholisch erzogene Kinder im CIC/1983

Mit der Befreiung von der Formpflicht durch formalen Abfall von der Kirche gemäß c.1117 CIC muß abermals die geschichtsreiche Frage gestellt werden, ob auch die zwar katholisch getauften, aber akatholisch erzogenen Kinder erneut von der Formpflicht befreit sind oder nicht.[238] Bei der Beantwortung dieser Frage muß zunächst festgehalten werden, daß der CIC/1983 das Problemfeld der Formpflicht bei einem katholisch Getauften, aber von Kindheit an nichtkatholisch Aufgewachsenen nicht mehr in den Blick genommen hat. Damit hat sich der CIC/1983 dem fast schon traditionellen und stets umstrittenen Problem der Formpflicht bzw. Formbefreiung für diejenigen, die zwar nicht selbst die katholische Kirche in einem Formalakt verlassen haben, aber trotz katholischer Taufe von Kindheit an niemals bewußt katholisch waren, nicht gestellt.

Das Problem der Formpflicht für nichtkatholisch erzogene Katholiken stand zwar 1971 durchaus zur Debatte; denn eine der beiden Vorlagen des Kanons über den formpflichtigen Personenkreis lautete:

"*Ad statutam superius formulam tenentur:*

1. Baptizati qui Ecclesiae catholicae (sive a recepto baptismate sive postea) adscripti sunt vel fuerunt, si inter se matrimonium contrahunt (aut: ineunt);

nisi ab adepto rationis usu (aut: ab anno decimo quarto impleto; aut: ab infantia) extra eam educati fuerint

---

[237]in: AblDresden - Meißen 33 (1984), 12; vgl. auch AblMünchen 14 (1990), 339f, Abl 137 (1991), 49, des Bistums Linz, abgedruckt in: AfkKR 160 (1991), 141f, Abl 107 (1991), 197, des Bistums Osnabrück, abgedruckt, in: AfkKR 160 (1991), 142f, in denen die Erklärung des Kirchenaustritts vor dem Standesamt als ein Beispiel für den Formalakt des c.1117 genannt wird und AblTrier 135 (1991), 293, das die Kirchenaustrittserklärung sogar als den "Normalfall" des Formalaktes bezeichnet.
[238]vgl. zur früheren Regelung dieser Frage, S. 94ff.

vel post adeptum rationis usum (aut: post annum decimum quartum
impletum) ab ea formali actu (aut: declaratione proprio parocho in
scriptis data) defecerint, nec ad eam reversi fuerint;
2. ..."[239]

Doch bereits in der ersten Diskussionsrunde wurde beschlossen, den Begriff und
damit das Problem der Erziehung aus Gründen der Rechtssicherheit zu streichen;
denn 'Erziehung' sei ein sehr unklarer Begriff, und es gebe keine fest umrissenen
und damit rechtlich einwandfreien Kriterien, wann das Faktum der nichtkatholischen Erziehung gegeben sei und wann (noch) nicht.[240] Nach dieser Entscheidung
war klar, daß sich erst recht nicht der Vorschlag durchsetzen konnte, nur allgemein
von *ab ecclesia deficere* zu sprechen und diese Kategorie sowohl auf die im Formalakt abgefallenen wie auch auf die außerhalb der katholischen Kirche erzogenen
und auf die wegen ihrer Glaubenspraxis außerhalb der Kirche stehenden Katholiken anzuwenden.[241] Nachdem durch einen eindeutigen Mehrheitsbeschluß die
Formulierung *actu formali et notorie deficere ab ecclesia* angenommen war, ging
die Abstimmung, ob durch diese Klausel auch die außerhalb der katholischen Kirche Erzogenen von der Formpflicht ausgenommen sind oder nicht, unentschieden
aus.[242] Somit wäre eigentlich zu erwarten gewesen, daß die Frage der *defectio ex
educatione* noch einmal diskutiert und vor allem klar entschieden wird;[243] genau
das aber ist bis heute nicht geschehen, da weder die Kommissionen zur Revision
des Eherechts noch der CIC/1983 selbst, noch die Kommission zur authentischen
Interpretation des CIC zu dem genannten Problem Stellung bezogen haben. Lediglich 1977 wurde im Zusammenhang mit der Diskussion über die Bedeutung
des *qui notorie aut catholicam fidem abiecerit* in c.281 des Schemas von 1975
noch einmal die Ansicht vertreten, daß dazu auch die nichtkatholisch erzogenen
Katholiken zählen, aber nicht weiter erörtert.[244]

Ein vorhandenes Problem einfach durch Nichtbeachtung bzw. Nichterwähnung
regeln zu wollen, führt jedoch nicht zu Rechtssicherheit, sondern löst Rechtsunsicherheit aus, und erst recht dann, wenn es sich dabei um ein so geschichtsträch-
tiges Thema wie die nichtkatholisch erzogenen Katholiken handelt. Weil also
der kirchliche Gesetzgeber von 1983 an keiner Stelle des CIC die katholisch getauften, aber nichtkatholisch erzogenen Kinder erwähnt und somit weder an die
Formpflicht gebunden noch von ihr freigestellt hat, wird in der Kirchenrechtswissenschaft die Frage diskutiert: Sind katholisch getaufte Kinder, die nichtkatholisch erzogen worden sind, so daß sie sozusagen an der Eingangspforte der

---

[239]Communicationes 8 (1976), 57.
[240]vgl. ebd., 58f.
[241]vgl. ebd., 59f.
[242]vgl. ebd., 60.
[243]Prader, Das kirchliche Eherecht, 130 iVm 223, Anm. 140, behauptet dagegen unter Bezugnahme auf Communicationes 8 (1976), 60, daß die Kommission für die Revision des CIC an
der Entscheidung von 1948, durch die alle Ausnahmeregelungen von der Formpflicht für nichtkatholisch aufgewachsene Katholiken beseitigt worden war, festgehalten hat, und führt deshalb
im Zusammenhang mit c.1117 CIC/1983 aus: "Die Befreiung [von der Formpflicht] gilt nicht
für Katholiken, die nach der Taufe von Kindheit an glaubenslos herangewachsen sind."
   Diese Position vertritt auch Schwendenwein, Ab ecclesia catholica actu formali deficere, 54.
[244]vgl. Communicationes 9 (1977), 144.

katholischen Kirche stehengeblieben und nicht durch Firmung und Erstkommunion in die volle Gemeinschaft der katholischen Kirche eingetreten sind, an die Formpflicht gebunden oder nicht?

Geht man bei der Beantwortung dieser schwierigen und dornenreichen Frage so kasuistisch vor wie in der Vergangenheit mit dem Problem der *nati ab acatholicis*, wird man zu dem Ergebnis kommen:

1. Bei den Ausnahmeregelungen des c.1117 sind die nichtkatholisch Aufgewachsenen nicht genannt; also gilt auch für sie die kanonische Formvorschrift.

2. Weil eine nichtkatholische Erziehung katholisch getaufter Kinder nie mit absoluter Sicherheit nachweisbar ist, also eindeutige Kriterien für die Feststellbarkeit dieser Tatsache fehlen, kann diese aus Gründen der Rechtssicherheit und Rechtseinheitlichkeit bei gesetzlichen Regelungen wie der kanonischen Formpflicht nicht berücksichtigt werden.

Hält man sich aber den kanonischen Grundsatz vom Heil der Seelen als das oberste Gesetz des Kirchenrechts wie auch die eigentliche Zielrichtung der Formbefreiung der von der katholischen Kirche Abgefallenen vor Augen, so wird man folgende (Gegen-)Argumente für die Formbefreiung dieser Personengruppe anführen können:

1. Die im CIC/1983 neu eingeführte Freistellung der 'abgefallenen' Katholiken von der Formpflicht beruht auf der Überlegung, zur Vermeidung ungültiger Ehen wegen Formfehler die Personen von der Formpflicht zu befreien, die diese in der Regel nicht einhalten.[245] Zu dieser Personengruppe gehören eben nicht nur die nichtkatholisch Getauften, sondern auch die 'abgefallenen' Katholiken. Denn wer sich von der katholischen Kirche lossagt, der hält sich auch nicht mehr an deren Vorschriften. Führt man diesen Gedanken konsequent weiter, dann muß man erst recht die katholisch Getauften, aber nichtkatholisch Aufgewachsenen zu dieser Personengruppe zählen. Denn wer nicht katholisch erzogen worden ist, wird kaum katholisch heiraten wollen, vor allem wenn er die Regelung der katholischen Formpflicht gar nicht kennt. Nichtkatholisch erzogene Katholiken "der Formpflicht unterwerfen, heißt *faktisch*, ihnen eine kanonisch *gültige Eheschließung verwehren*. Rechtssicherheit ist gewiß notwendig, aber sie verliert ihren Sinn, wo es kein Recht mehr zu sichern gibt."[246] Eine ähnliche Überlegung hatte bereits 1971 ein Mitglied der Studienkommission zum Eherecht angestellt und folgendermaßen dargelegt: Nichtkatholisch erzogene Katholiken fühlen sich subjektiv in keiner Weise zur katholischen Kirche gehörig und haben oft keinerlei Kenntnis über die Formpflicht; deshalb darf ihnen die Kirche nicht durch die kanonische Formpflicht den Weg zu einer gültigen Ehe versperren.[247] Doch dieser wichtige Hinweis ging 1971 unbeachtet unter und

---

[245] vgl. Communicationes 3 (1971), 80.
[246] Heimerl / Pree, Kirchenrecht, 246.
[247] vgl. Communicationes 8 (1976), 59.

tauchte seitdem bei den Reformarbeiten des Kanons über den formpflichtigen Personenkreis nie mehr auf.

2. Die nichtkatholisch erzogenen Katholiken sind den von der Kirche im Formalakt abgefallenen Katholiken gleichzusetzen. Zwar setzt der formale Abfall von der Kirche als Rechtsakt voraus, daß die betreffende Person diesen Rechtsakt *selbst* setzt, so daß auf den ersten Blick die nichtkatholisch erzogenen Katholiken aus der Kategorie der wegen Abfall von der katholischen Kirche von der Formpflicht befreiten Katholiken herauszufallen scheinen. Der zweite Blick führt aber zu dem entgegengesetzten Ergebnis. Denn es ist zu beachten, daß bis zur Mündigkeit, die zu dieser Rechtshandlung befähigt, die sogenannte Vertretungsmacht der Sorgeberechtigten, also in der Regel der Eltern, gilt. Das *kirchliche* Recht hat den Eltern diese allgemeine Vertretungsmacht bis zum *vollendeten 7. Lebensjahr* eines Kindes erteilt (vgl. c.97 §2 CIC/1983). Somit können also *bis zum vollendeten 7. Lebensjahr* die *Eltern für ihr Kind den formalen Akt* des Kirchenaustritts setzen. Ganz konkret heißt das also, daß die Eltern bis zum 7. Lebensjahr einschließlich ganz allein über die Kirchenzugehörigkeit ihres Kindes entscheiden, sei es durch Taufe oder durch formalen Abfall von der Kirche in Form von Konversion, Beitritt in eine antikirchliche Vereinigung oder staatlich erklärten Kirchenaustritt (vgl. cc.97 §2; 98 CIC).

Nach der *staatlichen* Rechtslage in Deutschland ist diese Vertretungsmacht der Eltern sogar noch weiter gefaßt. Denn nach dem 'Gesetz über die religiöse Kindererziehung vom 15. Juli 1921'[248] endet die Vertretungsmacht der Eltern nicht schon mit dem vollendeten 7. Lebensjahr, sondern erst mit dem vollendeten 14. Lebensjahr. Somit bestimmen nach deutschem Recht die Eltern bis zum vollendeten 14. Lebensjahr ihres Kindes, mit dem nach staatlichem Recht die Religionsmündigkeit gegeben ist, über die (Nicht-)Zugehörigkeit ihres Kindes zu einer Religionsgemeinschaft. Nach Vollendung des 12. Lebensjahres können dabei zwar die Eltern nicht mehr einfach über das Kind bestimmen, sondern benötigen dessen Mitwirkung, sei es für den Beitritt in eine oder für den Austritt aus einer Religionsgemeinschaft. Allerdings reicht hierzu schon eine rein formale Mitwirkung im Sinne einer Zustimmung; diese kann schriftlich oder mündlich erfolgen, aber ebenso auch durch schlüssige Handlungen wie Teilnahme am religiösen Leben einer Religionsgemeinschaft oder Beitritt einer antireligiösen Vereinigung. Erst mit dem vollendeten 14. Lebensjahr ist eine Person für ihr religiöses Leben bzw. für ihre (Nicht-)Zugehörigkeit zu einer Religionsgemeinschaft ganz allein und selbst verantwortlich.[249] In der Regel bleibt aber auch eine 14-jährige Person ein 'Kind ihrer Erziehung', d.h. lebt in und aus der Prägung ihrer Kindheit weiter und besitzt noch nicht die geistige Selbständigkeit, entscheidende Fehler in ihrer (religiösen) Erziehung zu erkennen und daraus Konsequenzen zu ziehen. Somit wird also auch ein

---

[248]vgl. Reichsgesetzblatt, 939.

[249]vgl. auch Engelhardt, Der Austritt, 58 - 65; Mikat, Grundfragen des staatlichen Kirchenaustrittsrechtes, 487; May, Der Kirchenaustritt, 36f; Robbers, Kirchenrechtliche und staatskirchenrechtliche Fragen des Kirchenübertritts, 23f.

nichtkatholisch erzogenes Kind, egal ob es getauft ist oder nicht, mit dem Eintritt der Eigenverantwortung für sein religiöses Leben kaum ein Interesse für die katholische Kirche entwickeln, es sei denn, es erlebt ein sog. Damaskusereignis.

Unter Berücksichtigung der Vertretungsmacht der Eltern kann man dann sogar die These aufstellen, daß die katholisch Getauften, aber nichtkatholisch Aufgewachsenen unter den Wortlaut der Ausnahmeregelungen des *actus formalis* in c.1117 fallen.[250]

3. Schließlich ist auch von der Kirchengliedschaftslehre des CIC/1983 her die Freistellung der katholisch getauften Kinder zu fordern, die nichtkatholisch erzogen worden sind. Denn nach c.205 CIC/1983 ist mit der Taufe allein noch nicht die 'plena communio' mit der katholischen Kirche begründet; erst mit dem Bestehen des dreifachen Bandes des Glaubensbekenntnisses, der Sakramente und der kirchlichen Leitung ist die volle Verbundenheit mit Christus im sichtbaren Gefüge der katholischen Kirche gegeben. "Kann das Glaubensbekenntnis der Eltern und Paten bei der Taufe eines unmündigen Kindes die Forderung des can.205 erfüllen? Ist die Tatsache, daß ein Kind später nicht in den katholischen Glauben hineinwächst, als Verlust des rechten Glaubens zu werten? Hat ein solches Kind, ... jemals das Band der gleichen Sakramente zur katholischen Kirche geknüpft? Hat es jemals das Band der kirchlichen Leitung der katholischen Kirche anerkannt?"[251] Hier muß man doch zugestehen, daß solche Kinder nicht die *plena communio* verloren, sondern diese niemals erworben haben. Ein Kind, das in der katholischen Kirche getauft, aber in einer anderen oder keiner Konfession herangewachsen ist, kann mangels der *plena communio* und eventuell kraft der Eingliederung in eine andere Kirche oder kirchliche Gemeinschaft nicht an das kirchliche Gesetz der Formpflicht gebunden sein.[252]

"Aus der Abwägung dieser Argumente ergibt sich uE, daß die zwar katholisch Getauften, aber von Kindheit an nichtkatholisch Erzogenen *nicht der katholischen Formpflicht unterliegen*, wenigstens wenn die *Eltern* im Namen des Kindes einen *formellen Akt* gesetzt haben, um die Kirche zu verlassen. Zumindest besteht darüber ein *dubium iuris* [vgl. c.14 CIC]; daher verpflichtet das Gesetz über die kanonische Formgebundenheit nicht."[253]

---

[250]vgl. Heimerl / Pree, Kirchenrecht, 245 und 247.

Anders dagegen Primetshofer, Der Kreis der Normadressaten, 492: "Wer auf diese Weise von der katholischen Kirche *abgemeldet* wurde, von dem läßt sich wohl schwer sagen, daß er selbst *abgefallen* ist." Dennoch möchte Primetshofer die akatholisch Erzogenen, egal, welcher Abstammung, von der Formpflicht befreit wissen. Zu diesem Zwecke müßte der ehemalige zweite Halbsatz des c.1099 §2 CIC/1917 wieder eingeführt werden, allerdings mit der Erweiterung, daß auch die akatholische Erziehung bei einem in der katholischen Kirche Getauften relevant wird (vgl. ebd., S. 492f).

[251]Lüdicke, Die Kirchengliedschaft, 379f.

[252]vgl. ebd., 382.

[253]Heimerl / Pree, Kirchenrecht, 247.

4.1.6 Die Formfreiheit der 'abgefallenen' Katholiken im Zusammenspiel mit anderen Eherechtsnormen

Die Formbefreiung der von der katholischen Kirche Abgefallenen ist im Interesse der Religions- und Gewissensfreiheit[254] wie auch als Fortschritt in Richtung auf mehr gültige Eheschließungen[255] sicher zu begrüßen; allerdings darf dabei die durch die unterschiedliche Interpretation des *actu formali deficere* gegebene Rechtsunsicherheit bezüglich der Feststellbarkeit des formgebundenen Personenkreises und damit verbunden der Gültigkeit des Ehesakramentes nicht übersehen werden.[256] Ebenso muß auch darauf aufmerksam gemacht werden, daß die gesetzliche Freistellung des genannten Personenkreises von der Formpflicht durch die Lehre von der Identität des Ehevertrages mit dem Ehesakrament gemäß c.1055 §2 zu der paradoxen Konsequenz führt, daß rein zivil geschlossene Ehen von 'abgefallenen' Katholiken miteinander oder mit getauften Nichtkatholiken nicht nur gültig, sondern zugleich auch sakramental sind.[257]

Darüber hinaus zieht die Freistellung der 'abgefallenen' Katholiken von der Formpflicht auch den Rechtszweifel nach sich, ob diese Katholiken überhaupt an irgendeine öffentliche Eheschließungsform gebunden sind. Während in c.1127 §2 das Eingehen einer bekenntnisverschiedenen Ehe nach gewährter Dispens von der Formpflicht ausdrücklich als Gültigkeitsbedingung der Ehe auf eine öffentliche Eheschließungsform verpflichtet wird, fehlt diese Verpflichtung für die 'abgefallenen' Katholiken in c.1117. Diese Tatsache ist umso verwunderlicher, da 1977 eine Bischofskonferenz den Antrag gestellt hatte, im Kanon über den formpflichtigen Personenkreis auch die vom Zivilrecht geforderte Eheschließungsform zu erwähnen, dieser Vorschlag aber von der Studienkommission für das Eherecht einstimmig verworfen wurde, weil eine solche Erwähnung nur die heutige Säkularisierungstendenz begünstigen würde.[258] Diesen Wunsch hätte man wohl besser nicht so schnell und so global ablehnen, sondern zumindest für die 'abgefallenen' und keiner anderen Kirche oder kirchlichen Gemeinschaft beigetretenen Katholiken übernehmen sollen. Jedenfalls hätte man im Zusammenhang mit dieser Bitte darauf kommen müssen, die 'abgefallenen' Katholiken zur Gültigkeit ihrer Ehe an irgendeine öffentliche Eheschließungsform zu binden. Dies hat man aber versäumt, so daß sich die von der katholischen Kirche Abgefallenen nach der geltenden Rechtslage des CIC "hinsichtlich der Eheschließungsform im Status vor dem Tridentinum [befinden], d.h. ihre klandestine Ehe [kirchlich] gültig"

---

[254]vgl. Ruf, Das Recht der katholischen Kirche, 259.

[255]vgl. Gradauer, Der Kirchenaustritt, 66; Beykirch, Von der konfessionsverschiedenen zur konfessionsverbindenden Ehe, 449; Lanversin, Secularisation et sacrement de mariage, 230, der von einer Orientierung der Kodexkommission zugunsten der Personen und ihres Rechts auf Ehe spricht.

[256]vgl. Ruf, Das Recht der katholischen Kirche, 259; Primetshofer, Die Eheschließung, 789.

[257]vgl. dazu auch die Ausführungen von Prader, Das kirchliche Eherecht, 32 und 212, Anm.23: "Eine Alternative zwischen einer sakramentalen und einer nichtsakramentalen, naturrechtlich gültigen Ehe zwischen Getauften ist in der Heilsordnung des Neuen Bundes nicht möglich ... Das gilt auch für den im can.1117 vorgesehenen Fall, wonach katholische Christen, die durch formalen Akt aus der Kirche ausgetreten sind, von der kanonischen Eheschließungsform befreit sind. Diese gesetzliche Befreiung schließt nicht ein, daß die Kirche die Zivilehe dieser Christen als eine gültige nichtsakramentale Ehe anerkennt."

[258]vgl. Communicationes 10 (1978), 97.

ist.[259] Denn hat ein 'abgefallenes' Brautpaar einen echten Ehewillen, aber lehnt aus irgendwelchen Gründen die staatliche Eheschließungsform ab, so kann es eine kirchlich gültige und sogar sakramentale Ehe in jeder beliebigen Form schließen, egal, ob diese öffentlich oder nicht-öffentlich ist, Hauptsache, es hat sich gegenseitig seinen Ehewillen (irgendwie) kundgetan. Von der kanonischen Formpflicht befreit und auf keine andere öffentliche Eheschließungsform verpflichtet, ist die nach c.1057 §1 CIC für die kirchliche Gültigkeit der Ehe geforderte *rechtmäßige* Weise der Ehekonsens*erklärung* eben schon durch jede Art des von beiden einander *nach außen* kundgegebenen Ehewillens erfüllt, sei es, daß dies zu Hause, im Garten, im Wald oder sonst wo in trauter Zweisamkeit, oder im Beisein anderer stattfindet. Denn durch das kirchliche Gesetzbuch weder an die kirchliche noch an die staatliche Eheschließungsform gebunden, ist für eine kirchlich gültige und sakramentale Eheschließung zweier 'abgefallener' Katholiken das Kriterium der rechtmäßigen Weise durch jede Weise erfüllt, so daß nur noch das Kriterium der Kundgabe des Ehewillens, also die Äußerung des Ehewillens, erforderlich ist.[260] Diese Konsequenz lag sicherlich nicht in der Absicht des kirchlichen Gesetzgebers; es ist kaum anzunehmen, daß er die von der katholischen Kirche Abgefallenen besser stellen wollte als die Partner einer von der Formpflicht dispensierten Mischehe, zumal in der heutigen Gesellschaft eine Ehe, bei der nicht irgendeine Form eines *öffentlichen* Konsensaustausches stattgefunden hat, auch für die Kirche kaum mehr denkbar ist, wie dies deutlich in der Regelung der Noteheschließungsform (c.1116) zum Ausdruck kommt, wo selbst in Notsituationen die Gültigkeit einer Eheschließung an die Anwesenheit von Zeugen und damit an eine öffentliche bzw.

---

[259] Primetshofer, Die kanonistische Bewertung der Zivilehe, 418.

[260] Genau entgegengesetzter Ansicht ist Prader, Das kirchliche Eherecht, 132: "Wenn zwei abgefallene, nicht formpflichtige Katholiken in nicht öffentlicher Form, privat heiraten, steht die Rechtsvermutung für die Ungültigkeit des Konsenses. Can.1057 bestimmt, daß die Ehe nur 'durch den Konsens der Partner zustande kommt, der in rechtmäßiger Weise kundgetan wird.' Diese für alle Ehen geltende Bestimmung spricht deutlich für die öffentliche Form."
Auch nach Gampl, Ehe - Nichtigkeits - Probleme, 142, "scheinen die Begriffe rechtmäßig kundtun, legitim manifestieren, mehr für öffentliche Form zu sprechen als für Gültigkeit bloß clandestiner Konsenserklärung." Eine Begründung für diese Rechtsvermutung bietet Gampl nicht, es sei denn, der Hinweis, daß "die kirchliche Erfindung der Mitwirkung eines Hoheitsträgers als Voraussetzung gültiger Eheschließung vom Eherecht vieler Staaten übernommen worden und folglich auch im außerkirchlichen Bereich weithin gang und gäbe ist", soll als solche dienen. Vollkommen im leeren Raum steht die Schlußthese: "Ist es doch so gut wie ausgeschlossen, daß abgefallene Katholiken bei ganz und gar formloser Heirat jenen Ehewillen unverkürzt gehabt und ausgetauscht hätten, der nach katholisch - kirchlicher Auffassung in Lehre und Judikatur zu gültigem Eheabschluß nötig ist" (ebd., 142f).
Ebenso muß Pree, Ehenichtigkeitsgründe, 360, widersprochen werden, wenn er ausführt: "Vom Wesen der Ehe her ist als unverzichtbares und daher indispensables Mindesterfordernis hinsichtlich der Konsensabgabe lediglich verlangt, daß sie *in irgendeiner öffentlichen Form* vollzogen wird." Pree beruft sich hier auf die In iure - Aussage des Urteils der Rota Romana vom 19.2. 1986 coram Palestro: "Ex iure naturali et divino positivo nihil praescriptum habetur in celebratione matrimonii adhibendam. Sufficit exinde, ad valorem matrimonii, ut coniuges, matrimonium ineuntes, sibi invicem, externo aliquo modo, matrimonialem consensum manifestent, ..." (Mon Eccl 111 (1986), 427 - 441, 430). Doch die Formulierung *externo aliquo modo* kann nicht einfach mit *in irgendeiner öffentlichen Form* wiedergegeben werden; denn eine äußere Form ist nicht schon eine öffentliche Form. Äußere Form besagt lediglich, daß ein im Inneren vollzogener Akt nach außen kundgetan wird; erst wenn zu dieser äußeren Kundgabe das Element der Nachweisbarkeit hinzukommt, liegt eine öffentliche Form vor.

nachweisbare Form gebunden ist. Doch solange der Gesetzgeber seine Vorstellung bezüglich der von 'abgefallenen' Katholiken einzuhaltenden Eheschließungsform nicht in klare Normen faßt, besteht – wenigstens in der Theorie – ein Rechtszweifel darüber, "ob die von der katholischen Kirche abgefallenen Ehewerber zur Einhaltung irgendeiner öffentlichen Form der Eheschließung verpflichtet sind. Gemäß c.14 besteht daher keine Bindung an das in Zweifel gezogene Gesetz. Dies bedeutet für die gerichtliche Behandlung solcher Fälle, daß die ohne Beobachtung irgendeiner öffentlichen Form geschlossene Ehe zweier von der katholischen Kirche Abgefallenen als gültig zu betrachten ist."[261]

4.2 Befreiung von der Formpflicht durch Dispens für bekenntnisverschiedene Ehen

4.2.1 Entstehung und Inhalt der Dispensregelung in der Instruktion Matrimonii sacramentum von 1966

"In keinem Einzelaspekt der konfessionsverschiedenen Ehe treffen die rechtlichen und theologischen Probleme so brisant aufeinander wie bei der Frage der Eheschließungsform. Hier geht es nicht nur um die rechtliche Sicherheit beim Eheabschluß, sondern auch um das theologische Verständnis des Eheschließungsaktes."[262] Deshalb ist in diesem Bereich ein Ausgleich zwischen der von der katholischen Kirche geforderten Formpflicht und dem Respekt vor dem theologischen Verständnis der anderen Konfession bezüglich des Eheschließungsaktes notwendig. Der CIC/1917 hat diesem Erfordernis in keiner Weise entsprochen, da er auch die bekenntnis- bzw. religionsverschiedene Ehe in c.1099 §1 n.2 ohne Wenn und Aber der kanonischen Formpflicht unterworfen hatte. Als dann 1959 Johannes XXIII. zusammen mit dem Zweiten Vatikanischen Konzil eine umfassende Revision des Kirchenrechts im Geist der Ökumene angekündigt hatte,[263] entstand allmählich "eine Atmosphäre hochgespannter Erwartungen auf eine radikale Änderung der einschlägigen kirchlichen Bestimmungen. ... Die Entscheidung Roms in der Mischehenfrage wurde als Prüfstein für die Aufrichtigkeit der ökumenischen Öffnung verstanden."[264] Damit war also klar, daß sich das Konzil auch mit der Mischehenfrage beschäftigen mußte. Allerdings gelang es dem Konzil nicht, ein neues Mischehenrecht zu verabschieden. Denn einerseits konnten sich die Konzilsväter nicht auf ein (positives oder negatives) Meinungsbild über einen mehrmals überarbeiteten Entwurf des Ehevotums[265] einigen, andererseits drängte aber die Zeit. Deshalb beschloß man durch Abstimmung, nur Anregungen zu geben und ansonsten die Neuregelung dem Papst zu übergeben; wegen der ökumenischen Auswirkungen wollte man mit der dringend notwendigen Änderung

[261] Primetshofer, Die kanonistische Bewertung der Zivilehe, 419.

[262] Heinemann, Mischehe, 61.

[263] vgl. AAS 51 (1959), 65 - 69.

[264] Wirth, Ein erster Reformschritt, 254.

[265] Zur Entstehung und rechtlichen Einordnung des Ehevotums vgl. Beykirch, Von der konfessionsverschiedenen zur konfessionsverbindenden Ehe, 158 - 162; auch Gerhartz, Die Mischehe, 376 - 400; Häring, B., Vorgeschichte und Kommentar zum Entwurf des Votums über das Sakrament der Ehe, in: LThK, Konzilskommentar III, Freiburg, Basel, Wien, 1968, 595 - 606, 595.

der Mischehengesetzgebung nicht noch bis zur Reform des CIC warten.[266] Das ist der Hintergrund für die Tatsache, daß auf dem Konzil über das nach vielen Entwürfen schließlich vorgelegte 'Votum über die Ehe' zwar diskutiert, aber nicht abgestimmt wurde.[267] In der Frage der Formpflicht bei bekenntnisverschiedenen Ehen bildete Artikel 5b des Ehevotums die Diskussionsgrundlage:

"Mischehen sind in kanonischer Form zu schließen. Falls aber der Beobachtung dieser Form große Schwierigkeiten entgegenstehen, sollen die Ortsordinarien die Vollmacht erhalten, von der kanonischen Form zu dispensieren, damit nicht Ehen ungültig sind, die mit echtem Ehewillen öffentlich geschlossen wurden."[268]

Die Debatte über diese Textvorlage zeigte das Meinungsspektrum der Konzilsväter in der Frage der Formpflicht auf.[269] Die Stellungnahmen[270] "gingen von der Beibehaltung der kanonischen Formvorschrift für die Mischehen in jedem Fall über den Vorschlag der Beibehaltung der Formvorschrift mit der Übertragung der Dispensvollmacht an die Diözesanbischöfe bis hin zu den Vorschlägen, die Formvorschrift nur zur Erlaubtheit des Eheabschlusses vorzuschreiben oder sie ganz abzuschaffen."[271]

Wollten die Befürworter der grundsätzlichen Befreiung von der Formpflicht eine mögliche Diskrepanz zwischen staatlich gültigen und kirchlich ungültigen Mischehen vermeiden,[272] sahen die Gegner der Freistellung von der Formpflicht nur die Gefahr des öffentlichen Ärgernisses und des religiösen Indifferentismus, wie auch einer zu großen Belastung für das Gewissen der Ordinarien,[273] während die Vertreter der Dispensregelung in dem vorgeschlagenen Entwurf einen Mittelweg zwischen den Extremen einer starren Strenge und einer totalen Erleichterung sahen, die Vereinbarkeit mit der tridentinischen Form herausstellten, deren Intention es gewesen sei, den Konsens als Konstitutivum der Ehe zu wahren und zugleich gegen klandestine Ehen vorzugehen, und an das Vertrauen auf die seelsorgliche Verantwortlichkeit des Ordinarius appellierten.[274]

In dem Bemühen, einerseits eine für die Gesamtkirche einheitliche Regelung der Formpflicht beizubehalten, andererseits aber den recht verschiedenen Anforderungen der einzelnen Teilkirchen gerecht zu werden,[275] hatte Papst Paul VI. bei der Neuordnung der Formpflicht das 'Ehevotum' des Konzils zwar berücksichtigt,

---

[266]vgl. Das 'Votum' über das Ehesakrament, in: HK 19 (1965), 282 - 286, 282f und in: LThK - Konzilskommentar III, 595.

[267]vgl. Mörsdorf, Matrimonia Mixta, 356; Gerhartz, Geschichtlicher Aufriss, 22; ders., Die Mischehe 380f.

[268]LThK - Konzilskommentar III, 601; vgl. Acta Synodalia III, 469.

[269]vgl. Das 'Votum' über das Ehesakrament', in: HK 19 (1965), 269 - 286; 284f.

[270]Eine Darstellung der Stellungnahmen der einzelnen Konzilsväter findet sich bei Beykirch, Von der konfessionsverschiedenen zur konfessionsverbindenden Ehe, 182 - 189.

[271]Gerhartz, Geschichtlicher Aufriss, 25f; vgl. Acta Synodalia III, 8, S.481 - 633; 1134.

[272]vgl. z.B. Acta Synodalia II, 6, S.194f; III, 8, S.625 und 1134.

[273]vgl. z.B. ebd., III, Pars 8, S.484f; 632; 634; 701.

[274]vgl. z.B. ebd., 8, S.481 und 627 - 630; 736; 746.

[275]vgl. Gerhartz, Die Mischehe, 389; ders., Geschichtlicher Aufriss, 26.

aber offensichtlich zu zaghaft. Denn in seiner 1966 auf der Basis der Theologie des Zweiten Vatikanums erlassenen Instruktion *Matrimonii sacramentum*[276] wurde zwar erstmals die Möglichkeit eröffnet, Dispens von der Formpflicht beantragen zu können. Doch abgesehen von der Tatsache, daß ein expliziter Verweis auf diese neue Möglichkeit fehlte, und es stattdessen nur hieß: "Bei auftretenden Schwierigkeiten soll der Bischof dem Hl. Stuhl den Fall mit den Begleitumständen berichten", [277] wurde die Dispensgewährung nicht der seelsorglichen Verantwortlichkeit des Ordinarius überlassen, wie es das konziliare Ehevotum und auch viele, wenn auch nicht die Mehrheit der Konzilsväter vorgeschlagen hatten, sondern konnte nur auf dem komplizierten Weg über Rom erteilt werden.[278] Mit dieser auf halbem Weg stehengebliebenen Reform konnte man sich nicht zufriedengeben; *Matrimonii sacramentum* stellte zwar im Vergleich zum CIC/1917 durch die eröffneten Not-türen "einen klaren Fortschritt gegenüber dem bisherigen Recht" dar, blieb andererseits aber "fast auf der ganzen Linie hinter dem Konzilsschema, das den Bischöfen allgemein größere Vollmachten zugestehen wollte, zurück."[279]

4.2.2 Das Motu Proprio Matrimonia mixta von 1970 auf dem Hintergrund der Diskussionen über die Formpflicht auf der Bischofssynode von 1967

Wahrscheinlich wußte Papst Paul VI. selbst um die Schwächen von *Matrimonii sacramentum*, nahm diese aber in Kauf, um auf jeden Fall noch vor Abschluß der viele Jahre in Anspruch nehmenden Codex-Revision eine dringend fällige Neuordnung der Mischehenregelung zu treffen, selbst wenn diese nur vorläufig gelten sollte.[280] Deshalb hat er wohl auch für die neue Mischehenordnung statt der vorgesehenen Form des 'Motu Proprio' die der 'Instructio' gewählt und damit "die Skala der Autorität bewußt um eine Stufe herabgeschraubt."[281]

Gerade wenn man nicht nur den Inhalt, sondern auch den Werdegang von *Matrimonii sacramentum* kennt, ist es keineswegs verwunderlich, daß bereits im folgenden Jahr auf der Bischofssynode von 1967 die Diskussion über die Formpflicht erneut entfacht wurde. Das der Synode vorgelegte Arbeitspapier zur Mischehe enthielt nämlich auch zwei Anfragen zur Formpflicht:

"Frage 5:

Kann die kanonische Form aufgehoben werden und in Zukunft folgende Norm in Anwendung kommen: Katholiken, die zur Gültigkeit des Aktes die kirchliche Eheschließungsform einhalten müssen, wenn sie untereinander heiraten, sind nur zur Erlaubtheit an diese Form gebunden, wenn sie mit Nichtkatholiken die Ehe eingehen?

---

[276]AAS 58 (1966), 235 - 239; mit dt. Übersetzung in: NKD 28, 86 - 97.
[277]NKD 28, 94f.
[278]vgl. AAS 58 (1966), 238; NKD 28, 94f.
[279]Ebneter, Neue Mischehenordnung, 80; vgl. auch Nitzschke, Matrimonii sacramentum, 31.
[280]vgl. die einschränkende Erklärung des Papstes in *Matrimonii sacramentum*: Die Bestimmungen "sollen, wenn sie sich bewährt haben, in endgültiger Fassung in das neue kirchliche Gesetzbuch aufgenommen werden"(AAS 58 (1966), 237; NKD 28, 90f).
[281]Ebneter, Neue Mischehenordnung, 80.

Frage 6:

Wäre es, falls die kanonische Eheschließungsform als Bedingung für die Gültigkeit der Ehe beibehalten wird, angebracht, daß dem Ortsoberhirten die Vollmacht gewährt wird, nach seinem klugen und gewissenhaften Ermessen in allen einzelnen Fällen von der Form zu dispensieren, wodurch also in Zukunft die Ausübung dieses Rechtes nicht mehr einzig dem Heiligen Stuhl vorbehalten würde?"[282]

Die erste Anfrage war sicherlich von der Sonderregelung der Formpflicht für die Ostchristen in OE 18 und *Crescens matrimoniorum* von 1967[283] inspiriert und forderte letztendlich ein Zurückgehen auf die Regelung von *Provida*, die 1906 als Sonderrecht für das Gebiet des Deutschen Reiches erlassen[284] und durch den CIC/1917 außer Kraft gesetzt worden war. Die zweite Anfrage war nur unter der Voraussetzung gestellt, daß die erste Frage negativ beantwortet werden würde.[285]

Doch auch die Diskussionen[286] der Bischofssynode führten nicht zu einem einstimmigen Ergebnis: Erneut sprach sich die Mehrzahl der Bischöfe gegen eine Aufhebung der Formpflicht aus, da dadurch die pastorale Einflußnahme auf die Ehe erschwert sowie eine Anpassung an die staatliche Eheauffassung und damit eine Begünstigung der Ehescheidung wie auch eine Verweltlichung und Entchristlichung der Ehe erfolgen würde; schließlich würden sich auch Schwierigkeiten mit den Orientalen ergeben, die ja nicht nur irgendeine öffentliche Form, sondern den *ritus sacer*, also die Assistenz des Priesters, für die Gültigkeit der Ehe fordern.[287] Bemerkenswerter Weise traten auch die orientalischen Bischöfe nicht für eine Aufhebung, sondern vielmehr für die Beibehaltung der Formpflicht ein. Ja sie forderten sogar die Abschaffung der durch *Crescens matrimoniorum* gerade erst ein halbes Jahr zuvor getroffenen Sonderregelung für die Mischehen mit nichtkatholischen Ostchristen,[288] da sie u.a. auch dazu geführt habe, daß viele orientalische Katholiken nun die Trauung in der orthodoxen Kirche vollziehen.[289]

Die Befürworter der Aufhebung der Formpflicht wollten dagegen vor allem den zahlreichen nur wegen Nichteinhaltung der kanonischen Form ungültigen Mischehen ein Ende setzen.[290]

Als diese auch schon auf dem II. Vaticanum vorhandene Vielfalt der Standpunkte durch Abstimmung zu einem Votum zusammengefaßt werden mußte, entschied die große Mehrheit der Bischöfe gegen die Aufhebung der Gültigkeitsbedingung

---

[282]NKD 28, 116f.

[283]vgl. ausführlicher dazu S. 178ff.

[284]siehe ausführlicher S. 78ff.

[285]vgl. Mörsdorf, Matrimonia Mixta, 371; Gerhartz, Das Mischehenrecht, 513.

[286]Eine systematische Zusammenstellung der pro und contra Argumente nicht nur der Bischöfe, sondern auch der Synodalen wie auch der zusammen mit den Anfragen mitgegebenen Gründe, die für und gegen die jeweilige Anfrage sprechen, findet sich bei Navarrete, Matrimonia mixta, 676 - 684.

[287]vgl. Caprile, 357 - 360; 368f.

[288]siehe ausführlich dazu S. 182.

[289]vgl. Caprile, 374 - 376; 386f.

[290]vgl. Caprile, 383.

der Formpflicht.[291] Damit mußte nun die 2. Anfrage bezüglich der Formpflicht verhandelt werden: Soll der Ortsordinarius von der Formpflicht Dispens erteilen können oder nicht? Die Befürworter der bischöflichen Dispensvollmacht wiesen darauf hin, daß der Apostolische Stuhl seine Entscheidung sowieso immer aufgrund der bischöflichen Beurteilung des Einzelfalles und der Gesamtsituation seines Bistums treffen müßte und daß es deshalb zur Entlastung der römischen Kurie beitrüge, wenn der Ortsordinarius künftig gleich selbst über die Dispensgewährung entscheidet. Die Gegner argumentierten dagegen mit der Wahrung der Einheitlichkeit der kirchlichen Disziplin, der Vermeidung allzu großer Unterschiede in der Dispensgewährung und der größeren Entscheidungsautorität des Apostolischen Stuhles. Um den Interessen beider Seiten gerecht zu werden, wurde wiederholt vorgeschlagen, daß die jeweiligen Bischofskonferenzen Richtlinien erlassen sollten, nach denen die Einzelbischöfe ihre Dispensvollmacht ausüben; dadurch wäre zumindest regional eine einheitliche Praxis gewährleistet.[292] Mit diesem Kompromiß konnten sich wohl viele Teilnehmer der Synode anfreunden. Jedenfalls ging die Abstimmung über die 2. Anfrage bezüglich der Formpflicht positiv aus; der Vorschlag, künftig den Ortsordinarien die grundsätzliche Vollmacht zu erteilen, von der Formpflicht dispensieren zu können, wurde übernommen.[293] Damit hatte sich doch noch der bereits auf dem Zweiten Vatikanischen Konzil vorgeschlagene Mittelweg durchgesetzt. Denn die in dem Motu Proprio *Matrimonia mixta*[294] erfolgte rechtliche Neuordnung der konfessionsverschiedenen Ehe beruhte im wesentlichen auf den Ergebnissen der Bischofssynode von 1967. So hatte die Bischofssynode und in ihrem Gefolge *Matrimonia mixta* die schon auf dem Zweiten Vatikanischen Konzil und in *Matrimonii sacramentum* ansatzweise deutlich gewordene Tendenz zur Regionalisierung des Mischehenrechts fortgesetzt und erweitert: Die gesamtkirchliche Ordnung gab und gibt Raum für regionale Sonderregelungen nicht nur durch die Dispensmöglichkeit von der Formpflicht durch den Ortsordinarius, sondern auch durch die den jeweiligen Bischofskonferenzen überlassene Ausgestaltung der Dispensregelung.[295] Diese Beweglichkeit und Anpassungsfähigkeit der gesamtkirchlichen Ordnung an die Verhältnisse vor Ort war und ist allerdings nur auf dem Weg über das rechtliche Mittel der Dispens möglich. Und genau das ist der Ansatzpunkt für die Kritik![296] Denn das Rechtsinstitut der Dispens[297] ist per definitionem eigentlich auf die subsidiäre Anwendung von Einzel- bzw. Ausnahmefällen beschränkt und nicht im Sinne einer Dauerregelung für gewisse Gegebenheiten gedacht, da es sonst seine kritische Hinweisfunktion verliert. Die Häufigkeit, mit der Dispens von einer gesetzlichen Vor-

---

[291]125 zu 33 mit 28 Enthaltungen; vgl. Caprile, 434.

[292]vgl. Caprile, 420 - 422; Mörsdorf, Matrimonia Mixta, 374; Gerhartz, Das Mischehenrecht, 489; Navarrete, Matrimonia mixta, 681 - 684.

[293]105 zu 13 mit 68 Enthaltungen; vgl. Caprile, 434.

[294]AAS 62 (1970), 257 - 263; mit dt. Übersetzung in: NKD 28, 118 - 133.

[295]vgl. Gerhartz, Geschichtlicher Aufriss, 51; Kaiser, Bedeutung der kirchlichen Eheschließung, 142; Beykirch, Von der konfessionsverschiedenen zur konfessionsverbindenden Ehe, 244.

[296]Siehe auch dazu S. 282ff.

[297]Zur Geschichte und Bedeutung des Dispensbegriffes vgl. Lederer, J., Der Dispensbegriff des kanonischen Rechtes unter besonderer Berücksichtigung der Rechtssprache des CIC, München 1957.

schrift erteilt werden muß, ist nämlich als Gradmesser für die Reformbedürftigkeit und/oder (Un)angemessenheit einer Grundkonzeption zu bewerten.[298] Wird von einem Rechtssatz ständig dispensiert, so erhebt sich die Frage, "ob die für die Dispens erforderlichen, besonders gelagerten Fälle in einer solchen Häufigkeit tatsächlich gegeben sind. Wesentlich ist im Zusammenhang mit der Häufigkeit der Dispensgewährung aber nicht so sehr das zunächst auffallende quantitative Moment. Entscheidend ist vielmehr der darin enthaltene qualitative Sprung, der darin besteht, daß die iusta causa vom Ausnahme- zum Regelfall wird und damit ihre spezifische Funktion verliert. Die Dispens wird nicht mehr auf Grund eines besonders gelagerten Falles erteilt, sondern stellt den im Rechtssatz ausgesprochenen Gesetzessinn *überhaupt* in Frage. Sie wird zur individuellen Form einer grundsätzlich *allgemeinen* Negation des Gesetzessinnes. Der Rechtssatz bleibt zwar auf dem Papier bestehen, wird aber kontinuierlich ausgehöhlt. ... Die dauernd geübte Dispenspraxis, bei welcher der Dispensgrund nicht im Verhältnis der Ausnahme, sondern im diametralen Gegensatz zu ihm steht, entzieht dem Rechtssatz eine der wesentlichen Grundlagen seiner Geltung: die der Effektivität. Der dem Tatbestand adäquate Sachverhalt wird zwar realisiert, der Rechtssatz kommt aber nicht zur Anwendung und vermag die sozialen Gegebenheiten nicht mehr im intendierten Sinne zu steuern. Es fehlt ihm die Fähigkeit und anhaftende Möglichkeit, auf das faktische Verhalten der Menschen bestimmend einzuwirken. ... Wenn aber ein solches Gesetz infolge der permanenten Aushöhlung durch die Dispenspraxis ohnedies nur mehr auf dem Papier steht, dann ist es sinnvoller, Klarheit zu schaffen und das Gesetz auch formell aufzuheben. Daran grundsätzlich festzuhalten, um aber trotzdem fortwährend davon zu dispensieren, ist eine Haltung, die die Rechtsordnung in ihrer Gesamtheit unglaubwürdig macht."[299]

Auf dem Hintergrund dieser Überlegungen gilt dann auch für die Frage der Formpflicht, was für die Beratungen der Synode über die Mischehenfrage insgesamt zutrifft: Die Ergebnisse der Synode können nicht gerade als großzügige und zukunftsgestaltende Lösungen bezeichnet werden, sondern eher als kleine Schritte und Kompromisse, "die am Bisherigen herumflickten, anstatt aus den neuen Einsichten des Konzils nun wirklich neue Verhaltensmodelle gegenüber dem alten Problem der Mischehe zu suchen."[300] Dadurch war die Neuordnung sozusagen "keine neue Ordnung, sondern eine modifizierte alte Ordnung,"[301] obwohl "jene Gründe, die zur Dezentralisierung und Erweiterung der Dispenspraxis den Ausschlag gaben, ... durchaus auch zu einer völlig neu konzipierten Ordnung" hätten führen können.[302] Diese Tatsache hatte wiederum ihre Hauptwurzel in den gerade in bezug auf die Mischehe sehr unterschiedlichen Situationen der Ortskirchen, die

---

[298]vgl. Gerhartz, Das Mischehenrecht, 490.

[299]Luf, Allgemeiner Gesetzeszweck, 102f; vgl. auch ebd., 105.

[300]Gerhartz, Das Mischehenrecht, 490; vgl. ders., Geschichtlicher Aufriss, 32; vgl. auch Wilkens, Neuordnung mit Sprengkraft, 341: Das Mischehenrecht von 1970 "arbeitet mit dem Modell von Regel und Ausnahme". So entsteht ein System, "das nur noch durch laufend erweiterte Befreiungsmöglichkeiten überhaupt einigermaßen anwendbar bleibt. ... Innerhalb des noch einmal bestätigten traditionellen Systems sucht das Motu Proprio alle Möglichkeiten einer Beseitigung von Härten des Mischehenrechts auszuschöpfen. Die Bausteine dazu bilden die Formeln und Erfahrungen der römischen Verwaltungspraxis aus den letzten Jahren ..."

[301]Lengsfeld, Mischehen, 256.

[302]ebd., 257.

sich in den ganz kontroversen Standpunkten der Bischöfe in vielen Mischehenfragen auswirkten. Es lag also nicht an Rom, sondern an den gegensätzlichen Meinungen im Weltepiskopat, daß die Synode in der Mischehenfrage nur Möglichkeiten der weiteren Anpassung, aber kaum zufriedenstellende Lösungen angebahnt hatte.[303] "Denn der Papst konnte praktisch nicht gegen das Votum der Bischöfe handeln."[304]

Doch die härteste Kritik, die sich nicht nur die Teilnehmer der Bischofssynode, sondern bereits auch schon die Konzilsväter des Zweiten Vatikanischen Konzils und erst recht Papst Paul VI. gefallen lassen müssen, ist der Vorwurf, daß jeder noch so leise Versuch gefehlt hat, "die kanonische Eheschließungsform aus dem theologischen Sinn der kirchlichen Trauung zu begründen"[305] und daß stattdessen "die Frage der Eheschließungsform rein vertragsrechtlich im Blick auf die Rechtssicherheit gesehen worden ist."[306] Nicht einmal in *Matrimonia mixta* sind "Grundzüge einer Begründung für diese Vorschrift, die so einschneidend ist und so oft in Frage gestellt wird,"[307] enthalten. Für alle anderen wichtigen Bestimmungen wurde sie doch in der Einleitung und teilweise sogar noch im normativen Teil des Schreibens auch gegeben! Da eine theologische Begründung für die kanonische Eheschließungsform gänzlich fehlte und auch heute noch fehlt, muß sie fast zwangsläufig "für viele den Eindruck eines unüberlegten Mitschleppens überbrachter, heute nicht mehr begründbarer Rechtsnormen"[308] machen.

Zu einer gesamtkirchlichen Regelung erhoben, setzte *Matrimonia mixta* mit Ausnahme der in *Crescens matrimoniorum* vorgenommenen Sonderregelung für die Eheschließung mit einem Christen der Ostkirchen[309] alle weiteren bisher geltenden Mischehenbestimmungen außer Kraft und stellt bis heute den Abschluß der nachkonziliaren Reform in der Formpflichtfrage für Mischehen dar. Denn der CIC/1983 hat die Regelung der Formpflicht von 1970 übernommen.

Als Rahmengesetz, das durch Ausführungsbestimmungen der regionalen Bischofskonferenzen[310] konkretisiert werden mußte, hielt also auch wieder die in *Matrimonia mixta* vorgenommene Neuordnung des Mischehenrechtes an der Formpflicht für Mischehen fest (Nr.8), hatte aber den Bischöfen das Recht übertragen, im Einzelfall von der Form zu dispensieren, wenn der Einhaltung der kanonischen Form erhebliche Schwierigkeiten[311] entgegenstehen. Aufgabe der Bischofskonfe-

---

[303]vgl. Gerhartz, Das Mischehenrecht, 490; HK 21 (1967), 585 - 591; 588.

[304]Gerhartz, Das Mischehenrecht, 513.

[305]Mörsdorf, Matrimonia Mixta, 373.

[306]ebd., 372.

[307]Gerhartz, Das Mischehenrecht, 514; vgl. auch Wesemann, Grundsätze und Grundzüge der Neuregelung, 268.

[308]Gerhartz, Das Mischehenrecht, 514.

[309]Die weitere Gültigkeit dieser Ausnahmeregelung wird in *Matrimonia mixta* Nr.8 explizit festgestellt.

[310]Zu den von der Deutschen Bischofskonferenz erlassenen Ausführungsbestimmungen vgl. NKD 28, 134 - 153; AfkKR 139 (1970), 538 - 548, für konfessionsverschiedene Ehen und 548 - 553, für religionsverschiedene Ehen; Schuh, K., (Hg) Neuordnung der Mischehen. Die kirchlichen Regelungen und Beiträge zur Praxis, Essen - Werden 1970.

[311]Dies ist im Vergleich zu *Matrimonii sacramentum* eine Verschärfung. Denn dort waren unter III. nicht *graves difficultates*, sondern nur *difficultates* als Bedingung für eine Vorlage des Falles beim Apostolischen Stuhl gefordert.

renz war es, für ihren Bereich Ausführungsbestimmungen zu erlassen, nach denen diese Dispens in erlaubter und für das betreffende Land oder Territorium einheitlicher Weise erteilt wurde. Ist von der Form dispensiert worden, mußte das Brautpaar zur *Gültigkeit* seines Eheabschlusses irgendeine öffentliche Eheschließungsform einhalten (Nr.9).

4.2.3 Die Ausführungsbestimmungen der Deutschen Bischofskonferenz zur Formpflichtregelung nach Matrimonia mixta von 1970

Die Deutsche Bischofskonferenz hatte zur Frage der Dispens von der Formpflicht folgende Ausführungsbestimmung erlassen:

"a) Der Ordinarius dispensiert auf Antrag des katholischen Partners von der Formpflicht, falls das Brautpaar zur katholischen Trauung nicht bereit ist.

b) In diesem Fall muß beim Brautexamen geklärt werden, durch welche öffentliche Ehewillenserklärung die Brautleute ihre Ehe begründen wollen. Ein entsprechender Vermerk ist in die Brautexamensniederschrift aufzunehmen."[312]

Die eigentlichen Ausführungsbestimmungen stellten allerdings die zu den Ausführungsbestimmungen a) und b) mitgegebenen Anmerkungen 7 und 8 dar:[313]

"7. Antrag auf Dispens von der Formvorschrift kann der katholische Partner beim zuständigen Seelsorger stellen. Der nichtkatholische Partner muß von dem Dispensantrag unterrichtet sein und damit wissen, daß in diesem Fall eine gültige christliche Ehe geschlossen wird.

Für die Dispens von der Formvorschrift wird vorausgesetzt, daß der Seelsorger mit den Brautleuten die Bedeutung der kirchlichen Eheschließungsform gründlich besprochen hat und das Brautpaar ausdrücklich erklärt, daß einer katholischen Eheschließung erhebliche Schwierigkeiten entgegenstünden.

8. Da die Ehe für die Allgemeinheit von größter Bedeutung ist, muß die Erklärung des Ehewillens der beiden Partner in einer öffentlichen Form erfolgen.

Da die Ehe Sakrament ist, ist für einen Katholiken die Eheschließung in der von seiner Kirche vorgeschriebenen Form höchst angemessen und deshalb aus pastoralen Gründen angeordnet.

---

[312]NKD 28, 138; AfkKR 139 (1970), 542.
[313]vgl. auch die kritische Bemerkung von Kaiser, Bedeutung der kirchlichen Eheschließung, 126, Anm. 4: "Es braucht hier nicht untersucht zu werden, welche Verbindlichkeit diesen Anmerkungen zukommt, die insgesamt eine seltsame Mischung von Kommentar und Ausführungsbestimmungen zu den Ausführungsbestimmungen darstellen."

Wenn Dispens von der katholischen Eheschließungsform erteilt wird, sind die Brautleute darüber zu belehren, daß mit der von ihnen gewählten Form ihre Ehe vor Gott gültig geschlossen und das Sakrament der Ehe gespendet wird. Darum sollen die Seelsorger auch in diesem Fall auf die Notwendigkeit des würdigen Empfanges des Sakramentes hinweisen.

Es muß beim Brautexamen geklärt werden, ob das konfessionsverschiedene Paar nach der Dispens von der katholischen Eheschließungsform in der standesamtlichen oder in der nichtkatholisch-religiösen Eheschließung seinen Ehewillen erklären und seine Ehe vor Gott begründen will. Dies zu entscheiden, ist Sache der Brautleute.

Bei Dispens von der Formpflicht ist die nichtkatholisch-religiöse Eheschließung einer bloß standesamtlichen vorzuziehen."[314]

In diesen Ausführungsbestimmungen und Anmerkungen läßt sich eine doppelte Zielrichtung aufzeigen: Einerseits wird die Bedeutung der kirchlichen Trauungsform betont und der Seelsorger angewiesen, diese im Brautunterricht gründlich zu besprechen. Erklärt aber andererseits das Brautpaar nach dieser Unterweisung, daß der Einhaltung dieser Form erhebliche Schwierigkeiten entgegenstehen, wird der Bischof von dieser Formvorschrift dispensieren; dabei ist wichtig, daß weder der Pfarrer noch der Bischof überprüfen, ob die Schwierigkeiten im konkreten Fall wirklich erheblich sind, sondern daß hier allein das Urteil der Brautleute ausschlaggebend ist.[315] Sind also die Brautleute, aus welchen Gründen auch immer, zur katholischen Trauung nicht bereit, ist der Sachverhalt der 'erheblichen Schwierigkeiten' erfüllt und es wird ihnen Dispens von der Formpflicht gewährt. Dispensgrund ist damit letzlich die "bloße Weigerung der Normunterworfenen, die katholische Eheschließungsform zu beachten."[316] Hinter dieser Regelung der Deutschen Bischofskonferenz steht wohl folgende einfache und realistische Überlegung: "Wenn die Brautleute zur Einhaltung der katholischen Eheschließungsform nicht bereit sind, werden sie das Formgebot mißachten und die Ehe anderweitig und kirchenrechtlich ungültig eingehen, selbst wenn keine 'erheblichen Schwierigkeiten' vorliegen."[317] Wäre es bei dieser Erkenntnis der Undurchsetzbarkeit der Formpflicht nicht konsequenter gewesen, den Weg der Dispensregelung aufzugeben und stattdessen auch andere, ebenfalls kirchenrechtlich gültige Formen einer Eheschließung zu ermöglichen? Hätte dann die kirchliche Rechtsordnung nicht mehr Prägekraft erhalten?

Zu kritisieren ist hier auch, daß in Anmerkung 7 der Seelsorger in Pflicht genommen wird, mit dem Brautpaar die Bedeutung der katholischen Trauung gründlich zu besprechen, daß ihm dafür aber keine inhaltlichen Hilfestellungen gegeben werden, obwohl doch gerade die Gattung der Anmerkung für inhaltliche Regieanweisungen bestens geeignet gewesen wäre. Zwar könnte man den Verweis auf

[314]NKD 28, 148f; AfkKR 139 (1970) 546f.
[315]vgl. Wesemann, Redlich, klug und vertrauensvoll, 15f; ders., Grundsätze und Grundzüge der Neuregelung, 269; Gundert, Ein großer Schritt nach vorn, 571; Gerhartz, Geschichtlicher Aufriss, 54; Beykirch, Von der konfessionsverschiedenen zur konfessionsverbindenden Ehe, 271.
[316]Luf, Allgemeiner Gesetzeszweck, 106.
[317]ebd., 106.

die Sakramentalität der Ehe in Anmerkung 8 als einen zaghaften Ansatz einer theologischen Begründung der katholischen Trauung werten, doch hätte dann der innere Bezug zwischen kanonischer Trauungsform und Sakramentalität hergestellt werden müssen, zumal das Ehesakrament auch bei einer rein standesamtlichen Trauung zustandekommt.

Ebenfalls als problematisch erweist sich in diesem Zusammenhang die Aussage über die nichtkatholisch-religiöse Ehe*schließung*, die der nur standesamtlichen Eheschließung vorzuziehen ist. Hat hier die Deutsche Bischofskonferenz vollkommen außer acht gelassen, daß in den evangelischen Kirchen die evangelische Trauung nur als Segensakt der bereits standesamtlich vollgültig geschlossenen Ehe und nicht als eigentlicher Eheschließungsakt verstanden wird? Haben hier die deutschen Bischöfe aus Sorge vor einer Säkularisierung der Ehe der nichtkatholischen Trauung in der evangelischen Kirche eine Bedeutung zugesprochen, die sie nach evangelischem Verständnis gar nicht hat?[318] Sicherlich nicht, die Deutsche Bischofskonferenz wollte wohl vielmehr zum Ausdruck bringen, daß eine standesamtliche Eheschließung *mit* anschließender evangelischer Segensfeier in jedem Fall besser ist als eine *bloß* weltliche Eheschließung auf dem Standesamt, die in Deutschland für jede Ehe zur Gültigkeit im staatlichen Bereich vorgeschrieben ist. Denn bei dieser Aussage der Deutschen Bischofskonferenz ist folgendes zu beachten: Wie es dem evangelischen Partner unbenommen bleiben muß, gemäß der evangelischen Ehelehre die standesamtliche Trauung als den eigentlichen Eheschließungsakt und die anschließende evangelische Trauungsfeier nur als Ehesegen der bereits geschlossenen Ehe zu bewerten, so muß es auch für den katholischen Partner möglich sein, gemäß der katholischen Ehelehre nicht schon in der standesamtlichen Trauung, sondern erst in der evangelischen Trauung den eigentlichen Eheschließungsakt zu sehen. Das Brautpaar muß sich natürlich *vor* der Eheschließung einigen, welche Form der Trauung nun für *beide* den eigentlichen Eheschließungsakt darstellt, da andernfalls wegen des Fehlens des *gleichzeitigen* Ehewillens keine gültige Ehe zustandekommen würde. Deshalb hatte ja auch die Deutsche Bischofskonferenz ausdrücklich angeordnet, daß beim Brautexamen geklärt werden muß, "durch welche öffentliche Ehewillenserklärung die Brautleute ihre Ehe begründen wollen. Ein entsprechender Vermerk ist in die Brautexamens - Niederschrift aufzunehmen."[319] Für die Einigung bleiben logischerweise zwei Möglichkeiten offen; entweder folgt das Brautpaar der katholischen oder der evangelischen Ehelehre, wobei im zweiten Fall dann die bloß standesamtliche Trauung ausreichen würde, da ja die kirchliche Segensfeier nach evangelischem Verständnis nicht konstitutiv für die Ehe ist. Das ist also der theologische Hintergrund für die von der Deutschen Bischofskonferenz vorgenommene Favorisierung der nichtkatholisch-religiösen vor der nur standesamtlichen Eheschließung im Falle der Formdispens. An dieser Stelle muß man also der Deutschen Bischofskonferenz unpräzise Ausdrucksweise bzw. eine fehlende Erläuterung, wie diese Aussage von der 'nichtkatholisch-religiösen Eheschließung' zu verstehen ist, vorwerfen; doch eine Bewertung dieser von den deutschen Bischöfen der Aussage von *Matrimonii sacramentum* Nr.9 hinzugefügten Erläuterung als 'eine unnötige Einmischung

---

[318]vgl. Gundert, Ein großer Schritt nach vorn, 571; Wilkens, Neuordnung mit Sprengkraft, 342; Primetshofer, Probleme eines ökumenischen Mischehenrechts, 408 - 410.
[319]NKD 28, 138.

in die Diskussion um das Trauungsverständnis in der evangelischen Kirche und als einen überflüssigen und wenig sinnvollen Zusatz zu der Bestimmung in *Matrimonia mixta* Nr. 9'[320] wird wohl kaum weder der Intention der Deutschen Bischofskonferenz noch der Wirkung der genannten Erläuterung gerecht. Diese Erklärung der Deutschen Bischöfe sollte gerade umgekehrt als Anregung für ein erneutes Gespräch der beiden Konfessionen über eine gegenseitige Annäherung in der Bewertung der kirchlichen Trauung genutzt werden. Gerade der Gesichtspunkt, daß M. Luther die Ehe nicht nur als "ein weltlich Ding", sondern auch als "einen göttlichen Stand" bezeichnet hat,[321] könnte als ein hilfreicher Ansatzpunkt für ein ökumenisches Nachdenken über Sinn und Bedeutung der kirchlichen Trauung dienen.

Bedenkt man die von allen Kirchen und kirchlichen Gemeinschaften akzeptierte religiöse Bedeutung der Ehe(schließung), so kann man sogar gerade in umgekehrter Blickrichtung an der Regelung der Deutschen Bischofskonferenz kritisieren, daß der standesamtlichen Trauung nicht nur Rechtsgültigkeit zuerkannt wurde, sondern auch der sakramentskonstituierende Charakter zugesprochen wurde, obwohl ihr doch jede religiöse Dimension fehlt oder diese zumindest bis zur Unkenntlichkeit verblaßt ist.[322] Da die Kommission für die Interpretation der Dekrete des II. Vaticanums 1979 beschlossen hat, daß die Ortsordinarien bei Dispenserteilung von der Formpflicht bestimmte Voraussetzungen und Auflagen festlegen können, deren Nichtbeachtung die Ungültigkeit der Ehe wegen Formmangels nach sich zieht,[323] wäre es also durchaus denkbar gewesen, die Dispens von der kanonischen Formpflicht nur mit der Verpflichtung auf eine nichtkatholisch-religiöse Form zu erteilen. Auf dem Hintergrund der bis dahin geführten Diskussionen hätte diese Regelung "in der Öffentlichkeit sicher zu erheblichen Protesten geführt. Wäre aber nicht andererseits deutlicher geworden, daß die christliche Ehe Sakrament ist, Heilszeichen, Abbild des Verhältnisses Christus - Kirche, daß sie ein religiöses Zeichen ist?"[324]

4.2.4 Die Regelung der Formdispens nach c.1127 §2 CIC/1983 und den Ausführungsbestimmungen der Deutschen Bischofskonferenz von 1990

Der CIC/1983 hat gegenüber *Matrimonia mixta* keinerlei Neuerungen in der Formpflichtfrage gebracht, nicht einmal in der Hinsicht, daß er den Hauptkritikpunkt an *Matrimonia mixta* ausgemerzt hat. Auch der CIC von 1983 bietet an keiner Stelle eine theologische Begründung der Formpflicht, weder in dem Kapitel über die Eheschließungsform noch in dem über die Mischehen. Angesichts der Tatsache, daß der CIC/1983 ansonsten viele Gesetzesabschnitte mit theologischen

---

[320]so Beykirch, Von der konfessionsverschiedenen zur konfessionsverbindenden Ehe, 272.

[321]vgl. Traubüchlein für die einfältigen Pfarrherrn, in: Die Bekenntnisschriften der evangelisch - lutherischen Kirche, Göttingen 1976[7], 529.

[322]vgl. Heinemann, Die sakramentale Würde der Ehe, 396.

[323]vgl. AAS 71 (1979), 632.

[324]Heinemann, Die sakramentale Würde der Ehe, 397.
Beykirch, Von der konfessionsverschiedenen zur konfessionsverbindenden Ehe, 401, kritisiert dagegen diese römische Bestimmung von 1979: "Wenn die Beibehaltung der Formpflicht mit Dispensmöglichkeit für konfessionsverschiedene Paare, Erleichterungen verschaffen sollte, dann stellt sich die Frage, wie sinnvoll es ist, einschränkende Maßnahmen zu ermöglichen."

Aussagen einleitet,[325] in denen er eine theologische Wesensumschreibung bzw. Grundlegung der im Anschluß folgenden Normierungen darlegt,[326] ist das Fehlen einer theologischen Grundlegung der Formpflicht um so bedauerlicher. Nimmt man dann auch noch den Sachverhalt dazu, daß gerade im Sakramentenrecht die theologischen Aussagen sehr ausgeprägt sind[327] und die CIC- Reformkommission diesen Sachverhalt mit der Natur des Buches über den Heiligungsdienst begründet hat,[328] so kann nur mit Eindringlichkeit die bereits an *Matrimonia mixta* geübte Kritik wiederholt werden: Es ist nicht nur bedauernswert, sondern vollkommen unverständlich, daß auch im CIC/1983 wiederum gerade für die kanonische Formpflicht "Grundzüge einer Begründung für diese Vorschrift, die so einschneidend ist und so oft in Frage gestellt wird," gänzlich fehlen; denn dadurch macht die kanonische Formvorschrift "für viele den Eindruck eines unüberlegten Mitschleppens überbrachter, heute nicht mehr begründbarer Rechtsnormen."[329]

Im Anschluß an *Matrimonia mixta* hält also auch wieder das neue Gesetzbuch von 1983 zunächst an der kanonischen Form als Regel für den gültigen Abschluß einer Mischehe fest. Denn gemäß c.1117 CIC/1983 ist ein Katholik, der eine konfessions- oder religionsverschiedene Ehe eingeht, an die Formpflicht gebunden. Doch nach den Bestimmungen der cc. 1127 §2 und 1129 kann er auf Antrag vom Ortsordinarius von der kanonischen Formpflicht befreit werden, wenn der Einhaltung der kanonischen Eheschließungsform erhebliche Schwierigkeiten entgegenstehen; die inhaltliche Ausgestaltung der Dispensregelung ist Aufgabe der jeweiligen Bischofskonferenzen (vgl. c.1127 §2).

Die Deutsche Bischofskonferenz hat diesbezüglich in ihrem neuesten Beschluß von 1990[330] nicht nur wie 1970 Bestimmungen über die Vorgehensweise der Dispenserteilung erlassen, sondern auch inhaltliche Kriterien für die Formdispens gegeben. Denn in dem neuen Ehevorbereitungsprotokoll zählt die Deutsche Bischofskonferenz beispielhaft auf, was sie unter 'erheblichen Schwierigkeiten' und damit als dispenswürdige Gründe versteht:

- "schwerer, auf andere Weise nicht lösbarer Gewissenskonflikt der Partner;

- unüberwindlicher Widerstand des nichtkatholischen Partners gegen die kanonische Eheschließung;

---

[325]vgl. dazu Krämer, P., Theologische Grundlagen des kirchlichen Rechts nach dem CIC/1983, in: AfkKR 153 (1984), 384 - 398, bes. 394 - 397; Müller, L., Theologische Aussagen im kirchlichen Gesetzbuch. Sinn - Funktion - Problematik, in: MThZ 37 (1986), 32 - 41.

[326]vgl. z.B. c.204 als theologische Grundaussage vor der rechtlichen Normierung der Pflichten und Rechte aller Gläubigen;
c.330 als theologisches Vorwort vor den rechtlichen Bestimmungen über die Struktur bzw. Verfassung der katholischen Kirche; u.v.a.

[327]vgl. die theologische Einleitung zu den rechtlichen Regelungen der einzelnen Sakramente: c.840f bei der Taufe; c.879 bei der Firmung; cc. 897 - 899 bei der Eucharistie; c.959 bei der Buße; c.998 bei der Krankensalbung; c.1008 bei der Weihe; c.1055 bei der Ehe.

[328]vgl. Communicationes 15 (1983), 174: "Natura huius libri postulat praemissas theologicas, quae de cetero sunt breves et cum moderatione exaratae. Hae rationes, cum theologis clarae famae concordatae, a multis laudantur."

[329]Gerhartz, Das Mischehenrecht, 514.

[330]Amtsblatt für die Erzdiözese Bamberg vom 1.12. 1989, 289 - 313; Reinhardt, Die kirchliche Trauung, 19 - 26.

- Ablehnung der kanonischen Eheschließung seitens der Angehörigen eines Partners;

- Gefahr, daß die Partner in kirchlich ungültiger Ehe zusammenleben."[331]

In der dazu gehörenden Anmerkung 19a wird schließlich noch erläutert:

"Es können auch mehrere Dispensgründe, wenn sie zutreffen, angekreuzt werden. Trifft keiner der beispielhaft angeführten Dispensgründe zu, dann ist in der Leerzeile anzugeben, warum im anstehenden Fall Dispens von der kanonischen Eheschließungsform erbeten wird. Ob in diesem Fall der angegebene Grund als schwerwiegend im Sinne des c.1127 §2 anerkannt wird, entscheidet der Ortsordinarius."[332]

Auch die Aussagen über die standesamtliche und nichtkatholisch-religiöse Eheschließung sind besser gelungen. Wesentlich präziser als 1970 heißt es nun:

"Falls Dispens erteilt wird, ist es wichtig festzuhalten, welcher Ehewillenserklärung die Brautleute ehebegründende Wirkung zumessen, der Ehewillenserklärung auf dem Standesamt oder in der nichtkatholischen Kirche. Dabei ist das unterschiedliche Verständnis der Kirchen von der kirchlichen Trauung zu berücksichtigen. ...

Wird die Dispens von der Formpflicht *nach* der standesamtlichen Eheschließung und *vor* der nichtkatholischen Trauung erbeten, sind die Brautleute ausdrücklich zu befragen, ob sie die vorausgegangene Zivileheschließung oder die geplante nichtkatholische Trauung als ehebegründend ansehen. Wird die bereits erfolgte Zivileheschließung als ehebegründend angegeben, soll der Pfarrer bemüht sein, das Paar doch zu der Intention zu bewegen, daß mit der kirchlichen Trauung ihre Ehe auch kirchlich gültig wird. Sollte diese Intention beider nicht erreicht werden, kann nur eine sanatio in radice erbeten werden."[333]

Inhaltliche Aspekte, die für die Einhaltung der Formpflicht bzw. im Falle der Formdispens für die nichtkatholisch-religiöse Trauung im Anschluß an die standesamtliche Trauung sprechen, werden allerdings auch hier wiederum nicht gegeben. Im Gegenteil, der Ansatz einer theologischen Begründung der Formpflicht in den Ausführungsbestimmungen von 1970, nämlich der Hinweis auf die Sakramentalität der Ehe, ist ersatzlos gestrichen worden. So bieten also auch die Ausführungsbestimmungen der Deutschen Bischofskonferenz von 1990 dem Seelsorger keinerlei theologisch-inhaltliche Hilfestellungen für ein im Brautexamen zu haltendes Plädoyer für die katholische Trauungsform, das übrigens nicht mehr

---

[331] Ehevorbereitungsprotokoll. Niederschrift zur kirchlichen Ehevorbereitung und Eheschließung. Amtliches Formular der Deutschen Bischofskonferenz, Nr. 25, in: Reinhardt, Die kirchliche Trauung, 21.

[332] Anmerkungstafel zum Ehevorbereitungsprotokoll der Deutschen Bischofskonferenz, Anmerkung 19a, in: ebd., 25.

[333] ebd., Anmerkung 20.

wie noch in den Ausführungsbestimmungen von 1970 ausdrücklich vom Seelsorger verlangt wird.[334]

Diese Probleme mit der öffentlichen Form der Eheschließung von bekenntnisverschiedenen Paaren bei erfolgter Dispens von der Formpflicht hätten freilich einfach dadurch umgangen werden können, daß man die *Ausnahmeregelung* der Formpflicht bei einer bekenntnisverschiedenen Ehe mit einem nichtkatholischen Christen des orientalischen Ritus als eine *generelle* Regelung für alle konfessionsverschiedenen Brautpaare erlassen hätte. Eine weitherzigere Formulierung des c.1127 §1 CIC in dem Sinn, daß bei *jeder* bekenntnisverschiedenen Ehe die kanonische Eheschließungsform nur zur Erlaubtheit gefordert ist, zur Gültigkeit aber schon der Vollzug eines *ritus sacer* genügt,[335] hätte nämlich die theologisch äußerst problematische Konsequenz der (noch) geltenden Regelung vermieden, bei der ein bekenntnisverschiedenes Brautpaar im Falle der Dispens von der Formpflicht auch bei einer rein *standesamtlichen* Trauung zugleich eine *sakramentale* Ehe begründet hat.[336]

4.2.5 Die Frage nach der Dispensmöglichkeit von der Formpflicht für ein katholisches Brautpaar

Jeder Katholik, der eine Mischehe eingeht, kann unter bestimmten Bedingungen durch den Ortsordinarius von der Formpflicht dispensiert werden. Gilt diese Dispensmöglichkeit auch für einen Katholiken, der einen offenkundig vom Glauben abgefallenen Katholiken heiraten möchte, also auch für eine Ehe zweier Katholiken, von denen ein oder beide Partner erhebliche Schwierigkeiten mit dem Glauben haben bzw. vom Glauben abgefallen sind? Diese Frage ergibt sich aus c.1071 CIC, der in §2 für die in §1 n.4 geforderte Assistenzerlaubnis bei der Eheschließung eines praktizierenden Katholiken mit einem offenkundig vom Glauben abgefallenen Katholiken auf die Bedingungen für die Erlaubniserteilung zum Abschluß einer bekenntnisverschiedenen Ehe verweist, nämlich auf c.1125 CIC. Mit diesem Verweis auf das Mischehenrecht hat das Gesetzbuch von 1983 klar zu erkennen gegeben, daß der offenkundig vom Glauben abgefallene Katholik im Bereich des Eherechts wie ein nichtkatholischer Christ betrachtet wird.[337] Bei dieser durchaus richtigen Schlußfolgerung darf aber die Tatsache nicht übersehen werden, daß der Gesetzgeber von 1983 in c.1071 §2 nur für die geltenden

---

[334]vgl. Anmerkung 7 der Ausführungsbestimmungen von 1970: "Für die Dispens von der Formvorschrift wird vorausgesetzt, daß der Seelsorger mit den Brautleuten die Bedeutung der kirchlichen Eheschließungsform gründlich besprochen hat"(NKD 28, 152).

[335]Als *ritus sacer* dürfte dann natürlich nicht erst und nur die von einem 'minister sacer', also einem geweihten Amtsträger, vollzogene Handlung gelten, sondern der *ritus sacer* müßte auch von einem (nichtgeweihten) Beauftragten der katholischen Kirche, der evangelischen Kirche oder anderer Kirchen und kirchlichen Gemeinschaften gesetzt werden können.

[336]vgl. Krämer, Kirchenrecht, 123; ähnlich auch Dunderdale, The canonical form of marriage, 91.

Ein weiterer Lösungsvorschlag zur Vermeidung der Koppelung, daß bei von der Formpflicht dispensierten Mischehen eine standesamtliche Trauung zugleich eine sakramentale Eheschließung darstellt, wäre die Konzeption einer gestuften Sakramentalität der Ehe; siehe dazu S. 242ff.

[337]Diese Betrachtungsweise hatte der Gesetzgeber der katholischen Kirche in ähnlicher Weise bereits 1859 vorgenommen, 1908 in *Ne temere* aber wieder abgeschafft; siehe dazu S. 77ff.

Voraussetzungen einer erlaubten Assistenz bei der Eheschließung mit einem vom Glauben abgefallenen Katholiken auf die Mischehenregelung zurückgegriffen hat, nicht aber für die geltenden Vorschriften beim Eheabschluß selbst; denn hier beruft sich der kirchliche Gesetzgeber in keiner Weise auf c.1127 §2 CIC, weder explizit durch Nennung dieses Kanons noch implizit durch einen Verweis auf das Mischehenrecht insgesamt.

Die Erklärung dieser inkonsequenten Rechtsbetrachtung des vom Glauben abgefallenen Katholiken ergibt sich aus der Entstehungsgeschichte des c.1127 §2 CIC. Bereits 1971 hatte nämlich ein Mitglied der Studienkommission zum Eherecht vorgeschlagen, die Möglichkeit der Formdispens nicht nur auf die Mischehen zu beschränken, sondern auch für rein katholische Ehen zu eröffnen. Dieser Vorschlag wurde aber mit dem Hinweis, daß eine derartige Dispens gemäß Nr. IX,17 des Motu Proprio *De Episcoporum muneribus* von 1966[338] dem Apostolischen Stuhl reserviert ist, abgelehnt bzw. nicht weiter beachtet.[339] Damit war klar, daß das künftige Recht in diesem Punkt keine Änderung bringen wird, d.h. daß auch weiterhin ausschließlich der Apostolische Stuhl rein katholischen Ehen auf Antrag Dispens von der Formpflicht erteilen kann. Deshalb hat es der kirchliche Gesetzgeber wohl auch nicht für nötig erachtet, diese Regelung noch einmal im CIC/1983 ausdrücklich zu normieren, sondern glaubte, dies hinreichend im Kanon über die bischöfliche Dispensbefugnis c.87 durch die Klausel 'der dem Apostolischen Stuhl besonders vorbehaltenen Dispens' und durch c.1071 §2, der keinen Verweis auf die Formdispensregelung des Mischehenrechts enthält, hinreichend zum Ausdruck gebracht zu haben.[340]

Angesichts der ansonsten im Vergleich zu c.81 CIC/1917 in c.87 CIC/1983 wesentlich erweiterten Dispensbefugnis der Bischöfe stieß die Reservation der Formdispens für katholische Brautpaare wohl sehr bald auf Unzufriedenheit seitens der Bischöfe. Jedenfalls wurde schon zwei Jahre nach Erscheinen des CIC/1983 in Rom angefragt, ob der Diözesanbischof bei der Eheschließung zweier Katholiken auch außer bei Todesgefahr von der Formpflicht dispensieren kann; somit mußte nun die Päpstliche Kommission zur authentischen Interpretation des Codex Iuris Canonici entscheiden, ob die in dem MP *De Episcoporum Muneribus* vorgenommene Reservation der Formdispens weitergilt oder nicht.

Der Anfrage lag dabei wohl folgende Überlegung zugrunde: Nach c.87 §1 CIC/1983 besitzt der Diözesanbischof die grundsätzliche Vollmacht, die ihm anvertrauten Gläubigen von Disziplinargesetzen[341] zu dispensieren, wenn es nach seinem Urteil zu deren geistlichem Wohl beiträgt; von dieser bischöflichen Dispensvollmacht sind lediglich jene Gesetze ausgeschlossen, die dem Apostolischen Stuhl zur Dispens vorbehalten sind oder das Straf- bzw. Prozeßrecht betreffen.[342] Da c.1108

---

[338]vgl. AAS 58 (1966), 471.

[339]vgl. Communicationes 8 (1976), 65.

[340]vgl. auch Urrutia, Responsa Pontificale Commissionis, 628.

[341]Ein Disziplinargesetz regelt im Gegensatz zu den Glaubens- und Sittengesetzen die rechtliche Ordnung der Kirche und fordert von den Gläubigen ein bestimmtes Tun oder Unterlassen.

[342]Zur Interpretation und Entstehung der Dispensvollmacht gemäß c.87 CIC/1983 siehe Schmitz, H., Erwägungen zur authentischen Interpretation von c.767 CIC, in: Schulz, W., (Hg), Recht als Heilsdienst. FS M. Kaiser, Paderborn 1989, 127 - 143, 130 - 137; Aymans, Kanonisches Recht, 276f; Martin de Agar, La dispensa de forma, 302 - 304.

bereits Ausnahmeregelungen von der ordentlichen Formpflicht ermöglicht, drängt sich die Frage auf, ob dieser vorhandene Spielraum nicht noch um die bischöfliche Dispensbefugnis gemäß c.87 §1 auf die Formpflicht rein katholischer Brautpaare erweitert werden kann und soll,[343] zumal dadurch der in c.1071 §2 für den Bereich der Eheschließung vorgenommene Rechtsvergleich des offenkundig vom katholischen Glauben abgefallenen Katholiken mit einem nichtkatholischen Christen konsequent zu Ende geführt wäre.

Rom hat jedoch ohne jede Erklärung oder Begründung mit Nein geantwortet:

> "D. Utrum extra casum urgentis mortis periculi Episcopus dioecesanus, ad normam can. 87, §1 dispensare valeat a forma canonica in matrimonio duorum catholicorum.
>
> R. Negative."[344]

Diese römische Negativentscheidung wird von der Kanonistik in zwei verschiedene Richtungen interpretiert:

1. Zwar kann nicht der Bischof, wohl aber der *Apostolische* Stuhl rein katholische Ehepaare von der Formpflicht dispensieren, sofern schwerwiegende Gründe dafür sprechen.[345]

2. Rein katholische Brautpaare können *grundsätzlich* nicht von der Formpflicht dispensiert werden, selbst wenn ihrer Einhaltung erhebliche Schwierigkeiten entgegenstehen.[346]

---

[343]vgl. Andres, De dispensatione a forma canonica matrimonii, 444f.

[344]AAS 77 (1985), 771; vgl. AfkKR 154 (1985), 534f, n.3.

Für Andres, De dispensatione a forma canonica matrimonii, 447f, folgt aus dieser negativen Entscheidung Roms, u.a. daß die Vorschrift der kanonischen Eheschließungsform offensichtlich nicht als ein reines Disziplinargesetz betrachtet werden kann, sondern vielmehr auch zu jenen Gesetzen gehört, von denen deshalb nicht dispensiert werden kann, weil "sie Wesenselemente von Rechtseinrichtungen oder Rechtshandlungen festlegen"(c.86). Nach c.1057 §1 bilden Form und Ehekonsens einen einzigen juridischen Akt: der Konsens als das Wesen, die Form als die Verkörperung des Wesens.

Martin de Agar, La dispensa de forma, 307f, kritisiert sowohl die Anfrage wie auch die Antwort; aus dem geäußerten Rechtszweifel gehe nicht klar hervor, auf welche Aussage von c.87 §1 Bezug genommen wird, und die Antwort verwische eher die eindeutige Regelung des c.87 §1, als daß sie eine Klarstellung brächte.

[345]So versteht Sebott, Das neue kirchliche Eherecht, 184, diese PCI-Entscheidung, wenn er schreibt: "Bei rein katholischen Ehen ist der Apostolische Stuhl zuständig" für die Befreiung von der Formpflicht; ebenso Andres, De dispensatione a forma canonica matrimonii, 449; Ruf, Das Recht der katholischen Kirche, 285; Pree, Ehenichtigkeitsgründe, 362, Anm.32.

[346]So versteht Heinemann, Die sakramentale Würde der Ehe, 394, diese PCI - Entscheidung, wenn er – die absolute Identität von Ehevertrag und Ehesakrament voraussetzend und aus Sorge um die drohende Säkularisierung der Eheauffassung durch eine zu weitreichende Dispenspraxis besorgt – ausführt: "Anfrage und Antwort bezogen sich jedoch auf die Dispens von der Form für zwei katholische Christen. In einem solchen Falle würde die Formdispens m.E. geradezu eine Perversion sakramententheologischen Denkens darstellen. Im Falle einer derartigen Dispens wäre die sakramentale Bedeutung der Ehe derart ins Dunkel getaucht, daß nicht auch nur ein Schimmer des Bezugs zum Sakrament erkennbar wäre. Die Entscheidung der Kommission ist von daher zu begrüßen."

Da es sowohl bei der Anfrage wie auch bei der Antwort um eine mögliche Dispenserteilung durch den Diözesanbischof, nicht aber durch den Apostolischen Stuhl ging, bleibt wohl die grundsätzliche Möglichkeit der Dispens auch für rein katholische Brautpaare durch den Apostolischen Stuhl weiter bestehen.

Welches Ehepaar gilt aber als rein katholisch? Nur das zweier paktizierender Katholiken? Oder auch das eines praktizierenden und eines vom Glauben abgefallenen Katholiken (c.1071 §1 n.4)? Das eines praktizierenden und eines im Formalakt von der Kirche abgefallenen Katholiken (cc. 1086 §1; 1117; 1124)? Das zweier vom Glauben abgefallener Katholiken? Das zweier im Formalakt von der Kirche abgefallener Katholiken? Bei der Beantwortung dieser Frage muß zwischen dem Eherecht generell und der Formpflichtregelung speziell unterschieden werden. Während im Eherecht alle genannten Formen des Katholiken prinzipiell auch als katholisch behandelt werden,[347] gelten die im Formalakt von der Kirche abgefallenen Katholiken hinsichtlich der kanonischen Formpflichtregelung als Nichtkatholiken (vgl. c.1117), da sie andernfalls nicht von der Formpflicht freigestellt hätten werden können.[348] Wendet man diese Rechtstatsache auf die verschiedenen 'katholischen' Ehekombinationen an, so ist klar, daß jede Ehe, wo ein Partner im Formalakt von der Kirche abgefallen ist, hinsichtlich der kanonischen Formpflicht nicht als Ehe zweier Katholiken gelten kann; dies kommt am deutlichsten in dem Fall zum Ausdruck, wenn zwei von der Kirche im Formalakt abgefallene Katholiken heiraten: beide sind von der Formpflicht freigestellt und somit in keiner Weise an sie gebunden, und genau diese Regelung gilt nur für den Fall zweier Nichtkatholiken. Folglich muß die Formdispens für die Ehe eines praktizierenden Katholiken mit einem im Formalakt abgefallenen Katholiken sowie für die eines vom Glauben abgefallenen Katholiken mit einem im Formalakt abgefallenen Katholiken durch den Diözesanbischof erteilt werden können, also nicht dem Apostolischen Stuhl vorbehalten sein, da es sich bei diesen Ehen eben in bezug auf die Formpflicht nicht um rein katholische Ehen handelt. Ein weiteres Argument für die bischöfliche Befugnis zur Formdispens für 'katholische' Ehen, bei denen einer der beiden Katholiken ein im Formalakt abgefallener Katholik ist, ergibt sich aus der PCI - Antwort selbst; als eine Entscheidung, die eine Ausnahme von c.87 §1 normiert, ist sie gemäß c.18 CIC eng auszulegen, also nur auf Ehen von zwei Katholiken anzuwenden, die auch nach der Regelung der Formpflicht *zweifellos* als Katholiken gelten.[349]

---

[347]Ausnahmen stellen die Freistellung des im Formalakt von der Kirche abgefallenen Katholiken vom Ehehindernis der Religionsverschiedenheit (c.1086 §1) und vom Verbot der konfessionsverschiedenen Ehe (c.1124) sowie die Erlaubnisgebundenheit der Eheschließung eines offenkundig Ungläubigen mit einem praktizierenden Katholiken (c.1071 §1 n.4 und §2) dar.

[348]Zur Freistellung der im Formalakt von der Kirche abgefallenen Katholiken siehe ausführlich S. 127ff.

[349]vgl. auch Martin de Agar, La dispensa de forma, 306, der bei der engen Auslegung der PCI - Entscheidung allerdings nur die Eheschließung eines praktizierenden mit einem abgefallenen Katholiken im Blick hat.

Für Pree, Ehenichtigkeitsgründe, 362, Anm.32 in Anschluß an Reinhardt, Die kirchliche Trauung, S.119, Rdn. 253, ist die Rechtslage nicht so eindeutig: "Ungeklärt ist die Frage, ob der Ortsordinarius dann von der katholischen Eheschließungsform dispensieren kann, wenn ein Partner Katholik, der andere aber vom Glauben oder formell von der katholischen Kirche abgefallen ist." Reinhardt, a.a.O., bezieht sich für diese noch offene Entscheidung auf ein

Unabhängig, ob vom Ortsordinarius oder vom Apostolischen Stuhl Dispens gewährt wird, muß nach c.1127 §2 CIC jedes von der Formpflicht dispensierte Brautpaar darüber informiert werden, daß sie zur Gültigkeit ihrer Eheschließung unbedingt irgendeine andere öffentliche bzw. amtliche Eheschließungsform einhalten müssen und daß auch durch diese Form – außer bei der religionsverschiedenen Ehe – eine sakramentale, unauflösbare Ehe begründet wird. Davon ausgenommen sind nur die Eheschließungen in Todesgefahr, bei denen die Sonderregelungen des c.1079 §1 und §2 für eine Dispenserteilung gelten.

4.3 Freistellung von der Formpflicht für die Ehe eines Katholiken mit einem orientalischen Christen

4.3.1 Die Vereinheitlichung des orientalischen Eheschließungsrechtes durch das Motu Proprio Crebrae allatae von 1949 (= IOmatr.)

Bis 1949 waren die Ostkirchen in der Frage der kanonischen Eheschließungsform sozusagen dreigeteilt: Die *orthodoxe* Kirche[350] hatte eine eigenständige Formpflicht entwickelt, nämlich die auch heute noch geltende Regelung, daß eine Ehe nur gültig zustandekommt durch die beiderseitige, freiwillige Zustimmung der Brautleute *und* den "Ehesegen des Bischofs oder Presbyters, der weithin in der Form der Krönung der Brautleute geschieht und wodurch das Ehesakrament gespendet und die göttliche Gnade übermittelt wird."[351] Diese orthodoxe Formpflicht gilt auch bei konfessionellen Mischehen zwischen Orthodoxen und Christen eines anderen Ritus oder Bekenntnisses, so daß eine (im Ausland geschlossene) Zivilehe zweier Orthodoxer wie auch eines Orthodoxen mit einem Andersgläubigen nach orthodoxem Verständnis ebenso ungültig ist wie eine Eheschließung eines Orthodoxen mit einem Katholiken vor einem katholischen Priester.[352] Nicht einmal für Notsituationen kennt die orthodoxe Kirche den Verzicht auf diesen heiligen Ritus des Ehesegens, so daß wirklich jede Eheschließung eines Orthodoxen, die ohne den priesterlichen Segen geschlossen wird, ungültig ist. Nur einzelne orthodoxe Kirchen weichen von dieser Grundregelung der absoluten Unabdingbarkeit des heiligen Ritus ab und haben doch eine Noteheschließungsform eingeführt.[353]

Antwortschreiben der PCI vom 17.11.1987 auf eine entsprechende Anfrage des Bischofs von Essen (Prot.Nr.1518/87).

[350]Die orthodoxe Kirche setzt sich aus jenen Kirchen zusammen, die sich seit 1054 von der kirchlichen Gemeinschaft mit dem römischen Stuhl getrennt haben und folglich auch nicht den Jurisdiktionsprimat des Papstes anerkennen.

[351]Wirth, Ehen mit Orthodoxen, 13; vgl. Mörsdorf, Der Ritus sacer, 255, bzw. in: Kanonische Schriften, 594.

[352]vgl. Wirth, Ehen mit Orthodoxen, 14f.

[353]vgl. Coussa, A., Epitome praelectionum de iure ecclesiastico orientali, vol. III: De Matrimonio, Rom 1950, 204f: "Huic canoni [c.89 IOmatr.] similis norma in iure Chaldaeorum iam a fine saec. VIII invenitur: Si quis in regione fuerit, ubi nullus est sacerdos ... ex fidelibus convocet quatuor aut quinque, qui testimonium perhibeant, et accipiant crucem, et annulum, ac ... (aquam benedictam) et alta voce recitent orationem: Pater noster, et Sanctus Deus; et hoc pacto perficiatur desponsatio, donec ad sacerdotes accedant, aut sacerdos ad eos veniat, et suppleat id quod defuit desponsationi quam inierunt. At si non pervenerit ad eos sacerdos

Die mit Rom *unierte* Kirche[354] setzte sich dagegen aus Riten zusammen, die die kanonische Eheschließungsform des CIC/1917 mit ihrer Gültigkeitsklausel übernommen hatten, und solchen, die die Form*pflicht* nicht kannten. Denn grundsätzlich galt in der unierten Ostkirche die Formfreiheit und nur dort, wo eine Rituskirche partikularrechtlich an die Form des tridentinischen Dekretes *Tametsi* oder des Dekretes *Ne temere* gebunden war, bestand die kanonische Formpflicht nach

---

ante tempus thalami (nuptiarum), simili etiam modo perficiant thalamum (nuptias per verba de praesenti, uti vulgo dicitur, contrahant).”

Siehe dazu auch die Einzelfallentscheidung der Apostolischen Signatur von 1970, in der eine zivil geschlossene Ehe zweier Orthodoxer wegen Fehlens des heiligen Ritus und damit wegen Formfehlers für ungültig erklärt wurde und die in der päpstlichen Bestätigungsformel zu einer allgemeingültigen Norm erweitert wurde, so daß jede zivil geschlossene Ehe zweier Orthodoxer ungültig ist (Periodica 60 (1971), 306 - 308, 307; Grocholewski, 56f; AfkKR 139 (1970), 523f).

Das Bestätigungsschreiben Papst Pauls VI. ist auf den ersten Blick mißverständlich. Denn im Zusammenhang mit der Ungültigkeitserklärung einer orthodoxen Eheschließung ohne den heiligen Ritus hat er die Klausel eingefügt, daß in jedem Fall zu prüfen ist, ob die Eheschließung ohne schweren Nachteil vor einem Priester hätte gefeiert werden können. Und genau diese Klausel verleitet den Leser zunächst zu der Annahme, daß – zumindest von Rom – doch eine Noteheschließungsform für Orthodoxe anerkannt wird. (Diesem Irrtum ist auch Prader, Das kirchliche Eherecht, 223, Anm.137 und ders., Zur Anwendung nichtkatholischen Eherechts, 358f, erlegen.) Klarheit verschaffen erst die Ausführungen von Weitzel, Zivilehen orthodoxer Christen, 488: “Hier hat der Gesetzgeber wohl an c.1098 CIC[/1917] bzw. can. 89 IOmatr. gedacht. Ist eine solche Vorschrift sinnvoll, wenn das Recht einer orthodoxen Kirche die Noteheschließung nicht kennt und anerkennt? Sollten durch diese Klausel die Bestimmungen über die Noteheschließung als auch für alle Orthodoxen verbindlich bezeichnet werden? Der Text gibt uns darauf keine Antwort. Es wird nämlich nicht gesagt, daß ‘pro validitate matrimonii’ entschieden werden müßte, wenn sich herausstellt, daß die ‘benedictio sacerdotis’ unterblieb, weil kein Priester erreichbar war. Andererseits ist zu bemerken, daß auch einzelne orthodoxe Kirchen die Noteheschließung kennen, und außerdem die Möglichkeit besteht, daß andere Kirchen sie im Laufe der Zeit einführen, weshalb die Klausel sinnvoll ist. Es kann sich also aufgrund der Beweiserhebung die Notwendigkeit ergeben, das Recht der betreffenden Kirche auf diese Frage hin zu untersuchen und erst dann zu entscheiden.”

Der Ehenichtigkeitsgrund des Formfehlers wegen Fehlen des heiligen Ritus wurde in der Folgezeit auch auf Ehen zwischen Orthodoxen und Ungetauften oder anderen Nichtkatholiken ausgedehnt (vgl. Litterae ad Em.mum Episcopum Mogunitum, 10.5.1976, in: Grocholewski, 111f; Sig.Ap., Sententia Patrum Cardinalium de nullitate matrimonii ob defectum formae seu ‘ritus sacri’ apud schismaticos armenos, 23.11.1974, in: ebd., 57f).

[354]Die mit Rom unierte Kirche umfaßt nach den nn. 2,3 und 6 des Dekretes über die katholischen Ostkirchen *Orientalium Ecclesiarum* jene Kirchen des Ostens, die als Teil der katholischen Kirche mit dieser “durch denselben Glauben, dieselben Sakramente und dieselbe oberhirtliche Führung im Heiligen Geist organisch geeint sind. ... Diese Teilkirchen ... unterscheiden sich in gewissem Grade durch ihre sogenannten Riten, d.h. durch ihre Liturgie, ihr kirchliches Recht und ihr geistiges Erbgut; aber alle sind sie in gleicher Weise der Hirtenführung des römischen Papstes anvertraut... .”

Die unierten Ostkirchen werden auch ‘Katholisch-Orientalische’ Kirchen genannt (vgl. Aymans, Kanonisches Recht, 103) und werden in der Regel von einem Patriarchen oder Großerzbischof geleitet; kleineren oder weniger bedeutenden Rituskirchen steht meistens ein Metropolit oder sonstiger Hierarch vor. Man kann fünf Hauptriten unterscheiden, zu denen sich die Rituskirchen gleichsam als Ritusfamilien zusammengeschlossen haben:

“a) *Alexandrinischer Ritus* mit der koptischen und der äthiopischen Kirche;

b) *Antiochenischer oder westsyrischer Ritus* mit der malankaresischen, der maronitischen und der westsyrischen Kirche;

c) *Byzantinischer oder konstantinopolitanischer Ritus*, zu dem neben zahlreichen kleineren Kirchen vor allem die griechisch-melkitische und die ukrainische Kirche gehören;

dem jeweils geltenden Recht der lateinischen Kirche.[355] Diese Tatsache mußte fast zwangsläufig zu großen Rechtsunsicherheiten innerhalb der unierten Ostkirche und bei Mischehen zwischen Orthodoxen und Ostkatholiken führen, so daß eine Vereinheitlichung des Eheschließungsrechtes dringend notwendig wurde. Dieses Gebot der Stunde setzte Pius XII. in die Tat um und nahm 1949 in dem MP *Crebrae allatae* (=IOmatr) sogar nicht nur eine Neuordnung des Eheschließungsrechtes, sondern des gesamten Eherechtes der Ostkirchen vor.[356]

Die neue ordentliche Rechtsform der Eheschließung in der unierten Ostkirche wurde aus c.1094 des für den westlichen Rechtskreis geltenden CIC/1917 und dem für die ostkirchliche Tradition charakteristischen Element des 'heiligen Ritus' zu sammengesetzt.[357] So lautete dann die ostkirchliche Grundregel der kanonischen Formpflicht:

> *"can. 85 §1. Ea tantum matrimonia valida sunt quae contrahuntur ritu sacro, coram parocho, vel loci Hierarchia, vel sacerdote cui ab alterutro facta sit facultas matrimonio assistendi et duobus saltem testibus, secundum tamen praescripta canonum qui sequuntur, et salvis exceptionibus de quibus in cann. 89, 90.*
>
> *§2. Sacer censetur ritus, ad effectum de quo in §1, ipso interventu sacerdotis adsistentis ac benedicentis."*[358]

Eine *gültig* geschlossene Ehe mußte also nach c.85 IOmatr. in einem *heiligen Ritus* vor einen mit Traubefugnis ausgestatteten Priester und vor wenigstens zwei Zeugen geschlossen werden. Der *heilige Ritus* wurde und wird auch heute noch als *Mitwirkung des assistierenden und segnenden Priesters* umschrieben. Gegenüber der lateinischen Form ist die orientalische Form also durch die priesterliche *Segnung* ergänzt, wobei allerdings nicht näher bestimmt wird, wie dieser Segensakt aussieht. In der Regel dürfte damit die in fast allen ostkirchlichen Trauriten bekannte Krönung der Brautleute als der symbolische Ausdruck für das Gebundenwerden durch Gott gemeint sein.[359] Obwohl nach dem Ostkirchenrecht die Gültigkeit der Trauung durch den *ritus sacer* mehr als in der Westkirche an das priesterliche Tun gebunden ist, war und ist aber interessanterweise auch heute

---

d) *Chaldäischer oder ostsyrischer Ritus* mit der chaldäischen und der syromalabrischen Kirche;

e) *Armenischer Ritus*, zu dem allein die armenische Kirche gehört.

Die einzelnen autonomen Rituskirchen sind der Zahl der zugehörigen Gläubigen nach von ziemlich unterschiedlicher Größe. Aus verschiedenen Gründen schwanken die veröffentlichten statistischen Angaben, nicht zuletzt deshalb, weil manche dieser Kirchen wegen der herrschenden politischen Verhältnisse nur im Verborgenen weiterleben. Die weitaus größte unierte Ostkirche ist die ukrainische Kirche. Alle unierten Kirchen zusammen dürften zur Zeit selbst bei hoher Schätzung die Zahl von 20 Millionen Angehörigen wohl nicht überschreiten"(Aymans, Kanonisches Recht, 104f).

[355]vgl. Prader, Interrituelle, interkonfessionelle und interreligiöse Probleme, 419.

[356]AAS 41 (1949), 89 - 119; vgl. dazu auch Herman, Ae., Adnotationes, bes. 110 - 122.

[357]vgl. Mörsdorf, Der Ritus sacer, 252, bzw. in: Kanonische Schriften, 591; ders., Die kirchliche Eheschließungsform, 250, bzw. in: Kanonische Schriften, 575.

[358]AAS 41 (1949), 107.

[359]vgl. Mörsdorf, Der Ritus sacer, 252, bzw. in: Kanonische Schriften, 591; ders., Die kirchliche Eheschließungsform, 250, bzw. in: Kanonische Schriften, 584.

noch der 'heilige Ritus' in der unierten Ostkirche nicht absolut unerläßlich für das gültige und zugleich sakramentale Zustandekommen der Ehe; denn in der nach dem Vorbild der Westkirche formulierten Norm für die Eheschließung in Notsituationen wurde und wird auf den 'heiligen Ritus' verzichtet:

> *"can. 89 Si haberi vel adiri nequeat sine gravi incommodo parochus vel Hierarcha*[360] *vel sacerdos cui facultas assistendi matrimonio facta sit ad normam canonum 86, 87:*
>
> *1. In mortis periculo validum et licitum est matrimonium contractum coram solis testibus; et etiam extra mortis periculum, dummodo prudenter praevideatur eum rerum statum esse per mensem duraturum;*
>
> *2. In utroque casu, si praesto sit quivis alius catholicus sacerdos qui adesse possit, vocari et, una cum testibus, matrimonio assistere debet, salva coniugii validitate coram solis testibus."*[361]

Genau diese Regelung der Noteheschließungsform stellt den größten Gegensatz zur orthodoxen Kirche dar, die von wenigen Ausnahmen abgesehen, nicht einmal im Notfall auf den Priester als den eigentlichen, konstitutiv handelnden Spender des Ehesakramentes verzichtet.[362] Daher ist die priesterliche Ehesegnung wohl auch in der unierten Ostkirche als ein *essentiale* der Ehe, nicht aber als ein *constitutivum* der Eheschließungsform einzustufen.[363]

Pius XII. hatte mit *Crebrae allatae* zwei neue Akzente für die Ostkirchen gesetzt: Zum einen hatte er durch die in dem MP vorgenommene Neuordnung des Eherechtes die Kodifikation des gesamten ostkirchlichen Rechts eingeleitet;[364] zum anderen hatte er innerhalb des Eherechtes in c.85 §2 IOmatr. die schon seit einem Jahrtausend *gewohnheitsmäßig* als konstitutiv für *jede* östliche Trauliturgie betrachtete priesterliche *Segnung* der Ehe erstmals auch *gesetzlich* zum wesentlichen Bestandteil der ordentlichen Eheschließungsform erklärt.[365] "Mit der Einbeziehung der *benedictio* in die Rechtsform der Eheschließung ist die Stellung des trauenden Priesters, die sich in der lateinischen Kirche seit Einführung der

---

[360]Das Ostkirchenrecht hat durchweg den westkirchlichen Terminus *Ordinarius loci* durch *Hierarcha* ersetzt, sowie den Begriff *dioecesis* durch *eparchia*. Scheuermann, Das Eherecht der Orientalischen Kirche, 409, führt zu dieser unterschiedlichen Begrifflichkeit des West- und Ostkirchenrechts aus: "Es handelt sich hier um keine Synonyma, vielmehr ist der Ausdruck *Ordinarius loci* insofern nicht eindeutig, als die orientalischen Oberhirten wohl eine territorial umgrenzte Amtsgewalt besitzen, aber nur über die Angehörigen ihres Ritus, so daß am gleichen Ort für die Angehörigen verschiedener Riten verschiedene Oberhirten zuständig sind [vgl. c.86 §3 n.3 IOmatr.]. Aus diesem Grund muß die in der abendländischen Kirche eindeutige Bezeichnung *Ordinarius loci* fallen gelassen werden; sie ist ersetzt durch *Hierarcha*. Ebenso ist, nachdem sich die Diözesen verschiedener Riten überdecken, also nicht territorial voneinander abgegrenzt sind, der Sprengel des Oberhirten zum Unterschied von der abendländischen Kirche mit *eparchia* bezeichnet."

[361]AAS 41 (1949, 109.

[362]vgl. Hofmann, Formpflicht oder Formfreiheit, 245.

[363]vgl. dazu S. 258ff.

[364]Einen kurzen zeitlichen Überblick über die Entstehung der einzelnen Teilbereiche des ostkirchlichen Gesetzbuches bietet Prader, Interrituelle, interkonfessionelle und interreligiöse Probleme, 414f, Anm. 13.

[365]vgl. Mörsdorf, Der Ritus sacer, 252f, bzw. in: Kanonische Schriften, 591f.

Formpflicht durch das Tridentinum von einer bloß passiven zur aktiven Assistenz ... fortentwickelt hat, nunmehr nach der sakralen Seite vertieft."[366] Durch das Segensgebet des Priesters kommt deutlich zum Ausdruck, daß der Ehebund zwar durch die Partner begründet wird, daß aber dieses Sich-Verbinden der Brautleute ohne das Verbunden-Werden durch Gott keinen Bestand hätte, oder anders gesagt, daß das Tun der Partner nicht nur beim Eheschließungsakt, sondern auch während ihres ganzen Ehelebens vom Tun Gottes umgriffen ist.[367]

Der an diese Grundnorm des c.85 IOmatr. gebundene Personenkreis wurde in c.90 IOmatr. folgendermaßen umschrieben:

> "can.90 §1. Ad statutam superius formam servandam tenentur:
>
> 1. Omnes in catholica Ecclesia baptizati et ad eam ex haeresi aut schismate conversi, licet sive hi sive illi ab eadem postea defecerint, quoties inter se matrimonium ineunt;
>
> 2. Iidem, de quibus in n.1, si cum acatholicis, sive baptizatis sive non baptizatis, etiam post obtentam dispensationem ab impedimento mixtae religionis vel disparitatis cultus, matrimonium contrahant.
>
> §2. Firmo autem praescripto §1, n.1, acatholici baptizati, si inter se vel cum acatholicis non baptizatis contrahant, nullibi tenentur ad catholicam matrimonii formam servandam."[368]

Nach c.90 §1 IOmatr. waren also fortan alle Katholiken der unierten Ostkirchen an die ordentliche Eheschließungsform des c.85 IOmatr. gebunden. Dabei wurde auch hier – wie bereits seit *Ne temere* in der lateinischen Westkirche üblich – die Unteilbarkeit des Ehevertrages in dem Sinne interpretiert, daß die Formpflichtigkeit des einen Partners auf den anderen überging, d.h. also die Formpflicht – außer in Notsituationen (vgl. c.89 IOmatr.) – für jede Eheschließung eines unierten Ostkatholiken galt, gleichgültig, ob auch sein Partner Katholik, getaufter oder ungetaufter Nichtkatholik war. Für einen Fall war allerdings doch eine Ausnahme vorgesehen, die in den eherechtlichen Bestimmungen des westkirchlichen Gesetzbuches von 1917 keinerlei Parallele hatte:

> "Can.32 §2: Patriarcha, salva ampliore facultate quae ex privilegio vel iure particulari ei competat, praeter facultatem de qua in §1, dispensare potest:
>
> 1. ...
>
> 5. A forma celebrationis matrimonii in casu de quo in can.90, §1, n.2, gravissima tamen ex causa."[369]

---

[366] Mörsdorf, Die kirchliche Eheschließungsform, 250, bzw. in: Kanonische Schriften, 584; vgl. ders., Der Ritus sacer, 253, bzw. in: Kanonische Schriften, 592; auch Prader, Interrituelle, interkonfessionelle und interreligiöse Probleme, 416.

[367] vgl. dazu S. 223ff; 261.

[368] AAS 41 (1949), 109.

[369] ebd., 95f.

Bei einer bekenntnis- oder religionsverschiedenen Ehe zwischen einem Katholiken und einem (un)getauften Nichtkatholiken (vgl. c.90 §1 n.2) konnte also der katholische Patriarch gemäß c.32 §2 n.5 IOmatr. aus schwerwiegenden Gründen von der ordentlichen Eheschließungsfeier des c.85 IOmatr. dispensieren.[370] Aus dieser Dispensregelung ging allerdings nicht hervor, ob und an welche andere Eheschließungsform ein von der ordentlichen Form der Eheschließungsfeier befreites Brautpaar gebunden war. Diese Unklarheit wirkte sich zwar bei einer bekenntnisverschiedenen Eheschließung mit einem orthodoxen Christen nicht aus, da in der orthodoxen Kirche der heilige Ritus für jede Ehe, also auch für die bekenntnisverschiedene Ehe, konstitutiv ist. Doch wie stand es in allen anderen Fällen einer bekenntnis- oder religionsverschiedenen Eheschließung? War bei einer Eheschließung mit einem protestantischen Christen oder einem Ungetauften (einer anderen Religion) schon eine nach zivilem Recht geschlossene Ehe auch kirchlich gültig und im Falle der bekenntnisverschiedenen Ehe sogar sakramental? Nach c.53 §1 IOmatr. war zwar den Mischehen verboten, vor einem 'nichtkatholischen Amtsträger' zu heiraten; doch in §3 des gleichen Canons wurde eigens erklärt, daß mit diesem Verbot nicht die nach dem bürgerlichen Recht vorgeschriebene standesamtliche Trauung verworfen wird. Kann aus dieser Aussage des c.53 §3 die Schlußfolgerung gezogen werden, daß der kirchliche Gesetzgeber deshalb die von der Formpflicht dispensierten Brautpaare an keine andere Eheschließungsform gebunden hat, weil er davon ausging, daß bereits durch das weltliche Recht eine öffentliche Form der Eheschließung garantiert ist?[371]

§2 des c.90 IOmatr. war wiederum sehr wohl nach westkirchlichem Muster formuliert. Denn wie c.1099 §2 CIC/1917 für die Westkirche so stellte c.90 §2 IOmatr. für die Ostkirchen alle (getauften) Nichtkatholiken von der kanonischen Eheschließungsform frei.

Von der unpräzisen Normierung der Formdispens des c.32 §2 n.5 abgesehen, hatte IOmatr. eine klare und einheitliche Regelung für die Eheschließung in den Ostkirchen geschaffen: Einerseits war nach c.90 §1 iVm c. 85 IOmatr. ganz unmißverständlich zum Ausdruck gebracht, daß jeder unierte Orientale – außer in Notsituationen und bei Dispens von der Formpflicht bei einer Mischehe – nur vor dem zuständigen katholischen Pfarrer, Ortshierarchen oder einem anderen befugten Priester und zwei Zeugen eine gültige Ehe schließen konnte, bei der der Segensakt konstitutiv war und auch heute noch ist. Im Gegensatz zum Recht der lateinischen Kirche war und ist also zur Gültigkeit der Eheschließung nicht nur die Ehewillenserklärung der Brautleute auf Befragen des assistierenden Priesters erforderlich, sondern diese Ehewillenserklärung muß darüber hinaus mit einem heiligen Ritus verbunden werden; nach dem Ostkirchenrecht ist also die Ehewillenserklärung der Brautleute nicht nur an die aktive Mitwirkung, sondern auch an die Segnung des Priesters gebunden (vgl. c.85 §2 IOmatr.). "Damit ist mehr verlangt als nur die forma iuridica unseres kanonischen Rechts. Zur Gültigkeit ist also auch benedictio sacerdotis verlangt."[372]

---

[370]Voraussetzung dafür war natürlich die vorherige Dispens vom Ehehindernis der Bekenntnis- bzw. Religionverschiedenheit gemäß cc.50 und 61 IOmatr.

[371]Zur damit verbundenen Problematik siehe ausführlich S. 153f.

[372]Scheuermann, Das Eherecht der Orientalischen Kirche, 65.

Andererseits hatte aber der Wortlaut von IOmatr. c.90 §2 eindeutig alle nichtkatholischen Ostchristen, also auch die orthodoxen Christen, von der Einhaltung der kanonischen Formpflicht ausgenommen.

4.3.2 Die Abänderung der orientalischen Formpflicht durch die Dekrete Orientalium Ecclesiarum (1965) und Crescens matrimoniorum (1967)

Crebrae allatae wirkte sich aber in der Praxis mehr negativ als positiv aus; der Beseitigung aller Rechtsunsicherheiten durch die Einführung der Formpflicht für die Ostkirchen standen auf der anderen Seite eine beträchtliche Zunahme ungültiger Ehen sowie ein Rückschlag für den Ökumenismus entgegen. Denn Pius XII. hatte bei der Abfassung des Ostkirchenrechts zwei wichtige Aspekte kaum oder zu wenig beachtet, die aber gerade für eine ostkatholisch-orthodoxe Mischehe eine große Rolle spielten:

1. Da im Orient seit altersher die Konfession mit dem Begriff der 'Nation' gleichgesetzt wurde, wurden nur jene Ehenschließungen vom Staat als rechtsgültig betrachtet, die vor der zuständigen kirchlichen Autorität des *Bräutigams* geschlossen worden waren. Diese Tatsache mußte in Verbindung mit der Einführung der Formpflicht zu zahlreichen ungültigen Mischehen führen. Denn alle katholischen Frauen, die einen nichtkatholischen Mann heirateten, waren entweder kirchlich oder staatlich ungültig verheiratet. Hielten sie nämlich die Formpflicht ein, war die Ehe nach bürgerlichem Recht ungültig, da sie nicht vor der kirchlichen Autorität des Bräutigams geschlossen worden war und wegen der Gefahr der 'communicatio in sacris' eine zusätzliche orthodoxe Trauung, also eine Trauung vor der kirchlichen Autorität des Bräutigams, vom katholischen Kirchenrecht her unmöglich war. Wurde die Formpflicht nicht eingehalten und hatte der katholische Patriarch, nicht aus einem schwerwiegenden Grund von der kanonischen Formpflicht dispensiert (vgl. c.32 §2 n.5 IOmatr.), so war nach katholischem Kirchenrecht eine orthodoxe Eheschließung ungültig. Abgesehen von der Gewissensnot, in die dadurch viele Ostkatholiken geraten mußten, war in den Bestimmungen von *Crebrae allatae* auch überhaupt nicht der Tatsache Rechnung getragen worden, daß "vor allem im Nahen Osten beim einfachen Volk, bei Katholiken und Nichtkatholiken, ein festes Bewußtsein der Trennung von Christen gleichen Ritus kaum vorhanden ist. Im Gegenteil, die Gläubigen beider Jurisdiktionen (der katholischen wie der orthodoxen) fühlen sich mehr eins als zum Beispiel die Katholiken verschiedener Riten untereinander!"[373] Aus diesem Bewußtsein heraus wurden sicherlich viele Mischehen nach den bisherigen Gewohnheiten geschlossen und waren daher kirchenrechtlich ungültig wegen Formmangels, auch wenn dieser *bona fide* erfolgt war.

2. Mit der in c.85 iVm c.90 für jeden Ostkatholiken festgeschriebenen Vorschrift, seine Eheschließung außer in Notsituationen nur in einer *unierten*

---

[373]Madey, Der Abschluß einer bekenntnisverschiedenen Ehe, 238; vgl. Wirth, Ehen mit Orthodoxen, 19.

Kirche feiern zu dürfen, mußte bei den Orthodoxen der Eindruck entstehen, daß Rom das in einer orthodoxen Kirche gespendete Ehesakrament nicht als wahres Sakrament betrachtete, und das, obwohl die orthodoxe Kirche das Ehesakrament in der gleichen Weise wie die unierte Ostkirche spendet, nämlich durch den Segensakt des Priesters. Durch diese Empfindung verlor aber in den Augen der orthodoxen Kirche die seit Leo XIII. öfters von Rom geäußerte Anerkennung der ostkirchlichen Sakramente als wahre Sakramente[374] an Glaubwürdigkeit bzw. schien entgegen dem Wortlaut nur auf die Sakramente der unierten, nicht aber der orthodoxen Ostkirchen bezogen zu sein.[375]

Diese beiden Aspekte mußten früher oder später zu einer Revision des Eherechtes der Ostkirchen führen, um der juristischen und geistlichen Situation der Ostchristen gerecht zu werden. So hatte man zunächst versucht, "durch erweiterte Dispens- und Sanierungsvollmachten der Patriarchen und Metropoliten dem Übel abzuhelfen, aber in der Regel erwies sich eine solche Lösung als unzureichend. Daher verlangten die orientalischen Bischöfe auf dem II. Vatikanischen Konzil die Wiederherstellung des früheren Rechtszustandes."[376] Das Konzil versuchte dieser Bitte im Ostkirchendekret *Orientalium Ecclesiarum* (= OE) nachzukommen und änderte daher in Art. 18 dieses Dekretes c.90 §1 IOmatr. dahingehend ab, daß für Ehen zwischen einem katholischen und einem nichtkatholischen Orientalen fortan die kanonische Eheschließungsform nicht mehr zur *Gültigkeit*, sondern nur noch zur *Erlaubtheit* der Eheschließung erforderlich war; zur *Gültigkeit* der Ehe reichte die Assistenz eines geweihten Amtsträgers.[377]

Damit war die in IOmatr. c.90 §1 festgelegte Formpflicht "für bekenntnisverschiedene Ehen im ostkirchlichen Bereich nicht mehr zwingendes Recht, sondern bloße Sollvorschrift"[378] und somit c.90 §1 n.2 IOmatr. teilweise außer Kraft gesetzt. Für die Mischehen mit einem Ostchristen hatte sich also die Regelung durchgesetzt, die wenige Sitzungsperioden vorher von einigen Konzilsvätern als eine für alle Mischehen generell geltende Bestimmung gefordert worden war.[379] Diese offensichtliche gegenseitige Beeinflussung der beiden (nach)konziliaren Mischehenlösungen zeigt sich auch darin, daß die Formfrage bei Mischehen zwischen orientalischen Christen ursprünglich ebenfalls durch eine Dispensregelung vor Ort

---

[374]vgl. Feiner, J., Kommentar zum Dekret über den Ökumenismus, in: LThK - Konzilskommentar II, Freiburg 1967, 40 - 123, 100.

[375]vgl. Madey, Der Abschluß einer bekenntnisverschiedenen Ehe, 238.

[376]Prader, Interrituelle, interkonfessionelle und interreligiöse Probleme, 427; vgl. ders., Das kirchliche Eherecht, 137.

[377]Zur Kontroverse, ob unter dem *minister sacer* auch der Diakon zu verstehen ist oder nicht, vgl. Wirth, Ehen mit Orthodoxen, 22, Anm.45.
1979/80 schaffte die Studienkommission zur Revision des orientalischen Eherechtes Klarheit in dieser Frage. Denn mit ihrem Beschluß, in der Grundregel über die ordentliche Eheschließungsfeier (= der jetzige c.828 CCEO/1990) die Formulierung *matrimonium assistendi* durch *matrimonium benedicendi* zu ersetzen, entschied sie gleichzeitig auch, daß Diakonen die Befugnis zur Ehesegnung nicht erteilt werden kann, weil dies der orientalischen Tradition wie auch der Ökumene zuwiderlaufen würde (vgl. Nuntia 8 (1979/80), 21).

[378]Mörsdorf, Lehrbuch des Kirchenrechts II, 253.

[379]vgl. S. 156f.

erfolgen sollte. Denn noch im *Schema Decreti de Ecclesiis Orientalibus* vom 27. April 1964 hieß es in Nr.18:

" ... *omnibus hierarchis orientalibus locorum ... facultas conceditur dispensandi proprios subditos a forma canonica in matrimoniis mixtis [catholici orientalis cum acatholico orientali baptizato] contrahendis...*"[380]

Erst die in vielen Eingaben vor und während der dritten Konzilsperiode immer wieder geforderte Rückkehr zur Ordnung vor 1949 hatte zu der Fassung des jetzigen Art. 18 von OE geführt:

"... das Heilige Konzil bestimmt, daß für Ehen zwischen katholischen Ostchristen und getauften ostkirchlichen Nichtkatholiken die kanonische Eheschließungsform nur zur Erlaubtheit vorgeschrieben ist. Zur Gültigkeit einer solchen Ehe genügt die Anwesenheit eines gültig geweihten Amtsträgers. ..."

Wie aus den Diskussionen der Konzilsväter deutlich hervorgeht, sollte durch OE 18 lediglich für die *orientalischen* Katholiken wieder der Rechtszustand vor 1949 hergestellt werden.[381] Deshalb sprach auch OE 18 nur von Ehen zwischen katholischen *Ost*christen mit nichtkatholischen *Ost*christen, statt von Ehen zwischen Katholiken allgemein mit einem nichtkatholisch getauften Orientalen.

Doch diese Abänderung der ostkirchlichen Formpflicht löste in der Nachkonzilszeit einige Rechtsunsicherheiten im Eheschließungsrecht des lateinischen und orientalischen Ritus aus. Denn durch die in OE 18 für *orientalische* Mischehen eingeführte Unterscheidung zwischen einer nur gültigen und einer nicht nur gültigen, sondern auch erlaubten Eheschließung wurden folgende Überlegungen angestellt:

1. Gilt die in c.85 iVm. c.90 §1 n.1 IOmatr. normierte Eheschließungsform für die Ehe zweier katholischer Orientalen weiterhin als Gültigkeitsbedingung oder auch nur noch zur Erlaubtheit, so daß ein solches Brautpaar auch in einer orthodoxen oder lateinischen Kirche gültig, wenn auch unerlaubt heiraten kann?

2. Unterliegt die Eheschließung zwischen einem Katholiken des lateinischen Ritus und einem katholischen Orientalen der Formpflicht der unierten oder der lateinischen Kirche? Welche Form ist zur Gültigkeit und welche zur Erlaubtheit vorgeschrieben?

3. Ist die Eheschließung zwischen einem Katholiken des lateinischen Ritus und einem nichtkatholischen Orientalen an die Formpflicht zur Gültigkeit oder nur zur Erlaubtheit gebunden?

---

[380] Acta Synodalia III, 4, S.488.
[381] vgl. ebd., III, 5, S.743, 749, 768, 827, 846, 848.

Die Tatsache, daß OE 18 die Eheschließungen zwischen (katholischen) Christen des lateinischen und orientalischen Ritus vollends unberücksichtigt gelassen und mit keinem Wort erwähnt hatte, führte nicht nur zu den genannten Rechtsfragen, sondern auch zu einer rechtlichen Ungleichbehandlung lateinischer und orientalischer Katholiken. Wollte nämlich der lateinische Katholik eine bekenntnisverschiedene Ehe eingehen, so war er stets an die Gültigkeitsbedingung der Formpflicht gebunden, egal, ob der bekenntnisverschiedene Partner orthodoxer oder protestantischer Christ war; bei dem orientalischen Katholik wurde dagegen gemäß OE 18 im Falle einer bekenntnisverschiedenen Ehe streng zwischen einem orthodoxen und einem protestantischen Ehepartner unterschieden. Eine Mischehe mit einem Protestanten war zur Gültigkeit an die Formpflicht gebunden, während sie mit einem Orthodoxen nur zur Erlaubtheit der Formpflicht unterlag.[382] Diese Rechtsungleichheit hatte zwar eine positive Zielsetzung des Konzils zur Grundlage, nämlich "bei Ehen zwischen Katholiken und orthodoxen Ostchristen weniger streng zu sein als bei bekenntnisverschiedenen Ehen zwischen Katholiken und Protestanten, da in den orientalischen Kirchen die apostolische Nachfolge und damit auch das sakramentale Priestertum"[383] wie auch der gleiche Glaube an das Sakrament der Ehe und das gleiche theologische Verständnis der Trauung[384] vorhanden sind; "die Unterscheidung zwischen erlaubter und gültiger Eheschließung erinnert daran, daß die volle Gemeinschaft mit den nichtkatholischen Ostkirchen noch aussteht, stellt aber die Heilswirksamkeit des außerhalb der katholischen Kirche empfangenen Sakramentes nicht in Frage."[385] Doch die positive Absicht dieser konziliaren Sonderregelung hatte bei ihrer praktischen Umsetzung durch die enge Formulierung von OE 18 zu der genannten Rechtsungleichheit geführt, die unbedingt beseitigt werden mußte.

Durch OE 18 war also die einstmals eindeutige Rechtslage des ostkirchlichen Eheschließungsrechtes in c.90 IOmatr. ins Wanken geraten. Klarheit bestand nur

---

[382] vgl. Madey, Der Abschluß einer bekenntnisverschiedenen Ehe, 239; Wirth, Ehen mit Orthodoxen, 23; Pujol, Adnotationes, 508.

[383] Madey, Prader, Der Abschluß einer bekenntnisverschiedenen Ehe, 240.

[384] vgl. Prader, Das kirchliche Eherecht, 141; Mörsdorf, Matrimonia Mixta, 351.
Primetshofer, Probleme eines ökumenischen Mischehenrechts, 408 - 410, führt dazu aus: Einer Aufhebung der Formpflicht zur Erlaubtheit für Mischehen in der Westkirche steht nicht so sehr der Umstand entgegen, "daß die Protestanten die Unauflöslichkeit der Ehe als Rechtsgebot nicht anerkennen, sondern es scheint dafür vielmehr die Tatsache verantwortlich zu sein, daß nach evangelischer Auffassung eine Ehe zweier Christen nicht im Raum der Kirche konstituiert wird." (S.408f) Weil es nach evangelischem Verständnis "keine evangelisch-kirchliche Trauung im Sinne eines die Ehe begründenden Aktes gibt und ... daher die Anerkennung einer protestantischen Trauung einer Mischehe letztlich Anerkennung der standesamtlichen Eheschließung bedeuten würde" (S.410), kann das Eingehen einer katholisch-evangelischen Ehe vor einem katholischen Pfarrer nicht nur zur Erlaubtheit vorgeschrieben werden. "Mit Recht wird auf den befremdenden Eindruck aufmerksam gemacht, den eine derartige Freigabe der Formpflicht bei den unierten und nichtunierten Ostkirchen hervorrufen würde. Ist es doch durchgängige Überzeugung der unierten und nichtunierten Orientalen, daß durch den bischöflichen oder priesterlichen Segen erst das Sakrament der Ehe zustandekomme und eine bloße Ziviltrauung ohne jede Wirkung sei. Wenn daher durch eine generelle Aufhebung der Formpflicht die standesamtliche Eheschließung anerkannt würde, so wäre dem ökumenischen Anliegen auf lange Sicht kein guter Dienst erwiesen. Denn was auf der einen Seite durch dieses Entgegenkommen gewonnen wird, geht auf der anderen Seite sicher verloren." (S.410).

[385] Mörsdorf, Matrimonia Mixta, 351.

noch darüber, daß die Eheschließung zweier nichtkatholischer Orientalen nach wie vor nicht von der Formpflicht der unierten Ostkirche betroffen ist.

Ein erster Schritt zur Klärung der offenen Fragen und zur Beseitigung der theologisch in keiner Weise begründbaren Rechtsungleichheiten zwischen Ost- und Westkatholiken erfolgte 1967 durch das Ausführungsdekret zu OE 18 *Crescens matrimoniorum*.[386] Denn dieses Ausführungsdekret dehnte die in OE 18 vorgenommene Abänderung der Formpflicht auch auf die Eheschließung eines Katholiken des lateinischen Ritus mit einem nichtkatholischen orientalischen Christen aus:

> "Unser Heiliger Vater Paul VI. hat nach reiflicher Überlegung und sorgfältiger Prüfung beschlossen, den ihm vorgetragenen Bitten und Wünschen zu entsprechen, und gestattet, daß überall in der Welt, wenn Katholiken, sei es der östlichen Riten, sei es des lateinischen Ritus, die Ehe schließen mit nichtkatholischen Christen der östlichen Riten die kanonische Eheschließungsform für diese Ehen nur zur Erlaubtheit vorgeschrieben ist; zur Gültigkeit genügt die Anwesenheit eines gültig geweihten Amtsträgers. ..."[387]

Das gleiche Dekret erteilte auch den Ortsordinarien bei Mischehen zwischen Lateinern und Orthodoxen Dispensvollmacht sowohl vom Ehehindernis der Bekenntnisverschiedenheit als auch von der zur Erlaubtheit der Eheschließung vorgeschriebenen kanonischen Eheschließungsform, sofern es nach ihrem klugen Ermessen erforderlich ist.[388]

Damit hatte die katholische Kirche in diesem Dekret zwei Neuerungen gebracht. Zum einen konnten nun zum ersten Mal in der katholischen Kirche Ehen zwischen einem Katholiken und einem Orthodoxen, die 'nur' nach dem *ritus sacer* der orthodoxen Kirche geschlossen wurden, nicht mehr nur die Anerkennung einer gültigen, sondern sogar auch einer erlaubten Eheschließung erlangen, sofern sie von der Formpflicht dispensiert waren. Zum anderen hatte die katholische Kirche mit der Ausdehnung des für die unierten Katholiken geltenden Rechtes auf die lateinischen Christen erstmals ein einheitliches Mischehenrecht bezüglich der Eheschließungsform geschaffen.[389]

Den zweiten und letzten Schritt zur Beseitigung der in nachkonziliarer Zeit aufgeworfenen Rechtsunsicherheiten bei der Eheschließung mit Angehörigen der Ostkirchen stellen die Mischehenregelungen der beiden kirchlichen Gesetzbücher von 1983 und 1990 dar.

4.3.3 Die Eheschließungsform zwischen Christen des westlichen und östlichen Ritus nach dem CIC/1983 und dem CCEO/1990

Der CIC/1983 hat die Regelung von 1967 übernommen, indem auch er den Mischehen mit den Angehörigen der Ostkirchen eine Sonderstellung einräumt. Nach

---

[386]AAS 59 (1967), 165f; dt. in: NKD 28, 106 - 111; vgl. dazu auch Pujol, Adnotationes, bes. 510 - 516.

[387]NKD 28, 107; 109.

[388]vgl. ebd., 109.

[389]vgl. Wirth, Ehen mit Orthodoxen, 25.

c.1117 iVm c. 1127 §1 CIC ist der Katholik des lateinischen Ritus bei der Eheschließung mit einem nichtkatholischen Orientalen nur zur *Erlaubtheit* an die
Einhaltung der Formpflicht gebunden; zur *Gültigkeit* der Eheschließung reicht
schon ein *ritus sacer* bzw. die Mitwirkung eines geweihten Amtsträgers. Soll eine
solche Eheschließung beide Kriterien erfüllen, also gültig *und* erlaubt sein, dann
muß allerdings die kanonische Eheschließungsform des c.1108 eingehalten oder
gemäß c.1127 §2 vom Ortsordinarius des katholischen Partners eine Befreiung
von der kanonischen Form eingeholt werden.

Darüber hinaus hat der CIC/1983 in der Formulierung des c.1117 auch die dritte
der nachkonziliaren Rechtsfragen im Bereich der Formpflicht geklärt. Aus dem
Wortlaut dieser Grundnorm über die formpflichtigen Personen geht nämlich klar
hervor, daß die Eheschließung eines Katholiken des lateinischen Ritus mit einem
Katholiken des orientalischen Ritus an die Formpflicht nicht nur zur Erlaubtheit, sondern auch zur Gültigkeit gebunden ist (vgl. c.1117). Denn die Ausnahme des c.1127 §1 CIC gilt nur bei der Eheschließung eines Katholiken mit
einem *nicht*katholischen Orientalen. Für die zur Gültigkeit an die Formpflicht
gebundene ritusverschiedene Ehe unter Katholiken ist entweder der lateinische
Ortsordinarius und Ortspfarrer oder der orientalische Ortshierarch und Pfarrer
zuständig, je nachdem, ob die Eheschließungsfeier im Amtsgebiet des lateinischen
oder orientalischen Geistlichen stattfindet (vgl. c.1109 CIC iVm c.829 §1 CCEO).

Somit hat der CIC/1983 nur noch die erste Frage, nämlich die nach der Formpflicht zweier heiratswilliger katholischer Orientalen unbeantwortet gelassen, und
das zu Recht; als Gesetzbuch für die *lateinische* Kirche muß und darf der CIC
ja nur die für die Westkirche relevanten Fälle rechtlich regeln. Somit sind also
im CIC/1983 endlich nicht nur alle Rechtsunsicherheiten in den Fragen der Eheschließung mit Angehörigen der Ostkirchen beseitigt, sondern zugleich klar und
einheitlich wie auch in ökumenischer Offenheit geregelt.

Obwohl die Ostkirchen einen selbständigen und vom CIC unabhängigen Rechtsbereich darstellen, soll dennoch abschließend ein kurzer, aber vergleichender Blick
auf das Eheschließungsrecht des neuen Codex der Ostkirchen, den CCEO/ 1990,
geworfen werden, auch im Interesse einer gegenseitigen positiven Beeinflussung.

Das wie im CIC/1983 mit *De forma celebrationis matrimonii* überschriebene Kapitel des CCEO/1990 wird ebenfalls wie im CIC/1983 mit der Grundform der
Eheschließungsfeier eingeleitet:

> "Can.828 – §1. *Ea tantum matrimonia valida sunt, quae celebran-
> tur ritu sacro coram Hierarcha loci vel parocho vel sacerdote, cui ab
> alterutro collata est facultas matrimonium benedicendi, et duobus sal-
> tem testibus secundum tamen praescripta canonum, qui sequuntur, et
> salvis exceptionibus, de quibus in cann.832 et 834,§2.*
>
> §2. *Sacer hic censetur ritus ipso interventu sacerdotis assistentis et
> benedicentis.*"

Diese Grundregel der Eheschließung ist wie bereits in c.85 IOmatr. sehr stark an
der lateinischen Eheschließungsform des c.1094 CIC/1917 bzw. c. 1108 CIC aus-

gerichtet. Wie die Westkirche verlangen auch die unierten Ostkirchen die Anwesenheit zweier Zeugen sowie die Assistenz eines trauungsbefugten 'minister sacer'. Vom theologischen Standpunkt aus ist zu begrüßen, daß c.828 §1 CCEO/1990 nicht wie c.1108 CIC/1983 trocken juristisch von *matrimonia ... contrahuntur*, sondern von *matrimonia ... celebrantur* spricht. Abgesehen von der Tatsache, daß c.828 §1 CCEO mit dieser Wortwahl zum einen den Vertragsbegriff[390] umgeht und zum anderen die Formulierung der dazugehörenden Kapitelüberschrift aufgreift, ist die Verwendung des Verbes 'celebrare' vor allem insofern als gelungener zu qualifizieren, weil dadurch die sakramentale bzw. liturgische Dimension der Eheschließungsfeier angedeutet und somit die Verbindung der *rechtlichen* mit der *liturgischen* Dimension hergestellt wird, deren Fehlen in der Westkirche immer wieder beklagt wurde und wird.[391]

Ausnahmen von dieser ordentlichen Eheschließungsform sind nur für Notsituationen (c.832) und bei orientalischen Mischehen (c.834§2) vorgesehen. Bei der Noteheschließungsform sind im Vergleich zur Regelung in IOmatr. 89 einige kleinere sprachliche Änderungen und Ergänzungen vorgenommen worden, von denen aber nur der neu hinzugefügte §3 erwähnenswert ist; denn er legt dem Ehepaar im Falle der Noteheschließung nur vor zwei Zeugen nahe, so bald wie möglich den priesterlichen Ehesegen nachzuholen, allerdings nicht unter der Bedingung der Gültigkeit. Rechtlich gesehen, muß diesem Segensakt eine andere Qualität zukommen als dem Segensakt innerhalb des *ritus sacer*, d.h. konkret, daß dieser Segen kein Bestandteil der Eheschließungshandlung ist, sondern Element eines Gebetes für die bereits gültige und sakramentale Ehe. Diese Empfehlung, in der noch einmal die große Bedeutung der Segnung in den Ostkirchen zum Ausdruck kommt, ist durchaus begrüßenswert; durch sie kann den Eheleuten (neu) bewußt werden, daß Gott ihren Ehebund von Anfang an mitträgt:

> "Can. 832 - §1. Si haberi vel adiri non potest sine gravi incommodo sacerdos ad normam iuris competens, celebrare intendentes verum matrimonium illud valide ac licite coram solis testibus celebrare possunt:
>
> 1. in mortis periculo;
>
> 2. extra mortis periculum, dummodo prudenter praevideatur earum rerum condicionem esse per mensem duraturam.
>
> §2. In utroque casu, si praesto est alius sacerdos, ille, si fieri potest, vocetur, ut matrimonium benedicat salva matrimonii valididate coram solis testibus; eisdem in casibus etiam sacerdos acatholicus vocari potest.
>
> §3. Si matrimonium celebratum est coram solis testibus, coniuges a sacerdote quam primum benedictionem matrimonii suscipere ne neglegant."

In ökumenischer Hinsicht ist der neu eingefügte c.833 CCEO interessant; er stellt sozusagen die Parallel- oder, besser gesagt, die Ergänzungsnorm zu c.832 §2

---

[390] vgl. dazu S. 217ff, Anm. 110f.

[391] Zu dem Zusammenspiel von Recht, Liturgie und Sakrament vgl. ausführlich S. 261ff.

CCEO dar. Im Notfall darf nicht nur sogar ein akatholischer Priester den heiligen Ritus bei einer katholischen Eheschließungsfeier vollziehen (c.832 §2), sondern auch umgekehrt ein katholischer Priester ein akatholisches Ehepaar segnen:

> *"Can.833 - §1. Hierarcha loci cuilibet sacerdoti catholico facultatem conferre potest matrimonium christifidelium alicuius Ecclesiae orientalis acatholicae, qui sacerdotem propriae Ecclesiae sine gravi incommodo adire non possunt, benedicendi, si sua sponte id petunt et dummodo nihil validae vel licitae celebrationi matrimonii obstet.*
>
> *§2. Sacerdos catholicus, si fieri potest, antequam matrimonium benedicit, auctoritatem competentem illorum christifidelium de hac re certiorem faciat."*

Da sich die Normen des ostkirchlichen Eherechts ansonsten in vielen entscheidenden Punkten an das westkirchliche Eherecht orientiert haben, ist es verwunderlich, daß es bei der Umschreibung des formpflichtigen Personenkreises in c.834 §1 CCEO/1990 nicht die Ausnahme des im Formalakt von der Kirche abgefallenen Katholiken aus c.1117 CIC/1983 übernommen hat,[392] obwohl noch das Schema von 1979/80 von kleinen Wortabweichungen abgesehen, fast wörtlich c.1117 CIC/1983 übernommen und in c.57 §1 bestimmt hatte:

> *"Statuta superius forma servanda est, si saltem alterutra pars nupturientium in Ecclesia catholica baptizata vel in eam recepta est nec actu formali ab ea defecerit salvo praescripto §2."*[393]

Von der sich daran anschließenden Diskussion der zuständigen Studienkommission zur Reform des orientalischen Eherechts sind nur zwei einander entgegengesetzte Wortmeldungen festgehalten worden, nämlich zum einen das Plädoyer für eine großzügige Interpretation der Klausel *qui actu formali ab Ecclesia defecerint* in dem Sinn, daß darunter auch alle katholisch getauften, aber von Kindheit an außerhalb der katholischen Kirche aufgewachsenen Katholiken fallen sollten, um diese nicht ihres natürlichen Rechts auf eine gültige Ehe zu berauben, und zum anderen die Forderung, diese Klausel gänzlich zu streichen, da sie eine Befreiung von der kanonischen Formpflicht mit sich brächte.[394] Das negative Votum zeitigte offensichtlich Erfolg. Denn schon in dem nur kurze Zeit darauf folgenden Entwurf war die Klausel *qui actu formali ab Ecclesia defecerint* kommentar- und ersatzlos gestrichen worden:

> *"Statuta superius forma servanda est si saltem alterutra pars nupturientium in Ecclesia catholica baptizata vel in eandem recepta est salvis §§2,3."*[395]

---

[392]Eine detaillierte Analyse des c.1117 CIC/1983 findet sich auf S. 127ff.

[393]Nuntia 8 (1979/80), 26.

[394]vgl. ebd., 27.

[395]c.169 §1, in: ebd., 52.

Mit dieser wichtigen inhaltlichen Abänderung ging die Bestimmung über den formpflichtigen Personenkreis in alle weiteren Schemata und schließlich auch in die Endfassung des Ostkirchenrechtes ein:

> *"Can 834 - §1. Forma celebrationis matrimonii iure praescripta servanda est, si saltem alterutra pars matrimonium celebrantium in Ecclesia catholica baptizata vel in eandem recepta est."*

Für die Eheschließungsform bei einer Mischehe zwischen einem katholischen und einem nichtkatholischen Christen der orientalischen Kirchen hat sich allerdings der
CCEO/1990 in c.834 §2 durch die Übernahme der Regelung von OE 18 inhaltlich wieder voll und ganz an c.1127 §1 CIC/1983 angelehnt:

> *"Si vero pars catholica alicui Ecclesiae orientali sui iuris ascripta matrimonium celebrat cum parte, quae ad Ecclesiam orientalem acatholicam pertinet, forma celebrationis matrimonii iure praescripta servanda est tantum ad liceitatem; ad validitatem autem requiritur benedictio sacerdotis servatis aliis de iure servandis."*

Diese in ökumenischer Hinsicht wichtige Regelung des c.834 §2 stellt eine Konkretisierung der in den 'Grundnormen' zum Eherecht des CCEO aufgenommenen Anerkennung aller getrennten kirchlichen Gemeinschaften und deren Eherecht dar; denn nach c.780 §2 CCEO ist bei jeder bekenntnisverschiedenen Ehe(schließung) nicht nur das Eherecht der katholischen Ostkirchen zu beachten, sondern auch das der jeweiligen anderen Kirche oder kirchlichen Gemeinschaft, sofern sie ein eigenes Eherecht besitzt (n.1), bzw. das weltliche Recht, wenn in der betreffenden Gemeinschaft kein eigenes Eherecht existiert (n.2).[396] Diese für die ökumenischen Beziehungen wichtige Grundaussage über das in gleicher Weise wie die Eherechtsnormen des CCEO geltende Eherecht der getrennten Kirchen und kirchlichen Gemeinschaften fehlt im Parallelkanon 1059 des CIC.

Wie der CIC so geht auch der CCEO nur insofern auf die religionsverschiedene Ehe ein, als er für sie die analoge Anwendung der Vorschriften zur bekenntnisverschiedenen Ehe festlegt (vgl. c.1129 CIC; c.803 CCEO).

Auf den ersten Blick überraschend großzügig und auf den zweiten Blick rechtlich sehr unpräzise ist die Regelung der Formdispens in c.835 CCEO/1990:

> *"Can. 835 - Dispensatio a forma celebrationis matrimonii iure praescripta reservatur Sedi Apostolicae vel Patriarchae, qui eam ne concedat nisi gravissima de causa."*

Nicht wie im CIC innerhalb der Normen zum Mischehenrecht, sondern im Artikel über die Form der Eheschließungsfeier plaziert, ist die Dispens von der Formpflicht

---

[396] Ein Beispiel für n.1 wäre die Ehe zwischen einem unierten und einem orthodoxen Christen, für n.2 die Ehe zwischen einem unierten und einem protestantischen Christen.

vom Wortlaut her auch nicht nur wie im CIC auf die konfessions- und religions-verschiedene Ehe beschränkt, sondern für jede Ehe, also auch für eine rein katholi-sche Ehe, vorgesehen. Dagegen ist aber die Bedingung der *graves difficultates* des c.1127 §2 CIC in c.835 CCEO zu *gravissima de causa* verschärft worden und die Befugnis zur Dispenserteilung dem Apostolischen Stuhl oder einem Patriarchen vorbehalten, d.h., daß der Ortsordinarius (einer orientalischen oder lateinischen Kirche) nach dem Ostkirchenrecht nicht die Befugnis hat, von der Formpflicht zu dispensieren, auch nicht bei einer Mischehe. Der CCEO scheint somit im Hinblick auf den Personenkreis, der die Dispens von der Formpflicht beantragen kann, weitherziger zu sein als der CIC/1983, aber engherziger bezüglich der zur Dispenserteilung notwendigen Bedingungen und berechtigten Autoritäten. Für die letztere Tatsache legt sich die Erklärung nahe, daß angesichts der Bedeutung des *ritus sacer* in den Ostkirchen die Erteilung der Formdispens wirklich nur eine seltene Ausnahme sein soll und deshalb auch an die höchste bzw. höhere kirchliche Autorität gebunden ist. Aus eben dieser Überlegung heraus verwun-dert dann aber die offene Formulierung hinsichtlich des Adressatenkreises für die Formdispens umso mehr. Wollte hier der Gesetzgeber des Ostkirchenrechts den im Formalakt abgefallenen Katholiken entgegenkommen und ihnen die Möglich-keit der Dispens von der Formpflicht eröffnen, wenn sie schon nicht prinzipiell von der Formpflicht befreit sind, wie dies für die im Formalakt abgefallenen Katholi-ken der lateinischen Kirche gilt (vgl.c.1117 CIC)? So sehr sich diese Interpretation vom Wortlaut des c.835 CCEO her nahelegt, vom Kontext her sprechen aber zwei wichtige Gründe dagegen: Zum einen wird in der Grundregel der Formpflicht c.828 CCEO nur auf die Noteheschließung (c.832) und auf die bekenntnisver-schiedene Ehe mit einem nichtkatholischen Orientalen (c.834 §2) als Ausnahmen verwiesen, also die Möglichkeit einer Formdispens für rein katholische Ehepaare weder direkt noch indirekt durch einen Verweis auf c.835 genannt; zum ande-ren folgt die Normierung der Formdispens (c.835) sozusagen unmittelbar auf das Stichwort bzw. die Umschreibung der bekenntnisverschiedenen Ehe des c.834 §2. Auch die Tatsache, daß nach dem bisher geltenden Eherecht der unierten Ostkirchen die Dispensmöglichkeit von der Formpflicht auf die bekenntnis- und religionsverschiedene Ehe beschränkt war (vgl. c.32 §2 n.5 IOmatr.), spricht ge-rade bei einem so traditionsbewußten Gesetzbuch wie dem CCEO (vgl. cc.2 und 6) für die engere Interpretation des c.835 CCEO.

Eine weitere Rechtsunklarheit zieht c.835 CCEO dadurch nach sich, daß er nicht wie c.1127 §2 CIC bei erfolgter Dispens das Einhalten einer öffentlichen Ehe-schließungsform fordert. Kann somit ein bekenntnisverschiedenes Brautpaar, das die Dispens von der kanonischen Eheschließungsform erhalten hat, eine kirchlich gültige und aufgrund der Identitätslehre von Vertrag und Sakrament (vgl. c.776 §2 CCEO) sogar sakramentale Ehe in jeder beliebigen Form schließen, also sowohl in einer kirchlichen oder nichtkirchlichen, öffentlichen oder privaten Form? Diese Schlußfolgerung ist wohl kaum zu ziehen; denn hier sind die 'Allgemeinen Nor-men' zum Eherecht (cc.776 - 782) des CCEO zu beachten, die in c.780 §2 festle-gen, daß bei einer bekenntnisverschiedenen Ehe die Rechtsordnungen der Kirchen bzw. kirchlichen Gemeinschaften beider Christen zu beachten sind. Mit dieser Bestimmung ist auf jeden Fall eine öffentliche Eheschließungsform sichergestellt, da keine kirchliche Gemeinschaftsordnung eine nichtöffentliche Eheschließungsform kennt. Heiratet ein Katholik einen Orthodoxen, so ist zur Gültigkeit dieser Ehe auf jeden Fall der *ritus sacer* einzuhalten (c.834 §2); soll diese Eheschließung gültig und erlaubt sein, aber dennoch nicht in der kanonischen Form geschlossen werden, so muß nach erfolgter Dispens von der Formpflicht ebenfalls der in der orthodoxen Kirche zur Gültigkeit der Ehe vorgeschriebene *ritus sacer* eingehalten werden (c.780 §2 n.1), so daß bei einer bekenntnisverschiedenen Ehe mit einem Orthodoxen stets nicht nur eine öffentliche, sondern auch kirchliche Eheschließungsform gewährleistet ist. Gehört der bekenntnisverschiedene Christ allerdings der evangelischen Kirche an, so wird die Ehe bereits durch die standesamtliche Trauung gültig geschlossen (c.780 §2 n.2), d.h. durch eine öffentliche, aber nichtkirchliche bzw. nichtreligiöse Eheschließung kommt eine kirchlich gültige und sakramentale Ehe zustande. Für eine von der Formpflicht dispensierte religionsverschiedene Ehe bleibt allerdings die Rechtslage hinsichtlich der einzuhaltenden Eheschließungsform weiterhin unklar. Zwar ist davon auszugehen, daß in diesem Fall c.780 §2 analog anzuwenden ist; doch dies wird vom Gesetzgeber an keiner Stelle des CCEO weder explizit noch implizit zum Ausdruck gebracht, so daß hier ein Rechtszweifel fortbesteht, auf den sich ein von der Formpflicht dispensiertes religionsverschiedenes Brautpaar berufen kann, um auch in einer privaten Form kirchlich gültig heiraten zu können.

Nimmt man diesen hier betrachteten Teilbereich der ostkirchlichen Normen über das Eheschließungsrecht zusammen, so ergibt sich beim Durchspielen aller in Betracht kommenden Mischehenkonstellationen für die Eheschließungsform folgendes Bild:

1. Heiraten ein katholischer und ein nichtkatholischer Orientale, so sind sie nach c.834 §2 CCEO zur Gültigkeit ihrer Eheschließung an den *ritus sacer* gebunden; sind sie vorher von der Formpflicht dispensiert worden (c.835), gehen sie bei Einhalten des heiligen Ritus nicht nur eine gültige, sondern auch eine erlaubte Ehe ein. Eine rein standesamtliche Trauung führt allerdings zu einer wegen Formmangels ungültigen Eheschließung, da nach c.780 §2 n.1 der im Eherecht der orthodoxen Kirche vorgeschriebene *ritus sacer* einzuhalten ist.

2. Bei einer bekenntnisverschiedenen Ehe zwischen einem Ostkatholiken und einem evangelischen Christen kann nach erfolgter Dispens von der Formpflicht (c.835) bereits durch die standesamtliche Trauung eine kirchlich gültige und sakramentale Ehe geschlossen werden (c.780 §2 n.2), da die evangelische Kirche das weltliche Eheschließungsrecht übernommen hat.

3. Die Regelung der bekenntnisverschiedenen Ehe ist auch auf die religionsverschiedene Ehe zwischen einem Ostkatholiken und einem Ungetauften anzuwenden. Nach c.834 §1 ist zunächst die kanonische Eheschließungsform zur Gültigkeit der Ehe einzuhalten; liegt jedoch eine auf Antrag gewährte Dispens von der Formpflicht vor, ist wohl analog zur bekenntnisverschiedenen Ehe c.780 §2 n.2 einzuhalten.

Die sich in diesem Zusammenhang fast zwangsläufig aufdrängende Frage nach den Regelungen für mögliche Grenzfälle in der Zuständigkeit von CIC/1983 und CCEO/1990 für den Bereich der Eheschließungsform muß folgendermaßen beantwortet werden:

1. Eine *ritusverschiedene* Ehe zwischen einem orientalischen und lateinischen Katholiken kann sinnvoller Weise nicht von der Formpflicht dispensiert werden, da beide nach ihrem Recht an die Formpflicht gebunden sind.

   Für eine ritusverschiedene Eheschließung ist sowohl der lateinische Ortsordinarius bzw. Ortspfarrer zuständig (vgl. c.1109 CIC/1983) als auch der orientalische Ortshierarch (vgl. dazu die Definition in c.984 §2 CCEO) bzw. Ortspfarrer des betreffenden orientalischen Ritus (vgl. c.829 §1 CCEO/1990). Bei ritusverschiedenen Trauungen gilt also nicht das auch wieder in c.831 §2 CCEO/1990 (im Gegensatz zum CIC/1983) aufgenommene Prinzip, daß bei Trauungen stets der Pfarrer des Mannes zuständig ist. Für den Bereich der Deutschen Bischofskonferenz ist außerdem zu beachten, daß der lateinische Pfarrer vor einer derartigen Eheschließung das bischöfliche Nihil obstat einholen muß;[397] diese bischöfliche Genehmigung ist allerdings nicht als Gültigkeitsbedingung einer solchen Eheschließung erforderlich, sondern dient wohl nur zur (nochmaligen) Überprüfung aller nach dem Recht der unierten Kirche zur Gültigkeit der Eheschließung erforderlichen Voraussetzungen.

2. Der Ehe von *zwei orientalischen Katholiken* kann ein *lateinischer* Priester nur dann gültig assistieren, wenn er über eine ausdrückliche Delegation zur konkreten Trauung verfügt. Diese wird ihm entweder vom Ortshierarchen bzw. Ortspfarrer des betreffenden orientalischen Ritus erteilt (c.830 §1 CCEO) oder – wenn dieser an dem Trauungsort keine Jurisdiktion besitzt – vom lateinischen Ortsordinarius (c.916 §5 CCEO). Die letztgenannte Regelung des Ostkirchenrechts hat auch die Deutsche Bischofskonferenz in ihren Bestimmungen aufgenommen und verfügt: "Wenn beide Partner einer Ostkirche angehören, auch wenn beide katholisch (uniert) sind, kann kein Geistlicher der Lateinischen Kirche gültig trauen (c.1109). In solchem Fall ist das Generalvikariat / Ordinariat anzugehen, ob eine besondere Delegation des Geistlichen der Lateinischen Kirche zur Trauung erfolgen kann."[398]

   Der umgekehrte Fall, daß einem *orientalischen* Priester die Trauungsbefugnis für *zwei lateinische Katholiken* delegiert werden kann, ist im CIC/1983 zwar nicht explizit genannt, wohl aber rechtlich durchaus möglich (c.1111).

---

[397] vgl. Anm.21e der Anmerkungstafel zum Ehevorbereitungsprotokoll der Deutschen Bischofskonferenz, in: Reinhardt, Die kirchliche Trauung, 26.

[398] Anmerkung 5 der Anmerkungstafel zum Ehevorbereitungsprotokoll der Deutschen Bischofskonferenz, in: ebd., 23.

Teil III
Die Ehe in ihrem Beziehungsverhältnis von Vertrag und Sakrament

Will man eine sachgerechte Diskussion für und wider die kanonische Eheschließungsform führen, muß zunächst geklärt werden, welchen *theologischen* und *rechtlichen* Stellenwert diese innerhalb des katholischen Glaubenssatzes von der Sakramentalität der Ehe einnimmt. Denn Grundlage und gleichsam Schlüssel der kirchlichen Gesetzgebung über die Ehe ist die Lehre von der Sakramentalität der Ehe. Diese Tatsache ist auch die Erklärung dafür, daß im Laufe der Geschichte immer wieder eine wechselseitige Beeinflussung zwischen der Lehre von der Sakramentalität der Ehe und deren gesetzlicher Regelung durch die Kirche stattgefunden hat. Dabei ist allerdings auffällig, daß größtenteils die durch zeitgeschichtliche Herausforderungen notwendige Ehegesetzgebung mehr die inhaltliche Entfaltung der Sakramentalität beeinflußt hat als umgekehrt. Deshalb werden im folgenden zunächst vor allem die Fragen zu klären sein: Was heißt überhaupt Sakrament der Ehe? Was wurde und wird darunter verstanden? Wie sah und sieht die wechselseitige Beziehung von kirchlicher Ehegesetzgebung und dogmatischer Lehre über das Ehesakrament aus? Wie kommt dieses Sakrament überhaupt zustande? Spenden sich die Eheleute das Sakrament selbst, so daß der eheassistierende Amtsträger der Kirche letztlich für das Zustandekommen des Ehesakramentes nicht unabdingbar ist? Oder ist der kirchliche Amtsträger wesensnotwendig an der Entstehung des Ehesakramentes beteiligt? Wie ist die kirchenrechtliche Aussage des c.1055 §2 CIC zu verstehen, daß es zwischen *Getauften* keinen gültigen Ehe*vertrag* geben kann, ohne daß er zugleich Sakrament ist? Beinhaltet dieser katholische Lehrsatz die umgekehrte Konsequenz, daß jede Eheschließung von Getauften, die nicht nach dem katholischen Sakramentenrecht erfolgt, (auch anthropologisch) keine gültige Ehe ist? Oder bedeutet der Umkehrschluß, daß die Zivilehe eines Katholiken schon das Sakrament – allerdings nicht das Vollsakrament – der Ehe ist, weil sie eine anthropologisch gültige Ehe ist?

1 Die Lehre von der Sakramentalität der Ehe im Spiegel der zeitgeschichtlichen Kontroversen

1.1 Die Koppelung von Unauflöslichkeit und Sakrament

Der Begriff des Ehe*sakramentes* taucht zum ersten Mal bei Augustinus auf, und zwar in seinem Bemühen, gegen die Auffassung der Manichäer und Pelagianer die positive Qualität der Ehe aufzuzeigen. Zu diesem Zweck entwickelte Augustinus die Lehre von der Paradiesesehe und wollte in und mit ihr zum Ausdruck bringen, daß die Ehe in ihrem ursprünglichen Sinn durchaus dem eigentlichen Willen Gottes entspricht und keineswegs etwas Sündhaftes ist; demzufolge haftet der Ehe an sich keinerlei Makel oder Begehrlichkeit an.[1] Mit dieser Lehre verteidigte Augustinus den Manichäern gegenüber "die Heiligkeit der Ehe: Die Fruchtbarkeit des Menschen ist ein Geschenk Gottes, nicht die Wirkung eines bösen Prinzips. Den Pelagianern gegenüber aber betonte er die Tatsache des Sündenfalls: Die Begehrlichkeit, die heute das Geschlechtsleben befleckt, stammt nicht aus dem Schöpfungswerk Gottes, sondern ist ein Fehler der gefallenen Natur."[2] Durch den Sündenfall hat der Mensch eine Wandlung zum Bösen hin vollzogen. Der Mensch, nicht die Ehe hat sich verändert. Seit dem Sündenfall wird der Mensch in allen Lebensbereichen von dem ungeordneten, dem Gesetz der Vernunft widerstreitenden Geschlechtstrieb beherrscht; von diesem neuen Wesenszug ist natürlich ganz besonders sein Eheleben betroffen.[3] Die Ehe an sich aber ist und bleibt die von Gott eingesetzte gute Einrichtung, auch nach dem Sündenfall.[4] Zwar ist die Qualität der Ehe schlechter geworden, ihre Natur hat sich aber nicht verändert.[5] Eben weil die Menschen trotz der Verführung durch den Teufel nicht gänzlich die von Gott eingerichtete *bonitas nuptiarum* verloren haben, kann die Ehe auch nach dem Sündenfall als *bonum coniugale* oder *bonum nuptiarum* bezeichnet werden, zu dem *proles, fides* und *sacramentum* gehören.[6]

Unter dieser Trias *proles, fides, sacramentum* nimmt das *sacramentum* eine besondere Stellung ein; denn "die 'sakramentale' Dimension der Ehe vermag am besten das Gutsein, den hohen sittlichen Wert der Ehe zu begründen."[7] In der um 401 verfaßten Schrift *De bono coniugali* spricht Augustinus zunächst erst andeutungsweise von der Ehe als Sakrament; so bezeichnet er den Ehebund als *cuiusdam sacramenti res*, so daß er nicht einmal durch eine Trennung unwirksam wird, und als *quoddam sacramentum*, das den sterblichen Menschen wegen ihrer

---

[1] Einen Überblick über die Entwicklung des Augustinus in der Beurteilung der Ehe mit Belegen aus seinen Schriften findet sich bei Müller, Die Lehre des hl. Augustinus, 19 - 29; Baumann, Die Ehe, 181 - 183; Bruns, Das Ehe-sacramentum bei Augustinus.

[2] Müller, Die Lehre des hl. Augustinus, 19.

[3] vgl. Bruns, Das Ehe-sacramentum bei Augustinus, 211; Müller, Die Lehre des hl. Augustinus, 23f.

[4] vgl. De nuptiis et concupiscentia II 32, in: CSEL 42, 286.

[5] vgl. De nuptiis et concupiscentia II XXXII, 54, in: CSEL 42, 311f.

[6] vgl. De bono coniugali XXVIII 32, in: CSEL 41, 226f; De nuptiis et concupiscentia I XVII, 19, in: CSEL 42,231f; De sancta virginitate XII 12, in: CSEL 41, 244f.
Baumann, Die Ehe, 181, bewertet die Lehre von der Paradiesesehe als "höchst problematisches ätiologisches Erklärungsmodell", weil in dem Modell der Paradiesesehe Ehe und Erotik getrennt werden. "Ehe ist zwar theoretisch gut – in der idealen Scheinrealität einer von aller 'Fleischeslust' purgierten Paradiesesehe, die reale Ehe jedoch muß sozusagen von außen gut, vielmehr 'ehrbar' gemacht werden durch die sie entschuldigenden Güter: Nachkommenschaft, Treue, 'sacramentum' "(ebd., 184).
Auch Müller, Die Lehre des hl. Augustin, spricht schon von einer "Konstruktion der idealen Paradiesesehe" (S.29), in der Augustinus sein Wunschbild einer Sexualität gezeichnet hat, "die fügsam dem 'imperium tranquillissimae caritatis' oder – wie es an anderer Stelle heißt – dem 'motus ... tranqille tantummodo voluntatis' gehorcht" (S.27).

[7] Bruns, Das Ehe-sacramentum bei Augustinus, 205.

bekannten Schwäche gegeben wird und die überaus große Festigkeit des ehelichen Bandes bewirkt:

"usque adeo foedus illud initum nuptiale cuisdam sacramenti res est, ut nec ipsa separatione inritum fiat ...[8]

...quem non faciat intentum, quid sibi velit tanta firmitas vinculi coniugalis? quod nequaquam puto tantum valere potuisse, nisi alicuius rei maioris ex hac infirma mortalitate hominum quoddam sacramentum adhiberetur, ..."[9]

Gegen Ende dieser Schrift wird er jedoch schon wesentlich konkreter und führt aus:

"Bonum igitur nuptiarum per omnes gentes atque omnes homines in causa generandi est et in fide castitatis; quod ad populum dei pertinet, etiam in sanctitate sacramenti, per quam nefas est etiam repudio discedentem alteri nubere, dum vir eius vivit, nec saltem ipsa causa pariendi: quae cum sola sit qua nuptiae fiunt, nec ea re non subsequente propter quam fiunt solvitur vinculum nuptiale nisi coniugis morte."[10]

Nach Augustinus ist also das 'Gut' der Ehe bei allen Völkern in der Zeugung von Kindern und in der Bewahrung der Keuschheit zu sehen. Dieses Ehegut gilt zwar auch für das Gottesvolk; doch das Eigentümliche der christlichen Eheleute liegt in der *sanctitas sacramenti*, die besagt, daß die Ehe auch dann bestehen bleibt, wenn das Gut der Nachkommenschaft nicht verwirklicht wird. Denn, so könnte man frei nach Augustinus[11] fortfahren, wie "der Getaufte mit dem Taufmal für immer zum Christen und der Geweihte mit dem Weihemal für immer zum Priester, so sind Mann und Frau mit dem Ehemal für immer zum Ehemann und zur Ehefrau geweiht."[12] In dem zwischen 419 und 421 entstandenen Werk 'De nuptiis et concupiscentia' beruft sich Augustinus auf Gen 2,24 und Eph 5,32 und zieht daraus die Schlußfolgerung, daß die Ehe ein *sacramentum coniunctionis inseperabilis* ist:

" 'relinquet homo patrem et matrem et adhaerebit uxori suae, et erunt duo in carne una, quod magnum sacramentum dicit apostulus in Christo et in ecclesia.' quod ergo est in Christo et in ecclesia magnum, hoc in singulis quibusque viris atque uxoribus minimum, sed tamen coniunctionis inseperabilis sacramentum."[13]

---

[8]De bono coniugali 6 VII, in: CSEL 41, 196.

[9]De bono coniugali VII 7, in: ebd. 197.

[10]De bono coniugali XXVIII 32, in: ebd. 226f.

[11]vgl. De nuptiis et concupiscentia I, 10, in: CSEL 42/43, S. 222 - 224.

[12]Bruns, Das Ehe-sacramentum bei Augustinus, 221; vgl. auch Bernhard, Le decret Tametsi, 227.

[13]De nuptiis et concupiscentia I XXI 23, in: CSEL 42, 236.

Mit diesen beiden Bibelstellen versucht er dann auch an späterer Stelle nachzuweisen, daß der Sinn der Ehe schon vor dem Sündenfall feststand und daß gerade
dies das *magnum Christi et ecclesiae sacramentum* sei:

> *"istae, inquam, sunt nuptiae, de quibus dictum est – excepto, quod hic*
> *figuratum est, magno illo Christi et ecclesiae sacramento –: 'propterea*
> *relinquet homo patrem et matrem et adhaerebit uxori suae, et erunt*
> *duo in carne una.' hoc enim ante peccatum est et, si nemo peccasset,*
> *sine pudenda libidine posset fieri."*[14]

In den in den Jahren 401 bis 415 geschriebenen 12 Büchern *De Genesi ad litteram* umschreibt schließlich Augustinus das Ehesacramentum ganz klar als Unauflöslichkeit der Ehe:

> *"in sacramento, ut coniugium non separetur et dimissus aut dimissa*
> *nec causa prolis alteri coniugatur."*[15]

Diese beispielhaft angeführten Aussagen zeigen, daß Augustinus öfters den Begriff
sacramentum auf die Ehe angewendet, gelegentlich sogar auch in Verbindung mit
Eph 5,32, und damit vor allem den Charakter der Unauflöslichkeit der Ehe zum
Ausdruck gebracht hat. "Wo daher der hl. Augustinus von einer sakramentlichen
Ehe redet, leitet er zugleich davon die unauflösliche Ehe ab; und wo er von der
Unauflösbarkeit derselben handelt, ist die Sakramentlichkeit mitgesetzt. Die Ehe
ist also nach Augustin unauflöslich, weil sakramentlich, und sakramentlich, weil
unauflöslich. Mithin bedingen sich beide Begriffe."[16] Somit hat Augustinus und
mit ihm der Großteil der mittelalterlichen Theologen unter dem Sakrament der
Ehe vor allem die heilige Verpflichtung der Unauflöslichkeit der Ehe verstanden.
Denn die eheliche Treue von Mann und Frau ist das Abbild des Urbildes von der
unverbrüchlichen Treue Christi zu seiner Kirche. Wie die Einheit Christi mit der
Kirche unauflöslich ist, so auch die eheliche Einheit von Mann und Frau; und
gerade in dieser Unauflöslichkeit bzw. Unverletzlichkeit des Ehebandes wurde
dann auch allmählich die Wirkkraft des Ehesakramentes gesehen. Die diesen
Überlegungen zugrundeliegende Annahme, daß die Ehe ein Abbild der Einheit
Christi mit der Kirche darstellt, wurde dabei (stillschweigend) vorausgesetzt, aber
an kaum einer Stelle thematisiert oder er- bzw. nachgewiesen.

Mit dem Aufkommen der eigentlichen Sakramententheologie im 11./12. Jahrhundert setzte eine neue, mehr anthropologisch-theologische Betrachtungsweise des
Ehesakramentes ein, die auch zu einer neuen Fragestellung führte. Wurde bisher
immer nur gefragt, welche Ehen unauflöslich und damit sakramental sind, wurde
von nun an besonders danach gefragt, was die Ehe überhaupt zum heiligen und
gnadenwirksamen Zeichen macht bzw. inwiefern die Ehe das Christus - Kirche
- Verhältnis abbildet. Jetzt also bemühte man sich auch um einen Nachweis für
die Lehre, daß die Ehe ein Abbild des Urbildes von der Einheit Christi mit der

---

[14]De nuptiis et concupiscentia II XXXII 54, in: ebd. 311.
[15]De Genesi ad litteram libri duodecim, liber IX,7,12, in: CSEL 28, 276.
[16]Filser, Dogmatisch-canonistische Untersuchung über den Ausspender, 18.

Kirche verkörpert. Damit hatte man sich keine leichte Aufgabe gestellt; denn auf die Ehe ließ sich keines der Kriterien des in dieser Zeit von der Scholastik ausgebildeten Sakramentenbegriffes anwenden: Es war weder klar, worin die geheiligte Symbolik der Ehe bestand noch ob durch die Ehesymbolik als solche überhaupt Gnade vermittelt wurde, ganz zu schweigen von der fehlenden Einsetzung durch Christus. Dennoch wurde die Ehe von der Kirche in den Katalog der sieben Sakramente aufgenommen; dafür waren wohl vor allem folgende Gründe ausschlaggebend:

- Die Anwendung des Begriffes *Sakrament* auf die Ehe hat seit Augustinus die Theologie bewegt, zumal Augustinus nicht nur die Bezeichnung, sondern auch die Deutung des Ehe*sacramentum* biblisch begründet hatte, indem er sich für den Ausdruck auf das μυστήριον von Eph 5,32 berufen und für die Auslegung als Unauflöslichkeit der Ehe indirekt auf das biblische Scheidungsverbot Jesu (vgl. Mt 5,27ff) zurückgegriffen hatte. So bedeutet *sacramentum* im Dekret Gratians einmal schlicht Unauflöslichkeit und an anderen Stellen Symbol Christi und der Kirche.[17]

- In der Frühscholastik wurde die Einsetzung aller Sakramente durch das eine und eigentliche *sacramentum* zwischen Gott und Mensch, Jesus Christus, noch nicht in dem Sinn verstanden, daß der irdisch-erfahrbare Jesus Christus wie ein Gesetzgeber jedes einzelne Sakrament 'verabschiedet' hat, sondern vielmehr so, daß Jesus Christus als Mysterium, "das die Schöpfung umgreift und das die Zeit der Geschichte hindurch, auch nach Jesus, sich entfaltet und erfüllt",[18] die Sakramente stiftet. Daher galt in dieser Zeit auch noch nicht das erst in der Hochscholastik entwickelte formale Sakramentenschema: Einsetzungswort Jesu Christi, äußeres Zeichen und Mitteilung von Gnade; das 'Stiftungswort' eines Sakramentes wurde vielmehr in der von Jesus Christus in Wort und Tat aufgezeigten religiösen Bedeutung einer menschlichen Grundgegebenheit sowie in der Gründung der Kirche als dem eschatologischen Heilszeichen für das Reich Gottes gesehen.[19]

- Ebenso wird der unreflektierte Glaubenssinn des Volkes eine nicht unerhebliche Rolle gespielt haben. Denn die allgemeinübliche Sitte der kirchlichen

---

[17]vgl. z.B. C.27 q.2 c.17, in: Corpus Iuris Canonici I, 1066: "Cum societas nuptiarum ita a principio sit instituta, ut preter conmixtionem sexuum non habeant in se nuptiae Christi et ecclesiae sacramentum, non dubium est, illam mulierem non pertinere ad matrimonium, in qua docetur non fuisse nuptiale misterium."
C.27 q.2 c.39, in: ebd., 1074: "... Ad matrimonium perfectum subintelligendum est, tale videlicet, quod habeat in se Christi et ecclesiae sacramentum."
C.32 q.1 c.10, in: ebd., 1118: "§2. ... Debet enim inter coniuges fides servari et sacramentum, que cum defuerint, non coniuges, sed adulteri appellantur."
C.32 q.7 c.2, in: ebd., 1140: "Licite dimittitur uxor ob causam fornicationis, sed manet vinculum prioris. Propter quod fit reus adulterii quicumque duxerit dimissam ob causam fornicationis. Sicut autem, manente in se sacramento regenerationis, excommunicatur quisquis reus criminis est, ita que separatur a viro numquam carebit sacramento coniugii, etiamsi non reconcilietur viro."
[18]Ratzinger, J., Zur Theologie der Ehe, 91.
[19]vgl. Rahner, Schriften zur Theologie, 533; Schmaus, Der Glaube der Kirche, 213; Heimerl/Pree, Kirchenrecht, 164.

Ehesegnung[20] wird allmählich fester Bestandteil des Glaubensbewußtseins geworden sein und somit die Ehe in enge Beziehung zu Kirche und Glaubensgut gebracht haben. Die Wichtigkeit, die die Ehe für das christliche Leben hatte, veranlaßte wohl das Gewissen des Glaubens, dem ehelichen Leben den sachgemäßen theologischen Ausdruck zu verleihen.[21]

- Entscheidend für die Entfaltung der Theologie über die Sakramentalität der Ehe waren zweifelsohne auch die durch die Katharer und Albigenser wiederauflebenden manichäischen Tendenzen der Leibfeindlichkeit und der damit verbundenen Verurteilung der Ehe als radikales Übel.[22]

- Eine wegweisende Hilfestellung für die Beantwortung der Frage, worin überhaupt die Sakramentalität der Ehe begründet liegt und wie diese zustandekommt, dürfte die Liturgie gegeben haben; denn sie hatte die Hochzeitsliturgie nach dem Vorbild der Jungfrauenweihe ausgestaltet[23] und dadurch fol-

---

[20]vgl. dazu S. 34ff; 46ff.

[21]vgl. Bernhard, Le decret Tametsi, 227; Schillebeeckx, Die Ehe, irdische Wirklichkeit und Geheimnis des Heils, Paris 1966, 288.

[22]vgl. dazu z.B. die Verurteilung der manichäischen Ansicht über die Ehe auf dem 2. Laterankonzil in DS 718.

[23]vgl. z.B. die *Jungfrauenweihe* im Sacramentarium Veronense mit dem *Brautsegen* im Sacramentarium Gregorianum.
Bei der Jungfrauenweihe im Sacramentarium Veronense heißt es:

"Respice, domine propitius super has famulas tuas, ut virginitatis sancte propositum, quod te inspirante suscipiunt, te gubernante custodiant. ... etiam hoc donum in quasdam mentes de largitatis tuae fonte defluxit, ut cum honorem nuptiarum nulla interdicta minuissent, ac super sanctum coniugium initialis benedictio permaneret, existerent tamen sublimiores animae, quae in viri mulieris copula fastidirent conubium, concupiscerent sacramentum, nec imitarentur quod nuptiis agitur, sed diligerent quod nuptiis praenotatur. Agnovit auctorem suum beata virginitas, et aemula integritatis angelicae, illius talamo, illius cubiculo se devovit, qui sic perpetuae virginitatis est sponsus, quemadmodum perpetuae virginitatis est filius. Inplorantibus ergo auxilium tuum, domine, et confirmari se benedictionis tuae consecratione cupientibus da protectionis tuae munimen et regimen ..." (Mohlberg, L.C., (Hg), Sacramentarium Veronense, Rom 1956, 138f).
Der Brautsegen im Sacramentarium Gregorianum lautet:

"... Deus qui potestate virtutis tuae de nihilo cuncta fecisti, qui dispositis universitatis exordiis homini ad imaginem dei facto ideo inseparabile mulieris adiutorium condidisti, ut femineo corpori de virili dares carne principium docens quod ex uno placuisset institui numquam licere disiungi: deus qui tam excellenti mysterio coniugalem copulam consecrasti, ut Christi et ecclesiae sacramentum praesignares in foedere nuptiarum; deus per quem mulier iungitur viro, et societas principaliter ordinata ea benedictione donatur, quae sola nec per originalis peccati poenam nec per diluvii est ablata sententiam: Respice propitius super hanc famulam tuam, quae maritali iungenda est consortio: tua se expetit protectione muniri. Sit in ea iugum dilectionis et pacis, fidelis et casta nubat Christo: imitatrixque sanctarum permaneat feminarum: sit amabilis ut Rachel viro, sapiens ut Rebecca, longaeva et fidelis ut Sara. Nihil in ea ex actibus suis ille auctor praevaricationis usurpet, nexa fidei, mandatisque permaneat, uni toro iuncta, contactus inlicitos fugiat, muniat infirmitatem suam robore disciplinae ..." (Lietzmann, D.H., (Hg), Das Sacramentarium Gregorianum nach dem Aachener Urexemplar, Westfalen 1968[4], 111f).

gende Sinndeutung der Ehe nahegelegt: "So wie die gottgeweihte Jungfrau unmittelbar dem Herrn dient und somit das Geheimnis der Verbindung Christi mit seiner Kirche direkt lebt, dient die sich *im Herrn* ihrem Gatten hingebende Frau zwar unmittelbar einer weltlichen Aufgabe, aber sie verwirklicht dadurch doch gleichzeitig zeichenhaft das Geheimnis der Verbindung Christi mit seiner Kirche."[24] Durch die Übergabe des Brautschleiers und durch den Brautsegen wird die Braut ihrem Gatten so geweiht, wie die kirchlich anerkannte Jungfrau durch die Übergabe des Jungfrauenschleiers und einer besonderen Segnung dem Herrn als Braut vermählt wird.

Der Segen war dabei bewußt auf die Braut beschränkt, da der Bräutigam als das unmittelbare Abbild Gottes keines besonderen Segens bedurfte; durch den Brautsegen wurde die unmittelbar irdische Wirklichkeit Ehe zum mittelbar heiligen Zeichen des Bundes Christi mit der Kirche.[25]

Aus dieser liturgische Ausgestaltung des Brautsegens nach dem Vorbild der Jungfrauenweihe konnte nicht nur eine Sinndeutung der Ehe, sondern zugleich auch eine Erklärung des Ehesakramentes abgeleitet werden: Die Ehe ist ein Abbild der unverbrüchlichen Verbindung Christi mit der Kirche; und die Ehe ist deshalb dieses Abbild, Sinnbild, Sakrament, weil das Bild, das sie darstellt, *seinsmäßig* dem ähnlich ist, was sie abbildet: die unauflösliche Treue Gottes zu seiner Kirche.

Die Tatsache, daß vor allem die Trauungsliturgie die sakramentale Zeichenhaftigkeit der Ehe ins Bewußtsein gehoben hatte, führte auch dazu, daß zunächst der Priester als der Spender des Ehesakraments betrachtet wurde. Man erkannte "in der Brautliturgie eine liturgische Konkretisierung des Ehesegens im Paradies, durch den die Ehe als Institution göttlichen Ursprungs geheiligt wurde. So war es naheliegend, im priesterlichen Segen das Sakrament zu sehen, durch das die Ehe ihren Heiligkeitswert bekam."[26] Diese Auffassung, die in den Ostkirchen schon lange vertreten wurde und auch heute noch vertreten wird,[27] konnte sich aber in der Westkirche nicht als allgemein anerkannte Lehrmeinung durchsetzen, sondern ließ sehr bald die gegenteilige Position aufkommen, daß sich die Brautleute selbst das Ehesakrament spenden, dafür waren vor allem zwei Überlegungen maßgebend:

1. Spätestens seit dem 11./12. Jahrhundert mußte jede Eheschließung, die nicht als klandestin gelten sollte, vor dem Priester erfolgen und erhielt dabei zugleich den Brautsegen,[28] sofern es sich nicht um eine Zweitehe von Witwen handelte. Doch genau aus dieser Tatsache, daß Zweitehen einerseits vom Brautsegen ausgeschlossen waren, andererseits aber der Ehekonsens aller Brautpaare, also auch der einer Zweitehe, vor dem Priester erklärt werden mußte, wurde die Schlußfolgerung gezogen: Wenn die Ehe ein Sakrament

---

[24]Molinski, Theologie der Ehe, 96.

[25]vgl. ebd., 96f; Heimerl / Pree, Kirchenrecht, 155; Baumann, Die Ehe, 207f.

[26]Molinski, Theologie der Ehe, 98; zur Ehebenediktion als 'sacramentum' vgl. auch Ritzer, Formen, Riten und religiöses Brauchtum, 307 - 309.

[27]vgl. S. 172ff.

[28]vgl. S. 46ff.

ist Zweitehen aber nicht gesegnet werden, dann kommt das Sakrament der Ehe nicht durch den priesterlichen Segen zustande, sondern mit der Ehe selbst, d.h. mit dem Konsensaustausch.

2. Einen entscheidenden Faktor wird auch das Zusammendenken von Konsenstheorie und sakramentalem Charakter gespielt haben. Die Konsenstheorie wird wesentlich dazu beigetragen haben, die 'Spendung' des Ehesakramentes nicht in der Trauungsliturgie zu sehen, sondern in der freien Willensäußerung der Brautleute. Denn nur eine in völliger Freiheit geschlossene und in gegenseitiger Übereinkunft geführte Ehe konnte den Charakter eines Sakraments erhalten. Diese Sicht mußte dann auch gleichzeitig dazu führen, nicht das Eingehen der Ehe, sondern die Ehe selbst als Sakrament zu verstehen[29] und in dem aus der römisch-rechtlichen Tradition stammenden Satz *consensus facit nuptias* die Wirkursache des Ehesakramentes zu sehen.

Daher war zwar im 12./13. Jahrhundert der augustinische Begriff des sakramentalen Zeichens einer heiligen Sache zum wirksamen Symbol der Gnade geworden,[30] dessen Zustandekommen bzw. (menschlicher) Spender in den lehramtlichen Entscheidungen aber nicht erläutert wurde. So wurde die Ehe erstmals 1184 auf dem Konzil von Verona in einem Atemzug mit der Eucharistie, Taufe und Buße als *sacramentum* bezeichnet, ohne allerdings deren Sakramentalität näher zu begründen (vgl. DS 761), und auf dem Konzil von Lyon 1274 mit ihren Wesenseigenschaften der Einheit und Unauflöslichkeit in der ersten vollständigen Liste des Septenariums mitaufgezählt (vgl. DS 860). Erst im Zusammenhang mit der ersten offiziellen Umschreibung des Ehesakraments auf dem Konzil von Florenz 1439 wurden die Brautleute indirekt dadurch zum Spender erklärt, daß der Austausch des Ehekonsenses als *causa efficiens* der Ehe bezeichnet und der priesterliche Ehesegen mit keiner Silbe erwähnt wurde:

"*Septimum est sacramentum m a t r i m o n i i, quod est signum coniunctionis Christi et Ecclesiae secundum Apostolum dicentem: 'Sacramentum hoc magnum est: ego autem dico in Christo et in Ecclesia' (Eph 5,32). C a u s a e f f i c i e n s matrimonii regulariter est mutuus consensus per verba de praesenti expressus. ...*"(DS/DH 1327).

In dieser lehramtlichen Verlautbarung spiegelt sich die Auffassung des Thomas von Aquin wider, der in seinem zwischen 1253 und 1259 in vier Büchern abgefassten Sentenzenkommentar wie auch in dem kurz vor seinem Tod um 1272/73 entstandenen Ergänzungsband seines für die Theologie des Mittelalters maßgeblichen Werkes *Summa theologiae* die Worte des Konsensaustausches als die Form des Ehesakramentes, den priesterlichen Ehesegen dagegen als ein *quoddam sacramentale* eingestuft hatte:

---

[29]vgl. Niebergall, Ehe und Eheschliessung, 244; auch Conrad, Das tridentinische Konzil, 299.
[30]vgl. Bernhard, Le decret Tametsi, 227.

*"... dicendum, quod verba quibus consensus matrimonialis exprimitur,
sunt forma hujus sacramenti, non autem benedictio sacerdotis quae est
quoddam sacramentale."*[31]

Nach Thomas von Aquin gehörte der Segen des Priesters nicht zum eigentlichen
Wesen des Ehesakraments, sondern zum feierlichen Rahmen der Sakramentenspendung:

*" ... ita etiam consensus expressus per verba de praesenti inter per-
sonas legitimas ad contrahendum, matrimonium facit: quia haec duo
sunt de essentia sacramenti; alia autem omnia sunt de solemnitate sacramenti, quia ad hoc adhibentur ut matrimonium convenientius fiat;
...*[32]

*... Et ideo sacerdotis benedictio non requiritur in matrimonio quasi
de essentia sacramenti.*[33]

*... quaedam vero non praeexiguunt praedictam sanctificationem, sicut
patet in baptismo. Unde benedictio materiae quae fit a ministro non
est de necessitate, sed de solemnitate sacramenti; et similiter est etiam
de matrimonio."*[34]

Diese Aussagen über die sakramentsbegründende Wirkung des Ehekonsenses sollten zwar in keiner Weise die im Wesen der Ehe als Abbild des Liebesbundes Christi
und seiner Kirche grundgelegte Beziehung von Ehe und Kirche bestreiten, waren aber dennoch mit ausschlaggebend dafür, daß dieser Zusammenhang von Ehe
und Kirche in der eigentlichen Eheschließungshandlung, d.h. in der für die Gültigkeit des Ehesakraments vorgeschriebenen Eheschließungsform, nicht zum Tragen
kam.[35] Daß die kirchlichen 'Zeremonien' der Eheschließung in dem in der Hochscholastik ausgebildeten und folglich auch auf die Ehe angewendeten Sakramen-
tenraster von Materie, Form und äußerem Zeichen keine Berücksichtigung fanden,
hing aber auch mit der gesamtkirchlichen Entwicklung des 12./13. Jahrhunderts
zusammen. Denn zum einen wurde in dieser Zeit durch die Päpste Alexander III.
(Kardinal Roland) und Innozenz III. das klassische kanonische Recht geschaffen, für das natürlich auch ein Eherecht entwickelt wurde; zum anderen wurde
der Kirche um diese Zeit von der weltlichen Macht die ganze Ehegerichtsbarkeit
überlassen. Daher mußten zuerst viele rechtlich relevante Fragen geklärt werden,
wie die wichtige Frage nach Beginn und Wesen der Ehe. Als dieses Rechtsproblem
dahingehend geklärt worden war, daß die Willenserklärung der Brautleute den
Ehebeginn darstellt, der geschlechtliche Vollzug aber erst die Wesenseigenschaft
der absoluten Unauflöslichkeit bewirkt, setzte sich dann zwischen dem 12. und

---

[31]IV Sent., d.26,q.2,a.1,1; ad 1, in: Busa, S. 583, 004 (4SN) ds26 qu2 ra1 bzw. S.th.III.
(suppl.), q.42, a.1,1.; ad 1, in: Caramello Bd III, 131.

[32]IV Sent., d.28, q.1,a.3,2, in: Busa, S. 589, 004 (4SN) ds28 qu1 ar3 co bzw. S.th.III. (suppl.),
q.45,a.5,2, in: Caramello Bd III, 144.

[33]IV Sent., d.28,q.1,a.3,2.; ad 2, in: Busa, S. 589, 004 (4SN) ds28 qu1 ar2 ra3 bzw. S.th.III.
(suppl.), q.45,a.5,2; ad 2, in: Caramello Bd III, 144.

[34]IV Sent., d.2,q.1,a.1b; ad 2, in: Busa, S.426, 004 (4SN) ds2 qu1 ar1b ra2.

[35]vgl. Mörsdorf, Der Ritus sacer, 260, bzw. in: Kanonische Schriften, 599.

16. Jahrhundert die Meinung, daß bereits der Ehe*vertrag* unter Getauften das Sakrament begründet, die 'kirchlichen Feierlichkeiten' dagegen keine konstitutiven Elemente des Ehesakramentes darstellen, als offizielle römisch-katholisch Lehre durch.[36]

1.2 Die Verknüpfung von Jurisdiktion und Sakrament

Wegen der mehr juristisch als theologisch ausgerichteten Denkweise des Mittelalters, verbunden mit dem Einfluß der hauptsächlich auf das Seinsverständnis ausgerichteten aristotelischen Philosophie, war das Sakrament der Ehe "nicht nur in zu eingeengter Weise zur Unauflöslichkeit der Ehe in Beziehung gesetzt, sondern auch die Sakramentalität zu einseitig als ein objektives Phänomen und zu wenig als eine personal aus dem Glauben zu gestaltende Wirklichkeit gesehen" worden.[37] Dies war ein entscheidender Grund dafür, daß sich das Konzil von Trient nicht nur mit dem schwierigen Problem der klandestinen Ehen, sondern auch mit der Infragestellung der Sakramentalität der Ehe durch die Reformatoren auseinandersetzen mußte. Hatten die tridentinischen Konzilsväter mit der Einführung der kanonischen Eheschließungsform die entscheidenden Weichen zur Beseitigung der klandestinen Ehen gestellt[38], so sind sie der reformatorischen Herausforderung nicht in ausreichendem Maße gerecht geworden. Denn auch die Theologen des Tridentinums, das sich als letztes Konzil dogmatisch verbindlich zum Sakrament der Ehe geäußert hatte, waren noch ganz dem scholastischen Aristotelismus verhaftet. Man fragte wieder nur "nach dem Wesen (substantia, essentia) eines Sakraments und betrachtete all das, was nicht mit letzter Sicherheit als wesensnotwendig erkannt werden konnte, dem Schema entsprechend, als Zufälliges, Unwesentliches, Änderbares (accidentia)."[39] Bei dieser Denkweise sah man dann immer noch nicht die Notwendigkeit, "den schwierigen Zusammenhang zwischen Sakrament und Glaube beziehungsweise die Bedeutung des Sakraments als Glaubensvollzug grundsätzlich zu klären. Im [kontroverstheologischen] Kampf gegen den (angeblich!) psychologisierenden Fiduzialglauben der Reformation war man vor allem daran interessiert, die *Objektivität* des sakramentalen Heilsgeschehens zu betonen, während der Reformation primär am rechten *Vollzug* gelegen war."[40] Deshalb wurden alle sakramententheologischen Fragen nur insoweit (in der allgemeinen Sakramentenlehre) "mitbehandelt, als sie der zu sichernden Objektivität des Sakramentes" dienten."[41]

---

[36]vgl. Christen, Ehe als Sakrament, 50f; ausführlicher dazu S. 228ff.

[37]Molinski, Theologie der Ehe, 139.

[38]vgl. ausführlich dazu S. 48ff.

[39]Vorgrimler, Zur dogmatischen Einschätzung und Neueinschätzung der kirchlichen Trauung, 53.

[40]Baumann, Die Ehe, 70.

[41]Kruse, L., Der Sakramentsbegriff des Konzils von Trient und die heutige Sakramentstheologie, in: ThGl 45 (1955), 401 - 412, 406; vgl. auch Duval, Contrat et sacrement, 47, für den in gewissen Ablehnungen Luthers bereits die hoheitlichen und laizistischen Forderungen im Keim vorhanden waren, jedoch durch das Problem der Klandestinität überlagert waren; dadurch sah sich die Kirche (noch) nicht genötigt, ihre souveräne Kompetenz über die Ehe gegenüber der bürgerlichen Macht herauszustellen.

Wegen dieser Art der Auseinandersetzung mit dem reformatorischen Anliegen muß gerade Trient, als dem auf die welthistorische Herausforderung Luthers reagierenden Konzil,[42] die vorwurfsvolle Frage gestellt werden: "Hätte nicht gerade bei einem Sakrament wie der Ehe, das ja wesentlich im bekenntnishaften (Ja-) Wort geschieht, ... die konstitutive Bedeutung des Glaubens (kein Sakrament ohne Glauben!) in diesem Zusammenhang geklärt werden müssen? Dies ist schwer verständlich, nachdem die Kritik am Umgang der Kirche mit den Sakramenten doch eine der Ursachen der Kirchenspaltung gewesen war; nicht zuletzt hatten pastorale Erwägungen Luther veranlaßt, das Ehesakrament auch theologisch abzulehnen, weil er das Anliegen der Rechtfertigung *sola fide* durch die sakramentale Praxis gefährdet sah."[43] Wenn die Ehe ein *seinsmäßiges* Zeichen der unverbrüchlichen Liebe Christi und seiner Kirche ist, dann liegt nun einmal die Frage nahe, " inwiefern die Zeichenhaftigkeit der Ehe auf den subjektiven Glauben der Eheleute verwiesen ist und in ihm zum Ausdruck kommen muß, um berechtigter und angemessener Weise als Sakrament der Kirche als Glaubensgemeinschaft gelten zu können."[44] Doch weil diese Frage auch von Trient weder gestellt noch geklärt wurde, ist der Zugang zu der seit der Kirchenabspaltung der Reformatoren so virulenten und heute immer noch aktuellen Frage versperrt worden, ob die Ehe bei allen Getauften ein Sakrament ist, ganz gleichgültig ob es nach dem Verständnis ihrer Glaubensgemeinschaft gar kein Ehesakrament gibt oder ob sie ihren in der Taufe grundgelegten Glauben persönlich gar nicht mit- und nachvollzogen haben. Der Stachel dieser Kritik kann zwar gemildert, nicht aber beseitigt werden durch den Hinweis, daß für eine richtige Einordnung der tridentinischen Lehraussagen über das Sakrament der Ehe zwei wichtige Aspekte berücksichtigt werden müssen: Die Konzilsväter wollten erstens kein geschlossenes Lehrgebäude über die Ehe entwerfen, sondern sich nur gezielt gegen die Infragestellungen der Reformatoren wenden,[45] und zweitens bei der Frage der Änderbarkeit oder Nichtänderbarkeit eines Sakramentes, speziell seiner Form, kein dogmatisches Neuland betreten, sondern im Rahmen des Reformvorhabens bleiben.[46]

Zieht man alle genannten Faktoren in Betracht, dann wird klar: Auf dem Konzil von Trient konnten die theoretisch-theologischen Fragen nach dem Ehesakrament fast zwangsläufig nur eine untergeordnete Rolle spielen. Denn zum einen gehörte die Lehre von der sakramentalen Würde der Ehe zur Zeit des Tridentinum sozusagen schon zum festen Glaubensgut der Kirche,[47] an dem deshalb nicht mehr zu zweifeln, sondern das 'nur noch' gegen Angriffe zu verteidigen war; so wiederholte das Konzil von Trient in der Frage der Sakramentalität der Ehe nur die altüberlieferte Lehre und stellte erneut gegen die Leugnung der Sakramentalität der Ehe

[42]vgl. Baumann, Die Ehe, 20.

[43]ebd., 50f.

[44]Molinski, Theologie der Ehe, 143.

[45]vgl. Baumann, Die Ehe, 69. Nicht nur beim Ehesakrament, sondern bei allen Fragestellungen ging das Konzil mehr apologetisch als theologisch vor. "Man sammelte, was von der Kirche im Laufe der Zeit zu glauben verfügt und vorgeschrieben worden war. ... Das Konzil hat die Lehre der Kirche nur feststellen, aber nicht kritisch erarbeiten wollen" (ebd., 47).

[46]vgl. Vorgrimler, Zur dogmatischen Einschätzung und Neueinschätzung der kirchlichen Trauung, 53.

[47]vgl. dazu ausführlicher S. 193ff.

durch die Reformatoren fest, daß die Ehe eines der von Jesus Christus einge-
setzten sieben Sakramente des Neuen Bundes ist[48], das sich wesentlich von den
Sakramenten des Alten Bundes unterscheidet[49], die von ihm bezeichnete Gnade
enthält (vgl. DS/DH 1606) und diese im Vollzug (= *ex opere operato*) jedem,
der sich diesem Sakrament nicht widersetzt, verleiht (vgl. DS/DH 1608). Zum
anderen wurde der Angriff auf die kirchliche Ehejurisdiktion als das eigentlich
Beunruhigende und Gefährliche empfunden; hier "sah sich die Kirche, nicht zuletzt wegen der bekannten Übelstände, in ihrer Jurisdiktionsvollmacht über das
christliche Leben empfindlich getroffen. Neun der zwölf Glaubenssätze (Can. 3
- 9, 11, 12) dienen denn auch dazu, die kirchenrechtliche Befugnis der Kirche
über die Ehen von Getauften dogmatisch abzusichern. Die Sakramentalität ist
vor allem als theologische Legitimation und dogmatischer Ausgangspunkt der
kirchlichen Ehejurisdiktion wichtig geworden. Darum ist das Ehedekret letztlich
am *Faktum* der Sakramentalität, nicht an ihren Inhalten interessiert. Das Ehedekret als Ganzes soll die Voraussetzungen schaffen für eine maßvolle Reform
der rechtlichen und pastoralen Belange."[50] So stellt auch tatsächlich Canon 1
des Ehedekretes lediglich die Tatsache fest, daß die Ehe ein Sakrament ist, gibt
aber wie auch die folgenden Ehecanones keine inhaltlichen Erläuterungen, was
unter dem Ehesakrament zu verstehen ist (vgl. DS/DH 1801ff); diese muß man
sich vielmehr aus dem allgemeinen Sakramentendekret erschließen. Deshalb läßt
sich nach den Aussagen des Tridentinums das Ehesakrament nur – und das eben
auch nur durch Analogie zu den anderen Sakramenten – als ein sinnenfälliges Zeichen bestimmen, das Gnade bezeichnet, enthält und zuwendet (DS/DH 1606).
Die Wirkungen dieser Gnade wiederum werden im Lehrkapitel über die Ehe als
Vollendung der natürlichen Liebe, Befestigung der unauflöslichen Einheit und
Heiligung der Ehegatten umschrieben (DS/DH 1799).

Zu den traditionellen Fragen nach dem Spender wie auch nach der Materie und
Form des Ehesakramentes hat sich das Konzil an keiner Stelle geäußert.[51] Doch
die Aussage des Reformdekretes, daß die Ehe durch den freien Austausch des
Ehewillens zustandekommt (vgl. DS/DH 1813), wurde sehr bald als lehramtliche
Anerkennung und Bestätigung der Konsenstheorie gedeutet, und zwar in dem
Sinn, daß das Konzil damit den Ehewillen zur (einzigen) Wirkursache des Ehesakraments erklärt habe. Denn "die Dogmatik sah sich von da her ermächtigt, in
diesem wesentlichen und konstituierenden Akt Materie und Form des Ehesakraments anzunehmen. Daß die Eheschließenden dann die 'ministri' sind, ergab sich
als eine Schlußfolgerung, die auch schon vor Trient ausgesprochen worden war"[52],
obwohl die Analogie zu den anderen Sakramenten viel mehr den Priester als Spen-

---

[48]vgl. DS/DH 1601, 1798 - 1801.

[49]vgl. DS/DH 1602, 1799f.

[50]Baumann, Die Ehe, 69; vgl. auch ebd., 61.

[51]Ob das Tridentinum "auf die klassische Unterscheidung von Materie und Form der Sakramente, die das 'Dekret für die Armenier' erstmals offiziell verwendet hatte, " verzichtete, "um
nicht die thomistische Richtung der Theologie zu bevorzugen" (ebd., 55), soll hier dahingestellt
bleiben.

[52]Vorgrimler, Zur dogmatischen Einschätzung und Neueinschätzung der kirchlichen Trauung, 54f; vgl. dazu z.B. die klassischen Dogmatikhandbücher Diekamp / Jüssen, Katholische
Dogmatik, 386; 388; Ott, Grundriss der Dogmatik, 556 - 558.

der nahegelegt hätte.[53] Nach der mehrheitlichen Auffassung der tridentinischen Konzilsväter ist der Priester zwar nicht Spender des Ehesakramentes, wohl aber Mitträger der sakramentalen Zeichenhandlung.[54] Denn die den offiziellen Lehraussagen vorausgegangenen Diskussionen, und hier vor allem die Debatten über das Für und Wider einer verbindlich vorgeschriebenen Eheschließungsform zeigen, daß die Formpflicht begrifflich zwar als ein Ehehindernis gefaßt, in Wirklichkeit aber mit der Einführung der kanonischen Formpflicht die Form des Ehesakramentes 'verändert' worden ist.[55] Damit waren die tridentinischen Konzilsväter keineswegs ihrem Vorhaben untreu geworden, kein dogmatisches Neuland in der Formfrage der Sakramente zu betreten, sondern hatten nur von dem Recht und der Pflicht Gebrauch gemacht, die ihnen als den offiziellen Vertretern der Kirche beim Sakrament der Ehe zukamen; weil nämlich Jesus Christus die Form des Ehesakramentes nicht näher bestimmt hat, ist deren Ausgestaltung der Kirche überlassen. Anders gesagt: Die Kirche hat zwar nicht das Recht, die auf göttlicher Einsetzung beruhende substantia sacramenti zu verändern oder durch eine andere zu ersetzen, wohl aber das Recht und die Pflicht, die *substantia sacramenti* zu konkretisieren und zu entfalten "zum jeweils geltenden äusseren Zeichen, das alle jene Elemente der sakramentalen Symbolhandlung umfasst, die zur gültigen Setzung erforderlich sind."[56]

Mit der Einführung der kanonischen Eheschließungsform hatte das Konzil die bis dahin gültige Form des Ehesakramentes in einer Weise erweitert, daß dadurch die Möglichkeit einer 'Aufwertung' der kirchlichen Trauung eröffnet wurde. Diese Chance wurde aber nicht genutzt; denn an "der weitverbreiteten Sicht, der Ehesegen gehöre theologisch nur zur Feierlichkeit und nicht zum Wesen des Sakraments, änderte sich damit nichts. Die Möglichkeit, den rechtlichen und den liturgischen Aspekt des Sakraments zu unterscheiden (was nicht heißen muß: auseinanderzureißen!) und beide gleichermaßen im Rahmen der Trauung zur Geltung zu bringen, wurde auch weiterhin nicht ausgenützt."[57]

Für die im 17./18. Jahrhundert verkündete Lehre, daß das sakramentale Zeichen untrennbar mit dem Ehevertrag gekoppelt ist,[58] läßt sich allerdings weder ein expliziter noch ein impliziter tridentinischer Beleg finden. Die Konzilsväter waren zwar im Zusammenhang mit der Einführung der Formpflicht auch auf das Problem der (Un-)Trennbarkeit von Vertrag und Sakrament gestoßen, nahmen aber auch hier entgegengesetzte Positionen ein;[59] deshalb ließ man diese Frage bewußt unentschieden bzw. sibyllinisch für beide Seiten offen.[60] Denn der Vorschlag, im

---

[53]vgl. Joyce, Die christliche Ehe, 177.
[54]vgl. dazu auch ausführlich S. 253ff.
[55]vgl. dazu S. 51ff.
[56]Reidick, Der Vertragsschließungsakt, 53.
[57]Vorgrimler, Zur dogmatischen Einschätzung und Neueinschätzung der kirchlichen Trauung, 53f.
[58]vgl. dazu S. 230ff.
[59]siehe dazu S. 52f mit 55f.
[60]vgl. Duval, A., Contrat et sacrement, 49f; 61f; ders., Le Concile de Trente, 292f.
Verwirrend sind die Ausführungen von Baumann, Die Ehe, wenn er S.63 schreibt: "Über eine Sache war man sich trotzdem weitgehend einig. Vertrag und Sakrament mußten unterschieden werden." S.66 führt er dagegen aus: "Die Trennbarkeit beziehungsweise Identität von Ehevertrag und Sakrament bildete weiter die dominierende Argumentationsbasis der Konzilsparteien."

ersten Kanon *matrimonium* präzisierend zu *matrimonium Christianorum* bzw.
matrimonium inter Christianos (et fideles) zu erweitern[61], setzte sich nicht durch,
sondern wurde durch folgende Argumentation außer Kraft gesetzt:

> "In 1. non ponatur *C h r i s t i a n o r u m, quia secundum aliquos
> doctores non omne matrimonium Christianorum est sacramentum,
> ut patet de matrimonio contracto per procurationem, quod est verum
> matrimonium et non est sacramentum. Item Gropperius in concilio
> Coloniensi negat, matrimonium clandestinum, quamdiu clandestinum
> est, esse sacramentum ...*"[62]

Die Uneinigkeit in der Frage nach der (Un-)Trennbarkeit von Vertrag und Sakrament war möglicherweise mit ein Grund dafür, daß die im zweiten Entwurf des Reformkanons für den Pfarrer noch fest vorgeschriebenen Worte 'Ich verbinde euch zur Ehe im Namen des Vaters und des Sohnes und des heiligen Geistes'[63] im dritten Entwurf und somit auch in der Endfassung des ersten Reformkapitels insofern aufgegeben wurden, als auch andere rituelle Bräuche zugelassen und die Betonung auf das Erfragen des Konsenses durch den Pfarrer gelegt wurde.[64] Die Wortführer dieser Textveränderung haben zwar nie eine Begründung für ihren Vorschlag angeführt,[65] aber vielleicht gehörten sie zu den Vertretern der Untrennbarkeit von Vertrag und Sakrament und sahen deshalb in der ursprünglichen Formulierung die Gefahr, daß sie im Sinne der Trennbarkeit von Vertrag und Sakrament interpretiert werden könnte, und zwar durch folgende Überlegung: Wenn die Worte des Priesters 'Ich verbinde euch zur Ehe im Namen des Vaters und des Sohnes und des heiligen Geistes' verbindlich vorgeschrieben sind, dann könnten sie als die äußere Form des Ehesakramentes gedeutet werden; das aber hieße, daß der Priester der Spender des Ehesakramentes wäre. Wenn aber einerseits der Priester als der Spender des Ehesakramentes betrachtet wird und andererseits die Ehe gemäß der Konsenstheorie durch den Konsensaustausch der Brautleute zustandekommt, dann liegt die Schlußfolgerung nahe, daß der Ehevertrag durch den Konsensaustausch zustandekommt und das Ehesakrament durch die Worte des Priesters.

1.3 Die Gleichsetzung von Vertrag und Sakrament

Kaum war die Kirche durch die Festschreibung ihrer Lehre auf dem Konzil von Trient den Anfechtungen und Überzeichnungen von seiten der Reformatoren entronnen, sah sie sich bald darauf mit den antikirchlichen Vorstellungen der Aufklärung konfrontiert. Denn es bildete sich nun ein Bewußtsein heraus, das von einer Philsophie getragen war, "die sich immer mehr von der Theologie und auch von der Metaphysik löste und die Personhaftigkeit des Menschen in den Mittelpunkt stellte. Die menschliche ratio wurde zum Maßstab der Urteilsbildung.

---

[61]vgl. CT IX, 661, 34; 662, 40; 678, 32 - 36 u.a.
[62]CT IX, 678, 32 - 36
[63]vgl. CT IX 683, 43f.
[64]vgl. CT IX 762,4ff und 968,32ff = DS/DH 1814.
[65]vgl. CT IX, 695,2ff,35f; 699,25f; 33f; 710,47f; 717,28ff; 738,19f; 739,37ff u.a.

Das Individuum bekommt immer mehr Bedeutung. Sein subjektives Empfinden wird berücksichtigt bei der Normformulierung. Für die Ehe bedeutet dies, daß sich allmählich eine Kluft auftat zwischen den objektiven Ehezwecken in der Lehre der Kirche und dem subjektiven Empfinden der Menschen beim Eintritt in die Ehe und ihrem Vollzug."[66] So zerfiel durch die von und in der Aufklärung propagierte und praktizierte Glaubens- und Gewissensfreiheit die jahrhundertelange Identität von christlicher (Ehe-)Auffassung und allgemeinem Bewußtsein zum Pluralismus der (Ehe-)Anschauungen. Weil nun jede(r) frei sein sollte bzw. für frei erklärt wurde, christlich bzw. kirchlich zu denken und zu handeln oder nicht, mußte die allgemeingültige (Ehe-)Ordnung so umgestaltet werden, daß sie auch die Zustimmung der nicht kirchlich denkenden Bevölkerung fand, mußte also sozusagen verweltlicht werden. Bei dieser Umwandlung der Eheordnung wurde aber gerade der Forderung nach Gewissensfreiheit nicht bzw. nur einseitig Rechnung getragen; zwar wurde die Gewissensfreiheit der Nichtkirchlichen gegenüber der Kirche dadurch gewährleistet, daß weltliche Rechtsinstitute eingerichtet wurden, die Gewissens- und Kultusfreiheit der Kirchlichen gegenüber dem Staat wurde aber in keiner Weise berücksichtigt, etwa durch das Bestehenlassen der kirchlichen Rechtseinrichtungen als den weltlichen gleichberechtigte Körperschaften.[67] Denn der neue Gesetzgeber des Eherechts, der moderne und aufgeklärte Staat, hat die neuen weltlichen Rechtsinstitute nicht nur als Wahleinrichtungen für alle nicht- oder antikirchlichen Personen eingesetzt, was sowohl dem Aspekt der Gewissensfreiheit wie auch dem der öffentlichen Ordnung vollkommen gerecht geworden wäre, sondern als die einzigen Rechtsinstitute überhaupt, die fortan für jeden Bürger verbindlich waren. Damit hatte der neue Staat auch die kirchentreue Bevölkerung dem verweltlichten Eherecht unterworfen – "ohne daß sie dies gewollt oder nötig gehabt hätte – und anerkannte im staatlichen Bereich überhaupt nur noch die weltliche Ehe. Es gab fortan für den Staat nicht etwa eine weltliche neben der kirchlichen Ehe, noch weniger verschiedene staatliche Ehen für Katholiken, Protestanten, Ungläubige. Vielmehr identifizierte der Staat die weltliche Ehe kurzerhand mit der Ehe im Sinne der christlichen Eheordnung. Nach seiner Vorstellung war die Ehe schlechthin, in ihrer Gesamtheit, nur noch ein Institut des staatlichen (verweltlichten) *Rechtes...*"[68]; denn nur eine von jeder religiösen Bindung gelöste Ehe kann der geforderten Freiheit des Gewissens entsprechen.[69] "So wurde der viel gelästerte Zwang zur kirchlichen Trauung durch den neuen zur bürgerlichen Eheschließung ersetzt, einzig aus Angst des Staates, es könnte durch weises Begnügen mit der Wahlzivilehe, zu deren Einführung ihn die bekenntnismäßigen Unterschiede seiner Bevölkerung etwa zwingen können, sein Einfluß auf die Ehe durch denjenigen der Kirche geschmälert werden. Die Pflichtzivilehe ist überall das Ergebnis kirchenfeindlicher Systeme und Strömungen: in Frankreich der Französischen Revolution, in Deutschland des Kulturkampfes, den der Liberalismus führte, in Österreich des totalitären nationalsozialistischen Regimes, in der Tschechoslowakei linksradikaler Strömungen."[70]

---

[66]Hausmann, Kirche und Ehe, 26.

[67]vgl. Jäggi, Das verweltlichte Eherecht, 31.

[68]ebd., 29.

[69]vgl. Conrad, Die Grundlegung der modernen Zivilehe, 355.

[70]Holböck, Die Zivilehe, 63; vgl. Conrad, Die Grundlegung der modernen Zivilehe, 365 - 370.

Als *theoretischer* Ansatzpunkt des Verweltlichungsplanes diente der schon im Mittelalter betonte Doppelcharakter der Ehe als Vertrag und Sakrament.[71] Denn diese beiden bisher zusammengehörenden Elemente des *einen* Instituts Ehe wurden nun zu zwei verschiedenen, voneinander getrennten Bereichen erklärt, nämlich zu dem nach *staatlichem* Recht gültig geschlossenen *Vertrag* und zu dem nach *kirchlichem* Recht vollzogenen *Sakrament;* Rechtsgültigkeit wurde dabei nur dem Vertrag zuerkannt, während das Sakrament lediglich als fromme Zeremonie betrachtet wurde, der keinerlei Rechtsfunktion zukam. Aus dieser Betrachtungsweise wurde dann schließlich auch noch die Schlußfolgerung gezogen, daß das Ehesakrament nur dann zustandekommen kann, wenn (vorher) ein gültiger Ehevertrag geschlossen worden ist. Damit war die Ehe zu einem rein bürgerlichen Vertrag gemacht worden, dem das Sakrament als rechtsunerhebliches Beiwerk folgen konnte.[72] Eine weitere Stütze fand diese aufklärerische Theorie über die Ehe im reformatorischen Anliegen, die Ehe zu entkirchlichen. Denn die lutherische Charakterisierung der Ehe als ein 'äußerlich weltlich Ding'[73], mit der Luther und die Reformation die Sakramentalität der Ehe und den damit verbundenen Jurisdiktionsanspruch der katholischen Kirche über alle Ehen von Getauften ablehnten, kann gleichsam als Einleitung der Forderung nach Verweltlichung des Eherechts betrachtet werden, auch wenn Luther unter 'Welt' nicht etwas Profanes, sondern die Schöpfung Gottes verstehen wollte.[74] "So entstand das 'bürgerliche Eherecht', dessen Wiege der Gallikanismus war und dessen Pate der absolute und aufgeklärte Staat,"[75] denen beiden die Reformation eine willkommene Erziehungshilfe war.

Den *praktischen* Ansatzpunkt der Säkularisierung im Bereich der Ehegesetzgebung bildete die abendländische Kirchenabspaltung der Reformation. Denn im Laufe der Zeit mußten sich "die Staaten immer mehr mit Eheproblemen von Staatsangehörigen unterschiedlicher Konfessionen befassen, die ihrerseits unterschiedliche Vorstellungen sowohl von der Ehejurisdiktion des Staates als auch vom Inhalt des Kirchenrechts hatten. Der Staat aber mußte ihnen allen gleiches Recht gewähren."[76]

Der erste konkrete Schritt der Verweltlichung wurde 1579 in Frankreich durch die Ordonnance von Blois gesetzt, in der die tridentinische Eheschließungsform als staatliches Gesetz erlassen und der der Ehe assistierende Geistliche an staatliches Recht und staatliche Weisungen gebunden wurde. In einem weiteren Schritt wurde dann der kirchliche durch einen weltlichen Amtsträger ersetzt; damit war die Zwangsziviltrauung geboren, die im Zuge der Französischen Revolution 1792 eingeführt und 1803 als einzig mögliche Eheschließungsform in den Code civil übernommen wurde. Diesem französischen Beispiel folgte u.a. auch das Deut-

---

[71]vgl. Pirson, Eherecht, 747.

[72]vgl.Triebs, Handbuch des kanonischen Eherechts I, 59f; Plöchl, Geschichte des Kirchenrechts IV, 193.

[73]vgl. Luthers Schrift 'Von den Ehesachen', in: M. Luther, Werke. Kritische Gesamtausgabe, Weimar 1883ff (= WA), 30 III, 205.

[74]vgl. z.B. WA 30 III, 207; 42, 177; zum reformatorischen Eheverständnis siehe auch Dombois, Kirche und Ehe.

[75]Plöchl, Geschichte des Kirchenrechts IV, 193; vgl. dazu auch Holböck, Die Zivilehe, 27 - 37; Conrad, Das tridentinische Konzil, 314 - 316; ders., Die Grundlegung der modernen Zivilehe, 344 - 351; 370.

[76]Molinski, Theologie der Ehe, 201.

sche Reich und führte ebenfalls, im Zusammenhang mit der großen Konfrontation zwischen Staat und katholischer Kirche während des sogenannten Kulturkampfes, 1875 die Ziviltrauung als die im ganzen Reich einheitlich und ausschließlich geltende Form der Eheschließung ein.[77] Völlig kirchenfeindlich und antireligiös eingestellt, wurde schließlich das erklärte Eheschließungsmonopol des französischen wie auch des deutschen Staates noch dadurch verstärkt, daß bei der Regelung der Modalitäten des Eheschließungsvorganges vor dem staatlichen Standesbeamten der kirchliche Amtsträger explizit verpflichtet wurde, eine kirchliche Trauung erst nach erfolgter standesamtlicher Trauung vornehmen zu dürfen.[78] Die Zwangszivilehe war damit zu einer *vorgängigen* Zwangszivilehe verschärft worden (vgl. art.199f des code penal und §67 des Personenstandsgesetzes). Jeder Geistliche, der sich nicht an die Regelung der vorgängigen Zwangszivilehe hielt, d.h. nicht auf die Reihenfolge von staatlicher und kirchlicher Trauung achtete und z.B. eine kirchliche *vor* der standesamtlichen Trauung vornahm, zog sich eine Geld- oder Gefängnisstrafe zu; lediglich eine lebensgefährliche Erkrankung oder ein schwerer sittlicher Notstand gestattete das Außerachtlassen der Reihenfolge. In Deutschland wurde diese Vorschrift erst mit dem Zurücktreten der kirchenfeindlichen Haltung in der Zeit nach dem Zweiten Weltkrieg entschärft; §67 PStG wurde dahingehend modifiziert, daß ein Verstoß gegen die staatliche Voraustrauung nur noch eine Ordnungswidrigkeit darstellt, die insofern als eine einmalige Besonderheit bezeichnet werden muß, als sie keine Androhung einer Geldbuße enthält und damit kaum noch von praktischer Bedeutung ist.[79] Deshalb kann ein Sinn dieser Vorschrift nur darin gesehen werden, "daß die Identität von kirchlicher Ehe und standesamtlicher Ehe jedenfalls in der einen Richtung sichergestellt ist. Es soll keine kirchlichen Ehen geben, die nicht gleichzeitig im staatlichen Recht gültige Ehen sind. Ein öffentliches Interesse an der Vermeidung solcher Zustände besteht, solange die Existenz von Ehen nach zweierlei Recht, d.h. Ehen gemäß staatlichem und Ehen gemäß kirchlichem Recht, im Sozialleben zu Unsicherheit und Unzuträglichkeiten führen können."[80]

So hatte also der neuzeitliche Individualisierungs- und Säkularisierungsprozeß, gepaart mit einem nominalistischen Gesellschaftsverständnis, zu einer Überbetonung des juristischen Vertragsgedankens der Ehe und als Konsequenz zur Forderung eines unabhängigen staatlichen Zivil- und Eherechts geführt. Dieser Gefahr, die Ehejurisdiktion an den Staat abgeben zu müssen, versuchte die Kirche

---

[77]vgl. Pirson, Eherecht, 748f.

Fast der gesamte europäische Rechtskreis übernahm die Einrichtung der Zwangszivilehe: Holland (1833), Belgien (1830), Italien (1866), Schweiz (1874), Ungarn (1894), Ostblockstaaten (1917); Spanien (1931) u.a. "Heute besteht die obligatorische Zivilehe in ganz Mittel- und Osteuropa, in den meisten südamerikanischen Staaten sowie in mehreren Ländern Afrikas und Asiens" (Prader, Das kirchliche Eherecht, 52).

Eine ausführliche Darstellung der Vorgeschichte und Entstehung der obligatorischen Zivilehe wie auch ihrer Ausbreitung in Europa findet sich bei Friedberg, Das Recht der Eheschliessung, 309 - 764.

[78]vgl. Pirson, Eherecht, 764.

[79]vgl. Krämer, Kirchenrecht, 127; Pirson, Eherecht, 764; 766.

[80]Pirson, Eherecht, 765, der allerdings diese Vorschrift in der Bundesrepublik Deutschland für verfassungswidrig hält (vgl. ebd., S.769 bzw. S. 273, Anm. 19 dieser Arbeit).

nun durch die Gleichsetzung und (absolute) Untrennbarkeit von Sakrament und kirchenrechtlich gültigem Ehevertrag abzuwehren, so daß fortan das Einhalten der kanonischen Eheschließungsform nicht mehr mit dem notwendigen Öffentlichkeitscharakter einer Eheschließung begründet wurde, sondern mit der Gleichsetzung von Ehevertrag und Ehesakrament.

Zwar mehr oder weniger in der Not geboren, darf diese vorgenommene Gleichsetzung von Vertrag und Sakrament aber nicht nur in dem Sinn einer bloßen Schutzbehauptung gegen die Ansprüche des Zivilrechtes bzw. gegen einen drohenden Funktionsverlust der Kirche verstanden, sondern muß auch als Sorge um das Heilsgut der Ehe gesehen werden. Denn die moderne Staats- und Rechtsauffassung des Ehevertrages als Vertrag rein positiven bürgerlichen Rechts bedeutete nicht nur eine Loslösung des Ehevertrages von der religiösen, sondern auch von der naturrechtlichen Dimension der Ehe. Dies aber hätte wiederum zur Folge gehabt, daß die Ehe der freien Verfügungsgewalt des Staates und damit dem willkürlichen Zugriff des Menschen ausgeliefert gewesen wäre.[81] Gegen diese mögliche Gefährdung der Ehe ist die Lehre von der Untrennbarkeit von Vertrag und Sakrament gerichtet, indem sie sagen will, daß die sakramentale – und damit implizit auch die naturrechtliche – Wirklichkeit der Ehe nicht erst dem bürgerlich - rechtlichen Vertrag hinzugefügt werden kann, sondern daß die gegenseitige Ehewillenserklärung, also der Vertragsakt selbst, die (naturrechtlich) gültige und bei Christen aufgrund ihrer Taufe außerdem noch sakramentale Ehe begründet. Das ist also die Sinnspitze der These von der Untrennbarkeit, und nicht etwa die Aussage, daß sich das Wesen der sakramentalen Ehe im Ehevertrag erschöpfe.

Der auch heute noch gültige Lehrsatz von der Untrennbarkeit im zeitgeschichtlichen Kontext seiner Entstehung betrachtet, macht somit zweierlei deutlich: Zum einen ist er als Hauptwaffe gegen drohende Übergriffe des modernen Staates und somit eventuell bewußt überspitzt und apodiktisch formuliert worden, d.h. schärfer artikuliert, als eigentlich gemeint; zum anderen ist er in einer Zeit entstanden, in der die Gleichsetzung galt: Christ = gläubiger = kirchentreuer Christ, von der heute nicht mehr einfach ausgegangen werden kann, da der moderne Christ ein ungläubiger Christ, ein sogenannter Taufscheinchrist, ein gläubiger, aber nicht- oder antikirchlicher Christ oder ein gläubiger und kirchentreuer Christ sein kann. Berücksichtigt man diese beiden zeitgeschichtlichen Faktoren, so ergeben sich für die heutige Bedeutung dieses Lehrsatzes die Fragen: Gilt die Untrennbarkeit von Vertrag und Sakrament im strengen Sinn des Wortes oder nur im Sinne der Bezogenheit aufeinander, d.h. in einem absoluten oder mehr in einem relativen Sinn? Und gilt die – relative oder absolute – Untrennbarkeit für alle Getauften oder nur für die Getauften, die auch einen entsprechenden Glauben haben? Diese Fragen ergeben sich auch, wenn man an die Aussage von der Untrennbarkeit bzw. Einheit zwischen Vertrag und Sakrament rein sprachanalytisch herangeht. Denn "der Satz [von der Einheit zwischen Vertrag und Sakrament] betont zunächst nur die Untrennbarkeit von Vertrag und Sakrament in dem Sinn, daß das Sakrament ohne Vertrag nicht bestehen kann. Das läßt für

---

[81]vgl. Baumann, Die Ehe, 88; Corecco, Der Priester, 530 - 533; ders., Die Lehre der Untrennbarkeit, 411 - 413; ders., Das Sakrament der Ehe, 355; Joyce, Die christliche Ehe, 185.

sich die Möglichkeit offen, daß es zwischen Getauften einen gültigen Ehevertrag geben kann, ohne daß dieser gleichzeitig Sakrament ist."[82]

Eine erste, ansatzweise Antwort auf diese Fragen kann aus folgender Überlegung gewonnen werden: Die neue offizielle Lehre der Kirche vom *sakramentalen Ehevertrag* diente vordergründig als unangreifbare Legitimation für das dem bürgerlichen Recht übergeordnete, sakramentale Recht der Kirche, hintergründig aber dem Schutz des unantastbaren Grundrechts Ehe; da sie im Grunde genommen eine Entfaltung der schon auf dem Tridentinum vertretenen "Kausalität zwischen Sakramentalität und kirchlicher Jurisdiktion über die Ehe"[83] darstellte, mußte sie fast zwangsläufig auch dazu führen, daß der kirchenrechtliche Aspekt der Ehe, vielmehr der Eheschließung, noch mehr betont wurde. Daher fand auch in nachtridentinischer Zeit – zumindest in den Lehr- und Handbüchern – kaum eine theologische Vertiefung des ehelichen Sakramentenverständnisses, vor allem in seinem ekklesiologischen Umgriff, statt, sondern aus der Tatsache der Sakramentalität wurden lediglich brauchbare Schlußfolgerungen für die damals anstehenden Fragen und Probleme gezogen. Die theologischen Gesichtspunkte wurden von (kirchen)rechtlichen Aspekten überlagert, die spekulative Durchdringung von der Verteidigung des kirchlichen Jurisdiktionsanspruches unterdrückt, so daß auch "die spezifisch religiöse Bedeutung kirchlicher Trauung, das eigentliche Plus des Sakramentalen gegenüber dem rein Zivilen"[84], gänzlich in der Argumentation vergessen wurde. "Die gesellschaftliche Entwicklung im Gefolge der europäischen Aufklärung führte im Gegenteil zu einer Verstärkung des rechtlichen Aspekts, der die Sakramentalität praktisch zur Gänze in sich aufsog, je mehr die staatliche Seite (spätestens vom Josephinismus an) den Zugriff auf die ganze Ehejurisdiktion ausdehnte und die Ziviltrauung in vielen Ländern zwangsweise eingeführt wurde. Die Ehe verlor auch im Zeichen der Aufklärung ihren Vertragscharakter nicht, aber im staatlich-gesellschaftlichen Bereich wurde dieser vollständig säkularisiert, während im Gegenzug auf kirchlicher Seite die Einheit von Sakrament und Vertrag kontinuierlich betont wurde."[85] Die Verteidigung des kirchlichen Rechtes gegen die Übergriffe des staatlichen Zivilrechtes nahm die beherrschende Rolle ein und drängte dadurch alle anderen Fragen an den Rand. Dies zeigt schon die Tatsache, daß die Lehre von der Untrennbarkeit nicht spekulativ entwickelt und dargelegt, sondern deklarativ in Enzykliken und Lehrbescheiden der Päpste Pius VI. (vgl. DS/DH 2966; 2973), Pius IX. (vgl. DS/DH 3145f) und Leo XIII. (vgl. DS/DH 3713) verkündet wurde. "Die Lehre von der Identität von Vertrag und Sakrament ist argumentativ schwach begründet. Ja, man kann sagen, sie gründet allein auf lehramtlichen Feststellungen, nicht jedoch auf aus der Sache sich ergebenden Argumenten. Es bleibt abzuwarten, ob eine so gewichtige Festlegung

---

[82]Puza, Die Ehe, 128f und ders., Kirchenrecht - Theologie, 64; vgl. Navarrete, Matrimonio cristiano, 61, den Puza hier übersetzt hat und daher als Quelle angibt, ohne allerdings darauf hinzuweisen, daß Navarrete – im Gegensatz zu Puza – diese Auffassung auf den folgenden Seiten (ebd., S.62f) ablehnt.

[83]Baumann, Die Ehe, 74.

[84]ebd., 91.

[85]Vorgrimler, Zur dogmatischen Einschätzung und Neueinschätzung der kirchlichen Trauung, 54.

allein durch Verfügung und unter Reduktion des inhaltlichen und argumentativen Sinnes durchzuhalten ist."[86]

Die damaligen theologischen Erwägungen und Spekulationen kreisten also nur um das juristische Faktum, wann und unter welchen Bedingungen eine kirchenrechtlich gültige (und damit sakramentale) Ehe von Getauften zustandekommt und nicht etwa um einen Erklärungs- bzw. Erhellungsversuch des Zusammenspiels von der Ehewillenserklärung als (rechtlich) greifbaren Beginn eines sakramentalen Ehevertrages *mit* der *theologischen* Funktion des kirchlichen Amtes in der Eheliturgie. Dieses Versäumnis, die theologischen Aspekte der kirchlichen Trauung herauszuarbeiten und darzulegen, mußte früher oder später dazu führen, daß die kirchliche Trauung allmählich nur noch als ein "weihevolles *Konkurrenzritual*" zur Ziviltrauung empfunden wurde, sozusagen "als religiöse Umrahmung des juridischen Aktes, auf den schließlich alles ankommt: den förmlichen Konsensaustausch."[87] Zwar bereitete diese einseitig rechtliche Sichtweise der damals noch überwiegend christlich und kirchlich geprägten Gesellschaft keine größeren Probleme, in der modernen säkularisierten und pluralistischen Gesellschaft, in der der personale Glaube an Jesus Christus trotz Taufe nicht mehr als selbstverständlich vorausgesetzt werden kann, mußte sie aber zum Problem werden.[88]

Da auch die Rechtsordnung der Kirche nicht im theologieleeren Raum steht, hatte der CIC/1917 die theologische Kernaussage über die Sakramentalität der Ehe, also die Identität von Ehevertrag und Ehesakrament übernommen[89] und in c.1012 festgestellt:

> "*§1: Christus Dominus ad sacramenti dignitatem evexit ipsum contractum matrimonialem inter baptizatos.*
>
> *§2: Quare inter baptizatos nequit matrimonialis contractus validus consistere, quin sit eo ipso sacramentum.*"

Mit dieser theologisch wuchtigen Einleitungsnorm des Eherechts hatte der CIC/1917 Wesen, Inhalt, Materie und Form des Ehesakramentes in einer so auschließlichen Form mit dem Vertrag verbunden, daß diese Grundkonzeption der Untrennbarkeit von Sakrament und Vertrag das Fundament des ganzen Eherechtssystems dieses Rechtsbuches war und auch heute noch ist.[90] Diese kodi-

---

[86]Neumann, J., Grundriß des katholischen Kirchenrechts, Darmstadt 1981, 281; vgl. auch ähnlich Heinemann, Mischehe, 33, und ders., Erwägungen zur rechtlichen Ordnung, 402.

[87]Baumann, Die Ehe, 136.

[88]vgl. ebd., 137.

[89]Joyce, Die christliche Ehe, 191, folgert aus dieser Tatsache weiter: "Da der Kodex von den Bischöfen der ganzen Welt angenommen worden ist, so ist es wohl nicht übertrieben, wenn man sagt, diese Lehre habe das Ansehen des magisterium ordinarium (des ordentlichen Lehramts) und müsse als proxima fidei (fast als Dogma) angesehen werden. Sie steht außerhalb des Bereiches einer Auseinandersetzung."

[90]vgl. Corecco, Die Lehre der Untrennbarkeit, 379; Aymans, Die Sakramentalität der Ehe, 322 und ders., Die sakramentale Ehe als Gottesbund, 185.

karische Identität in dem strikten Sinn einer Deckungsgleichheit von Ehevertrag und Ehesakrament hatte bis dahin noch kein lehramtliches Zeugnis vertreten.[91]

Der im CIC/1917 neugesetzte Akzent der *absoluten* Deckungsgleichheit wurde durch folgende Gedankenführung erreicht: Aus der in §1 aufgestellten Prämisse, daß Jesus Christus den naturrechtlich gültigen Ehevertrag der Getauften zum Sakrament erhoben hat, zog der Gesetzgeber in §2 die einfache, aber konsequenzenreiche Schlußfolgerung, daß alle christlichen Ehen objektiv, das heißt: auch ohne besondere Intention oder Glaubensmotivation der Brautleute, sakramental und damit unauflöslich sind. Die Sakramentalität der christlichen Ehe ist in und seit dem CIC/1917 im Recht – nicht aber in der Dogmatik – der lateinischen Kirche ausdrücklich "ganz und gar auf die Heilstatsache der Taufe gegründet, aber nicht in der Weise, daß auf der Taufe sakramentale Ehe aufgebaut werden kann, sondern so, daß aus der Taufe die Ehe sakramentalen Charakter erhält. In der Sprache des ausgeführten Eherechtes heißt dies, daß die Sakramentalität der Christenehe von dem aktuellen Glauben der Eheschließenden insoweit unabhängig ist, als ein einfacher Irrtum über den sakramentalen Charakter der Ehe ohne Auswirkung auf deren Zustandekommen und deren besondere Wesensart bleibt".[92] Nur der ausdrückliche negative Wille, den sakramentalen Charakter auszuschließen, konnte gemäß c.1084 CIC/1917 und kann nach c.1099 CIC/1983 das Zustandekommen des Sakramentes und damit auch eines gültigen Ehevertrages unter Christen verhindern. Also "nicht ein mangelhaftes Glaubensverständnis über die christliche Ehe, sondern der willentliche, bewußte Gegensatz zum Glauben der Kirche macht es unmöglich, daß eine solche Ehe [als sakramentale Ehe und Ehe überhaupt] kirchliche Anerkennung finden kann."[93] Diese Tatsache, daß das Wissen um die Sakramentalität der Ehe nicht zum ehekonstitutiven Mindestwissen gemäß c.1082 CIC/1917 und c.1096 CIC/1983 gehört(e) bzw. nur die ausdrückliche *Negation* der sakramentalen Dimension der Ehe nach cc.1084 und 1086 §2 CIC/1917 bzw. cc. 1099 und 1101 §2 CIC/1983 als unzureichen-

---

[91]vgl. Baumann, Die Ehe, 117, der auf den S. 116 - 118 nachweist, daß die vom Codex in den Fußnoten angegebenen dogmatischen Quellenbelege für c. 1012 CIC/1917 nicht haltbar sind; siehe auch Duval, Contrat et sacrement, 36; 49f; 63, für den Trient in canon 1 die Existenz *eines* Sakramentes der Ehe im Neuen Bund bekräftigen will, nicht aber, daß *die* Ehe im Neuen Bund immer ein Sakrament ist (S.50); Lüdecke, Eheschließung als Bund, 90; Huizing, Alternativentwurf, 84f; Schmeiser, Marriage, 383f, und ders., Welcomed civil marriage, 54f.

Auch Aymans, Die Sakramentalität der Ehe, 322f führt aus: Gegenüber der allgemein gehaltenen Glaubensaussage des Konzils von Trient, daß die (christliche) Ehe ein Sakrament ist, "geht der c.1012 CIC einen wesentlichen Schritt weiter, indem er die tridentinische Definition auf die überkommene kanonistische Ehelehre der lateinischen Tradition anwendet: Nicht der Ehe selbst, sondern konkreter dem Ehevertrag unter Christen wird die Würde des Sakramentes zugesprochen. Dies ist gewiß eine legitime Konkretisierung des Glaubenssatzes im Rechtsbereich, doch wird man einschränkend anmerken müssen, daß dies nicht die einzig mögliche Konkretisierung ist. Wo etwa Ehe – anders als in der römisch-abendländischen Tradition – nicht vorwiegend unter dem Vertragsgedanken, sondern beispielsweise stärker unter dem Stiftungs- und Bundesgedanken begriffen wird, dort müßte folgerichtig der gestiftete, das heißt durch Gottes Handeln begründete Ehebund als die zur Würde des Sakramentes erhobene eheliche Rechtsgestalt bezeichnet werden."

[92]Aymans, Die Sakramentalität der Ehe, 323; vgl. ders., Gleichsam häusliche Kirche, 431 und ders., Die sakramentale Ehe als Gottesbund, 189.

[93]Aymans, Die Sakramentalität der Ehe, 331, ders., Gleichsam häusliche Kirche, 436 und ders., Die sakramentale Ehe als Gottesbund, 193.

der Wille zum Ehesakrament galt bzw. immer noch gilt, überrascht zunächst; denn in dieser kanonistischen Lehre scheint der dogmatische Grundsatz von einem grundlegenden Zusammenhang zwischen Glaube und Sakrament nicht mehr gewahrt zu sein. Dieser Eindruck erweist sich jedoch vom sakramententheologischen Grundsatz her, daß die gesamte sakramentale Wirklichkeit nicht nur aus dem *Glauben des einzelnen*, sondern auch aus dem *Glauben der Kirche* erwächst, als falsch. Denn auch der Ehewille von Getauften darf nicht isoliert, sondern muß in dieser kirchlichen Einbindung gesehen werden, und zwar in folgendem Sinn: "Denen die zur Kirche gehören, verbürgt der Glaube der kirchlichen Gemeinschaft die gnadenwirkende Zeichenhaftigkeit ihrer Ehe, solange die natürlichen Voraussetzungen dies gestatten. Die kirchliche Glaubensgemeinschaft, in die hinein die Partner ihre Ehe gründen, trägt den Glauben derer, die sich zu ihr halten und nicht gerade dies im Hinblick auf die eigene Ehe ablehnen. Die Glaubensgemeinschaft der Kirche tritt nicht etwa an die Stelle der Eheschließenden, aber sie umfängt sie und stützt sie, indem sie jenen personalen Glauben zur geistlich wirksamen Entfaltung bringt, der mit noch so vielen Mängeln behaftet sein mag, wenn er nur kirchlich sein will."[94] Dennoch stellt sich aber die Frage, ob das Kriterium eines *positiven* Aktes des *Unglaubens* als Grenze des kompensierbaren Mangels im Glauben des einzelnen nicht zu niedrig angesetzt ist, ob die Minimalanforderung mit ihrer Maximalkonsequenz stimmig ist bzw. ob "eine völlig passive oder gleichgültige Haltung gegenüber dem Glaubensgeschehen des Sakramentes genügen kann und ob nicht Würde und Handlungsziel des Sakramentes eine *aktive Beteiligung* am *Geschehen* und ein positives Zeichen des Glaubens voraussetzen, das jedenfalls mehr enthalten muß, als ein bloßes Gewährenlassen der Kirche."[95] Denn "in sakramentstheologischer Hinsicht verhindert nicht erst eine solche ausdrücklich gesetzte negative Intention, sondern bereits das Fehlen der positiven Mindestintention die gültige Spendung eines Sakramentes. Dem Ausschluß der Sakramentalität müßte also eigentlich auch im Eherecht ein positives Pendant entsprechen, nämlich die Intention der Brautleute zu tun, was die Kirche tut."[96] Dadurch würde dann auch der der Sakramententheologie widersprechende Mechanismus ausgeschaltet werden, daß eine naturrechtlich gültige Ehe zwischen zwei Nichtgetauften durch die Taufe beider Ehepartner automatisch zum Sakrament wird.[97]

---

[94]Aymans, Die Sakramentalität der Ehe, 328; vgl. ders., Gleichsam häusliche Kirche, 434, und ders., Die sakramentale Ehe als Gottesbund, 191f; ähnlich auch Zalba, Num aliquis fides sit necessaria, 96 - 99.

[95]Baumann, Die Ehe, 52; vgl. auch ebd., 81f; 120; Heinemann, Mischehe, 33f, und ders., Erwägungen zur rechtlichen Ordnung, 402f; Manzanares, Habitudo matrimonium baptizatorum, 64; Sebott, Das neue kirchliche Eherecht, 30f.

[96]Bruns, Die Vertragslehre, 13.
Vgl. auch Klein, Die Ehe als Vertrag und Sakrament, 260: "Mit der *allgemeinen* Sakramentenlehre von der bei der Spendung eines Sakraments notwendigen Intention steht die für den Empfang des Ehesakramentes geforderte Nicht-Intention allerdings in krassem Widerspruch: das Sakrament der Ehe überfällt den Menschen wie ein Klappnetz, u.U. im Schlaf".

[97]siehe dazu die Ausführungen von Diekamp / Jüssen, Katholische Dogmatik, 380f: "*Die zwischen Ungetauften geschlossene Naturehe wird bei der Taufe des Ehepaares wahrscheinlich nicht zum Sakramente.*
Viele Theologen meinen, daß diese Ehegatten *in der Taufe ohne weiteres* die gratia sacramentalis der Ehe empfangen, weil es sonst, entgegen den oben angeführten päpstlichen Erklärungen,

Die rein vertragsrechtliche Betrachtungsweise des Ehesakramentes im CIC/1917 hatte natürlich auch eine rein vertragsrechtliche Umschreibung des ehesakramentalen Wesens/Inhaltes zur Folge, nämlich gemäß c. 1081 §2 CIC/1917 das für immer und exklusiv gegebene wechselseitige Recht zur geschlechtlichen Vereinigung und die entsprechende Pflicht beider Partner (= ius in corpus). Da jeder Vertrag auf einen bestimmten *Zweck* gerichtet ist, ging auch das Gesetzbuch von 1917 in c.1013 von zwei Ehezwecken aus: Erster Ehezweck war die Zeugung und Erziehung von Nachkommenschaft, zweiter Ehezweck war die gegenseitige Hilfeleistung und das Heilmittel gegen die sexuelle Begierde. Die Vertragskonzeption hatte die altkodikarische Eheauffassung nicht nur in juristischer, sondern auch in ontologischer und theologischer Hinsicht geprägt[98] und verkürzt. Diese negative Tatsache sollte aber nicht zu einer Pauschalverurteilung der ehelichen Vertragsauffassung verleiten, etwa in dem Sinn, daß dem Vertragsbegriff im Licht des wiederentdeckten Bundesbegriffes auf dem II. Vaticanum kurzer Hand einfach alle semantischen Merkmale des katholischen Eheverständnisses abgesprochen werden und behauptet wird: "Weder Gegenseitigkeit, Unteilbarkeit noch die einzigartige Bedeutung des Konsenses für die Ehe, ihre Wesenseigenschaften und ihre religiöse und spezifisch christlich-sakramentale Dimension auszudrücken, ist der Vertragsbegriff als solcher ohne erläuternde Zusätze in der Lage."[99] Abgesehen von der Tatsache, daß wohl kein einziger Modellbegriff der Ehe ohne 'erläuternde Zusätze' auskommen wird, stellt sich hier, gerade auch aus der historischen Bedeutung des Vertragsbegriffes heraus, die Frage: Werden nicht die Aspekte der Gegenseitigkeit, der Unteilbarkeit und des Konsensprinzipes viel eher durch den Vertragsbegriff assoziiert als etwa durch den Bundesbegriff? Und kann es überhaupt *einen* Ehebegriff geben, der alle Momente der Ehe in sich birgt? Oder ist nicht der Bundesbegriff eher geeignet, die personal-religiöse Dimension wie Sakramentalität, Liebe und Treue zum Ausdruck zu bringen, während der Vertragsbegriff eher die rechtlichen Gesichtspunkte wie Freiwilligkeit, Gegenseitigkeit und Unteilbarkeit ins Bewußtsein zu heben vermag?[100]

---

eine Ehe unter Christen gäbe, die nicht sakramental wäre. – Allein diese Erklärungen betreffen die *Eheschließung*; denn in ihr besteht unter Christen das Sakrament der Ehe. In dem fraglichen Falle ist nun die Ehe vor der Taufe gültig geschlossen worden, so daß eine neue Eheschließung nicht mehr in Betracht kommen kann, also auch kein Empfang des Ehesakramentes. Daß aber die gratia sacramentalis der Ehe ohne den Empfang des Ehesakramentes erteilt werde, ist in sich unwahrscheinlich.

Andere Gottesgelehrte sind der Ansicht, nicht die Taufe der bisher nichtchristlichen Ehegatten, sondern eine *Konsenserneuerung* nach der Taufe verursache als äußeres Zeichen des Sakramentes in ihnen die sakramentale Ehegnade. – Aber die Erneuerung des Konsenses ist keine Eheschließung und kann daher nicht als Sakrament der Ehe wirken. Hätte die Konsenserneuerung irgendwelche Bedeutung für die Verursachung der Gnaden des Ehesakramentes, so müßte die Kirche sie von den bekehrten Eheleuten verlangen; dies geschieht aber nicht."

[98]Lüdecke, Eheschließung als Bund, 90f, im Anschluß an Huizing, La conception du mariage dans le Code, le Concile et la 'Schema de sacramentis', in: RDC 27 (1977), 135 - 146, 137

[99]So Lüdecke, Eheschließung als Bund, 84.

[100]Lüdecke, Eheschließung als Bund, 257, kommt zu dem gleichen Ergebnis, allerdings nur für die Ehetheologie unmittelbar vor dem Konzil:

Bereits in vorkonziliarer Zeit ist ein "sprachlich-stilistischer Wechsel der Ehebezeichnungen von 'Vertrag' und 'Bund' vornehmlich in Kontexten religiös-sakramentalen oder personalen Inhalts zu verzeichnen". Hauptsächlich auf das matrimonium in facto esse bezogen, wird unmittelbar vor dem II. Vaticanum 'Bund' als eine Ehebezeichnung verwendet, die "vornehmlich

Auffällig ist im CIC/1917 wie auch im CIC/1983, daß die bei allen anderen Sakramenten behandelte Frage nach dem Spender des jeweiligen Sakramentes beim Ehesakrament fehlt(e). Diese Tatsache hat ihre Ursache in dem Wissen und Bewußtsein der Kodexkommissionen von 1917 und 1983, daß es hier zwei verschiedene Traditionsstränge gibt, nämlich die als *doctrina certissima* geltende Lehre von den Ehepartnern als den Spendern und die als *doctrina valde probabilis* qualifizierte Lehre vom Priester als Spender des Ehesakramentes. Um die theologisch durchaus auch zu rechtfertigende Auffassung vom Priester als Spender nicht zu verurteilen, unterließ man eine explizite Festschreibung der Lehre von den Eheleuten als Spender, zumal diese Auffassung schon implizit in der Lehre vom Abschluß der Ehe durch den Konsens zum Ausdruck kam.[101]

1.4 Die Verbindung von personaler Liebe, Vertrag und Sakrament

Die in Reaktion auf die neuzeitlichen Entwicklungen entstandene rechtliche Verzweckung der kirchlichen Ehetheologie hat erst wieder das II. Vatikanische Konzil aufgebrochen, indem es sich um eine Wesensumschreibung des Ehesakramen-

---

nicht in unmittelbar rechtlich, sondern mehr personal und religiös geprägten Zusammenhängen auftaucht und somit ein gewisses semantisches Gefälle dorthin aufscheinen läßt, wo der Vertragsbegriff klare inhaltliche Defizite aufweist, ohne diesen und seine Dominanz in Frage zu stellen oder merklich abzuschwächen." Obwohl das II. Vatikanische Konzil diese Tendenz bestätigt, ja sogar verstärkt und auch den Bundesbegriff fast ausschließlich für die Umschreibung der personalen und religiösen Dimension eingesetzt hat, während es als pastoral ausgerichtetes Konzil die rechtliche Dimension und damit den Vertragsbegriff kaum thematisiert hat, fordert Lüdecke als Umsetzung der konziliaren Ehelehre von der nachkonziliaren Kanonistik im Ehebereich das radikale Ersetzen des Vertragsbegriffes durch den Bundesbegriff (vgl. v.a. S.817ff; 897; 908f).

Bei dieser Forderung übersieht Lüdecke allerdings die Tatsache, daß Umsetzung nicht einfach Kopie bedeutet, sondern Übernahme der Grundidee unter Berücksichtigung des Kontextes; das wiederum heißt, daß ein kirchliches Gesetzbuch die auf dem Konzil wiederentdeckte personal-religiöse Dimension der Ehe in seine per definitionem notwendigerweise rechtlich ausgerichtete Sichtweise einbeziehen muß. Wenn daher der CIC/1983 nicht mehr nur den Vertragsbegriff kennt, sondern diesen neben den Bundesbegriff stellt, so scheint die spitze Kritik von Lüdecke, ebd., 812, unangebracht: "Die rechtstechnische Umsetzung dieses Konzepts hat das Konzil nicht geleistet und wollte es nicht leisten, sondern hat sie der nachkonziliaren Kanonistik überlassen, die sich nicht selbst unterfordern sollte, indem sie lediglich den alten Wein in die neuen konziliaren Schläuche füllt"(vgl. auch ebd., 904; 908f).

Sicherlich hat das II. Vaticanum mit dem bewußten Wechsel vom Vertrags- zum Bundesmodell der Ehe ein 'vollständigeres, umfassenderes, und reichhaltigeres Gesamtkonzept des Ehewesens' (vgl. Lüdecke, ebd., 738; 908) geschaffen. Doch dieser Modellwechsel beinhaltet nicht einfach die gänzliche Tilgung der Vertragskonzeption, sondern weist ihr lediglich die ihr tatsächlich zukommende Funktion zu, nämlich rechtlicher Teilaspekt (statt wie im CIC/1917 Zentralkategorie) des kirchlichen Eheverständnisses, d.h. des Ehebundes, zu sein. Deshalb erweist sich eine Aussage wie die folgende als unsachgemäß: "Trotz gewisser Relikte in Canones von weniger hervorragender Bedeutung ist die rechts*übertragende* Vertragsvorstellung [im CIC/1983] überwunden ..." (Lüdecke, Eheschließung als Bund, 930f. Daß diese Behauptung in einem gewissen Widerspruch zu seiner oben zitierten Kritik S.812 u.a. steht, soll hier nicht thematisiert werden.)

Zu der Frage des Bundes- und / oder Vertragsbegriffes der Ehe vgl. auch S. 217ff, Anm. 110 über Kaiser.

[101]vgl. Puza, Kirchenrecht - Theologie, 69, der auch darauf aufmerksam macht, daß auffallenderweise weder in den Voten noch in der Sitzung der Codexkommission von 1917 die ostkirchliche Tradition in Blick genommen worden war.

tes auf der Grundlage des biblisch bezeugten Heilshandelns Gottes und Christi bemühte. So wird die Ehe in der Pastoralkonstitution *Gaudium et spes* 47 - 52[102] nicht nur als *innige Gemeinschaft des Lebens und der Liebe* bezeichnet, sondern auch Grundlage und Inhalt dieser Lebens- und Liebesgemeinschaft dargelegt (vgl. GS 48f). Ehe als Gemeinschaft des Lebens und der Liebe heißt, daß sich eine solche Gemeinschaft nicht nur auf bestimmte Ausschnitte aus dem menschlichen Leben beziehen kann und darf, wie z.B. nur auf Wohn- und Geschlechtsgemeinschaft, sondern zwangsläufig *alle* Bereiche des Lebens umfassen muß. Eine solche wirkliche *Lebens*gemeinschaft kann aber logischerweise nur dann gelingen, wenn die Partner sich nicht nur bestimmte Rechte und Pflichten zugestehen, sondern sich gegenseitig in ihrer *ganzen* Person schenken und annehmen. Denn nur durch eine solche gegenseitige *Selbstübereignung* von Mann und Frau wird nicht nur ein gegenseitiges *körperliches Eigentumsrecht* begründet, sondern eine *körperlich - seelische Lebensgemeinschaft*, die in Anlehnung an die alttestamentliche Schöpfungsordnung auch als *personale Zwei-Einheit* von Mann und Frau bezeichnet werden kann. Nach den Schöpfungsberichten in Genesis 1,27f und 2,21ff hat die personale Zwei-Einheit von Mann und Frau im Ehebund ihr Urbild in dem einen Gott, der den Menschen als Mann und Frau nach seinem Bild geschaffen hat. In der Zwei-Einheit des Ehebundes erfahren Mann und Frau die Erfüllung ihres Menschseins als Ebenbild Gottes, der der Urheber der Ehe ist, und zwar nicht nur der Urheber der Ehe als Institution, sondern auch der Urheber jeder einzelnen Ehe. Denn daß Mann und Frau in der Ehe nicht mehr zwei, sondern eins sind, das können sie unmöglich allein schaffen bzw. bewirken; dazu ist ihr menschlicher Wille zu schwach. Der Ehebund als Zwei-Einheit von Mann und Frau kommt nie allein nur durch den Willen der Ehepartner zustande, sondern wird von Gott gestiftet. Dieser von Gott gestiftete Bund schließt aber – und das ist wichtig – die freie Willenseinigung der Partner mit ein; oder anders gesagt: Das Sich - Binden der Partner wird von dem Gebunden - Werden durch Gott umgriffen. Anerkennen die Ehepartner dieses Zusammenwirken von Gott und Mensch und bejahen die in der Schöpfungsordnung enthaltenen Sinnziele der Ehe, so wird deren Ehe zu einem Bild, ja man könnte sagen: zu einem anfanghaft sakramentalen Zeichen für den Bund Gottes mit den Menschen. Sind jedoch die Ehepartner *getauft*, d.h. stehen die Ehepartner in der Nachfolge Jesu Christi, dann ist deren Ehe nicht mehr nur ein Zeichen für den (Liebes-) Bund Gottes mit den Menschen, sondern *das* Zeichen für einen ganz speziellen Bund, nämlich den Bund zwischen Gott in *Christus* und der *Kirche*. Die Ehe unter getauften Ehepartnern ist nicht mehr nur ein anfanghaft sakramentales Zeichen, sondern das sakramentale Zeichen für die Liebe Gottes zu den Menschen bzw. zur Kirche. Weil in Leben und Wirken Jesu Christi die Liebe und Treue Gottes zum Menschen *unwiderruflich* offenbar geworden ist und weil Jesus Christus diese seine göttliche Treuebindung zum Menschen in dem Treueverhältnis der Kirche und der Menschen untereinander fortsetzen wollte und auch fortgesetzt hat, ist jede Ehegemeinschaft zweier Menschen, die in und seit ihrer Taufe in der Nachfolge Jesu Christi stehen, Aktualisierung der Treuebindung Jesu Christi zu seiner

---

[102]vgl. dazu die zusammenfassende Auswertung der Konzilstexte bei Lüdecke, Eheschließung als Bund, (737f;) 741 - 804, 820f; 824f; 841; 848.

Kirche.[103] In diesem Verständnis lehrt dann schließlich das Zweite Vatikanische Konzil in LG 11,2 unter Berufung auf Eph.5,32: "Die christlichen Ehegatten endlich bezeichnen das Geheimnis der Einheit und fruchtbaren Liebe zwischen Christus und der Kirche und bekommen daran Anteil."

Durch die Hervorhebung der Ehe als personale Lebens- und Liebesbeziehung der Eheleute zueinander ist es der Konzilsversammlung gelungen, dem vertraglichen Aspekt der Ehe ein dynamisches Gegengewicht zu geben, ohne deshalb den Vertragsgedanken aufzugeben. Denn auch nach der Lehre des II. Vaticanums kommt die Ehe durch den Konsensaustausch der Partner zustande; weil die Konzilsversammlung in ihrem pastoralen Bemühen mehr die menschliche Voraussetzung des Ehekonsenses, nämlich das *personale* Einverständnis der Ehepartner, im Blick hatte und weniger an der rechtlichen Ausgestaltung des Ehekonsenses interessiert war, zumal diese bisher zu einseitig betont war, hat es bevorzugt den mehr rechtlich gefärbten Begriff des Ehe*vertrages* durch den des biblisch geprägten und personal ausgerichteten Ehe*bundes*[104] ersetzt.[105] Dieses Vorgehen ist für ein *Pastoral*konzil durchaus legitim, da es per definitionem die Ehe nicht als rechtliche Institution zu betrachten hat, sondern als personal-religiös zu gestaltende Wirklichkeit. Daher besagt der konziliare Austausch des Vertragsbegriffes durch den Bundesbegriff, daß die Vertragsvorstellung für den *pastoralen* Bereich der Ehe ungeeignet ist, nicht aber, daß sie damit auch in allen anderen Bereichen der Ehe, wie z.B. im Ehe*recht*, nicht (mehr) zweckmäßig und daher generell abzuschaffen sei.[106] In konsequenter Weiterführung dieses personalen Eheverständnisses wird auch die sakramentale Dimension der Ehe von der personalen Liebesbeziehung her gedeutet und dadurch von ihrer juristischen Engführung befreit: Denn Symbol bzw. äußeres Zeichen des Ehesakramentes ist in dieser Linie nicht mehr nur der 'unauflösliche Ehevertrag', sondern das "unwiderrufliche personale Einverständnis, [einander] in gegenseitiger Hingabe und ständiger Treue [zu] lieben."(GS 48). Damit kommt zum einen klarer als bisher zum Ausdruck, daß die Lehre von der Untrennbarkeit bzw. Gleichsetzung des Vertrages mit dem Sakrament nicht besagt, daß das Sakrament im Vertrag aufgeht, sondern vielmehr meint, daß der Vertrag ein Teilaspekt des Sakramentes ist, das Sakrament also *mehr* ist als der Vertrag. Zum anderen wird in dieser konziliaren Umschreibung des ehesakramentalen Zeichens zum ersten Mal deutlich, worin das *Mehr* des Sakramentes besteht, nämlich in der personal-ekklesialen Dimension der Ehe (vgl. auch LG 11,2). Der rechtlich-vertragliche Aspekt der Ehe gehört zum Sakrament der Ehe, ist aber der personal-ekklesialen Dimension der Ehe untergeordnet.[107] Die Überlegun-

---

[103]vgl. Krämer, Kirchenrecht, 104f.

[104]Der lateinische Begriff *foedus* geht auf die Wurzel *fido = sich einander anvertrauen* zurück (vgl. Walde, A., Hoffmann, J.B., Lateinisches etymologisches Wörterbuch 1, Heidelberg 1938, 3. Auflage, 522 und 493f).
"Ein Bund ist ein Engagement von Personen, das Vertrauen und treues Einhalten des abgelegten Versprechens oder Gelübdes erfordert."(Palmer, Was not tut, 407; vgl. ders., Christian marriage, 619).

[105]Zur Entwicklung der Ablösung des Vertragsbegriffes auf dem Vaticanum II vgl. Lüdecke, Eheschließung als Bund, 804 - 817, bes. 809 - 813.

[106]vgl. dazu ausführlicher S. 217ff.

[107]Aymans, Gleichsam häusliche Kirche, 427, und ders., Die sakramentale Ehe als Gottes-

gen und Ergebnisse des pastoral ausgerichteten 2. Vatikanischen Konzils sollten auch als Leitlinien für eine Reform des CIC/1917 dienen. Betrachtet man auf diesem Hintergrund den Einleitungskanon c. 1055 zum Eherecht dieses im Auftrag und im Licht des Zweiten Vaticanums revidierten Gesetzbuches von 1983, so fällt einem sofort die veränderte Sprachgestalt gegenüber c.1012 CIC/1917 ins Auge.[108] Die äußerst knappe Formulierung des c.1012 §1 CIC/1917, daß der Ehevertrag unter Getauften Sakrament ist, wurde im CIC/1983 durch eine ausführliche Begriffsbestimmung ersetzt:

> "Can. 1055 - §1. Der Ehebund, durch den Mann und Frau unter sich die Gemeinschaft des ganzen Lebens begründen, welche durch ihre natürliche Eigenart auf das Wohl der Ehegatten und auf die Zeugung und die Erziehung von Nachkommenschaft hingeordnet ist, wurde zwischen Getauften von Christus dem Herrn zur Würde eines Sakramentes erhoben.
>
> §2. Deshalb kann es zwischen Getauften keinen gültigen Vertrag geben, ohne daß er zugleich Sakrament ist."

Die das Eherecht grundlegende Norm c.1055 umschreibt das ehesakramentale Verständnis des kirchlichen Gesetzbuches von 1983 mit den drei Begriffen *Bund, Vertrag* und *Sakrament*. Dabei hat der CIC/1983 in §2 der eherechtlichen Grundnorm c. 1055 wörtlich c.1012 §2 CIC/1917 übernommen, in §1 dagegen den neuen theologie- und heilsgeschichtlich bedeutsamen Terminus *Bund* eingeführt,

---

bund, 186, ist in der Frage des Fortschrittes im Eheverständnis auf dem II. Vaticanum anderer Meinung:

"So sicher es einerseits ist, daß wir es hier mit einem terminologischen Fortschritt zu tun haben, so unbefriedigend ist es andererseits zugleich, wenn wir es mit nichts mehr als einem Fortschritt terminologischer Art zu tun haben. Tatsächlich läßt die Textanalyse erkennen, daß *in der Sache noch kein rechter Erkenntnisfortschritt* erfolgt ist. Dies zeigt der nüchterne Vergleich zwischen dem Konzilstext und der kodikarischen Aussage des c.1081 §1 CIC. Während nämlich die Kanonistik sagte, daß der Konsens die Ehe selbst begründet (*consensus facit nuptias bzw. matrimonium facit partium consensus*), setzt der Konzilstext kurzerhand Ehebund (*foedus coniugii*) und unwiderrufliches personales Einverständnis (*irrevocabilis consensus personalis* = Ehekonsens) gleich, indem er beide Begriffe durch ein 'seu' miteinander verbindet; von dem so verstandenen Ehebund bzw. Ehekonsens behauptet das Konzil sodann, daß dadurch die innige Gemeinschaft des Lebens und der Liebe in der Ehe gestiftet werde. Die Konzilsaussage ist insoweit wortreicher, in der Sache aber nichts anderes als die herkömmliche Lehre der Kanonistik."

Baumann, Die Ehe, schließt sich S.123f Aymans an, S. 129 (vgl. auch S.134) erklärt er allerdings dagegen über das Eherecht des CIC/1983, das ja gerade von der Ehelehre des II. Vaticanums geprägt ist: "Es scheint dennoch im neuen Eherecht nicht alles beim alten geblieben." S.132f führt er schließlich aus: "Wie immer: Vom theologischen Standpunkt aus dürfen wir einen gewissen Fortschritt darin sehen, daß wenigstens im Einleitungskanon, wo das kanonische Eherecht über sein dogmatisches Vorverständnis der Ehe als Sakrament Auskunft gibt, *nicht rein juristisch* gesprochen, sondern die menschliche Realität der Ehe als personhafte Beziehung zwischen Mann und Frau einbezogen wird", die ekklesiale Realität der Ehe allerdings – so muß man negativ in der Beurteilung fortfahren – nicht thematisiert, sondern nur in dem Begriff des Sakramentes vage angedeutet wird.

[108]Zur Entstehungsgeschichte von c.1055 §1 CIC 1983 vgl. Lüdecke, Eheschließung als Bund, 902 - 907; 916 - 921.

wodurch er zu dem personal und zugleich religiös tieferen Verständnis der Ehe als *Gemeinschaft des ganzen Lebens* gelangt.[109]

So hat also der CIC/1983 in c.1055§2 an der strikten Koppelung von Ehevertrag und Ehesakrament des CIC/1917 festgehalten, aber in c.1055 §1 die einseitige formalrechtliche Sicht der Ehe des CIC/1917 durch den Bundesbegriff um eine personale und religiöse Dimension erweitert.[110] Dabei ist allerdings zu kri-

---

[109]Der CIC/1983 spricht in c.1055 §1 von *totius vitae c o n s o r t i u m*, während der zweite Eherechtsentwurf noch *intima totius vitae c o m m u n i o* formuliert hatte. Dieser Begriffswechsel von *communio* zu *consortium* wurde von der Reformkommission aus zwei Gründen vorgenommen: Erstens wegen der Mehrdeutigkeit von *communio* im Gegensatz zu dem eindeutigen und damit das Zusammenleben klarer charakterisierenden *consortium*; zweitens wegen der besser bezeugten Rechtstradition von *consortium* (vgl. Relatio 1981 zu c. 1008, 244f bzw. in: Communicationes 15 (1983), 222). Das ursprünglich gerade wegen seiner verdeutlichenden Funktion beibehaltene Adjektiv *intima* (vgl. Communicationes 9 (1977), 122f) wurde dann für die Endfassung genau aus demselben Grund als pleonastisch wieder gestrichen (vgl. Relatio 1981 zu c.1008, 245 bzw. in: Communicationes 15 (1983), 222).

Im Anschluß an Mosiek, U., Zapp, H., Kirchliches Eherecht, Freiburg 1981, 21, beklagt Baumann, Die Ehe, 122 diese redaktionelle Änderung mit dem Argument: "Immerhin hat der Terminus 'communio' eine hohe theologiegeschichtliche Bedeutung erlangt, die das neutralere und passivere 'consortium' (Schicksalsgemeinschaft) auf keinen Fall erreicht. (Wer könnte sich denn dazu verstehen, in Zukunft vom 'consortium' statt von der 'communio Sanctorum' zu reden?)"

Kaiser, Grundfragen des kirchlichen Eherechts, 734, Anm. 13 (vgl. auch Zapp, Kanonisches Eherecht, 21) sieht dagegen in dieser Umformulierung des von der Sprechweise des II. Vaticanums geprägten Ausdruckes keine inhaltliche Änderung gegeben, sondern nur eine rechtlich faßbarere Umschreibung. Dem ist wohl gerade unter dem Aspekt zuzustimmen, daß der mehr personal ausgerichtete Begriff des *consortium* als ekklesial umgriffener zu verstehen ist, da das personale Element per definitionem ekklesial ist.

Das Wissen um die Spannung von Wirklichkeit und rechtlicher Faßbarkeit hat "die Reformkommission davon abgehalten, analog zum *ius in corpus*, etwa ein *ius ad vitae consortium* oder gar ein *ius ad amorem coniugalem* zu definieren. Eine solche Norm hätte nur sehr weitmaschig gefaßt werden können und würde den Ermessensspielraum der Rechtsprechung grundsätzlich überdehnen" (Baumann, Die Ehe, 131; vgl. Navarrete, De iure ad vitae communionem: observationes ad novum schema canonis 1086 §2, in: PRMCL 66 (1977), 249 - 270, 269f; Communicationes 9 (1977), 375). Die Tatsache, daß jene vom theologisch und pastoral ausgerichteten 2. Vaticanum betonte personale Intensität der Ehe sich nur sehr schwer in kirchenrechtlichen und damit justiziablen Kategorien fassen läßt, ist vielleicht die Ursache dafür, daß c.1055 §1 zwar "Folge und Wirkung, aber gerade nicht den Gegenstand des Konsenses beschreibt" (Bruns, Die Vertragslehre, 10) und "überhaupt kein klares Konzept vom rechtlichen Wesen der Ehe" hat (ebd., 19), weil keine klare Definition des Konsensgegenstandes gegeben wird und die eheliche Rechtsbeziehung der Gatten mit den Wesenseigenschaften der Ehe, also vertragsrechtliche mit institutionellen Gesichtspunkten verquickt sind (vgl. ebd., 10f).

[110]Insofern ist gegen die Kritik von Kaiser, Grundfragen des kirchlichen Eherechts, 739, daß sich der CIC "nur halbherzig zum Bundescharakter der Ehe bekennt", weil er nicht ausschließlich mit dem Bundesbegriff arbeitet, sondern auch weiterhin mit dem Vertragsbegriff, wie Kaiser ausführlich in seinem Beitrag von 1988, Kirchliches Eherecht im Lichte kirchlicher Ehelehre, kritisierend darstellt (wie auch neuerdings Lüdecke, Eheschließung als Bund, 91f; 199; 721f; 908f), mit Vorgrimler, Zur dogmatischen Einschätzung und Neueinschätzung der kirchlichen Trauung, 44f, festzuhalten:

Der Versuch, den Bundes- mit dem Vertragsbegriff auszuspielen, muß eine fruchtlose Polarisierung bleiben, "weil 'Bund' viel zu vage und vieldeutig ist ... Es ist nicht nur realistisch, von der unumkehrbaren Geschichte des Vertragsdenkens in der westlichen Ehelehre und von dessen Festschreibung im neuen Kirchenrecht auszugehen. Es ist auch nur gerecht, den Kanonisten zuzugestehen, daß ein von menschlichem Streit und Scheitern so betroffener Bereich wie die

tisieren, daß der Gesetzgeber in den folgenden Canones lediglich die personale Dimension immer wieder durch Konkretisierungen aufscheinen läßt (vgl. z.B. cc. 1057 §2; 1084; 1101; 1102; 1135), während er die religiöse bzw. sakramentale Dimension zwar an verschiedenen Stellen nennt (vgl. z.B. cc. 1055; 1056), aber nirgends Erläuterungen über deren Ursprung, Bedeutung und/oder Konsequenz bietet. Sicherlich gehört es nicht zu den Aufgaben eines Gesetzbuches,

---

Ehe 'justiziabel' bleiben muß, und desgleichen zuzugestehen, daß die Fundierung des spezifischen Vertrags im freien Ehewillen ein Bekenntnis zu einem fundamentalen Menschenrecht und ein wesentlicher Beitrag zur völligen gesellschaftlichen und juristischen Gleichberechtigung der Frauen ist."

Statt Vertrags- und Bundesbegriff einander gegenüberzustellen, sollte man deshalb vielmehr den Ehevertrag in der umfassenderen Dimension des Ehebundes eingebettet sehen und ihn als den rechtlichen und damit justiziablen "Teilaspekt des Ehebundes" (Krämer, Kirchenrecht, 103; vgl. auch Lüdicke, Zur Rechtsnatur des Ehevertrages, 153; Aymans, Gleichsam häusliche Kirche, 445; Navarrete, Matrimonio cristiano, 60f; Zapp, Kanonisches Eherecht, 22.) betrachten, durch den das *Mindestmaß* dessen umschrieben wird, was für jeden Ehebund (rechtlich) eingefordert werden kann und muß, um die Gültigkeit und Rechtmäßigkeit einer Ehe feststellen zu können.

In diesem Sinne betont auch Reidick, Ein Vertrag als Sakrament, 28: "Die eheliche Bindung ist ... rechtlicher Natur, und gerade diese Rechtsqualität ist es, die die Ehe von anderen Geschlechtsverhältnissen unterscheidet. Das beiderseitige Ius in corpus verleiht dem Geschlechtsverhältnis zwischen Mann und Frau rechtlichen Charakter und macht es zur Ehe; es bewirkt, daß die Gatten einander unwiderruflich und ausschließlich in einem wirklichen Sinne 'angehören' können, – die Frau als Gattin dem Mann, der Mann als Gatte der Frau. ... Das rechtlich bestimmte Bindungsverhältnis zwischen den Gatten wird begründet durch die Schließung des Ehevertrages, durch den die Gatten in das Verhältnis gegenseitiger rechtlicher Gebundenheit, in das eheliche Rechtsverhältnis eintreten. Der Ausdruck 'Vertrag' besteht dabei zu Recht, denn im Augenblick der Eheschließung werden durch Willensübereinkunft von Mann und Frau Rechte übertragen und Pflichten übernommen"(vgl. dazu auch ebd., S.27; dies., Der Vertragsschließungsakt, 10 - 15; Armbruster, Der Ehewille, 22f).

Eine unzutreffende Kritik an Reidick übt Lüdecke, Eheschließung als Bund, 253 - 255, zumal er auch nur einen Aufsatz statt mehrere Schriften der Verfasserin heranzieht.

In diesen Gedankengang von Reidick fügen sich auch die Ausführungen von Schmaus, Der Glaube der Kirche, 228f, sehr gut an: "In dem Vertrag offenbart sich der Ernst und die Kraft der Liebe. Der Zusammenhang zwischen Vertrag und Liebe zeigt allerdings auch, daß die Eheschließung ein Vertrag eigener Art ist. Wenn man das Wort 'Vertrag' gebraucht, so muß man es im analogen Sinn verstehen. Der Hauptunterschied zu anderen Verträgen liegt darin, daß der Ehevertrag keinen Anspruch auf eine Sache, sondern auf eine Person gibt und der durch ihn begründete rechtliche Zustand unabhängig vom Willen der Vertragsschließenden für immer weiterbesteht und unkündbar ist. Wie der Vertrag auf der einen Seite Ausdruck der Intensität der Liebe ist, so ist er auf der anderen Seite zugleich ein Schutz gegenüber den Gefährdungen und Bedrohungen, denen die Liebe, wie jedes menschliche Verhalten, ausgesetzt ist ... Der Vertrag ist immer wieder ein Anruf an das Ich und ein schützender Zaun gegen andere."

Palmer, Christian marriage, 619, der dieses Beziehungsverhältnis zwischen Bund und Vertrag nicht nur auf die Ehe bezieht, sondern zunächst generell herstellt: "Covenant (foedus) is as expansive and as all-embracing as contract is restrictive and limiting", drückt dann, auf die christliche Ehe bezogen, den Unterschied zwischen der allumfassenden und dadurch rechtlich kaum greifbaren Dimension des Bundes und der klar eingegrenzten und dadurch rechtlich feststellbaren Dimension des Vertrages sehr treffend folgendermaßen aus: "No one questions that fidelity is an essential term of the covenant. In contractual language 'the permanent and exclusive right to the body' "(S. 643).

In ähnlichem Sinn legt auch O'Rourke, Thoughts on Marriage, 188, dar: "In essence, therefore, there is no difference in saying that marriage is a contract or a covenant. ... There is no doubt that the term 'covenant' has a more solemn ring to it than does the term 'contract', but

die religiöse Dimension der Ehe inhaltlich erschöpfend darzustellen, wohl aber anzudeuten.

Das neue Gesetzbuch der Ostkirchen, der CCEO von 1990, ist dieser Pflicht gerecht geworden. Denn in der das Eherecht einleitenden Norm c.771 CCEO/1990 wird nicht nur der personale Aspekt der Ehe in der gebotenen Kürze eines Gesetzbuches ansatzweise dargelegt, sondern auch der religiöse:

> *"Can. 776 §1. Matrimoniale foedus a Creatore conditum eiusque legibus instructum, quo vir et mulier irrevocabili consensu personali totius vitae consortium inter se constituunt, indole sua naturali ad bonum coniugum ac ad filiorum generationem et educationem ordinatur.*
>
> *§2. Ex Christi institutione matrimonium validum inter baptizatos eo ipso est sacramentum, quo coniuges ad imaginem indefectibilis unionis Christi cum Ecclesia a Deo uniuntur gratiaque sacramentali veluti consecrantur et roborantur.*
>
> *§3. Essentiales matrimonii proprietates sunt unitas et indissolubilitas, quae in matrimonio inter baptizatos specialem obtinent firmitatem ratione sacramenti."*

C.776 §1 CCEO umschreibt die Ehe in einem umfassenderen Sinn als c.1055 §1 CIC, nämlich nicht nur als (personalen) Bund zwischen zwei Menschen, der bei getauften Ehepartnern von Gott zum Sakrament erhoben worden ist, sondern als Bund zweier Menschen, an dem Gott von Anfang an beteiligt ist, ob die Ehepartner getauft sind oder nicht. Ebenso stellt auch c.776 §2 CCEO/1990 nicht wie c.1055 §2 CIC/1983 einfach juridisch abstrakt, fast apologetisch, die *Eo-ipso*-Sakramentalität der Ehe von Getauften fest, sondern entfaltet kurz deren theologische Grundlegung: Weil die Ehepartner von Gott zu dem Abbild der unzerstörbaren Verbindung Christi mit der Kirche verbunden und mit der sakramentalen Gnade gleichsam geheiligt und gestärkt werden, ist die Ehe unter

---

whether one calls marriage a contract, a covenant or a compact, one is saying the same thing. Every covenant is a contract; every marriage is thus to be judged in contractual terms."

Von diesen Überlegungen her, legt sich die kritische Frage immer näher: Betreibt hier Kaiser – gerade auch in seinem ausführlichen Artikel über den 'Spender des Ehesakraments' von 1990, 194ff – wie auch Lüdecke – nicht einen Streit um Worte? Denn warum soll man die auch in der Dimension des 'Bundes' vorhandenen rechtlichen Aspekte nicht als 'Vertrag' bezeichnen können, vor allem angesichts der schon erwähnten rechtlich feststellbaren Elemente des 'Vertrages', ohne die nun einmal auch ein Kirchenrecht nicht auskommen kann, wenn es Rechtseindeutigkeit und Rechtssicherheit gewährleisten möchte? Die einseitige bzw. absolute Verwendung des Vertragsbegriffes für die Ehe in der Vergangenheit kann nicht einfach zu dem Ergebnis führen, daß dieser Begriff für die Ehe in ihren verschiedenen Dimensionen als grundsätzlich unbrauchbar erklärt wird.

Für die Beibehaltung des Vertragsbegriffes in dieser Funktion der justiziablen Dimension des Ehebundes spricht auch die geschichtliche Tatsache, daß der schon im römischen Recht gebrauchte Ausdruck *matrimonium contrahere* einerseits erst und andererseits schon mit dem Beginn der Kirchenrechtswissenschaft im 12. Jahrhundert zu *contractus matrimonialis* substantiviert wurde, so daß die Ehe – rein rechtlich betrachtet – unter die Kategorie der Verträge fiel (vgl. Bernhard, Le decret Tametsi, 228; Palmer, Christian marriage, 635f; Navarrete, Matrimonio cristiano, 60f).

Getauften Sakrament.[111] Der CIC spricht zwar auch von dem Geheimnis der Einheit und der fruchtbaren Liebe zwischen Christus und der Kirche, das die Eheleute darstellen und an dem sie teilnehmen, allerdings erst im Zusammenhang mit der Ehevorbereitung, nämlich in c.1063 und dort erst in n.3. Hier hat der Gesetzgeber des CCEO den systematisch sinnvolleren Ort gewählt, so daß der das orientalische Eherecht einleitende c.776 wesentlich besser die Funktion eines theologischen Leitsatzes für die folgenden eherechtlichen Normen erfüllt als der c.1055 des CIC. Darüber hinaus nennt der CCEO die Wesenseigenschaften der Ehe im Gegensatz zum CIC nicht vom theologischen Leitsatz abgesetzt, in einem eigenen Canon, sondern fügt sie in einem §3 an die §§1 und 2 des Leitsatzes an; dadurch wird deutlicher als im CIC zum Ausdruck gebracht, daß sich die Wesenseigenschaften aus der Beschreibung der Ehe als einer personalen und religiösen Wirklichkeit, wie sie in den §§1 und 2 des c.776 und 1055 erfolgt ist, ergeben.

Das Wesen der Ehe ist nicht mehr wie im CIC/1917 das wechselseitige Übertragen des Rechtes auf den Körper (ius in corpus), sondern in Anlehnung an das II. Vaticanum und gemäß c.1057 §2 die wechselseitige personale Selbstübereignung von Mann und Frau. Dieser Wandel im Eheverständnis hat in konsequenter Fortführung auch zur Aufgabe der Ehezwecklehre des früheren Gesetzbuches geführt. C.1055 §1 spricht nicht mehr von einem primären und sekundären Ehe*zweck*, sondern stellt das Wohl der Ehegatten sozusagen als gleichberechtigtes Ehe*ziel* neben die Zeugung und Erziehung von Nachkommenschaft. Damit hat der CIC/1983 das *Eheband* als rechtliches Element und die *Lebensgemeinschaft* als personal - religiöse Dimension der Beziehung von Mann und Frau miteinander verbunden.[112] Aber "trotz der grundlegenden Änderung gegenüber dem alten Recht, daß die Ehe [gerade auch in ihrer sakramentalen Dimension] nicht mehr als vertragliches *Rechtsverhältnis*, sondern als *personaler Bund* verstanden wird, wird [dennoch auch] an dem vertragsrechtlichen Grundsatz festgehalten, daß die Ehe durch die rechtmäßig erklärte Willensübereinstimmung unter den Partnern zustandekommt, die darum durch keine menschliche Macht ersetzt werden kann (c.1057 §1). Dies ist insofern berechtigt, als die personale Selbstübereignung der Willenszustimmung beider Partner bedarf."[113] Dabei ist aber zu beachten, daß dem CIC/1983 ein anderes Vertragsverständnis als dem CIC/1917 zugrundeliegt; denn "Gegenstand des Ehevertrages ist nicht die Erzeugung eines wie immer gearteten Vertragsverhältnisses ..., sondern der Eintritt in den Ehestand."[114] Der CIC/1983 hat nicht nur die äußerlich, rechtlich feststellbare Seite des Ehevertrages im Blick, sondern auch "seine Innendimension, das was in ihm sich anzeigt: die Liebe, der freie Wille, dem Partner anzuhangen. Eine personale Auffüllung

---

[111]Der CCEO/1990 hat weder hier in c.776 §2 noch an einer anderen Stelle den Vertragsbegriff des CIC/1983 übernommen, wohl um dadurch einen Widerspruch zur ostkirchlichen Lehre zu vermeiden, daß der Priester allein der Spender des Ehesakramentes ist. Der CCEO hat zwar den Vertrags*begriff* konsequent aus seinem Eherecht verbannt, nicht aber die Vertrags*konzeption*, wie c. 777 CCEO beweist, der von den ehelichen Rechten und Pflichten spricht.

[112]vgl. Baumann, Die Ehe, 134, der allerdings nur von einem Versuch der Verbindung spricht.

[113]Kaiser, Grundfragen des kirchlichen Eherechts, 734.

Wenn sogar Kaiser eine solche Aussage machen kann, dann ist sein Ringen um den Vertrags- bzw. Bundesbegriff wirklich nur ein Streit um Worte (vgl. dazu S. 217ff, Anm. 110).

[114]Bruns, Vertragslehre, 10; vgl. auch Lüdicke, Zur Rechtsnatur des Ehevertrages, 162.

des Vertrages tritt allein schon durch seine Identifizierung mit dem Konsens zutage, sowie durch seinen engen Bezug zum Bund zwischen Christus und der Kirche. ... Der Konsens bekundet die Liebe von Mann und Frau zueinander. Diese drücken aus, daß sie selber zusammengehören wollen. Sie werden nicht bloß verbunden. Sie wollen vereint sein. Die Notwendigkeit des Konsenses liegt ... darin begründet, daß Christus seiner Kirche und die Kirche Christus in Liebe frei und ungezwungen anhangen will. Die Zeichenhaftigkeit der Ehe hätte ein Defizit, brächte der Konsens nicht den freien, aktiven Liebeswillen zum Ausdruck."[115]

Angesichts dieser vom kirchlichen Gesetzgeber durchgeführten Dynamisierung des formalrechtlichen Eheverständnisses in der *personalen* Dimension der Ehe ist es allerdings unverständlich, warum er die gleiche Chance für die *religiöse* Dimension ungenutzt gelassen hat. Denn gute Ansätze dazu wurden zwar diskutiert, aber dann doch nicht in die Endfassung des CIC/1983 aufgenommen: So wurde bereits 1977 vorgeschlagen, daß die Formulierung des c.1012 §2 CIC/1917 *matrimonialis contractus inter baptizatos* um die Bedingung *servatis iis quae ad validam sacramentorum receptionem requiruntur* ergänzt oder zu *matrimonialis contractus inter christifideles* verändert oder der Canon ganz gestrichen werden sollte, um die *Eo-ipso*-Sakramentalität wenigstens für getaufte Ungläubige auszuschalten. Doch mit dem Hinweis, daß das Verhältnis von Glaube und Sakrament ein schwerwiegendes theologisches, aber zunächst nicht rechtliches Problem ist und deshalb von einer Theologen-, aber nicht von einer Kodexkommission geklärt werden muß, beschloß man in diesem Punkt keinerlei Änderungen vorzunehmen.[116] Ein zweiter Anlauf wurde mit dem Vorschlag gestartet, die Formulierung *matrimonialis contractus inter baptizatos* zu *matrimonialis contractus inter baptizatos catholicos* zu erweitern,[117] um damit die Frage nach der Sakramentalität nichtkatholischer christlicher Ehen offen zu lassen; zum anderen sollte der Zusatz angebracht werden: *nisi constet obicem positum esse ratione defectus fidei vel saltem intentionis.*[118] Diese Obex-Formulierung hätte dann folgendermaßen verstanden werden können: Das Fehlen des Glaubens ist ein obex, der die Taufe daran hindert, die menschliche Realität der ehelichen Liebe von Getauften zu einem Sakrament zu verwandeln. Auch eine Ehe solcher mit einem Glaubens-

---

[115]Hausmann, Kirche und Ehe, 140, vgl. auch S.147, der in diesen Ausführungen allerdings nicht den CIC/1983 im Blick hat, sondern die Ehetheologie des Jean - Pierre Martin darlegt.

[116]vgl. Communicationes 9 (1977), 117f; 122; für eine ausführliche Problemdarlegung der *Eo-ipso*-Sakramentalität siehe Castano, in: Periodica 1978.

Auch Corecco, Untrennbarkeit, 426f sprach sich dezidiert gegen diese Lösung aus, da er das opus operatum des Sakramentes gefährdet sah.

[117]Nach Congar, La commission theologique internationale, 296 soll Lehmann diesen Vorschlag in seinem Bericht für die Commissio Theologica Internationalis gemacht haben; vgl. Puza, Die Ehe als Sakrament und Vertrag, 132, und ders., Kirchenrecht - Theologie - Liturgie, 70.

[118]Nach Congar, La commission theologique internationale, 296, hielten alle katholischen Theologen wie auch die Commissio Theologica Internationalis daran fest, daß ohne Glauben bei den Eheschließenden kein Sakrament zustandekommt; unter Glaube verstehen sie dabei den Glauben an Jesus Christus, an die Sakramente der Kirche oder wenigstens die implizite Absicht zu tun, was die Christen und die Kirche tun. Deshalb müßte man dem gegenwärtigen Text des c.1012 §2 die obengenannte Obex-Klausel anfügen.

Nach Maritz, Erwägungen, 408, Anm. 43, hat Lehmann in seinem Bericht für die Internationale Theologenkommission diesen Zusatz für nötig erachtet.

Vgl. auch Relatio zu c.1008, S. 243f bzw. in: Communicationes 15 (1983), 221.

Obex behafteter Getauften besitzt weiterhin sakramentalen Charakter, der allerdings nur virtuell vorhanden ist. Denn der Taufcharakter selbst trägt virtuell das Ehesakrament in sich, die Ungläubigkeit der Partner aber entweder in der Form der Unfähigkeit oder der Weigerung, die empfangene Taufgnade in ihrem Leben anzunehmen und zu entfalten, verhindert die Aktualisierung des virtuell vorhandenen Ehesakramentes. Sobald der Obex wegfällt, d.h. die Taufgnade zu wirken beginnt, wird diese Ehe dann tatsächlich zum Sakrament.[119] Auch diese Anregungen konnten sich nicht durchsetzen; dabei hatte man sich gerade bei der letzten Empfehlung mit der Obex-Formulierung wohl dem Argument einer mit dieser Forderung verbundenen Rechtsunsicherheit gebeugt,[120] die man aber beim Sakrament der Taufe bei der Einführung des Taufaufschubes (vgl. c.868 §2) durchaus in Kauf genommen hat.

Ausschlaggebend für die der Tradition treu bleibende Endfassung des c.1055 CIC/1983 waren sicherlich auch zwei nur kurze Zeit vorher erschienene kirchliche Dokumente. 1977 war nämlich eine Studie der Internationalen Theologischen Kommission u.a. zu folgendem Ergebnis gekommen:

'Es wäre ein Widerspruch zu behaupten, daß in der katholischen Kirche getaufte Christen tatsächlich einen Schritt rückwärts zu einem nichtsakramentalen Ehestand gehen könnten, derart, daß sie der Auffassung wären, es genüge ihnen der Schatten (der ehelichen Liebe), während Christus ihnen die Wirklichkeit der ehelichen Liebe anbietet. Trotzdem können Fälle auch bei einigen Christen nicht ausgeschlossen werden, in denen das Gewissen durch Unwissenheit oder unüberwindbaren Irrtum dermaßen verformt ist, daß die Betroffenen aufrichtig glauben, eine wahre Ehe unter Ausschluß des Sakramentes schließen zu können. In dieser Situation sind sie einerseits wegen des fehlenden Glaubens und mangels der Intention zu tun, was die Kirche tut, unfähig, das Ehesakrament gültig zu feiern, während ihnen andererseits aber das natürliche Recht auf eine Eheschließung weiterhin zusteht. Unter diesen eigentümlichen Umständen können sie durchaus wie Ehegatten sich einander anvertrauen und annehmen mit der Absicht, einen unwiderruflichen Bund einzugehen. Durch dieses sich gegenseitige und unwiderrufliche einander Anvertrauen wird zwischen ihnen eine psychologische Verbindung geschaffen, die sich in ihrer inneren Struktur von einer rein vorübergehenden unterscheidet. Aber auch wenn diese Verbindung das Aussehen einer Ehe zeigt, kann sie dennoch in keiner Weise von der Kirche wie ein ehelicher, wenn auch nichtsakramentaler, Bund anerkannt werden. Denn für die Kirche existiert zwischen Getauften keine Naturehe getrennt vom Sakrament, sondern nur eine Naturehe, die zur Würde eines Sakramentes erhoben worden ist.'[121]

---

[119]vgl. Aubert, Foi et sacrement, 140.

[120]vgl. auch Puza, Die Ehe als Sakrament und Vertrag, 132, und ders., Kirchenrecht - Theologie - Liturgie, 70.

[121]Propositiones 3.5, in: Grocholewski, 28f.
Corecco, Sakrament, 369f führt hierzu aus: "Im Text der ITK neigt der Begriff 'Naturehe'

Wohl dieses Ergebnis der Internationalen Theologischen Kommission bestätigend, hat dann Johannes Paul II. 1981 in dem Apostolischen Rundschreiben *Familiaris consortio* ebenfalls betont, daß eine Alternative zwischen einer sakramentalen und einer nicht-sakramentalen Ehe zwischen Getauften in der Heilsordnung des Neuen Bundes nicht möglich ist.[122]

2 Das Sakrament der Ehe im heutigen Verständnis

In dem kausalen Dreischritt Vertrag - personale Liebe - Sakrament wird klar, daß sich das Ehesakrament nicht im Abschluß des Ehevertrages als eines reinen Rechtsgeschäftes erschöpft, sondern vielmehr aus diesem als ein Prozeß und Weg erwächst, dessen Inhalt und Bedeutung sich "sowohl vom Abbild- und Teilhabegedanken im Blick auf das Verhältnis von Christus und Kirche her ... wie auch vom Bundesgedanken her [erhellen lassen]: Gott ist in Christus mit den Ehegatten auf dem Weg, er ist (als Jahwe) für sie da, wenn sie sich für ihn öffnen."[123] Bei den sich Gott nicht verschließenden Gatten wird "das Geheimnis der inkarnierten göttlichen Liebe jetzt so wirksam ..., daß sie übernatürlich in Christus mit Gott und untereinander so verbunden sind wie Christus mit der Kirche."[124] Diese Wirkung der Ehe, Sakrament zu sein, vollbringen die Eheleute freilich nicht aus sich heraus, sondern weil Christus und die Kirche sie so verbinden und darin ihre Unio wiederholen. "Dadurch kommt die christliche Ehe zustande, daß in ihr die Ehe Christi und der Kirche gleichsam wiederholt und ihr mitgeteilt wird."[125] Deshalb ist auch nicht nur ein bestimmtes Element an der christlichen Ehe Sakrament; die "Sakramentalität ist vielmehr ihr umfassendes Wesen. Sie bestimmt ihr

---

dazu, eine doppelte Bedeutung anzunehmen: einerseits eine metaphysisch-abstrakte, welche einzig durch die menschliche Vernunft erkennbar ist (auf die unter Umständen der Staat sich berufen kann), und andererseits eine soteriologische, welche auf die an den verschiedenen Phasen der Schöpfungs- und Erlösungsordnung teilhabende Ehe anwendbar ist (auf die sich die Theologie und das Kirchenrecht berufen)".

Da die "Naturehe als eine abstrakt- metaphysische Wirklichkeit historisch gesehen nie existiert, ... wäre es theologisch richtiger, einfach festzuhalten, in der Erlösungsordnung stimme das Wesen der christlichen Ehe mit der Sakramentalität überein. Damit würde klargestellt, daß bei Nichtanerkennung der Sakramentalität durch zwei getaufte Christen deren Ehe nichtig ist. Es ergäbe sich somit eine vom einfachen Konkubinat verschiedene Situation, weil ja der Wille zur Ehe vorhanden ist; diese könnte jedoch nicht als eine Naturehe bezeichnet werden, sei es, weil sie in ihrer abstrakt - metaphysischen Bedeutung keine theologische Relevanz besitzt, sei es, weil sie in ihrer historischen Bedeutung keine Einrichtung des göttlichen Naturrechts ('ius divinum positivum') geworden ist, dessen Wesen einzig sakramental ist. Die Situation der verheirateten Christen außerhalb der sakramentalen Wirklichkeit ist also vom Naturrecht aus nicht positiv bestimmbar, sondern nur negativ einerseits als vom Konkubinat verschiedene, andererseits als eine der Erlösungsordnung strukturell fremde Situation. Jede Bezugnahme auf das Naturrecht ist zweideutig und untauglich, einen einsichtigen Inhalt der christlichen Ehe vorzuschlagen, da der Begriff 'natürlich' selbst zweideutig ist" (S.370).

[122]vgl. Familiaris Consortio, Nr.68.82, S.70f; 86.
[123]Koch, G., Ehesakrament, in: Beinert, W., (Hg), Lexikon der katholischen Dogmatik, Freiburg - Basel - Wien 1987, 100 - 104, 103.
[124]Molinski, Ehe, 972f.
[125]Hausmann, Kirche und Ehe, 170.

Sein. Ohne dies würde sie nicht existieren. Die [christliche] Ehe ist nicht Modell der Beziehung Christi zur Kirche. Umgekehrt ist es: Die Inkarnation und die Beziehung Christi zur Kirche sind das Modell, dessentwegen und nach dem die Ehe gestiftet worden ist. Die menschliche Ehe soll Zeichen sein für die göttliche Ehe, nicht sozusagen die Idee für die Beziehung Christi zur Kirche liefern. Diese gibt vielmehr die Idee für die Ehe ab. Alles an der Ehe und in ihr ist gegeben, um der Sakramentalität nachzukommen. Ihre Sakramentalität ist der erste, der ihr inhärierende finis. Von ihr leiten sich die übrigen fines der Ehe her. Sie sind ihr untergeordnet."[126] Oder anders gesagt: Das Ehesakrament ist also "nicht etwas über, neben oder an der Ehe, sondern gerade die Ehe selbst, und als solche ist sie für den, der sie im Glauben lebt, das Sakrament. Je mehr es ihm gelingt, die Ehe aus dem Glauben zu leben und zu gestalten, desto mehr ist sie 'Sakrament' ".[127] Dabei ist aber zu beachten, daß der Glaube "zwar immer ein Gesinnungsakt" ist, aber "zur idealistischen Täuschung" wird, "wenn er sich mit Bewußtsein außerhalb der Gemeinschaft der Kirche konstituieren will. Denn wer nicht verstanden hat, daß Jesu unmittelbare Wirkung die Lebensgemeinschaft der Vielen mit ihm war, die er um sich gesammelt hat, erkennt in Jesus bestenfalls einen Lehrer zur Lebensgestaltung, nicht aber die konkret getane Liebe, die er selbst in Person ist und die er gelebt hat."[128] Wenn also die Ehepartner in und mit ihrer Öffnung auf Gott hin sozusagen an der Hand Christi und in der Gemeinschaft der Kirche gehen, dann werden sie nach innen, also für sich selber, und nach außen, also für Kinder, Verwandte, Freunde, Mitmenschen, gleichsam zu einem Heilsorganismus, also Ekklesia. Denn die Ehe ist vom Christusgeist erfüllte Kleinstkirche, der deshalb eine solche Macht innewohnt, sobald sich die Ehepartner dafür öffnen[129] und ihre Ehe in einer Beziehung auf Gott als Grund und Ziel leben; Liebe als personale Ganzhingabe an Menschen hat nämlich "immer Gott zur Voraussetzung, weil Ganzhingabe innerlich zuerst auf Gott hin nötig, aber auch möglich ist, soll die Person sich dabei nicht selbst verlieren."[130] In der im Anschluß an die Ehelehre des II. Vaticanum (LG 11,2) gewählten Bezeichnung der Ehe als *ecclesi(ol)a* wird deutlich: "Ehe ist Vollzug von Kirche; im Übermaß sozusagen, da auch von den anderen Sakramenten gilt, daß sie Vollzug von Kirche sind. Das Plus des Sakramentes Ehe besteht darin, daß sie nicht bloß ein punktueller Vollzug der Kirche ist. Sie ist sakramentale Realisierung der Kirche, ist zeichenhaft gleichsam die Kirche selbst in ihrer innersten Realität, in ihrem Sein als Leib Christi, ist ihr Vollzug. Die Ehe zeigt darauf hin und offenbart, daß die Kirche Volk Gottes nur als Leib Christi ist, indem sie diese innerste Dimension sakramental vollzieht. Zu diesem Zweck ist Ehe gestiftet worden. Das ist ihr Wesen, dessen Verwirklichung von Christus wieder garantiert wurde, da er nicht nur Mensch wurde, sondern in seinem Tod die Möglichkeit eröffnete, durch die Taufe Glied seines Leibes zu werden, den er sich am Kreuz erbaute, der Kirche, die er sich in seinem Geist aus lebendigen Steinen zusammenschart. Wie dies konkret sich vollziehen kann und soll, kann das Sakrament der Ehe aufzeigen und

---

[126]ebd., 194.
[127]Ratzinger, Zur Theologie der Ehe, in: Theologisches Jahrbuch 1971, 295.
[128]Breuning, Das wirkkräftige Zeichen, 197.
[129]vgl. Winklhofer, Kirche in den Sakramenten, 244; 248.
[130]Volk, H., Ehe (dogmatisch), in: LThK 3, Freiburg i.Br. 1959², 680 - 684, 683.

sein, sofern die Gatten ihrem Sein entsprechend wirken. Kirche ist auf diese sakramentale Realisierung ihres ganzen Seins angewiesen, obwohl diese nur möglich ist von ihr her und in ihr. Ehe ist Schlüsselsakrament des Heilshandeln Gottes in Christus und der Kirche."[131] Ehe als *ecclesi(ol)a*, als besonderer Vollzug von Kirche meint also nicht die Darstellung und Konstituierung der Kirche in ihren Grundvollzügen der Verkündigung und der Liturgie bzw. in ihrer Zuordnung von besonderem und allgemeinem Priestertum, also von Amt und Volk Gottes, sondern die Darstellung und Konstituierung der Kirche als Leib Christi, als 'göttliche Ehe' Christi und der Kirche. In diesem Sinn kann man dann sogar das Ehesakrament in eine Beziehung zur Firmung setzen. Denn die Ehe von Christen ist wie die Firmung "ein Sakrament einer Sendung zum Selbstvollzug der Kirche in ihrer kleinsten Zelle und über diese hinaus. Es löst die Kraft und die das ganze Leben hin wirkende Gnade der Firmung nicht ab. Die Ehe ist wie die Kirche auf der Pilgerschaft und hat Tag für Tag, ja Tag und Nacht mit der Unvollkommenheit und Sündenverfallenheit der Partner zu ringen. Täglich sind Treue und Liebe und Geduld zu erweisen. Täglich bedarf es der Bewährung. Vielerlei Krisen bleiben nicht aus, aber der Aufruf und die Gnade dessen, der zum Vollalter Christi in der Firmung berief, geht in die Gnade ein, die in der kleinen Kirche der Ehe lebt, und vermehrt sie in Krisensituationen."[132]

Die Ehe als sakramentaler Lebensbund gelebt, der die Kirche nachbildet und darstellt, ist "mit ihrer Hingabe der Gatten aneinander und einem Hineinsterben derselben ineinander, um eben darin sich selber zu gewinnen, auch eine Repräsentation des Paschamysteriums, und ... hat eine enge Beziehung zur Eucharistie, die auch darin zum Ausdruck kommen soll, daß 'die Trauung in der Regel innerhalb der Messe ... gefeiert werden möge' (Liturgiekonstitution Nr. 78)."[133]

Das Ehesakrament in dieser Vielschichtigkeit und als lebenslanger Weg und Prozeß verstanden, besagt zugleich, daß nicht alle Aspekte zeitlich zusammenfallen, weshalb auch für den religiösen Wert der Ehe als Sakrament nicht der genau fixierte Zeitpunkt des Entstehens entscheidend ist.[134] Denn das "*Tun* des Glaubens, der Hoffnung und der Liebe *im* Konsens, *in* der Sexualität, *im* Alltag macht die Ehe zu einem Ereignis von Heil. Das Tun bewirkt das, was es bezeichnet. ... In der Liebe wird der Konsens immer wieder neue Gegenwart und Wahrheit."[135] Deshalb ist die oft alternativ gestellte Frage, ob die Ehe oder die Eheschließung das Sakrament darstellt, nach dem heutigen Verständnis des Ehesakramentes folgendermaßen zu beantworten: Der Eheschließungsakt Getaufter begründet das

---

[131]Hausmann, Kirche und Ehe, 198f; vgl. ebd., 201ff; Rahner, Schriften zur Theologie VIII, 540.

[132]Winklhofer, Kirche in den Sakramenten, 248f; vgl. Christen, Ehe als Sakrament, 65, der die "feierliche Eheschließung ... als Anfang einer Sendung, als Übernahme eines sakramentalen Auftrages" bezeichnet; O'Callaghan, Die Sakramentalität der Ehe, 352, für den die Heirat zweier Christen als "Weihe zu einer Sendung, Berufung zu der Aufgabe, durch das Zusammenleben als Gatte und Gattin, Vater und Mutter die Erlösung weiterzuführen" darstellt; auch für Schmaus, Der Glaube der Kirche, 239, bedeutet Ehe "eine Weihe für den Vollzug der der Liebe Christi ähnlichen Liebe"; siehe auch Lehmann, Glaube - Taufe - Ehesakrament, 78; Kasper, Zur Theologie, 45f; Reinhardt, Ehe – Sakrament, 29.

[133]Winklhofer, Kirche in den Sakramenten, 251.

[134]vgl. Böckle, Das Problem der bekenntnisverschiedenen Ehe, 34.

[135]Duss von Werdt, Theologie der Ehe, 443.

Sakrament, das seine volle Wirklichkeit aber erst im Eheleben entfaltet.[136] Anders gesagt: Die Eheschließung Getaufter bedeutet noch nicht das ganze Sakrament, sondern die Grundlegung der Ehe als eines (Voll-) Sakramentes.[137] Der Ehevertrag und das ihn konstituierende Jawort sind sozusagen der ausdrückliche Anfang des *Lebens*sakramentes Ehe, dessen Wesen in der gemeinschaftsstiftenden Liebe besteht.[138]

---

[136]Bereits im Mittelalter gab es Versuche, diese Frage nicht alternativ zu beantworten. Dabei ging man allerdings nicht von einer Grundlegung und Entfaltung des Ehesakramentes aus, sondern von einer Analogie zur Eucharistie: So wie in der Eucharistie nicht nur der Akt der Wandlung, sondern auch die gewandelten Gestalten als Sakrament gelten, so ist auch das Sakrament der Ehe etwas Doppeltes: Zustimmung und unlösliches Eheband (so Bellarmin, De Matrimonio, I, c.6; Sanchez, De Matrimonio, II, 5, n.7; Palmieri, De Matrimonio, 95; anders dagegen Pontius, De Sacramento Matrimonii., I, c.7, n.16); ebenso auch Pius XI, in: Casti connubii (1930), indem er Bellarmin, De controversiis, tom. III, De matrimonio; controv. II, cap. 6, zitiert: "Das Ehesakrament kann man unter zwei Gesichtspunkten betrachten: Einmal, wie es zustandekommt, dann, wie es bleibt, nachdem es zustande gekommen ist. Dieses Sakrament ist nämlich der Eucharistie ähnlich, die nicht nur in ihrem Zustandekommen, sondern auch in ihrer Fortdauer ein Sakrament ist; denn solange die Eheleute leben, ist ihre Gemeinschaft immer ein mystisches Abbild der Gemeinschaft Christi mit der Kirche" (in: Ulitzka, 344; vgl. AAS 22 (1930), 583).

[137]vgl. Winklhofer, Kirche in den Sakramenten, 248.
Ein solches Verständnis des Ehesakramentes ist auch mit dem CIC/1983 vereinbar, so daß die von Puza, Die Ehe als Sakrament und Vertrag, 132, und ders., Kirchenrecht-Theologie-Liturgie, 70, geäußerte Kritik nicht zutreffend ist: "Es ist offensichtlich, daß der neue Codex Iuris Canonici von einem statischen, punktuell den Eheabschluß betreffenden Sakramentenbegriff ausgeht. Sakrament scheint eben nicht die Gemeinschaft des ganzen Lebens bzw. das Eheband zu sein, sondern der Ehevertrag..."
Sicherlich ist Puza zuzugeben, daß der Codex nach der Eigenart eines jeden Gesetzbuches auch in c.1055 CIC/1983 primär nach der Gültigkeit der Ehe fragt und damit vorrangig als Eheschließungsrecht zu verstehen ist. Aus dieser Tatsache folgt aber noch lange nicht, daß deshalb im CIC/1983 die Sakramentalität der Ehe in einem statischen Sinn nur auf die Eheschließung bezogen ist. Denn c.1055 §1 hebt zwar zunächst auf den Eheschließungsakt als den einzig rechtsrelevanten Akt für eine gültige Ehe ab. Da aber der gleiche c.1055 §1 die Aussage enthält, daß der Eheschließungsakt (als Eingehen des Ehebundes) zum einen eine Schicksalsgemeinschaft des ganzen Lebens begründet und zum anderen von Christus zum Sakrament erhoben worden ist, so darf man dem kirchlichen Gesetzgeber von 1983 durchaus unterstellen, daß auch er ein dynamisches Verständnis des Ehesakramentes hat und somit die Ehe auch in ihrer zeitlichen Erstreckung als Sakrament betrachtet. Diese Vermutung kann auch nicht durch den Sachverhalt widerlegt werden, daß in den folgenden canones kaum mehr diese Dimension der Ehe als Lebenssakrament aufscheint; bei einer rechtlichen Normierung der Ehe kann und darf es ja nur um die Frage nach der Gültigkeit bzw. Ungültigkeit einer Ehe gehen, so daß aus der Sichtweise der Ehe als Lebenssakrament keine rechtlichen Folgen abgeleitet werden können bzw. dürfen. Deshalb kann Puza hier entgegengehalten werden, daß der Gesetzgeber den Eheschließungsakt lediglich als den nachweisbaren und damit justiziablen *Beginn* des *lebenslangen* Ehesakramentes betrachtet.
Diese Antwort muß auch Baumann, Die Ehe, 83, gegeben werden, wenn er behauptet: Aus der Einheit von Vertrag und Sakrament folgt, daß "nicht die eheliche Lebensgemeinschaft, sondern nur die Ehe 'in statu fieri', die Eheschließung also, ... Sakrament" ist. ... "Weil die sakramentale Repräsentation mit dem Konsensualvertrag verbunden wird, hat das kanonische Eherecht den Charakter eines Eheschließungsrechts"(S. 114; vgl. auch S.124).

[138]vgl. Christen, Ehe als Sakrament, 50 - 52; 65; Lehmann, Glaube - Taufe - Ehesakrament, 78; Müller, Probleme heutiger Theologie und Pastoral, 91f; Schneider, Zeichen der Nähe Gottes, 279; 290 - 292; Hausmann, Kirche und Ehe, 151; Bernhard, Das neue Eherecht, 196; Armbruster, Der Ehewille, 27; Reidick, Der Vertragsschließungsakt, 33 - 38, für die der Eheschließungsakt

In dieser Linie kann dann aus Eph 5,22 - 33 gefolgert werden, daß das christliche Spezifikum bzw. die besondere sakramentale Gnade der Ehe im Liebes-Anruf Jesu Christi besteht, der die Angerufenen zugleich zur Liebes-Antwort befähigt. Anruf, Befähigung und Annahme von beiden bewirken dann, daß im geschichtlichen Ereignis der Ehe bzw. des Ehelebens das Heilswirken Christi gestalthaft wird.[139]

---

als Abschluß des Ehevertrages das äußere, der Ehebund das innere Zeichen des Ehesakramentes darstellt (vgl. S.38); Pastorale Einführung Nr.4, in: Die Feier der Trauung in den katholischen Bistümern des deutschen Sprachgebietes, Einsiedeln u.a. 1975, 10.

Vorgrimler, Zur dogmatischen Einschätzung und Neueinschätzung der kirchlichen Trauung, 60, kritisiert mit Baumann, Die Ehe, 391, (vgl. auch Auer, Das Sakrament der Ehe, 265; Reinhardt, Ehe – Sakrament, 30f) die Redeweise vom 'Lebenssakrament' der Ehe mit der Begründung: Wie bei jedem Sakrament "müßte zwar auf die nähere und fernere Zukunft des Lebens eine Wirkung ausgehen. Aber so, wie das ganze Christenleben nicht sachlich und sprachlich einwandfrei das 'Taufsakrament' genannt werden kann, so kann auch nicht das ganze Eheleben der Getauften 'Ehesakrament' heißen." In seiner Sakramententheologie, 338f, hat Vorgrimler allerdings auch noch die Ehe als "Dauersakrament", als "Sakrament des Ehelebens", das "mit der Trauung beginnt", bezeichnet und ausgeführt: "Ehe als 'Dauersakrament' bedeutet diese fortdauernde Zeichenhaftigkeit und das bleibende Kirche-Sein und Kirche-Aufbauen"(S.339).

Gerade unter dem Aspekt, daß das allgemeine Sakramentenverständnis nicht einfach "uniformistisch - univok" auf alle Sakramente angewendet werden darf, wie Vorgrimler, Zur dogmatischen Einschätzung und Neueinschätzung der kirchlichen Trauung, 58, im Anschluß an Baumann, Die Ehe, 386, selbst festgestellt hat, hätte Vorgrimler seine Kritik an der Bezeichnung der Ehe als 'Lebenssakrament' näher begründen müssen, um sie plausibel zu machen. Gerade die nachkonziliare Theologie hat sich doch darum bemüht, von einem punktuellen Sakramentenverständnis wegzukommen. In dieser Linie wird ja auch die Taufe nicht mehr als einmaliger Akt verstanden, sondern als die Eingangspforte und damit erste Stufe der sakramentalen Initiation eines Christen (vgl. cc. 842; 849 CIC), die die Stufen der Taufe, Firmung und Kommunion umfaßt. Nicht uniformistisch - univok, sondern analog zur Initiation läßt sich der Eheschließungsakt als erste Stufe und das Eheleben als zweite Stufe des Ehesakramentes verstehen. Zudem kann auch aus der Analogie zur Eucharistie der Ausdruck des 'Lebenssakramentes' der Ehe gerechtfertigt werden (vgl. S. 226, Anm. 136).

Außerdem kritisiert Vorgrimler, Zur dogmatischen Einschätzung und Neueinschätzung der kirchlichen Trauung, 60, auch, daß hier "die Liebe der beiden Eheleute in die Definition des Ehesakramentes selbst hineingenommen [ist]. Damit wird ein instabiles Element in den Begriff des Sakramentes eingetragen, das der gesamten theologischen Tradition nach darin keinen Platz haben darf." Auch diese Behauptung wird nicht näher ausgeführt, geschweige denn belegt. Zum einen geht es hier nicht um eine rein von Emotionen bestimmte Liebe, sondern um eine durch Gottes Zuwendung getragene und eben dadurch auch in Krisenzeiten beständige Liebe. Wäre dies nicht der Fall, bräuchte man nicht mehr zwischen Ehe und sakramentaler Ehe unterscheiden. Zum anderen ist zu fragen, was die gnadenhafte Zuwendung Gottes in und durch seine Sakramente anderes heißt als die aus Liebe geprägte Zuwendung Gottes zu den Menschen, die ja gerade das Sakrament der Ehe abbilden soll (vgl. auch dazu Duquoc, Die Ehe heute, 45). Hausmann, Kirche und Ehe, 195, umschreibt diesen Sachverhalt in folgender Weise: "Heute wird viel von Liebe als subjektivem und objektivem Zweck der Ehe gesprochen. Die Frage ist doch: Kann Liebe überhaupt etwas Subjektives oder Objektives sein? Ist sie nicht vielmehr etwas Personales und damit weder subjektiv noch objektiv, sondern etwas beide Kategorien übergreifendes? Ist sie damit nicht im letzten je einmalig, unnachahmlich, göttlich? Wird echte Liebe damit nicht immer von sich wegweisen müssen? Ihren Grund nicht in sich selbst suchen? Also nicht subjektiv sein? Ihren Grund aber auch nicht woanders finden, sondern immer nur in einer Person, in der Person des Heiligen Geistes letztlich? So sehr personal ist doch Liebe zu verstehen, daß von ihr als der personenhaften Liebe in Gott gesprochen wird, die uns mitgeteilt worden ist und einwohnt."

[139] vgl. Christen, Ehe als Sakrament, 31; 35.

3 Theologische und kirchenrechtliche Streitfragen im gegenwärtigen Verständnis des Ehesakramentes

Sind Ehevertrag und Ehesakrament relativ oder absolut identisch, d.h. sind sie auch von einander trennbar, oder sind sie in dem Sinn unzertrennlich verbunden, daß man zwar begrifflich, nicht aber real und zeitlich zwischen Vertrag und Sakrament unterscheiden kann? Wenn zwei getaufte Christen in die Ehe treten, empfangen sie da ipso facto (von selbst) das Sakrament der Ehe? Oder haben sie die Möglichkeit, eine nicht nur im Sinne des Zivilrechtes, sondern auch in kirchenrechtlicher Hinsicht gültige Verbindung zu bilden, an der das Sakrament (noch) keinen Anteil hat? Die Antwort auf diese Frage nach der Qualität der Identität von Vertrag und Sakrament beeinflußt bzw. entscheidet zugleich die Antwort auf die Frage nach dem Spender des Ehesakramentes, die wiederum das geforderte Mindestmaß am Zusammenspiel von subjektiven Glauben des Brautpaares und objektiven Glauben der Kirchengemeinde mitbestimmt. Alle diese explizit und implizit getroffenen Entscheidungen zusammengenommen, wirken sich ihrerseits entscheidend auf die Beurteilung des (theologischen) Stellenwertes der Eheschließung aus.

3.1 Die Identität von Vertrag und Sakrament

3.1.1 Die theologische Ausformung der absoluten und relativen Identität

Der *zeitgeschichtliche* Hintergrund für die Lehre von der Einheit zwischen Vertrag und Sakrament war die Abwehr der neuzeitlichen Philosophie und ihre Auswirkungen auf die Staatstheorie.[140] *Theologisch* war sie durch die Überlegungen der Scholastik zur Natur der Ehe, des Ehevertrages und des Ehesakramentes entstanden. Diese wiederum wurzelten in der seit dem 12./13. Jahrhundert vorgenommenen Unterscheidung zwischen Vernunft und Glaube, zwischen Natur und Übernatur. Mit dieser Differenzierung und der damit verbundenen Trennung von der mittelalterlichen religiös-sakralen Tradition wurden nämlich "nicht nur die Voraussetzungen geschaffen, um zwischen einem natürlichen und einem göttlichen Recht unterscheiden zu können, sondern auch um innerhalb der Ehe ein natürliches und ein übernatürliches Element herauszuarbeiten: den Ehevertrag und das Sakrament. Diese vorerst nur auf der Ebene der Begriffe entstandene Spaltung zwischen einem profanen und einem sakralen Element bewirkte eine ausschließliche Identifizierung der Sakralität der Ehe mit deren sakramentalem Element, obwohl ihr dabei das Verdienst zukommt, das Problem der Ehe in das umfassende theologische Begriffspaar 'Natur - Gnade' gestellt zu haben."[141] Die Zuordnung von Natur und Gnade wurde folgendermaßen vorgenommen: Jesus Christus hat die Ehe zum Sakrament erhoben. Wenn nun eine der Besonderheiten der Ehe darin liegt, daß sie einen Vertrag darstellt, dann hat Christus den Ehevertrag zum Sakrament erhoben, und zwar so, daß er dazu dem Vertrag nichts

---

[140]siehe ausführlicher dazu S. 203ff.
[141]Corecco, Das Sakrament der Ehe, 354.

228

von außen hinzugefügt hat. Nach dem scholastischen Grundsatz der Sakramententheologie gilt nämlich für jedes Sakrament der Grundsatz: Die Gnade vollendet die Natur und zerstört sie nicht (gratia perficit, non destruit naturam).[142] Die Gnade kommt nicht als etwas Äußerliches zur Natur dazu, sondern vollendet und vervollkommnet sie. Auf das Sakrament der Ehe angewandt, bedeutet dies: Die sakramentale Ehegnade kommt nicht von außen zum Ehevertrag oder zur Natur der Ehe hinzu, sondern ist deren Vollendung und Vervollkommnung, so daß der Ehevertrag zum Zeichen einer neuen sakramentalen Wirklichkeit wird. Diese Tatsache führt wiederum zu der Schlußfolgerung, daß sich Ehevertrag und Ehesakrament für Getaufte nicht voneinander trennen lassen. Denn durch die Taufe ist der Christ unwiderruflich in den Heilswillen Gottes aufgenommen, so daß es für den Getauften nichts mehr in seinem Leben gibt, das außerhalb dieser Gnadenordnung stehen könnte; folglich ist auch die Ehe eines Getauften (unwiderruflich) eine Gnadenwirklichkeit von sakramentaler Würde [143] bzw. ist "durch das Getauft-Sein der Ehepartner auch ihre Ehe getauft".[144]

Mit diesem Gedankengang war also die Auffassung von der Identität zwischen Ehevertrag und Ehesakrament geboren, deren Ausformung zum ersten Mal von *Robert Bellarmin* (1542 - 1621) vorgenommen worden war.[145] Offensichtlich nur den sakramentalen Charakter der Ehe im Blick, verstand Bellarmin diese Identität als eine *absolute* bzw. *reale*, so daß es nach seiner Auffassung für Getaufte keinen gültigen Ehevertrag geben konnte, der nicht gleichzeitig Sakrament ist. Diese absolute Identität konsequent zu Ende denkend, lehrte Bellarmin dann, daß auch klandestine Ehen kraft der Taufe nicht nur gültige und legitime, sondern sogar rata (= verbürgte) und damit sakramentale Ehen waren. Mit dieser Gleichsetzung von *rata* und *sakramental* hatte Bellarmin somit auch die begriffliche, jede Unklarheit vermeidende Grundlage für die absolute Gleichsetzung von Vertrag und Sakrament geschaffen.[146] Mit der im 16. Jahrhundert aufkommenden Diskussion um die subjektiven Voraussetzungen zur Verwirklichung eines Sakramentes gelangten aber vor allem die Theologen, die von der Betrachtung der für das Sakrament unabdingbar vorausgesetzten Natur der Ehe ausgingen, zu einer 'nur' *relativen* bzw. *sachlichen* Identität. In der Schöpfungsordnung verankert, ist nämlich die Institution Ehe aus sich selbst heraus (ex se) zunächst ein naturrechtlicher Vertrag, den jeder Mensch eingehen kann. Deshalb hat jeder Mensch ein Grundrecht zur Ehe. Christus hat dann diesen naturrechtlichen Vertrag zum Zeichen der Gnade umgewandelt, allerdings nur für diejenigen, die den Willen haben, wenigstens das zu tun, was die Kirche tut. Fehlt diese notwendige Intention beim Abschluß des Ehevertrages, so sind diese Eheverträge gültig, aber nicht sakramental. Hauptvertreter dieser *relativen* Identität waren vor allem *Gabriel*

---

[142]Die Vollendung der Natur durch die Gnade darf natürlich nicht als ein bruchloses, lineares Geschehen mißverstanden werden, sondern die Vollendung der Natur kann seit dem bzw. wegen des Sündenfalles nur durch die Erlösungstat Christi, also durch das Kreuz, geschehen.

[143]vgl. Müller, Probleme heutiger Theologie, 93f, und ders., Die liturgische Feier der Eheschliessung, 187.

[144]Becker, Initiatio matrimonii, 107, Nr.20.

[145]vgl. Corecco, Die Lehre der Untrennbarkeit, 388 - 393; Navarrete, Matrimonio cristiano, 62.

[146]vgl. Corecco, Die Lehre der Untrennbarkeit, 390f.

Vazquez (1549 - 1604) und *Fernandus Rebellus* (1548 - 1608);[147] sie nahmen zwar auch die Untrennbarkeit von Ehevertrag und Sakrament als tragendes Prinzip an, vertraten aber ebenso die Ansicht, "daß die Ehe der Christen sich als gültiger Ehevertrag ausnahmsweise in gewissen Fällen auch außerhalb des Sakramentes konstituieren könne,"[148] z. B. bei Eheschließungen von Stummen, durch Brief oder Stellvertreter, von Neukonvertiten oder jener Partner, die mit der Intention, das Sakrament auszuschließen, die Ehe eingehen.[149] Diese Position vertrat wohl auch noch Benedikt XIV. (1740 - 1758); denn in seiner Konstitution *Redditae* von 1746 hat er im Zusammenhang mit der ihm zur Entscheidung vorgelegten Streitfrage, wie eine standesamtliche, aber (noch) nicht kirchlich geschlossene Ehe unter Christen zu bewerten sei, folgende Antwort gegeben:

> *"... Scimus profecto esse Theologos, qui in ipso Fidelium Matrimonio Contractum a Sacramento ita dividunt, ut illum omnino perfectum quandoque consistere credant, quin ad Sacramenti excellentiam pertingat; sed quidquid sit de hac opinione, quam Nos quidem in medio relinquimus ..."*[150]

---

[147]vgl. ebd., 393 - 402, v. a. 393 - 395, der sich allerdings von dieser "extrinsezistischen Art, .. sich das Verhältnis von Natur und Gnade " vorzustellen, distanziert. Denn hier wird das "scholastische Prinzip 'gratia perficit, non destruit naturam' ... in einer Art interpretiert, daß der Wert der Natur eindeutig und einseitig überbetont" wird (S. 400). Die Identität zwischen Ehevertrag und Sakrament wird hier nach Corecco in einer starren realistischen Weise gedeutet, weshalb dann der Ehevertrag vom Sakrament getrennt und dem naturrechtlichen Ehevertrag eine ontologische Autonomie gegenüber dem Sakrament eingeräumt wird. Damit erscheint das Sakrament nur als ein dem Ehevertrag beigegebenes Element (vgl. S.398).

Nicht von der Natur der Ehe, sondern von der für das Ehesakrament notwendigen verbalen Form ausgehend, hatte erstmals bereits *Duns Scotus* (1265 - 1308) bei einer Eheschließung von Stummen die Trennung des Ehevertrages vom Sakrament bzw. die autonome Gültigkeit des Ehevertrages vertreten, da hier eben das zur Verwirklichung des Sakramentes notwendige eindeutige mündliche Zeichen fehlte (vgl. Corecco, Die Lehre der Untrennbarkeit, 381f); *Cajetan de Vio* (1469 - 1534) wendete dies analog auf die Eheschließung *per procuram* (Stellvertretung) an. Denn das Sakrament der Ehe könne nicht stellvertretend vollzogen werden, sondern nur durch eine öffentliche und persönliche Ratifizierung des Vertrages durch die Eheleute (vgl. ebd., 383). Sich auf die Autorität dieser beiden stützend, hat auch *Melchior Cano* (1509 - 1560) für den Spezialfall, daß ein Ehevertrag ohne die Einsegnung des Priesters vollzogen wurde, die Trennbarkeit des Ehevertrages vom Ehesakrament vertreten, allerdings nicht – wie von und seit Bellarmin immer wieder fälschlicher Weise behauptet – als Grundlage seiner Argumentation zugunsten des Priesters als Spender des Ehesakramentes. Denn Cano verbindet die drei Elemente consensus, Identität und Priester dadurch miteinander, daß er den consensus als einzige Wirkursache und die priesterliche Einsegnung als instrumentale Ursache des Sakramentes versteht (vgl. ebd., 386 - 388).

Die Bedeutung Canos in der Frage nach dem Spender des Ehesakramentes wird bereits 1836 von Berg, Ehe-Einsegnung, 40 - 45 ganz anders beurteilt wie 1842 von Filser, Ausspender, 59 - 128. Während Berg nachzuweisen sucht, daß die These Canos vom Priester als dem Spender des Ehesakramentes nicht nur von Cano selbst, sondern auch von vielen früheren und zeitgenössischen Theologen vertreten wurde, hat es Filser sich zur Aufgabe gemacht, Canos Ansicht zu widerlegen.

[148]Corecco, Die Lehre der Untrennbarkeit, 405; vgl. ders., Das Sakrament der Ehe, 356f.

[149]vgl. ders., Die Lehre der Untrennbarkeit, 424.

[150]CICfontes II, Nr.372, §2, S.42.

3.1.2 Die lehramtliche Rezeption der absoluten Gleichsetzung

Im Dienst des Gallikanismus und Josephinismus stehende 'Hoftheologen' zogen im 17. Jahrhundert die *theologische* Auffassung von der relativen Identität zwischen Ehevertrag und Sakrament zur Legitimierung des neuen *politischen* Konzeptes heran, die Zuständigkeit der Kirche über die Ehe zugunsten des Staates zu beschneiden. Zu diesem Zwecke wurde die *relative* Beziehung zwischen Ehevertrag und Ehesakrament in Richtung *Trennung* verzerrt und diese Trennbarkeit von Ehevertrag und Sakrament nicht mehr nur auf Ausnahmefälle beschränkt, sondern zu einem allgemeinen Prinzip für alle Ehen von Christen erklärt.[151] Waren die Vertreter der relativen Identität immer von einer inneren Zuordnung von Vertrag und Sakrament ausgegangen, bei der der Ehevertrag als ein Wesenselement des Ehesakramentes galt, betrachteten die Gallikaner nun das Ehesakrament getrennt vom Ehevertrag, und zwar als ein rein äußerliches "Zubehör, das dem unabhängig von der kirchlichen Rechtsordnung bürgerlich schon abgeschlossenen Ehevertrag hinzugefügt wird."[152] Diese Verschiebung der Lehre von der *relativen* Identität zur Lehre der *Trennung* von Vertrag und Sakrament diente vor allem dazu, die Einführung der Zivilehe zu legitimieren,[153] und mußte fast zwangsläufig das Lehramt im Gegenzug dazu veranlassen, zum Schutz der Ehe und nach dem 'Gesetz des Widerstandes' umso mehr die Lehre von der *absoluten* Identität zu forcieren. "Die ganze Doktrin von der Identität zwischen Ehevertrag und Sakrament, die der Doktrin von der Untrennbarkeit beider Elemente vorausgeht, muß daher aus der Problematik der Gallikaner verstanden werden."[154] Deshalb wäre es "unrichtig, aus diesem bündigen und absoluten Ton zu schließen, daß das Lehramt direkt jene scholastischen Schulen verleugnen wollte, die eine Trennbarkeit von Ehevertrag und Sakrament in bestimmten Einzelfällen zugegeben hatten. Die Dokumente des Lehramtes müssen zunächst in ihrer kontroversen Funktion gegen die Gallikaner und Laizisten gelesen werden, zumal es bis zu diesem Zeitpunkt noch keine Kenntnis von diesen scholastischen Doktrinen genommen hatte."[155] So wurde nun in Abhebung von den neuen liberalen und laizistischen Strömun-

---

[151]vgl. Corecco, Die Lehre der Untrennbarkeit, 409.

[152]ders., Der Priester, 532; vgl. 530f; ders., Die Lehre der Untrennbarkeit, 412f; 420; Molinski, Theologie der Ehe, 206; 210f.

[153]Einen kurzen Überblick zur Entstehung, Ausbreitung und derzeit geltenden Rechtslage bezüglich der Zivilehe, insbesondere in Deutschland, bietet u.a. Bosch, Staatliches und kirchliches Eherecht, 15 - 29; 90 - 96.

[154]Corecco, Der Priester, 551.

[155]Corecco, Die Lehre der Untrennbarkeit, 417, der den Syllabus davon ausnimmt; dessen letzte Verurteilung des Irrtums, daß die christliche Ehe gültig sei, wenn die Partner den sakramentalen Charakter des Eheinstituts ausschließen, sei bereits mittelbar auch gegen die Meinung jener Theologen gerichtet, "die vor allem der Lehre von Vazquez und Rebellus über die relative Trennbarkeit von Ehevertrag und Sakrament gefolgt waren"(ebd., 418; vgl. ders., Der Priester, 535f).
Wenn die Lehre von der Identität bzw. Untrennbarkeit aus dieser zeitgeschichtlichen Kontroverse mit dem Gallikanismus heraus zu verstehen ist und deren Sinnspitze darin zu sehen ist, daß das Sakrament nicht ein dem Vertrag hinzugefügtes äußerliches Element ist bzw. - positiv gesagt - daß der Ehevertrag ein wesentliches Element des Sakramentes ist, welches allein in dem liturgischen Eheritus bestehen kann (vgl. Corecco, Der Priester, 551), dann erwartet man nach diesen Ausführungen eher, daß Corecco für eine relative Identität plädiert, und ist überrascht, wenn er dann fortfährt: "Aus dem Grundsatz der Identität zwischen Ehevertrag und Sakrament fließen als logische Folgerungen einerseits die Lehre von der *absoluten*

gen als katholische Lehre betont und herausgestellt: Das Ehesakrament ist nicht nur eine nebensächliche (akzidentielle) Qualität des Ehevertrages, sondern Ehevertrag und Sakrament sind so wesentliche Elemente der christlichen Ehe, daß der bloße Ehevertrag für Christen als Konkubinat gelten muß[156] und damit als nicht existierend betrachtet wird. Denn die Untrennbarkeit des Ehevertrages vom Sakrament ist nicht nur ein allgemeiner Grundsatz, sondern eine Regel, die sich ohne Ausnahme in allen christlichen Ehen auswirkt.[157] Daraus folgt dann umgekehrt die Verurteilung der gallikanischen Auffassung, daß das Ehesakrament allein im Eheritus besteht und ein Zubehör des Ehevertrages ist[158], daß die Zivilehe wahre Ehe auch für die Christen ist, daß die christliche Ehe nicht immer sakramental ist, daß die christliche Ehe gültig ist, auch wenn die Partner den sakramentalen Charakter des Eheinstitutes ausschließen.[159]

Damit war das Lehramt dem bellarminischen System gefolgt, rezipierte es in der Folgezeit immer mehr als amtliche, theologisch-rechtliche Doktrin der Kirche und kodifizierte es schließlich in c.1012 CIC/1917 und c.1055 CIC/1983.[160] Die lange Tradition des Solus - Consensus - Prinzips sowie die auch von 'rechtgläubigen' Theologen zu allen Zeiten vertretene Trennbarkeit per accidens hat zwar bisher eine Dogmatisierung der *absoluten* Untrennbarkeit des Ehevertrages vom Sakrament verhindert, nicht aber ein kontinuierliches und ausdrückliches Festhalten des offiziellen Lehramtes an dieser strengen Interpretation der Identität.[161]

Untrennbarkeit, ... anderseits die Tatsache, daß es für die Christen nicht möglich ist, einen nach kanonischem Recht gültigen Ehevertrag zu schließen, der nicht gleichzeitig Sakrament ist, und schließlich daß jegliche andere eheliche Vereinigung, auch die zivilrechtliche, keine gültige Ehe ist"(Corecco, Der Priester, 551f).
     Passen diese Ausführungen zu dem auf S. 539 dargelegten Gedankengang: "In der Tat ist es nicht dasselbe zu behaupten, daß die Ehe als solche oder daß der Ehevertrag im technisch - juristischen Sinn zum Sakrament erhoben worden ist. Nur im ersten Fall wäre noch genügend Raum für die These Canos vom Priester als Spender des Ehesakramentes."?
     Oder wie sind Coreccos Darlegungen über die Vereinbarkeit der *solus-consensus*-Lehre mit der These Canos vom Priester als Spender des Ehesakramentes zu verstehen, wenn er in seinem Beitrag 'Die Lehre der Untrennbarkeit', 388, schreibt: "Dies setzt natürlich voraus, daß die Identität zwischen Vertrag und Sakrament, wie sie in c.1012 CIC[/1917 bzw. c.1055 CIC/1983] festgehalten ist, nicht als absolute Identität, sondern eher als eine inadäquate verstanden wird. In der Sprache der Scholastik bedeutet dies, daß der Konsens zwar weiterhin als die einzige Wirkursache des Sakramentes anzusehen ist, daß aber auch die priesterliche Ehesegnung als instrumentale Ursache des Sakramentes und damit als konstitutives Element der Ehe betrachtet werden kann."? Und weiter auf S. 421: "In der Tat ist es auch fraglich, ob das Prinzip der Identität zum Dogma erhoben werden könnte. Die gesamte kirchliche Tradition des Ostens wehrt sich dagegen, da sie seit mehr als einem Jahrtausend den priesterlichen Segen als konstitutives Element des Ehesakramentes wertet, wie dies in der lateinischen Kirche von Cano und seinen Anhängern vertreten wurde."?
[156]vgl. den Brief Pius IX. an König Vittorio Emmanuele von 1852, in: CICfontes II, Nr.514, S.869ff und in: ASS 1 (1865), 509; vgl. auch die Entscheidung der CC vom 13. März 1879, in: ASS 12 (1879), 173; ebenso den Syllabus, in: DS/DH 2965 - 2967; 2973.
[157]vgl. die Ansprache *Acerbissimum* Pius IX. von 1852, in: CICfontes II, Nr.515, S.877.
[158]vgl. Syllabus, in: DS/DH 2966.
[159]vgl. Syllabus, in: DS/DH 2973.
[160]vgl. Corecco, Die Lehre der Untrennbarkeit, 405; 415f; 419.
[161]vgl. Aymans, Die Sakramentalität christlicher Ehe, 337; ders., Gleichsam häusliche Kirche, 441 und ders., Die sakramentale Ehe als Gottesbund, 197; Corecco, Der Priester, 552; ders., Die Lehre der Untrennbarkeit, 420 - 423; Navarrete, Matrimonio cristiano, 63, 65; Prader,

In einer insgesamt von religiösen Wertvorstellungen geprägten Zeit und Gesellschaft, in der man voraussetzen konnte, daß jeder Getaufte auch ein Glaubender ist, wirkte sich die Unterscheidung zwischen absoluter und relativer Identität in der Praxis bzw. rechtlich und bewußtseinsmäßig kaum aus. Doch angesichts der heutzutage schleichend, aber dennoch rapide zunehmenden Zahl von ungläubigen Getauften stellt sich ernsthaft die Frage, ob die einst auf einen theologischen Disput bzw. in Abwehr gegen die Säkularisierung christlicher Ehen gegebene Antwort der *absoluten* Gleichsetzung von Ehevertrag und Ehesakrament auch heute noch zeitgemäß ist[162] und mit dem Hinweis auf die *ex-opere-operato*-Wirkweise der Sakramente gerechtfertigt werden kann. Es muß also die grundlegende Frage geklärt werden: Kann beim Sakrament der Ehe ein möglicherweise gänzlich fehlender subjektiver Glaube des Brautpaares vollkommen von dem objektiven Glauben der Kirchengemeinschaft aufgefangen werden? Noch weiter zugespitzt, muß dann auch gefragt werden: Stehen sich die Lehre des II. Vatikanischen Konzils, daß die Sakramente den Glauben voraussetzen, nähren, stärken und anzeigen, weshalb sie Sakramente des Glaubens heißen (vgl. SC 59), und die auch im neuen CIC/1983 wieder festgeschriebene Lehre, daß nach c.1055 §2 für alle Getauften mit dem gültigen Ehevertrag zugleich auch das Ehesakrament zustandegekommen ist, unabhängig von einer aktiven Glaubensmotivation der Brautleute, unvereinbar gegenüber? Ja steht nicht sogar c.1055 CIC/1983 in Widerspruch zu c.840 CIC/1983, der die vatikanische Lehre über die Sakramente aufgenommen hat?

Betrachtet man hier zunächst den Sprachgebrauch der kirchlichen Dokumente, so fällt auf, daß zwar sowohl der CIC/1917 in c.1012 wie auch der CIC/1983 in c.1055 ganz pauschal in diesem Zusammenhang von der Ehe *zwischen Getauften* sprechen, Pius IX. dagegen von der Ehe *zwischen Gläubigen (fideles)*, Leo XIII. von der Ehe *zwischen Christen* und das Zweite Vatikanische Konzil von der Ehe *zwischen Christgläubigen (christifideles)*.[163] Diese unterschiedliche Akzentsetzung der kirchlichen Dokumente, indem sie einmal mehr das Faktum der Taufe betonen und dann wieder mehr den Glauben bzw. Glaubensvollzug, spiegelt sich auch in der Diskussion um die (Un-)Trennbarkeit von Ehevertrag und Sakrament wider.

Als gemeinsamer Nenner und zugleich Ausgangspunkt für die genannte Diskussion kann folgende salomonisch offene Grundthese gelten: "Durch den Verweis- und Zeichencharakter der ehelichen Liebe ist die Ehe nie ein bloß 'weltlich Ding'. Denn diese Liebe selbst ist kein weltlich Ding, sondern das Ereignis der Gnade und Liebe, die Gott und Menschen eint. Wenn *solche* Ehe darum in der Kirche geschieht, ist sie ein Moment des Selbstvollzuges der Kirche als solcher, der von zwei getauften Christen vollbracht wird, die durch die Taufe zur aktiven

---

Interrituelle, interkonfessionelle und interreligiöse Probleme, 452.

[162]vgl. Örsy, Marriage in Canon Law, 54; 56; Heimerl / Pree, Kirchenrecht, 175; Kasper, Zur Theologie der christlichen Ehe, 86f; Baumann, Die Ehe, 128; Manzanares, Habitudo matrimonium baptizatorum, 59; Aymans, Die Sakramentalität christlicher Ehe, 337; ders., Gleichsam häusliche Kirche, 444f, und ders., Die sakramentale Ehe als Gottesbund, 196f, der die Lehre über die Untrennbarkeit von Vertrag und Sakrament nicht nur auf den zeitgeschichtlichen Kampf gegen die mit der Reformation beginnende Entkirchlichung der Ehe zurückführt, sondern auch auf ein "noch ungenügend differenziertes ekklesiologisches Denken".

[163]vgl. DS/DH 2291; 3145; GS 48,2

Teilnahme an diesem Selbstvollzug ermächtigt sind. Sie tun darum als Getaufte gerade das, was der Kirche selbst eigentümlich ist: sie machen das Zeichen der Liebe deutlich, in dem *die* Liebe zur Erscheinung kommt, die Gott und Menschen eint.

Wo aber ein *wesentlicher* Selbstvollzug der Kirche in die konkrete, entscheidende Lebenssituation eines Menschen hinein zur Wirkung kommt, da ist ein Sakrament gegeben."[164]

Gerade die im Druck hervorgehobenen Formulierungen 'solche Ehe' und 'die Liebe' werden nämlich inhaltlich verschieden interpretiert. Sehen die Befürworter der absoluten Identität von Vertrag und Sakrament 'solche Ehe' und 'die Liebe' schon durch das Faktum der Taufe gegeben, ist für die Vertreter der Trennbarkeit 'solche Ehe' und 'die Liebe' erst durch eine ekklesial qualifizierte (Ehe-) Liebe verwirklicht, d.h. durch eine Liebe, die von einem bewußten und durch ein Glaubensbekenntnis abgedeckten Nachvollzug der Taufe geprägt ist.

3.1.3 Die Taufe als Argument für die absolute Einheit

Die Argumentationskette der Befürworter der Identität setzt bei dem Vorwurf an die gegenteilige Position an, nämlich daß deren Auffassung von einer Trennbarkeit aus einer Verabsolutierung der vom Zweiten Vaticanum entdeckten personalen Sicht der Ehe resultiert. Denn nur in einem *einseitig* personalen Verständnis der Ehe bleibt es unverständlich, "warum nach kirchlicher Auffassung allein die Tatsache des Getauftseins eine Ehe zum Sakrament macht, der lebendige Glaube dagegen fehlen kann ..."[165] Deshalb versucht diese 'moderne' Richtung neuerdings, "die Schwelle der Sakramentalität weiter hinauszuschieben, indem sie nicht allein von der Taufe der beiden Ehepartner, sondern auch von deren gläubigem Bekenntnis abhängig gemacht wird. ...[166] Die durch die Taufe begründete Zugehörigkeit zur Kirche kann zwar in verschiedener Intensität gelebt werden, verlorengehen aber kann sie nicht. In entsprechender Weise kann auch die Ehe als Sakrament in verschiedener Intensität gelebt werden. Auch wenn bei mangelndem Glauben die Gnadenwirksamkeit des Ehesakraments zunächst ausbleibt, lebt diese auf, sobald der Glaube verlebendigt wird, ohne daß das Sakrament erst neu begründet werden müßte."[167]

---

[164]Rahner, Schriften zur Theologie, 533.

[165]Reinhardt, Ehe – Sakrament, 20; vgl. auch Baudot, L'inseparabilite, 346.

[166]Der hier bewußt ausgelassene Passus macht eher den Eindruck einer unbegründeten Unterstellung als den einer sachgemäßen Argumentation und wurde aus diesem Grund nicht in den Haupttext übernommen: "Auf diese Weise soll die Möglichkeit Ehen aufzulösen ausgeweitet werden, weil ja nach kirchlichem Recht nichtsakramentale Ehen aufgelöst werden können. Dieser Ansatz ist aber schon allein deswegen fragwürdig, weil die Sakramentalität der Ehe ein fragwürdiges Kriterium für deren Unauflöslichkeit ist." Den Vertretern der Trennbarkeit von Vertrag und Sakrament geht es nicht um die Auflösbarkeit von Ehen, sondern um das ernstzunehmende Erfordernis des Glaubens beim Zustandekommen eines Sakramentes. Daß damit auch die Frage der Auflösbarkeit von nichtsakramentalen Ehen neu überdacht werden muß, ist eine Folge, nicht aber das Motiv dieser Richtung.

[167]Kaiser, Grundlagen des kirchlichen Eherechts, 738f; vgl. Navarrete, Matrimonio christiano, 67, 70f.

Die Sakramentalität der Ehe kann man "nicht von der Intensität des Glaubens abhängig machen. Denn die Sakramentalität gehört ihrer Natur nach in den Bereich der Zeichen und nicht in den der bezeichneten Wirklichkeit. Ausschlaggebend für die Sakramentalität der Ehe ist darum primär das Zeichen des Glaubens,

---

Ähnlich auch Müller, Probleme heutiger Theologie, (vgl. auch ders., Probleme heutiger Theologie, 186 - 189), der vom Bezugspunkt der Taufe her für eine 'fließende Sakramentalität der Ehe' plädiert (S.94f). Dieser Fluß bzw. die "Teilbarkeit, Dynamisierung des Sakramentsbegriffs" (S.95) geht bei Müller dabei so weit, daß er auch die Zivilehe von glaubens- und kirchendistanzierten Getauften als Ehesakrament anerkennen will (S. 95). Weil es nämlich einerseits für Müller keine Trennung von Vertrag und Sakrament gibt (S.89f; 93f), andererseits aber das Naturrecht jedes Menschen auf Ehe, also auch jedes Christen, ernstgenommen werden muß (S.96f), folgt daraus die Anerkennung nichtkirchlich geschlossener Ehen nicht nur – wie bisher – von außerhalb der katholischen Kirche Getauften, sondern auch von katholisch Getauften als gültige und sakramentale Ehen (S.92; 95; 98), die allerdings erst durch die zweite Konsensabgabe in der Kirche das 'Vollbild' (S.97) der Sakramentalität erreichen (S.98f). Denn die Tatsache, daß die Ehen von nichtkatholischen Christen ohne kirchliche Feier der sakramentalen Eheschließung stattfinden können und dennoch als sakramentale Ehen gelten, zeigt zum einen, daß das Eheleben von Getauften letztendlich aus dem Geist und der Gnade der Taufe heraus zum Abbild des Liebesbundes Christi mit der Kirche wird, und zum anderen, daß es "also, streng genommen, nicht eine dogmatische, sondern eine pastorale Frage [ist], was hinsichtlich einer kirchlichen Eheschließung zur Gültigkeit oder zur Erlaubtheit gefordert wird" (S.92f; vgl. auch Becker, Initiatio matrimonii, 105, Nr.10). Die kirchliche Eheschließung ist infolge der Identität von Vertrag und Sakrament also nicht als ein Hinzufügen des Sakramentes zu verstehen, sondern als ein performatives Wort wie ein Glaubensbekenntnis oder eine Gelübdeerneuerung (S.98).
Dieser Position von Müller schließt sich Lüdicke, Rezension, 272; 276 - 278, an; der Mitrezensent Probst, Rezension, 280, distanziert sich dagegen von beiden: "Die von Lüdicke favorisierte Lösung, die Ehe als Sakrament 'allein vom Status der Gatten als Getaufte' abhängig zu machen und nicht vom aktuellen Glauben und einer Mindestintention der Brautleute, ist nach meiner Auffassung im besten Sinne des Wortes frag-würdig. ... Ich sehe den von mir skizzierten Lösungsansatz (vorläufig weiter) als den besseren an, da er von der bewußten und tätigen Teilnahme eines Erwachsenen an der Feier und am Zustandekommen eines Sakramentes ausgeht. Er setzt auf eine stärkere Unterscheidung von Vertrag und Sakrament als die Position von Lüdicke".
Auch für Becker, Initiatio matrimonii, ist die Ehe "kraft der Taufe Sakrament. Da die Eheleute selbst in ihrem Verbundensein als Getaufte das sakramentale Zeichen darstellen, wird ihre Lebensgemeinschaft in dem Maß ein im Raum der *Kirche* stehendes *Heils-* und *Glaubenszeichen* für die *Welt*, als beide Partner durch die Ehe ihre Taufe ausdrücklich bekennen und leben." (S.105, Nr.8). Ist allerdings das Hochzeitspaar nicht bereit, "die sich aus der Taufe für die Ehe ergebenden Folgerungen zu erkennen und anzuerkennen, sollte man kirchlicherseits den Mut haben, die *Trauung aufzuschieben*. (S.116, Nr.48). Mit dem mehr oder weniger expliziten Hinweis, daß "die Ehe (nicht die Eheschließung!) von Christen ... kraft der Taufe Sakrament" ist (S.105, Nr.8) und der Auffassung, daß die Ehe auf dem Standesamt geschlossen wird, während die kirchliche Trauung die initiatio matrimonii und dedicatio ecclesiolae darstellt (vgl. S.106, Nr.16), darf man Becker wohl nicht nur als Vertreter der relativen Identität von Vertrag und Sakrament, sondern sogar als Befürworter der Trennung von Vertrag und Sakrament sehen, wenngleich dies nur aus seinen Darlegungen gefolgert werden kann und an keiner Stelle weder explizit noch implizit thematisiert wird.
Lüdicke, Rezension, 276, interpretiert dagegen diese Ausführungen von Becker, denen er sich anschließt, dahingehend, daß das Sakrament der Ehe "kein 'Zustandekommen' als solches" kennt, sondern "daß das Sakrament [der Ehe] als Gnadenordnung durch einen nichtsakramentalen Beginn der Ehe einfach da ist und nur noch 'proklamiert' werden kann (S.276). ... Ehe

die Taufe, nicht aber der existentielle Glaube selbst."[168] Dies gilt um so mehr, da Christus nicht einen besonderen von der Eheschließungshandlung getrennten Ritus mit eigener Zeichenbedeutung eingesetzt hat; daher ist das Sakrament nicht eine eigene, dem Ehevertrag hinzutretende Realität, sondern "der durch die Taufverwandlung der Gatten erhöhte, nämlich sakramentale Seinsmodus des Vertrages. Es wird nicht das Sakrament zum Vertrage hinzugefügt, sondern der Vertrag selbst wird zum Sakrament, ohne in seinem natürlichen Wesensbestande eine Veränderung zu erfahren."[169] Mit anderen Worten: Durch die Sakramentalität der Ehe wird der Ehevertrag in seinem natürlichen Wesensbestand nicht verändert, sondern Ehevertrag und Sakrament bilden eine 'ungetrennte' und doch 'unvermischte' Einheit mit je eigenen Wesenseigenschaften.[170]

Aus diesem Zusammenhang von Taufe und Ehe ergibt sich dann für die Vertreter der Gleichsetzung von Ehevertrag und Sakrament folgender Gedankengang: Die Ehe des Christen kann sich aufgrund seiner Taufe nur als ontologische, d.h. seinshafte Teilhabe an der Liebe Christi zur Kirche verwirklichen; deshalb darf es für den Christen nicht so etwas wie eine Freiheit oder ein Grundrecht geben, seine Ehe außerhalb der Heilsordnung zu stellen. Der Christ hat mit und durch seine Taufe 'nur' das Grundrecht, die Ehe gemäß seiner Berufung als Getaufter einzugehen oder eben keine Ehe einzugehen.[171] Denn die "Sakramentalität der Ehe [ist] strikt als innere, notwendige Folge der Taufe zu verstehen." Die Ehe ist "kraft der Taufe ontologisch eingebettet in die Dynamik des in der Heilsökonomie geschenkten neuen Lebens. ... Wie in der konkreten Heilsgeschichte keine 'natura pura' vorgegeben ist, so existiert für die Getauften auch keine Möglichkeit für eine rein naturrechtliche Ehe. Die Erhebung des Menschen zum übernatürlichen Ziel innerhalb des heilsgeschichtlichen Planes Gottes, wie jene des Ehevertrages zum Sakrament, verunmöglichen von vornherein ... die Möglichkeit einer gültigen naturrechtlichen Ehe für die Christen... [Deshalb ist auch bei dem Sakrament der Ehe] weder der Glaube des Spenders noch jener des Empfängers des Sakramentes notwendig, um 'res et sacramentum', d.h. das Sakrament in seiner inneren zeichenhaften Verfaßtheit, zu verwirklichen. Das Sakrament konstituiert sich 'ex opere operato', allein kraft der Einsetzung durch Christus und aktualisiert sich in den Getauften, sobald das sakramentale Zeichen objektiv gesetzt wird."[172]

---

ist Sakrament; dieses wird nicht 'gespendet' und 'empfangen'; eine Ehe, die ein Christ eingeht, gehört zur Erlösungsordnung. Die Heilszusage Gottes bedarf zu ihrer Gültigkeit keiner Mindestintention des Menschen, keines Minimalglaubens. Um jedoch im Menschen fruchtbar zu werden, ist dessen Annahme des Gottesheils nötig wie bei jedem anderen Sakrament. Soll die Ehe als 'Ehe im Herrn' gelebt werden, bedarf es einer entsprechenden religiösen Praxis der Eheleute" (S.278).

[168]Reinhardt, Ehe – Sakrament, 34; vgl. Socha, Die kirchenrechtliche Bewertung der ungültigen Ehe, 34.

[169]Reidick, Ein Vertrag als Sakrament, 31; vgl. auch dies., Die Rolle der Kirche, 209; dies., Der Vertragsschließungsakt, 42 und dies., Die Mischehe, 216f.

[170]vgl. Böckle, Das Problem der bekenntnisverschiedenen Ehe, 13, der allerdings nicht von Sakrament und Vertrag, sondern von Sakrament und Ehe(institution) spricht.

[171]vgl. Reinhardt, Ehe – Sakrament, 30; 33; Prader, Das kirchliche Eherecht, 32; Reidick, Ein Vertrag als Sakrament, 31f; Hofmann, Formpflicht oder Formfreiheit, 247; Socha, Das Ehekatechumenat, 240 - 246; Lanversin, Secularisation et sacrement de mariage, 227 - 229; Baudot, L'inseparabilite, 346 - 349; 388; Bertrams, De unitate baptizatorum, 262f.

[172]Corecco, Die Lehre der Untrennbarkeit, 392; 393; 397f (vgl. 428 - 430); 425; vgl. ders.,

3.1.4 Der personale Glaubensvollzug als Gegenargument für die relative Identität

Wohl als Resultat einer Überinterpretation des Faktums Taufe bewertet, die dazu verleitet, den entscheidenden Unterschied zwischen notwendigem Mindestglauben, mangelndem Glauben und Nicht - (mehr) - Glauben zu verwischen bzw. zu übergehen, findet diese Auffassung eines inneren und deshalb von der Glaubensdisposition der Partner unabhängigen Zusammenhanges zwischen Tauf- und Ehesakrament nicht die Zustimmung, sondern die Kritik der Befürworter der Trennbarkeit von Vertrag und Sakrament. Ausgehend von dem theologischen Grundsatz, daß bei jedem Sakrament für den gültigen Empfang des Sakramentes ein bestimmter Mindestglaube als notwendige Voraussetzung erforderlich ist, bestreiten die Gegner der Identitätslehre, daß diese Mindestbedingung schon mit der Tatsache des Getauftseins als gegeben angenommen werden kann. Denn sonst droht die Würde des Ehesakramentes "in der dünnen Luft einer nur in der Taufe gründenden und insofern abstrakt bleibenden Objektivität für die gläubige Existenz unglaubwürdig zu werden."[173] Oder anders gesagt: "Wenn man die Sakramente von ihrer radikalen Verwurzelung im persönlichen Glaubensleben ablöst, nimmt man ihnen das Mark. Sakramente, die nicht mehr diesem Kontext persönlicher Nachfolge angehören, kann es nicht geben."[174] Deshalb "besteht offenbar ein unaufhebbarer Widerspruch zwischen der allgemeinen Sakramentenlehre und der eherechtlichen Lehre, daß Ehevertrag und Ehesakrament real identisch sind. Die konsequente Anwendung der einen Lehre scheint nicht ohne Verstoß gegen die andere erfolgen zu können, eine Tatsache, die berechtigte Zweifel an der Richtigkeit der Identitätslehre hervorruft."[175]

Auch wenn der Kodex in den Normen für das Sakrament der Ehe – im Gegensatz zu allen anderen Sakramenten – an keiner Stelle den Glauben erwähnt, so ist dieser Befund durchaus zu kritisieren;[176] doch darf aus dieser Tatsache nicht einfach die Schlußfolgerung gezogen werden, daß das Getauftsein beider Partner allein ausreichende Voraussetzung für den gültigen Empfang des Ehesakramentes

---

Das Sakrament der Ehe, 368; Schneider, Zeichen der Nähe Gottes, 290f; auch Reidick, Der Vertragsschließungsakt, 42 - 44; Zalba, Num aliquis fides sit necessaria, 98f; Wood, The marriage, 293 - 301.

[173]Aymans, Gleichsam häusliche Kirche, 446.

[174]Lehmann, Was ist uns ein Sakrament wert, 221.

[175]Bruns, Die Vertragslehre, 14.

[176]vgl. z.B. die zwar etwas spöttische, aber doch bedenkenswerte Bemerkung von Cunningham, Marriage and the nescient catholic, in: Studia Canonica, 268, und in: Marriage Studies II, 24: "As a matter of fact, the word 'faith' never appears in the marriage canons at all and so one could be tempted to ask whether if faith is even required for Christian marriage." Allerdings bemerkt Aymans, Die Sakramentalität christlicher Ehe, 328, Anm. 21 (vgl. ders., Gleichsam häusliche Kirche, 434, Anm. 25, und ders., Die sakramentale Ehe als Gottesbund, 191, Anm. 15): "Gewiß ist in den genannten Canones vom Glauben direkt nicht die Rede, sondern vom Wissen, vom Irrtum und vom Willen. Insofern sich diese aber auf die geistliche Dimension der Ehe beziehen, haben es Wissen und Irrtum mit der 'fides quae', der Wille mit der 'fides qua' zu tun. Dabei geht es um die Glaubensinformation und -erkenntnis wie um das menschliche Ja-Wort zu dem göttlichen Gnadenangebot im Sakrament der Kirche. Der Gebrauch rein juristischer Terminologie darf jedenfalls den Blick nicht dafür verstellen, daß es hierbei um mehr geht."

ist, so daß deren Ehe sozusagen 'automatisch' zum Ehesakrament wird.[177] Denn diese Auffassung beruht auf einer falschen Schlußfolgerung aus augustinischen Aussagen; in der Diskussion um den für das Zustandekommen des Ehesakramentes notwendigen Mindestglauben der Empfänger fällt oft die von Augustinus getroffene Unterscheidung von *gültigem* und *fruchtbarem* Sakrament. Dieser Differenzierung zufolge kann jemand, der keinen Glauben hat, durchaus ein Sakrament gültig empfangen; die Gnade als die Frucht des Sakramentes empfängt er dabei aber nicht.

Hier ist allerdings zweierlei einzuwenden: Zum einen werden hier die augustinischen Aussagen über den notwendigen Glauben des *Spenders* und den des *Empfängers* miteinander vermengt. Das dieser Auffassung zugrundeliegende Axiom des Augustinus, daß für das Zustandekommen eines Sakramentes 'weder der Glaube noch ein rechtschaffenes Leben notwendig ist', ist bei Augustinus eindeutig nur in bezug auf den *Spender* ausgesagt. Zum anderen verwendet Augustinus die den *Empfänger* betreffende Unterscheidung von gültigem und fruchtbarem Sakrament "nicht in bezug auf Menschen ohne Glauben, sondern im Blick auf formelle Häretiker und Schismatiker, welche die Sakramente Christi außerhalb der katholischen Gemeinschaft empfangen. Augustin stellt ihren Glauben an Gott und an Christus und an dessen Sakramente nicht in Frage."[178]

Für den Empfänger eines Sakramentes geht es also ganz ohne Glauben nicht – zumindest nach Augustinus, aber auch nach den Thesen der Internationalen Theologenkommission von 1977:

> 'Das Sakrament der Ehe teilt, wie alle anderen Sakramente, die Gnade letztlich kraft des Heilswerkes Christi mit und nicht allein durch den Glauben des Empfängers. Das bedeutet aber nicht, daß im Sakrament der Ehe die Gnade außerhalb des Glaubens oder ohne jeden Glauben mitgeteilt wird. Daraus folgt deshalb nach den klassischen Grundsätzen: Der Glaube ist die Voraussetzung, und zwar die Grundvoraussetzung ('causa dispositiva') für eine fruchtbare Wirksamkeit des Sakramentes, aber mit der Gültigkeit des Ehesakramentes ist nicht notwendigerweise auch dessen fruchtbare Wirksamkeit verbunden.
>
> Die Tatsache der 'getauften Nicht-Glaubenden' stellt gerade heute ein neues theologisches Problem und ein schwieriges pastorales Dilemma dar, vor allem dann, wenn das Fehlen, ja sogar die Ablehnung des Glaubens festzustehen scheint. Die erforderliche Intention, nämlich zu tun, was Christus und die Kirche tut, ist die Mindestvoraussetzung dafür, daß der Ehekonsens im Hinblick auf das Ehesakrament als wahrhaft 'menschlicher Akt' geschieht. Wenn auch die Frage nach der Intention und das Problem des persönlichen Glaubens der Eheschließenden nicht miteinander vermengt werden dürfen, so können sie doch nicht gänzlich voneinander getrennt werden. Die wahre Intention entsteht und nährt sich letztlich aus einem lebendigen Glauben.

---

[177] vgl . Groghan, Ist die Taufe der entscheidende Faktor, 243 - 248; Gall, Fragwürdige Unauflöslichkeit, 139f; Huizing, Kirchenrecht und zerrüttete Ehe, 458; Hauser, Die Unauflöslichkeit der Ehe, 101 - 103; Marrevee, Is a Marriage, 98f; Cuenin, Marriage, 324.
[178] Palmer, Was not tut, 416; vgl. ders., Christian Marriage, 641f.

Wo sich also keine Spur des Glaubens als solchem (im Sinne des Wortes 'Gläubigkeit', 'croyance' = Glaubensbereitschaft) und kein Verlangen nach Gnade und Heil findet, entsteht ein Tatsachenzweifel, ob die obengenannte allgemeine und wahrhaft sakramentale Intention wirklich vorhanden und die geschlossene Ehe gültig ist oder nicht. Der persönliche Glaube der Kontrahenten an sich begründet, wie gezeigt wurde, nicht die Sakramentalität der Ehe, aber ohne jeglichen persönlichen Glauben würde die Gültigkeit des Sakramentes außer Kraft gesetzt werden.

Diese Tatsache stellt neue, bis jetzt noch nicht hinreichend gelöste Fragen und recht große pastorale Aufgaben hinsichtlich der christlichen Ehe. 'Vor allem die Seelsorger sollen den Glauben der Eheschließenden fördern und nähren: denn das Ehesakrament setzt den Glauben voraus und fordert ihn' (Ordo celebrandi matrimonium, Praenotanda, Nr.7)'.[179]

Welche Qualität bzw. welchen Inhalt muß nun aber dieser Glaube, den die Theologenkommission von 1977 mehr formal mit der allgemeinen und traditionellen Ausdrucksweise der Sakramentendogmatik 'tun wollen, was Christus und die Kirche tut' umschrieben hat, zumindest besitzen? Es muß mindestens "eine wenn auch nur filigranartige und verhüllte gewisse Beziehung zum Heil vorliegen. Ist diese überhaupt nicht vorhanden, so bezweifeln wir, daß eine wahre sakramentale Intention vorhanden und daß der ausgeführte Ritus für den Empfänger gültig ist."[180] Diese Spur von Gläubigkeit[181] muß dabei nicht unbedingt aktuell, wohl aber habituell-implizit[182] oder virtuell-explizit[183] vorhanden sein. Oder etwas konkreter gesagt: "Was den Inhalt des Glaubens betrifft, so sollte er der gleiche sein wie der Glaube, der von einem Erwachsenen gefordert wird, der die Taufe empfangen will, die erste Begegnung mit Christus und seiner Kirche, deren Bund die christliche Ehe widerspiegelt und an dem sie teilhat."[184] Denn Sakramente als Lebensvollzüge der Kirche können nur von jemandem vollzogen werden, der auch mit der Kirche übereinstimmt. Dieser Tatsache hatte der CIC/1917 in der einleitenden Norm über die Wirkungen der Ehe noch Rechnung getragen:

"Can.1110. - Ex valido matrimonio enascitur inter coniuges vinculum natura sua perpetuum et exclusivum; matrimonium praeterea christianum coniugibus non ponentibus obicem gratiam confert."

C.1110 CIC/1917 beschrieb in seinem ersten Teil die Wirkung jeder gültigen Eheschließung, nämlich das seiner Natur nach beständige und ausschließliche Band

---

[179]Propositiones 2.3, in: Grocholewski, 26f.
[180]Tillard, Zur Intention des Spenders und des Empfängers der Sakramente, 59.
[181]Volk, H., Glaube als Gläubigkeit, Mainz 1963, 19ff.
[182]Cappello, F., Tractatus canonico-moralis de Sacramentis, Romae 1962[7], Vol. I. 49, n.74; vgl. Maritz, Erwägungen zum aktuellen und virtuellen Ehewillen, 405; 409.
[183]Conte a Coronata, M., Institutiones Juris Canonici. De Sacramentis Tractatus Canonicus, Taurini 1951[2], 64, n.94.
[184]Palmer, Was not tut, 416.

unter den Ehegatten; in seinem zweiten Teil wurde das dieser generellen Wirkung hinzukommende Spezifikum, sozusagen das Plus der *christlichen* Eheschließung erläutert, nämlich die Mitteilung der sakramentalen Gnade, die allerdings an die Bedingung gebunden war, daß die christlichen Eheleute kein Hindernis (obex) setzen. Doch gerade diese wichtige Klausel vom *obex* wurde im CIC/1983 gestrichen. Denn der Einwand, daß ein Gesetzbuch kein dogmatisches Lehrbuch sei, veranlaßte die Kodexkommission, alle Hinweise auf die sakramentale Gnade oder die Notwendigkeit der richtigen Disposition für den Empfang des Ehesakramentes aus dem künftigen Kodex gänzlich zu streichen. Außerdem wurde auch kritisiert, daß die Formulierung des ganzen c.1110 CIC/1917 zu sehr den Eindruck erwecke, als ob er im ersten Teil über die Ehe im allgemeinen und im zweiten Teil über die Ehe von Christen handle.[185]

Freilich dürfen diese Ausführungen über die Bedeutung des Glaubens für den Sakramentenempfang nicht in die andere Extremrichtung mißverstanden werden, als ob die 'richtige' Disposition des Empfängers die *Ursache* der sakramentalen Wirkung wäre. Denn dann würde man "die Sakramentalität der Ehe aus ihrem kirchlichen Bedeutungszusammenhang herauslösen und zu einem Qualitätsmerkmal besonders glaubenseifriger Eheleute verkümmern" lassen,[186] d.h. der kritisierte theologische Objektivismus wäre durch einen zu kritisierenden theologischen Subjektivismus ersetzt worden. Die Sakramente erzeugen nicht *durch*, allerdings auch nicht *ohne* den subjektiven Glauben des Empfängers Gnade, sondern erst im dialektischen Zusammenspiel von *objektiver* Wirkmächtigkeit der Gnade (= *opus operatum*) und *subjektivem* Glauben des Empfängers (= *opus operantis*): Es gibt niemals "eine *reale Gnadenmitteilung* am Glauben (oder eben Unglauben) des Empfängers vorbei. *Opus operatum* bezeichnet somit die dem Sakrament als Wirkzeichen Christi eigene Objektivität und Gültigkeit und steht in *diesem* Sinne dem Glauben des Empfängers (*opus operantis*) gegenüber, ist aber im Gesamt der sakramentalen Heilsvermittlung in der schon beschriebenen Weise Seinsgrund des *opus operantis* und fällt, sofern das heilvoll empfangene Sakrament *auch* Glaubenszeichen des Empfängers wird, existentiell mit dem *opus operantis* zusammen."[187] Unter der Wirkweise des *opus operatum* ist somit nicht eine au-

---

[185]vgl. Communicationes 10 (1978), 104f.

[186]Aymans, Die Sakramentalität christlicher Ehe, 325; vgl. ders., Gleichsam häusliche Kirche, 433; 446 und ders., Die sakramentale Ehe als Gottesbund, 190.

[187]Pesch, O.H., Theologie der Rechtfertigung bei Martin Luther und Thomas von Aquin, Mainz 1967, 805; vgl. Rahner, Kirche und Sakrament, Freiburg i.Br. 1960, 22 - 30; Schneider, Zeichen der Nähe Gottes, 290.

In der klassischen Dogmatik werden für das Zustandekommen eines *gültigen* und / oder *fruchtbaren* Sakramentes auf den *Spender* und *Empfänger* bezogen, folgende Kriterien genannt: "Um ein Sakrament gültig zu spenden, muß der *Spender* die Absicht haben, wenigstens zu tun, was die Kirche tut" (Diekamp / Jüssen, Katholische Dogmatik, 52). Um diese Absicht bzw. Intention näher zu qualifizieren, unterscheidet man zwischen der *aktuellen* Intention, d.h. der vor und während der ganzen Handlung vorhandenen Intention, der *virtuellen* Intention, d.h. der vor der Handlung gefaßten und während der Handlung der Kraft nach fortdauernden Intention, der *habituellen* Intention, d.h. der vor der Handlung gefaßten und nicht zurückgenommenen, aber während der Handlung weder aktuell noch virtuell vorhandenen und darum auf die Handlung nicht einwirkenden Intention, und schließlich der *interpretierten* Intention, d.h. der implizit geäußerten Intention (vgl. Ott, Grundriss der katholischen Dogmatik, 412; 414). Gemäß diesen Unterscheidungen in der Art der Intention muß die Intention des *Spenders*,

tomatische oder magische Gnadenmitteilung zu verstehen, sondern die zugesagte und tatsächlich wirkmächtige (gnadenhafte) Zuwendung Jesu Christi bei *jedem* Vollzug des Sakramentes; die Wirkweise des *opus operantis* bedeutet dagegen, daß die bei jedem sakramentalen Vollzug stattfindende wirkmächtige Zuwendung Jesu Christi bei dem einzelnen aber nur dann auch ankommt bzw. fruchtbar wird, wenn er an diese Zuwendung glaubt bzw. sich dieser Zuwendung in Freiheit öffnet. Der Mensch darf also "nicht bloß die Intention haben, ein 'Sakrament zu empfangen', sondern er braucht zum fruchtbaren Empfang Voraussetzungen, die ihn für seine neue Bestimmung vorbereiten. Dies sind Glaube, Hoffnung und wenigstens ein Anfang von Liebe. Diese letztlich nur von der wirksamen, frei gegebenen Gnade Gottes abhängige, aber vom Menschen frei und zustimmend übernommene Disposition ist das Maß (nicht die Ursache!) der im Sakrament bewirkten Gnade. Man darf sich eben nicht darauf beschränken, kasuistisch ein Minimum an solcher Disponierung bei den einzelnen Sakramenten zu bestimmen und so das falsche Vorurteil zu fördern, alles andere mache das Sakrament."[188] Anders gesagt: Die *objektive* Gültigkeit eines Sakramentes im Sinne des Gnadenangebotes Jesu Christi ist vom subjektiven Glauben unabhängig, während die *subjektive* Gültigkeit im Sinne des tatsächlichen Empfanges dieses Angebotes von der Glaubensdisposition des Einzelnen abhängt. Von Gott her ist also die sakramentale Zuwendung Jesu Christi immer *eindeutig* gültig und wirksam, vom

---

wenigstens zu tun, was die Kirche tut, folgende Eigenschaften aufweisen: Sie muß "mindestens virtuell (nachwirkend) sein. Eine bloße intentio habitualis oder gar interpretativa genügt nicht zur Gültigkeit; denn bei ihr fehlt die durch das Dogma geforderte geistige Mitbeteiligung des Spenders" (Diekamp / Jüssen, Katholische Dogmatik, 54). Außerdem muß diese Intention "innerlich sein, d.h. sich irgendwie auf die innere Bedeutung der Handlung beziehen. Das Sakrament wird nicht gültig vollzogen, wenn die Intention rein äußerlich ist (intentio mere externa), d.h. wenn sie einzig und allein darauf gerichtet ist, die äußere Handlung unter den üblichen Umständen (Ort, Zeit, Kleidung) genau und scheinbar ernsthaft zu vollziehen, während der Spender die intentio faciendi quod facit Ecclesia innerlich ausschließt" (ebd., 55. Zur theologischen Diskussion, ob nicht doch auch nur eine intentio externa auf Seiten des Spenders zur gültigen Sakramentenspendung ausreicht, siehe Morgott, F., Spender der heiligen Sakramente nach der Lehre des heiligen Thomas von Aquin, Freiburg i.Br. 1886, 101 - 181).
Zur würdigen Spendung ist außerdem der Gnadenstand, der (implizite oder explizite) Auftrag der Kirche sowie die "genaue Beobachtung alles dessen, was bei der Spendung des Sakramentes unter schwerer Sünde verpflichtet. Dazu gehört namentlich alles, was die Gültigkeit bedingt" (Diekamp / Jüssen, Katholische Dogmatik, 59).
Auf Seiten des *Empfängers* gilt als Mindestbedingung für das Zustandekommen eines gültigen Sakramentes: Außer bei dem Sakrament der Ehe (und der Buße) trägt die Intention des Empfängers "nicht, wie die des Spenders, dazu bei, daß die äußere Handlung überhaupt sakramentale Geltung erlangt. Sie braucht deswegen keine virtuelle Intention zu sein (nur Buße und Ehe verlangen sie). Aber der Empfang muß stets eine religiöse Handlung sein. Das ist jedoch ausgeschlossen, wenn der Wille, das Sakrament zu empfangen, nie vorhanden war oder wieder zurückgenommen wurde. Deswegen ist mindestens eine habituelle Intention des Empfängers erforderlich, d.h. eine solche, die früher einmal ausdrücklich bestanden hat und nicht widerrufen worden ist" (ebd., 58).
Der würdige und damit fruchtbare Empfang eines Sakramentes erfordert darüber hinaus auch "das Freisein von dem obex gratiae, d.i. von dem Hindernis, das dem Empfang der sakramentalen Gnade entgegensteht" (ebd., 59).
Ferner kommt beim Sakrament der Ehe dadurch eine weitere Verkomplizierung dazu, daß die Partner zugleich Spender *und* Empfänger des Ehesakramentes sind.
[188]Lehmann, Zur Sakramentalität der Ehe, 69.

Menschen her aber *zweideutig*: gültig oder ungültig bzw. wirksam oder unwirksam, je nach vorhandener oder nicht vorhandener Glaubensdisposition.[189]

3.1.5 Eine gestufte Identität als Folge einer gestuften Sakramentalität

Aus der Tatsache der heutzutage vielfach fehlenden Glaubensdisposition allein dürfen sicherlich noch nicht *dogmatische* Konsequenzen wie etwa die Trennbarkeit von Ehevertrag und Ehesakrament gefordert, sondern lediglich *pastorale* Folgerungen gezogen werden.[190] Nimmt man allerdings die nachkonziliare Konzeption der mehrschichtigen und mehrstufigen Zugehörigkeit zur Kirche[191] ebenso dazu wie die dogmatische Grundlehre über die Beziehung von Schöpfungs- und Erlösungsordnung, nach der sich eine sakramentale zu einer nichtsakramentalen Ehe nicht so verhält wie ein Sakrament zu einem profanen menschlichen Vollzug, sondern wie das *opus operatum* zu einem *opus operantis*, das in seiner Weise durchaus ein Ereignis der Gnade ist,[192] weshalb der nichtsakramentalen (Natur)-Ehe durchaus "derselbe Symbolsinn", nur nicht dieselbe "Symbolkraft der christlichen Ehe" eignet,[193] so legen alle drei Sachverhalte zusammengenommen durchaus die dogmatische (und kirchenrechtliche) Folgerung nahe, in Zukunft von der Konzeption eines *gestuften Ehesakramentes* und damit verbunden

---

[189]vgl. auch Rahner, Schriften zur Theologie, 521f.

[190]So fordert es die Theologenkommission: 'Praktische und pastorale Schwierigkeiten werden nicht durch Veränderungen beseitigt, die den Kern der Lehre über das Ehesakrament zerstören, sondern durch eine radikale Erneuerung des Taufglaubens. ... Der innere Zusammenhang von Taufe, Glaube und Kirche muß deutlich gemacht werden. Nur so wird klar, daß die Ehe unter Getauften 'von selbst', d.h. nicht durch irgendeinen 'Automatismus', sondern von ihrer ureigensten Natur her ein wahres Sakrament ist' (Propositiones 2.4, in: Grocholewski, 27; vgl. Nr. 3.2., in: ebd., 28).
Vgl. auch Lehmann, Glaube - Taufe - Ehesakrament, 89; Palmer, Christian Marriage, 665; Corecco, Die Lehre der Untrennbarkeit, 426; 440f; Prader, Das kirchliche Eherecht, 30; Socha, Die kirchenrechtliche Bewertung der ungültigen Ehe, 33 - 35; Bertrams, De unitate baptizatorum, 267; Flatten, De matrimonio civili catholicorum, 229 - 233; Navarrete, Matrimonio christiano, 75.
Heinemann, Die sakramentale Würde der Ehe, ist wohl auch dieser Auffassung (vgl. dazu auch die Anmerkung 26 von Zapp, Kanonisches Eherecht, 29 über Heinemann), wenn er einerseits für die Konstituierung des Ehesakramentes mehr als nur das Ja-Wort der Brautleute zum Ehevertrag fordert (S.381), nämlich gemäß c.840 CIC/1983 auch ein Glaubensbekenntnis der Brautleute (S.386), andererseits aber mit Corecco strikt der Vorstellung widerspricht, daß es einen naturrechtlich hinreichenden Ehevertrag geben könne, der nicht Sakrament ist (S.383). Kern seiner "Überlegung ist vielmehr, daß zur Konstituierung des Ehevertrages mehr gehört als das Ja-Wort vor einer staatlich eingerichteten Behörde"(S.383) Die Lehre über die absolute Untrennbarkeit von Vertrag und Sakrament zwar nicht thematisierend, aber als unumstößlich voraussetzend, kommt Heinemann schließlich zu dem Ergebnis: "Der alte kanonistische Streit um die Identität von Vertrag und Sakrament kann nicht dazu dienen, am Vertrag festzuhalten und dabei das Sakrament durch eine sachliche wie in den Konsequenzen auch sakramententheologisch weitreichende Dispenspraxis auszuhöhlen, die die sakramentale Bedeutung des Ehevertrages völlig verdunkelt. Die 'actio Ecclesiae', von der c.840 spricht, möglicherweise allein auf die Dispenserteilung reduzieren zu wollen, wäre mehr als bedenklich"(S.398; vgl. ders., Die Notwendigkeit einer kirchlichen Eheschließungsform, 244f).

[191]vgl. S. 133ff.

[192]vgl. Rahner, Schriften zur Theologie, 534; Lehmann, Glaube - Taufe - Ehesakrament, 89; Lehmann, Zur Sakramentalität der Ehe, 66; 68f; Reinhardt, Ehe – Sakrament, 26 - 28.

[193]Mörsdorf, Lehrbuch des Kirchenrechts II, 133.

auch von einer *gestuften* Identität von Ehevertrag und Vollsakrament der Ehe auszugehen,[194] und zwar in folgendem Sinn: Insofern die (getauften) Ehepartner die in der Schöpfungsordnung enthaltenen Sinnziele der Ehe, also Einheit und Unauflöslichkeit der Ehe, bejahen und in Treue zueinander halten, ist ihr Ehebund ein gewisses bzw. implizites Bild für den Bund Gottes mit den Menschen. Ihre Ehe ist sozusagen ein anfanghaft sakramentales Zeichen.[195] Diese anfanghafte Gestalt der Sakramentalität kommt durch jeden in einer öffentlich anerkannten Form ausgetauschten Ehewillen der Partner zustande.

Stehen aber die Eheleute darüber hinaus auch in der Nachfolge Jesu Christi, d.h. sind sie getauft und bekennen sich in Wort und Leben zu Jesus Christus, dann ist ihre Ehe (voll)sakramentales Zeichen der Treuebindung Jesu Christi und seiner Kirche.[196] Diese Vollgestalt der Sakramentalität wird in der liturgischen Feier der Eheschließung grundgelegt, um sich dann im alltäglichen Eheleben zu entfalten.[197]

---

[194]Die Vorstellung verschiedener Stufen eines Sakramentes ist der Sakramententheologie nicht fremd; das Sakrament der Weihe kennt die drei Stufen des Diakonates, Presbyterates und Episkopates (vgl. c.1009 §1 CIC.

[195]Bereits Leo XIII. hatte 1880 in seiner Enzyklika *Arcanum* erklärt: "Es hat nämlich die Ehe Gott zum Urheber, und sie ist von Anbeginn eine Art Abbild der Menschwerdung des Sohnes Gottes; darum hat sie in sich etwas Heiliges und Religiöses, das ihr nicht zufällig beigegeben, sondern ursprünglich angeboren, nicht von den Menschen zugestanden, sondern in ihrem Wesen enthalten ist. Voll berechtigt und wohl begründet ist demnach die Behauptung Unserer Vorgänger Innocenz III. und Honorius III. bei *Gläubigen und Ungläubigen bestehe das Sakrament der Ehe*. ... Es ist also die Ehe aus eigener Kraft und Natur, aus sich selbst heilig"(Ulitzka, S. 127f, Nr.257f).
Ein halbes Jahrhundert später nahm Pius XI. erneut diesen Gedanken auf und erklärte 1930 unter Bezugnahme auf Leo XIII. in seiner Enzyklika 'Casti Connubii', "daß sogar der Naturehe etwas Heiliges, Religiöses innewohnt, 'das nicht von außen herangebracht, sondern ihr angeboren ist, nicht von Menschen empfangen, sondern von der Natur eingepflanzt ist', da 'es Gott zum Urheber hat und von Anfang an eine Andeutung der Menschwerdung des Wortes Gottes ist' "(Ulitzka, 334; vgl. AAS 22 (1930), 570).
Auch im klassischen Dogmatikhandbuch von Diekamp / Jüssen, Katholische Dogmatik, 379, wird ausgeführt: "Die außerchristliche Ehe ist ein Sakrament, jedoch nur im weiteren Sinn. ... Die Naturehe stimmt in ihrem Wesen und in den wesentlichen Wirkungen mit dem Sakrament der Ehe überein, die Gnadenwirkung allein ausgenommen."

[196]vgl. dazu auch S. 213ff.

[197]Lehmann, Glaube - Taufe - Ehesakrament, 92, vertritt dagegen, "daß es innerhalb der Kirche keine gestufte Sakramentalität der Ehe geben kann, jedenfalls was den Eheabschluß von getauften Katholiken betrifft", wohl aufgrund des *inneren* Zusammenhanges von Taufe, Glaube und Kirche (ebd., 87) bzw. der "Einheit von Schöpfungs- und Erlösungsordnung"(ebd., 81).
Reinhardt, Ehe – Sakrament, 58, kann sich eine Stufung zumindest vorstellen, wenn er im Zusammenhang mit der Problematik der wiederverheirateten Geschiedenen und der kirchlichen Anerkennung deren zweiter Ehe schreibt: "Das setzt voraus, daß nicht jede Ehe von Getauften Sakrament im Vollsinn sein muß, daß es auch innerhalb der Kirche eine gestufte Sakramentalität der Ehe gibt."
Auch die Ausführungen von Breuning, Das wirkkräftige Zeichen der Gnade, 203 - 206, gehen in die Richtung einer gestuften Sakramentalität: Denn einerseits hält er an der Identität von Vertrag und Sakrament fest (S.198ff), will aber andererseits die gültige Ehe eines bewußt glaubensabständigen Christen "nicht in einem solchen untergeschobenen Sinn 'Sakrament' nennen" (S.205), ebenso will er "keine kirchliche Eheschließung als Dekoration", stattdessen aber das "Ernstnehmen der 'Ehen' der Abständigen, die mit vollem Ehewillen verantwortlich geschlossen waren" (S.206).

In diesem Sinne sollte man also künftig zutreffender "von unterschiedlichen Weisen sprechen, die sakramentale Dimension der Ehe zu verwirklichen, oder besser gesagt, man sollte verschiedene Stufen der Sakramentalität unterscheiden. Jedenfalls dürfte der Unterschied nicht zwischen sakramentaler und nichtsakramentaler Ehe liegen, sondern zwischen unterschiedlichen Weisen, wie die getauften Eheleute der Absicht und dem Glauben der Kirche entsprechen."[198]

Als anfanghafter Weg in diese Richtung kann eine bereits in den 70er Jahren entfaltete Konzeption gewertet werden, die eine Trennung von Ehevertrag und Sakrament für jene kirchlichen Gemeinschaften vorgeschlagen hat, die nicht an die Sakramentalität der Ehe glauben.[199] Denn die aus diesem Gedankenmodell gezogene Schlußfolgerung, nicht mehr nur zwischen *gültig-sakramentalen* und *ungültig-nichtsakramentalen*, sondern zwischen gültig-sakramentalen, ungültig-nichtsakramentalen und *gültig-nichtsakramentalen* Christenehen zu unterscheiden, ist durchaus offen und ausbaufähig für die noch weitergehende Idee einer *gestuften* Trennbarkeit bzw. Identität von Ehevertrag und Sakrament, so daß schließlich innerhalb der Kategorie einer gültigen Ehe zwischen *anfanghaft sakramental* und *vollsakramental* differenziert werden könnte.

Ausgangspunkt dieser Grundkonzeption und deren Weiterentwicklung stellt die Kirchenlehre des 2. Vatikanischen Konzils dar. Denn die "Anstöße der konziliaren Ekklesiologie verlangen ... auch danach, den *Zusammenhang von Glaube und Sakrament* bei der Ehe stärker zu berücksichtigen, ohne dabei das Sakrament in den persönlichen Glauben der Partner hinein aufzulösen."[200] Wendet man nämlich die vom CIC/1983 übernommene vatikanische Lehre der Kirchengliedschaft auf das Sakrament der Ehe an, so stellt es "eine starke Sichtverengung dar, wenn man der Meinung ist, die Sakramentalität der Ehe gründe allein auf der Tatsache der Taufe. Man hat keineswegs nur gleichsam punktuell das begrenzte Ereignis der Taufspendung ins Auge zu fassen. Für unsere Frage entscheidender ist jene neue und dauerhafte Existenzweise, die durch die Taufe grundgelegt wird: die Existenz als Glied der Kirche. Es ist die durch die Taufe begründete Kirchengliedschaft, aus der auch die eheliche Existenzform ihr besonderes Gepräge erhält."[201] Diese neue Existenzweise als Glied der katholischen Kirche wird aber nicht durch die Taufe allein begründet, sondern durch diese nur grundgelegt (vgl. cc.96 und 204

---

[198]Bernhard, Das neue Eherecht, 195; vgl. auch Manzanares, Habitudo matrimonium baptizatorum, 69f; Heimerl, Um eine neue Wertung, 188 - 195; 213f; Schmeiser, Marriage in Contemporary Society, 108; ähnlich auch Zapp, Zivilehe Formpflichtiger, 452: Da mit einem ausreichenden Ehewillen das Wesenskonstitutiv der Ehe gegeben ist, "kann wohl ohne weiteres formuliert werden, daß es keine zwei Arten von Ehen gibt, die kirchenrechtliche und die zivilrechtliche, sondern lediglich zwei Formen der Ehewillenserklärung, die kirchenrechtliche und die zivilrechtliche, deren Nichteinhaltung im entsprechenden Rechtskreis zur Unwirksamkeit dieser Erklärung führen kann, zur ungültigen Ehe", nicht aber zur Nichtehe, wie Primetshofer, Die kanonistische Bewertung der Zivilehe, 413 und 416, behauptet (siehe dazu Anm. 210, S. 248f.), den Zapp, Zivilehe Formpflichtiger, 450f mit Anm. 48f, kritisiert. Vgl. Bender, Valor actus, 113; Flatten, De matrimonio civili catholicorum, 221; Bertrams, Die kirchlich gültige Ehe, 200.
[199]vgl. Aymans, Die Sakramentalität christlicher Ehe, 324 - 338, und ders., Gleichsam häusliche Kirche, 431 - 446.
[200]ders., Gleichsam häusliche Kirche, 446.
[201]ders., Die Sakramentalität christlicher Ehe, 330f; vgl. ders., Gleichsam häusliche Kirche, 436 und ders., Die sakramentale Ehe als Gottesbund, 192f.

CIC/1983) und erst durch das Bekenntnis zum rechten Glauben sowie zur hierarchischen Gemeinschaft im Vollsinn konstituiert (vgl. c.205 CIC/1983). Nur wo sich diese drei Elemente der Taufe, des katholischen Glaubens und der hierarchischen Gemeinschaft verbinden, kann man von einer kirchlichen Einbindung des Ehewillens eines Paares bzw. dem konstitutiven Mittragen des konkreten Ehewillens eines Paares durch die Glaubensgemeinschaft der (katholischen) Kirche ausgehen, und zwar in dem Sinn, daß jeder, der "zur vollen Kirchengliedschaft gehört (plena communio), nicht gleichsam die Wahl hat, ob er eine sakramentale oder eine nichtsakramentale Ehe schließen will. Ehe in der vollen Kirchengemeinschaft ist aus sich heraus und nicht aus dem Willen der Partner entweder sakramental-zeichenhafte Existenz oder eben nichtkirchliche Existenz. ... Wo demgegenüber in christlichem Bekenntnis Ehe einen anderen kirchlichen Stellenwert einnimmt, da ist eben dies ein Grund mit dafür, warum volle Kirchengemeinschaft nicht gegeben ist. Das ändert weder etwas an der Gültigkeit solcher Ehen, noch daran, daß derartige Ehen gemäß dem Selbstverständnis der betreffenden Kirchengemeinschaft eine durchaus religiöse Bedeutung haben können. Insofern reicht das bisherige begriffliche Instrumentarium, das nur zwischen sakramentalen und sogenannten Naturehen zu unterscheiden wußte, nicht mehr aus. Die Ehe in den nichtkatholischen Kirchen und kirchlichen Gemeinschaften verlangt nach einer neuen und differenzierten Bewertung gemäß dem jeweiligen Bekenntnis selbst."[202] Denn auch die Ehe kann "nicht ohne Rücksicht auf das Glaubensbekenntnis beurteilt werden, aus dem sie hervorgeht und in das sie hineingestellt wird. In dieser Hinsicht ist die Ehe mit der Taufe selbst vergleichbar. Es käme niemand auf den Gedanken, die Taufe einer Glaubensgemeinschaft anzuerkennen, nach deren dezidiertem Bekenntnis die Taufe nur ein menschlicher Bußakt, nicht aber Handeln Gottes unter sichtbaren Zeichen wäre. Auch die Ehe als Gestaltform kirchlicher Existenz kann zu sakramentaler Zeichenhaftigkeit nur dann erwachsen, wenn dies zu dem Inhalt jenes Bekenntnisses gehört, um das sich die konkrete kirchliche Existenz sammelt."[203]

---

[202]ders., Die Sakramentalität christlicher Ehe, 338; ders., Die sakramentale Ehe als Gottesbund, 197; vgl. ders., Gleichsam häusliche Kirche, 446.

[203]ders., Die Sakramentalität christlicher Ehe, 335f; vgl. ders., Gleichsam häusliche Kirche, 439 und ders., Die sakramentale Ehe als Gottesbund, 195.
Nach Lehmann, Glaube - Taufe - Ehesakrament, 90, mag dieser Vorschlag "manches für sich haben, er begegnet jedoch auch einigen Bedenken, die nicht verschwiegen werden dürfen. Einmal steht ihm die Überzeugung entgegen, daß es sich bei der Taufe um die Eingliederung in die *eine* Kirche Jesu Christi handelt. Kann nun eine kirchliche Gemeinschaft das Zustandekommen des Ehesakramentes verhindern, obgleich dieses sich aufgrund der Taufe durch das Ja bei der Eheschließung konstituiert (in Differenz zu anderen Sakramenten)? Kann die innere Orientierung und Bedeutung eines solchen Geschehens durch den Glauben einer kirchlichen Gemeinschaft wirklich entleert werden? Das Gewicht dieser Fragen scheint doch erheblich zu sein."
Ähnlich auch Corecco, Die Lehre der Untrennbarkeit, 442: "Das einzige Problem, das dabei [= bei der Konzeption von Aymans] noch offen bleibt, geht dahin zu wissen, ob eine kirchliche Gemeinschaft wirklich das Zustandekommen eines Sakramentes wie jenes der Ehe verhindern kann."
Aymans, Gleichsam häusliche Kirche, 444, geht auf diesen Einwand ein und führt aus: "Coreccos [und Lehmanns] zweifelnde Anfrage nach der Fähigkeit einer kirchlichen Gemeinschaft, das Zustandekommen eines Sakramentes zu verhindern, scheint mir in dieser Form nicht glücklich. Man muß vielmehr umgekehrt danach fragen, was notwendig ist, damit eine sakramentale

Mit einer solchen ekklesiologisch begründeten Trennbarkeit von Ehevertrag und Ehesakrament wäre endlich ein Schlußstrich unter die unselige Alternative: entweder *sakramentale Christenehe* oder *ungültige Christenehe* gezogen und damit zugleich eine nicht zu unterschätzende positive Folge für die bekenntnisverschiedenen Ehen gegeben. Jedes konfessionsverschiedene Brautpaar könnte selbst wählen, in welchem Bekenntnis die zu schließende Ehe beheimatet werden soll und dementsprechend sowohl eine sakramentale oder eine nicht sakramentale Ehe eingehen.[204]

Denkt man diese These "einer ekklesiologisch zu wertenden Trennbarkeit von Ehevertrag und Sakrament"[205], d.h. diesen Ansatz der differenzierten Wertung von katholischen und nichtkatholischen Christenehen je nach dem *Bekenntnisstand* der Partner, konsequent zu Ende, so ist er aber nicht nur auf die nichtkatholischen, sondern auch auf die *ungläubigen* (katholischen) Christen anzuwenden. Diese innerkatholische Blickrichtung ist zwar in dem eben skizzierten Entwurf (noch) nicht im Blick, durchaus aber grundgelegt; sie drängt sich nämlich – gerade angesichts heutiger Glaubenslage – als logische Schlußfolgerung auf, vor allem dann, wenn man nicht nur von dem *plena-communio*-Begriff des CIC/1983 ausgeht, sondern auch den des Zweiten Vatikanischen Konzils berücksichtigt, der von der die drei Bande der Sakramente, des Glaubensbekenntnisses und der hierarchischen Gemeinschaft umgreifenden Dimension des *Spiritum Christi habens* ausgeht. Denn "nicht schon durch die Tatsache, daß zwei [katholische] Menschen einen kirchlichen Rechtsakt vollziehen, repräsentieren sie Kirche. Ihr Tun kann eine leere Formel mit folkloristischer Gebärde sein, jedoch auch Bekundung des Willens, ihre Ehe in Glaube, Hoffnung und Liebe zu leben. Sie gerät nicht einfach vor Gott, wenn sie sich ihm nicht öffnet. Erst in dieser Öffnung ereignet sich in ihr Kirche. Den bloßen Vertrag als Sakrament zu betrachten, wird dadurch sehr prekär."[206]

Wirklichkeit entsteht. Damit kommt man zwangsläufig zu der Frage der *Intention*. Die Entwicklung der Theorie über die Intention ist aus mindestens zwei Gründen, die miteinander in engem Zusammenhang stehen, hochbedeutsam: Sie entlastet einerseits Spender und Empfänger eines Sakramentes von der nicht leistbaren Rechenschaft über den zureichenden oder nicht zureichenden persönlichen Glauben im sakramentalen Geschehen und ermöglicht so anderseits überhaupt erst die Zeichenhaftigkeit der sakramentalen Handlungen, indem diese aus der Subjektivität der Menschen und deren Anfälligkeit herausgehalten werden. Aber die Intention steht in unlöslicher Abhängigkeit vom Glauben der Kirche; sie muß notwendig *in ihrem ekklesiologischen Zusammenhang* gedeutet werden. Die tridentinische Minimalformel, nach der für den Sakramentenspender die Intention verlangt ist, 'saltem faciendi quod facit Ecclesia', muß nach dem II. Vatikanischen Konzil im Hinblick auf ihren Kirchenbegriff differenziert verstanden werden. 'Ecclesia' kann in diesem Zusammenhang nicht im Sinne der Kirche Jesu Christi gedeutet werden, zu der unabhängig vom Glaubensbekenntnis und sogar von der persönlichen Heilssituation alle Getauften gehören; andernfalls würde das Tun der Kirche vollends relativiert. Das heißt auf der anderen Seite aber nicht, daß es eine solche Intention nur in der 'plena communio' der katholischen Kirche gibt oder geben kann. Die entlastende Funktion der Intention für den Glauben des einzelnen besteht in der verfassungsrechtlichen Zuordnung des einzelnen Christen zu seiner Bekenntnisgemeinschaft und damit zu einem bestimmten Glaubensbekenntnis."

[204] vgl. Aymans, Die Sakramentalität christlicher Ehe, 336f; ders., Gleichsam häusliche Kirche, 440, und ders., Die sakramentale Ehe als Gottesbund, 196.

[205] ders., Gleichsam häusliche Kirche, 442.

[206] Duss von Werdt, Theologie der Ehe, 442.

Zu dem gleichen Ergebnis kommt man auch, wenn man die Erklärung des II. Vatikanischen Konzils über das Recht auf religiöse Freiheit ernstnimmt und auf diese Fragestellung anwendet. Denn dort heißt es in DH 3,3:

"Nun aber werden die Gebote des göttlichen Gesetzes vom Menschen durch die Vermittlung seines Gewissens erkannt und anerkannt; ihm muß er in seinem gesamten Tun in Treue folgen, damit er zu Gott, seinem Ziel gelange. Er darf also nicht gezwungen werden, gegen sein Gewissen zu handeln. Er darf aber auch nicht gehindert werden, gemäß seinem Gewissen zu handeln, besonders im Bereiche der Religion."

Kombiniert mit dem Grundrecht eines jeden Menschen auf Ehe, heißt das doch, daß auch getaufte Ungläubige ein Recht auf Ehe haben, und die Kirche nicht das Recht hat, ihnen das Sakrament aufzuerlegen. Getaufte Ungläubige verlieren zwar das Recht auf eine sakramentale Ehe, nicht aber das Recht auf eine Ehe, und es gibt keinen theologischen Grund, eine solche Ehe nicht als das anzuerkennen, was sie ist, nämlich eine nicht-sakramentale Ehe,[207] die allerdings sakramental sein müßte und somit einen privativen bzw. defizienten und insofern – zumindest für eine Ehe unter zwei Katholiken – sündhaften Zustand darstellt, der die Kirchenzugehörigkeit beeinträchtigt. Jede zivil geschlossene Ehe von getauften Ungläubigen sollte somit von der katholischen Kirche als eine zwar gültige, aber wegen der fehlenden sakramentalen Dimension auch als defiziente Gestalt der Ehe bewertet werden:

- als *gültig* deshalb, weil es keinen (theologischen) Grund dafür geben kann, daß eine wegen Unglaubens bewußt nur zivil geschlossene Ehe von (katholisch oder nichtkatholisch) Getauften geringer eingestuft werden sollte als die Zivilehe zwischen Ungetauften. Diese Gültigkeit muß in ähnlicher Weise verstanden werden wie dies der kirchliche Gesetzgeber bereits bei der (im bisherigen Sinn konzipierten) sakramentalen, aber nicht vollzogenen Ehe tut, nämlich auch in einem gestuften Sinn; nach c.1141f CIC ist nämlich nur die sakramentale *und* vollzogene Ehe unauflösbar, während die sakramentale, aber (noch) nicht vollzogene Ehe (noch) auflösbar ist. Mit dieser Regelung bekundet der kirchliche Gesetzgeber – zumindest an dieser Stelle – bereits die Vorstellung einer gestuften Gültigkeit und damit verbunden einer gestuften Sakramentalität der Ehe. Denn c.1141f kann doch nur in dem Sinn verstanden werden, daß die sakramentale, aber nichtvollzogene Ehe (noch) nicht im Vollsinn gültig und sakramental ist, sondern erst der sakramentalen und vollzogenen Ehe die Eigenschaft der vollgültigen und vollsakramentalen Ehe zukommt. Eine solche Stufung der Gültigkeit ist analog auf die zivile und kirchliche Eheschließung anzuwenden.

- als *defizient* und damit gewissermaßen sündhaft deshalb, weil die in der Taufe empfangene bzw. grundgelegte Gnade, die Ehe ekklesial bzw. sakra-

---

[207]vgl. Örsy, Marriage in Canon Law, 56f; Cuenin, Marriage, 324; Marrevee, Is a Marriage, 104 - 109; Huizing, Alternativentwurf, 89.

mental zu leben, keinem Getauften vorenthalten wird, so daß jede Privatisierung der Ehe von Getauften als Ausdruck der Verweigerung, die ekklesiale Dimension der Ehe zu leben, nur das Resultat eines sündhaften Verhaltens sein kann, das sich folglich negativ auf die Rechte und Pflichten innerhalb der Gemeinschaft der katholischen Kirche auswirken muß, und zwar auch wieder in gestufter Weise: Je nach dem, ob der Katholik einen katholischen, christlichen oder ungetauften Partner heiratet, entzieht er sich damit zugleich bestimmte (kirchliche) Rechte; die zivil geschlossene Ehe mit einem bekenntnis- oder religionsverschiedenen Partner hat für den Katholiken weniger Rechtsminderungen zur Folge als die zivile Eheschließung mit einem Katholiken: Im Fall der bekenntnis- und religionsverschiedenen Ehe darf der Katholik rechtlich nicht schlechter gestellt werden als bisher, d.h. konkret, daß er auch künftig nicht ohne weiteres in den pastoralen Dienst der Kirche übernommen wird u.ä., nicht aber, daß er durch diese neue Konzeption quasi für seinen nichtkatholischen Partner etwa mit der Verweigerung der Kommunion 'bestraft' wird, vor allem dann nicht, wenn er seine Ehe vor der Kirche in Ordnung gebracht hat, also Dispens von der kanonischen Eheschließungsform beantragt und erhalten hat. Der Katholik, der mit einem anderen Katholiken nur zivil verheiratet ist, nimmt sich dagegen ferner auch etwa das Recht ein Patenamt zu übernehmen, in ein kirchliches Gremium gewählt werden zu können, die Kommunion zu empfangen u.ä.

Denn auch wenn die ganze Schöpfung in bezug zur Erlösung durch Jesus Christus gesetzt werden muß, auch wenn alles in, durch und für Christus geschaffen ist, auch wenn die Schöpfung für den Bund mit Gott in Christus und durch die Gabe des Heiligen Geistes geschaffen worden ist, behalten dennoch alle geschaffenen Wirklichkeiten ihre Form oder Struktur, selbst wenn sie ihr Ziel nicht verwirklichen. Es bleibt ihnen ein Rest von Selbstand, unabhängig davon, ob sie ihre Berufung in Christus verwirklichen oder nicht; die Schöpfungsordnung ist zwar durch die Sünde *ge*stört und deshalb zu ihrer Vollendung auf die Erlösungstat Christi am Kreuz angewiesen, nicht aber *zer*stört. Deshalb ist auch auf die von der Sünde gestörte Schöpfungswirklichkeit das allgemeine Prinzip anzuwenden, daß die Gnade die Natur nicht zerstört bzw. das göttliche Recht, das aus der Gnade kommt, nicht das menschliche Recht aufhebt, das aus der natürlichen Vernunft kommt,[208] sondern aufnimmt und durch das Kreuz hindurch verwandelnd erhöht.[209] Dieser Grundsatz impliziert, daß der Getaufte, der dem Glauben fremd geworden ist, ein Recht zur Eheschließung behält, die nicht ein bloß 'psychologisches Band', sondern ein 'foedus' bewirkt, das seine Grundlage in der – zwar unter dem Einfluß der Sünde stehenden, aber nicht in ihr aufgehenden – Schöpfungswirklichkeit hat, und durch die Gesetze der rechtmäßigen zivilen Macht sanktioniert ist.[210] Dieses Recht muß auch deshalb gelten, weil die Geschichte der Welt, die durch die Erlösungstat Christi zur Heilsgeschichte geworden

---

[208]vgl. Thomas von Aquin, S.th. II - II,10,10, in: Caramello Bd II, S.61: "Ius autem divinum, quod est ex gratia, non tollit ius humanum, quod est ex naturali ratione."

[209]vgl. Thomas von Aquin, S.th. III, q.79, a.7, ad 2, in: Caramello Bd III, 486.

[210]vgl. Congar, La commission, 296f, in Auseinandersetzung mit dem 3. Kapitel 'Schöpfung und Erlösung' der Internationalen Theologenkommission (vgl. Propositiones, in: Grocholewski, 28f), das die Grundlage für die Position der Internationalen Theologenkommission bildet

ist, weiterhin eine Freiheitsgeschichte bleibt, da sie auf dem Bund Gottes mit dem Menschen gründet.

Die Eheschließung eines Getauften mit einem nichtgetauften Partner (= religionsverschiedene Ehe) ist ja bereits von der Kirche als eine solche gültige, aber nicht-sakramentale Ehe anerkannt. Und genau diese Möglichkeit, daß ein Christ (auch) eine nicht-sakramentale, aber dennoch (kirchlich) gültige Ehe eingehen kann, sollte sowohl auf den *innerchristlichen* wie auch *innerkatholischen* Bereich ausgeweitet werden. Während bisher für den Katholiken bei einer Eheschließung mit einem (nichtkatholischen oder katholischen) Christen nur die Alternative besteht, *entweder* eine sakramentale und damit kirchlich gültige *oder* eine *nicht* sakramentale und damit kirchlich *ungültige* Ehe einzugehen, sollte mit Hilfe des Modelles einer gestuften Sakramentalität die bisherige Alternative – analog zur Eheschließung eines Katholiken mit einem Ungetauften, also der religionsverschiedenen Ehe – um eine dritte Möglichkeit aufgebrochen werden, nämlich um die Möglichkeit einer *nicht* sakramentalen, aber dennoch *gültigen* Ehe, die allerdings die bereits erwähnten (gestuften) Rechtsminderungen mit sich bringt. "Nicht sakramental" muß dann natürlich gemäß des Zusammenhanges von Schöpfungs- und Erlösungsordnung und der darauf aufbauenden Vorstellung einer gestuften Sakramentalität als "nicht *voll*sakramental" verstanden werden.

Dieser Reformvorschlag würde die Lehre von der absoluten Identität zwischen Vertrag und Sakrament der Ehe unter Getauften zu einer gestuften Identität in folgendem Sinn modifizieren: Gläubige Getaufte, die ihre Ehe bewußt in Christus schließen und als Abbild der Liebe Christi zu seiner Kirche verstehen, empfangen bei ihrer kirchlichen Eheschließung zugleich das Sakrament der Ehe in seiner Vollform. Heiraten jedoch zwei Getaufte, von denen auch nur einer diese beiden Voraussetzungen nicht erfüllt, also entweder seine Ehe nicht als Abbild versteht und/oder eine kirchliche Eheschließung ablehnt, dann empfangen sie bei ihrer (kirchlichen oder nur zivilen) Eheschließung nicht das Ehesakrament in der

---

und seinerseits wiederum im Bericht von Caffarra wurzelt; siehe auch Manzanares, Habitudo matrimonium baptizatorum, 61f; 68.

In diese Richtung sind wohl auch die Ausführungen von Primetshofer, Die Stellung der Zivilehe, 302f; 306 - 313, zu deuten. Primetshofer will jede nicht in kanonischer Form, aber mit einem echten Ehewillen geschlossene Ehe von formpflichtigen Personen als *Nichtehe (matrimonium non existens)* bezeichnen und damit von der *ungültigen* bzw. *nichtigen Ehe* und dem *Konkubinat* abheben. Bei dieser Unterscheidung, die er auch im staatlichen Eherecht Österreichs (§15,1) analog belegt sieht, muß allerdings vorausgesetzt sein, daß mit der Bezeichnung *Nichtehe* nicht ein von der kirchlichen Rechtsordnung in keiner Weise zu beachtendes Nichts gemeint ist. Motive für solche formfreien Ehen sind für Primetshofer offensichtlich unerheblich. Versucht hier nicht Primetshofer durch Wortakrobatik eine (rechtliche) Abstufung zu erreichen, die es gar nicht geben kann, nämlich eine Abstufung dessen, was *nicht* ist? Es kann doch keine rechtliche (wohl aber eine sittliche) Unterscheidung in den verschiedenen Formen der Nichtehe in dem Sinn geben, daß die Bezeichnung 'Nichtehe' auf die Zivilehe angewandt, rechtlich doch *etwas* von Ehe impliziert, auf den Konkubinat bezogen, aber dagegen den Sinn des Wortes erfüllt und eben *nicht* als Ehe gilt. Hier ist mit Zapp, Kanonisches Eherecht, 71, festzuhalten, daß der bei der Zivilehe geleistete Konsens auch nach kanonischem Eherecht nicht 'nichts' ist, sondern durch 'sanatio in radice' ohne weiteres zu einer gültigen Ehe führt, was bei dem 'Nichtakt' etwa der eheähnlichen Gemeinschaft nicht möglich ist; daher kann die Zivilehe nur eine ungültige, aber nicht eine Nichtehe sein (siehe dazu auch Anm. 198, S. 244).

Vollform,[211] sondern eine Vorstufe dieser Vollform des Ehesakramentes, die allerdings den Keim der sich vielleicht später entfaltenden Vollsakramentalität in sich trägt.[212] Mit anderen Worten heißt das, daß die dem gültig zustande gekommenem Ehevertrag zugrundeliegende Glaubensintention die Zuordnung der ehesakramentalen Stufe bestimmt. Jede in einer öffentlich anerkannten Form geschlossene Ehe gilt also als (auch kirchlich) gültiger Ehevertrag,[213] der – weil in der Schöpfungsordnung verankert – den Keim der Sakramentalität in sich trägt; je nachdem, wie weit dieser Keim in der Ehe von zwei Getauften entfaltet ist, wird zwischen einer anfanghaft sakramentalen und vollsakramentalen Ehe unterschieden.[214]

Das Sakrament der Ehe in dieser Stufung verstanden, daß nämlich der Konsensaustausch auf dem Standesamt oder in einer anderen öffentlich anerkannten Form bereits – als erste Stufe – die Ehe mit und in ihrer schöpfungsmäßig grundgelegten sakramentalen Struktur begründet und der Konsensaustausch von zwei an das Abbild der Liebe Christi zur Kirche glaubenden Getauften in der kirchlichen Feier eine weitere Stufe, nämlich die Stufe der Vollform des Ehesakramentes darstellt, die dann im konkreten und alltäglichen Eheleben zu ihrer Entfaltung kommt, führt also in ihrer Folgewirkung auch zu einer gestuften Identität von Vertrag und Sakrament, durch die wiederum der Streit um die absolute und relative Untrennbarkeit zwischen Ehevertrag und Ehesakrament von zwei Getauften als überholt zu betrachten ist. Da nämlich einerseits bei jedem gültigen Ehevertrag unter Getauften zugleich das Ehesakrament – entweder anfanghaft oder in seiner Vollform – zustandekommt, ist das Anliegen der Lehre von der absoluten

---

[211]Wenn zwei Katholiken in der kanonischen Eheschließungsform heiraten, dann ist natürlich zunächst von der Rechtsvermutung auszugehen, daß sie bei ihrer kirchlichen Eheschließung das Vollsakrament empfangen. Dennoch kann sich aber im nachhinein herausstellen – vor allem dann, wenn die Ehe scheitert –, daß von einem oder beiden Partnern der Glaube an die Sakramentalität nur vorgegeben wurde, in Wirklichkeit aber gar nicht vertreten wird. In diesem Fall wäre zunächst in einem Ehenichtigkeitsverfahren zu prüfen, ob die Sakramentalität der Ehe in ihrer Vollform, also in ihrer Abbildfunktion, oder auch schon in ihrer Anfangsstufe, also als eine einheitliche und unauflösliche Wirklichkeit, abgelehnt wurde. Läßt sich nachweisen, daß zum Zeitpunkt der kirchlichen Eheschließung bereits die Anfangsstufe der Sakramentalität verneint wurde, dann wäre die kirchliche Eheschließung für ungültig zu erklären; stellt sich aber heraus, daß lediglich die Vollform ausgeschlossen wurde, dann wäre die Ehe, die den Schein der Vollsakramentalität hat, für anfanghaft sakramental zu erklären und gegebenenfalls einem Eheauflösungsverfahren zu unterziehen.

[212]vgl. ähnlich auch Puza, Die Ehe als Sakrament und Vertrag, 136, und ders., Kirchenrecht - Theologie - Liturgie, 79, der für getaufte Ungläubige Dispens von der kirchlichen Eheschließungsform fordert, solange theologisch noch nicht geklärt ist, ob diese ungläubigen Christen auch eine kirchlich anerkannte Zivilehe eingehen können. Diese von der Formpflicht dispensierte Zivilehe von getauften Ungläubigen "trüge gewissermaßen den Keim der Sakramentalität in sich, der vielleicht später zur Entfaltung kommen kann."
Siehe auch Schmeiser, Marriage in Contemporary Society, 107.

[213]vgl. Örsy, Marriage in Canon Law, 57.

[214]Diese sakramentale Stufung könnte noch weiter fortgesetzt werden und auch die Ehen von zwei Ungetauften einbeziehen. Auf der untersten Stufe angesiedelt, müßte dann schließlich bei deren Ehen zwischen gläubigen und ungläubigen Nichtchristen unterschieden werden. Da jedoch die Ehen von Ungetauften nicht in den Rechtsbereich der katholischen Kirche fallen, bleiben die ungetauften Ehepaare hier unberücksichtigt.
Zur der Frage wer was wie verbindlich feststellt, also zur Frage nach Kriterien für diese Stufung siehe als einen möglichen Vorschlag S. 294f.

Identität gewahrt, daß die durch die Taufe begründete Zugehörigkeit zur Kirche die Ehe von Getauften zum Sakrament macht; weil aber andererseits bei der Identität von Ehevertrag und Ehesakrament nach der zugrundeliegenden Glaubensdisposition der Getauften differenziert wird zwischen anfanghaft sakramentalem und vollsakramentalem Ehevertrag, kommt auch die Position der relativen Identität insofern zum Tragen, daß ein gültiger Ehevertrag unter Getauften nicht 'automatisch' das Ehesakrament in seiner Vollform begründet. Insofern kann und muß also die Identität von Ehevertrag und Ehesakrament "als eine in sich differenzierte Spannungseinheit verstanden werden. Bekanntlich setzt schon rein philosophisch jede Identitätsaussage, die mehr als eine bloße Tautologie sein soll, eine gewisse Differenz voraus. Das gilt erst recht, wenn es um die Einheit von Schöpfungs- und Erlösungsordnung geht. Hier eine differenzlose Identität zu behaupten, wäre schlicht häretisch. Deshalb muß man auch in der Ehe das Verhältnis von Schöpfungs- und Heilswirklichkeit analog dem christologischen Prinzip 'unvermischt und ungetrennt' bestimmen."[215]

Mit diesem Modell einer gestuften Sakramentalität wäre die katholische Kirche endlich von dem leidigen Dilemma befreit, einen getauften, aber bekennenden Ungläubigen entweder zum Sakrament zu zwingen oder ihm das Sakrament und damit das Recht auf eine gültige Ehe zu verweigern;[216] außerdem würde die Theorie eines gestuften Ehesakramentes auch eine wichtige ökumenische Konsequenz mit sich bringen. Bisher empfangen nämlich nach *katholischem* Verständnis zwei *evangelische* Christen bei ihrer standesamtlichen Trauung das (Voll-)Sakrament der Ehe, das es aber nach dem Selbstverständnis der *evangelischen* Kirche gar nicht gibt; scheitert eine solche Ehe, so ist nach der Lehre der *evangelischen* – im Gegensatz zur *katholischen* – Kirche eine staatlich vollzogene und kirchlich anerkannte Ehescheidung mit eventuell anschließender Wiederheirat durchaus möglich. Mit dieser unterschiedlichen Sichtweise ist der Konfliktfall vorprogrammiert, daß ein geschiedener evangelischer Christ und ein Katholik miteinander eine bekenntnisverschiedene Ehe eingehen möchten. Stellt diese Eheschließung in der *evangelischen* Kirche keinerlei Probleme dar, wird sie dagegen in der *katholischen* Kirche (bisher noch) als ungültige bzw. nichtige Ehe und damit als nicht existierend betrachtet, da nach dem Recht der *katholischen* Kirche die erste Ehe des *evangelischen* Partners noch fortbesteht; denn nach geltender *katholischer* Auffassung ist jede Ehe unter *Getauften*, sobald sie vollzogen ist, absolut unauflöslich bzw. nur durch den Tod eines der beiden Ehepartner auflösbar (vgl. c.1141 ff CIC). Dieser ökumenische Konfliktfall wäre durch die Konzeption einer gestuften Sakramentalität der Ehe in folgendem Sinne entschärft: Zwei evangelische Christen empfangen bei ihrer standesamtlichen Trauung nicht mehr einfach das (Voll-)Sakrament, sondern je nach ihrer Glaubensintention eine Grundstufe, nie aber die Vollstufe des Sakramentes. Als 'nur' grundsakramental ist diese Ehe dann auch prinzipiell auflösbar, da das Gebot Christi von der absoluten Unauflöslichkeit der Ehe lediglich für die Ehen auf der vollsakramentalen Stufe gelten sollte.[217] Für alle nicht - *voll*sakramentalen Ehen sollte also die *absolute*

---

[215]Kasper, Zur Theologie der christlichen Ehe, 87.
[216]vgl. Örsy, Marriage in Canon Law, 56.
[217]Zu den Kriterien für die Vollgestalt des Ehesakramentes vgl. auch S. 261ff.

Unauflöslichkeit der Ehe noch nicht gelten; allerdings nur unter der Voraussetzung, daß mit dem Eingehen einer solchen Ehe umgekehrt auch eine (gestufte) Minderung der Rechtsstellung innerhalb der kirchlichen Gemeinde, also gewisse Einbußen in der Ausübung von Rechten, verbunden ist. Denn volle Rechte kann nur der beanspruchen, der sich auch allen Pflichten stellt.

C.1055 CIC/1983 in diesem erweiterten Sinn zu verstehen, würde mehr der dem Sakramentenrecht insgesamt zugrundeliegenden Zielsetzung entsprechen; zumindest würde c.1055 (vor allem auch iVm mit c.1117) nicht mehr in so eklatantem Widerspruch zu c.840 stehen. Denn dieser das Sakramentenrecht einleitende c.840 bezeichnet die Sakramente nicht nur als Handlungen Christi und der Kirche, sondern auch als Zeichen und Mittel, durch die der Glaube ausgedrückt und bestärkt wird. Diese beiden Normen c.840 und c.1055 CIC zusammengenommen, besagen doch nichts anderes, als daß der Schwerpunkt zweifelsohne auf der objektiven Ordnung liegt, also auf der Tatsache, daß Christus die menschliche Wirklichkeit Ehe zum wirksamen Zeichen der Gnade erhoben hat und daher die Ehe von Getauften – objektiv betrachtet – stets darauf angelegt bleibt, daß ihre in der Taufe grundgelegte Sakramentalität zur Entfaltung kommt,[218] die subjektive Seite deshalb aber nicht einfach überflüssig wird. Deshalb dürfen und können auch beim Sakrament der Ehe die objektive und subjektive Dimension des Glaubens nicht gegeneinander ausgespielt werden, etwa so, daß entweder auf den personalen Glauben gänzlich verzichtet werden könnte oder umgekehrt der personale Glaubensstand genau gemessen und nachgewiesen werden müßte.[219] Anders gesagt: Die Ehe ist zweifelsohne von Gott her als Sakrament und damit als Kirche gegründet (ex opere operato), doch tritt sie als Sakrament und damit als Kirche erst in Erscheinung und kommt zur Wirksamkeit in gelebtem Glauben, Hoffen und Lieben.[220] "Trotz des gelegentlichen Mißbrauchs einer sogenannten anthropologisch orientierten Betrachtungsweise sollte man den Blick nicht davor verschließen, daß die Sakramente zwar *Heils*zeichen aufgrund ihrer wie auch immer im einzelnen gearteten Institution von Christus her sind, daß sie aber zur Verwirklichung ihres *Zeichen*charakters der Aktivität jener bedürfen, die sie ihrerseits in ein Sinngefüge hineintragen sollen. Das Verhältnis solcher Zuordnungen ist bei den einzelnen Sakramenten sicher ganz unterschiedlich. Daß aber bei der Ehe ein Höchstmaß von menschlicher Sinngebung erforderlich ist, damit das Heilszeichen Christi sprechen kann, darf wohl behauptet werden."[221] Wenn somit eine einseitige Existentialisierung des ehesakramentalen Zeichens vermieden werden muß, heißt das aber nicht, "die subjektiven Voraussetzungen einer aktiv sich auswirkenden Kirchengliedschaft wegen ihrer schweren Faßbarkeit möglichst auszuschalten. Eben dieses 'Wir' der Ehepartner *in* der Kirche ist das konstituierende Zeichen."[222]

---

[218]vgl. Mahrenholz, Ch., Die Neuordnung der Trauung, Berlin 1959, 27, Anm. 58

[219]vgl. Baumann, Die Ehe, 81f; 119. Maritz, Ehe – Sakrament des Glaubens, 252; 256; Manzanares, Habitudo matrimonium baptizatorum, 63 - 66; Tillard, Zur Intention des Spenders und des Empfängers der Sakramente, 59; Prader, Das kirchliche Eherecht, 27 - 30.

[220]vgl. Duss von Werdt, Theologie der Ehe, 443.

[221]Breuning, Das wirkkräftige Zeichen der Gnade, 195.

[222]ebd., 206.

3.2 Der Spender des Ehesakramentes

Geht man rein dogmatisch an die Frage nach dem Spender des Ehesakramentes heran, so müssen zunächst zwei Grundwahrheiten vorausgesetzt werden, die einerseits unabdingbar, andererseits aber auch interpretierbar sind:

1. Als Spender eines Sakramentes gilt, wer das äußere Zeichen des Sakramentes setzt.

2. Ohne Mitvollzug der Kirche kann es kein Sakrament geben; denn als Grund- bzw. Ursakrament aller Sakramente ist die Präsenz der Kirche bei jedem Sakrament gefordert.

Wendet man diese beiden sakramententheologischen Grundaussagen auf das Ehesakrament an, so kommt man zu dem Ergebnis: Das ehesakramentale Zeichen wird sowohl von dem getauften Brautpaar als auch von dem beauftragten Amtsträger der Kirche gesetzt. Denn die *Vollgestalt* des ehesakramentalen Zeichens besteht nicht nur in dem gegenseitigen Austausch des Ehewillens der getauften Brautleute, sondern auch in dem Erfragen, Entgegennehmen und Segnen des Ehewillens durch den kirchlichen Amtsträger. Damit ist bei der *vollen* Zeichengestalt des Ehesakramentes die Kirche sozusagen in zweifacher Weise präsent und aktiv beteiligt: durch die *getauften* Brautleute und durch den von ihr beauftragten Amtsträger.

Die Vollgestalt eines Sakramentes setzt sich aber immer aus einem absolut notwendigen Kernbereich und einem relativ (un)entbehrlichen Rahmen zusammen; oder anders gesagt: aus einem *sacramentum* und einem *sacramentale*.[223] Für die Beantwortung der Frage nach dem Spender eines Sakramentes heißt das, daß nur derjenige, der den absolut notwendigen Kernbereich des sakramentalen Zeichens setzt, als Spender im strengen Wortsinn zu betrachten ist. Und damit ist genau der Punkt angesprochen, an dem sich die Gemüter scheiden und in zwei Grundpositionen spalten. Für die einen gelten die Brautleute als die eigentlichen Spender des Ehesakramentes, für die anderen der kirchliche Amtsträger:[224]

1. Der Kerngedanke für die Auffassung, daß sich die Brautleute allein gegenseitig das Sakrament der Ehe spenden, lautet dabei folgendermaßen: In

---

[223]Der Begriff *sacramentale* meint hier nicht nur einen frommen Brauch oder eine religiöse Zeremonie, sondern trägt eine in den sakramentalen Bereich hineinragende Komponente.
Bereits Thomas von Aquin hat den Ehesegen als ein *quoddam sacramentale* bezeichnet (siehe dazu S. 197f).

[224]So kommt schon die 1836 verfasste dogmatisch-kirchenrechtliche Abhandlung von Berg, G.D., 'Über die Erforderlichkeit der priesterlichen Ehe-Einsegnung zum Sakrament der Ehe' zu dem Ergebnis, "daß die Priester das Ehesakrament ministrieren" (S.12), während die nur 4 Jahr später angestellte, aber erst 1842 publizierte dogmatisch-canonistische 'Untersuchung über den Ausspender des Ehesakramentes' von Filser, Th. M. den Beweis führt, "daß die Contrahenten sich selbst das Ehesakrament spenden"(S.1; vgl. S.13f).
Beim Vergleich dieser beiden Werke ist interessant, wie die jeweiligen historischen Quellen (z.B. Ignatius, Tertullian, Augustinus, Konzil von Florenz und Trient, Ritualien aus dem Mittelalter u.a.) im Dienste der eigenen Position ganz unterschiedlich ausgewertet werden (vgl. Berg, 24 - 39; 45 - 63; Filser, 35 - 59).

Ausnahme- und Notsituationen kann auch auf die Beteiligung des kirchlichen Amtsträgers verzichtet werden, wie z.B. bei Dispens von der Formpflicht, bei der Noteheschließungsform, bei der Taufe eines ungetauften Ehepaares[225] sowie bei dem Heilungsverfahren einer ungültigen Ehe; d.h. doch, daß die Mitwirkung von seiten des kirchlichen Amtes nicht so konstitutiv für das Zustandekommen des Ehesakramentes ist, als daß das Fehlen dieser Beteiligung das Ehesakrament nicht zustandekommen ließe. Von dieser Erkenntnis ausgehend, wird dann folgende Schlußfolgerung gezogen: Wenn in bestimmten Fällen auf die kirchliche Eheschließungsform verzichtet werden kann, folgt daraus, daß keinerlei *theologische* Notwendigkeit für die Verbindung von Sakramentalität und Formpflicht besteht. Das wiederum bedeutet, daß das Tun des kirchlichen Amtsträgers und somit die Eheliturgie selbst nicht das Sakrament, sondern 'nur' ein Sakramentale des eigentlichen Sakramentes der Ehe, also ein Sakramentale des Konsensaustausches der Partner innerhalb der Liturgie, ist, durch den das Sakrament der Ehe begründet bzw. grundgelegt wird.[226]

Mit dieser Feststellung soll dabei aber keineswegs die bei jedem Sakrament geforderte Präsenz der Kirche als des Grundsakramentes geleugnet werden; denn diese "ist bei der Ehe grundlegend durch die Partner gegeben aufgrund ihrer gültigen Taufe! Gerade bei der Ehe, die durch das Ja - Wort der Gatten selbst konstituiert wird (wo Spender und Empfänger zusammenfallen), muß die Präsenz der Kirche vor allem in den Kontrahenten gesucht werden. Nur so ist sie bei der Konstitution selbst wesentlich und nicht bloß in Form einer von außen gesetzten Bedingung dabei. Wahrer minister sacramenti ist hier allein der Gatte dem Gatten."[227] Der der Ehe Assistierende hat "nicht für sich Bedeutung, sondern nur als Ausdruck der Präsenz der Kirche und der Verbindung der Brautleute mit der Kirche. Die Brautleute miteinander in ihrer sichtbaren Verbindung mit der Kirche sind die 'Spender' dieses Sakramentes",[228] das durch die hoheitliche Bestätigung des trauungsbefug-

---

[225]Läßt sich ein ungetauftes Ehepaar taufen, so wird ihre Ehe zugleich mit der Taufe zu einer sakramentalen Ehe; hier ist also kein trauungsbefugter Priester oder Laie anwesend oder gar beteiligt.

[226]vgl. Becker, Initiatio matrimonii, 105, Nr.10; Ott, Grundriss der katholischen Dogmatik, 557; ähnlich auch Richter, Trauungsliturgie im Wandel, 12, der diese Schlußfolgerungen allerdings nur in der Form des Potentialis gewagt hat; Richter, Die liturgische Feier der Trauung, 487.

[227]Böckle, Das Problem der bekenntnisverschiedenen Ehe, 33; vgl. Lüdicke, in: MK 1055 /3, Rdn. 8; Boff, Das Sakrament der Ehe, 464f; Waltermann, Mischehe, 28f.

[228]Winklhofer, Kirche in den Sakramenten, 250; vgl. Heimerl / Pree, Kirchenrecht, 174; Hofmann, Formpflicht oder Formfreiheit, 246; Zalba, Num aliqualis fides sit necessaria, 96; 101; Boff, Das Sakrament der Ehe, 464f (vgl. dazu S. 281, Anm. 45 dieser Arbeit.) Zapp, Kanonisches Eherecht, 30, für den aus der Realidentität von Vertrag und Sakrament folgt, daß die beiden Partner selbst Spender des Ehesakramentes sind; denn es schließt ja nicht die Kirche den Ehevertrag, sondern allein die beiden Partner. Mit den Brautleuten als alleinige Spender ist aber "durchaus eine Mitwirkung der Kirche vereinbar, ja eingeschlossen; denn die Ehe als Sakrament ist ohne Kirche und deren sakramentenrechtliche Normierungen nicht möglich." Auch für Becker, Initiatio matrimonii, 105, hat die kirchliche Mitwirkung keine sakramentsbegründende Funktion. Im Falle der priesterlichen Mitwirkung als Vollgestalt der kirchlichen Präsenz ist diese Mitwirkung vielmehr als Sakramentale des Sakramentes der Ehe zu sehen, in allen anderen Fällen der kirchlichen Mitwirkung ist diese Mitwirkung als eine juristische zu

ten Eheassistenten die Anerkennung der Kirche erfährt.[229]

2. Gegen diese Position spricht freilich die Tatsache, daß die Auffassung von den Eheleuten als alleinige Spender zwar weitverbreitet, nirgends aber bisher als positivrechtliche Norm formuliert worden ist; sie ist nämlich lediglich das logische Ergebnis der historischen Entwicklung, daß die "Betonung des *solus consensus* im Westen zu einem Zurücktreten der ekklesialen Dimension dieses Sakramentes geführt"[230] und dadurch die zweite Traditionslinie des Priester - Spender - Systems immer mehr in Vergessenheit geraten lassen hat.[231]

An diesem Sachverhalt anknüpfend, lautet dann die Argumentation der genau entgegengesetzten Position: "Die weitverbreitete Meinung, daß die Brautleute die Spender des Ehesakramentes seien und sich gegenseitig oder gemeinsam selbst das Sakrament spenden, ist jedoch nicht haltbar. Diese Annahme steht und fällt mit der Vorstellung, daß die Ehe nichts anderes sei als ein Vertrag. Für das Zustandekommen eines Vertrages genügt allein die *Willenserklärung* der Vertragspartner. ... Auch als Bund bedarf die Ehe für ihr Zustandekommen der Willenszustimmung beider Partner. Aber dies ist nur *ein* Element, zu dem als zweites Element die Bundesstiftung hinzukommen muß. Da die Sakramente Lebensvollzüge der Kirche sind, gehört zum sakramentalen Zeichen des Ehebundes neben der *Willenserklärung der Brautleute* auch eine irgendwie geartete *Mitwirkung der Kirche* als Zeichen der Bundesstiftung. Die Form dieser Mitwirkung hat sich im Lauf der Zeit geändert. Sie kann auch nach geltendem Recht in verschiedenen Weisen erfolgen."[232]

Bei der Mitwirkung der Kirche geht es "nicht nur um den Öffentlichkeitscharakter, sondern auch und vor allem um den kirchlichen und sakramentalen Charakter der Eheschließung, indem das Handeln Gottes zeichenhaft durch

---

werten. Als Konsequenz für die Frage nach dem Spender folgt daraus: "Da die Eheleute selbst in ihrem Verbundensein als Getaufte das sakramentale Zeichen darstellen, ist ihre Lebensgemeinschaft in dem Maß ein im Raum der *Kirche* stehendes *Heils-* und *Glaubenszeichen* für die *Welt*, als beide Partner durch die Ehe ihre Taufe ausdrücklich bekennen und leben."

[229]vgl. Mosiek, U., Kirchliches Eherecht. Nachkonziliare Rechtslage und konzipierte Neufassung, Freiburg, 1976, 40.

[230]Puza, Kirchenrecht - Theologie - Liturgie, 79; vgl. auch Aymans, Die Sakramentalität christlicher Ehe, 327; ders., Gleichsam häusliche Kirche, 433, und ders., Die sakramentale Ehe als Gottesbund, 191; Corecco, Der Priester, 554f; Heinemann, Erwägungen zur rechtlichen Ordnung, 410f; ders., Mischehe, 70f, und ders., Die Notwendigkeit einer kirchlichen Eheschließungsform, 242; Reidick, Die Rolle der Kirche, 209; dies., Die Mischehe, 216.

[231]vgl. Puza, Kirchenrecht - Theologie - Liturgie, 81; vgl. auch Heinemann, Die sakramentale Würde der Ehe, 381.

[232]Kaiser, Grundfragen des kirchlichen Eherechts, 739; vgl. ders., Grundlagen der Eheschließung, 56f und ders., Spender des Ehesakramentes, 198f; Scheuermann, Die Grundlagen der katholischen Mischehenregelung, 1860; siehe in ähnlichem Sinne auch schon Melchior Cano (1509 - 1560), der als erster die Lehre vom Priester als Ehespender theoretisch ausgebaut hat und dessen Hauptgedanke darin bestand, daß "auch bei der Eheschließung eine heilige und übernatürliche Form und daher die Anwesenheit eines Priesters als Vertreter der Kirche deswegen notwendig sei, weil die christliche Eheschließung kein natürlicher, sondern ein religiöser und heiliger Vorgang ist"(Corecco, Der Priester, 529; vgl. ausführlicher ders., Die Lehre der Untrennbarkeit, 386 - 388; 391).

das Handeln eines Organs der Kirche deutlich sichtbar gemacht wird. ...
Es ist zwar richtig, daß die Brautleute, sofern beide getauft sind, auch bei
der Eheschließung als Glieder der Kirche handeln; daraus ist aber nicht zu
schließen, daß es für das Zustandekommen einer sakramentalen Ehe einer
besonderen Mitwirkung der Kirche nicht bedürfe. Daß beide Brautleute
getauft sind, ist eine unerläßliche Voraussetzung dafür, daß ihre Ehe als sakramentale Ehe zustandekommt. Aber ihr Handeln als Glieder der Kirche
ist nicht ohne weiteres auch ein Handeln der Kirche.[233] Zugleich Handeln
der Kirche ist ihre Eheschließung nur dann, wenn sie dazu von der Kirche
durch ihre Rechtsordnung als Organ der Kirche in Dienst genommen sind,
wie dies in der Lateinischen Kirche bis zum Konzil von Trient allgemein der
Fall war und in bestimmten, in der kirchlichen Rechtsordnung anerkannten Situationen, auch heute noch der Fall ist. Sofern die Brautleute dabei
nicht nur in ihrem eigenen Namen, sondern auch im Namen der Kirche
handeln, kommt das Sakrament der Ehe auch hier durch ein Zusammenwirken der Brautleute und der Kirche zustande."[234] Deshalb kann man auch
in den Fällen der Dispens oder Freistellung von der Formpflicht wie auch
bei der außerordentlichen Eheschließungsform oder formfreien Heilung einer
ungültigen Ehe nicht einfach von Nichtmitwirkung des kirchlichen Amtes
am Zustandekommen sakramentaler Ehen sprechen, sondern nur von einer
weniger deutlichen, aber nicht minder wirksamen Mitwirkung. Denn durch
"vorausgehende Dispens von der Formpflicht (c.1127 §2) oder nachfolgende
Heilung einer ungültigen Eheschließung (c.1161) ist ein Organ der Kirche
mittelbar an der Eheschließung beteiligt. Dessen Tätigwerden und die Willenserklärung der Brautleute sind zwar zeitlich und örtlich voneinander getrennt, bilden aber eine Wirkeinheit miteinander. Kaum noch sichtbar,
aber gleichwohl als Lebensvollzug der Kirche wirksam, ist die Mitwirkung
der Kirche am Zustandekommen sakramentaler Ehen durch die *gesetzliche* Freistellung von der ordentlichen Eheschließungsform für Katholiken in
Notfällen (c.1116) und für nichtkatholische Christen (c.1117)."[235]

---

[233]Die nun im Haupttext folgende Fortsetzung der Ausführungen von Kaiser gehen fast schon
in die Richtung der vermittelnden Position (vgl. S. 257ff dieser Arbeit).

[234]Kaiser, Kirchliches Eherecht, 293, 295, und ders., Spender des Ehesakramentes, 199.

[235]Kaiser, Grundfragen des kirchlichen Eherechts, 740f; vgl. ders., Kirchliches Eherecht,
293f und ders., Spender des Ehesakramentes, 199, und ders., Bedeutung der kirchlichen Eheschließung, 138f; ebenso Mörsdorf, Die kirchliche Eheschließungsform, 243, bzw. in: Kanonische
Schriften, 577, und ders., Der Ritus sacer, 266, bzw. in: Kanonische Schriften, 605; May, Die
kanonische Formpflicht beim Abschluss von Mischehen, 42; Scheuermann, Die Grundlagen der
katholischen Mischehenregelung, 1860f; Corecco, Der Priester, 554 - 557.

Für Jilek, Das Große Segensgebet, 33 - 35, ist der Konsens(austausch) nur die Voraussetzung des Sakramentes, das durch das im Namen der ganzen gottesdienstlichen Versammlung
verlautbarte anamnetisch - epikletische Gebet des Priesters zustandekommt (vgl. S.34). In diesem Sinn muß man wohl Jilek verstehen, der sich selbst nicht so klar ausdrückt und schließlich
S.37 als Fazit formuliert: "Die Ehe, welche die Brautleute einander mit der Konsenserklärung
versprechen, wird im Großen Segensgebet proklamiert!"

Lüdicke, Rezension, 269, hat diesen einen Fazitsatz zurecht als Rätselwort kritisiert, das jede
Antwort vermeidet "sowohl auf die Frage nach der Bedeutung des Konsenses, der ein Jawort
de praesenti ist und nicht ein Versprechen, wie auch zu den Problemen der Notwendigkeit des
Segens für das Zustandekommen der Ehe. Daß die Liturgie ihre Vollform nur erreicht, wenn sie
das Große Segensgebet über die Brautleute ... umfaßt, haben Systematiker und Kirchenrechtler

Wenn man die spezifisch amtliche Mitwirkung der Kirche in solch einem allgemeinen Sinn versteht, dann gibt es schließlich kein – kirchliches oder privates – Tun des Christen mehr, an dem das kirchliche Amt nicht irgendwie beteiligt wäre.[236]

Geht man bei der Beurteilung dieser beiden Grundpositionen von der einfachen, aber hilfreichen Feststellung aus, daß von der Konsensabgabe als dem Akt des Sich - Bindens der Partner in keinem Fall – auch nicht in Not- oder Ausnahmesituationen – dispensiert werden kann, wohl aber von dem Erfragen, der Entgegennahme und Segnung des Konsensaustausches durch den kirchlichen Amtsträger als dem expliziten Ausdruck des Gebunden-Werdens der Partner durch Gott vermittels der Kirche, so muß aus diesem Sachverhalt folgende Schlußfolgerung gezogen werden: Der Konsensaustausch der Partner stellt den sakramentenbegründenden Kernbereich dar, während die Mitwirkung der Kirche durch einen Amtsträger das den sakramentenbegründenden Kernbereich umgebende Sakramentale bildet. Dabei ist natürlich vorausgesetzt, daß die Partner bei der kirchlichen Eheschließung nicht nur als Privatpersonen handeln, sondern zugleich auch als Glieder einer konkreten kirchlichen Teilgemeinschaft. Denn genau in dieser Tatsache, daß nämlich der Ehevertrag unter Getauften immer einen ekklesial umgriffenen Vertrag darstellt, liegt ja das 'Besondere', das *suum genus* des katholischen Eheverständnisses und damit zugleich das 'suum genus' des Ehevertrages im Vergleich zu jedem anderen Vertrag. Und aufgrund dieser Besonderheit schließen nie nur die getauften Brautleute den Ehevertrag, sondern immer nur die getauften Brautleute unter Mitwirkung der kirchlichen Gemeinschaft, auch wenn nur die Brautleute die Handlung ausführen, so daß die Beteiligung der Kirche nicht sichtbar zum Ausdruck kommt, d.h. konkret: nicht durch das Tun eines kirchlichen Amtsträgers repräsentiert wird.[237] Damit ist aber das explizite Sichtbarmachen dieser ekklesialen Dimension des Ehevertrages, das durch die Eheassistenz des kirchlichen Amtsträgers geschieht, keineswegs zu einem beliebigen Zubehör degradiert, sondern gehört (weiterhin) dann wesensnotwendig zum ehesakramentalen Zeichen dazu, wenn die *Voll*gestalt des ehesakramentalen Zeichens gesetzt werden soll; das theologische Zusammenspiel von Brautleute und Amtsträger kann dabei folgendermaßen umschrieben werden: "Die sakramentale

keinen Anlaß zu bestreiten." Betrachtet man diesen Rätselsatz allerdings im Gesamtkontext des Beitrages von Jilek, so ist Probst, Rezension, 265, zuzustimmen: "Jilek bejaht nicht nur den Trauungssegen "als konstitutives Element der Trauungsliturgie, sondern auch die Verschiedenheit von Vertrag und Sakrament. Die Ehe als Vertrag ist eine notwendige Voraussetzung für das Zustandekommen des Ehesakraments, aber keineswegs mit diesem identisch."

[236]vgl. auch die Kritik von Lüdecke, Eheschließung als Bund, 813, Anm.26 an Kaiser: "Bei allem diesem Autor zu konzedierenden Verdienst um das Zur-Geltung-bringen des Bundes- gegen den Vertragsgedanken sind seine weitergehenden Schlüsse über die Nicht-allein-Ursächlichkeit des Konsenses der Partner zur Ehebegründung konziliar in keiner Weise abgedeckt und auch vom Bundesmodell her nicht zwingend. Entsprechende Formulierungen, wie Kaiser, Grundlagen der Eheschließung, 56f., können sich nicht auf den Konzilstext berufen, der gerade den genuinen Konsensgedanken im Blick auf die Partner und damit in seiner personalen Vollgestalt wieder zutage fördert."

[237]vgl. auch Rahner, Schriften zur Theologie, 536, Anm. 33: "Wo keine oder keine 'wesentliche' priesterliche Mitwirkung stattfindet, ist nicht gesagt, daß keine kirchliche Vermittlung im Spiel ist, wie das Beispiel der gültigen Laientaufe beweist."

Ehe hängt zwar in ihrem Zustandekommen allein vom freien Willen der Ehepartner ab. Aber sie wird auch durch andere Wirklichkeiten mitbestimmt, welche die Ehe erst zu einem [*Voll-*]Sakrament machen. Zu den Eheleuten *als Glieder am Leibe Christi* (nicht nur als 'private' Einzelne) treten als weitere konstitutive Faktoren Jesus Christus als das Haupt seines Leibes und die Kirche als der wahre Leib Christi. Diese Elemente gehören in sich zusammen... ."[238] Anders gesagt: Der Konsens ist das Sakrament. "Er muß aber so gefüllt sein, daß er der Wirklichkeit des Heils gerecht wird, die heißt, daß Gott, Christus und die Kirche die Brautleute verbinden müssen."[239]

Bei einer solchen Beschreibung der ekklesialen Dimension ist es dann dogmatisch auch nicht notwendig, das Tun des kirchlichen Amtsträgers zu übersteigern und es z.B. seinen Funktionen beim Zustandekommen anderer Sakramente anzunähern und dadurch die Funktion wie auch die verantwortliche Stellung der Ehepartner zu verkürzen.[240] Die Mitwirkung der Kirche bei der Eheschließung ist somit als "eine von der Kirche ausdrücklich festgelegte notwendige Bedingung, aber nicht [als] der Wirklichkeit stiftende Grund für das Zustandekommen des Ehebundes" zu verstehen, was schon allein die Tatsache beweist, "daß von dieser Verpflichtung dispensiert werden kann. ... Daß jedoch die Ehepartner nicht als Privatpersonen, sondern als Glieder der Kirche Spender und Empfänger des Ehesakramentes sind, hat die Kirche durch die besondere Gestalt der Ehekonsenserklärung vor dem zuständigen Priester zum Ausdruck gebracht. ... Die persönliche Konsenserklärung der beiden Ehepartner ist sakramentsstiftend, weil beide durch die Taufe am Priestertum Christi Anteil haben, ein Taufpriestertum besitzen. Wie Christus in einer Person Priester und Opfergabe zugleich ist, so ist auch das Geheimnis der sakramentalen ehelichen Liebe dadurch gekennzeichnet, daß in jedem der beiden Partner zugleich die Grundhaltung des Spenders wie des Empfängers des Sakramentes Wirklichkeit ist. An dieser so einmaligen Teilhabe am Priestertum Christi eben liegt es, daß Christen sich dieses Sakrament selber spenden können."[241] Denn aufgrund dieser in der Taufe grundgelegten Teilhabe

[238]Lehmann, Glaube - Taufe - Ehesakrament, 79; ebenso Schmaus, Der Glaube der Kirche, 236f: "Man wird annehmen dürfen, daß die Frage und die Entgegennahme des Konsenses durch den Priester auch in der abendländischen Kirche in das sakramentale Zeichen einzubeziehen ist. Dieses ist vielschichtig gebaut. Es besteht aus der Willenserklärung der Gatten und aus der Tätigkeit des Pfarrers. Dessen Mitwirkung am Vertrag ist die Mitwirkung der Kirche. Diese wird durch den Pfarrer repräsentiert. ... Man wird sagen müssen, daß die Eheschließenden und der assistierende Priester in einer einzigen einheitlichen Zeichenhandlung jene Symbolik setzen, durch welche das Ehesakrament zustandekommt. Auch so bleibt jeder der beiden Ehegatten Gnadenvermittler für den anderen. Jeder bleibt Minister des Ehesakramentes..."; vgl. auch Kasper, Zur Theologie der christlichen Ehe, 49f; Reinhardt, Ehe - Sakrament, 30.

Auch Gerhartz, Zur Reform der kanonischen Eheschließungsform, 626, muß wohl in dem Sinn verstanden werden, daß das Ehesakrament bereits durch den Ehekonsens zustandekommt, also die Eheleute die eigentlichen Spender des Ehesakramentes sind: Die "positivrechtliche Formvorschrift ... geschieht um der Einordnung dieses auch gesellschaftlich bedeutsamen Aktes in die Gemeinschaft willen. Sie fügt aber dem Ehewillen und seinem Aussage*inhalt* nichts hinzu, sondern lediglich seiner Aussage*form*."

[239]Hausmann, Kirche und Ehe, 213.

[240]vgl. Lehmann, Glaube - Taufe - Ehesakrament, 91; Rahner, Schriften zur Theologie, 535f, Anm. 33; Hofmann, Formpflicht oder Formfreiheit, 245f.

[241]Auer, Das Sakrament der Ehe, 276 - 278; 286 - 289; vgl. auch Reinhardt, Ehe - Sakrament, 31f; Müller, Probleme heutiger Theologie, 100f, und ders., Die liturgische Feier der Eheschlies-

am Priestertum Christi stehen die Brautleute der Kirche und ihrem Heilswirken nicht mehr nur gegenüber, sondern sind vielmehr in "ihrem eigenen Kirche - sein miterfaßt in dem Wissen darum und im Vollzug dieser Erkenntnis, daß sie sich als 'Kirche' auf Christus und alle anderen Kirchenglieder hin öffnen müssen. Das bedeutet vor allem auch eine Anerkenntnis des Amtes und seiner Funktion in der Kirche und dessen Einbezug in ihre Handlung als Vollzug der Kirche, da ohne das Amt die Kirche als Gemeinschaft ihr Von-her nicht deutlich machen kann und der

---

sung, 201f; ähnlich auch, aber in ihrem Argumentationsgang nicht immer ganz logisch, Reidick, Ein Vertrag als Sakrament, 33 (vgl. dies., Der Vertragsschließungsakt, 48f; 75 - 77): "Das Sakrament kommt nur dann zustande, wenn alle die von der Kirche zur Gültigkeit vorgeschriebenen Modalitäten des Vertragsschließungsaktes eingehalten werden. ... Zur Handlungseinheit der Vertragsschließung gehört die Dazwischenkunft, die tätige Mitwirkung des trauberechtigten Priesters. Dieser wird dadurch nicht zum Kontrahenten. Nur die beiden Brautleute sind Partner des Vertrages. Aber Mann und Frau allein sind nicht in der Lage, durch ihre beiderseitigen Willenserklärungen den Vertragsschluß herbeizuführen. Sie bedürfen dazu der Mit - Wirkung des Priesters. Dieser muß gleichsam zwischen sie treten, den Konsens des Mannes wie den der Frau erfragen und entgegennehmen und so als Repräsentant der Kirche die Vertragsschließung 'vermitteln' ".

In ihrem Beitrag über 'Die Rolle der Kirche beim Zustandekommen des Ehesakraments' (vgl. auch dies., Die Mischehe, 218) führt Reidick schließlich aus: Daß "also die Kirche zu einer Eheschließung [unter Getauften] 'ja' sagt (zumindest nicht 'nein'), ist wesentlich für die sakramentale Ehe. Nur dann kann gültige Ehe unter Getauften und somit Ehesakrament entstehen, wenn die Kirche nicht 'nein' dazu sagt..."(S.210; vgl. S.213). "Darum begründet nicht jede eheliche Willenseinigung von Mann und Frau ohne weiteres die sakramentale Ehe, sondern nur jene, die nach dem Willen der Kirche gültig vollzogen wird."(S.211). ... Die Bedingungen für das kirchliche 'Ja' haben dabei nach Zeit und Ort sehr verschiedene Ausprägungen erfahren, "vom Nicht - nein - sagen der vortridentinischen Zeit im lateinischen Raum bis zur aktiven Mitwirkung des segnenden Priesters nach orientalischem Eherecht. So bleibt es zwar unveränderlich gültig, daß es ohne das 'Ja' der Kirche kein Ehesakrament gibt, aber veränderlich bleibt die Art und Weise, in der die Kirche ihre Funktion beim Zustandekommen des Ehesakramentes auswirkt."(S.213). Nach dem lateinischen Kirchenrecht gilt derzeit:

Die "erste Etappe dieser Bejahung ist die Zulassung zur Eheschließung, nachdem festgestellt wurde, daß kein Ehehindernis ihr nicht (oder nicht mehr! aufgrund erteilter Dispens!) entgegensteht; die zweite Etappe besteht darin, daß der trauende Priester als Repräsentant der Kirche den Ehewillen freiwillig erfragt und somit die Eheschließung 'vermittelt'; die dritte Etappe ist dann dieses letzte zusammenfassende und noch einmal bestärkende Ja der Kirche zum Abschluß dieser Ehe in der Confirmatio"(S.112). Im Falle der Noteheschließungsform und bei der Eheschließung nichtkatholischer Christen gilt zwar: "Es kann ohne sakramentale Befragung Ehe, sakramentale Ehe, geben – aber ohne das 'Ja' der Kirche zur Eheschließung gibt es unter Getauften keine Ehe, kommt Ehesakrament unter ihnen nicht zustande"(S.213).

In diese Richtung und zugleich die Gedanken von Reidick präzisierend, können auch die Ausführungen von Bertrams verstanden werden: Der Einfluß der Kirche geht beim Ehesakrament nicht auf die innere Struktur bzw. das (geistige) Wesen der Ehe, sondern auf "die äußere Struktur und damit auf die Rechtswirksamkeit der Ehe - Willenserklärung. Diese Rechtswirksamkeit kommt einer Ehe nur zu, die die entsprechenden kirchlichen Bestimmungen nicht beachtet. Eine solche rechtsunwirksam gebliebene Ehe - Willenserklärung begründet zwar die innere Struktur der Ehe mit ihren Rechten und Pflichten; es fehlt der Ehe aber die Einordnung in das kirchliche Gemeinschaftsleben, es fehlt ihr die äußere Struktur, so daß die rechtmäßige Ausübung der ehelichen Rechte nicht gegeben ist. Die Ehe ist ungültig, weil sie rechtsunwirksam ist. ... Die rechtsunwirksam gebliebene Ehe aber wird nicht zum Sakrament. Der rechtsunwirksamen Ehe fehlt das wesentliche Element der äußeren Struktur. Das sakramentale Zeichen besteht nun gerade in der rechtswirksamen Übertragung der ehelichen Rechte durch die Partner"(Bertrams, Die kirchlich gültige Ehe, 199f; vgl. ders., Die rechtliche Natur der Zivilehe, 204 - 206).

Amtsträger als Repräsentant der Kirche, die Bereitschaft der übrigen Kirchenglieder – wie sie sich grundsätzlich auch in der Hochzeitsgesellschaft mit ausdrückt – amtlich zum Ausdruck bringt, den Konsens der beiden christlichen Brautleute als Vollzug des Seins der Kirche anzuerkennen, ihn zu stützen und evtl. auch im Lebensvollzug durch Rat, Ermahnung und Belehrung um den rechten Vollzug des Mysteriums Christi und der Kirche zu korrigieren. So wird man wohl die Assistenz des Priesters genauer als Hineinsichverfügen der Partner in den Raum der gesamten Kirche sehen und als notwendig beurteilen für den Ausdruck der ekklesialen Grunddimension der Ehe. Daß da die Dimensionen des 'Gnadenangebotes' und der 'Gnadenverheißung' impliziert sind und nicht etwa übergangen oder gar abgelehnt, dürfte klar sein. Im offiziellen Sich-Stellen in die Gemeinschaft der Kirche kommt zugleich die Anerkenntnis der Ehe als Gnadengeschenk Gottes zum Ausdruck, das die Brautleute empfangen wollen."[242]

Ergänzt man die bisher mehr dogmatisch geführten Überlegungen durch das Sakramentenverständnis der Liturgiewissenschaft, so wird die für das Ehesakrament zwar nicht konstitutive, aber dennoch wesentliche Dimension des kirchlichen Amtes noch deutlicher. Bedenkt man nämlich, daß die Sakramente gottesdienstliche Symbolhandlungen höchsten Ranges, Glaubensvollzüge und Liturgie der Kirche sind, bei der *alle* Beteiligten *aktiv* Handelnde sind, so kann man in einem ersten Schritt die (kirchliche) Eheschließung als sakramentale Liturgie der Kirche definieren und wie folgt umschreiben: Die Ehepartner feiern miteinander die Liturgie der Ehe(schließung). Da aber der eigentliche Träger dieser Liturgie Jesus Christus selber ist, ist sie zugleich eine Liturgie der Kirche, an der darum (außer im Notfall) auch der geweihte Amtsträger und weitere Mitglieder der Kirche teilnehmen sollten.

Werden in einem weiteren Schritt dann die wesentlichen Strukturelemente einer jeden Liturgie, nämlich die Anamnese in Form des Wortgottesdienstes und die Epiklese als Segensfürbitte und somit 'Vermittlung' von Gnade, auf die sakramentale Liturgie der Eheschließung angewandt, so folgt daraus eine Präzisierung dieser Eheliturgie: Sie besteht nicht nur in der Erklärung des Konsenses, der von einem bevollmächtigten Zeugen entgegengenommen wird, damit er justiziabel ist, sondern auch im Wortgottesdienst, der das Beispiel Jesu vor Augen stellt, und im Segensgebet des kirchlichen Amtsträgers, in dem um den dauernden Beistand des Heiligen Geistes gebetet wird.[243]

Vgl. auch Flatten, De matrimonio civili catholicorum, 215 - 224, der in Anschluß an Bertrams nicht von innerer und äußerer Struktur spricht, sondern von *virtualitas* und *realitas* matrimonii bzw. in Anschluß an Primetshofer, Die Stellung der Zivilehe, 309, von *ordinatio ad matrimonium* (S.223).

Die hier vertretene Alternative entweder kirchlich rechtswirksam und damit kirchlich gültig und sakramental oder kirchlich rechtsunwirksam und damit kirchlich ungültig und erst recht nicht-sakramental müßte freilich im Sinne der Ausführungen über die gestufte Sakramentalität der Ehe (siehe S. 242ff) entschärft werden zu entweder kirchlich gültig und nicht-sakramental im Sinne von nicht-vollsakramental, also anfanghaft sakramental, oder kirchlich gültig und vollsakramental.

[242]Hausmann, Kirche und Ehe, 213f.
[243]vgl. Vorgrimler, Zur dogmatischen Einschätzung und Neueinschätzung der kirchlichen Trauung, 45f; 59; Kasper, Zur Theologie der christlichen Ehe, 49; Puza, Kirchenrecht - Theo-

Denkt man diese aufgezeigte liturgische Dimension des Ehesakramentes konsequent zu Ende, dann müßte eigentlich die Bestimmung über die ordentliche Eheschließungsform reformiert werden: In Anlehnung an c.828 CCEO/1990 müßte nämlich zumindest für die *Voll*gestalt der sakramentalen Eheschließung das Element des *ritus sacer* in c.1108 CIC/1983 eingeführt werden.[244] Die Trauungsliturgie müßte also zu einem wesentlichen, wenn auch nicht sakramentsbegründenden Element einer sakramentalen Eheschließung in der Vollgestalt erhoben werden, so daß die Trauungsliturgie als ein *essentiale* der vollsakramentalen Eheschließung, nicht aber als ein *constitutivum* derselben deutlich wird. Denn zumindest bei der *Voll*gestalt des ehesakramentalen Zeichens muß Christus als das Haupt und der eigentlich Handelnde durch den kirchlichen Amtsträger *sichtbar* vertreten werden, und zwar nicht nur durch seine Präsenz als besonders qualifizierter Zeuge, sondern auch und vor allem durch sein liturgisches Tun. Bei der Vollgestalt des Ehesakramentes kann nicht auf den theologischen Ort des kirchlichen Amtes, nämlich die Repräsentation Christi, verzichtet werden. Denn der kirchliche Amtsträger, der durch sein Tun die Eheschließung vermittelt, handelt in persona Christi et Ecclesiae und bringt darin das sichtbar zum Ausdruck, was die getauften Brautleute bei der Eheschließung tun und was mit ihnen getan wird, nämlich das Sich-Binden der Partner, das umgriffen ist von dem Gebunden-werden durch Gott vermittels der Kirche. "Die Brautleute nehmen in ihrem Konsens die Ehe aus den Händen Gottes entgegen" und werden so von Gott durch die Kirche verbunden, weil Gott sein Heil "in der Kirche und über sie und durch das in ihr bestehende und gestiftete Amt wirkt – obzwar auch außerhalb und unmittelbar; der ordentliche Heilsweg ist dies jedoch nicht".[245] Durch die kirchliche Vermittlung kommt zugleich auch zum Ausdruck, "daß die Ehe Vollzug der Kirche ist, ja Vergegenwärtigung und gleichsam Wiederholung der innersten Wirklichkeit der Kirche. So bringt das ontische Befinden zwar im Konsens der Brautleute das Sakrament zustande, beinhaltet aber auch die Gemeinschaft der Glaubenden als integrierenden Bestandteil dieser Seinsgestalt. Der Christ steht in seinem Sein nicht allein da, sondern immer in Gemeinschaft. Das gilt auch und gerade beim Sakramentenempfang bzw. bei der Sakramentenspendung. ... Wenn die Brautleute als Christen ihre Ehe schließen, vollziehen sie das Sakrament. In solchem Eheabschluß ist einbezogen und anerkannt: Christus und die Kirche müssen sie verbinden und so gibt sie Gott zusammen"[246], weil es ja nicht Leistung der Brautleute ist, "wenn sie sakramental die Verbindung Christi und der Kirche realisieren und wiederholen, denn Christus und die Kirche wollen sich in ihnen vollziehen, und sie bejahen, daß Christus und die Kirche in ihnen Platz greifen. Somit spen-

---

logie - Liturgie, 81f; Jilek, Das Große Segensgebet, 22, und ders., Fragen zur heutigen Feier der Trauung, 179; Kaiser, Grundlagen der Eheschließung, 60; ders., Kirchliches Eherecht, 296 und ders., Spender des Ehesakramentes, 199; Baumann, Die Ehe, 388 - 390; siehe auch die Liturgiekonstitution des II. Vatikanums, die bereits in SC 78 gefordert hat, daß jede Trauung mit einem Wortgottesdienst und einem Segensgebet verbunden werden soll.

[244]vgl. Puza, Kirchenrecht - Theologie - Liturgie, 82; auch Aymans, Gleichsam häusliche Kirche, 431, und ders., Die sakramentale Ehe als Gottesbund, 189, und bereits schon Mörsdorf, Der Ritus sacer, 266, 253 - 255, bzw. in: Kanonische Schriften, 605; 592 - 594; ders., Die Zwangszivilehe in theologischer Sicht, 262.

[245]Hausmann, Kirche und Ehe, 199.

[246]ebd., 199.

den sich die christlichen Partner das Sakrament der Ehe, indem sie sich Christus und der Kirche öffnen, die Ehe als Sakrament empfangen wollen, indem sie von Gott verbunden werden wollen."[247]

In diesem Verständnis einer "Spannungseinheit und gegenseitige[n] Komplementarität von personaler und ekklesialer Dimension der Ehe"[248] werden die berechtigten Anliegen der beiden oben skizzierten Grundpositionen miteinander verbunden: Die Aufwertung der Rolle des Priesters sowie die Anerkennung der Brautleute als aktiv Handelnde, wozu sie durch Taufe, Firmung und Glaube befähigt sind; darüber hinaus kommt hier erstmals auch die konkret versammelte Gemeinde als Mitträgerin dieses ekklesialen Geschehens in den Blick. Denn nicht nur die Brautleute und der Amtsträger, sondern die ganze versammelte Kirche vollziehen miteinander, jeder in der ihm zukommenden Funktion, die Liturgie der Ehe.

Die kirchliche Trauung als sakramentale Liturgiefeier der Ehe verstanden, die das Lebenssakrament Ehe anfanghaft grundlegt, rückt dann fast automatisch das Bedürfnis nach der genauen Rollenzuweisung des Spenders in den Hintergrund, ja entlarvt sogar die Frage nach dem *menschlichen* Spender als unsachgemäß – nicht nur auf das Ehesakrament, sondern generell auf alle Sakramente bezogen. Abgesehen davon, daß ja das Sakrament der Ehe nicht nur punktuell im Augenblick der Eheschließung 'gespendet' wird, erweist sich generell die Redeweise vom 'Spender' eines Sakramentes als ein für dieses Geschehen inadäquater Ausdruck. Er verdunkelt nämlich die strikte Abhängigkeit des menschlichen Tuns vom Handeln Jesu Christi. Denn "ganz allgemein unterscheiden sich doch die Sakramente von anderen Handlungen (Selbstvollzügen) in der Kirche dadurch, daß bei den Sakramenten Gott selbst als der unter menschlichen Zeichen Handelnde geglaubt wird."[249]

---

[247]ebd., 200.

[248]Kasper, Zur Theologie der christlichen Ehe, 51.
  Personal und ekklesial ist – zumindest von Verf. – nicht im Sinne einer Gegenüberstellung gemeint, sondern die personale Dimension wird stets in Hinordnung auf die ekklesiale Dimension verstanden; denn die personale Dimension enthält immer zwei Aspekte, nämlich Ich und Du bzw. Ich und Du zusammengenommen als Wir, wobei das Ich ohne Wir nicht denkbar ist bzw. das Wir immer vor dem Ich steht.

[249]Aymans, Die sakramentale Ehe als Gottesbund, 187; vgl. ders., Gleichsam häusliche Kirche, 428.
  Reidick, Die Rolle der Kirche, 209f (vgl. dies., Die Mischehe, 217) lehnt nur für das Ehesakrament die Sprechweise von der 'Spendung' ab, und zwar mit folgendem eigenwilligen und eigenartigen Argumentationsgang: "Der Begriff 'spenden' setzt voraus, daß einer gibt und einer empfängt. Man kann aber nicht sagen, daß der Mann der Frau das Ehesakrament spende und die Frau umgekehrt dem Manne. Denn Ehesakrament ist nicht etwas, was der Mann einerseits, die Frau andererseits jeweils *für sich* empfangen kann. Ehesakrament ist vielmehr etwas *zwischen* den beiden: der Ehebund zwischen zwei Christen ist sakramental bestimmt – das eheliche Band, das Mann und Frau umschlingt und verbindet, das sie zu *einem* verknüpft, dieses Eheband ist sakramental geprägt. Das Ja der Frau als solches begründet noch nicht den sakramentalen Vertrag, darum spendet sie mit ihrem Ja auch nicht ein Sakrament. Erst das beiderseitige Ja von Mann und Frau begründet den sakramentalen Vertrag. Mann und Frau spenden sich nicht gegenseitig ein Sakrament, sondern sie konstituieren mit ihrer ehelichen Willenseinigung den Vertrag und damit das Sakrament: sie begründen durch ihr beiderseitiges Ja jenes eheliche Band, das sie verbindet und das, weil sie getauft sind, sakramental ist – heilswirksame Darstellung der Einheit zwischen Christus und seiner Kirche, die in urbildhafter Weise

Sakramentale Heiligung der ehelichen Gemeinschaft geschieht also nicht nur durch den Willen der Ehegatten und der kirchlichen Gemeinschaft, sondern vor allem durch das Heilstun Christi, der in den Ehepartnern durch sie handelt[250] und dessen Wirken in der Anwesenheit und dem Tun des kirchlichen Amtsträgers repräsentiert wird. "Infolgedessen ist die von christlichen Eheleuten gegebene Zusage nicht mehr die selbständige Tat von Mann und Frau, sondern das Medium, wodurch das der Kirche von Christus gegebene 'Ja' mit seiner ganzen Wirkung offenbar wird."[251] Der eigentlich Handelnde im Sakrament ist also Jesus Christus, der durch den kirchlichen Amtsträger sichtbar vertreten ist und "durch seinen Geist in der Kirche zur Verherrlichung Gottes des Vaters wirkt. Von der menschlichen Seite her gesehen, handelt es sich bei der Liturgie der Eheschließung um das bewußte Einstimmen der Ehepartner und ihrer Mitfeiernden in diese Verherrlichung Gottes, die in diesem Fall durch die Ehe als 'Dauersakrament', durch das Sakrament des Ehelebens, geschieht und mit der Trauung beginnt."[252] Diese Sichtweise beinhaltet außerdem auch ein weiteres – nicht mehr nur rechtliches – Argument für die Beibehaltung des Vertragsbegriffes bzw. der Vertragslehre *neben* dem Bundesbegriff.[253] In dieser Konzeption wird nämlich nicht nur anerkannt, "daß Gott *selbst* unter den menschlichen Zeichen ... der Urheber des *konkreten* Ehe*bundes* ist", sondern auch "der Ehevertrag bzw. das personale Einverständnis oder der Ehekonsens der Partner gleichsam als das Substrat für das unwiderrufliche, den Ehebund stiftende Handeln Gottes" gesehen und gewürdigt. Darin kann man so etwas wie einen theologischen Wert der Konsenstheorie sehen, nämlich "daß sie die Art und Weise bekundet, in der Gott am Menschen handelt. Gott vergewaltigt den Menschen nicht, sondern beruft ihn zur Mitwirkung in seinem Heilsplan."[254]

Nicht nur bei der Ehe, sondern bei jedem Sakrament ist Christus der eigentlich Handelnde, der sich dazu des Menschen bedient. Die gnadenhafte Zuwendung Gottes im Sakrament geschieht also durch Menschen als *Organ* bzw. *Diener* Gottes. Im Lateinischen steht deshalb in diesem Zusammenhang auch immer

---

Haupt und Leib sind, weil ein Fleisch und ein Fleisch, weil Haupt und Leib (Eph 5,22ff)."

[250]vgl. Lehmann, Glaube - Taufe - Ehesakrament, 91f; vgl. Reinhardt, Ehe - Sakrament, 46; 49f; Jilek, Das Große Segensgebet, 24; Vorgrimler, Sakramententheologie, 338 und ders., Zur dogmatischen Einschätzung und Neueinschätzung der kirchlichen Trauung, 46; Schmaus, Der Glaube der Kirche, 230; Baumann, Die Ehe, 282; auch schon Ternus, Vertrag und Band der christlichen Ehe, 465f; 474.

[251]Corecco, Das Sakrament der Ehe, 370; vgl. bereits Thomas von Aquin, in: S.th.III. (suppl.), q.45, a.1, ad 1, in: Caramello Bd III, 141: "... ergo dicendum quod sacramentorum prima causa est *divina virtus, quae in eis operatur salutem*: sed causae secundae instrumentales sunt materiales operationes ex divina institutione habentes efficaciam. Et sic consensus in matrimonio est causa."
Der Konsensaustausch ist instrumentale, zweite Ursache der Ehe, während Gottes Kraft als erste Ursache zum Heil der Gatten wirkt. Gott selbst verbindet also zur Ehe, indem er den menschlichen Willen als Medium und Instrument seines Willens in Anspruch nimmt.
Corecco, Die Lehre der Untrennbarkeit, 438, führt dagegen aus: Der Konsens ist nicht die einzige Ursache des Ehesakramentes, sondern der Konsens ist die Wirkursache und der Segen die instrumentale Ursache des Ehesakramentes.

[252]Vorgrimler, Sakramententheologie, 338.

[253]vgl. dazu Anm. 110, S. 217ff.

[254]Aymans, Gleichsam häusliche Kirche, 429, und ders., Die sakramentale Ehe als Gottesbund, 187f.

administratio (vgl. z.B. c.530 CIC), *minister sacramenti* (vgl. z.B. cc.861; 910f; 882; 965f; 1012 CIC) und *(ad)ministrare* (vgl. z.B. cc.863; 883f; 886f; 1003 CIC) *conferre* (vgl. z.B. cc.862; 885; 887f; 1003 CIC)[255] oder *dispensare sacramentum.* Warum nur hat es sich eingebürgert, diese lateinischen Formulierungen im Deutschen mit den zu irrigen Vorstellungen verleitenden Begriffen *Spendung, Spender* und *spenden* wiederzugeben?

Die kirchliche Trauung als eine einheitliche Zeichenhandlung der aktiv beteiligten Brautleute, des trauungsbefugten Eheassistenten und der konkret versammelten Gottesdienstgemeinschaft verstanden, hat zugleich ökumenische Konsequenzen. Denn hier sind die *Haupt*anliegen der orthodoxen, der katholischen und der protestantischen Tradition integrierend verwirklicht: Die orthodoxe Betonung des Ritus, die katholische Akzentuierung des Konsenses und die protestantische Hervorhebung des subjektiven Glaubens in der aktiven Mitwirkung aller Beteiligten an der Eheliturgie.

Gleichzeitig sind darüber hinaus die Gefahren des jeweiligen konfessionellen Eheschließungsritus beseitigt, nämlich die völlige Passivität des orthodoxen Brautpaares, das durch das alleinige ehekonstitutive Segensgebet des Priesters mehr oder weniger in die Rolle von Statisten und bloßen Empfängern ihrer eigenen Ehe verwiesen ist,[256] die katholische Überbetonung des den Konsens voraussetzenden Rechtsaktes und schließlich die evangelische Isolation des Paares von der Gemeinschaft der Kirche in seinen privaten Glauben und in die Ungewißheit reiner Verheißung.[257] Mögliche Vereinseitigungen wie orthodoxer Ritualismus, katholischer Formalismus und Juridismus wie auch evangelischer Subjektivismus können in einem solchen Verständnis einen Ausgleich finden.

---

[255]vgl. auch Jilek, Fragen zur heutigen Feier der Trauung, 175 - 178; Kaiser, Kirchliches Eherecht, 295, und ders., Spender des Ehesakramentes, 199.

[256]vgl. Stylianopulos, T., Toward a theology of marriage in the orthodox church, in: Greek orthodox theological review (1977), 249 - 284, 283.

[257]vgl. Baumann, Die Ehe, 285; 388; siehe auch schon Molinski, Ehe, 994f: In der lateinischen Kirche wurde zeitweise das Sichbinden der Eheleute so überbetont, daß der Sinn für die Bedeutung der kirchlichen Eheschließungsform nicht genügend entwickelt wurde; seit der Vorschrift von der aktiven Eheassistenz ist allerdings die "Theologie über die wesentliche Beteiligung der Kirche am Zustandekommen der Ehe erheblich vertieft worden. In der Ostkirche dagegen wurde die Bedeutung des Ehesegens so stark betont, daß die Erfragung des Ehewillens teilweise vernachlässigt und überhaupt eine gewisse klerikalistische Verfremdung des Ehesakraments nicht immer verhindert wurde." Dagegen Mörsdorf, Die Zwangszivilehe in theologischer Sicht, 261: "Die Eheschließungsriten der orthodoxen Kirchen kennen keinen Konsensaustausch; daraus läßt sich aber nicht schließen, daß die Ehe nach orthodoxem Verständnis ohne Konsens zustandekäme. Der beiderseitige Ehewille wird vielmehr gleichsam in leibhaftiger Weise dadurch geäußert, daß sich die Brautleute dem Priester stellen und sich durch diesen im Namen Gottes zur Ehe verbinden lassen."

Teil IV
Die Verknüpfung von ziviler und kirchlicher Trauung im Konzept einer gestuften Sakramentalität

Besteht die kirchliche Formpflicht heute noch zu Recht oder stellt sie inzwischen einen Anachronismus dar, der nur aus Rivalität zum Staat beibehalten wird? Stellt sie eine Kompetenzüberschreitung der Kirche dar oder hat die Kirche das Recht, eine solche Norm aufzustellen? Unterscheidet sich die kirchliche von der standesamtlichen Trauung nur durch die Feierlichkeiten oder auch durch ein inhaltliches Plus? Kurzum: Gibt es theologische Gründe für die kanonische Formpflicht oder nicht? Wenn nicht, dann müßte die einst aus vorwiegend sozialen Gründen von der katholischen Kirche eingeführte Formpflicht heute konsequenter Weise abgeschafft werden, wenn ja, dann ist zugleich eine weitere Frage zu klären: Für wen gelten diese theologischen Gründe der Formpflicht bzw. wo ist die innertheologische Grenze der kanonischen Formpflicht zu ziehen? Die Antwort auf die Frage nach den *theologischen* Grundlagen und damit verbunden auch den *theologischen* Grenzen, die sich aus der Auswertung und Verknüpfung der systematischen (Teil III), historischen (Teil I) und kirchenrechtlichen (Teil II) Ausführungen dieser Arbeit ergibt, macht zugleich die Dringlichkeit einer Reform der geltenden Formpflichtregelung deutlich.

1 Theologische Grundlagen und Grenzen der kanonischen Formpflicht

Aus den systematischen Darlegungen über die Ehe in ihrem Beziehungsverhältnis von Vertrag und Sakrament kann als Ergebnis festgehalten werden: In der Ehe als *Sakrament* liegt die theologische Berechtigung dafür, daß die katholische Kirche das Einhalten einer bestimmten Eheschließungsform verlangt. Wer die *Voll*gestalt des Ehesakramentes empfangen und verwirklichen möchte, der muß den Grundstein seiner Ehe in der Kirche legen, und zwar in einer Form, die sowohl das *Sich-Binden* der Partner wie auch das *Gebunden-Werden* durch Gott[1] vermittels der Kirche deutlich werden läßt; das Zusammenwirken der Brautleute und des kirchlichen Amtsträgers im Erfragen, Erklären und Segnen des beiderseitigen Ehewillens bringt genau diesen doppelten Aspekt zum Ausdruck.

---

[1] vgl. Mörsdorf, Die kirchliche Eheschließungsform, 242, bzw. in: Kanonische Schriften, 576.

Der sakramentale Charakter der Ehe und die Tatsache, daß das Mitwirken des kirchlichen Amtes bei der Grundlegung dieses Sakramentes *wesentlich* für dessen Vollgestalt, nicht aber *konstitutiv* für dessen Zustandekommen ist, stellen allerdings nicht nur die theologische Begründung für die kanonische Formpflicht dar, sondern zugleich auch die theologischen Grenzlinien der kanonischen Formpflicht.

Betrachtet man auf dem Hintergrund dieser systematischen Überlegungen die Entstehung der kanonischen Formpflicht und deren Regelung in den Gesetzbüchern der katholischen Kirche, so zeigt tatsächlich auch die Geschichte der kirchlichen Eheschließungsform von ihren Anfängen bis hin zur geltenden Rechtslage, daß zu keiner Zeit eine absolute Verpflichtung auf die kirchliche Eheschließung erhoben worden ist. Mit dem Aufkommen der Empfehlung, der Sitte und schließlich der Vorschrift, als Christ nicht irgendwie, sondern in der Gesinnung des 'im Herrn' zu heiraten und dies in der von der Kirche entwickelten Eheschließungsform zum Ausdruck zu bringen, war und ist zugleich immer auch genau festgelegt worden, wer unter welchen Bedingungen davon betroffen bzw. ausgenommen ist. Die Kirche hat also stets eine Grenze ihrer aufgestellten Formpflicht anerkannt, wenn auch diese zeitweise zu kasuistisch gezogen wurde.

Die Grenzziehungen bzw. Ausnahmebestimmungen über den formpflichtigen Personenkreis, die sich in der Geschichte durchgesetzt und im geltenden Recht niedergeschlagen haben, sind aus theologisch-systematischer Sicht nicht nur gerechtfertigt, sondern geradezu erforderlich:

- die Ausnahme aller nichtkatholischen Kirchen und kirchlichen Gemeinschaften.

  Die Lehre des II. Vaticanums von der Religionsfreiheit verbietet es der katholischen Kirche, ihre im Ehesakrament theologisch grundgelegte Formpflicht einfach *allen* Getauften überstülpen zu wollen oder zu können. Jede Glaubensgemeinschaft, die nicht an die Sakramentalität der Ehe glaubt, kann nicht auf die kanonische Form verpflichtet werden. Ebenso muß auch jede Glaubensgemeinschaft, die zwar an die Sakramentalität der Ehe glaubt, aber nicht zur katholischen Kirche gehört, selbst bestimmen können, ob sie das Ehesakrament an eine Formpflicht bindet und wenn ja, wie sie diese gestaltet; eine solche 'freiwillige' Formpflicht stellt der 'ritus sacer' der orthodoxen Ostkirchen dar, während der gleiche 'ritus sacer' in den unierten Ostkirchen als die der ostkirchlichen Tradition angepaßte kanonische Eheschließungsform der katholischen Kirche zu betrachten ist. In diesem Sinne sind die orthodoxen und unierten Ostkirchen von der kanonischen Form (der lateinischen Kirche) freigestellt.

- die Noteheschließungsform bei widrigen Umständen.

  Der eigentliche Spender des Ehesakramentes im strengen Sinn des Wortes sind die Eheleute selbst. Wenn daher in Notsituationen ein kirchlicher Amtsträger nicht oder nur unter Gefahr zu erreichen ist, kann auf die *Voll*gestalt der sakramentalen Eheschließung bzw. das Einhalten der ordentlichen Eheschließungsform verzichtet werden.

- die Dispens von der Formpflicht bei bekenntnisverschiedenen Ehen.

Die Religionsfreiheit ist ein Grundrecht jedes Menschen. Deshalb muß bei einer bekenntnisverschiedenen Eheschließung sowohl für den katholischen wie auch für den nichtkatholischen Christen der Grundsatz gelten, daß er nicht gezwungen werden darf, gegen sein Gewissen zu handeln. Kann sich der nichtkatholische Christ nicht mit der kanonischen Form identifizieren, kann das Brautpaar von der kanonischen Formpflicht befreit werden.

- die Freistellung der von der katholischen Kirche im Formalakt abgefallenen Katholiken.

Wer mit der katholischen Kirche nichts mehr zu tun haben will, wird auch deren Formvorschrift kaum einzuhalten bereit sein. Um unnötige ungültige Eheschließungen wegen Formfehler zu vermeiden, stellt deshalb der Gesetzgeber der lateinischen Kirche den von der katholischen Kirche sich formell losgesagten und damit 'abgefallenen' Katholiken von der kanonischen Formpflicht frei; das Ostkirchenrecht verpflichtet ihn dagegen weiterhin zur Einhaltung der kanonischen Form.

Hält die Gesetzgebung der katholischen Kirche weiterhin an der strikten Koppelung bzw. Identität von Ehevertrag und Ehesakrament bei getauften Brautleuten fest, so erscheint die ostkirchliche Praxis in sich stimmiger zu sein als die westkirchliche. Denn die westkirchliche Freistellung von der Formpflicht unter Beibehaltung der Identitätslehre führt zu der paradoxen Konsequenz, daß eine rein standesamtliche Eheschließung von 'abgefallenen' Katholiken zugleich eine sakramentale Eheschließung darstellt. Geht man allerdings künftig im kirchlichen Eherecht von einer gestuften Sakramentalität aus, dann erweist sich wiederum die westkirchliche Praxis als die sinnvollere. Wer sich nicht (mehr) zur katholischen Kirche und ihrer Lehre bekennt, sollte auch nicht gezwungen werden, seine Ehe in der kanonischen Form zu schließen, aber dennoch eine auch kirchlich als gültig anerkannte Ehe schließen können, die als anfanghaft sakramental eingestuft werden könnte.

Grenz*ziehungen* auf der einen Seite bedeuten in der Regel Grenz*öffnungen* auf der anderen Seite, sofern die Summe der Teile nicht verändert werden soll; oder anders gesagt: Wird in einem bestimmten Bereich ein Teil *ab*gewertet, muß ein anderer dafür *auf*gewertet werden, sofern das Ganze erhalten bleiben bzw. nichts verloren gehen soll. Erkennt also das *kirchliche* Ehe(schließungs)recht in seinem Geltungs- bzw. Verpflichtungsbereich bestimmte Grenzen an, so beinhalten diese Grenzziehungen automatisch neue Grenzöffnungen für das *weltliche* Ehe(schließungs)recht; wo die Kirche die Bedeutung ihrer Eheschließungsform 'abwertet', muß sie fast zwangsläufig die der weltlichen Eheschließungsform 'aufwerten', wenn sie nicht das Grundrecht auf Ehe für alle von der kanonischen Formpflicht *nicht* (mehr) betroffenen Personen verletzen will. Denn jeder, der aus theologischen Gründen nicht an die kirchliche Formpflicht gebunden ist, muß dennoch eine auch von der Kirche als gültig – und bei Getauften zugleich anfanghaft sakramental – anerkannte Ehe eingehen können, sofern keine Ehehindernisse und/oder Ehewillensmängel vorliegen. Die Anerkennung einer 'nur' nach weltlichem Recht geschlossenen Ehe im Bereich der Kirche heißt allerdings nicht, daß eine solche Ehe die gleichen kirchlichen Rechte und Pflichten wie etwa eine vollsakramentale Ehe genießen kann; eine nur weltlich eingegangene Ehe kann von der Kirche als eine zwar gültige und anfanghaft sakramentale, aber mit Minderungen in der kirchlichen Rechtsstellung behaftete Ehe betrachtet werden, wobei sich das Ausmaß der Rechtsminderungen nach den zugrundeliegenden Motiven für die nur weltlich geschlossene Ehe richten sollte.

Die Herausarbeitung der theologischen Grundlagen wie auch Grenzen der kanonischen Formpflicht macht deutlich, daß die im 18./19. Jahrhundert aus Kompetenzstreit entstandene und bis heute existierende Rivalität von Staat und Kirche im Bereich des Ehe(schließungs)rechtes überwunden werden muß. Das anachronistische Gegen- und Nebeneinander von staatlichem und kirchlichem Ehe(schließungs)recht muß durch beiderseitige Kooperationsbereitschaft zu einem funktionellen Miteinander verwandelt werden.

2 Die Zusammenarbeit von Staat und Kirche

Die von Papst Johannes Paul II. 1986 auf einem Familienrechtskongreß propagierte 'wahre Zusammenarbeit zwischen der zivilen und der kirchlichen Familiengesetzgebung'[2], sollte bei der Regelung der Eheschließungsform ansetzen. Wie könnte eine solche Zusammenarbeit – speziell im Hinblick auf die Situation in der Bundesrepublik Deutschland – aussehen?

Von seiten der katholischen Kirche wäre hier zunächst zu fordern, daß sie die zivile Trauung nicht mehr länger einfach für ihren Rechtsbereich als unerheblich bzw. nicht existierend ignoriert, sondern diese in ihrer gesellschaftlichen Funktion anerkennt.[3] Da die Ehe als einziges der sieben Sakramente nicht nur eine

---

[2] AAS 78 (1986), 1222 - 1225, 1223

[3] Interessanterweise hatte Papst Pius VII beim Abschluß des französischen Konkordates 1801 mit den dazugehörenden sogenannten 'Organischen Artikeln' bei der Ehegesetzgebung 'nur' die vorgesehene Möglichkeit der Ehescheidung mißbilligt und deren Streichung aus den Organischen Artikeln verlangt; von einer Kritik an der obligatorischen Zivilehe, geschweige denn von einer Forderung nach Beseitigung derselben von seiten des Papstes wird allerdings nichts berichtet. Diese Tatsache kann als stillschweigende Anerkennung der obligatorischen Zivilehe durch den Papst gedeutet werden (vgl. Friedberg, Das Recht der Eheschliessung, 566 - 568; dagegen Kleinheyer, Riten um Ehe und Familie, 121: Nach kaum einem Jahrzehnt der gesetzlich dekretierten Zwangsziviltrauung und Ehescheidung in Frankreich "ist das so selbstverständlich geworden, daß diese Fragen 1801 beim Abschluß des französischen Konkordats keine Verhandlungsmaterie mehr sind.").
Erst 1878 spricht Leo XIII. in der Enzyklika 'Inscrutabili Dei' von der Zivilehe als 'gesetzlich erlaubtes Konkubinat'(vgl. Ulitzka, 73, Nr. 146; ASS 10 (1878), 585 - 592, 591). 1880 schlägt er in 'Arcanum Divinae Sapientiae' dagegen mildere Töne an: "Ebenso müssen alle wissen, daß, wenn je unter Christen eine Verbindung zwischen Mann und Frau eingegangen wird, die kein Sakrament ist, daß dann eine solche Verbindung auch des Charakters einer wahren Ehe entbehre. Und wenn sie auch übereinstimmend mit den bürgerlichen Gesetzen geschlossen ist,

sakramentale, sondern auch eine natürliche Wirklichkeit, nicht nur ein kirchliches, sondern auch ein gesellschaftliches Phänomen, nicht nur ein innerkirchliches Glaubensgut, sondern auch eine menschliche Grundwirklichkeit darstellt, muß die Kirche auch die rein anthropologisch-gesellschaftliche Dimension der Ehe als eigenständigen Wert anerkennen. Und "in der menschlich-gesellschaftlichen Wirklichkeit besteht [eben] die Ehe öffentlich und rechtlich kraft der zivilen, nicht kraft der kirchlichen Gesetzgebung. Daß jene für den Katholiken mangelhaft ist, schließt die Anerkennung ihrer grundlegenden und positiven Faktoren nicht aus. Es wäre Zeit für eine neue, brauchbare 'Theorie' des gegenseitigen Verhältnisses der beiden Wirklichkeiten. ... So paradox es klingt: Nicht nur der Staat darf für seine Gesellschaft eine Eheordnung aufstellen, welche innerhalb eines gesellschaftlichen Konsensus die Freiheit des einzelnen möglichst schützt; auch die Kirche muß die gesellschaftlich-legale Möglichkeit schaffen oder anerkennen, daß die Ehe eines Kirchengliedes, die aus freiem Entschluß, aber gegen die kirchliche Disziplin zustandekommt, eine öffentlich-soziale Ordnung und nicht einfach den Charakter eines formlosen Konkubinats hat. Das ist der Preis für die Tatsache, daß im Fall der Ehe das Sakrament nicht in einem binnenkirchlichen Ritus ad hoc, sondern in einer menschlichen Grundordnung und in einem Naturrecht der menschlichen Person besteht."[4] Die kirchliche Anerkennung der Zivilehe eines getauften Christen als gültige und anfanghaft sakramentale, aber zugleich wegen der fehlenden Vollsakramentalität mangelhafte Ehe, würde sogar vielmehr als die jetzige Regelung der vom II. Vatikanischen Konzil betonten Eigenständigkeit der innerweltlichen Sachbereiche (vgl. GS 36 ; 60) entsprechen wie auch der Lehre von der Kompetenz und Verantwortung des Staates für das Gemeinwohl, das die öffentliche Ordnung einschließt (vgl. DH 7), zu der ja Ehe und Familie dazugehören.

Will die Kirche nicht weiterhin von Minimalanforderungen an das Ehesakrament ausgehen bzw. will sie die für alle anderen Sakramente positive Glaubensmotivation und deren Bekundung auch für das Ehesakrament ernstnehmen, "dann scheint es unumgänglich zu sein, zwei verschiedene Arten von Ehen kirchlich ernst zu nehmen, die nicht nur kontaktlos nebeneinander stehen müssen, sondern durchaus auch aufeinander hingeordnet sein können, nämlich einerseits Ehe als soziale Notwendigkeit in einer funktionierenden Zivilordnung – also eine nicht als Konkubinat diffamierte Zivilehe – und andererseits Ehe als neue Wirklichkeit in Jesus Christus. ... "[5]

---

so kann sie nur gelten als ein Brauch und eine Sitte, die vom bürgerlichen Rechte eingeführt ist; durch bürgerliches Recht kann nur das geordnet und verwaltet werden, was die Ehe im bürgerlichen Leben zur Folge hat. Diese Folgen können aber erst eintreten, wenn das eheliche Band vorhanden ist, als rechtmäßige Ursache dieser Folgen." (Ulitzka, 136, Nr.277; vgl. CICfontes III, Nr. 580, 25, S. 165f).

[4] Müller, Probleme heutiger Pastoral, 96f (vgl. ders., Die liturgische Feier der Eheschliessung, 182; 196f; 192), für den wegen der Untrennbarkeit von Vertrag und Sakrament die Zivilehe von Getauften auch das Ehesakrament, wenn auch nicht in seiner Vollform, begründet. Vgl. hier auch Cuenin, Marriage, 324; Marrevee, Is a Marriage, 93, 105.

[5] Vorgrimler, Zur dogmatischen Einschätzung und Neueinschätzung der kirchlichen Trauung, 47; vgl. Kasper, Zur Theologie der christlichen Ehe, 89.
Bereits auf dem Konzil von Trient hatte eine Minderheit vorgeschlagen, zwischen 'einfachen' und 'sakramentalen' Ehen zu unterscheiden. Demnach sollten klandestine Ehen zwar gültig,

Von seiten des Staates wäre dann zweierlei zu fordern: Erstens müßte er alle nach der derzeitigen Rechtslage mit der zivilen Eheschließung verbundenen wirtschaftlichen Nachteile wie die 'Heiratswegfallklauseln' der Rentenansprüche bei einer Witwenheirat oder die Schlechterstellung von Verheirateten im Ausbildungsförderungsrecht u.ä. beseitigen.[6] Zweitens müßte er künftig dem Standesbeamten gesetzlich vorschreiben, den Braut- und Eheleuten zu erklären, daß sie mit dem Austausch ihres Ehewillens auf dem Standesamt die Ehe im Sinne des bürgerlichen Rechts schließen bzw. geschlossen haben; "eine dementsprechende Ergänzung der §§11, 13 und 14 des Ehegesetzes v. 1946 bedeutet keine Schwierigkeit, zumal §1318 I BGB i.d.F. v. 1896 bereits formuliert hatte, der Beamte habe nach Entgegennahme der Ja-Worte auszusprechen, daß die Partner 'kraft dieses Gesetzes' (d.h. also kraft des Bürgerlichen Gesetzbuches) 'nunmehr rechtmäßig verbundene Eheleute seien.' "[7] Außerdem müßte den Verlobten das Recht eingeräumt werden, "verbindlich zu verlangen, daß der standesamtliche Akt nicht zu einer rituell und quasi religiös ausgestalteten Feierlichkeit umgestaltet wird; §8 PStG [= Personenstandsgesetz] wäre dementsprechend zu ergänzen. Die Anlegung einer Amtstracht, ähnlich der eines Geistlichen, erscheint in Fällen, wo anschließend eine religiöse Trauung vorgenommen wird, deplaciert. Eine etwaige Ansprache sollte sich auf wenig nüchterne Worte beschränken".[8]

Diese Zugeständnisse von beiden Seiten vorausgesetzt, ist man zunächst geneigt, in unserer Zeit des Pluralismus die Ablösung des Systems der vorgängigen Pflichtzivilehe durch das der fakultativen Zivilehe zu fordern, d.h. also die Wahlfreiheit zwischen nur kirchlicher *oder* staatlicher Eheschließungsform einzuführen. Doch sowohl von staats- wie auch kirchenrechtlichen Überlegungen aus sprechen wichtige Gründe gegen das System der fakultativen Zivilehe:

- Es kann nicht im Interesse der Kirche liegen, sich auch nur indirekt mit den bürgerlichen Rechtsfolgen wie Namens-, Vermögens-, Erbrecht usw. belasten zu wollen. Genau das aber würde mit der Einführung der fakultativen

---

aber nicht sakramental sein, weil bei ihnen die Kirche nicht mitgewirkt hatte; um eine sakramentale Ehe eingehen zu können, sollte dagegen fides, religio und ecclesia verlangt werden (vgl. CT VI, 420,34ff; 427,30ff; 533,21ff; IX, 406,6ff; 734,17ff u.a.).

[6] vgl. dazu Bosch, Staatliches und kirchliches Eherecht, 106 -110.

[7] ebd., 102.

Parallel dazu müßte die katholische Kirche in einem Lehrschreiben zweierlei erläutern, nämlich daß

1. die zivilrechtlich gültige Ehe nach katholischer Lehre nur eine Anfangsstufe des Ehesakramentes darstellt und deshalb der Ergänzung durch die kirchliche Trauung bedarf, um als vollsakramentale Ehe anerkannt zu werden; und

2. für Katholiken, die auf der Anfangs- bzw. Grundstufe stehen bleiben und nicht in die vollsakramentale Ehe eintreten, sich also mit der für einen Christen defizienten Form der Ehe begnügen, ein Teilausschluß aus der kirchlichen Gemeinschaft verbunden ist, da nur der alle Rechte beanspruchen kann, der sich auch allen Pflichten stellt.

[8] ebd., 115f; vgl. auch schon Triebs, Handbuch des kanonischen Eherechts I, 86: "Daher soll z.B. der Akt auf dem Standesamt so kahl und nüchtern wie möglich sein; daher darf der Standesbeamte kirchliche Zeremonien, z.B. das Wechseln der Ringe, nicht vornehmen."

Zivilehe eintreten.[9] Denn der "Übergang zum System der fakultativen Zivilehe würde der Kirche zwar den Vorteil bringen, daß sich Eheschließende mit dem kirchlichen Akt begnügen können. Die Kirche müßte aber den Nachteil in Kauf nehmen, daß sie in diesem Bereich ihres Handelns in einer kontrollierbaren Weise an staatliches Recht gebunden wird, etwa dadurch daß ihre Berechtigung zur Vornahme einer Eheschließung von einer vorherigen Unbedenklichkeitserklärung von seiten einer staatlichen Behörde abhängig gemacht wird."[10] Dagegen steht aber der Sinn der kirchlichen Trauung, der nicht auf der Ebene des Zivilrechtlichen, auch nicht der Gültigkeit, anzusiedeln ist, sondern im "Glaubensentscheid, nicht im Sinne einer Solidaritätserklärung gegenüber der Kirche, sondern als Selbstvollzug der Kirche durch die Ehepartner im Hinblick auf ein gemeinsames Leben in Glaube, Hoffnung und Liebe."[11] Wohl aus dieser Einsicht heraus, hat der kirchliche Gesetzgeber bereits im alten wie auch im neuen Codex ausdrücklich dem Staat die Regelung der rein bürgerlichen Rechtswirkungen der Ehe übergeben (vgl. c.1016 CIC/1917; c.1059 CIC/1983).

● Das System der Wahlzivilehe würde die Eheseelsorge vor neue und schwere Aufgaben stellen. Denn die darin zwar gewährleistete rechtliche Gleichstellung von Staat und Kirche wäre zugleich mit der Gefahr eines religiösen Indifferentismus verbunden; die Tatsache, daß der standesamtlichen und kirchlichen Trauung die gleichen bürgerlichen Rechtswirkungen zukommen, könnte auch "sehr leicht die Gläubigen zur irrigen Auffassung veranlassen, daß zwischen beiden auch im Gewissensbereich kein wesentlicher Unterschied bestehe."[12] Um dieser Gefahr wirksam entgegentreten zu können, müßte die Kirche ihren Gläubigen die standesamtliche Trauung als Ausdruck des Ungehorsams gegen kirchliche Gesetze verbieten, wohl unter der Androhung andernfalls als öffentlicher Sünder zu gelten. "Während die Gläubigen im System der Pflichtzivilehe sich dem bürgerlichen Akt unterziehen können, ohne irgendwie gegen die kirchlichen Bestimmungen zu verstoßen, ... [wäre] im System der Wahlzivilehe der Abschluß der Zivilehe

---

[9]vgl. Kasper, Zur Theologie der christlichen Ehe, 88.
[10]Pirson, Eherecht, 764.
Bereits 1875 hatte Cremer, Die kirchliche Trauung, 3 ähnliche Überlegungen in der Prophezeiung geäußert: "Mit um so unerbittlicherer Consequenz wird die obligatorische Civilehe ihren Weg finden in alle Gesetzgebungen hinein, als der Natur einer kirchlichen Handlung beides widerstreitet, sowohl durch Staatsgesetz dem Widerwilligen aufgezwungen zu werden, als auf Grund des Staatsgesetzes der Kirche abgenötigt werden zu können."
[11]Duss von Werdt, Theologie der Ehe, 447.
In diese Richtung hat sich auch der evangelische Kirchenrechtler Dombois, Strukturprobleme des Eheschließungsrechtes, 110, ausgesprochen: Unabhängig von dem jeweiligen System der Zivilehe ist es "nach wie vor sinnvoll, daß auch der evangelische Christ nicht in dem bürgerlichen Formalakt, sondern in der Trauung in facie ecclesiae das Entscheidende der Eheschließungshandlung sieht, nämlich das gemeinsame Zeugnis der Eheschließenden, daß Gott zusammenfügt, wo äußerlich allein menschliche Freiheit und Willkür sichtbar wird. Die Kirche gewinnt nichts, wenn sie den rechtsgeschäftlichen Akt in ihren Bereich zieht; man könnte eher sagen, sie verdunkle dadurch das allein entscheidende Handeln Gottes. Deswegen sollte man auch klar erkennen, daß eine weder getraute noch vollzogene bürgerliche Ehe eine noch unvollkommene Ehe ist."
[12]Holböck, Die Zivilehe, 78.

stets schwerer Ungehorsam gegen die kirchlichen Gesetze, und zwar selbst dann, wenn die Brautleute durchaus beabsichtigen, dem bürgerlichen Akt bald die kirchliche Trauung folgen zu lassen."[13]

- Der Staat ist vor allem aus Gründen der Rechtssicherheit, Rechtseinheitlichkeit wie auch Rechtsklarheit gegen die Einführung der fakultativen Zivilehe. Da die Eheschließung ein Vorgang ist, bei dem ein öffentliches Organ das Vorliegen der Voraussetzungen und den Vollzug der Handlung beurkundet,[14] müßten Kriterien dafür festgelegt werden, "welche Gemeinschaften und Verbände – außer den großen christlichen Kirchen, den jüdischen Gemeinden usw. – 'trauungsberechtigt' sein sollten: auch die Gewerkschaften, die Freidenkerverbände, alle Körperschaften des öffentlichen Rechts?"[15] Erhielten nur bestimmte öffentliche Institutionen das staatliche Trauungsrecht, entstünde eine Rechtsungleichheit, würden aber alle Einrichtungen öffentlichen Rechts für trauungsberechtigte Organe erklärt, stünde der Rechtsunsicherheit Tür und Tor offen. Denn durch die Vielzahl der Quasistandesämter könnte der Staat seine ordnungspolitische Aufgabe, d.h. die Aufsichtskontrolle, daß keine illegalen Ehen geschlossen werden, praktisch nicht mehr wahrnehmen.

Da also das System der fakultativen Zivilehe weder für die Kirche noch für den Staat erstrebenswert ist, bietet sich als Alternative für eine Zusammenarbeit von Staat und Kirche die Veränderung der *vorgängigen* Pflichtzivilehe zur *einfachen* Pflichtzivilehe an, d.h. daß Staat und Kirche künftig nicht mehr die Reihenfolge von kirchlicher und standesamtlicher Trauung beachten müssen bzw. ignorieren. Für die Brautleute wäre damit zugleich die Möglichkeit gegeben, ohne Verletzung einer staatlichen Vorschrift eine nur *kirchlich* gültige Ehe einzugehen, sei es, um sich später eventuell anfallende Scheidungskosten zu sparen, sei es, um andere mit einer *staatlich* gültigen Ehe verbundenen Nachteile zu vermeiden. Genau in dieser generellen und nicht auf bestimmte, von Staat und Kirche gemeinsam normierte Notfälle beschränkten Möglichkeit liegt der entscheidende Nachteil dieses Modelles der *einfachen* Pflichtzivilehe. Denn durch dieses Nebeneinander statt eines Miteinanders von Staat und Kirche wäre zwar das Gegeneinander beider Rechtsordnungen überwunden, aber um den Preis, daß die beiden zwar von einander zu unterscheidenden, aber nicht trennbaren Dimensionen der Ehe, nämlich die bürgerlich-rechtliche und die sakramentale, auseinandergerissen wären und dadurch "die Ehe als ganzheitliche Lebensgemeinschaft aus dem Blick geriete. Wer in einer nur kirchlich gültigen Ehe lebt, kann in einen Zwiespalt hineingeraten, weil er im weltlichen Bereich als unverheiratet gilt; ihm könnte außerdem vorgehalten werden, sich Verpflichtungen entziehen zu wollen, die sich aus der weltlichen Rechtsordnung ergeben."[16] Dieses mehr anthropologisch-theologisch ausgerichtete Argument muß von staatlicher Sicht her noch um den Einwand ergänzt werden, daß mit der Regelung der einfachen Pflichtzivilehe die Rechts-

---

[13]ebd., 77.
[14]vgl. Pirson, Eherecht, 763.
[15]Bosch, Staatliches und kirchliches Eherecht, 114f.
[16]Krämer, Kirchenrecht, 128.

unsicherheit verbunden wäre, "ob die im Sozialleben als Ehegatten auftretenden und wie Ehegatten behandelten Personen tatsächlich verheiratet sind."[17]

Somit scheint auch das Modell der einfachen Zivilehe keine effektive bzw. wirkliche Alternative zur bisherigen Regelung der vorgängigen Pflichtzivilehe darzustellen. Denn die diesem System zugrundeliegende Idee, die den Kirchen zustehenden Grundrechte auf Selbstbestimmung und freie Religionsausübung zu gewährleisten, kann auch durch einige Änderungen an dem System der vorgängigen Pflichtzivilehe verwirklicht werden, durch die zugleich alle Nachteile der einfachen Pflichtzivilehe – wie auch der fakultativen Zivilehe[18] – vermieden werden können:[19] Nicht mehr nur durch Verordnung des Staates, sondern auf der Grundlage eines neuen Konkordates sollten die *beiden* Ordnungsmächte der Gesellschaft, Staat und Kirche, *gemeinsam* erklären, daß aus Gründen der Rechtssicherheit und im Dienste der Ehe als ganzheitliche Lebensgemeinschaft grundsätzlich an der vorgängigen Pflichtzivilehe festgehalten, die bisherige Regelung aber folgendermaßen zu Gunsten der kirchlichen Trauung modifiziert wird: Die zivilrechtlich gültige Ehe, die nach katholischem Verständnis die Anfangs- bzw. Grundstufe des Ehesakramentes bildet und für Katholiken erst durch die kirchliche Trauung zum Vollsakrament wird, kommt "– nicht anders als bisher – im Regelfalle durch Konsenserklärungen der Verlobten vor dem Standesamt ... [zustande], in mehreren besonderen Fällen jedoch – über das Reichskonkordat v. 1933 hinaus – [kann] eine Ehe auch in anderer Form, zuvor in kirchlicher Form und später dann ebenfalls von Zivilrechts wegen, konstituiert werden".[20] So sollten z.B. eventuelle mit einer zivilrechtlichen Eheschließung verbundene finanzielle Nachteile unter die Unzumutbarkeitsbedingungen für das Eingehen einer bürgerlichen Ehe aufgenommen werden und über die bisherige Deutung der Ausnahmeklauseln des §67 PStG von 1957 hinaus den Weg zu einer nur kirchlichen Eheschließung ermöglichen. Zu dieser Modifizierung der geltenden Rechtslage würde natürlich auch die bereits erörterte Umgestaltung des standesamtlichen Aktes zu einem einfachen Verwaltungsakt gehören, der von jedem quasi religiösen Charakter befreit ist.

---

[17]Pirson, Eherecht, 765, der allerdings diese Gefahr der Rechtsunsicherheit für unerheblich hält, da in der Gegenwart wegen der "vielen vorteilhaften Rechtsfolgen ... einer im staatlichen Recht wirksamen Ehe" (ebd.) kaum von der Möglichkeit einer nur kirchlichen Eheschließung Gebrauch gemacht würde.

[18]Das Modell der Notzivilehe, bei dem die kirchliche (religiöse) Trauung in der Regel die auch staatlich anerkannte Eheschließung darstellt und eine zivile Trauung nur für Ausnahmefälle gestattet ist, kommt in einem weltanschaulich neutralen Staat wie der Bundesrepublik Deutschland nicht in Frage und braucht hier deshalb nicht erörtert werden.

[19]Pirson, Eherecht, 769, unter Berufung auf Listl, Das Grundrecht der Religionsfreiheit, 303f, hält dagegen die Vorschrift der vorgängigen Pflichtzivilehe in der Bundesrepublik Deutschland für verfassungswidrig. Denn das Verbot der kirchlichen Voraustrauung wäre nur dann verfassungskonform, "wenn es sich als ein 'für alle geltendes Gesetz' erweist. Eine solche Bewertung war vertretbar, solange man davon ausging, daß kirchliches und weltliches Recht gestaltende Wirkung an ein- und demselben Rechtsverhältnis haben. Unter diesem Aspekt konnte man das Verbot der kirchlichen Voraustrauung als eine Konkretisierung der Bindung der Kirchen an das für alle geltende Zivilrecht ansehen, welches eine andere Form der Ehebegründung als die dort vorgesehene standesamtliche Eheschließung nicht zuließ. Da man aber heute der kirchlichen Eheschließung die konkurrierende Wirkung absprechen muß, ist das Verbot kein allgemeines Gesetz, sondern eine speziell gegen die Kirchen gerichtete und darum verfassungswidrige Beschränkung des Selbstbestimmungsrechts."

[20]Bosch, Staatliches und kirchliches Eherecht, 117; vgl. 103.

Von kirchenrechtlicher Seite ist eine Zusammenarbeit von Staat und Kirche bereits im Gesetzbuch von 1983 anvisiert. Denn nach c.1071 §1 n.2 darf niemand ohne Erlaubnis des Ortsordinarius bei einer Eheschließung assistieren, die nach der Vorschrift des weltlichen Gesetzes nicht anerkannt oder vorgenommen werden kann; nur im Notfall gilt dieses Verbot nicht. Damit gesteht der kirchliche Gesetzgeber in c.1071 n.2 dem weltlichen Recht nicht nur wie in c.1059 die Zuständigkeit für die 'rein bürgerlichen Wirkungen' der Ehe zu, sondern auch die grundsätzliche Regelung der 'Ehe(schließung)'; das kann als zumindest indirekte Anerkennung der Zivilehe als auch vor der katholischen Kirche *gültigen* Ehe verstanden werden. In der Unterscheidung zwischen 'matrimonium agnoscere' und 'celebrare' könnte man sogar die grundsätzliche Bereitschaft der katholischen Kirche zur Anerkennung der *vorgängigen* Pflichtzivilehe herauslesen; da ja bereits das Verb 'agnoscere' die kirchliche Trauung an die Bedingung einer staatlich gültigen Ehe(schließung) knüpft, kann 'celebrare' – wenn es nicht als Tautologie verstanden werden soll – eigentlich nur noch weltliche Vorschriften über den Zeitpunkt der kirchlichen Trauung im Blick haben.[21]

3 Das Zusammenspiel von standesamtlicher und kirchlicher Trauung

Wären Staat und Kirche zu der beschriebenen Kooperation bereit, dann könnte durch diese neue, den heutigen Verhältnissen entsprechende Zuordnung, aber auch Unterschiedenheit von standesamtlicher und kirchlicher Trauung die "Mehrdimensionalität des einen Eheabschlusses"[22] deutlich zum Ausdruck kommen, nämlich die bürgerlich-rechtliche, die bei getauften Partnern zugleich anfanghaft sakramental ist, und die kirchlich-(voll)sakramentale Dimension der Ehe; diese "beiden Dimensionen ... bilden die eine Ehe, die als eine einzige Wirklichkeit gelebt werden muß, aber in Schritten eingegangen wird und in ihrer staatlich-rechtlichen Dimension auch zerstörbar ist."[23] In diesem Sinne könnten die bürgerliche und kirchliche Trauung "ein gestrecktes Ganzes" bilden, das für im Glau-

---

[21]Das "hier normierte Trauverbot meint die Fälle, in denen zwischen den Partnern einer kirchlichen Ehe keine Zivilehe möglich ist, weder durch die Anerkennung der kirchlichen Ehe durch den Staat noch durch eine spätere Zivilheirat. Als Beispiel dafür sei die kirchliche Eheschließung durch Stellvertreter in Spanien oder Italien genannt, die der Staat nicht anerkennt. In der Bundesrepublik wäre eine Ehe zwischen Adoptivgeschwistern, die vom Hindernis des 1094 befreit worden sind, nach bürgerlichem Recht nicht möglich.

In anderen Fällen wird 1071 §1,2 in der Bundesrepublik nicht praktisch. Da das kirchliche Recht vom genannten Fall abgesehen enger ist als das staatliche, läßt die Kirche ohnehin keine Ehen zu, die für den Staat unmöglich sind" (Lüdicke, in: MK 1071/3, Rdn.4 (11. Erg.-Lfg., November 1989)).

Nach Zapp, Die Vorbereitung der Eheschließung, 753, und ders., Kanonisches Eherecht, 87f, ist c.1071 n.2 in der Bundesrepublik Deutschland wegen der vorgängigen Pflichtzivilehe – abgesehen von einigen Sonderformen von Ausländerehen – bedeutungslos.

[22]Kasper, Zur Theologie der christlichen Ehe, 88.

[23]Lüdicke, in: MK, Ehe, Einl./4, Rdn.11

ben lebendige katholische Christen "erst mit der kirchlich vorgeschriebenen Form zu einem inneren Abschluß kommt..."[24] Denn durch die Ziviltrauung erklären die Brautleute, "daß sie den Eintritt der mit der bürgerlichen Ehe verbundenen Rechtsfolgen wünschen,"[25] und erfüllen damit ihre Pflicht als Staatsbürger, die dazu vom Staat festgelegten Rechtsförmlichkeiten einzuhalten. Mit der kirchlichen Trauung aber bekennen sie, daß sie das vom weltanschaulich neutralen Staat – von den in der Schöpfungsordnung bzw. im Naturrecht grundgelegten Eckgrößen der Einheit und Unauflöslichkeit der Ehe abgesehen – *inhaltlich* offengelassene und offen zu lassende Rechtsgebilde der Ehe[26] im christlichen Sinn verstehen und gestalten wollen, nämlich als eine Wirklichkeit, die aus der Gottesgemeinschaft und auf sie hin lebt, d.h. als Sakrament.

Somit könnte man das Verhältnis und Zusammenwirken von standesamtlicher und kirchlicher Trauung fogendermaßen bestimmen: Die standesamtliche Trauung ist das für den staatlichen Bereich notwendige *formale* bzw. *regulative*, die kirchliche Trauung dagegen das *materiale* bzw. *konstitutive* Element der Ehe als *Voll*sakrament. "Staatliches Eherecht ist für das Wesen der Ehe nicht konsti-

---

[24]Kasper, Zur Theologie der christlichen Ehe, 87f. Die Fortsetzung "und deshalb erst damit als kanonisch gültig und als sakramental anerkannt werden kann" wurde von Verf. nicht übernommen, da sie in Spannung zu der Aussage vom 'gestreckten Ganzen' steht. Wenn es ein gestrecktes Ganzes gibt, dann kann nicht nur und nicht erst der Zielpunkt die Gültigkeit für sich in Anspruch nehmen, es sei denn die genannte Gültigkeit ist in dem Sinn von '*voll*gültig im christlichen Sinn' und damit 'vollsakramental' zu verstehen; gültig und anfanghaft sakramental muß aber schon der Ausgangspunkt des 'gestreckten Ganzen' sein.
Vgl. ähnlich auch Dombois, Das Decretum 'Tametsi', 220: Die dringend erforderliche Neuinterpretation des Trienter Formpflichtdekretes "setzt freilich die Annahme voraus, daß zwischen der naturalen Ehe unter getauften Christen und der sakramentalen Ehe *nicht nur Identität, sondern auch eine Spannung* besteht, daß nämlich gemäß der Einleitung des Dekrets des freien Eheschlusses auch von der Kirche nicht bestritten werden kann, daß aber andererseits etwa negativ gesagt werden könnte, eine sakramentale Ehe könne *nicht mit Gewißheit* außerhalb der Gemeinschaft der Kirche begründet werden. Nachdem das Konzil das Verhältnis von naturaler und sakramentaler Ehe, von Eheschluß ohne und in der Kirche angeschnitten, aber nicht zu Ende geführt hat, müßten die Konsequenzen weiter bedacht werden."
[25]Pirson, Eherecht, 767, der in diesem Zusammenhang der Auffassung widerspricht, daß die Brautleute mit der Erklärung vor dem Standesamt, mit sofortiger Wirkung die Ehe eingehen zu wollen, zu einem ihr Gewissen belastenden Heucheln gezwungen wären, weil nach ihrer religiösen Überzeugung jene Wirkung noch nicht eintrete (so z.B. die römische Anweisung von 1866 in ASS 1 (1866), 508 - 512, 510ff; Holböck, Die Zivilehe, 84 - 88; Mörsdorf, Das Eherecht, 147; ders., Eheschließung und demokratische Freiheit, 127, bzw. in: Kanonische Schriften, 742; ders., Die Zwangszivilehe, 254; 263; Prader, Das kirchliche Eherecht, 61f; Mosiek, U., Kirchliches Eherecht, Freiburg 1976³, 74, nicht mehr aber sein Schüler, Zapp, Kanonisches Eherecht, 55f): "Diese Beurteilung der Gewissenslage beruht aber wiederum auf der Prämisse, daß staatliche Ehe und kirchliche Ehe ein- und dasselbe Rechtsverhältnis seien. Die Gläubigen sind nicht gezwungen, etwas anderes zu erklären als das, was sie wirklich wollen, nämlich, daß sie den Eintritt der mit der bürgerlichen Ehe verbundenen Rechtsfolgen wünschen."
[26]vgl. auch Conrad, Die Grundlegung der modernen Zivilehe, 363, der bereits im französischen Zivilgesetzbuch von 1804 diese Auffassung verwirklicht sieht: "Die Ehe ist ein naturrechtlicher Vertrag, der in der Willensübereinstimmung der Partner gesehen wird. Die staatliche Ehegesetzgebung kann zum Wesen der Ehe nichts mehr beisteuern. Sie enthält nur Ordnungsvorschriften. Infolgedessen wird unabhängig von der Anerkennung der Vertragsnatur der Ehe an anderer Stelle die Form der Eheschließung geregelt..., gleichsam um darzutun, daß sie mit dem Wesen der Ehe nichts gemein haben, sondern nur im Interesse der öffentlichen Ordnung aufgestellt sind."

tutiv. Es knüpft an einen vorrechtlichen Sinn der Ehe an und beschränkt sich darauf, das Ausmaß, in dem vorrechtlichen Gehalten Verbindlichkeit zukommt, festzulegen. ... Deshalb macht genau genommen das staatliche Eherecht die Ehe nicht zum Rechtsverhältnis, sondern regelt nur Voraussetzungen und Wirkungen der Ehe.“[27] Der materiale Gehalt der Ehe kann dagegen christlich, buddhistisch, atheistisch usw. sein, wenn er nur nicht dem Wesen der Ehe als einer in der Schöpfungsordnung verankerten Wirklichkeit widerspricht. In diesem Sinn stellt das kirchliche Eherecht den materialen Gehalt der Ehe im christlichen Verständnis dar, der für die Ehe des in der *vollen* Gemeinschaft stehenden Katholiken konstitutiv ist, d.h. ohne den keine *voll*sakramentale Ehe zustandekommen kann. Deshalb setzt hier auch "die gesellschaftliche Diakonie der Kirche ein. So verstanden ist der Dienst der Kirche kein zusätzlicher 'Service', er bringt vielmehr eine der Ehe nach christlichem Verständnis wesentliche Dimension zur Geltung, eine Dimension, die so wesentlich ist, daß ohne sie eine Ehe unter Christen nicht vollgültig[28] sein kann.“[29]

Zu dieser materialen Auffüllung der rechtlichen Rahmenordnung im christlichen Sinn kann allerdings keiner – auch nicht der Katholik – gezwungen werden, sondern jedem muß freigestellt sein, die (Rechts-)Formalie Ehe nach seinem Glauben und Gewissen – natürlich nur innerhalb des für jeden Menschen verbindlich geltenden Rahmens der Schöpfungs- bzw. Naturrechtsordnung – inhaltlich frei zu gestalten, ohne daß ihm aufgrund seiner gewählten inhaltlichen Gestaltung die Existenz dessen, was er gestaltet, von irgendeiner Institution nicht anerkannt werden könnte. Es muß hier vielmehr gelten, "daß der Mensch nicht nur nicht *trennen* darf, sondern auch *nicht nichtseiend nennen darf*, was Gott begründet hat.“[30] Denn "weil alle Wirklichkeit in Jesus Christus erschaffen ist und weil Gott in Jesus Christus das Heil aller Menschen will, ist Jesus Christus das Haupt aller Menschen, so daß Gottes Gnade durch Jesus Christus dem Haupt dem Menschen in jeder menschlichen Situation angeboten ist. Die Kirche als das universale Sakrament des Heils hat deshalb verschiedene Stufen der Verwirklichung von den 'gutgläubigen Ungläubigen' bis zu den katholischen Christen im Stand der heiligmachenden Gnade. Darum ist jeder menschliche Ehewille eine unvollständige Verwirklichung des Geheimnisses Christi und der Kirche, die danach strebt, ihre innere religiöse und christliche Entelechie stets besser zu entfalten. Dies kann besonders dann von Bedeutung sein, wenn aus irgendwelchen Gründen eine kirchlich - sakramentale Ehe nicht möglich" ist.[31] Oder einfacher gesagt: "Christliche Ehe wird nicht erst Gnadenereignis dort, wo sie ein Sakrament wird. Deswegen kann auch jemand, der in einer nicht-sakramentalen Ehe lebt, diese Erfahrung der Gnade machen, ob er sie bei ihrem Namen nennen kann oder nicht.“[32] Wegen dieser Einheit von Schöpfungs- und Erlösungsordnung muß deshalb auch die ka-

---

[27]Pirson, Eherecht, 752f.

[28]'Vollgültig' ist hier – zumindest von Verf. (siehe Anm. 24, S. 275) – im Sinne von sakramental vollgültig und damit 'vollsakramental' zu verstehen.

[29]Kasper, Zur Theologie der christlichen Ehe, 88.

[30]Reidick, Die Rolle der Kirche, 226.

[31]Kasper, Zur Theologie der christlichen Ehe, 91f; vgl. auch Heimerl / Pree, Kirchenrecht, 163f.

[32]Lehmann, Zur Sakramentalität der Ehe, 66.

tholische Kirche jede Ehe, auch wenn sie nicht im christlichen Sinn gestaltet wird, als gültige Ehe anerkennen, der sie allerdings als nicht *voll*sakramentale Ehe von ihrem eigenen Recht her nicht die volle Rechtsstellung in ihrer Gemeinschaft zugestehen kann. "Würde also die Kirche jede rechtlich gültige Form für den gültigen Austausch des Ehewillens ... anerkennen, so hieße das, daß auch der gültige Kern der sakramentalen Wirklichkeit als vorhanden anerkannt würde. Damit wäre aber keineswegs das Sakrament als solches einer Profanierung preisgegeben; im Gegenteil, es müßte nun gerade der immanent religiöse Charakter dieses 'weltlichen' Aktes betont und die Ausweitung in Liturgie und Leben als selbstverständliche Konsequenz lebendiger christlicher Existenz aufgewiesen werden."[33]

4 Die Funktion der kanonischen Formpflicht heute

Wird die Zivilehe auch von der katholischen Kirche als gültige Ehe anerkannt, dann muß konsequenter Weise die Frage gestellt werden, ob der vor rund 400 Jahren vor allem zur Sicherung der Öffentlichkeit und damit Beweisbarkeit der Eheschließung eingeführten Regelung der kanonischen Formpflicht auch heute noch ein vom Wesen und Auftrag der Kirche her begründeter Sinn zukommt. "Es ist zwar richtig, daß die Begründung und der Rechtszweck der Formpflicht nicht mehr die Sicherung des Öffentlichkeitscharakters des Eheabschlusses sein kann. Er ist durch die staatlichen Ehegesetze ausreichend gesichert. Die Ehewillens*erklärung* steht dadurch fest. Aber steht dadurch auch schon der echte und christliche *Ehewille* selbst fest?"[34] Da sich ein weltanschaulich neutraler und pluralistischer Staat um eine solche Frage nicht kümmern kann und auch gar nicht kümmern darf, obliegt es allein der Kirche, diese Frage zu klären. Aus ihrem Wesen und ihrem Auftrag von Christus her hat die Kirche die Pflicht und das Recht, bei ihren Gliedern nicht nur nach Kräften auf eine christliche Einstellung zur Ehe hinzuwirken, sondern auch diese christliche Eheauffassung zu überprüfen und zu sichern,

---

[33]Böckle, Das Problem der bekenntnisverschiedenen Ehe, 35.

Dagegen wendet Hofmeister, Die Form der Eheschließung, 234, 237, ein: "Die Kirche wäre hier vor die Frage gestellt, ob sie bereit wäre, die Eheschließung aus der Atmosphäre des Sakralen in den Bereich des Profanen hinunterzuziehen und zu säkularisieren. ... Die ganze Ehelehre der katholischen Kirche würde hier säkularisiert und übersieht, und der lange Kampf um die Erhaltung der Lehre Christi wäre umsonst gewesen."

Ebenso Kaiser, Grundfragen des kirchlichen Eherechts, 740: "Die in jüngster Zeit wiederholt erhobene Forderung, angesichts der Gewährleistung des Öffentlichkeitscharakters der Eheschließung durch die staatliche Gesetzgebung solle die kirchliche Form zwar weiterhin empfohlen, aber nicht mehr zur Gültigkeit der Eheschließung verlangt werden, steht ganz auf dem Boden des vertragsrechtlichen Eheverständnisses und übersieht, daß es heute mehr denn je darauf ankommt, gegenüber allen Säkularisierungstendenzen den kirchlichen und sakramentalen Charakter des Ehebundes unter Christen zu betonen und auch im Vollzug der Eheschließung möglichst deutlich sichtbar werden zu lassen."

Vgl. auch Wagnon, La forme canonique ordinaire du mariage, 705 - 708.

[34]Gerhartz, Zur Reform der kanonischen Eheschließungsform, 630, und ders., Mischehen ohne kirchliche Trauung, 81; vgl. Heinemann, Die sakramentale Würde, 397; Wesemann, Die Ehe im Kirchenrecht, 223; Prader, Das kirchliche Eherecht, 116.

um sie als vollgültige Ehe im christlichen Sinn anzuerkennen. Zur Wahrnehmung dieses Rechtes und dieser Pflicht darf und muß sie sich (kirchen)rechtlicher Vorschriften bedienen.[35] Die entscheidende Frage dabei ist aber, ob die Formpflicht dieser Aufgabe gerecht wird bzw. – präziser gefragt – ob dieses Recht und diese Pflicht der Kirche auch heute noch nur und schon mit der als *Gültigkeitsbedingung* der Ehe geforderten Verpflichtung jedes Katholiken zur kirchlichen Trauung vor zwei Zeugen und unter aktiver Eheassistenz des trauungsbefugten Amtsträgers der Kirche erfüllt ist. Gewiß kommen durch die kanonische Eheschließungsform "die heilsvermittelnde Funktion der Kirche und das sakramentale Zeichen des Ehesakramentes zum Ausdruck. Die kirchliche Trauung macht transparent, daß Glaube, Taufe und Zugehörigkeit zur Kirche die Ehe zum Sakrament macht. Die Kirche ist verpflichtet, dieses wirksame Zeichen zu wahren und zu schützen. Auch macht die kirchliche Eheschließung den Ehegatten bewußt, daß sie die Ehe nicht nur in ihrem Namen eingehen, sondern als Glieder der Kirche handeln, die an diesem entscheidenden Familienereignis heilsvermittelnd teilnimmt."[36] Andererseits hat aber die Ungültigkeitsklausel in der Regelung der kanonischen Formpflicht kaum positive Wirkung gezeigt. Zum einen hat sie, gekoppelt mit der Lehre von der Realidentität zwischen Ehevertrag und Ehesakrament unter Getauften, in vielen Fällen entweder zu einer Verletzung des Grundrechtes auf Ehe oder zu einer sakramentalen 'Vergewaltigung' geführt; zum anderen hat sie oft genug das Gegenteil von dem bewirkt, was sie bezweckte: Rechtsunsicherheit statt Rechtssicherheit über und für gültige Ehen. Durch die Ungültigkeitsklausel hat die Kirche nämlich keineswegs verhindern können, daß dennoch oder erst gerade deshalb Ehen von Katholiken ohne Beachtung der Formvorschrift eingegangen worden sind, da sie auf die kirchliche Gültigkeit keinen Wert (mehr) gelegt haben. Gerade diese Ungültigkeit stellt dann aber auch das Haupthindernis für jede eventuelle Umkehr eines Menschen dar,[37] weil sie die betroffenen Personen mit ihren ohnehin meist schwachen und zerbrechlichen Glaubens- und Kirchenbindungen sozusagen endgültig aus der Kirche hinaustreibt in ein ungebundenes Christentum oder gar religiöses Niemandsland.[38] "Der Leichtigkeit, mit der gelegentlich in der geübten kirchlichen Praxis moralisch verpflichtende Bindungen von Partnern aufgrund fehlender kirchlicher Eheschließungsform als nicht existent betrachtet werden, sollte ein Riegel vorgeschoben werden. Anderseits sollte den Getauften, die ihrer Kirche gänzlich entfremdet sind, nicht als unbeabsichtigte Nebenwirkung aufgrund einer innerkirchlich sinnvollen und notwendigen

---

[35]Böckle, Das Problem der bekenntnisverschiedenen Ehe, 24, beurteilt wohl die heutige Bedeutung der Formpflicht kaum sachgerecht, wenn er schreibt: "Heute bildet [wegen der obligatorischen Zivilehe] die Klandestinität kein gesellschaftliches Problem mehr. Darum konnte, ja mußte sie vom CIC als Hindernis fallen gelassen werden. Damit hat aber die Formpflicht eine sachlich andere Funktion übernommen, nämlich eine reine Kontrollfunktion. Ohne Zivilehe war sie notwendig zum Erweis der Rechtsexistenz der Ehe. Heute dient sie zur Abklärung von Hindernissen, zur Prüfung des Ehewillens und zur Geltendmachung der konfessionellen Erziehung der Kinder."
[36]Prader, Das kirchliche Eherecht, 116.
[37]vgl. Gerhartz, Zur Reform der kanonischen Eheschließungsform, 629f und 637; Neumann, Mischehe und Kirchenrecht, 49f.
[38]vgl. Gerhartz, Mischehen ohne kirchliche Trauung, 79; vgl. auch Baumann, Die Ehe, 101; Neumann, Mischehe und Kirchenrecht, 50; Dunderdale, The canonical form of marriage, 94f.

Eheschließungsverpflichtung die Möglichkeit zu einer menschlich 'gültigen' Ehe entzogen werden."[39]

Wie könnte diese Forderung verwirklicht werden? Wie könnten die genannten Nachteile in der Regelung der kanonischen Formpflicht beseitigt werden? Eine Besinnung auf den spezifisch theologischen Ort der kanonischen Eheschließungsform kann hier weiterhelfen.

4.1 Theologische Aspekte der kirchlichen Trauung

Die Freilegung der theologischen bzw. ekklesiologischen Bedeutung der kirchlichen Trauung kann nur gelingen, wenn die Kirche die Ehe nicht nur als kirchlichen, sondern auch als weltlichen Stand und somit die standesamtliche Trauung in ihrem Eigenwert wie auch in ihrer Hinordnung auf die kirchliche Trauung anerkennt und in ihrem Eherecht berücksichtigt. Ist die Kirche dazu bereit, muß sie ihre eigene Gesetzgebung von allen unnötigen Doppelspuren zum Zivilrecht befreien, vor allem von der folgenschweren Doppelspur der *Gültigkeits*regelung der Ehe. Denn durch die Koppelung der kirchlichen Gültigkeit der Ehe von Getauften mit der kirchlichen Trauung ist sowohl der kirchlichen Gemeinschaft wie auch dem einzelnen Katholiken ein – vom Aspekt des Glaubens – wichtiger Spielraum genommen: Auf der einen Seite muß die *Kirche* "jeden ehefähigen Katholiken trauen, der darum bittet, auch wenn die Bitte aus allen anderen als religiösen Motiven erfolgt und die mangelnde Religiosität und Kirchlichkeit des Bittstellers eine liturgische Mitwirkung der amtlichen Kirche verböte. Bei der geltenden Regelung muß eine solche Mitwirkung der amtlichen Kirche einfach deswegen erfolgen, weil jedermann grundsätzlich einen Anspruch auf den Abschluß einer gültigen Ehe hat. Wenn die Kirche ihre qualifizierte Mitwirkung zur Bedingung der Gültigkeit dieser Ehe macht, dann hat der [ansonsten ehefähige] Ehewillige auch das Recht auf diese qualifizierte Mitwirkung der Kirche."[40] Auf der anderen Seite muß der *Katholik* unabhängig von seinem Glaubensstand die kanonische Formpflicht einhalten, wenn er eine vor und von der kirchlichen Gemeinschaft als gültig anerkannte Ehe eingehen will; auch bei noch so großer religiöser Gleichgültigkeit muß er um die kirchliche Trauung bitten, soll sein Wille zur Ehe als solcher auch von der Kirche anerkannt und nicht als ein Wille zu einem Zustand zwischen Konkubinat, nichtiger Ehe oder Nichtehe diskriminiert werden.[41] Der Katholik ist mithin vor die Alternative gestellt: entweder kirchliche Trauung und damit kirchlich gültige wie auch (voll)sakramentale Ehe oder keine kirchliche Trauung und damit – von der Möglichkeit der Dispens von der Formpflicht abgesehen – kirchlich ungültige Ehe.

Dieses theologische Dilemma kann nur dadurch überwunden werden, daß die katholische Kirche bezüglich der Gültigkeit einer *jeden* Ehe sozusagen eine 'Entkirchlichung' vornimmt, also die Verbindung von kirchlich anerkannter Gültigkeit

---

[39]Breuning, Christlich gelebte Ehe und Familie, 156.

[40]Gerhartz, Zur Reform der kanonischen Eheschließungsform, 636; vgl. ders., Mischehen ohne kirchliche Trauung, 85.

[41]vgl. dazu S. 222; S. 244, Anm. 198; S. 248f, Anm. 210.

einer christlichen Ehe und kanonischer Eheschließungsform aufgibt und stattdessen die Gültigkeitsregelung der weltlichen Eheschließungsform auch für den kirchlichen Bereich anerkennt, sofern bei der jeweiligen Eheschließung kein rechtlicher Hinderungsgrund des kirchlichen Eherechts vorliegt. Nur so kann die bis jetzt noch unter gesetzlichen Ballast vergrabene Bedeutung der kirchlichen Trauung als ein "auf praedicatio, confessio und benedictio hin angelegtes Geschehen"[42] deutlich werden, so daß dann der Unterschied zwischen standesamtlicher und kirchlicher Trauung folgendermaßen beschrieben werden könnte: "Auf dem Standesamt wird der Bund, den zwei Menschen miteinander geschlossen haben, festgestellt, und beide werden zur Treue zueinander ermahnt. In der Kirche wird der Bund, den Gott mit diesen beiden Menschen geschlossen hat, gefeiert und beide werden zur Treue ermächtigt."[43]

Ehe als anthropologische und sakramentale Wirklichkeit ernstgenommen, verlangt also eine "bewußte Doppelheit des Eheschließungsaktes: zivil und kirchlich ... Die Sinngebung soll wirklich die eines zweimaligen performativen Konsensaustausches hinsichtlich der ganzen, anthropologischen und sakramentalen Ehewirklichkeit sein."[44] In diesem Verständnis ist dann die liturgische Feier "weder

---

[42]Becker, Initiatio matrimonii, 109, Nr.27.

[43]ebd., 109, Anm.6.

Auch Kaiser hat sich bemüht, die Starrheit der Formpflicht aufzubrechen, und folgende Lösung vorgeschlagen: "Die Mitwirkung eines Organs der Kirche beim Zustandekommen einer sakramentalen Ehe kann in besserer Weise dadurch sichergestellt werden, daß den Katholiken zwar freigestellt wird, ihre Ehe auch in einer anderen öffentlichen Form zu schließen, die Gültigkeit dieser Eheschließung aber von der vorausgehenden ausdrücklichen Zustimmung eines Organs der Kirche abhängt. ... Die Eheschließung in einer beliebigen öffentlichen Form mit vorausgehender Zustimmung eines Organs der Kirche ist eine außerordentliche Form kirchlicher Eheschließung. Sie läßt die Einwirkung eines Organs der Kirche auf die einzelne Eheschließung deutlicher werden als die jüngst gemachten Vorschläge, die den Katholiken zwar jede Form öffentlicher Eheschließung freistellen, deren Gültigkeit aber von einer vorausgehenden Unbedenklichkeitsbescheinigung nach erfolgter Prüfung ... abhängig machen wollen" (Kaiser, Bedeutung der kirchlichen Eheschließung, 139f).

Kaisers Vorschlag wie auch das von Kaiser angeprochene Modell von Gerhartz (Zur Reform der kanonischen Eheschließungsform, 635f, und ders., Mischehen ohne kirchliche Trauung, 84, dem sich Sebott, Das neue Eherecht, 270f, anschließt), daß bei Katholiken zwar nicht mehr die Formpflicht, wohl aber die kirchenamtliche Prüfung und kirchenamtliche Feststellung der Ehe, die wie bisher durch den jeweiligen Pfarrer vor der Eheschließung zu geschehen hätte, zur Gültigkeitsbedingung erklärt werden sollte, scheinen vor allem aus praktischen Gesichtspunkten wenig sinnvoll zu sein. Denn wer bewußt 'nur' standesamtlich heiraten möchte, wird kaum bereit sein, sich dafür die kirchliche Erlaubnis einzuholen oder sich gar einer kirchenamtlichen Prüfung zu unterziehen.

[44]Müller, Probleme heutiger Pastoral, 99 (vgl. ders., Die liturgische Feier der Eheschliessung, 200), der von der Untrennbarkeit von Vertrag und Sakrament ausgeht, weshalb bereits der zivile Eheschließungsakt das Sakrament begründet und der kirchliche Eheschließungsakt nicht erst den sakramentalen Charakter hinzufügt, sondern diesen lediglich ausdrücklich bekennt im Sinne eines Glaubensbekenntnisses (S.98).

vgl. Becker, Initiatio matrimonii, 106, Nr.15f (vgl. 111, Nr.37, 112, Nr.40), der den gleichen Sachverhalt aber ausdrücklich nicht als doppelten Eheschließungsakt verstehen will, sondern die zivile Trauung als Eheschließung und die kirchliche Trauung als "initiatio matrimonii und dedicatio ecclesiolae." Denn auch "ein Christ nimmt nicht zweimal seine Ehefrau, das erstemal ohne Rücksicht auf den christlichen Charakter und sodann nochmals als Christin"(zitiert nach Ritschel, P. / Graff, G., Lehrbuch der Liturgik II, Göttingen 1951², 744).

Die Argumentation von Becker erscheint nicht zwingend; denn es dürfte – vor allem vom Geein bloßes Anhängsel, eine Nebensache, noch ist sie als solche konstitutiv für das Sakrament. Sie ist ein vom Sinn des Ganzen her gefordertes Bekenntnis des Glaubens, der das Sakrament trägt. Vom Sakrament her gesehen wird hier expliziert, was allein im Ehewillen konstituiert wird: die Ehe wird bewußt Gott dem Herrn unterstellt. Dazu gehören das Zeugnis, die Mahnung und der Segen. Ohne dies fehlt zwar nicht das zur Rechtsgültigkeit gerade noch unabdingbar Notwendige, aber es fehlt das explizite Glaubenszeugnis, ohne das die Fruchtbarkeit und der umfassende Sinn des Sakramentes in Frage gestellt ist. Ein in jeder gültigen Form geäußerter Ehewille ist sozusagen die Basis oder der Kern der sakramentalen Wirklichkeit, ohne den sie schlechterdings nicht sein kann; aber er ist *nicht die ganze Wirklichkeit des Sakramentes.* Das Sakrament lebt und wirkt im Glauben und dafür ist das Zeugnis und die explizite Anerkennung im Raum der Kirche unerläßlich."[45]

Unter Beherzigung dieser Überlegungen stellt sich ernsthaft die Frage: Muß die kanonische Formpflicht auch heute noch unbedingt mit der Bedingung der *kirchlichen (Un-)Gültigkeit* der Ehe verknüpft sein? Sollte die Ungültigkeitsklausel

---

sichtspunkt einer gestuften Sakramentalität aus – kaum ein Problem darstellen, ob die Kundgabe des Hochzeitspaares in der Kirche als *confessio fidei* oder *consensus* im Sinne eines *consensus matrimonialis fidei* gedeutet werden soll.

Auch der Einwand von Corecco, Die Lehre der Untrennbarkeit, 440f, erscheint nicht überzeugend: Angenommen auch Christen würde gestattet werden, einen naturrechtlich gültigen Ehevertrag zu schließen, "müßte man nachträglich zu einem liturgischen Ritus greifen, um den Ehevertrag zum Sakrament zu machen, ohne dabei den schon vor dem Zivilstandsbeamten erklärten endgültigen Konsens einsichtigerweise wiederholen zu können. In diesem letzten Fall würde nicht nur das Sakrament zu einem Zubehör, ... sondern auch die sakramentale Feier zu einer leeren liturgischen Handlung werden."

[45] Böckle, Das Problem der bekenntnisverschiedenen Ehe, 34f.

Vgl. auch Hausmann, Kirche und Ehe, 187 und 212f: "Die Sakramentalität der Ehe verlangt ... nach einem liturgischen Ausdruck des Bewußtseins, daß die Ehe so gesehen wird und gelebt werden will." Durch den "bewußten Gang zum Priester und zum Eheabschluß in und vor der Kirche ... kann ein Paar offenkundig machen, daß es in der Kirche steht, die sakramentale Heilswirklichkeit der Kirche kennt bzw. annimmt und wie die Kirche seine Ehe verstehen will und versteht."

Reinhardt, Ehe - Sakrament, 32: "Daraus folgt keineswegs, daß zum Sakrament notwendig eine kirchliche Form der Trauung gehörte oder daß gar der amtliche Vertreter der Kirche, der Priester, Spender des Sakramentes wäre. Die kirchliche Form der Trauung ist nur der konkrete, keineswegs notwendige, aber durchaus wünschenswerte Ausdruck dafür, daß Glaube, Taufe und Zugehörigkeit zur Kirche die Ehe zum Sakrament machen."

Ähnlich auch Becker, Initiatio matrimonii, 105, Nr.10 und 109, Nr.27, der die Eheliturgie als ein Sakramentale des Sakraments Ehe bezeichnet (vgl. S.105);

Boff, Das Sakrament der Ehe, 464f: "Die Kirche ist im Sakrament der Ehe nicht durch den segnenden Priester, sondern durch die Partner selber zugegen. Der Priester vervollständigt das Sakrament, insofern er den liturgischen Ritus vollzieht, in dem das in der Ehe eingeschlossene Zeichen vor dem Hintergrund des Glaubensbekenntnisses und der juridisch-kanonischen Form, in der die Zustimmung erfolgt, seinen Ausdruck findet. Die juridisch-kanonische Form gehört zum *vollen* Sakrament, weil die Ehe nie ein bloss privates Geschäft oder Anliegen der Ich - Du - Liebe ist, sondern immer eine gemeinschaftliche Dimension enthält und ihrer Natur nach auf das Recht und die Ordnung der Gesellschaft hingeordnet ist."

Vass, Is the canonical form of marriage expendable, 602 - 604; Herrmann, Ehe und Recht, 55f.

nicht durch eine Art Teilausschluß aus der kirchlichen Communio wegen der defizienten bzw. privativen Form der Ehe(schließung)[46] ersetzt werden?[47]

4.2 Kirchlicher Teilausschluß statt Ungültigkeit der Ehe bei Nichtbeachtung der kanonischen Eheschließungsform

Der Vorschlag, die Ungültigkeitsklausel in der Formpflichtregelung zu einer Teilausschlußklausel abzuändern, resultiert im Grunde genommen aus einer gedanklichen Weiterentwicklung der konfessionellen Mischehenregelung bezüglich der Formpflicht, wie sie vor und auf der Bischofssynode von 1967 entwickelt und 1970 in 'Matrimonia mixta' wie auch 1983 im redigierten CIC (c.1127) verwirklicht worden ist: An der kirchlichen Formpflicht als Gültigkeitsklausel für die Ehe wird weiterhin festgehalten, doch der zuständige Ortsbischof kann von dieser Vorschrift dispensieren, so daß die Ehe auch 'formlos' im Sinne einer anderen öffentlichen Form geschlossen werden kann und dennoch gültig ist. Durch diese Regelung ist die Formvorschrift bei konfessionellen Mischehen zu einem wesentlichen Teil beweglicher geworden, da sie nun bis zu einem gewissen Maße der individuellen Situation des Brautpaares angepaßt werden kann. Denn fortan müssen konfessionelle Mischehen nicht mehr nichtig bleiben, nur weil der nichtkatholische Teil nicht zu einer Trauung in der katholischen Kirche zu bewegen ist. Werden nämlich während des Brautgespräches (große) Schwierigkeiten des nichtkatholischen Partners mit der katholischen Trauungszeremonie deutlich, kann das Brautpaar über den Pfarrer Dispens von der Formpflicht beim Ortsbischof beantragen. Wird sie gewährt, wird die Ehe in jeder anderen öffentlichen Form gültig geschlossen. Damit zwingt also einerseits die katholische Kirche fortan nicht mehr den nichtkatholischen Partner auf Biegen und Brechen eine kirchlich-liturgische Feier mitzuvollziehen, die er innerlich ablehnt, ohne aber andererseits den Kontakt zu den Brautleuten (vor der Ehe) einfach preiszugeben.[48]

Die Probleme eines bekenntnisverschiedenen Paares mit der Formpflicht hat aber oft auch ein der Glaubenspraxis fernstehendes katholisches Brautpaar. Deshalb liegt eine Übertragung der Regelung für bekenntnisverschiedene Ehen auf ein solches Brautpaar durchaus nahe, zumal nicht einzusehen ist, warum nur die konfessionsverschiedene Ehe das Privileg der Dispensmöglichkeit von der Formpflicht genießen sollte.[49] Denkt man dann in einem nächsten Schritt über den eigent-

---

[46]vgl. dazu ausführlicher S. 246ff.

[47]Zur Vermeidung von Mißverständnissen sei hier nochmals betont, daß für den Katholiken, der als Christ sein Grundrecht auf eine *voll*gültige Ehe im *christlichen* Sinn, also auf eine *voll*sakramentale Ehe geltend macht, die kanonische Eheschließungsform immer – von den normierten Ausnahmesituationen abgesehen – eingehalten werden muß.

[48]vgl. Gerhartz, Zur Reform der kanonischen Eheschließungsform, 632.

[49]vgl. Richter, Die liturgische Feier der Trauung, 488; Wesemann, Das katholische Eherecht, 93.
Die Überlegungen, die Regelung für bekenntnisverschiedene Ehen auf rein katholische Ehen zu übertragen, müssen natürlich auf dem Hintergrund des im zweiten Teil dieser Arbeit dargelegten Modelles einer gestuften Sakramentalität gelesen werden: eine rein standesamtliche Trauung eines bekenntnisverschiedenen – wie auch analog eines rein katholischen – Ehepaares nach Dispens von der Formpflicht sollte nicht mehr als zugleich (voll)sakramentale Ehe gelten, sondern lediglich als eine Anfangs- oder Grundstufe des Ehesakramentes.

lichen Sinn einer Dispens nach, so muß man zu folgendem Ergebnis kommen: Wird – dem Dispenswesen entsprechend – notwendigerweise nur in einigen wenigen Ausnahmefällen von der kanonischen Form dispensiert, so ist diese Lösung eigentlich nur eine Scheinlösung, da es ja dann für die Mehrzahl der Brautpaare bei der alten Regelung bleibt; wird aber relativ leicht und damit oft von dieser Vorschrift dispensiert, wird die Rechtsnorm der Formvorschrift ausgehöhlt und damit die Berechtigung dieser Norm infragegestellt.[50]

Erster und zweiter Gedankenschritt zusammengenommen, führen dann unter der Voraussetzung, daß die Kirche künftig die zivile Ehe von Katholiken als auch kirchlich gültige Ehe anerkennt,[51] zwangsläufig zu dem Reformvorschlag, die Ungültigkeitsklausel durch eine Teilausschlußklausel zu ersetzen. Für diese Umgestaltung der Formpflichtregelung sprechen vor allem drei miteinander zusammenhängende Gründe:

1. Vom Wesen der Ehe her ist die Verknüpfung von kirchlicher Trauung und Ungültigkeit der Ehe bei Nichtbeachtung der kanonischen Eheschließungsform nicht gefordert. "Auch aus der Sakramentalität der Ehe läßt sich weder die kirchliche Traufeier noch die Assistenz des Priesters [als in jedem Fall unabdingbar] begründen. Und die Öffentlichkeit der Ehe wird heute schon durch die obligatorische Zivilehe und die standesamtliche Registrierung sichergestellt."[52]

2. Für den *gläubigen* Durchschnittskatholiken dürfte die Bewertung einer nur zivilen Eheschließung als defiziente Form der Ehe(schließung) mit der Folge innerkirchlicher Rechtsminderungen schwerer wiegen als eine bloße Ungültigkeitserklärung desselben Tatbestandes; die Regelung, daß zwei Katholiken, die nur zivil heiraten, von den Sakramenten ausgeschlossen werden und in dem Sinn außerhalb der Kirche stehen,[53] ist für einen gläubigen Katholiken einerseits viel schwerer zu ertragen, andererseits aber auch leichter einsichtig zu machen. "Wer den sakramentalen Charakter der Ehe nicht anerkennen will und sich weigert, die Ehe als Sakrament zu empfangen, sondert sich faktisch aus der vollen Gemeinschaft aus"[54] und wird deshalb nicht mehr zu den Sakramenten zugelassen, und zwar aus folgendem Grund: "Da alle Sakramente in ihrem Wesen aus dem Ursakrament, das die Kirche ist, hervorgehen, sind sie nicht beziehungslos zueinander und deshalb nicht trenn-

---

[50]vgl. Gerhartz, Zur Reform der kanonischen Eheschließungsform, 633, und ders., Mischehen ohne kirchliche Trauung, 82f.

[51]Die Anerkennung der zivilen Eheschließung als auch kirchlich gültige Ehe kann natürlich nur bei den Ehen erfolgen, die auch nach dem kirchlichen Eherecht keinem Ehehindernis oder Ehewillensmangel unterliegen.

[52]Gall, Fragwürdige Unauflöslichkeit, 123f.
Vgl. auch Heimerl / Pree, Kirchenrecht, 182: "Während die kanonische Formpflicht in ihrer konkreten gesetzlichen Ausgestaltung menschliches Recht darstellt, und eine bestimmte Form keineswegs zum Wesen der Ehe gehört, ist das Erfordernis, daß überhaupt irgendeine öffentliche Form eingehalten wird, um von einer Ehe sprechen zu können, aus Gründen der Gemeinschaftsbezogenheit der Ehe und wegen der Rechtssicherheit unverzichtbar."

[53]vgl. Barry, Die kanonische Eheschließungsform, 71, und ders., The tridentine form of marriage, 176.

[54]Corecco, Die Lehre der Untrennbarkeit, 431

bar. Man kann nicht das eine nehmen und das andere lassen."[55] Wegen des sakralen und sakramentalen Charakters der christlichen Eheschließung ist die katholisch-kirchliche Trauung dem Katholiken selbstverständliche Form seiner Eheschließung, bleibt sie ihm kirchlich empfohlen und grundsätzlich befohlen. Gerade unter dieser Voraussetzung, eben nicht mehr Gültigkeitsbedingung, sondern sozusagen Glaubenspflicht des Katholiken zu sein, deren (Nicht-) Verwirklichung seine (volle) Zugehörigkeit zur Kirche bestätigt bzw. mindert, würde man endlich der kirchlichen Regelung nicht mehr vorwerfen können, daß hier "die Partner nichtsahnend in die Fesseln einer sakramental gefestigten Bindung geraten"[56] bzw. daß "das Sakrament der Ehe ... den Menschen wie ein Klappnetz[57] im Schlaf oder wo immer überfällt, ohne daß er eine Ahnung von diesem 'religiösen' Vorgang hat, gar nichts von diesem Sakrament weiß und vielleicht viele Jahre verheiratet ist."[58] Dadurch wäre dann auch zu jeder Zeit die Chance geboten, sich mit der Kirche auszusöhnen und als reuiger Sünder wieder "zu den Sakramenten zugelassen [zu] werden und aktiv am Leben und am Opfer des mystischen Leibes Christi teil[zu]haben. Das ist für das Heil der Seelen sicher erforderlich"[59] und verhindert die Gefahr des gänzlichen Glaubensabfalles und Kirchenaustrittes.

3. Teilausschluß aus der kirchlichen Gemeinschaft statt Ungültigkeit der Ehe würde außerdem "jenen zugute kommen, die formal zwar dem Kirchengesetz unterstellt sind, aber 'wegen unüberwindlicher Unwissenheit' von dessen Bestimmungen keine Kenntnis haben. Würden sie in gutem Glauben ohne kirchliche Eheschließungsform heiraten, hätte das keinen Einfluß auf die Gültigkeit ihrer Ehe. Andererseits würden jene, die nur eine Zivilehe eingehen, dabei jedoch 'mala fide' handeln, eine ungesetzliche und sündhafte, obzwar gültige Ehe schließen,"[60] die bei einem Ehenichtigkeitsprozeß dann nicht mehr die Erleichterung eines reinen Verwaltungsverfahrens genießt. Denn bisher kann jede Ehe eines formpflichtigen Katholiken, die – ohne Formdispens – nur in standesamtlicher oder in einer anderen nichtkatholischen Form geschlossen wurde, wegen völligen Außerachtlassens der Formpflicht durch einen einfachen Verwaltungsakt für nichtig erklärt werden.[61]

---

[55]ebd., 430f, der diese Gedanken aber nicht im Hinblick auf eine Änderung der kanonischen Formpflicht dargelegt hat, sondern als Begründung dafür, warum die Kirche die rein bürgerliche Ehe von zwei Christen für ihren Bereich nicht als gültig anerkennen könne (vgl. S.432; auch Prader, Das kirchliche Eherecht, 33).

[56]Dordett, Zum neuen Mischehenrecht, in: Wort und Wahrheit 25 (1970), 366 - 368, 367.

[57]Klein, Die Ehe als Vertrag und Sakrament, 260.

[58]ebd., 274.

[59]Barry, Die kanonische Eheschließungsform, 69, und ders., The tridentine form of marriage, 173.

[60]Barry, Die kanonische Eheschließungsform, 70, und ders., The tridentine form of marriage, 175.

[61]vgl. PCI-Entscheidung von 1919, in: AAS 11 (1919), 479; Artikel 231 der Eheprozeßordnung von 1936; PCI-Entscheidung von 1984, in: AAS 76 (1984), 746f, bzw. in: AfkKR 153 (1984), 453; vgl. dazu auch S. 103f dieser Arbeit; zum Ehenichtigkeitsverfahren siehe Flatten, H., Die Eheverfahren, in: HdbKathKR 984 - 999, 994.

Für eine Zivilehe von Katholiken als einer gültigen, aber (noch) nicht *voll*sakramentalen Ehe könnten im Falle eines Scheiterns aus kirchenrechtlicher Sicht künftig zwei Möglichkeiten in Frage kommen: Legt die kirchliche Rechtsprechung ihr Hauptaugenmerk auf das Kriterium der Gültigkeit, so könnte nach den Regeln des Ehenichtigkeitsprozeßes die tatsächliche Gültigkeit der Ehe überprüft werden; wird dagegen das Kriterium der nicht vorhandenen *Voll*sakramentalität dieser Ehe in den Mittelpunkt gestellt, so könnte nach dem Grundsatz, daß eine nicht*voll*sakramentale (und nichtvollzogene) Ehe auflösbar ist, das Verfahren der Eheauflösung[62] geltend gemacht werden (c.1141ff).

In diesem vorgeschlagenen Modell, das natürlich bei bzw. nach einem Scheitern einer gültigen Ehe nicht ohne weiteres auf die zweite eingegangene Zivilehe übertragen werden kann, hätte dann die Kirche endlich wieder die notwendige Freiheit und Beweglichkeit zurückgewonnen, in konkreten Einzelfällen die kirchliche Trauung zu verweigern, ohne damit das Grundrecht bzw. naturgegebene Recht dieses Brautpaares auf Ehe zu verletzen bzw. positiv - rechtlich unangemessen einzuschränken und ohne ihnen den Beistand Gottes in Abrede zu stellen. Denn keiner würde wagen, "zu behaupten, daß Gott seine Gnade jenen vorenthielte, die von der Kirche als gültig verheiratet betrachtet würden, oder daß diese wirkliche Ehe nicht ein Zeichen der Liebe Gottes zu den Menschen ist".[63]

Unter diesen Bedingungen ist es dann durchaus pastoral wie auch rechtlich verantwortbar und hat nichts mit Diskriminierung zu tun, wenn in Zukunft Brautpaare, die religiös und/oder kirchlich völlig unmotiviert sind und die die kirchliche Trauung nur als ein gesellschaftliches Brauchtum und/oder administratives Verfahren der Kirche betrachten, nicht mehr ohne weiteres zu einer kirchlichen Trauung zugelassen werden. Der Pfarrer sollte in einem solchen Fall, wo ein klares Verständnis für die kirchliche Eheschließungsform und ihrem religiösen Sinn fehlt, vielmehr den Brautleuten raten, vorläufig auf die kirchliche Trauung zu verzichten; dieser Verzicht sollte allerdings nicht im Sinne einer endgültigen Zurückweisung der Kirche verstanden werden, sondern im Sinne eines Trauungsaufschubes bzw. einer Zurückstellung der kirchlichen Feier, solange bis die Braut- bzw. Eheleute die religiöse Bedeutung des liturgischen Aktes erkennen und für sich bejahen. Kommt es dabei zum Konflikt, sollte die letzte Entscheidung beim Bischof liegen.[64] "Selbstverständlich kann dies immer nur ein Grenzfall sein; normalerweise muß bis zum Erweis des Gegenteils präsumiert werden, daß, wer die kirchliche Trauung wünscht, auch die entsprechende Intention hat. Außer-

---

[62]vgl. dazu Flatten, H., Nichtigerklärung, Auflösung und Trennung der Ehe, in: HdbkathKR, 815 - 826.

[63]Bernhard, Ein Reformvorschlag zur Eheschließungsform, 47; vgl. ders., A propos de la forme ordinaire du mariage, 588.

[64]vgl. Gerhartz, Zur Reform der kanonischen Eheschließungsform, 636f, und ders., Mischehen ohne kirchliche Trauung, 82; Richter, Die liturgische Feier der Trauung, 487 und 489f, dem sich Baumann, Die Ehe, 126 anschließt; vgl. auch Huizing, Alternativentwurf, 89; ders., Kirchliche und standesamtliche Trauung, 145f; Kasper, Zur Theologie der christlichen Ehe, 94; Becker, Initiatio matrimonii, 110, Nr.34 und 116, Nr.48.

dem kommt der Trauaufschub nur nach intensiven pastoralen Bemühungen in Frage."[65]

Nur unter diesen Bedingungen ist ein Trauaufschub rechtlich zu rechtfertigen, aber auch als "Gebot der Ehrlichkeit"[66] zu fordern.[67]

---

[65]Kasper, Zur Theologie der christlichen Ehe, 94, vgl. auch Socha, Das Ehekatechumenat, 233: Für die rechtliche Erlaubtheit des Aufschubes der kirchlichen Trauung ist maßgebend, ob die behauptete Ablehnung des Ehesakramentes durch ausdrücklich gesetzten Willensakt erfolgt ist oder nicht. Allerdings ist es oft nicht leicht, wirkliche Sicherheit über das Vorliegen eines rechtserheblichen Sakramentenvorbehalts zu gewinnen.

[66]Kasper, Zur Theologie der christlichen Ehe, 94.

[67]Dagegen spricht sich Wesemann, Die Ehe im Kirchenrecht, 222f, aus: "Die Befürworter dieser neuen Pastoral machen damit die kirchliche Eheschließung zu einer Prämie für kirchliches Wohlverhalten; und wer soll darüber entscheiden, ob die Brautleute sich aus 'religiösen' Gründen zur kirchlichen Eheschließung anmelden oder 'nur aus gesellschaftlichen'? Der Pfarrer, der Bischof? Auf welche Indizien will er sein Urteil über den (inneren) Glaubenssinn der Brautleute aufbauen?"
Auch Lehmann, Glaube - Taufe - Ehesakrament, 86, will zwar über diesen Vorschlag kein definitives Urteil fällen, doch scheint ihm die Parallele zum 'Taufaufschub' "bedenklich zu sein, da die Struktur des Ehesakramentes und die Lage der Ehepartner anders sind: Wenn erwachsene Christen um das Sakrament der Ehe bitten, muß man dieses Verlangen ernst nehmen. Es muß zunächst einmal präsumiert werden, daß sie ihre Bitte ausreichend erwogen haben. Die Beweislast liegt bei dem, der die Ernsthaftigkeit des Verlangens bestreitet. Eine rigoristische Überprüfung dieser Bitte kann rasch zu außerordentlichen Spannungen führen. Es ist jedenfalls ein anthropologisches und pastorales Problem, ob man nämlich dem Willen erwachsener Menschen, eine christliche Ehe einzugehen, nicht grundsätzlich so viel positiven Vertrauensvorschuß einräumen muß, um bis zum Erweis des Gegenteils die Ernsthaftigkeit ihres Tuns voraussetzen zu dürfen." In seinem Beitrag 'Was ist uns ein Sakrament wert?', 222, scheint Lehmann für einen Trauaufschub im Sinne eines Ehekatechumenats aufgeschlossener zu sein. Denn er plädiert hier für eine Weggemeinschaft und stufenförmige Ausgestaltung des Empfanges der Sakramente, wobei jede erreichte Etappe auf dem Weg zu einem Sakrament mit einem religiösen Fest begangen werden soll; siehe dazu Anm. 94, S. 298f.)
Ebenso ablehnend äußerte sich 1981 Papst Johannes Paul II in 'Familiaris consortio' 70f, Nr 68: " ... Es ist anderseits wahr, daß in einigen Gegenden Brautleute mehr aus gesellschaftlichen als echt religiösen Motiven darum bitten, in der Kirche heiraten zu dürfen. Das ist an sich nicht verwunderlich. Die Eheschließung ist ja nicht ein Ereignis, das nur die Brautleute betrifft. Sie ist von ihrem Wesen her auch ein gesellschaftliches Geschehen, das die Brautleute eben vor der Gesellschaft in Pflicht nimmt. Und schon immer ist die Hochzeitsfeier ein Fest gewesen, das Familien und Freunde zusammenführt. Es ist also selbstverständlich, daß zusammen mit den personalen Motiven auch solche gesellschaftlicher Art die Bitte um eine kirchliche Trauung bestimmen. Man darf jedoch nicht übersehen, daß auch solche Brautleute kraft ihrer Taufe schon wirklich in den bräutlichen Bund Christi mit der Kirche eingegliedert sind, daß sie durch ihre rechte Absicht den Plan Gottes für die Ehe anerkennen und somit wenigstens einschlußweise dem zustimmen, was die Kirche meint, wenn sie eine Eheschließung vornimmt. Der Umstand allein, daß in die Bitte um kirchliche Trauung auch gesellschaftliche Motive miteinfließen, rechtfertigt deshalb noch nicht eine eventuelle Ablehnung von seiten der Seelsorger. Hinzu kommt, wie das II. Vatikanische Konzil lehrt, daß die Sakramente schon durch die liturgischen Worte und Riten den Glauben nähren und stärken (Gsp 52), jenen Glauben, dem die Brautleute bereits durch ihre rechte Absicht zustreben, die in Christi Gnade sicher weitere Hilfe und Stütze finden wird. Wollte man zusätzliche Kriterien für die Zulassung zur kirchlichen Eheschließung aufstellen, die den Grad des Glaubens der Brautleute betreffen sollten, würde das außerdem große Risiken mit sich bringen: zunächst jenes, unbegründete und diskriminierende Urteile zu fällen; dann das Risiko, zum großen Schaden der christlichen Gemeinschaften Zweifel über die

5 Das Reformprojekt einer gestuften Eheschließung in Frankreich

Die Anerkennung der Zivilehe als auch vor der Kirche gültige Ehe führt nicht nur zu der Möglichkeit, die (Un-)Gültigkeitsklausel der kanonischen Formpflicht durch eine Teilausschlußklausel zu ersetzen, wodurch das Eigentliche der kirchlichen Trauung wesentlich deutlicher zum Tragen kommen kann, sondern eröffnet zugleich auch eine neue Tür der Evangelisierung, eine weitere, gerade in unserer Zeit des Pluralismus und Glaubensschwundes wichtige Gelegenheit, getauften, aber ungläubigen Erwachsenen (als Ehepaaren) anzubieten, Glauben *zu lernen*, in die volle Kirchengemeinschaft (wieder) *hineinzuwachsen* und von dieser zum Empfang des Ehesakramentes hin *begleitet zu werden*. Wie eine Evangelisation, eine Glaubensverkündigung und Glaubensvertiefung an diesem 'Knotenpunkt menschlicher Existenz'[68] konkret genutzt und gestaltet werden kann, zeigt die Umgestaltung des Brautexamens zu Brautgesprächen und die Einführung eines Ehekatechumenats in einigen Diözesen Frankreichs im Anschluß an ein Pastoralschreiben der Französischen Bischofskonferenz von 1969.

5.1 Die Pastoralanweisung der Bischofskonferenz zur Ehevorbereitung von 1969

Mit dem Ziel, der kirchlichen Trauung als einem religiösen Akt statt einem leeren Brauchtum Rechnung zu tragen, hatte die Französische Bischofskonferenz 1969 einige allgemeine Grundsätze zur Pastoral der Ehevorbereitung verabschiedet.[69] Grundanliegen dieser Pastoralanweisung war, daß kirchen- und glaubensferne Brautpaare künftig nicht mehr einfach kirchlich getraut werden sollen. Stellt nämlich der Priester beim Brautgespräch fest, daß der Wunsch eines Brautpaares, kirchlich getraut zu werden, nicht von dem dazu nötigen Glaubens- und Kirchenbezug getragen ist, sondern die geäußerte Bitte um eine kirchliche Trauung in einem Widerspruch zu der inneren (Glaubens-)Haltung des Brautpaares steht, muß der Priester auf die Unvereinbarkeit dieser beiden Dimensionen auf-

---

Gültigkeit der schon geschlossenen Ehen und neue, unbegründete Gewissenskonflikte bei den Brautleuten hervorrufen; man würde ferner in die Gefahr geraten, die Sakramentalität vieler Ehen von Brüdern und Schwestern, die von der vollen Gemeinschaft mit der katholischen Kirche getrennt sind, zu bestreiten oder in Zweifel zu ziehen, und das im Widerspruch mit der kirchlichen Tradition. Wenn hingegen die Brautleute trotz aller pastoraler Bemühungen zeigen, daß sie ausdrücklich und formell zurückweisen, was die Kirche bei der Eheschließung von Getauften meint, kann sie der Seelsorger nicht zur Trauung zulassen. Wenn auch schweren Herzens, hat er die Pflicht, die gegebene Lage zur Kenntnis zu nehmen und den Betroffenen zu verstehen zu geben, daß unter diesen Umständen nicht die Kirche, sondern sie selber es sind, die die Feier verhindern, um die sie bitten."

[68]vgl. dazu Kasper, W., Wort und Symbol im sakramentalen Leben. Eine anthropologische Begründung, in: Heinen, W., (Hg), Bild – Wort – Symbol in der Theologie, Würzburg 1969, 157 - 175, 162.

[69]vgl. La pastorale des fiances, in: Documentation Catholique 66 (1969), 1075 - 1077; dt. Übersetzung in: Gerhartz, Glaubensgespräche, 13 - 21; vgl. auch eine Zusammenfassung in: HK 24 (1970), 8.

merksam machen und zugleich versuchen, das betreffende Brautpaar zu einer positiven Einstellung gegenüber dem Glauben und dem Sakrament zu bewegen; zu diesem Zweck soll er auch eine katechetische Unterweisung anbieten. Zeitigt das Bemühen des Priesters keinen (sichtbaren) Erfolg und hält das Brautpaar dennoch an seinem Wunsch auf eine kirchliche Trauung fest, so trifft der Bischof die letzte Entscheidung über die Zulassung des betreffenden Brautpaares zur kirchlichen Trauung. Die entscheidenden Aussagen dieses Schreibens lauten:

"... 10. Die Sakramente setzen – jedes auf seine Weise – den Glauben voraus, deren Zeichen sie sind (vgl. Vat. II: Konstitution über die heilige Liturgie, Nr.59 und Dekret über Dienst und Leben der Priester, Nr.4).

Deshalb muß der Priester sich vor der Trauung um den Glauben der Brautleute kümmern. Selbst wenn fehlender Glaube die Gültigkeit des Sakraments nicht in Frage stellte, so würden doch schwere Zweifel an der Erlaubtheit bedeutendes Gewicht haben. Denn die Ehe ist ein 'Sakrament der Lebenden'.

11. Fehlt den Brautleuten der Glaube, steht die Aufrichtigkeit ihres Entschlusses in Frage, sich kirchlich trauen zu lassen. Eine solche Feier ist in ihren Augen nicht ernst zu nehmen. Man wird sie dadurch der Kirche nicht näher bringen, sondern sie eher noch weiter von ihr entfernen.

Außerdem kompromittiert man das Selbstbewußtsein der Kirche von ihrer göttlichen Sendung, wenn man ein Paar traut, dessen persönliche Ungläubigkeit allgemein bekannt ist.

12. Der Priester urteilt nicht über Gewissensentscheidungen; er muß sie respektieren, auch wenn sie irrig sind. Aber um der Wahrheit und seines Amtes willen ist er verpflichtet, das Gewissen – so gut er kann – zu bilden und dadurch mitzuhelfen, daß es objektiv richtige Entscheidungen trifft.

Ohne über die inneren Entscheidungen der Brautleute urteilen zu wollen, muß der Priester doch sehr aufmerksam bedenken, was sie durch ihr Verhalten und ihre Worte ausdrücken.

Die rechte Interpretation von Worten ist schwer; viele Menschen sind in religiösen Fragen weder in der Lage, sich selbst kritisch zu analysieren noch sich auszudrücken. Auch Priester drücken sich manchmal ungeschickt aus. Wenn es einem bei klugem Vorgehen nicht gelungen ist, bei den Brautleuten zu einer wirklichen Sicherheit über ihren völligen Mangel an Glauben zu gelangen, dann soll man es ihnen abnehmen, daß ihre Bitte um kirchliche Trauung vom Glauben bestimmt ist. ...

13. Manchmal sind die Priester in ihrer Entscheidung unschlüssig, welche allgemeinen Richtlinien des Vorgehens sie gegenüber Brautleuten, die von der Kirche das Sakrament der Ehe erbitten, beachten sollen. Es ist ganz im Sinne der Kirche, wenn die Priester jedesmal

aufmerksam und überlegt handeln und nicht vorschnell entscheiden. Einige Hinweise können ihnen dabei helfen.

14. Wenn zwei getaufte Brautleute formell erklären, daß sie ungläubig seien, steht der Priester vor einem schwierigen Problem. Denn ihr Beharren auf kirchlicher Trauung erscheint als Widerspruch zu ihrer tatsächlichen Ungläubigkeit, die die Gemeinschaft der Kirche nicht anerkennt.

Die Pflicht des Priesters besteht darin, die Brautleute zum Nachdenken zu bringen, damit sie den inneren Widerspruch ihrer Bitte einsehen, und sie dahin zu führen, diesen Widerspruch so oder so aufzulösen. Der Priester sollte nicht vergessen, daß dieses Nachdenken möglicherweise in dem jungen Paar die Gnade des Glaubens, die sie in der Taufe bekommen haben, wiedererwecken kann.

Wenn die beiden Getauften darauf bestehen, ihre Ehe vor der Kirche schließen zu wollen, ohne daß sie ihre Einstellung geändert haben, soll der Priester jeden Fall im einzelnen genau prüfen. Dabei dienen ihm folgende drei Kriterien:

a) Entspringt ihre Bitte einem gewissen Sinn für das Religiöse?[70]

b) Besteht bei der Verweigerung des Sakramentes die Gefahr, die Brautleute ungerechterweise der Kirche zu entfremden?

c) Würde eine Verweigerung des Sakramentes nicht jede Hoffnung auf eine christliche Erziehung der Kinder zerstören?

Zeichnet sich keine klare Lösung ab, dann soll der Priester diese Angelegenheit dem zuständigen Bischof (oder dem von ihm für diese Angelegenheit bestimmten Vertreter) vorlegen.

15. Es ist viel häufiger, daß die Brautleute, obwohl sie getauft und in ihrer Kindheit auch im Glauben unterrichtet worden sind, sich allem Anschein nach in einer Art faktischer Ungläubigkeit befinden: ihnen stellt sich das Problem des Glaubens gar nicht mehr. Diese Haltung kann je nach Lage der Dinge verschieden interpretiert werden: einmal als eine praktische Ablehnung des Glaubens, dann aber auch als Unwissenheit, die die Möglichkeit einer gewissen Öffnung auf Gott, Christus und die Kirche nicht ausschließt.

Die Verantwortung des Priesters besteht immer darin, den Brautleuten zu helfen, dem Glauben gegenüber eine positive Haltung einzunehmen, ein Leben aus dem Glauben zu beginnen und den Weg, auf dem sie vielleicht die ersten Schritte schon gemacht haben, nach ihrer Heirat auch fortzusetzen.

Wenn die Brautleute im Glauben unterwiesen werden wollen, ist die liturgische Feier selbstverständlich.

---

[70]Ein 'gewisser Sinn für das Religiöse' ist ein positiver Wert, dem gegenüber man sehr aufmerksam sein muß, besonders in diesem Zusammenhang. Er kann sich äußern durch eine besondere Beziehung zu Gott oder selbst in dem allgemeinen Willen der Brautleute, ihr Eheleben einer höheren Ordnung zu unterwerfen.

Wenn weder der eine noch der andere Partner einer Unterweisung zustimmt, soll sich der Priester nach den Bestimmungen und Kriterien verhalten, die in der vorhergehenden Nummer gegeben wurden.

16. Wenn einer der beiden Brautleute im Unglauben verharrt oder erklärt, auf den Glauben verzichtet zu haben, der andere aber willens ist, gläubig zu bleiben, soll man zugunsten des Glaubenden der kirchlichen Trauung zustimmen. Aber es ist wichtig, beide zum Nachdenken darüber zu bringen, warum der eine Partner der Kirche treu bleibt und christliche Kindererziehung verspricht.

17. Denen, die sich für gläubig erklären, aber über ihren Glauben nicht hinreichend Bescheid wissen, soll man einen ergänzenden Unterricht vor oder auch nach der Heirat anbieten. ...

19. Der neue Trauritus gestattet, die Feier so zu gestalten, daß sie wirklich den Voraussetzungen und der Situation der Brautleute gerecht wird.

20. Aus dem Vorhergehenden dürfen die Priester nicht schließen, daß man die Brautleute taktlos und ohne Fingerspitzengefühl vor das Problem des Glaubens stellen dürfe. Das wäre nicht nur ungeschickt, sondern auch ein Mangel an Respekt, den jedes Gewissen verdient. Zudem würde es auch das Wesen der Kirche und der Sakramente verkennen, nämlich Gabe Gottes für die Menschen zu sein.

Deshalb muß die Kirche alle, die sich an sie wenden, freundlich aufnehmen.

Der Priester soll den Brautleuten Sympathie entgegenbringen, er soll sie auf ihrem Weg begleiten und ihnen helfen, den Reichtum ihrer Liebe zu erkennen, mit dem die Kirche sich solidarisch weiß. ..."[71]

5.2 Der Kommentar der bischöflichen Familienkommission zum Pastoralschreiben

Die Bischöfliche Familienkommission Frankreichs hat zu diesem Pastoralschreiben einen ausführlichen Kommentar verfaßt;[72] das offensichtliche Bemühen, eine rigoristische Ausdeutung und Anwendung dieses 'Direktoriums' zu vermeiden, hat allerdings dazu geführt, daß der Kommentar den in den allgemeinen Grundsätzen eröffneten Handlungsspielraum durch zu viele erläuternde Klauseln wieder wegnimmt. So wird zwar richtig betont:

"1. Die Sakramente sind kein Diplom für einige Privilegierte, die ein Examen über ihren Glauben bestanden und eine befriedigende Note bekommen haben. Sie setzen den Glauben voraus. Was heißt das? Es ist sicher falsch, diese Worte so zu interpretieren, daß sie einen

---

[71]Gerhartz, Glaubensgespräche, 16 - 21; vgl. La pastorale des fiances, 1076f.
[72]vgl. Gerhartz, Glaubensgespräche, 25 - 76.

vollkommen entfalteten Glauben voraussetzen: Wer könnte dann die Sakramente überhaupt empfangen?

Sie setzen voraus, daß Glaube da ist. Man darf nicht der Versuchung erliegen, diesen Glauben zu schnell zu beurteilen und ihn nach zu strengen Kriterien zu bestimmen. Die Bischöfe versichern ..., daß schon ein 'gewisser religiöser Sinn ein positiver Wert ist', wenn es sich um Getaufte handelt, die um die Trauung bitten. Die Priester sind also nicht befugt, schwere Forderungen aufzustellen.

2. ... Die Erfahrung lehrt, daß ein Gespräch zwischen Priester und Brautleuten leicht scheitert, wenn es schon von vornherein auf die Feststellung eines ungenügenden Glaubens absieht. Wenn man so beginnt, besteht kaum eine Chance, das Gespräch zu retten. Der Ausgangspunkt muß im Gegenteil die Sorge um ein den Brautleuten angepaßtes Glaubensverständnis sein. Wird das immer versucht? Macht man es sich nicht zu leicht, wenn man nur feststellt, daß kein Glaube vorhanden ist? Es ist in der Tat einfacher, sich mit einer solchen Feststellung zu begnügen, als inmitten der Schwierigkeiten und Widersprüche all die möglichen Wege einer Erhellung des Glaubens zu suchen.

Es ist niemals befriedigend, einen Menschen seines mangelnden Glaubens wegen davon abgebracht zu haben, ein Sakrament zu empfangen, und Getauften geraten zu haben, nur eine Zivilehe einzugehen."[73]

Die weitere Schlußfolgerung scheint aber nicht mehr durch das Schreiben der Bischöfe gedeckt zu sein. Hat die Bischofskonferenz davon gesprochen, daß der Priester die sich als ungläubig bezeichnenden Brautleute dahin führen soll, den Widerspruch zwischen ihrem erklärten Unglauben und der Bitte um eine kirchliche Trauung "so oder so aufzulösen",[74] d.h. doch entweder zu ihrem Unglauben zu stehen und deshalb auf die kirchliche Trauung zu verzichten oder ihren behaupteten Unglauben aufzugeben, so daß der kirchlichen Trauung nichts mehr im Wege steht, stellt dagegen die Familienkommission in ihrem Kommentar die Forderung auf:

"Die Bischöfe verlangen vom Priester nicht, Unglauben festzustellen, selbst dann nicht, wenn die Brautleute dem zustimmen.

Sie erwarten von ihm vielmehr, daß er für den Glauben wirbt, daß er auch scheinbar Unmögliches versucht, um den eingeschlafenen oder sterbenden Glauben wieder zu erwecken und ihn nicht für tot zu erklären."[75]

Die folgenden Ausführungen stellen so niedrige Anforderungen an den Glaubensstand der Brautleute und so hohe Ansprüche an das Vorgehen des Priesters, daß

---

[73]ebd., 41f.
[74]vgl. ebd., 18.
[75]ebd., 42.

eine tatsächliche 'Verweigerung' der kirchlichen Trauung, die natürlich immer nur im Sinne eines Trauungsaufschubes zu verstehen ist, so gut wie ausgeschlossen erscheinen muß:

"3. Die Sakramente 'nähren', 'stärken' und 'drücken den Glauben aus'. Das scheint heute weithin vergessen. Wenn also Brautleute ihre Ehe in der Kirche eingehen und ihrem noch so dürftigen Glauben, aus dem sie leben, nach den sehr verschiedenen Möglichkeiten, die der Trauritus heute anbietet, Ausdruck verleihen wollen, scheint es ungerecht, sie davon abzubringen.

Man sollte auch nicht verkennen, daß die meisten Brautleute durchaus bereit sind, mit sich sprechen und sich unterweisen zu lassen. Und viele Paare, auf die das vorbereitende pastorale Gespräch keinen Eindruck zu machen schien, waren von der liturgischen Feier und dem Empfang des Sakramentes tief bewegt und fanden dabei die Kraft zu einem größeren Glauben. Denn die Sakramente sind ja auch in dem Sinn Sakramente des Glaubens, daß sie ihn nähren und stärken.

4. Ebenso meint es auch das Bischöfliche Schreiben: Vor der Trauungszeremonie muß der Priester sich um den Glauben der Brautleute kümmern (vgl. Nr.10). Die Bischöfe sagen *nicht*, der Priester solle darüber urteilen; das ist ein wichtiger Unterschied. Der Priester, der Brautleute empfängt, kann sich gleichwohl darüber beunruhigen, daß ihm ihr Glaube schwach erscheint.

Aber der Priester läßt sich leicht dazu verführen – und das ist gefährlich – auf die Brautleute die Kriterien eines voll entfalteten Glaubens anzuwenden oder ihn an eine subjektiv-persönliche Auffassung zu binden. Wie es in Wirklichkeit steht, verrät oft die Sprache: Priester und Brautleute sprechen nun einmal in Glaubensdingen nicht dieselbe Sprache. Das ist eine Quelle mancher Mißverständnisse und manchmal erkennt der Priester den Glauben gar nicht, obwohl er vorhanden ist, wenn auch nur schwach."[76]

Diesen Passus hätte man sich vielleicht besser sparen sollen und stattdessen gleich mit dem treffenden Bild anschließen sollen:

"Als Getaufte gehören die Brautleute zum Volk Gottes. Das Volk Gottes aber ist immer unterwegs, nie 'angekommen'! Manche Brautleute sitzen vielleicht 'am Rand der Straße'. Sie gehören deshalb nicht weniger zum Volk Gottes, man muß sie an die Hand nehmen und ihnen weiterhelfen. Das ist die Aufgabe des Priesters. Darüber wird von ihm Rechenschaft verlangt werden. Das Bewußtsein, zur Kirche zu gehören, ist schon ein positives Element."[77]

---

[76]ebd., 43.
[77]ebd., 44.

Sehr verwirrend ist der Kommentar zu Nr.14 des Pastoralschreibens ausgefallen, da er zunächst dem Priester das Recht abspricht, die kirchliche Trauung zu 'verweigern', im zweiten Satz dann aber doch von der Möglichkeit einer Zurückweisung der kirchlichen Trauung ausgeht[78]:

> "Das Bischöfliche Schreiben zeigt ganz klar, daß es dem Priester nicht zukommt, die kirchliche Trauung zu verweigern. Er darf die Brautleute nicht einmal dazu bewegen, ihre Bitte um das Sakrament zurückzuziehen.
>
> Jemanden von den Sakramenten auszuschließen, ist eine schwere Entscheidung. Bei einer Zurückweisung muß man darauf achten, daß sich die Brautleute nicht von der Kirche abgewiesen fühlen. Die pastorale Erfahrung zeigt nur allzu oft, daß eine solche Entscheidung großen Schaden für mehrere Generationen anrichten kann. Das muß in die Überlegungen einbezogen werden."[79]

Dieser Widerspruch hätte durch den Hinweis vermieden werden können, daß die 'Verweigerung' der kirchlichen Trauung niemals endgültig gemeint ist, sondern stets vorläufigen Charakter hat, also sozusagen in Analogie zum Taufaufschub als Trauaufschub verstanden werden muß; mit einer solchen Erklärung, die eigentlich sogar schon im Pastoralschreiben der Bischofkonferenz hätte erfolgen müssen, wären von vornherein alle Mißverständnisse ausgeschlossen gewesen.

Die weiteren Erläuterungen stellen Variationen des Kommentars zu Nr.10 dar und erwecken den Eindruck, als ob die Bischöfliche Familienkommission davon überzeugt sei, daß alle getauften Brautleute, die um eine kirchliche Trauung bitten, eigentlich immer schon einen ausreichenden Glauben mitbringen, den der Priester in Gesprächen nur suchen und aufzudecken braucht. Denn immer wieder sind Aussagen wie die folgenden zu lesen:

> "Eben dies ist die Frage: Haben die [sich formell als ungläubig bezeichneten] Brautleute am Ende der Gespräche (nicht aber schon am Anfang des ersten Gespräches) noch immer das Gefühl, ohne inneren Widerspruch zu handeln? Das ist recht unwahrscheinlich, wenn der Priester die Brautleute wirklich dort trifft, wo sie im Leben stehen.[80] ... Auch die Theologie bestätigt, daß der Glaube nur durch einen positiven Akt gegen ihn (besonders durch formelle Apostasie) verloren geht. Er geht nicht einfach dadurch verloren, daß man den Boden, in den er durch die Taufe eingepflanzt wurde, brach liegen läßt, und sei es auch vorsätzlich.[81] ... Denn nach allem ist ihre Bitte sicher ein

---

[78]vgl. auch Socha, Das Ehekatechumenat, 231: "Obwohl in den Kriterien von Sakramentsverweigerung die Rede ist, macht der dazugehörige Kommentar der Bischöflichen Familienkommission Frankreichs deutlich, daß der Priester die Assistenz nicht ablehnen, ja die Brautleute nicht einmal dazu bewegen darf, die Trauungsbitte zurückzunehmen, sondern lediglich behilflich sein soll, daß sie zu einem bewußteren Entschluß im Hinblick auf das Ehesakrament finden."

[79]Gerhartz, Glaubensgespräche, 48.

[80]ebd., 49.

[81]ebd., 50.

positiver Akt der Annäherung an die Kirche: aufgrund seines missionarischen Amtes ist es nun die Aufgabe des Priesters, auf die Bitte einzugehen und ihr ihren vollen Sinn zu geben.[82] ... Die 'tatsächliche Ungläubigkeit' ist, gleich unter welchen Umständen, das totale Fehlen jeglicher ausdrücklichen oder verborgenen Beziehung zum Glauben.[83] ... Man darf ohne Zögern sagen, daß die 'tatsächliche Ungläubigkeit' meist auf schlichter Unwissenheit beruht. Man kann nicht von vornherein annehmen, sie bedeute eine 'praktische Ablehnung'. Und wenn eine praktische Ablehnung festzustellen ist, beruht sie fast immer auf einer tiefen Unkenntnis des wirklichen Glaubens oder auf einer Verkennung der wahren Werte des Glaubens. ... Aber Unwissenheit, Verkennung, Vorurteile und selbst praktische Ablehnung des Glaubens verbergen fast immer ein uneingestandenes und unbewußtes Verlangen, das man entdecken, bereichern und bewußt machen muß."[84]

5.3   Traugespräch(e) statt Brautexamen

Das Pastoralschreiben der Französischen Bischofskonferenz und der dazu verfaßte Kommentar der Familienkommission stellen die zwei Seiten der berechtigten Sorge um das Sakrament (der Ehe) dar: Die Bischofskonferenz ist von der Sorge getragen, daß das Sakrament (der Ehe) nur noch aus einer oberflächlichen Gewohnheit oder einem soziologischen Druck heraus gespendet wird; die Familienkommission ist darum besorgt, daß dieses berechtigte Anliegen der Bischöfe zu einem Übereifer führen könnte, der durch zu rigoristische Forderungen nur noch den Elitechristen zum Sakrament der Ehe zuläßt und dadurch die 'lauen' wie auch im Glauben angefochtenen Christen endgültig aus der Kirche hinaustreibt. Dieser Spannungseinheit von Laxismus und Rigorismus und der steten Gefahr, einem der beiden Pole verfallen zu können, war sich wohl auch die Französische Bischofskonferenz bewußt; denn aus welchem anderen Grund hat sie auf derselben Vollversammlung das bisher sehr juristisch-formal ausgerichtete Brautexamen zu einem bzw. mehreren Traugespräch(en) umgewandelt?[85] In diesen Traugesprächen soll es nicht nur darum gehen, "den Brautleuten die Lehre der Kirche über die Ehe zu erklären, sondern vielmehr mit ihnen als verstehender, Anteil nehmender, für den Glauben Zeugnis gebender Gesprächspartner einen Dialog zu führen:

- So kann über die Art und Weise gesprochen werden, wie die Brautleute ihre Ehe sehen, über das Leitbild, das sie von Ehe, Liebe, Gemeinschaftsleben, Verantwortung in allen Lebensbereichen haben, und wie sie ihre Ehe im Hinblick auf Christus deuten.

- Der Abschluß dieser Gespräche wird dann in einer Erklärung schriftlich festgehalten, die sozusagen dieses Leitbild zusammenfaßt. Für diese 'Absichtserklärung' sind mehrere Formulare vorgesehen, damit allen Nuancen

---

[82]ebd., 51f.
[83]ebd., 54.
[84]ebd., 55.
[85]vgl. Reformversuche der französischen Bischöfe, in: HK 24 (1970), 8.

der religiösen Situation der Brautleute Rechnung getragen werden kann, doch wird den Brautleuten immer mehr die Freiheit eingeräumt, in eigenen Worten ihr Ideal auszudrücken.

● Neben dieser Erklärung, die den persönlichen Glaubensstand viel besser einfangen kann, bleibt dann der frühere Fragebogen nur noch auf die Personalien beschränkt."[86]

Durch diese Verfahrensweise kann der persönliche Glaubensstand der Brautleute viel besser erfaßt und dadurch auch die Frage sachgerechter beantwortet werden, ob bei der Glaubenshaltung dieser Brautleute ein Sakramentenempfang verantwortet werden kann oder nicht.

Zwar kam und kommt durch diese neue Methode der Traugespräche tatsächlich der persönliche Glaubensstand der Brautleute wesentlich deutlicher zum Vorschein, die Entscheidung, das betreffende Brautpaar zu einer kirchlichen Trauung zuzulassen oder nicht, wurde dadurch aber keineswegs einfacher. Denn die Erfahrung hat sehr bald gezeigt, daß es viele (katholisch) getaufte Brautleute gibt, die wohl an Gott glauben, der Kirche aber fernstehen, die ihre Liebe und ihr gemeinsames Leben zwar unter den Schutz Gottes stellen wollen, aber (noch) nicht zum Sakrament der Ehe bereit sind. Und genau das ist der Kernpunkt der Probleme! Diese Kategorie von Brautleuten, die sozusagen zwischen Nicht-(mehr-) Glaube und christlichem Glauben stehen, sind in der katholischen Kirche und ihrer Regelung der kirchlichen Trauung nicht vorgesehen; die Kirche hat für katholische Brautpaare (bisher) nur zwei Möglichkeiten anzubieten: entweder eine kirchliche Trauung, durch die eine sakramentale und damit zugleich kirchlich anerkannte Ehe zustandekommt, oder *keine* kirchliche Trauung und damit zugleich eine *nicht*-sakramentale und kirchlich *nicht* anerkannte Eheschließung. Mit diesen beiden Alternativen ist es unmöglich, vorhandene gute Ansätze, die einerseits für einen Sakramentenempfang noch nicht ausreichen, andererseits aber zum Sakramentenempfang hin entwicklungsfähig sind, auszubauen, eine Chance, Christ zu *werden*, anzubieten.[87] Muß diese Alternative weiterhin bestehen bleiben oder kann sie auf eine dritte Möglichkeit hin aufgebrochen werden? Ja, muß sie nicht sogar aufgebrochen werden, um den Zeichen der Zeit gerecht und dem Grundsatz der Katholizität im Sinne der Allumfassendheit nicht untreu zu werden? Muß daher die katholische Kirche nicht endlich auch getauften, aber glaubensfernen Katholiken und deren Ehe einen Platz in ihrem Raum zugestehen? Einer Ehe, auch wenn es sich um die Ehe von zwei Getauften handelt, die notwendigerweise, aber ebenso konsequenterweise nur zivil geschlossen wurde, sollte die Kirche nicht weiterhin einfach jede religiöse Bindung absprechen;[88] sie sollte vielmehr die Zivilehen als gültige Ehen und, im Falle der Zivilehe von Getauften, auch von Katholiken, außerdem als *anfanghaft* sakramentale Ehen anerkennen und ihnen Raum in der Kirche geben, um nicht in ein unkatholisches kirchliches Ghetto zu geraten. Denn schließlich verwirklichen ja auch solche rein bürgerlichen Ehen die

---

[86]Dumont, Ehe - Katechumenat, 74.

[87]vgl. ebd., 74f; auch Schmeiser, Marriage, 370f; Cuenin, Marriage, 323.

[88]Voraussetzung muß natürlich sein, daß kein kirchliches Ehehindernis und/oder kirchlicher Ehewillensmangel vorliegt.

Schöpfungsordnung Gottes. Genau diese Überlegungen führten 1973 in einigen Diözesen Frankreichs zu einem weiteren Pastoralversuch:

5.4 Die Einführung eines Ehekatechumenats 1973[89]

Die Erfahrungen mit den Traugesprächen führten in Frankreich zu der Erkenntnis, daß es dringendes Gebot der Stunde ist, glaubensferne und im Glauben angefochtene katholische Brautpaare in den Raum der Kirche aufzunehmen, "um ihnen zu einer weiterführenden Besinnung zu verhelfen, die sie vielleicht eines Tages so weit bringt, die eigentliche kirchliche Trauung, das Sakrament der Ehe zu wünschen."[90] Zur konkreten Umsetzung dieser Idee verwies man auf das in der Praxis bewährte Modell des Katechumenats für erwachsene Taufbewerber, das auf den Bereich des Ehesakramentes übertragen werden sollte. Der Vorteil dieser Seelsorgemethode 'Katechumenat' liegt vor allem in der Tatsache, daß die Katechumenen als *christiani* bereits bzw. weiterhin zur kirchlichen Gemeinschaft gehören, allerdings noch nicht oder nicht mehr als Vollglied mit allen Rechten und Pflichten, die nur den *fideles* zukommen (vgl. auch c.206 CIC). So wurde nun in einigen Diözesen Frankreichs ein Ehekatechumenat eingeführt[91] und damit an alle (katholisch) getauften, aber glaubensabständig gewordenen oder mit

---

[89]Siehe dazu Mariage. Une Experience, une reflexion dans le diocese d'Autun, in: Eglise D'Autun et Macon 6 (1975).

[90]Der Bischof von Autun zum Pastoralversuch 'Ehe - Katechumenat' zitiert bei Dumont, Ehe - Katechumenat, 75f; vgl. Mariage, Une Experience, a.a.O., 9.

[91]Nach Schmeiser, Marriage, 373 - 376 mit Anm. 13, hatte hier die Diözese von Autun Vorreiterfunktion, deren Beispiel bis 1979 mindestens neun weitere Diözesen gefolgt waren. Ebenso berichtet Moldo in seinem Beitrag von 1986, Comportements et mentalites, 140, daß in ca. zehn Diözesen Frankreichs wie auch in Belgien mit mehr oder weniger expliziter Zustimmung der Bischöfe verschiedene Formen der kirchlichen Eheschließungsfeier je nach Glaubensstand der Brautleute stattfinden. Über den gegenwärtigen Stand dieses Experimentes liegen leider keine Informationen vor.

Mit der Absicht zu prüfen, ob sich hinter der mangelnden Bereitschaft für das Sakrament nicht doch andere dem gültigen oder erlaubten Eheabschluß entgegenstehende Gründe verbergen (vgl. S. 233), kommt Socha, Das Ehekatechumenat, 234, zu dem Ergebnis: Selbst wenn die Brautleute "bislang nichts von der absoluten Unauflöslichkeit, der Sakramentalität, dem Christus- und Kirchenbezug ihrer künftigen Ehe wußten, erfahren sie nun im vorbereitenden Gespräch mit dem Seelsorger davon. Solange sie diese Wesenselemente christlicher Ehe nicht im Hinblick auf ihre eigene Heirat ausdrücklich ablehnen – das Beharren auf der kirchlichen Eheschließung spricht dagegen – beeinträchtigt ihr bisheriges mangelhaftes Eheverständnis gemäß den cc.1084 und 1086 §2 [CIC/1917 bzw. 1099 und 1101 §2 CIC/1983] in keiner Weise den für die gültige Trauung erforderlichen *Konsens*." (vgl. auch S. 243f).

Dieses Ergebnis ist aber doch nur dann richtig, wenn das 'bisherige mangelhafte Eheverständnis' wirklich zu einem sozusagen mangelfreien Eheverständnis geläutert wird, oder wie Socha es S. 235 ausdrückt: "zu einer gewandelten Auffassung und zu einer positiven Haltung gegenüber der christlichen Dimension führt." Ob das allerdings ein *einziges* Traugespräch leisten kann? Genau hier liegt doch die Problematik, die das Ehekatechumenat bzw. der Trauaufschub zu lösen versuchen und der sich Socha nicht stellt, u.a. wohl vor allem deshalb, weil Socha sehr positivistisch an die Beurteilung des französischen Modells herangeht, d.h. zuerst die Unvereinbarkeit mit dem geltenden Recht feststellt und von da her das Modell des Ehekatechumenats einer Kritik unterzieht (vgl. z.B. S.236f), statt umgekehrt erst einmal zu fragen, ob das französische Modell neue Impulse für das geltende Recht geben könnte, und dann erst zu prüfen, ob es mit dem geltenden Recht unvereinbar ist oder ob nicht das geltende Recht geändert werden könnte. Socha ist hier mit dem Bischof von Autun entgegenzuhalten, daß der

schwerwiegenden Glaubenszweifeln ringenden Braut- und Ehepaaren die Einladung ausgesprochen, sich *stufenweise* in Gemeinschaft mit lebendigen Christen in den Glauben einzuleben und zugleich in mehreren liturgischen Etappen dem Sakrament der Ehe immer näher zu kommen.[92] Die theologische Grundlage wie auch die konkrete Gestaltung des Ehekatechumenats als Verbindungsglied zwischen Evangelisation und Ehesakrament wurde auf der Vollversammlung der Französischen Bischofskonferenz 1971 folgendermaßen dargelegt: Das Ursakrament und damit das Urzeichen des Heiles ist und bleibt für den Menschen die Kirche. Die Gemeinschaft der Gläubigen als die konkret erlebbare Kirche vor Ort ist deshalb vor die Aufgabe gestellt, ihr Gemeindeleben so zu gestalten, daß sie wirklich als Zeichen der zuvorkommenden Liebe Gottes und seines in Christus *allen* Menschen angebotenen Heiles erfahrbar wird. Dann nämlich, aber auch nur dann, kann Christus sowohl in der Glaubensverkündigung wie auch in der sakramentalen Feier dieses Glaubens entdeckt werden. Aus dieser Tatsache heraus ergibt sich dann die ganz konkrete und praktische Folgerung: "Wenn die Kirche dem Geheimnis der Versöhnung, das sie feiert, treu sein will, muß sie allen Menschen einen Raum bieten, in dem sie sich aufgenommen wissen. Auch wenn

---

Apostolische Stuhl nicht alle neuen und einzelnen Situationen vorhersehen und im voraus regeln kann. 'Das kirchliche Eherecht geht von der Identität Getaufter = Gläubiger aus. Was ist aber zu tun, wenn diese Gleichsetzung nicht mehr stimmt, wenn der Getaufte nicht oder nur sehr wenig gläubig ist? ... Also muß man nicht etwas zwischen nichts und allem versuchen? Und wo kann ein derartiger Versuch unternommen werden, wenn nicht auf lokaler Ebene, in einem fest umrissenen Kontext, in einer genau eingeschränkten Gruppe, so daß Dialog und Kontrolle leicht möglich ist?

Ein solches Experiment geht freilich die ganze Kirche an, indem es ihr die heutige Situation der getauften Ungläubigen bewußt macht und sie so zur Suche sowohl nach den Ursachen dieser Situation als auch nach pastoralen Heilmitteln veranlaßt. Außerdem wird dadurch auch die Frage aufgeworfen, ob die Theologie, das Kirchenrecht und die Pastoral sich dieser Situation bewußt sind. ... Um ein Experiment beurteilen zu können, muß es erst eine gewisse Zeit lang ausprobiert werden dürfen' (Mariage. Une Experience, a.a.O., 18f).

Trauungsaufschub und Ehekatechumenat sind zwar in der Tat in der geltenden Rechtslage noch nicht vorgesehen, aber dennoch mit ihr vereinbar; sie könnten nämlich als Konkretisierung von c.1066 CIC/1983 verstanden werden, nach dem vor der Eheschließung feststehen muß, daß der gültigen und erlaubten Eheschließung nichts im Wege steht. Unter der Voraussetzung, daß die katholische Kirche künftig die Zivilehe – auch von Katholiken – als gültige und anfanghaft sakramentale Ehe anerkennt, so daß eine Verletzung des Grundrechtes auf Ehe bei einem Aufschub der kirchlichen Trauung ausgeschlossen ist, könnte analog zum Vorgehen beim Taufgespräch und Taufaufschub auch beim Brautexamen die kirchliche Trauung dann aufgeschoben und die Teilnahme an einem Ehekatechumenat verpflichtend gemacht werden, wenn Zweifel über einen hinreichenden Glauben bei den Brautleuten besteht.

Die Bedeutung einer kirchlichen Anerkennung der Zivilehe kann man nicht nur darin sehen, daß die Kirche damit "es der freien Wahl der Gläubigen überläßt, ob sie einen sakramentalen oder nichtsakramentalen Bund eingehen wollen" (Socha, 246), sondern man muß auch die Kehrseite dieser 'freien Wahl' bedenken, daß nämlich diese freie Wahl immer auf dem Hintergrund der Glaubenspflicht steht bzw. geschieht, als Katholik einen vollsakramentalen Ehebund einzugehen, wenn nicht eine Minderung in der kirchlichen Rechtsstellung bzw. ein Teilausschluß aus der kirchlichen Gemeinschaft erfolgen soll.

[92]vgl. Dumont, Ehe - Katechumenat, 73.
Bei der Ein- und Durchführung eines Ehekatechumenats mußte und muß natürlich weiterhin gewährleistet sein, daß dadurch das Recht des Christen auf eine sakramentale Eheschließung nicht verletzt wird, etwa durch zu hohe Anforderungen an den persönlichen Glaubensstand oder durch eine zeitlich zu lang angesetzte Dauer des Ehekatechumenats.

dieser Erfahrungsbereich nicht auf der Ebene der sakramentalen Einheit liegt, so ist er doch eine Auswirkung derselben und zeugt von der Universalität des Heiles. In manchen Fällen ist es notwendig, statt zu rasch auf eine vollwertige Beteiligung am sakramentalen Akt zu drängen, einen Entwicklungsweg vorzuschlagen. Das heißt nicht, daß man einen Ersatz für das Sakrament zu erfinden hätte, sondern eher, daß man die verschiedenen Etappen, die zur vollen Entfaltung des Lebens innerhalb der Kirche führen können, allmählich ausbaut. ... Es müssen also verschiedene Grade der Zugehörigkeit zur Kirche anerkannt und die Institutionen auf sie hin angepaßt werden."[93] Sollen die Menschen nicht einfach auf das Prokrustes-Bett des Ehesakramentes gelegt werden bzw. in eine bestimmte Kategorie unserer kirchlichen Struktur hinein- und eingezwängt werden, sondern auf der Stufe abgeholt werden, auf der sie sind, um sie dann zu begleiten, damit sie zum Glauben an das Ehesakrament heranreifen können, so sollte auch beim Ehekatechumenat der bewährte Dreischritt des Taufkatechumenats angewendet werden:

1. Ist aufgrund von Traugesprächen und ersten Kontakten mit christlichen, aber glaubensabständigen oder mit schwerwiegenden Glaubenszweifeln behafteten Ehepartnern (wieder) ein anfanghafter Glaube grundgelegt bzw. vertieft worden und deshalb von dem betreffenden Ehepaar der Entschluß gefaßt worden, im Glauben weiterzuschreiten, dann findet eine erste religiöse Feier der (Wieder-)Aufnahme in die Kirche statt. Diese religiöse Feier als Zeichen sowohl der Anerkennung der Kirche wie auch des Ernstes der Brautleute zur Ehe besteht aus Gebeten und Segnung der Ringe sowie der klaren Erklärung des Pfarrers, daß es sich hier nicht um eine Feier des Ehesakramentes handelt; deshalb fehlt dann auch der Austausch des Jawortes.[94] Der Konsensaustausch kann deshalb fehlen, da diese religiöse Aufnahmefeier der Eheleute in die Kirche drei Voraussetzungen hat:

---

[93] Bischof Coffy, zitiert bei Dumont, Ehe - Katechumenat, 75.

[94] Auch Lehmann, Was ist uns ein Sakrament wert, 222, befürwortet eine religiöse Feier anläßlich einer erreichten Etappe auf dem Weg zu einem Sakrament: "Weggemeinschaft und stufenförmige Ausgestaltung eines Weges vertragen sich nicht mit einem Alles-oder-Nichts--Standpunkt. Gemeint ist eine Auflösung des pastoralen Dilemmas, daß nämlich jemand die volle sakramentale Kommunikation erreicht oder nichts erfolgt. ... Man muß, selbst wenn man das angestrebte Ziel nicht erreicht, auch das Gelingen einer partiellen Hinführung anerkennen. ... Wenn Eltern im Taufgespräch erkennen, daß sie eigentlich keine Taufe für ihr Kind wollen, dann besteht wirklich die Notwendigkeit, einen Gottesdienst mit Segnung des Kindes zu feiern. Man kann auch das Erlernen des 'Vater unser' feiern, wenn die nächsten Schritte noch nicht gelingen. Wenn die Firmung noch nicht möglich ist, kann das, was bis zu einer Stufe erreicht worden ist, gleichwohl Grund zu einem Fest werden. Ähnliche Gedanken, die sicher noch nicht genügend ausgereift und zu wenig in der Erfahrung bewährt sind, wird man sich auch im Blick auf die Eucharistiefähigkeit, die Beichte und die Ehevorbereitung machen müssen. Dabei muß deutlich bleiben, daß ein solcher Gottesdienst oder ein kleines 'Fest' nicht einen Abschluß darstellt, sondern die Anerkennung eines Wegabschnittes und die Einladung zum intensiven Weitergehen. Wer nicht den Wegcharakter akzeptiert und nur einen Alles-oder-Nichts-Standpunkt vertritt, wird gewiß für solche Vorschläge noch wenig offen sein."
Dieser Weg-Gedanke hat offensichtlich im deutschsprachigen Raum erste Früchte hervorgebracht; denn die österreichischen Bischöfe haben jüngst Richtlinien zum einheitlichen Vorgehen für die Wiederaufnahme eines im Formalakt abgefallenen Katholiken, der mit einem ebenfalls von der Formpflicht befreiten Partner standesamtlich verheiratet ist, erlassen, in denen sie u.a. festgelegt haben: "... wenn es die Eheleute wünschen, kann eine liturgische Feier (Wortgot-

- standesamtliche Trauung;

- Anerkennung der Unauflöslichkeit der Ehe, auch wenn das Zivilgesetz die Scheidung zuläßt;[95]

- Bereitschaft zu weiteren Glaubensgesprächen mit dem Pfarrer, die sie vielleicht zur kirchlichen Trauung führen.

2. Wegbegleitung des Paares durch die Kirchengemeinde, um durch die Erfahrungen mit dem gelebten Glauben den Zugang zu Gott und Jesus Christus finden bzw. vertiefen zu können.

3. Bekennen sich die Eheleute zu einem von Christus her geprägten Glauben, dann findet schließlich die eigentliche sakramentale Feier der Ehe statt.[96]

Dieses französische Modell, das die sakramentale Feier der Ehe dem Glaubensstand des (künftigen) Ehepaares entsprechend gestaltet, fordert ein Umdenken vom punktuellen Geschehen des Ehesakramentes weg zu einer stufenweisen Feier des Ehesakramentes hin und fordert die Kirche auf, neue Formen zu finden, die die Menschen auf der Stufe aufnehmen, auf der sie sind, sie brüderlich anzunehmen und zu begleiten bis zum Sakrament und so als Kirche Zeichen der zuvorkommenden Liebe Gottes zu sein.[97]

Die Internationale Theologenkommission von 1977 hat diesem französischen Modell der Evangelisation eine klare und bis heute noch nicht revidierte Absage erteilt:

'Es ist ein gefährlicher Irrtum, in der christlichen Gemeinschaft die Praxis einzuführen oder zu erlauben, daß einige Ehen in mehreren, wenn auch miteinander verbundenen Stufen geschlossen werden, oder dem Priester bzw. Diakon zu erlauben, die Eheassistenz zu übernehmen bzw. liturgische Gebete über eine nichtsakramentale, ungültige Ehe zwischen Getauften zu sprechen.'[98]

Aus heutiger Sicht geurteilt, ist die Absage der Theologenkommission insofern gerechtfertigt, als der Einführung eines Ehekatechumenats in Frankreich der theoretische Unterbau fehlte, der für jede neue Praxis notwendig ist, will sich diese langfristig bewähren und nicht zu einer Eintagsfliege verkümmern. Dieser unentbehrliche theoretische Grundstock für ein Ehekatechumenat kann allerdings nur durch eine Neubewertung der Zivilehe von seiten der Kirche gelegt werden,

---

tesdienst mit Ringsegnung und Brautleutesegnung) vorgenommen werden" (Erlaß des Bistums Linz vom 1. April 1991 zu Eheschließungen abgefallener Katholiken, in: AfkKR 160 (1991), 141f, 142; um einen inhaltlichen Widerspruch zu vermeiden, sollte allerdings der Ausdruck 'Brautleutesegnung' durch 'Eheleutesegnung' ersetzt werden.).

[95]Insofern ist der Einwand von Socha, Das Ehekatechumenat, 237, unberechtigt, daß die Zivilehe den Charakter der Probeehe annehmen könnte.

[96]vgl. Mariage. Une experience, a.a.O., 8f.
Einen Überblick über positive Stellungnahmen von Kanonisten zu dem französischen Projekt aus den Jahren von 1969 - 1979 bietet Schmeiser, Welcomed civil marriage, 64 - 87.

[97]vgl. Dumont, Ehe - Katechumenat, 76.

[98]Grocholewski, Nr. 3.6, S. 29.

d.h. konkret durch die Anerkennung der Zivilehe als auch kirchlich gültige Ehe; unabdingbare Basis für eine solche neue Stellung der zivilen Ehe im kirchlichen Rechtsbereich bildet die Konzeption einer gestuften Ehesakramentalität. Auf der Grundlage des bekannten Axiomes, daß jede geeignete Praxis eine theoretische Grundlage und umgekehrt jede brauchbare Theorie eine praktische Auswirkung haben muß, kann die vorliegende Arbeit als Einladung zu einem neuen Startversuch mit dem Ehekatechumenat verstanden werden; denn die Ausführungen über die gestufte Sakramentalität der Ehe wie auch über das Zusammenspiel und die Eigenart von standesamtlicher und kirchlicher Trauung werden als theoretischer Unterbau angeboten, um im Bereich der Ehe die pastorale Praxis eines Katechumenats für getaufte, aber (noch)-nicht-glaubende Brautpaare aufzubauen, d.h. eine Pastoral, die auch diejenigen einlädt, die sich trotz Getauftsein der Kirche noch nicht oder nicht mehr voll anschließen wollen oder können, eine Pastoral "der Lern- und Erfahrungsgemeinschaft, in der die drei Grundfunktionen der Kirche fortschreitend eingeübt und vertieft werden: die brüderliche Lebensweise, der Glaube als Deutung des Daseins, die Liturgie als Feier des Lebens",[99] eine Pastoral des Empfanges, des Dialoges und der Etappen,[100] kurzum: eine Pastoral, die nicht von der Taufe, sondern von den getauften Menschen und ihren (Glaubens-)Problemen ausgeht. Eine solche Pastoral ist zwar weiterhin auf die Eucharistiegemeinschaft als Ziel- und Höhepunkt ausgerichtet, aber nicht mehr nur auf sie fixiert; "sie braucht nicht als Abfall vom Glauben zu bezeichnen, was in Wirklichkeit Noch-nicht-glauben ist. Sie braucht nicht mehr von Fernstehenden, von Abständigen und von Randchristen zu sprechen. Eine solche Pastoral wäre eine Pastoral des Empfangs und des Dialogs. Sie könnte überzeugend darstellen, daß es der Kirche nicht um ihren Bestand geht, sondern um den 'Dienst' an den Menschen – im Namen, im Auftrag und zur Ehre Gottes. Eine solche Pastoral würde Mut machen und Resignation bannen. Sie wäre 'wahr', weil sie der Situation der Kirche heute und morgen entspräche."[101]

---

[99]Zimmermann, Die Erneuerung des Katechumenats, 507.
[100]vgl. ebd., 477; 508; 537.
[101]ebd., 538.

Quellen und Literatur

Kirchenrechtliche Quellen

CCEO/1990 = Codex Canonum Ecclesiarum Orientalium, Rom 1990.

CIC/1983 = Codex Iuris Canonici. Codex des kanonischen Rechts, lat.-dt. Ausgabe, Kevelaer [3]1989.

Codex Iuris Canonici Auctoritate Ioannis Pauli PP. II promulgatus. Fontium annotatione et indice analytico alphabetico auctus, Rom 1989.

CIC/1917 = Codex Iuris Canonici, Romae 1917.

CICfontes = Gasparri, P., Seredi, I., Codicis Iuris Canonici Fontes, vol. I - IX, Rom 1923 - 1939.

Communicationes Pontificia Commissio Codici Iuris Canonici recognoscendo / authentice interpretando, Pontificium consilium de legum textibus interpretandis, 1969 ff.

Corpus Iuris Canonici, hg. v. Friedberg, A., 2 Bde., Graz 1959.

IOmatr. = Litterae Apostolicae Motu Proprio datae de disciplina sacramenti matrimonii pro ecclesia orientali, Rom 1957 (bzw. AAS 41 (1949), 89 - 119).

Relatio 1981 = Pontificia Commissio Codici Iuris Canonici Recognoscendo, Relatio complectens Synthesim animadversionum ab Em.mis atque Exc.mis Patribus Commissionis ad novissimum Schema CIC exhibitarum, cum responsionibus a Secretaria et Consultoribus datis, Rom 1981.

Schema 1973 = Pontificia Commissio Codici Iuris Canonici Recognoscendo, Schema Documenti quo disciplina sanctionum seu poenarum in ecclesia latina denuo ordinatur, Rom 1973.

Schema 1975 = Pontificia Commissio Codici Iuris Canonici Recognoscendo, Schema Documenti Pontificii quo disciplina canonica de sacramentis recognoscitur, Rom 1975.

Schema 1977 = Pontificia Commissio Codici Iuris Canonici Recognoscendo, Schema Canonum libri I de normis generalibus, Rom 1977.

Schema 1980 = Pontificia Commissio Codici Iuris Canonici Recognoscendo, Schema Codicis Iuris Canonici, Rom 1980.

Schema 1982 = Pontificia Commissio Codici Iuris Canonici Recognoscendo, Codex Iuris Canonici Schema novissimum, Rom 1982.

Allgemeine Quellen

ASS / AAS = Acta Sanctae Sedis, Rom 1865 - 1908 / Acta Apostolicae Sedis, Rom 1909 ff

Acta Synodalia = Acta Synodalia Sacrosancti Concilii Oecumenici Vaticani II, Vol. I-IV, Indices, Rom 1970 - 1977.

Busa, R., (Hg), S. Thomae Aquinatis opera omnia. In quatuor libros sententiarum, Bd 1, Stuttgart - Bad Cannstatt 1980.

Caprile, G., Il Sinodo dei Vescovi. Prima assemblea generale (29 settembre - 29 ottobre 1967), Roma 1968.

Caramello, P., (Hg), S. Thomae Aquinatis Doctoris Angelici Summa theologiae cum textu et recensione Leonina. Pars II^a – II^{ae}, Bd II, Turin - Rom 1962 und Tertia Pars et Supplementum, Bd III, Turin - Rom 1956.

Commissio Theologica Internationalis, Propositiones de quibusdam quaestionibus doctrinalibus ad matrimonium christianum pertinentibus, mensis decembris 1977, in: Grocholewski, Z., Documenta recentiora circa rem matrimonialem et processualem, vol. II, Rom 1980, 22 - 32.

CChrSL = Corpus Christianorum Series Latina, Turnholdi typographi Brepols Editores Pontificii 1954 - 1981.

CSEL = Corpus Scriptorum Ecclesiasticorum Latinorum, hrsg. von der Österreichischen Akademie der Wissenschaften, Wien 1866 - 1986.

CT = Concilium Tridentinum. Diariorum, Actorum, Epistularum, Tractatum nova Collectio, Bd VI, Freiburg i.Br. 1950; Bd IX, Freiburg i.Br. 1924.

DS/DH = Denzinger, H., Schönmetzer, A., Enchiridion Symbolorum Definitionum et Declarationum de rebus fidei et morum, Freiburg i. Br. [36]1976 / Denzinger, H., Hünermann, P., Kompendium der Glaubensbekenntnisse und kirchlichen Lehrentscheidungen, Freiburg i. Br. [37]1991.

Familiaris Consortio = Apostolisches Schreiben Familiaris consortio von Papst Johannes Paul II. über die Aufgaben der christlichen Familie in der Welt von heute (22. November 1981), in: AAS 74 (1982), 81 - 191, dt. in: Verlautbarungen des Apostolischen Stuhles 33, hrsg. vom Sekretariat der Deutschen Bischofskonferenz.

Grocholewski, Z., Documenta recentiora circa rem matrimonialem et processualem, vol. II, Rom 1980.

Mansi, J.D., Sacrorum conciliorum nova et amplissima Collectio. 31 Bde, Florenz - Venedig 1757 - 1798; Neudruck und Fortsetzung hrsg. von Petit, L. und Martin, J.B. in 60 Bdn., Paris 1899 - 1927.

Martene, E., De antiquis Ecclesiae ritibus Liber I, Caput IX: De ritibus ad sacramentum matrimonii pertinentibus, Articulus V: In quo varii ad benedicendas nuptias ordines referuntur, Hildesheim, Olms 1967 - 1969, Sp. 353 - 402.

NKD = Nachkonziliare Dokumentation, Bd. 1 - 58, Trier 1967 - 1977.

PG = Patrologie Graeca, hrsg. von Migne, J.P., Paris 1857 - 1912

PL = Patrologia Latina, hrsg. von Migne, J.P., Paris 1878 - 1974

Ulitzka, C., Lumen de Caelo. Erweiterte Ausgabe des 'Leo XIII. der Lehrer der Welt'. Praktische Ausgabe der wichtigsten Rundschreiben Leo XIII. und Pius XI., Ratibor 1934.

Texte des II. Vatikanischen Konzils:

- AA Apostolicam actuositatem: AAS 58 (1966) 837 - 864

- AG Ad gentes: AAS 58 (1966) 947 - 990

- CD Christus Dominus: AAS 58 (1966) 673 - 701

- DH Dignitatis humanae: AAS 58 (1966) 929 - 946

- DV Dei verbum: AAS 58 (1966) 817 - 835

- GE Gravissimum educationis: AAS 58 (1966) 728 - 739

- GS Gaudium et spes: AAS 58 (1966) 1025 - 1120

- IM Inter mirifica: AAS 56 (1964) 145 - 157

- LG Lumen gentium: AAS 57 (1965) 5 - 71

- NA Nostra aetate: AAS 58 (1966) 740 - 744

- OE Orientalium Ecclesiarum: AAS 57 (1965) 76 - 89

- OT Optatam totius: AAS 58 (1966) 713 - 727

- PC Perfectae caritatis: AAS 58 (1966) 702 - 712

- PO Presbyterorum Ordinis: AAS 58 (1966) 991 - 1024

- SC Sacrosanctum Concilium: AAS 56 (1964) 97 - 138

- UR Unitatis redintegratio: AAS 57 (1965) 90 - 112

- NE Nota explicativa praevia: AAS 57 (1965) 72 - 75

Grundliteratur

Feine, H.E., Kirchliche Rechtsgeschichte. Die katholische Kirche, Köln - Wien [5]1972.

HdbKathKR = Listl, J., Müller, H., Schmitz, H., (Hgg), Handbuch des katholischen Kirchenrechts, Regensburg 1983.

HdbStKirchR = Friesenhahn, E., Scheuner, U., (Hgg), Handbuch des Staatskirchenrechts der Bundesrepublik Deutschland, 2 Bde., Berlin 1974f.

MK = Lüdicke, K., (Hg.), Münsterischer Kommentar zum Codex Iuris Canonici unter besonderer Berücksichtigung der Rechtslage in Deutschland, Österreich und der Schweiz, Münster 1985 ff.

Mörsdorf, K., Lehrbuch des Kirchenrechts auf Grund des Codex Iuris Canonici I - III, Paderborn [11]1964 - 1979.

Plöchl, W., Geschichte des Kirchenrechts, Wien I [2]1960, II [2]1962, III [2]1970, IV 1966, V 1969.

Gesamtverzeichnis

Allmen, v. J.J., Maris et femmes d'apres Saint Paul, Paris 1951.

Alonso, P., Erwägungen zur Pastoral der Zivilehe, in: Heimerl, H., Verheiratet und doch nicht verheiratet? Beiträge zur Problematik der nicht katholisch geschlossenen Ehen von Katholiken, Wien 1970, 17 - 44.

Andres, D.J., De dispensatione a forma canonica matrimonii, in: Apollinaris 58 (1985), 443 - 450.

Andresen, C., Die Kirchen der alten Christenheit, Stuttgart 1971.

Armbruster, H., Der Ehewille evangelischer Christen im Lichte des kanonischen Prinzips der Unauflöslichkeit der Ehe, München 1959.

Aubert, J.M., Foi et Sacrement dans le mariage. A propos du mariage de baptises incroyants, in: MD 104 (1970), 116 - 143.

Auer, J., Das Sakrament der Ehe, in: Auer, J., Ratzinger, J., Kleine Katholische Dogmatik. Die Sakramente der Kirche VII, Regensburg 1972, 215 - 292.

Aymans, W., Die Sakramentalität christlicher Ehe in ekklesiologisch-kanonistischer Sicht. Thesenhafte Erwägungen zu einer Neubesinnung, in: TThZ 83 (1974), 321 - 338.

ders., Gleichsam häusliche Kirche. Ein kanonistischer Beitrag zum Grundverständnis der sakramentalen Ehe als Gottesbund und Vollzugsgestalt kirchlicher Existenz, in: AfkKR 147 (1978), 424 - 446.

ders., Die sakramentale Ehe als Gottesbund und Vollzugsgestalt kirchlicher Existenz. Erwägungen zu einer Reform des kirchlichen Grundverständnisses von der christlichen Ehe, in: ThJ (1981), 184 - 197.

ders., Kanonisches Recht. Lehrbuch aufgrund des Codex Iuris Canonici. Bd I: Einleitende Grundfragen und Allgemeine Normen, Paderborn, München, Wien, Zürich 1991.

Baltensweiler, H., Die Ehe im Neuen Testament. Exegetische Untersuchungen über Ehe, Ehelosigkeit und Ehescheidung, Zürich 1967.

Barlage H., Partikularrecht für die Bundesrepublik, in: Schuh, K., (Hg), Neuordnung der Mischehen. Die kirchlichen Regelungen und Beiträge zur Praxis, Essen-Werden 1970, 40 - 48.

Barry, J.C., The tridentine form of marriage: Is the law unreasonable? in: Jurist 20 (1960), 159 - 178.

ders., Die kanonische Eheschließungsform: Ein widerspruchsvolles Gesetz für Nichtkatholiken, in: Heimerl, H., Verheiratet und doch nicht verheiratet? Beiträge zur Problematik der nicht katholisch geschlossenen Ehen von Katholiken, Wien 1970, 55 - 73.

Baudot, D., L'inseparabilite entre le contrat et le sacrement de mariage. La discussion apres le Concile Vatican II, Rom 1987.

Bauer, W., Die Apostolischen Väter II. Die Briefe des Ignatius von Antiochia und der Polycarpbrief, Tübingen 1920.

Bauer, W., Paulsen, H., Die Apostolischen Väter II. Die Briefe des Ignatius von Antiochia und der Polycarpbrief, Tübingen [2]1985 (zweite neubearbeitete Auflage).

Baumann, U., Die Ehe – ein Sakrament?, Zürich 1988.

Becker, H., Initiatio matrimonii. Quaestiones disputandae, in: Richter, K., (Hg), Eheschließung — mehr als ein rechtlich Ding?, Freiburg i.Br. 1989, 104 - 118.

Behm, J., Die Handauflegung im Urchristentum nach Verwendung, Herkunft und Bedeutung im religionsgeschichtlichen Zusammenhang untersucht, Leipzig 1911.

Bender, L., Valor actus, ut aiunt, civilis in casibus qui a c. 1098 reguntur, in: MonEccl 80 (1955), 106 - 119.

Berg, G.D., Ueber die Erforderlichkeit der priesterlichen Ehe-Einsegnung zum Sakrament der Ehe. Eine dogmatisch-kirchenrechtliche Untersuchung, Breslau 1836.

Bernhard, F., Entscheidungsfreiheit im neuen Kirchenrecht, in: ThPQ 133 (1985), 28 - 40.

Bernhard, J., A propos de la forme ordinaire du mariage, in: Scheuermann, A., May, G., (Hgg), Ius Sacrum. Klaus Mörsdorf zum 60. Geburtstag, Paderborn 1969, 575 - 591.

ders., Le decret Tametsi du concile de Trente: Triomphe du consensualisme matrimonial ou institution de la forme solennelle du mariage?, in: RDC 30 (1980), 209 - 234.

ders., Ein Reformvorschlag zur Eheschließungsform, in: Heimerl, H., Verheiratet und doch nicht verheiratet? Beiträge zur Problematik der nicht katholisch geschlossenen Ehen von Katholiken, Wien 1970, 45 - 51.

ders., Das neue Eherecht, in: Concilium 22 (1986), 192 - 197.

Bertrams, W., Die kirchlich gültige Ehe, in: Orientierung 26 (1962), 197 - 202.

ders., Die rechtliche Natur der Zivilehe, in: Höffner, J., (Hg), Jahrbuch des Instituts für christliche Sozialwissenschaften der westfälischen Wilhelms - Universität, Münster 1962, 3. Bd, 191 - 207.

ders., De unitate baptizatorum matrimonii cum sacramento, in: PerRMCL 67 (1978), 262 - 267.

Beykirch, U., Von der konfessionsverschiedenen zur konfessionsverbindenden Ehe? Eine kirchenrechtliche Untersuchung zur Entwicklung der gesetzlichen Bestimmungen, Würzburg 1987.

Bidagor, R., Circa interpretationem canonis 1098 CIC, in: ME 78 (1953), 473 - 488.

Binder, P.B., Geschichte des feierlichen Ehesegens von der Entstehung der Ritualien bis zur Gegenwart mit Berücksichtigung damit zusammenhängender Riten, Sitten und Bräuche, Metten 1938.

Böckenhoff, C., Die Unteilbarkeit des gegenseitigen Vertrags und ihre Bedeutung für das Eherecht, in: AfkKR 80 (1900), 469 - 492.

Böckle, F., Die Mischehen in katholischer Sicht, in: Concilium 1 (1965), 318 - 321.

ders., Das Problem der bekenntnisverschiedenen Ehe in theologischer Sicht, Freiburg i. Br. 1967.

Boff, L., Das Sakrament der Ehe, in: Concilium 9 (1973), 459 - 465.

Bornkamm, G., Art. μυστήριον, in: ThWNT 4, Stuttgart 1942, 809 - 834.

Bosch, F.W., Staatliches und kirchliches Eherecht – in Harmonie oder im Konflikt?, Bielefeld 1988.

Breuning, W., Das wirkkräftige Zeichen der Gnade beim Ehesakrament, in: Roßmann, H., Ratzinger, J., (Hgg), Mysterium der Gnade, FS J. Auer, Regensburg 1975, 195 - 206.

ders., Christlich gelebte Ehe und Familie, in: LS 27 (1976), 153 - 160.

Bruns, B., Die Vertragslehre im Eherecht des gegenwärtigen und künftigen CIC und ihre grundsätzliche Problematik, in: ÖAKR 29 (1978), 4 - 25.

ders., Das Ehe-sacramentum bei Augustinus, in: Augustiana 38 (1988), 205 - 256.

Campenhausen von, A., Der Austritt aus den Kirchen und Religionsgemeinschaften, in: HdbStKirchR I, Berlin 1974, 657 - 666.

Castano, J.M.F., De quibusdam difficultatibus contra formulam canonis 1012 par.2, scilicet "Quin sit eo ipso sacramentum", in: PerRMCL 67 (1978), 270 - 281.

Cavelti, U.J., Der Kirchenaustritt nach staatlichem Recht, in: Carlen, L., (Hg), Austritt aus der Kirche. Sortir de l'Eglise, Fribourg 1982, 69 - 105.

Christen, E., Ehe als Sakrament – Neue Gesichtspunkte aus Exegese und Dogmatik, in: Pfammatter, J., Furger, F., (Hgg), Theologische Berichte I, Zürich 1972, 11 - 68.

Congar, Y., La commission theologique internationale (Dec. 1977) et le canon 1012, in: RSPhTh 65 (1981), 295 - 298.

Conrad, H., Das tridentinische Konzil und die Entwicklung des kirchlichen und weltlichen Eherechtes, in: Schreiber, G.(Hg), Das Weltkonzil von Trient. Sein Werden und Wirken, Bd. I, Freiburg i.Br. 1950, 297 - 324.

ders., Die Grundlegung der modernen Zivilehe durch die französische Revolution. Ein Beitrag zur neueren Geschichte des Familienrechts, in: Zeitschrift der Savigny - Stiftung für Rechtsgeschichte, germanistische Abteilung 67. Band, Weimar 1950, 336 - 372.

Conzelmann, H., Der Brief an die Epheser, in: Becker, J., Conzelmann, H., Friedrich, G., Die Briefe an die Galater, Epheser, Philipper, Kolosser, Thessalonicher und Philemon, Göttingen [14]1976, 86 - 124.

ders., Der erste Brief an die Korinther, Göttingen [2]1981 (2. überarbeitete und ergänzte Auflage).

Corecco, E., Der Priester als Spender des Ehesakramentes im Lichte der Lehre über die Untrennbarkeit von Ehevertrag und Ehesakrament, in: Scheuermann, A., May, G., (Hgg), Ius Sacrum. Klaus Mörsdorf zum 60. Geburtstag, Paderborn 1969, 521 - 557.

ders., Die Lehre der Untrennbarkeit des Ehevertrages vom Sakrament im Lichte des scholastischen Prinzips "Gratia perficit, non destruit Naturam, in: AfkKR 143 (1974), 379 - 442.

ders., Das Sakrament der Ehe: Eckstein der Kirchenverfassung, in: AfkKR 148 (1979), 353 - 379.

ders., La sortie de l'Eglise pour raison fiscale. Le probleme canonique, in: Carlen, L., (Hg), Austritt aus der Kirche. Sortir de l'Eglise, Fribourg 1982, 11 - 67.

Cremer, H., Die kirchliche Trauung, Berlin 1875.

Cuenin, W., Marriage and Baptized Non - Believers. Questions: Faith, Sacrament & Law, in: Origins 8 (1978/79), 321, 323 - 328.

Cunningham, R. G., Marriage and the Nescient Catholic: Questions of Faith and Sacrament, in: StudCan 15 (1981), 263 - 283.

ders., Marriage and the Nescient Catholic: Questions of Faith and Sacrament, in: Doyle, Th.P., Marriage Studies II. Reflections in Canon Law and Theology, Washington 1982, 20 - 37.

Delling, G., Eheschließung, in: RAC IV, 719 - 731.

Dieckhoff, U.W., Die kirchliche Trauung, ihre Geschichte im Zusammenhange mit der Entwicklung des Eheschließungsrechts und ihr Verhältnis zur Civilehe, Rostock 1878.

Diekamp, F., Jüssen, K., Katholische Dogmatik nach den Grundsätzen des heiligen Thomas, Bd III, Münster [13]1962.

Di Mattia, G., La forma canonica del matrimonio. Revisione radicale, Rom 1972.

ders., Il decreto Tametsi nasce a Bologna. Saggio per una ricostruzione sistematica del dibattito nella fase Bolognese, in: Apollinaris 57 (1984), 627 - 718.

Dobschütz, v. E., Die urchristlichen Gemeinden. Sittengeschichtliche Bilder, Leipzig 1902.

Dombois, H., Zur Geschichte des weltlichen und kirchlichen Eheschliessungsrechtes, in: Sucker, W., u.a., (Hgg), Die Mischehe. Handbuch für die evangelische Seelsorge, 148 - 193.

ders., Strukturprobleme des Eheschließungsrechtes, in: ders., Schuhmann, F.K., (Hgg), Weltliche und kirchliche Eheschließung, Gladbeck 1953, 99 - 111.

ders., Rechtsgeschichtliche und systematische Bemerkungen zum Eheschliessungsrecht (Strukturprobleme des Eheschliessungsrechts, II. Teil), in: ders., Schumann, F.K., (Hgg), Familienrechtsreform. Dokumente und Abhandlungen, Essen 1955, 120 - 131.

ders., Kirche und Ehe, in: ders., Das Recht der Gnade. Oekumenisches Kirchenrecht I, Witten 1961, 628 - 676.

ders., Das Decretum "Tametsi" de reformatione matrimonii von 1563 des Trienter Konzils, in: Kerygma und Dogma 9 (1963), 208 - 222.

ders., Die Mischehen in protestantischer Sicht, in: Concilium 1 (1965), 315 - 317.

Duquoc, Ch., Die Ehe heute, in: Die Ehe. Zur aktuellen theologischen Diskussion, Freiburg, Basel, Wien 1969, 41 - 71.

Dumont, R., Ehe - Katechumenat in Frankreich, in: Gd 10 (1975), 73 - 76.

Dunderdale, E., The canonical form of marriage: anachronism or pastoral necessity?, in: Law and Justice 62/63 (1979), 85 - 99.

Duss von Werdt, J., Theologie der Ehe. Der sakramentale Charakter der Ehe, in: Feiner, J., Löhrer, M., (Hgg), Mysterium salutis, IV,2, 422 - 449.

Duval, A., Contrat et sacrement de mariage au Concile de Trente, in: MD 127 (1976), 34 - 63.

ders., Le Concile de Trente et la distinction entre le contrat et le sacrement de mariage, in: RSPhTh 65 (1981), 286 - 294.

Eberharter, A., Das Ehe- und Familienrecht bei den Hebräern, Münster 1914.

Ebneter, A., Neue Mischehenordnung — Fortschritt und Rückschritt, in: Orientierung 30 (1966), 79 - 82.

Engelhardt, H., Der Austritt aus der Kirche, Frankfurt a.M. 1972.

Ernst, J., Die Briefe an die Philipper, an Philemon, an die Kolosser, an die Epheser, Regensburg 1974.

Eschelbacher, M., Vom Sinn der jüdischen Trauung, in: Der Morgen 6 (1930), 435 - 444.

Fascher, E., Der erste Brief des Paulus an die Korinther. Erster Teil: Einführung und Auslegung der Kapitel 1 - 7, Berlin 1975.

Filser, Th.M., Dogmatisch-canonistische Untersuchung über den Ausspender des Ehesakramentes. Eine von der theologischen Fakultät zu München im Jahr 1840 gekrönte Preisschrift, Augsburg 1842.

Flatten, H., De matrimonio civili catholicorum, in: PerRMCL 67 (1978), 211 - 233.

Flügge, W., Geschichte der kirchlichen Einsegnung und Copulation der Ehen, Lüneburg 1809[2].

Friedberg, E., Das Recht der Eheschliessung in seiner geschichtlichen Entwicklung, Leipzig 1865 (Neudruck: Aalen 1965).

Gall, R., Fragwürdige Unauflöslichkeit der Ehe?, Zürich 1970.

Gampl, J., Ehe-Nichtigkeits-Probleme, in: ÖAKR 38 (1989), 130 - 143.

Gasparri, P., Tractatus canonicus de matrimonio, 2 Bde, Rom 1932.

Gerhartz, J.G,, Die Mischehe, das Konzil und die Mischehen - Instruktion. Wunsch und Wirklichkeit, in: ThPh 41 (1966), 376 - 400.

ders., Mischehen ohne kirchliche Trauung? Die deutsche Mischehen-Situation und die kirchliche Formvorschrift, in: StdZ 181 (1968), 73 - 87.

ders., Das Mischehenrecht Papst Pauls VI. Die Bischofssynode (1967) und das Motu Proprio 'Matrimonia mixta' (1970), in: ThPh 45 (1970), 481 - 525.

ders., Geschichtlicher Aufriss, in: Die rechtliche Ordnung der Mischehen, Trier 1971 (NKD 28), 1 - 73.

ders., Glaubensgespräche mit Brautleuten. Pastorale Handreichungen nach dem französischen Modell, Frankfurt a.M. 1971.

ders., Zur Reform der kanonischen Eheschließungsform, in: Navarrete, U. (Hg), Ius Populi Dei. Miscellanea in honorem Raymundi Bidagor 3, Rom 1972, 623 - 638.

Gnilka, J., Der Epheserbrief, Freiburg 1971. Neumann, "Mischehe"

Gradauer, P., Der Kirchenaustritt und seine Folgen, in: ThPQ 132 (1984), 64 - 75.

ders., Das Eherecht im neuen Codex, in: ThPQ 133 (1988), 231 - 241.

Greeven, H., Ratzinger, J. u.a., Theologie der Ehe, Regensburg 1969.

Groghan, L.M., Ist die Taufe der entscheidende Faktor?, in: David, J., Schmalz, F., Wie unauflöslich ist die Ehe?, Aschaffenburg 1969, 238 - 268.

Gundert, W., Ein großer Schritt nach vorn. Eine neue Mischehenpraxis der deutschen Katholiken, in: Lutherische Monatshefte 11 (1970), 570 - 572.

Häring, B., Mischehe und Konzil, in: ThG 5 (1962), 165 - 172.

Hauser, R., Die Unauflöslichkeit der Ehe als pastorale Sorge, in: Lubsczyk, H., u.a., Ehe unlösbar. Fragen an Bibel und Pastoral, Berlin 1972, 77 - 120.

Hausmann, F., Kirche und Ehe in der Theologie des Jean - Pierre Martin (1792 - 1859), Regensburg 1982.

Hecht, F. X., Kinder nichtkatholischer Eltern und Eheschließungsform (Kan. 1099§2), in: ThGl 22 (1930), 344 - 355.

ders., Die kirchliche Eheschließungsform in Deutschland seit dem Jahre 1906, in: ThGl 22 (1930), 739 - 756.

Heimerl, H., De forma matrimoniorum mixtorum propositio, in: PerRMCL 57 (1968), 472 - 481.

ders., Um eine neue Wertung der nicht katholisch geschlossenen Ehen von Katholiken, in: ders., Verheiratet und doch nicht verheiratet? Beiträge zur Problematik der nicht katholisch geschlossenen Ehen von Katholiken, Wien 1970, 157 - 215.

ders., Das neue Eherecht der Kirche. Was ändert sich? Graz 1983, bes. 19 -21.

ders., Pree, H., Kirchenrecht. Allgemeine Normen und Eherecht, Wien - New York 1983.

Hempel, J., Das Ethos des Alten Testaments, Berlin 1938.

Heinemann, H., Kirchenaustritt, in: ders., Die rechtliche Stellung der nichtkatholischen Christen und ihre Wiederversöhnung mit der Kirche, München 1964, 27 - 41.

ders., Erwägungen zur rechtlichen Ordnung der konfessionsverschiedenen Ehen, in: ThGl 69 (1979), 394 - 414.

ders., "Mischehe" oder bekenntnisverschiedene Ehe? Eine theologische, rechtliche und pastorale Untersuchung (Canonistica 7), Trier 1982.

ders., Die sakramentale Würde der Ehe. Überlegungen zu einer bedenklichen Entwicklung, in: AfkKR 155 (1986), 377 - 399.

ders., Die Notwendigkeit einer kirchlichen Eheschließungsform? Eine Frage aus der Seelsorgspraxis, in: Lüdicke, K., Mussinghoff, H., Schwendenwein, H., (Hgg), Iustus Iudex. FS für Paul Wesemann, Münster 1990, 235 - 245.

Heiser, L., Die Responsa ad consulta Bulgarorum des Papstes Nikolaus I. (858 – 867). Ein Zeugnis päpstlicher Hirtensorge und ein Dokument unterschiedlicher Entwicklungen in den Kirchen von Rom und Konstantinopel, Trier 1979.

Herman, A., Adnotationes ad Motu Proprio "Crebrae allatae sunt", in: PerRMCL 38 (1949), 93 - 125.

Herrmann, H., Ecclesia supplet. Das Rechtsinstitut der kirchlichen Suppletion nach c.209 CIC, Amsterdam 1968.

ders., Ehe und Recht. Versuch einer kritischen Darstellung, Freiburg i.Br. 1972.

Himes, M., The intrinsic sacramentality of marriage: The theological ground for the inseparability of validity and sacramentality in marriage, in: Jurist 50 (1990), 198 – 220.

Höfer, L., Zur Pastoral an der bekenntnisverschiedenen Ehe, in: LS 23 (1972), 304 - 309.

Hoermann, K., Leben in Christus. Zusammenhänge zwischen Dogma und Sitte bei den apostolischen Vätern, Wien 1952.

Hörmann, W., Die tridentinische Trauungsform in rechtshistorischer Beurteilung (Inaugurationsrede), Czernowitz 1904.

Hofmann, L., Zur Mischehenfrage, in: TThZ 73 (1964), 50 -53.

ders., Formpflicht oder Formfreiheit der Mischehenschliessung?, in: Catholica 18 (1964), 241 - 257.

Hofmeister, Ph., Die Form der Eheschließung bei den Katholiken und Protestanten, in: TThZ 75 (1966), 223 - 237.

Holböck, C., Die Zivilehe. Die staatliche Ehegesetzgebung und die Kirche, Innsbruck 1950.

Hollerbach, A., Kirchensteuer und Kirchenbeitrag, in: HdbKathKR, 889 - 900.

Horst, F., Gottes Recht. Gesammelte Studien zum Recht im Alten Testament, München 1961.

Huizing, P.J.M., Kirchliche und standesamtliche Trauung, in: Liturgisches Jahrbuch 22 (1972), 137 - 147.

ders., Alternativentwurf für eine Revision des kanonischen Eherechts, in: ders. (Hg), Für eine neue kirchliche Eheordnung, Düsseldorf 1975, 83 - 104.

Jäggi, P., Das verweltlichte Eherecht, Freiburg 1955.

Jedin, H., Geschichte des Konzils von Trient, Bd IV, Dritte Tagungsperiode und Abschluß, Zweiter Halbband, Freiburg 1975, bes. 156-163.

Jilek, A., Fragen zur heutigen Feier der Trauung, in: Maas-Ewerd, Th., (Hg), Lebt unser Gottesdienst? Die bleibende Aufgabe der Liturgiereform, Freiburg i. Br. 1988, 174 - 212.

ders., Das Große Segensgebet über Braut und Bräutigam als Konstitutivum der Trauungsliturgie. Ein Plädoyer für die Rezeption der Liturgiereform in Theologie und Verkündigung, in: Richter, K., (Hg), Eheschließung – mehr als ein rechtlich Ding?, Freiburg i.Br. 1989, 18 - 41.

Joyce, G.H., Die christliche Ehe. Eine geschichtliche und dogmatische Studie, Leipzig 1934.

Jungmann, J.A., Missarum Solemnia. Eine genetische Erklärung der römischen Messe, 2 Bde, Freiburg 1958[4].

Kahl, W., Civilehe und kirchliches Gewissen, in: ZKR 18 (1883), 295 - 367.

Kaiser, M., Bedeutung der kirchlichen Eheschließung, in: Catholica 25 (1971), 126 - 143.

ders., Das Ehehindernis der Konfessionsverschiedenheit in der Bundesrepublik Deutschland, in: ThGl 64 (1974), 203 - 217.

ders., Grundfragen des kirchlichen Eherechts, in: HdbKathKR, 730 - 746.

ders., Ehe zwischen konfessionsverschiedenen Partnern, in: Gabrielis, A., Reinhard, H.J.F., (Hgg), Ministerium iustitiae. FS für H. Heinemann, Essen 1985, 313 - 324.

ders., Die Grundlagen der Eheschließung im Wandel der Zeiten, in: Beinert, W., (Hg), Braucht Liebe (noch) Ehe?, Regensburg 1988, 41 - 65.

ders., Kirchliches Eherecht im Lichte kirchlicher Ehelehre, in: ThGl 79 (1988), 268 - 300.

ders., Spender des Ehesakramentes, in: KlBl 9 (1990), 194 - 200.

Kallis, A., "Kröne sie mit Herrlichkeit und Ehre". Zur Ekklesiologie der orthodoxen Trauung, in: Richter, K., (Hg), Eheschließung — mehr als ein rechtlich Ding?, Freiburg i.Br. 1989, 133 - 140.

Kasper, W., Zur Theologie der christlichen Ehe, Mainz 1977.

Keßler, P.-J., Die Entwicklung der Formvorschriften für die kanonische Eheschließung. Ein Beitrag zur Rechtsgeschichte, Bonn 1934.

Klauck, H.-J., Erster Korintherbrief, Würzburg 1984.

Klein, J., Die Ehe als Vertrag und Sakrament im Codex Iuris Canonici, in: ders., Skandalon. Um das Wesen des Katholizismus, Tübingen 1958, 239 - 287.

Kleinheyer, B., Riten um Ehe und Familie, in: Kleinheyer, B., Severus, v. E., Kaczynski, R., Sakramentliche Feiern II, Regensburg 1984, 67 - 156.

Kliefoth, Th., Liturgische Abhandlungen, Schwerin/Rostock 1854.

Knecht, A., Die neuen eherechtlichen Dekrete 'Ne temere' vom 2. August 1907 und 'Provida' vom 18. Januar 1906, Köln 1908.

ders., Grundriß des Eherechts, Freiburg i.Br. 1918.

Köhler, L., Der hebräische Mensch. Eine Skizze, Tübingen 1953.

Köhne, J., Die Ehen zwischen Christen und Heiden in den ersten christlichen Jahrhunderten. Eine religionsgeschichtliche Studie, Paderborn 1931.

ders., Die kirchliche Eheschließungsform in der Zeit Tertullians, in: ThGl 23 (1931), 645 - 654.

Köstler, R., Ringwechsel und Trauung. Eine kirchen- und deutschrechtliche Untersuchung, in: ZRG Kan. Abt. 22 (1933), 1 - 35.

ders., Zivilehe und katholisches Kirchenrecht, in: ÖAKR 1 (1950), 5 - 10.

Krämer, P., Dienst und Vollmacht in der Kirche. Eine rechtstheologische Untersuchung zur Sacra Potestas - Lehre des II. Vatikanischen Konzils, Trier 1973.

ders., Die geistliche Vollmacht, in: HdbKathKR, 124 - 131.

ders., Die Zugehörigkeit zur Kirche, in: HdbKathKR, 162 - 171.

ders., Was brachte die Reform des Kirchenrechts?, in: StdZ 201 (1983), 316 - 326.

ders., Kirchenrecht I. Wort – Sakrament – Charisma, Stuttgart 1992.

Kunzler, M., Das Zustandekommen des Ehesakraments in der russisch-orthodoxen und der ukrainisch-katholischen Trauliturgie, in: Richter, K., (Hg), Eheschließung — mehr als ein rechtlich Ding?, Freiburg i.Br. 1989, 141 - 150.

Lacoma, L.C., El origen del capitulo 'Tametsi' del concilio de Trento contra los matrimonios clandestinos, in: REDC 14 (1959), 613 - 666.

Lang, F., Die Briefe an die Korinther, Göttingen und Zürich 1986.

Lanversin, de B., 'Secularisation' et sacrement de mariage, in: Lüdicke, K., Mussinghoff, H., Schwendenwein, H.,(Hgg), Iustus Iudex. FS für Paul Wesemann, Münster, 1990, 215 - 234.

Lehmann, K., Zur Sakramentalität der Ehe, in: Henrich F., Eid, V., (Hgg), Ehe und Ehescheidung. Diskussion unter Christen, München 1972, 57 - 71.

ders., Glaube - Taufe - Ehesakrament. Dogmatische Ueberlegungen zur Sakramentalität der christlichen Ehe, in: Studia Moralia 16 (1978), 71 - 97.

ders., Was ist uns ein Sakrament wert? Zur Not der gegenwärtigen Pastoral der Sakramente zwischen Laxismus und Rigorismus, in: Klerusblatt 10 (1991), 219 - 223.

Leipoldt, J., Die Frau in der antiken Welt und im Urchristentum, Leipzig [2]1955.

Lengsfeld, P., Das Problem der Mischehe. Einer Lösung entgegen. Freiburg i. Br. 1970.

ders., 'Mischehen' nach dem päpstlichen Motu Proprio vom 31. März 1970, in: Una Sancta 25 (1970), 252 - 260.

Lenherr, T., Der Abfall von der katholischen Kirche durch einen formalen Akt. Versuch einer Interpretation, in: AfkKR 152 (1983), 106 - 125.

Lettmann, R., Die Diskussion über die klandestinen Ehen und die Einführung einer zur Gültigkeit verpflichtenden Eheschließungsform auf dem Konzil von Trient, Aschendorff, Münster 1967.

Listl, J., Das Grundrecht der Religionsfreiheit in der Rechtsprechung der Gerichte der Bundesrepublik Deutschland, Berlin 1971.

ders., Verfassungsrechtlich unzulässige Formen des Kirchenaustritts. Zur Rechtsprechung in der Frage der Zulässigkeit eines sog. 'modifizierten' Kirchenaustritts, in: JZ 26 (1971), 345 - 352.

ders., Das Verhältnis von Kirche und Staat in der Bundesrepublik Deutschland, in: HdbKathKR, 1050 - 1071.

ders., Rezension zu: Carlen, L., (Hg), Austritt aus der Kirche. Sortir de l'Eglise. Freiburg/Schweiz 1982, in: AfkKR 155 (1986), 608 - 615.

ders., Die Rechtsfolgen des Kirchenaustritts in der staatlichen und kirchlichen Rechtsordnung, in: Schulz, W., (Hg), Recht als Heilsdienst. FS M. Kaiser, Paderborn 1989, 160 - 186.

Lubsczyk, H., Die Ehe im alten Bund, in: ders., u.a., Ehe unlösbar. Fragen an Bibel und Pastoral, Berlin 1972, 9 - 48.

Lüdecke, N., Eheschließung als Bund. Genese und Exegese der Ehelehre der Konzilskonstitution 'Gaudium et spes' in kanonistischer Auswertung, Würzburg 1989.

Lüdicke, K., Zur Rechtsnatur des Ehevertrages. Eine Auseinandersetzung mit der Vorstellung von 'traditio et acceptatio iurium' als Inhalt des ehelichen Konsensaustausches, in: AfkKR 145 (1976), 152 - 163.

ders., Die Kirchengliedschaft und die plena communio. Eine Anfrage an die dogmatische Theologie aus der Perspektive des Kirchenrechts, in: Lüdicke, K., Paarhammer, H., Binder, D.A., (Hgg), Recht im Dienste des Menschen. FS für H. Schwendenwein, Wien 1986, 377 - 391.

ders., Rezension zu: Richter, K., (Hg), Eheschließung – mehr als ein rechtlich Ding? Freiburg u.a. 1989, in: ThRv 4 (1990), 269 - 279.

Luf, G., Allgemeiner Gesetzeszweck und Iusta Causa Dispensationis. (Anmerkungen zu einem aktuellen Problem), in: ÖAKR 23 (1972) 97 - 106.

Madey, J., Der Abschluß einer bekenntnisverschiedenen Ehe nach dem Konzilsdekret "Über die Katholischen Ostkirchen", in: TThZ 75 (1966), 237 - 243.

Manzanares, J., Habitudo matrimonium baptizatorum inter et sacramentum: Omne matrimonium duorum baptizatorum estne necessario sacramentum?, in: PerRMCL 67 (1978), 35 - 71.

Maritz, H., Erwägungen zum aktuellen und virtuellen Ehewillen, insbesondere hinsichtlich der Sakramentalität der Ehe, in: AfkKR 151 (1982), 395 - 409.

ders., Ehe – Sakrament des Glaubens? Erwägungen zum Ausschluß der Sakramentalität, in: Lüdicke, K., Mussinghoff, H., Schwendenwein, H., (Hgg), Iustus Iudex. FS für Paul Wesemann, Münster 1990, 247 - 257.

Marre, H., Das kirchliche Besteuerungsrecht, in: HdbStKirchR, II, Berlin 1975, 5 - 50.

ders., Die Kirchenfinanzierung in Kirche und Staat der Gegenwart, Essen 1990.

Marrevee, W., Is a Marriage 'in the Church' a Marriage 'in the Lord'?, in: Eglise et Theologie 8 (1977), 91 - 109.

Martin de Agar, J.-T., La dispensa de forma en una respuesta de la comision de interpretes, in: IusCan 26 (1986), 299 - 308.

May, G., Die kanonische Formpflicht beim Abschluß von Mischehen, Paderborn 1963.

ders., Der Kirchenaustritt in der Bundesrepublik Deutschland, in: ÖAKR 14 (1963), 3 - 67.

ders., Bestimmungen über die Eingehung und Behandlung von Mischehen in den Ordnungen des deutschen Protestantismus, in: TThZ 73 (1964), 22 - 44.

Meinhold, P., Zeichen des Heils und Hilfe zum Heil, in: Schuh, K., (Hg), Neuordnung der Mischehen. Die kirchlichen Regelungen und Beiträge zur Praxis, Essen-Werden 1970, 58 - 66.

Mikat, P., Grundfragen des staatlichen Kirchenaustrittsrechtes, in: ders., Religionsrechtliche Schriften. Abhandlungen zum Staatskirchenrecht und Eherecht, Bd I, Berlin 1974, 483 - 513.

ders., Ehe, in: ebd., Bd II, Berlin 1974, 847 - 868.

Mörsdorf, K., Die Noteheschließung (c.1098), in: AfkKR 124 (1949/50), 78 - 91.

ders., Eheschließung und demokratische Freiheit, in: Schöningh, F., Gegenwartsprobleme des Rechts, Paderborn 1950, 119 - 131.

ders., Die Formpflicht bei der kirchlichen Eheschließung, in: MThZ 1 (1950), 75 - 79.

ders., Staatliche Ferntrauung in kirchenrechtlicher Beurteilung, in: MthZ 1 (1950), 91 - 97.

ders., Die Zwangszivilehe in theologischer Sicht, in: PfBl 13 (1956), 253 - 272.

ders., Die kirchliche Eheschließungsform nach dem Selbstverständnis der christlichen Bekenntnisse. Eine rechtsvergleichende Untersuchung, in: MThZ 9 (1958), 241 - 256.

ders., Der Codex Iuris Canonici und die nichtkatholischen Christen, in: AfkKR 130 (1961), 31 - 58, bes. 54 - 58.

ders., Der Ritus sacer in der ordentlichen Rechtsform der Eheschließung, in: Dürig, W. (Hg), Liturgie, Gestalt und Vollzug, München 1963, 252 - 266.

ders., Matrimonia Mixta. Zur Neuordnung des Mischehenrechtes durch das Apostolische Schreiben "Matrimonia mixta" Papst Paul's VI. vom 31. März 1970, in: AfkKR 139 (1970), 349 - 404.

ders., Schriften zum Kanonischen Recht, hg. v. Aymans, W., Geringer, K. Th., Schmitz, H., Paderborn - München - Wien - Zürich 1989.

Moldo, R., Comportements et mentalites des jeunes face a l'engagement ou au non-engagement matrimonial. Approches psycho - sociologiques, in: RDC 36 (1986), 119 - 141.

Molinski, W., Theologie der Ehe in der Geschichte, Aschaffenburg 1976.

ders., Ehe, in: Rahner, K., Darlap, A., Garofalo, S., Beyer, J., Navarrete, U., Bertrams, W., Robleda, O., Cruchon, G., Lefebvre, Ch., Gordon, J., (Hgg), Sacramentum Mundi I, Freiburg 1967, 961 - 998.

Müller, A., Die liturgische Feier der Eheschliessung. Probleme heutiger Theologie und Pastoral, in: Farnedi, G., (Hg), La celebrazione christiana del matrimonio simboli e testi. Atti del II congresso internazionale di liturgia Roma, 27-31 maggio 1985, Rom 1986, 163 - 214.

ders., Probleme heutiger Theologie und Pastoral mit der liturgischen Feier der Eheschließung, in: Richter, K., (Hg), Eheschließung — mehr als ein rechtlich Ding?, Freiburg i.Br. 1989, 84 - 103.

Müller, H., Zur Frage nach der kirchlichen Vollmacht im CIC/1983, in: ÖAKR 35 (1985), 83 - 106.

Müller, K., Campenhausen, v. H., Kirchengeschichte I, 1, Tübingen 1941.

Müller, M., Die Lehre des hl. Augustinus von der Paradiesesehe und ihre Auswirkung in der Sexualethik des 12. und 13. Jahrhunderts bis Thomas von Aquin. Eine moralgeschichtliche Untersuchung, Regensburg 1954.

Müssener, H., Das katholische Eherecht in der Seelsorgepraxis, Düsseldorf [3]1950 (3. neubearbeitete und vermehrte Auflage).

Mußner, F., Der Brief an die Epheser, Gütersloh 1982.

Navarrete, U., Matrimonio cristiano e sacramento, in: Adnes, P., Weigel, G., Ernst, C., Kerr, F., Danielon, J., Crouzel, H., Alfaro, J., Fondevila, J., Colombo, C., Bellini, A., Franzen, P., Soonenberg, P., (Hgg), Amore e stabilita nel matrimonio, Rom 1976, 55 - 75.

ders., Matrimonia mixta in synodo episcoporum, in: PerRMCL 57 (1968), 653 - 692, bes. 675 - 684.

Neuhaus, P.H., Ehe und Kindschaft in rechtsvergleichender Sicht, Tübingen 1979.

Neumann, J., 'Mischehe' und Kirchenrecht. Das kanonische Eherecht: Trennende Kluft oder Anlaß zur Besinnung?, Würzburg 1967.

Niebergall, A., Zur Entstehungsgeschichte der christlichen Eheschließung. Bemerkungen zu Ignatius an Polycarp 5,2, in: Müller, G., Zeller, W., (Hgg), Glaube, Geist, Buchstabe. FS E. Benz, Leiden 1967, 107 - 124.

ders., Ehe und Eheschliessung in der Bibel und in der Geschichte der alten Kirche. Aus dem Nachlaß herausgegeben von A.M. Ritter, Marburg 1985.

Nitzschke, K., 'Matrimonii sacramentum'. Die neuen Mischehenbestimmungen der römischen Kirche, in: MD 2 (1966), 26 - 31.

Nötscher, F., Biblische Altertumskunde, Bonn 1940.

O'Callaghan, D., Die Sakramentalität der Ehe, in: Concilium 6 (1970), 348 - 352.

Örsy, L., De forma canonica in matrimoniis mixtae religionis, in: PerRMCL 52 (1963), 320 - 347.

ders., Marriage in Canon Law. Texts and Comments, Reflections and Questions, Wilmington, Delaware 1986.

Oesterle, P.G., Klandestine Ehen nach altem Recht, in: ThQ 104 (1923), 31 - 51.

ders., Die Form der Eheschliessung für die 'nati ab acatholicis', in: TThZ 58 (1949), 113 - 115.

Oesterle, D.G., Natus ab acatholicis, in: MonEccl 78 (1953), 249 - 253.

O'Rourke, J.J., Thoughts on Marriage, in: StudCan 22 (1988), 187 - 191.

Ott, L., Grundriss der katholischen Dogmatik, Freiburg, Basel, Wien 1981[10].

Palmer, P.F., Christian marriage: contract or convenant?, in: Theological Studies 33 (1972), 617 - 665.

ders., Was not tut: Eine Theologie der Ehe, in: Communio 3 (1974), 405 - 420.

Pirson, D., Eherecht, in: HdbStKirchR II, 741 - 777.

Plautz, W., Die Frau in Ehe und Familie. Ein Beitrag zum Problem ihrer Stellung im Alten Testament, Kiel 1959.

ders., Die Form der Eheschließung im Alten Testament, in: ZAW 76 (1964) 298 - 318.

Portmann, H., Wesen und Unauflöslichkeit der Ehe in der kirchlichen Wissenschaft und Gesetzgebung des 11. und 12. Jahrhunderts. (Ein Beitrag zur kirchlichen Rechtsgeschichte), Rom 1938.

Prader, J., Zur Anwendung nichtkatholischen Eherechts durch kirchliche Instanzen, in: Leisching, P., Pototschnig, F., Potz, R., Ex aequo et bono. Willibald M. Plöchl zum 70. Geburtstag, Innsbruck 1977, 347 - 367.

ders., Interrituelle, interkonfessionelle und interreligiöse Probleme im Eherecht des neuen CIC, in: AfkKR 152 (1983), 408 - 464.

ders., Das kirchliche Eherecht in der seelsorglichen Praxis. Orientierungshilfe für die Ehevorbereitung und Beratung in Krisenfällen, Bozen - Brixen [3]1991 (dritte, überarbeitete und erweiterte Auflage mit Hinweisen auf die Rechtsordnungen der Ostkirchen).

Pree, H., Rezension zu: Lüdicke, K., Eherecht. Canones 1055 - 1165. (Codex Iuris Canonici, Kommentar für Studium und Praxis; erster erschienener Bd.), Ludgerus-V., Essen 1983, in: ThPQ 132 (1984), 216.

ders., Ehenichtigkeitsgründe, in: AnzkathGeist 9 (1991), 352 - 362.

Preisker, H., Christentum und Ehe in den ersten drei Jahrhunderten. Eine Studie zur Kulturgeschichte der alten Welt, Berlin 1927.

Primetshofer, B., Die Stellung der Zivilehe im kanonischen Eherecht, in: Plöchl, M., Gampl, I., (Hgg), Im Dienste des Rechtes in Kirche und Staat. FS für Franz Arnold, Wien 1963, 302 - 313.

ders., Probleme eines ökumenischen Mischehenrechts, in: Siepen, K., Weitzel, J., Wirth, P., (Hgg), Ecclesia et ius. Festgabe für Audomar Scheuermann zum 60. Geburtstag, Paderborn 1968, 405 - 418.

ders., Der Kreis der Normadressaten des kanonischen Rechts. Überlegungen zu Entwürfen der Päpstlichen Kommission zur Reform des Codex Iuris Canonici, in: Floßmann, U., (Hg), Rechtsgeschichte und Rechtsdogmatik. FS Hermann Eichler zum 70. Geburtstag am 10.Oktober 1977, Wien - New York 1977, 483 - 501.

ders., Die Eheschließung, in: HdbKathKR, 782 - 795.

ders., Die kanonistische Bewertung der Zivilehe, in: AfkKR 155 (1986), 400 - 427.

ders., Zur Frage der Rechtsfolgen eines Kirchenaustritts aus finanziellen Gründen, in: Schulz, W., (Hg), Recht als Heilsdienst. FS M. Kaiser, Paderborn 1989, 187 - 199.

Probst, F., Sakramente und Sakramentalien in den drei ersten christlichen Jahrhunderten, Tübingen 1872.

Probst, M., Rezension zu: Richter, K., (Hg), Eheschließung – mehr als ein rechtlich Ding?, Freiburg u.a. 1989, in: ThRv 4 (1990), 265 - 269; 279 - 280.

Pujol, C., Adnotationes ad decretum de matrimoniis mixtis inter Catholicos et Orientales baptizatos, in: PerRMCL 56 (1967), 505 - 517.

Puza, R., Die Ehe als Sakrament und Vertrag. Zur Geschichte und Gegenwart eines kodifizierten Lehrsatzes (c.1055 §§1.2 CIC/1983), in: ThQ 167 (1987), 128 - 136.

ders., Kirchenrecht - Theologie - Liturgie. Kanonistische Überlegungen zur Identität von Ehevertrag und Ehesakrament sowie zum "Spender" des Ehesakramentes, in: Richter, K., (Hg), Eheschließung — mehr als ein rechtlich Ding?, Freiburg i.Br. 1989, 62 - 83.

Rahner, K., Schriften zur Theologie, Bd VIII, Einsiedeln Zürich Köln 1967, 532 - 540.

Ratzinger, J., Zur Theologie der Ehe, in: Krems, G., Mumm, H., (Hgg), Theologie der Ehe, Regensburg/Göttingen 1969, 81 - 115. (= in: Dänhardt, A., (Hg), Theologisches Jahrbuch 1971, Leipzig 1971, 289 - 308).

Reicke, S., Geschichtliche Grundlagen des Deutschen Eheschließungsrechts, in: Dombois, H.A., Schumann, F.K., (Hgg), Weltliche und kirchliche Eheschliessung. Beiträge zur Frage des Eheschliessungsrechtes, Gladbeck 1953, 27 - 62.

Reidick, G., Ein Vertrag als Sakrament?, in: Lebendiges Zeugnis 8 (1951), 26 - 34.

dies., Der Vertragsschließungsakt als äußeres Zeichen des Ehesakramentes, Lizentiatsarbeit am kanonistischen Institut München, 1951 (nicht veröffentlicht).

dies., Die Rolle der Kirche beim Zustandekommen des Ehesakramentes, in: Una Sancta 14 (1959), 208 - 213.

dies., Die Mischehe — Stein des Anstoßes zwischen den Konfessionen, in: Una Sancta 16 (1961), 212 - 226.

Reinhardt, H.J.F., Hat c.11 CIC/1983 im Bereich des Eherechts Konsequenzen für die Verwaltungskanonistik?, in: Schulz, W., (Hg), Recht als Heilsdienst. FS M. Kaiser, Paderborn 1989, 200 - 222.

Reinhardt, H.J.F, Die kirchliche Trauung. Ehevorbereitung, Trauung und Registrierung der Eheschließung im Bereich der Deutschen Bischofskonferenz. Texte und Kommentar, Paderborn 1990.

Reinhardt, K., Jedin, H., Ehe — Sakrament in der Kirche des Herrn, Berlin 1971.

Richter, K., Die liturgische Feier der Trauung. Ihre Problematik angesichts sich wandelnder theologischer und rechtlicher Anschauungen zur Eheschließung, in: Concilium 9 (1973), 486 - 493.

ders., Kirchliche Trauung von konfessionsverschiedenen Paaren. Überlegungen zu einer dringend erforderlichen Anpassung, in: GD 9 (1982), 65 - 67.

ders., Trauungsliturgie im Wandel theologischer und rechtlicher Anschauungen. Eine Einführung, in: ders., (Hg), Eheschließung – mehr als ein rechtlich Ding?, Freiburg i.Br. 1989, 9 - 17.

Rietschel, D.G., Lehrbuch der Liturgik. Zweiter Band: Die Kasualien, Berlin 1909.

Ritzer, K., Formen, Riten und religiöses Brauchtum der Eheschließung in den christlichen Kirchen des ersten Jahrtausends, Münster [2]1962 (2., verbessserte und ergänzte Auflage).

Ruf, N., Das Recht der katholischen Kirche nach dem neuen Codex Iuris Canonici für die Praxis erläutert, Freiburg i.Br. 1989.

Robbers, G., Kirchenrechtliche und staatskirchenrechtliche Fragen des Kirchenübertritts, in: ZevKR 32 (1987), 19 - 46.

Ryan, R.J., The canonical status of marriages attempted before civil authorities: A historical analysis from the Council of Trent to the 1983 code, Michigan 1989.

Sägmüller, J.B., Lehrbuch des katholischen Kirchenrechts, Bd II, Freiburg i.Br. [3]1914 (3., vermehrte und verbesserte Auflage).

Scharnagl, A., Kirchliche Eheschließungsform für alle in der katholischen Kirche Getauften und Konvertiten. Beilage zum Klerusblatt Nr 10, in: KlBl. 29 (1949), 3 - 14.

Scheftelowitz, E., Das religiöse Eherecht im Staat, Köln - Berlin - Bonn - München 1970.

Scheuerl, A., Die Entwicklung des kirchlichen Eheschliessungsrechts, Erlangen 1877.

Scheuermann, A., Das Eherecht der Orientalischen Kirche, in: ThQ 130 (1950), 407 - 431.

ders., Das Eherecht der Orientalischen Kirche, in: ThQ 131 (1951), 61 - 76.

ders., Die Grundlagen der katholischen Mischehenregelung, in: Scheffczyk, L., Dettloff, W., Heinzmann, R., (Hgg), Wahrheit und Verkündigung. Michael Schmaus zum 70. Geburtstag Band II, Paderborn 1967, 1845 - 1863.

Schillebeeckx, E., Le mariage I (Realite terrestre et mystere de salut), Paris 1966.

Schlier, H., Der Brief an die Epheser. Ein Kommentar, Düsseldorf [5]1965.

Schmaus, M., Der Glaube der Kirche. Das Christusheil durch die Kirche und in der Kirche, Band 5, Teil-Band 4, St. Ottilien 1982.

Schmeiser, J.A., Marriage in Contemporary Society, in: Eglise et Theologie 5 (1974), 97 - 111.

ders., Marriage. New Developments in the Diocese of Autun, France, in: Eglise et Theologie 10 (1979), 369 - 385.

ders., Welcomed Civil Marriage. Canonical Statements, in: StudCan 14 (1980), 49 - 87.

Schmitz, H., Die Gesetzessystematik des Codex Iuris Canonici Liber I - III, München 1963, 269 - 293.

ders., Reform des kirchlichen Gesetzbuches Codex Iuris Canonici 1963 - 1978, Trier 1979.

Schmitz, P., Die Eheschließung der Kinder von Apostaten, in: Seelsorger 8 (1932), 201 - 204.

Schnackenburg, R., Der Brief an die Epheser, Zürich - Einsiedeln - Köln 1982.

Schneider, Th., Zeichen der Nähe Gottes. Grundriß der Sakramententheologie, Mainz 1979.

Schönsteiner, F., Grundriß des kirchlichen Eherechts, Wien 1937.

Schubert, H., Die evangelische Trauung, ihre geschichtliche Entwicklung und gegenwärtige Bedeutung, Berlin 1890.

Schüepp, G., Kirchenaustritte – Anfrage an Selbstverständnis und pastorales Handeln, in: Carlen, L., (Hg), Austritt aus der Kirche. Sortir de l'Eglise, Fribourg 1982, 243 - 311.

Schürmann, H., Neutestamentliche Marginalien zur Frage nach der Institutionalität, Unauflöslichkeit und Sakramentalität der Ehe, in: Schöningh, F., (Hg), Kirche und Bibel. Festgabe für Bischof Eduard Schick, Paderborn 1979, 409 - 430.

Schwab, D., Ehe- und Familienrecht, in: StL. Recht, Wirtschaft, Gesellschaft, Band 2, Freiburg i.Br. 1986[7], Sp. 118 - 141.

Schwendenwein, H., Das neue Kirchenrecht. Gesamtdarstellung, Graz - Wien - Köln [2]1984.

ders., Das neue kirchliche Eherecht und seine pastoralen Auswirkungen, in: ThQ 163 (1983), 200 - 211.

ders., Rezension zu: Baudot, D., L'inseparabilite entre le Contrat et le Sacrement de Mariage. La discussion apres le Concile Vatican II. Rom 1987, in: AfkKR 157 (1988), 672 - 674.

ders., 'Ab ecclesia catholica actu formali deficere', in: ÖAKR 38 (1989), 52 - 61.

Sebott, R., Das neue Eherecht in kritischer Beurteilung, in: StdZ 201 (1983), 268 - 272.

ders., Das neue kirchliche Eherecht, Frankfurt a.M. [2]1990 (2., völlig neu bearbeitete Auflage).

Socha, H., Die kirchenrechtliche Bewertung der ungültigen Ehe, in: ThGl 63 (1973), 23 - 50.

ders., Das Ehekatechumenat in kirchenrechtlicher Sicht, in: TThZ 85 (1976), 230 - 248.

Soetendorp, J., Symbolik der jüdischen Religion. Sitte und Brauchtum im jüdischen Leben, Gütersloh 1963.

Sohm, R., Das Recht der Eheschließung aus dem deutschen und kanonischen Recht geschichtlich entwickelt. Eine Antwort auf die Frage nach dem Verhältnis der kirchlichen Trauung zur Zivilehe, Darmstadt 1966 (Neudruck der 1875 in Weimar erschienen Ausgabe).

Stälin, P.F., Die Lehre von der Form der Eheschließung nach dem kirchlichen Rechte vor der Abfassung des Gratianischen Dekrets, Tübingen 1864.

Staff, D., De validitate matrimonii inter partem orthodoxam et partem protestantem baptizatam, in: PerRMCL LXII (1973), 11 - 38.

Steininger, V., Auflösbarkeit unauflöslicher Ehen, Graz 1968.

Steinmüller, W., Kirchenrecht und Kirchensteuer, (Essener Gespräche zum Thema Staat und Kirche 49), Münster, 1970.

Stenson, A., The concept and implications of the formal act of canon 1117, in: StudCan 21 (1987), 175 - 194.

Stevenson, K., Nuptial Blessing. A study of Christian Marriage Rites, Colchester and London 1982.

Stoffel, J.-L., Theologische Motive im nachtridentinischen Mischehenrecht, insbesondere bis zur Benedictina von 1741, Münster 1973.

Strack, K.L., Billerbeck, P., Kommentar zum Neuen Testament aus Talmud und Midrasch, 5 Bde., München 1965[4] (vierte, unveränderte Auflage).

Strigl, A., Die einzelnen Straftaten, in: HdbKathKR 941 - 950.

Studer, B., Zur Hochzeitsfeier der Christen in den westlichen Kirchen der ersten Jahrhunderte, in: Farnedi, G., (Hg), La celebrazione christiana del matrimonio simboli e testi. Atti del II congresso internazionale di liturgia Roma, 27-31 maggio 1985, Rom 1986, 51 - 85.

Ternus, J., Vertrag und Bund der christlichen Ehe als Träger der sakramentalen Symbolik, in: DTh 9 (1931), 451 - 474.

Thomas, H.-F., Formlose Ehen. Eine rechtsgeschichtliche und rechtsvergleichende Untersuchung, Bielefeld 1973.

Tillard, J.-M., Zur Intention des Spenders und des Empfängers der Sakramente, in: Concilium 4 (1968), 54 - 61.

Triebs, F., Handbuch des kanonischen Eherechts, Breslau, Teil I (1925), IV (1932).

Trummer, J., Eheschließung katholisch Getaufter, in: ThPQ 99 (1951), 349 - 351.

Urrutia, F.J., Responsa Pontificale Commissionis Codicis Iuris Canonici authentice Interpretando, in: PerRMCL 74 (1985), 609 - 628, 624 - 628.

Valls, R.N., La forma juridica del matrimonio en el nuevo codigo del derecho canonico, in: REDC 39 (1983), 489 - 507.

Varela, Antonio M.R., Die ekklesiologische Bedeutung der Eheschließungsform, in: Siepen, K., Weitzel, J., Wirth, P., (Hgg), Ecclesia et ius. Festgabe für Audomar Scheuermann zum 60. Geburtstag, Paderborn 1968, 491 - 512.

Vass, G., Is the canonical form of marriage expendable?, in: The Clergy Review 50 (1965), 586 - 605.

Vaux, de R., Das Alte Testament und seine Lebensordnungen, I: Fortleben des Nomadentums. Gestalt des Familienlebens, Einrichtungen und Gesetze des Volkes, Freiburg/Basel/Wien 1960.

Vogt, H.J., Die Ehe ein Sakrament? Hinweise für eine Antwort aus der frühen Kirche, in: ThQ 168 (1988), 16 - 23.

ders., Die Eheschließung in der frühen Kirche, in: Richter, K., (Hg), Eheschließung — mehr als ein rechtlich Ding?, Freiburg i.Br. 1989, 119 - 132.

Vorgrimler, H., Sakramententheologie, Düsseldorf 1987.

ders., Zur dogmatischen Einschätzung und Neueinschätzung der kirchlichen Trauung, in: Richter, K., (Hg), Eheschließung – mehr als ein rechtlich Ding?, Freiburg i.Br. 1989, 42 - 61.

Wagnon, A., La forme canonique ordinaire du mariage. Abolition ou Reforme?, in: ACI Canonistarum Romae diebus 20 - 25 mai 1968 celebrati, Typis Polyglottis Vaticanis 1970, 702 - 718.

Waltermann, R., Mischehe. Handreichungen zur Praxis, Dokumente, Dispensen, Formulare, Essen 1970.

Weitmann, A., Zur theologischen Begründung des neuen Mischehenrechts, in: LS 21 (1970), 271 - 280.

Weitzel, J., Zivilehen orthodoxer Christen sind wegen Formmangels ungültig. Anmerkungen zu einem Urteil der Apostolischen Signatur, in: AfkKR 139 (1970), 482 - 492.

Wenner, J., Formpflichtige und formfreie Brautleute, in: ThGl 40 (1950), 42 - 56.

Wesemann, P., Die Ehe im Kirchenrecht. Rückblick und Ausblick, Kirchliches Recht für die Ehe von Heute und Morgen, in: Beckel, A., (Hg), Ehe im Umbruch, Münster 1969.

ders., Redlich, klug und vertrauensvoll, in: Schuh, K., (Hg), Neuordnung der Mischehen. Die kirchlichen Regelungen und Beiträge zur Praxis, Essen-Werden 1970, 10 - 21.

ders., Das katholische Eherecht und die getrennten christlichen Kirchen. Der gegenwärtige Stand des Mischehenrechts, in: Heimerl, H., Verheiratet und doch nicht verheiratet? Beiträge zur Problematik der nicht katholisch geschlossenen Ehen von Katholiken, Wien 1970, 75 - 99.

ders., Grundsätze und Grundzüge der Neuregelung, in: LS 21 (1970), 257 - 271.

Wilkens, E., Neuordnung mit Sprengkraft. Zum Motu Proprio "Matrimonia Mixta", in: Evangelische Kommentare 3 (1970), 340 - 342.

Winklhofer, A., Kirche in den Sakramenten, Frankfurt a.M. 1986.

Wirth, P., Ehen mit Orthodoxen (Wort und Weisung Bd 3), Freiburg i. Br. 1967.

Wood, S., The marriage of baptized nonbelievers: Faith, contract, and sacrament, in: Theological Studies 48 (1987), 279 - 301.

Zalba, M., Num aliqualis fides sit necessaria ad matrimonium inter baptizatos celebrandum, in: PerRMCL 80 (1991), 93 - 105.

Zapp, H., Die Vorbereitung der Eheschließung, in: HdbKathKR, 746 - 754.

ders., Kanonisches Eherecht, Freiburg i.Br. 1988[7] (7., neubearbeitete Auflage).

ders., Zivilehe Formpflichtiger – Eine "Nichtehe"?, in: Höhl, N.(Hg), Ius et Historia. Festgabe für Rudolf Weigand zu seinem 60. Geburtstag von seinen Schülern, Mitarbeitern und Freunden, Würzburg 1989, 442 - 453.

Zepp, P., Einflüsse der staatlichen Ehegesetzgebung auf das neuere Kirchenrecht in: Plöchl, M., Gampl, I., (Hgg), Im Dienste des Rechtes in Kirche und Staat. FS zum 70. Geburtstag von Univ.-Professor Prälat DDr. Franz Arnold, Wien 1963, 289 - 301.

ders., Die Suppletion der Trauungsgewalt bei 'error communis', in: ÖAKR 38 (1989), 315 - 329.

Zimmermann, D., Die Erneuerung des Katechumenats in Frankreich und seine Bedeutung für Deutschland, Münster 1974.

Anhang: Lateinische Quellentexte mit Übersetzung

Tertullian, Ad uxorem II,8,6 (S.25):

Unde vero sufficiamus ad enarrandam felicitatem eius matrimonii, quod ecclesia conciliat et confirmat oblatio et obsignat benedictio, angeli renuntiant, pater rato habet?

Woher soll ich die Kräfte nehmen, um das Glück einer Ehe zu schildern, die die Kirche stiftet, das Darbringen bestätigt, die Segnung versiegelt, die Engel vermelden und der himmlische Vater anerkennt?

Tertullian, De monogamia 9,4 (S.30):

Matrimonium est, cum Deus iungit duos in unam carnem, aut iunctos deprehendens in eadem carne coniunctionem signavit. Adulterium est, cum quoquo modo disiunctis duobus alia caro, immo aliena miscetur, de qua dici non possit: 'Haec est caro ex carne mea et hoc os ex ossibus meis'.

Eine Ehe liegt vor, wenn Gott zwei zu einem Fleische verbindet, oder, wenn er sie in demselben Fleische verbunden gefunden und die Verbindung besiegelt hat. Ehebruch liegt vor, wenn sich mit den beiden wie immer Getrennten ein anderes, richtiger: ein fremdes Fleisch verbindet, von welchem nicht gesagt werden kann: 'Das ist Fleisch von meinem Fleisch und Gebein von meinem Gebein.' (Tertullians apologetische / dogmatische und montanistische Schriften. Übersetzt und mit Einleitungen versehen von Kellner, H., durchgesehen und hrsg von Esser, G., (= Bibliothek der Kirchenväter. Tertullians ausgewählte Schriften, Bd. 2), Kempten und München 1915, 497f).

Tertullian, De monogamia 11,1f (S.31):

Ut igitur 'in Domino' nubas secundum legem et apostolum (si tamen vel hoc curas), qualis es id matrimonium postulans quod eis a quibus postulans non licet habere, ab episcopo monogamo, a presbyteris et diaconis eiusdem sacramenti, a viduis, quarum sectam in te recusasti? Et illi plane sic dabunt viros et uxores, quomodo buccellas. Hoc enim est apud illos: 'Omni petenti te dabis.' Et coniungent vos in ecclesia virgine, unius Christi unica sponsa. Et orabis pro maritis tuis, novo et vetere?

Gesetzt also, du wolltest, entsprechend dem Gesetze und dem Apostel, 'im Herrn' dich verehelichen – sofern dir nämlich daran noch etwas gelegen ist –, wie kommst du mir denn vor, wenn du um eine solche Ehe nachsuchst, wie sie denen, von welchen du sie erbittest, nicht erlaubt ist, von dem monogamischen Bischof, den Priestern, den Diakonen, die derselben heiligen Verpflichtung unterstehen, und von den Witwen, deren Gefolgschaft du verschmähst? Jene allerdings werden die Männer und Frauen geben, wie Stücke Brot unter die Armen. Denn diese Bedeutung hat bei ihnen der Spruch: 'Gib jedem, der Dich bittet.' Und sie werden euch verbinden in der jungfräulichen Kirche, der einzigen Braut des einen Christus. Und du wirst dann für deine Ehemänner beten, für den alten wie für den neuen (vgl. ebd. 503)?

Tertullian, De pudicitia 4,4 (S.32):

Ita et ubicunque vel in quacunque se-
metipsum adulterat et stuprat, qui aliter
quam nuptiis utitur. Ideo penes nos oc-
cultae quoque coniunctiones, id est non
prius apud ecclesiam professae, iuxta
moechiam et fornicationem iudicari pe-
riclitantur, nec inde consertae obtentu
matrimonii crimen eludant.

So begeht also jeder, wo und mit welcher Person immer
es geschehe, Ehebruch und Hurerei an sich selbst, wer
anders als innerhalb der Ehe Umgang hat. Daher laufen denn bei uns auch die geheimen Ehebündnisse, d.h.
die, welche nicht vorher vor der Kirche bekanntgegeben
worden sind, Gefahr, auf gleiche Art wie Ehebruch und
Hurerei beurteilt zu werden, weil zu befürchten ist, daß
sie infolge derselben geknüpft werden und so durch den
Deckmantel der Ehe das Verbrechen wegtäuschen (vgl.
ebd. 387f).

4. Laterankonzil, Kap. 51 (S.44f):

De poena contrahentium clandestina
matrimonia.
Cum inibitio copulae coniugalis fit in
tribus ultimis gradibus revocata: eam in
aliis volumus districte observari. Unde
praedecessorum nostrorum inhaerendo
vestigiis, clandestina coniugia penitus
inhibemus; prohibentes etiam, ne quis
sacerdos talibus interesse praesumat.
Quare specialem quorumdam locorum
consuetudinem ad alia generaliter pro-
rogando, statuimus, ut, cum matrimo-
nia fuerint contrahenda, in ecclesiis per
presbyteros publice proponantur, com-
petenti termino praefinito, ut infra il-
lum, qui voluerit et valuerit, legitimum
impedimentum opponat. Et ipsi pres-
byteri nihilominus investigent, utrum
aliquod impedimentum obsistat. Cum
autem probabilis apparuerit coniectura
contra copulam contrahendam, contrac-
tus interdicatur expresse, donec quid
fieri debeat super eo, manifestis consti-
terit documentis.

Die Strafe für diejenigen, welche heimliche Ehen
schließen.
Wenn das Hindernis des ehelichen Bandes in den drei
letzten Graden zurückgenommen wird: in den anderen [Graden] wollen wir, daß es streng beachtet wird.
Daher treten wir in die Spuren unserer Vorgänger und
verbieten heimliche Eheschließungen völlig; wir verbieten auch, daß ein Priester es wagt, an einer solchen
(Eheschließung) teilzunehmen. Deshalb weiten wir die
besondere Gewohnheit bestimmter Gegenden allgemein
auf die anderen aus und bestimmen, daß Ehen, wenn
sie geschlossen werden sollen, in den Kirchen durch die
Priester öffentlich angekündigt werden sollen; dabei soll
ein angemessener Termin festgesetzt werden, innerhalb
dessen jeder, der will und kann, ein rechtmäßiges Hindernis entgegenstellen soll. Nichtsdestoweniger sollen
auch die Priester selbst nachforschen, ob irgendein Hindernis entgegensteht (vgl. DS/DH 817). Wenn ein Ver-
dacht gegen das Eingehen des Ehebandes glaubwürdig
erscheint, soll der Eheabschluß ausdrücklich solange
untersagt werden, bis aus augenscheinlichen Beweisen
feststeht, was aus ihm werden soll.

Si qui vero huiusmodi clandestina vel interdicta coniugia inire praesumserint in gradu prohibito, etiam ignoranter: soboles de tali coniunctione suscepta, prorsus illegitima censeatur, de parentum ignorantia nullum habitura subsidium, cum illi taliter contrahendo non expertes scientiae, vel saltem affectatores ignorantiae, videantur. Pari modo illegitima proles censeatur, si ambo parentes, impedimentum scientes legitimum, praeter omne interdictum in conspectu ecclesiae contrahere praesumserint.

Sane parochialis sacerdos qui tales coniunctiones prohibere contemserit, aut quilibet etiam regularis qui eis praesumserit interesse, per triennium ab officio suspendatur, gravius puniendus, si culpae qualitas postulaverit. Sed iis, qui taliter copulari praesumserint, etiam in gradu concesso, condigna poenitentia iniungatur. Si quis autem ad impediendum legitimam copulam malitiose impedimentum obiecerit, ecclesiasticam non effugiet ultionem.

Wenn es aber jemand wagt, eine heimliche Ehe der beschriebenen Art oder eine untersagte Ehe im verbotenen Grad einzugehen, geschehe letzteres auch unwissender Weise: Kinder, die aus einer derartigen Verbindung entstehen, sollen als illegitim gelten, und aus der Unwissenheit ihrer Eltern keinen rechtlichen Schutz ableiten können, weil jene bei derartigen Eheschließungen anscheinend nicht unwissend sind oder Unwissenheit nur vorschützen. Auf gleiche Weise sollen die Kinder als illegitim gelten, wenn beide Eltern in Kenntnis des rechtmäßigen Hindernisses, ungeachtet jedes Verbotes, vor den Augen der Kirche die Eheschließung wagen.

Der Pfarrer, der solche Verbindungen nachlässigerweise nicht verhindert hat, oder auch jeder Regularpriester, der es gewagt hat, an ihnen teilzunehmen, soll für drei Jahre vom Dienst suspendiert werden, schwerer ist er zu bestrafen, wenn es die Beschaffenheit der Schuld erfordert. Aber denen, die es wagen, sich so zu verbinden, auch im erlaubten Grad, soll eine angemessene Buße auferlegt werden. Wenn aber einer zur Verhinderung eines rechtmäßigen Bandes arglistig ein Hindernis entgegenstellt, entgeht er nicht der kirchlichen Strafe.

Trienter Konzil, Dekret Tametsi (S.49f):

Tametsi dubitandum non est, clandestina matrimonia, libero contrahentium consensu facta, rata et vera esse matrimonia, quamdiu ecclesia ea irrita non fecit, et proinde iure damnandi sint illi, ut eos sancta synodus anathemate damnat, qui ea vera ac rata esse negant quique falso affirmant, matrimonia, a filiis familias sine consensu parentum contracta, irrita esse, et parentes ea vera vel irrita facere posse: nihilominus sancta Dei ecclesia ex iustissimis causis illa semper detestata est atque prohibuit.

Auch wenn nicht daran zu zweifeln ist, daß heimliche Ehen, die in freiem Einverständnis der Partner geschlossen wurden, gültige und wahre Ehen sind, solange die Kirche sie nicht ungültig gemacht hat, und daher zurecht jene zu verurteilen sind, wie sie das heilige Konzil mit dem Anathem verurteilt, die leugnen, daß sie wahr und gültig sind, und die fälschlicherweise behaupten, Ehen, die von den Kindern ohne die Zustimmung der Eltern geschlossen wurden, seien ungültig, und die Eltern könnten sie gültig oder ungültig machen: so hat die heilige Kirche Gottes sie nichtsdestoweniger aus äußerst triftigen Gründen immer verabscheut und verboten (vgl. DS/DH 1813).

Verum cum sancta synodus animadvertat, prohibitiones illas propter hominum inobedientiam iam non prodesse, et gravia peccata perpendat, quae ex eisdem clandestinis coniugiis ortum habent, praesertim vero eorum, qui in statu damnationis permanent, dum, priore uxore, cum qua clam contraxerant, relicta, cum alia palam contrahunt et cum ea in perpetuo adulterio vivunt; cui malo cum ab ecclesia, quae de occultis non iudicat, succurri non possit, nisi efficacius aliquod remedium adhibeatur ...

Qui aliter quam praesente parocho, vel alio sacerdote de ipsius parochi seu Ordinarii licentia, et duobus vel tribus testibus matrimonium contrahere attentabunt: eos Sancta Synodus ad sic contrahendum omnino inhabiles reddit, et huiusmodi contractus irritos et nullos esse decernit, prout eos praesenti decreto irritos facit et annullat.

Da aber das heilige Konzil feststellt, daß jene Verbote wegen des Ungehorsams der Menschen nichts mehr nützen, und die schweren Sünden erwägt, die in ebendiesen heimlichen Ehen ihren Ursprung haben, vor allem aber (die Sünden) derer, die im Zustand der Verurteilung bleiben, wenn sie, nachdem sie ihre frühere Frau, mit der sie heimlich (die Ehe) geschlossen hatten, verlassen haben, mit einer anderen öffentlich (die Ehe) schließen und mit dieser in fortwährendem Ehebruch leben; da diesem Übel von der Kirche, die über Verborgenes nicht urteilt, ohne Anwendung eines wirksameren Heilmittels nicht Abhilfe geschaffen werden kann ... (vgl. DS/DH 1814).

Diejenigen, die versuchen, eine Ehe anders zu schließen als in Gegenwart des Pfarrers oder – mit Erlaubnis des Pfarrers bzw. des Ordinarius – eines anderen Priesters und zweier oder dreier Zeugen: die erklärt das heilige Konzil für völlig (rechts)unfähig, auf diese Weise (eine Ehe) zu schließen, und es erklärt, daß solche (Ehe)schließungen ungültig und nichtig sind, wie es sie im vorliegenden Dekret ungültig macht und für nichtig erklärt (vgl. DS/DH 1816).

Erster Entwurf des Trienter Ehedekretes (S.57f):

Sacrosancta Dei ecclesia, divino Spiritu afflata, magna incommoda et gravia peccata perpendens, quae ex clandestinis matrimoniis ortum habent, praesertim vero eorum, qui in statu damnationis permanent, dum saepenumero priore uxore, cum qua clam contraxerant, relicta, cum alia palam illicite contrahunt et cum ea in perpetuo adulterio vivunt: eadem sub gravissimis poenis alias inhibuit, non tamen irritavit. Verum cum haec sancta synodus animadvertat, propter hominum inobedientiam remedium illud hactenus parum profuisse: statuit et decernit, ea matrimonia, quae in posterum clam, non adhibitis tribus testibus, contrahentur, irrita fore ac nulla, prout praesenti decreto irritat et annullat.

Die hochheilige Kirche Gottes, mit göttlichem Geist erfüllt, große Nachteile und schwere Sünden gründlich abwägend, die in den heimlichen Ehen ihren Ursprung haben, besonders aber die Sünden derer, die im Stand der Verdammnis verweilen, indem sie oft nach Verlassen der ersten Frau, mit welcher sie heimlich eine Ehe geschlossen hatten, mit einer anderen öffentlich verbotenerweise eine Ehe eingehen und mit dieser in ständigem Ehebruch leben: unter Androhung schwerster Strafen hat sie dieselben sonst zu verhindern versucht, aber dennoch nicht ungültig gemacht. Da aber die heilige Synode erkennt, daß wegen des Ungehorsams der Menschen jenes Heilmittel zu wenig nützte, stellt sie fest und beschließt, daß die Ehen, die in Zukunft heimlich ohne Beisein von drei Zeugen geschlossen werden, ungültig und nichtig sein werden, wie sie sie im vorliegenden Dekret ungültig macht und für nichtig erklärt.

Insuper eadem sacrosancta synodus ea quoque matrimonia, quae filii familias ante decimum octavum, filiae vero ante decimum sextum suae aetatis annum completum sine parentum consensu de cetero contraxerint, praesenti decreto irritat et annullat. Aliis tamen legibus, quae contra clandestine contrahentes promulgatae sunt, suo loco et robore permanentibus.

Darüber hinaus erklärt dieselbe Synode auch die Ehen in dem vorliegenden Dekret für ungültig und nichtig, die Söhne vor Vollendung des 18., Töchter aber vor Vollendung des 16. Lebensjahres ohne Zustimmung der Eltern geschlossen haben. Dennoch bleiben die anderen Vorschriften, die gegen heimliche Eheschließungen promulgiert wurden, an ihrem Ort und in ihrer Geltung bestehen.

Vorschlag für den zweiten Entwurf des Trienter Ehedekretes (S.59):

... Verum cum haec sancta synodus animadvertat, propter hominum inobedientiam remedium illud parum profuisse: statuit ac decernit, illas omnes personas, quae in posterum clam, sine trium saltem testium praesentia, matrimonium sive sponsalia contrahere attentaverint, ad matrimonium sive sponsalia sic contrahenda inhabiles fore, ac propterea omnia ab eis acta pro matrimonio seu sponsalibus contrahendis irrita fore ac nulla, prout praesenti decreto irritat et annullat...

... Da dieses heilige Konzil erkennt, daß wegen des Ungehorsams der Menschen jenes Heilmittel zu wenig genützt hat, stellt es fest und beschließt, daß all jene Personen, die in Zukunft heimlich, ohne Beisein von wenigstens drei Zeugen den Abschluß einer Ehe oder Verlobung versuchen, zum derartigen Abschluß von Ehe oder Verlobung unfähig sind, und außerdem alles von ihnen für den Abschluß von Ehe oder Verlobung Getane ungültig und nichtig ist, wie es dieses im vorliegenden Dekret ungültig und nichtig macht...

Der Trienter Konzilskanon zur Einführung der Formvorschrift (S.61):

... Qui aliter quam praesente parocho vel alio sacerdote de ipsius parochi seu ordinarii licentia, et duobus vel tribus testibus matrimonium contrahere attentabunt: eos sancta synodus ad sic contrahendum omnino inhabiles reddit, et huiusmodi contractus irritos et nullos esse decernit, prout eos praesenti decreto irritos facit at annullat...

Diejenigen, die anders als in Gegenwart des Pfarrers oder – mit Erlaubnis des Pfarrers oder des Ordinarius – eines anderen Priesters und zweier oder dreier Zeugen versuchen, die Ehe zu schließen, die erklärt das heilige Konzil für völlig unfähig zu einem derartigen Eheabschluß, und es erklärt, daß solche Ehen ungültig und nichtig sind, wie es sie im vorliegenden Dekret ungültig macht und für nichtig erklärt.

Canon 3 des Entwurfes von 1563 (S.65):

Si quis dixerit, clandestina matrimonia, quae libero contrahentium consensu fiunt, non esse vera et rata matrimonia, ac proinde esse in potestate parentum, ea rata vel irrita facere: anathema sit.

Wenn jemand sagt, heimliche Ehen, die im freien Einverständnis der Partner geschlossen wurden, seien keine wahren und gültigen Ehen, und es stehe daher in der Macht der Eltern, sie gültig oder ungültig zu machen, sei mit dem Anathem belegt.

Bestimmung über die klandestinen Ehen im Entwurf von 1563 (S.65):

... haec sancta synodus ... statuit et decernit, ea matrimonia, quae in posterum clam, non adhibitis tribus testibus, contrahentur, irrita fore ac nulla, prout praesenti decreto irritat et annullat.

... diese heilige Synode stellt fest und beschließt, daß diejenigen Ehen, die in Zukunft heimlich, ohne Hinzuziehen von drei Zeugen, geschlossen werden, ungültig und nichtig sind, wie sie sie im vorliegenden Dekret nichtig und ungültig macht.

Zweiter Entwurf des Trienter Ehedekretes (S.66):

Tametsi sacrosancta Dei ecclesia clandestina matrimonia, libero contrahentium consensu facta, vera ac rata esse non dubitat, ac proinde iure damnandi sunt illi, prout ab hac sacrosancta synodo damnantur, qui huiusmodi matrimonia vera ac rata esse negant ... haec sancta synodus ... statuit ac decernit, illas omnes personas, quae in posterum clam, sine trium saltem testium praesentia, matrimonium sive sponsalia contrahere attentaverint, ad matrimonium sive sponsalia sic contrahenda inhabiles fore, ac propterea omnia ab eis acta pro matrimonio seu sponsalibus contrahendis irrita fore ac nulla, prout praesenti decreto irritat et annullat.

Selbst wenn die hochheilige Kirche Gottes nicht daran zweifelt, daß heimliche Ehen, welche in freiem Einverständnis der Partner geschlossen wurden, wahr und gültig sind, und daher nach dem Recht jene, wie sie von der hochheiligen Synode verurteilt werden, zu verurteilen sind, die bestreiten, daß derartige Ehen wahr und gültig sind, ... setzt diese heilige Synode fest und beschließt, daß all jene Personen, die in Zukunft heimlich, ohne Gegenwart von wenigstens drei Zeugen, den Abschluß einer Ehe oder Verlobung versuchen, zu einem solchen Abschluß von Ehe oder Verlobung unfähig sind und außerdem alles, was von ihnen zum Abschluß der Ehe oder Verlobung gemacht wurde, ungültig und nichtig ist, wie sie dies in dem vorliegenden Dekret ungültig und nichtig macht.

Dritter Entwurf des Trienter Ehedekretes (S.67):

Tametsi dubitandum non est, clandestina matrimonia, libero contrahentium consensu facta, rata et vera esse matrimonia, quamdiu ecclesia ea rata esse voluit ... Qui aliter quam praesente parocho vel alio sacerdote de ipsius parochi seu ordinarii licentia, et duobus vel tribus testibus matrimonium contrahere attentaverint: eos sancta synodus ad sic contrahendum omnino inhabiles reddit, et huiusmodi contractus irritos et nullos esse decernit ...

Auch wenn nicht daran zu zweifeln ist, daß heimliche Ehen, die in freiem Einverständnis der Partner geschlossen wurden, gültige und wahre Ehen sind, solange die Kirche will, daß sie gültig sind ... Diejenigen, die anders als in Gegenwart des Pfarrers oder – mit Erlaubnis des Pfarrers oder des Ordinarius – eines anderen Priesters und zweier oder dreier Zeugen versuchen, die Ehe zu schließen, die erklärt das heilige Konzil für völlig unfähig zu einem derartigen Eheabschluß und es beschließt, daß solche Ehen ungültig und nichtig sind ...

Endgültige Fassung des Dekretes Tametsi (S.69f):

Tametsi dubitandum non est, clandestina matrimonia, libero contrahentium consensu facta, rata et vera esse matrimonia, quamdiu ecclesia ea irrita non fecit, et proinde iure damnandi sint illi, ut eos sancta synodus anathemate damnat, qui ea vera ac rata esse negant quique falso affirmant, matrimonia, a filiis familias sine consensu parentum contracta, irrita esse, et parentes ea vera vel irrita facere posse: nihilominus sancta Dei ecclesia ex iustissimis causis illa semper detestata est atque prohibuit. ... parochus viro et muliere interrogatis, et eorum mutuo consensu intellecto, vel dicat: "Ego vos in matrimonium coniungo, in nomine Patris et Filii et Spiritus Sancti", vel aliis utatur verbis iuxta receptum uniuscuiusque provinciae ritum. ...

Auch wenn nicht daran zu zweifeln ist, daß heimliche Ehen, die in freiem Einverständnis der Partner geschlossen wurden, gültige und wahre Ehen sind, solange die Kirche sie nicht ungültig gemacht hat, und daher zu recht jene zu verurteilen sind, wie sie das heilige Konzil mit dem Anathem verurteilt, die leugnen, daß sie wahr und gültig sind, und die fälschlicherweise behaupten, Ehen, die von den Kindern ohne die Zustimmung der Eltern geschlossen wurden, seien ungültig, und die Eltern könnten sie gültig oder ungültig machen: so hat die heilige Kirche Gottes sie nichtsdestoweniger aus äußerst triftigen Gründen immer verabscheut und verboten. ... nachdem der Pfarrer Mann und Frau gefragt hat und sich ihres gegenseitigen Einverständnisses vergewissert hat, sage er entweder: "Ich verbinde euch zur Ehe, im Namen des Vaters und des Sohnes und des heiligen Geistes", oder gebrauche andere Worte, entsprechend dem üblichen Ritus einer jeden Provinz (vgl. DS/DH 1813f).

Qui aliter quam praesente parocho, vel alio sacerdote de ipsius parochi seu Ordinarii licentia, et duobus vel tribus testibus matrimonium contrahere attentabunt: eos Sancta Synodus ad sic contrahendum omnino inhabiles reddit, et huiusmodi contractus irritos et nullos esse decernit, prout eos praesenti decreto irritos facit et annullat.

Diejenigen, die versuchen, eine Ehe anders zu schließen als in Gegenwart des Pfarrers oder – mit Erlaubnis des Pfarrers bzw. des Ordinarius – eines anderen Priesters oder zweier oder dreier Zeugen: die erklärt das heilige Konzil für völlig (rechts)unfähig, auf diese Weise (eine Ehe) zu schließen, und es erklärt, daß solche (Ehe)Abschlüsse ungültig und nichtig sind, wie es sie im vorliegenden Dekret ungültig macht und für nichtig erklärt (vgl. DS/DH 1816).

Decernit insuper, ut huiusmodi decretum in unaquaque parochia suum robur post triginta dies habere incipiat, a die primae publicationis in eadem parochia factae numerandos.

Darüber hinaus erklärt das Konzil, daß dieses Dekret in jeder Pfarrei nach 30 Tagen zu wirken beginnt, vom Tag der Erstpublikation in derselben Pfarrei an gerechnet.

Declaratio Benedictina von 1741 (S.75):

... Sanctitas Sua ... declaravit statuitque, Matrimonia in dictis Foederatis Belgii Provinciis inter Haereticos usque modo contracta, quaeque imposterum contrahentur, etiamsi forma a Tridentino praescripta non fuerit in iis celebrandis servata, dummodo aliud non obstiterit canonicum impedimentum, pro validis habenda esse ...

Seine Heiligkeit erklärte und bestimmte deshalb, daß die Ehen, die in den genannten Vereinigten Provinzen Belgiens zwischen Häretikern bis heute geschlosen wurden und die künftig geschlossen werden, auch wenn die vom Tridentinum vorgeschriebene Form bei ihrer Feier nicht gewahrt wurde, solange nur kein anderes kirchenrechtliches Hindernis entgegensteht, für gültig zu halten sind. ...

Quod vero spectat ad ea Coniugia, quae pariter in iisdem Foederatis Belgii Provinciis, absque forma a Tridentino statuta, contrahuntur a Catholicis cum Haereticis, sive Catholicus Vir Haereticam Foeminam in Matrimonium ducat, sive Catholica Foeminam Haeretico Viro nubat, dolens imprimis quam maxime Sanctitas Sua, eos esse inter Catholicos, qui insano amore turpiter dementati, ab hisce detestabilibus conubiis, quae S. Mater Ecclesia perpetuo damnavit, atque interdixit, ex animo non abhorrent, prorsus sibi abstinendum non ducunt, laudansque magnopere zelum illorum Antistitum, qui fervioribus propositis spiritualibus poenis, Catholicos coercere student, ne sacrilegio hoc vinculo se Haereticis coniugant. ...

Was aber jene Ehen betrifft, die gleichfalls in denselben Vereinigten Provinzen Belgiens ohne die vom Tridentinum festgelegte Form von Katholiken mit Häretikern geschlossen werden, sei es, daß ein katholischer Mann eine häretische Frau oder eine katholische Frau einen häretischen Mann heiratet: so empfindet Seine Heiligkeit vor allem darüber großen Schmerz, daß es unter den Katholiken solche gibt, die von wahnsinniger Liebe schändlich betört, nicht von Herzen vor diesen verabscheuungswürdigen Ehen, die die heilige Mutter Kirche stets verurteilt und untersagt hat, zurückschrecken und nicht meinen, sich ihrer gänzlich enthalten zu sollen (DS/DH 2516); deshalb lobt sie ausdrücklich den Eifer jener Oberhirten, die sich durch Androhung schwerer geistlicher Strafen bemühen, die Katholiken so zu maßregeln, daß sie keine unheilige Ehe mit Häretikern eingehen. ...

At si forte aliquod huius generis Matrimonium, Tridentini forma non servata, ibidem contractum iam sit, aut imposterum (quod Deus avertat) contrahi contingat; declarat Sanctitas Sua, Matrimonium huiusmodi, alio non concurrente canonico impedimento, validum habendum esse ...

Aber wenn eine derartige Ehe unter Nichtbeachtung der Form des Tridentinums ebenda schon geschlossen wurde oder künftig (was Gott verhüte) geschlossen werden sollte, so erklärt Seine Heiligkeit, daß eine derartige Ehe, wenn sich kein anderes kirchenrechtliches Hindernis entgegenstellt, für gültig zu halten ist. ... (ebd. 2516)

Konstitution Provida von 1906 (S.78f):

I. - *In universo hodierno Imperio Germaniae caput* T a m e t s i *Concilii Tridentini … omnes catholicos, etiam hucusque immunes a forma Tridentina servanda, ita adstringat ut inter se non aliter quam parocho et duobus vel tribus testibus validum matrimonium celebrare possint.*

II. - *Matrimonia mixta quae a catholicis cum haereticis vel schismaticis contrahuntur, graviter sunt manentque prohibita, nisi accedente iusta causa canonica datis integre, formiter, utrimque legitimis cautionibus per partem catholicam dispensatio super impedimento mixtae religionis rite fuerit obtenta. Quae quidem matrimonia, dispensatione licet impetrata, omnino in facie Ecclesiae coram parocho ac duobus tribusve testibus celebranda sunt, adeo ut graviter delinquant qui coram ministro acatholico vel coram solo civili magistratu vel alio quolibet modo clandestino contrahunt. Immo si qui catholici in matrimoniis istis mixtis celebrandis ministri acatholici operam exquirunt vel admittunt, aliud patrant delictum et canonicis censuris subiacent.*

Nihilominus matrimonia mixta in quibusvis Imperii Germanici provinciis et locis, etiam in iis quae iuxta Romanarum Congregationum decisiones vi irritanti capitis T a m e t s i *certo hucusque subiecta fuerunt, non servata forma Tridentina iam contracta vel (quod Deus avertat) in posterum contrahenda, dummodo nec aliud obstet canonicum impedimentum, nec sententia nullitatis propter impedimentum clandestinitatis ante diem festum Paschae huius anni legitime lata fuerit, et mutuus coniugum*

I. - Das Dekret Tametsi des Trienter Konzils soll im gesamten Deutschen Reich alle Katholiken – auch diejenigen, die bisher von der Beachtung der Trienter Form befreit waren – so verpflichten, daß sie untereinander nicht anders als vor dem Pfarrer und zwei oder drei Zeugen eine gültige Ehe feiern können.

II. - Mischehen, die von Katholiken mit Häretikern oder Schismatikern geschlossen werden, sind und bleiben nachdrücklich verboten, sofern nicht – wenn ein triftiger und schwerwiegender kirchenrechtlicher Grund hinzutritt und uneingeschränkt, formgemäß und von beiden Seiten die gesetzmäßigen Zusicherungen gegeben wurden – durch den katholischen Teil ordnungsgemäß eine Dispens für das Hindernis der gemischten Religion erwirkt wurde. Diese Ehen müssen allderdings, auch wenn eine Dispens erlangt wurde, auf jeden Fall im Angesicht der Kirche vor dem Pfarrer und zwei oder drei Zeugen gefeiert werden, so daß sich diejenigen schwer vergehen, die (die Ehe) vor einem nichtkatholischen Amtsträger, nur vor einem bürgerlichen Beamten oder auf irgendeine andere heimliche Weise schließen. Ja, wenn Katholiken bei der Feier solcher Mischehen das Wirken eines nichtkatholischen Amtsträgers erbitten oder zulassen, begehen sie einen weiteren Verstoß und unterliegen den kirchenrechtlichen Strafbestimmungen.

Nichtsdestoweniger wollen wir, daß in allen Provinzen und Orten des Deutschen Reiches, auch in denen, die gemäß den Entscheidungen der Römischen Kongregationen bisher sicherlich der ungültig machenden Wirkung des Kapitels "Tametsi" unterworfen waren, Mischehen, die unter Nichtbeachtung der Trienter Form schon geschlossen wurden oder (was Gott verhüte) künftig geschlossen werden, solange nur kein anderes kirchenrechtliches Hindernis entgegensteht, (ferner) vor dem Osterfest dieses Jahres kein Urteil der Ungültigkeit wegen des Hindernisses der Heimlichkeit rechtmäßig gefällt worden ist und der gegenseitige (Ehe-)Konsens der Gatten bis zu dem genannten Tag fortgedauert hat,

consensus usque ad dictam diem perse-
veraverit, pro validis omnino haberi vo-
lumus, idque expresse declaramus, defi-
nimus atque decernimus.

III. - Ut autem iudicibus Ecclesiasticis
tuta norma praesto sit, hoc idem iis-
demque sub conditionibus et restrictio-
nibus declaramus, statuimus ac decerni-
mus de matrimoniis acatholicorum, sive
haereticorum sive schismaticorum, in-
ter se in iisdem regionibus non servata
forma Tridentina hucusque contractis
vel in posterum contrahendis; ita ut si
alter vel uterque acatholicorum coniu-
gum ad fidem catholicam convertatur,
vel in foro ecclesiastico controversia in-
cidat de validitate matrimonii duorum
acatholicorum cum quaestione validita-
tis matrimonii ab aliquo catholico con-
tracti vel contrahendi connexa, eadem
matrimonia, ceteris paribus, pro om-
nino validis pariter habenda sint."

durchaus für gültig gehalten werden, und wir erklären, bestimmen und entscheiden dies ausdrücklich.

III. - Damit die kirchlichen Richter aber eine sichere Norm bei der Hand haben, erklären, bestimmen und entscheiden wir eben dasselbe unter denselben Bedingungen und Einschränkungen für die Ehen von Nicht-Katholiken, seien es Häretiker oder Schismatiker, die in denselben Gebieten unter Nichtbeachtung der Trienter Form bisher untereinander geschlossen wurden oder künftig geschlossen werden; so daß, wenn sich einer der nicht-katholischen Gatten oder beide zum katholischen Glauben bekehren oder vor dem kirchlichen Gerichtshof ein Streit über die Gültigkeit der Ehe zweier Nicht-Katholiken anfällt, der mit der Frage nach der Gültigkeit der von einem Katholiken geschlossenen oder zu schließenden Ehe verbunden ist, ebendiese Ehen – sofern das übrige gleich ist – gleichfalls uneingeschränkt für gültig zu halten sind (vgl. DS/DH 3385).

Dekret Ne temere von 1908 (S.81ff):

XI. - §3. Acatholici sive baptizati sive
non baptizati, si inter se contrahunt,
nullibi ligantur ad catholicam sponsa-
lium vel matrimonii formam servan-
dam.

XI. - §1. Statutis superius legibus te-
nentur omnes in catholica Ecclesia bap-
tizati et ad eam ex haeresi aut schis-
mate conversi (licet sive hi, sive illi ab
eadem postea defecerint), quoties inter
se sponsalia vel matrimonium ineant.

§2. Vigent quoque pro iisdem de qui-
bus supra catholicis, si cum acatholicis
sive baptizatis sive non baptizatis, etiam
post obtentam dispensationem ab impe-
dimento mixtae religionis vel disparita-
tis cultus, sponsalia vel matrimonium
contrahunt; nisi pro aliquo particulari
loco aut regione aliter a S. Sede sit sta-
tutum.

XI. - §3. Wenn Nicht-Katholiken – seien sie getauft oder nicht getauft – untereinander (die Ehe) schließen, sind sie nirgendwo verpflichtet, die katholische Form der Verlobung oder der Ehe zu beachten (DS/DH 3474).

XI. - §1. Durch die oben aufgestellten Gesetze werden alle verpflichtet, die in der katholischen Kirche getauft wurden und die sich aus Häresie und Schisma zu ihr bekehrt haben (auch wenn diese oder jene hernach von ihr abgefallen sind), sooft sie untereinander Verlobungen oder Ehen eingehen (DS/DH 3472).

§2. Sie gelten auch für dieselben Katholiken wie oben, wenn sie mit Nicht-Katholiken – seien sie getauft oder nicht getauft – auch nach Erlangen einer Dispens vom Hindernis der gemischten Religion bzw. der Verschiedenheit des Kults, eine Verlobung oder eine Ehe schließen; es sei denn, vom Hl. Stuhl wäre für irgendeinen besonderen Ort oder eine Gegend eine andere Bestimmung ergangen (DS/DH 3473).

IV. - *Parochus et loci Ordinarius valide matrimonio adsistunt ....*

IV. - Der Pfarrer und der Ordinarius des Ortes assistieren der Eheschließung gültig ... (Knecht, Die eherechtlichen Dekrete, 15).

§3. dummodo invitati ac rogati, et neque vi neque metu gravi constricti requirant et excipiantque contrahentium consensum.

§3. nur wenn sie eingeladen und gebeten und weder unter dem Einfluß von Gewalt noch von schwerer Furcht nach dem Konsens der Eheschließenden fragen und die Erklärung derselben entgegennehmen (ebd., 16).

IV. - *Parochus et loci Ordinarius valide matrimonio adsistunt.*

IV. - Der Pfarrer und der Ordinarius des Ortes assistieren der Eheschließung gültig (ebd., 15).

§2. intra limites dumtaxat sui territorii: in quo matrimoniis nedum suorum subditorum, sed etiam non subditorum valide adsistunt. ...

§2. nur innerhalb der Grenzen ihres Sprengels; in diesem aber assistieren sie gültig nicht bloß den Eheschließungen ihrer Untergebenen, sondern auch denen von solchen Personen, die ihnen nicht unterstellt sind (ebd., 16).

VII. - *Imminente mortis periculo, ubi parochus, vel loci Ordinarius, vel sacerdos ab alterutro delegatus, haberi nequeat, ad consulendum conscientiae et (si casus ferat) legitimationi prolis, matrimonium contrahi valide ac licite potest coram quolibet sacerdote et duobus testibus.*

VII.- Bei drohender Lebensgefahr, wo der Pfarrer oder der Ordinarius des Ortes oder ein von einem dieser beiden deligierter Priester nicht zu haben ist, kann zur Beruhigung des Gewissens und zur (allenfalls notwendigen) Legitimation von Nachkommenschaft eine Ehe gültig und erlaubt vor jedem beliebigen Priester und zwei Zeugen geschlosssen werden (ebd., 17).

VIII. - *Si contingat ut in aliqua regione parochus locive Ordinarius, aut sacerdos ab eis delegatus, coram quo matrimonium celebrari queat, haberi non possit, eaque rerum conditio a mense iam perseveret, matrimonium valide ac licite iniri potest emisso a sponsis formali consensu coram duobus testibus.*

VIII. - Sollte in einer Gegend der Pfarrer oder der Ordinarius der Ortes oder ein von ihm deligierter Priester, vor welchem eine Eheschließung stattfinden könnte, nicht zu haben sein und dieser Zustand schon einen Monat fortdauern, so kann eine Ehe gültig und erlaubt eingegangen werden in der Weise, daß die Verlobten ihren ehelichen Konsens vor zwei Zeugen abgeben (ebd., 17f).

Anfrage von 1907 (S.95):

"*V. Num in imperio Germaniae catholici, qui ad sectam haereticam vel schismaticam transierunt, vel conversi ad fidem catholicam ab ea postea defecerunt, etiam in iuvenili vel infantili aetate, ad valide cum persona catholica contrahendum adhibere debeant formam in decreto Ne temere statutam, ita scilicet ut contrahere debeant coram parocho et duobus saltem testibus. – Et quatenus affirmative.*

V. Ob im Deutschen Reich Katholiken, die zu einer häretischen oder schismatischen Sekte übergetreten sind, oder die zum katholischen Glauben übergewechselt, später von ihm wieder abgefallen sind, sogar (schon) in jugendlichem oder kindlichem Alter, zum Abschluß einer gültigen Ehe mit einer katholischen Person die in *Ne temere* vorgeschriebene Form einhalten müssen, so daß sie in Anwesenheit des Pfarrers und wenigstens zweier Zeugen den Ehebund schließen müssen.

— Ja.

VI. An, attentis peculiaribus circumstantiis in imperio Germaniae existentibus, opportuna dispensatione provideri oporteat."

VI. Ob bei den besonders angespannten Verhältnissen
im Deutschen Reich eine geeignete Freistellung geschaffen werden soll.

Anfrage von 1940 (S.102):

An ab acatholicis nati, de quibus in
canone 1099 §2, ad normam canonis
1070 subiciantur impedimento disparitatis cultus, quoties cum parte non baptizata contraxerint. – Affirmative.

Ob die von nichtkatholischen Eltern Geborenen, von
denen in c.1099 §2 die Rede ist, nach der Bestimmung
des c.1070 dem Ehehindernis der Bekenntnisverschiedenheit unterliegen, wenn sie einen Ungetauften heiraten. – Ja.

Motu Proprio Decretum Ne temere von 1948 (S.103):

... At experientia triginta annorum sa-
tis docuit exemptionem a servanda canonica matrimonii forma, huiusmodi
in Ecclesia catholica baptizatis con-
cessam, bono animarum haud emolu-
mento fuisse, immo in solutione ca-
suum saepe saepius difficultates multi-
plicasse; quamobrem Nobis visum est
expedire ut memorata exemptio revoce-
tur.

... Doch die Erfahrung der letzten 30 Jahre hat hinreichend gelehrt, daß die Ausnahme von der kanonischen Eheschließungsform, die den auf diese Weise in
der katholischen Kirche Getauften gewährt war, nicht
zum Nutzen des Seelenheiles gewesen ist, sondern im
Gegenteil bei der Lösung von Fällen immer öfters die
Schwierigkeiten vermehrt hat; darum halten wir es für
besser, es so zu regeln, daß die genannte Ausnahme
zurückgenommen wird.

C.209 CIC/1917 (S.115):

In errore communi aut in dubio positivo
et probabili sive iuris sive facti, iurisdictionem supplet Ecclesia pro foro tum
externo tum interno.

Bei einem allgemeinen Irrtum oder bei einem positiven
und begründeten Rechts- oder Tatsachenzweifel ersetzt
die Kirche für den äußeren wie für den inneren Bereich
die Jurisdiktion.

Anfrage von 1952 (S.115):

D. [= Dubium] An praescriptum c.209
applicandum sit in casu sacerdotis, qui
delegatione carens, matrimonio assistit.
R. [= Responsum] Affirmative.

[Es besteht ein Zweifel,] ob die Vorschrift des c.209 auf
den Fall des Priesters angewendet werden kann, der
ohne Delegation der Eheschließung assistiert.
[Antwort] Ja

C.1096 des Vorschlages von 1970 (S.116):

Valet matrimonii contractus assistente sacerdote (vel diacono) qui delegatione caret, dummodo matrimonium celebretur (ritu sacro) in ecclesia vel oratorio publico et assistens ab auctoritate ecclesiastica non sit prohibitus ne matrimonio assistat.

Der unter der Assistenz eines Priesters (oder Diakons), dem die Delegation fehlt, geschlossene Ehevertrag ist gültig, wenn nur die Ehe (in einem heiligen Ritus) in einer Kirche oder öffentlichen Kapelle gefeiert wird und dem Assistierenden (Trauenden) von der kirchlichen Autorität nicht verboten ist, der Ehe zu assistieren.

C.315 im Schema zum Sakramentenrecht von 1975 (S.116):

Matrimonium contractum assistente sacerdote vel diacono, facultate assistendi carente, Ecclesia a momento celebrationis in radice sanat, dummodo matrimonium celebretur coram duobus testibus in ecclesia vel oratorio et assistens ab auctoritate ecclesiastica non sit prohibitus ne matrimonio assistat.

Die unter Assistenz eines Priesters oder Diakons, denen die Trauungsbefugnis fehlt, geschlossene Ehe heilt die Kirche im Augenblick der Eheschließungsfeier in der Wurzel, wenn nur die Ehe vor zwei Zeugen in einer Kirche oder Kapelle gefeiert wird und dem Assistierenden (Trauenden) von der kirchlichen Autorität nicht verboten ist, der Ehe zu assistieren.

AUT

In errore communi de facto aut de iure, itemque in dubio positivo et probabili, sive iuris sive facti, facultatem assistendi supplet Ecclesia.

ODER

Bei einem tatsächlich vorliegenden oder rechtlich anzunehmenden allgemeinen Irrtum und ebenfalls bei einem positiven und begründeten Rechts- oder Tatsachenzweifel ersetzt die Kirche die Trauungsbefugnis.

Relatio zu c.1066 des Schemas von 1980 (S.118):

... Laicus denique in casu est mere testis qualificatus, nulla gaudens potestate regiminis.

... Der Laie (schließlich) ist in diesem Fall lediglich qualifizierter Zeuge, er besitzt keine Leitungsgewalt.

C.313 des Vorschlages von 1977 (S.121f):

§1. Ubi desunt sacerdotes et diaconi, potest loci Ordinarius, praevio voto favorabili Episcoporum Conferentiae et obtenta facultate Sanctae Sedis, [facultatem assistendi] per seipsum exercendam, delegare laicos qui matrimoniis assistant.

§1. Wo Priester und Diakone fehlen, kann der Ortsordinarius, aufgrund einer vorgängigen empfehlenden Stellungnahme der Bischofskonferenz und nach Erhalt der Befugnis vom Heiligen Stuhl, die durch ihn selbst auszuübende [Trauungsbefugnis] Laien delegieren, damit diese den Eheschließungen assistieren.

§2. Laicus seligatur idoneus, ad institutionem nupturientibus tradendam capax et qui liturgiae matrimoniali pie peragendae aptus sit."

§2. Es ist ein geeigneter Laie auszuwählen, der in der Lage ist, Brautunterricht zu geben und die Liturgie der Eheschließung ehrfurchtsvoll zu feiern.

C.1098 des Vorschlages von 1970 (S.125):

§1. Si haberi (vel adiri) nequeat (sine gravi incommodo) assistens ad normam cann. 1095, 1096, in mortis periculo validum et licitum est matrimonium contractum (forma lege civili praescripta, vel, si haec adhiberi nequeat) coram solis testibus.

§1. Wenn (ohne schweren Nachteil) niemand, der gemäß den cc. 1095, 1096 trauungsbefugt ist, herbeigeholt (oder angegangen) werden kann, ist in Todesgefahr die (in der vom weltlichen Gesetz vorgeschriebenen Form, oder, wenn diese nicht angewendet werden kann) allein vor zwei Zeugen geschlossene Ehe gültig und erlaubt.

C.1 §2 des Vorschlages von 1976 (S.128):

Nisi lex vel praeceptum aliter caveat, poenalibus sanctionibus in Ecclesia ii tantum subiciuntur, qui post adeptum duodevicesimum aetatis annum catholicam fidem professi sunt.

Wenn Gesetz oder Vorschrift nichts anderes vorsehen, sind nur die Personen den Strafbestimmungen in der Kirche unterworfen, die sich nach Vollendung des 18. Lebensjahres zum katholischen Glauben bekennen.

C.12 im Schema von 1974 (S.131):

Legibus mere ecclesiasticis tenentur soli baptizati pro quibus latae sunt, quique sufficienti rationis usu gaudent, et nisi aliud iure expresse caveatur, qui septimum aetatis annum expleverunt.

Durch rein kirchliche Gesetze werden allein die Getauften verpflichtet, für die sie erlassen sind und die hinreichenden Vernunftgebrauch besitzen, und, falls nicht ausdrücklich etwas anderes im Recht vorgesehen ist, das siebente Lebensjahr vollendet haben.

C.12 im Schema von 1977 (S.131):

§1. Legibus mere ecclesiasticis tenentur soli baptizati ...
§2. Baptizati qui Ecclesiis aut communitatibus ab Ecclesia catholica seiunctis adscripti sunt, ordinationibus mere ecclesiasticis directe obligari non intelliguntur, nisi exceptio statuatur.

§1. Durch rein kirchliche Gesetze werden allein die Getauften verpflichtet ...
§2. Getaufte, die zu Kirchen oder Gemeinschaften gehören, die von der katholischen Kirche getrennt sind, werden als nicht direkt an die rein kirchlichen Verordnungen gebunden betrachtet, wenn nicht eine Ausnahme festgelegt ist.

C.11 im Schema von 1980 (S.131):

§1. ...

§2. Baptizati qui Ecclesiis aut communitatibus ecclesialibus ab Ecclesia catholica seiunctis adscripti sunt, iisdem legibus directe non obligantur.

§3. Firmo praescripto §2, eaedem leges iis applicantur qui ab Ecclesia catholica defecerint, nisi aliud iure expresse caveatur.

§1. ...

§2. Getaufte, die zu Kirchen oder kirchlichen Gemeinschaften gehören, die von der katholischen Kirche getrennt sind, sind nicht direkt den gleichen Gesetzen unterworfen.

§3. Unbeschadet der Vorschrift von §2 werden die gleichen Gesetze auf die angewendet, die von der katholischen Kirche abgefallen sind, falls nicht ausdrücklich etwas anderes im Recht vorgesehen ist.

Vorschlag Nr.2 von 1971 (S.148):

Ad statutam superius formulam tenentur:

1. Baptizati qui Ecclesiae catholicae (sive a recepto baptismate sive postea) adscripti sunt vel fuerunt, si inter se matrimonium contrahunt (aut: ineunt); nisi ab adepto rationis usu (aut: ab anno decimo quarto impleto; aut: ab infantia) extra eam educati fuerint

vel post adeptum rationis usum (aut: post annum decimum quartum impletum) ab ea formali actu (aut: declaratione proprio parocho in scriptis data) defecerint, nec ad eam reversi fuerint; 2. ...”

An die oben vorgeschriebene Regel sind gebunden:

1. Getaufte, die der katholischen Kirche (entweder seit Empfang der Taufe oder später) angehören oder angehört haben, wenn sie miteinander eine Ehe schließen (oder: eingehen);

wenn sie nicht seit Erlangen des Vernunftgebrauchs (oder: nach Vollendung des zehnten Lebensjahres; oder: von Kindheit an) außerhalb der katholischen Kirche erzogen worden sind

oder nach Erlangen des Vernunftgebrauchs (oder: nach Vollendung des vierzehnten Lebensjahres) von dieser durch einen Formalakt (oder: durch eine dem zuständigen Pfarrer schriftlich abgegebene Erklärung) abgefallen und nicht zu ihr zurückgekehrt sind. 2. ...”

Anfrage von 1985 (S.170):

D. [= Dubium] Utrum extra casum urgentis mortis periculi Episcopus dioecesanus, ad normam can. 87, §1 dispensare valeat a forma canonica in matrimonio duorum catholicorum.

R. [= Responsum] Negative.

[Es besteht ein Zweifel,] ob der Diözesanbischof, von dem Fall der drohenden Todesgefahr abgesehen, gemäß der Bestimmung des c.87 §1 bei der Eheschließung von zwei Katholiken von der kanonischen Eheschließungsform dispensieren kann.

[Antwort] Nein.

C.85 IOmatr. (S.174):

§1. *Ea tantum matrimonia valida sunt quae contrahuntur ritu sacro, coram parocho, vel loci Hierarchia, vel sacerdote cui ab alterutro facta sit facultas matrimonio assistendi et duobus saltem testibus, secundum tamen praescripta canonum qui sequuntur, et salvis exceptionibus de quibus in cann. 89, 90.*

§2. *Sacer censetur ritus, ad effectum de quo in §1, ipso interventu sacerdotis adsistentis ac benedicentis.*

§1. Nur jene Ehen sind gültig, die im heiligen Ritus, unter Assistenz des Ortspfarrers oder der Ortshierarchie oder eines Priesters, der von einem der beiden die Trauungsbefugnis erhalten hat, sowie vor zwei Zeugen, jedoch nach den Vorschriften der folgenden canones und unbeschadet der in den cc. 89, 90 genannten Ausnahmen, geschlossen werden.

§2. Der Ritus gilt für die in §1 genannte Wirkung als heilig durch die Mitwirkung des anwesenden und segnenden Priesters.

C.89 IOmatr. (S.175):

Si haberi vel adiri nequeat sine gravi incommodo parochus vel Hierarcha:

1. In mortis periculo validum et licitum est matrimonium contractum coram solis testibus; et etiam extra mortis periculum, dummodo prudenter praevideatur eum rerum statum esse per mensem duraturum;

2. In utroque casu, si praesto sit quivis alius catholicus sacerdos qui adesse possit, vocari et, una cum testibus, matrimonio assistere debet, salva coniugii validitate coram solis testibus.

Wenn ohne schweren Nachteil der Pfarrer oder Hierarch oder Priester, der die Befugnis der Eheassistenz gemäß den Bestimmungen der cc. 86, 87 besitzt, nicht herbeigeholt oder angegangen werden kann, gilt:

1. In Todesgefahr ist die Ehe allein vor den Zeugen gültig und erlaubt geschlossen; und auch außerhalb von Todesgefahr, sofern vernünftigerweise vorauszusehen ist, daß der Zustand dieser Verhältnisse einen Monat andauern wird.

2. In beiden Fällen muß, wenn irgendein anderer katholischer Priester anwesend sein kann, dieser gerufen werden und zusammen mit den Zeugen der Eheschließung assistieren, unbeschadet der Gültigkeit der Eheschließung allein vor den Zeugen.

C.90 IOmatr. (S.176):

§1. *Ad statutam superius formam servandam tenentur:*
1. *Omnes in catholica Ecclesia baptizati et ad eam ex haeresi aut schismate conversi, licet sive hi sive illi ab eadem postea defecerint, quoties inter se matrimonium ineunt;*

§1. Auf die oben vorgeschriebene und einzuhaltende Eheschließungsform sind verpflichtet:
1. Alle in der katholischen Kirche Getauften und zu ihr aus Häresie oder Schisma Bekehrten, gleichgültig, ob die einen oder die anderen später von ihr abgefallen sind, wenn sie miteinander eine Ehe eingehen;

2. *Iidem, de quibus in n.1, si cum acatholicis, sive baptizatis sive non baptizatis, etiam post obtentam dispensationem ab impedimento mixtae religionis vel disparitatis cultus, matrimonium contrahant.*

§2. Firmo autem praescripto §1, n.1, acatholici baptizati, si inter se vel cum acatholicis non baptizatis contrahant, nullibi tenentur ad catholicam matrimonii formam servandam."

2. Die gleichen, von denen in n.1 die Rede ist, wenn sie mit getauften oder ungetauften Nichtkatholiken eine Ehe schließen, auch nach Dispens vom Ehehindernis der Religions- oder Bekenntnisverschiedenheit.

§2. Unbeschadet der Vorschrift von §1, n.1, sind getaufte Nichtkatholiken, die untereinander oder mit ungetauften Nichtkatholiken eine Ehe schließen, in keiner Weise an die (einzuhaltende) katholische Eheschließungsform gebunden.

C.32 IOmatr. (S.176):

§2. Patriarcha, salva ampliore facultate quae ex privilegio vel iure particulari ei competat, praeter facultatem de qua in §1, dispensare potest:

1. ...

5. A forma celebrationis matrimonii in casu de quo in can. 90, §1, n.2, gravissima tamen ex causa.

§2. Der Patriarch kann, unbeschadet einer umfassenderen Befugnis, die ihm aufgrund eines Privileges oder eines Partikularrechtes zukommt, über die in §1 geregelte Befugnis hinaus dispensieren:

1. ...

5. Von der Form der Ehe(schließungs)feier in dem Fall, der in can. 90, §1, n.2 behandelt wird, allerdings nur aus einem sehr schwerwiegendem Grund.

Schema Decreti de Ecclesiis Orientalibus, Nr.18 (S.180):

... omnibus hierarchis orientalibus locorum ... facultas conceditur dispensandi proprios subditos a forma canonica in matrimoniis mixtis [catholici orientalis cum acatholico orientali baptizato] contrahendis...

... allen orientalischen Ortshierarchen wird die Befugnis erteilt, die ihnen Untergebenen beim Abschluß einer Mischehe [eines orientalischen Katholiken mit einem orientalischen getauften Nichtkatholiken] von der kanonischen Form zu dispensieren.

C.828 CCEO (S.183):

§1. Ea tantum matrimonia valida sunt, quae celebrantur ritu sacro coram Hierarcha loci vel parocho vel sacerdote, cui ab alterutro collata est facultas matrimonium benedicendi, et duobus saltem testibus secundum tamen praescripta canonum, qui sequuntur, et salvis exceptionibus, de quibus in cann.832 et 834,§2.

§1. Nur jene Ehen sind gültig, die im heiligen Ritus, vor dem Ortshierarchen, dem Ortspfarrer oder einem Priester, der von einem der beiden die Befugnis zur Ehesegnung erhalten hat, sowie vor zwei Zeugen, jedoch nach den Vorschriften der folgenden canones und unbeschadet der in den cc. 832 und 834, §2 genannten Ausnahmen, gefeiert werden.

§2. *Sacer hic censetur ritus ipso interventu sacerdotis assistentis et benedicentis.*

§2. Der Ritus gilt als heilig durch die Mitwirkung des anwesenden und segnenden Priesters.

C.832 CCEO (S.184):

§1. *Si haberi vel adiri non potest sine gravi incommodo sacerdos ad normam iuris competens, celebrare intendentes verum matrimonium illud valide ac licite coram solis testibus celebrare possunt:*

1. *in mortis periculo;*

2. *extra mortis periculum, dummodo prudenter praevideatur earum rerum condicionem esse per mensem duraturam.*

§1. Wenn ohne schweren Nachteil der nach Maßgabe des Rechtes zuständige Priester nicht herbeigeholt oder angegangen werden kann, können jene, die eine wahre Ehe eingehen wollen, diese gültig und erlaubt allein vor den Zeugen feiern:

1. in Todesgefahr;

2. außerhalb von Todesgefahr, sofern vernünftigerweise vorauszusehen ist, daß der Zustand dieser Verhältnisse einen Monat andauern wird.

§2. *In utroque casu, si praesto est alius sacerdos, ille, si fieri potest, vocetur, ut matrimonium benedicat salva matrimonii valididate coram solis testibus; eisdem in casibus etiam sacerdos acatholicus vocari potest.*

§2. In beiden Fällen muß, wenn ein anderer Priester zugegen ist, dieser gerufen werden, damit er die Ehe segnet, unbeschadet der Gültigkeit der Ehe(schließung) allein vor den Zeugen; in den genannten Fällen kann sogar ein nichtkatholischer Priester gerufen werden.

§3. *Si matrimonium celebratum est coram solis testibus, coniuges a sacerdote quam primum benedictionem matrimonii suscipere ne neglegant.*

§3. Wenn die Ehe(schließung) nur vor den Zeugen gefeiert wurde, sollen die Eheleute nicht versäumen, so bald wie möglich einen priesterlichen Segen ihrer Ehe zu empfangen.

C.833 CCEO (S.185):

§1. *Hierarcha loci cuilibet sacerdoti catholico facultatem conferre potest matrimonium christifidelium alicuius Ecclesiae orientalis acatholicae, qui sacerdotem propriae Ecclesiae sine gravi incommodo adire non possunt, benedicendi, si sua sponte id petunt et dummodo nihil validae vel licitae celebrationi matrimonii obstet.*

§1. Der Ortshierarch kann jedem katholischen Priester die Befugnis erteilen, die Ehe von Christen einer nichtkatholischen orientalischen Kirche, die einen Priester ihrer Kirche nicht ohne schweren Nachteil angehen können, zu segnen, wenn diese (von sich aus) darum bitten und einer gültigen und erlaubten Feier der Ehe(schließung) nichts im Wege steht.

§2. *Sacerdos catholicus, si fieri potest, antequam matrimonium benedicit, auctoritatem competentem illorum christifidelium de hac re certiorem faciat.*

§2. Wenn möglich soll der katholische Priester, bevor er die Ehe segnet, die zuständige Autorität jener Christen benachrichtigen.

C.57 des Schemas zum Ostkirchenrecht von 1979/80 (S.185):

Statuta superius forma servanda est, si saltem alterutra pars nupturientium in Ecclesia catholica baptizata vel in eam recepta est nec actu formali ab ea defecerit salvo praescripto §2.

Die oben vorgeschriebene Form muß unbeschadet der Vorschrift von §2 eingehalten werden, wenn wenigstens einer der Eheschließenden in der katholischen Kirche getauft oder in sie aufgenommen wurde und nicht in einem formalen Akt von ihr abgefallen ist.

C.169 §1 des Schemas zum Ostkirchenrecht von 1979/80 (S.185):

Statuta superius forma servanda est si saltem alterutra pars nupturientium in Ecclesia catholica baptizata vel in eandem recepta est salvis §§2,3.

Die oben vorgeschriebene Form muß unbeschadet der Vorschriften der §§2,3 eingehalten werden, wenn wenigstens einer der Brautleute in der katholischen Kirche getauft oder in sie aufgenommen wurde.

C.834 CCEO (S.186):

§1. Forma celebrationis matrimonii iure praescripta servanda est, si saltem alterutra pars matrimonium celebrantium in Ecclesia catholica baptizata vel in eandem recepta est.

§2. Si vero pars catholica alicui Ecclesiae orientali sui iuris ascripta matrimonium celebrat cum parte, quae ad Ecclesiam orientalem acatholicam pertinet, forma celebrationis matrimonii iure praescripta servanda est tantum ad liceitatem; ad validitatem autem requiritur benedictio sacerdotis servatis aliis de iure servandis.

§1. Die im Recht vorgeschriebene Form der Ehe(schließungs)feier muß eingehalten werden, wenn wenigstens einer der die Ehe(schließung) Feiernden in der katholischen Kirche getauft oder in sie aufgenommen wurde.

§2. Wenn aber ein Katholik, der einer orientalischen Kirche eigenen Rechts angehört, eine Ehe(schließung) mit einer Person feiert, die zu einer orientalischen nichtkatholischen Kirche gehört, muß die im Recht vorgeschriebene Form der Ehe(schließungs)feier nur zur Erlaubtheit eingehalten werden; zur Gültigkeit ist unter Wahrung anderer Rechtsvorschriften die Segnung eines Priesters erforderlich.

C.835 CCEO (S.186):

Dispensatio a forma celebrationis matrimonii iure praescripta reservatur Sedi Apostolicae vel Patriarchae, qui eam ne concedat nisi gravissima de causa.

Die Dispens von der im Recht vorgeschriebenen Form der Ehe(schließungs)feier, die nur aus sehr schwerwiegendem Grund erteilt werden kann, ist dem Apostolischen Stuhl oder dem Patriarchen vorbehalten.

Augustinus, De bono coniugali 6 VII (S.192):

usque adeo foedus illud initum nuptiale cuisdam sacramenti res est, ut nec ipsa separatione inritum fiat ...

Der geschlossene Ehebund hat in einem solchen Grade den Charakter eines Geheimnisses, daß er nicht einmal durch die Trennung selbst unwirksam wird. (vgl. Maxsein A., Aurelius Augustinus, Das Gut der Ehe, Würzburg 1949, 10f)

Augustinus, De bono coniugali VII 7 (S.192):

...quem non faciat intentum, quid sibi velit tanta firmitas vinculi coniugalis? quod nequaquam puto tantum valere potuisse, nisi alicuius rei maioris ex hac infirma mortalitate hominum quoddam sacramentum adhiberetur ...

... wer sollte nicht darauf hingewiesen werden, welchen Sinn die überaus große Festigkeit des ehelichen Bandes besitzt? Nach meiner Ansicht hätte es keineswegs eine solche Kraft aufweisen können, wenn ihm nicht mit Rücksicht auf die bekannte Schwäche sterblicher Menschen ein Geheimnis einer höheren Wirklichkeit verliehen worden wäre ... (vgl. ebd. 197.

Augustinus, De bono coniugali XXVIII 32 (S.192):

Bonum igitur nuptiarum per omnes gentes atque omnes homines in causa generandi est et in fide castitatis; quod ad populum dei pertinet, etiam in sanctitate sacramenti, per quam nefas est etiam repudio discedentem alteri nubere, dum vir eius vivit, nec saltem ipsa causa pariendi: quae cum sola sit qua nuptiae fiunt, nec ea re non subsequente propter quam fiunt solvitur vinculum nuptiale nisi coniugis morte.

Das Gut der Ehe beruht darum bei allen Völkern und allen Menschen in der Zeugung (von Nachkommenschaft) und in der Treue zur Keuschheit. Was jedoch das Volk Gottes angeht, auch noch in der Heiligkeit des Geheimnisses; ihretwegen ist es ein Frevel, wenn eine Frau durch Scheidung weggeht und einen anderen Mann heiratet, während der ihrige noch lebt, auch wenn es allein wegen der Zeugung von Nachkommenschaft geschieht: Wiewohl dieser Grund allein die eheliche Gemeinschaft bewirkt, so wird doch das eheliche Band nicht gelöst, wenn nicht durch den Tod des Gatten, auch wenn der Zweck der Eheschließung sich nicht erfüllt (vgl. ebd. 41).

Augustinus, De nuptiis et concupiscentia I XXI 23 (S.192):

relinquet homo patrem et matrem et adhaerebit uxori suae, et erunt duo in carne una, quod magnum sacramentum dicit apostulus in Christo et in ecclesia. quod ergo est in Christo et in ecclesia magnum, hoc in singulis quibusque viris atque uxoribus minimum, sed tamen coniunctionis inseperabilis sacramentum.

Der Mann wird Vater und Mutter verlassen und seiner Frau anhangen, und sie werden zwei in einem Fleisch sein, was der Apostel ein großes Geheimnis in Christus und in der Kirche nennt. Was also in Christus und in der Kirche groß ist, das ist in den einzelnen Männern und Frauen jeweils zwar nur sehr klein, aber dennoch ein Geheimnis untrennbarer Verbindung (vgl. Fingerle, A., Ehe und Begierlichkeit, in: Aurelius Augustinus, Schriften gegen die Pelagianer, Bd III, hrsg. von Kopp, S., Morick, D., Zumkeller, A., Würzburg 1977, 97).

Augustinus, De nuptiis et concupiscentia II XXXII 54 (S.193):

istae, inquam, sunt nuptiae, de quibus dictum est – excepto, quod hic figuratum est, magno illo Christi et ecclesiae sacramento –: 'propterea relinquet homo patrem et matrem et adhaerebit uxori suae, et erunt duo in carne una. hoc enim ante peccatum est et, si nemo peccasset, sine pudenda libidine posset fieri.

Das, sage ich, sind die Ehen, von denen es heißt – [ganz] abgesehen von jenem großen Geheimnis Christi und der Kirche, das darin versinnbildlicht ist –: 'Deshalb wird der Mann Vater und Mutter verlassen und seiner Frau anhangen, und sie werden zwei in einem Fleisch sein.' Das ist nämlich vor dem Sündenfall, und wenn niemand gesündigt hätte, könnte es ohne beschämende Begierde geschehen (vgl. ebd. 159).

Augustinus, De Genesi ad litteram, liber IX,7,12 (S.193):

in sacramento, ut coniugium non separetur et dimissus aut dimissa nec causa prolis alteri coniugatur.

Im Geheimnis liegt es begründet, daß die Ehe nicht geschieden wird und der Entlassene oder die Entlassene sich – auch wegen Nachkommenschaft – nicht mit einem anderen verbindet.

Erklärung des Konzils von Florenz 1439 (S.197):

Septimum est sacramentum m a t r i m o n i i, quod est signum coniunctionis Christi et Ecclesiae secundum Apostolum dicentem: 'Sacramentum hoc magnum est: ego autem dico in Christo et in Ecclesia' (Eph 5,32). C a u s a e f f i c i e n s matrimonii regulariter est mutuus consensus per verba de praesenti expressus. ...

Das siebte ist das Sakrament der E h e, die nach dem Wort des Apostels das Zeichen der Verbindung Christi und der Kirche ist: 'Dieses Geheimnis ist groß: ich rede aber im Hinblick auf die Kirche' (Eph. 5,32). Die W i r k u r s a c h e der Ehe ist normalerweise das durch gegenwartsbezogene Worte ausgedrückte gegenseitige Einverständnis (DS/DH 1327).

Thomas v. Aquin, Liber Sententiarum IV, d.26,q.2,a.1,1; ad 1 (S.198):

... dicendum, quod verba quibus consensus matrimonialis exprimitur, sunt forma hujus sacramenti, non autem benedictio sacerdotis quae est quoddam sacramentale.

... dazu ist zu sagen, daß die Worte, durch die der Ehekonsens ausgedrückt wird, die Form dieses Sakramentes ausmachen, und nicht der Segen des Priesters, der etwas 'sakramentales' (= ein feierlicher Rahmen des Sakramentes) ist.

Thomas v. Aquin, Liber Sententiarum IV, d.28, q.1,a.3,2 (S.198):

... ita etiam consensus expressus per verba de praesenti inter personas legitimas ad contrahendum, matrimonium facit: quia haec duo sunt de essentia sacramenti; alia autem omnia sunt de solemnitate sacramenti, quia ad hoc adhibentur ut matrimonium convenientius fiat ...

... so bewirkt auch der durch gegenwartsbezogene Worte zum Ausdruck gebrachte Konsens zwischen zur Eheschließung berechtigten Personen die Ehe: weil diese beiden das Wesen des Sakramentes sind; alles andere ist feierlicher Rahmen des Sakramentes, weil es genommen wird, um die Eheschließung in einer angemesseneren Weise zu feiern ...

Thomas v.Aquin, Liber Sententiarum IV, d.28,q.1,a.3,2.; ad 2 (S.198):

... Et ideo sacerdotis benedictio non requiritur in matrimonio quasi de essentia sacramenti.

... Und deshalb wird bei der Ehe der Segen des Priesters als etwas vermeintlich für das Sakrament Wesentliches nicht benötigt.

Thomas v.Aquin, Liber Sententiarum IV, d.2,q.1,a.1b; ad 2 (S.198):

... quaedam vero non praeexiguunt praedictam sanctificationem, sicut patet in baptismo. Unde benedictio materiae quae fit a ministro non est de necessitate, sed de solemnitate sacramenti; et similiter est etiam de matrimonio.

... einige (Sakramente) verlangen nicht die besagte Heiligung, wie es bei der Taufe offenkundig ist. Daher ist der Segen des Dieners für die Materie des Sakramentes nicht notwendig, sondern ist Teil des feierlichen Rahmens; und ähnlich ist es auch bei der Ehe.

Vorschlag einiger Konzilsväter von Trient (S.203):

In 1. non ponatur C h r i s t i a n o-r u m, quia secundum aliquos doctores non omne matrimonium Christianorum est sacramentum, ut patet de matrimonio contracto per procurationem, quod est verum matrimonium et non est sacramentum. Item Gropperius in concilio Coloniensi negat, matrimonium clandestinum, quamdiu clandestinum est, esse sacramentum ...

In 1. sollte nicht 'der Christen' stehen, da nach Auffassung einiger Gelehrter nicht jede Ehe von Christen Sakrament ist, wie die durch Stellvertetung geschlossene Ehe zeigt, die eine wahre Ehe, aber kein Sakrament ist. Ebenso hat Gropperius auf dem Kölner Konzil die Ansicht vertreten, daß die heimliche Ehe solange kein Sakrament ist, wie sie heimlich ist.

C.1012 CIC/1917 (S.209):

§1. *Christus Dominus ad sacramenti dignitatem evexit ipsum contractum matrimonialem inter baptizatos.*

§2. *Quare inter baptizatos nequit matrimonialis contractus validus consistere, quin sit eo ipso sacramentum.*

§1. Christus der Herr hat den Ehevertrag zwischen Getauften an sich zur Würde eines Sakramentes erhoben.

§2. Deshalb kann es zwischen Getauften keinen gültigen Ehevertrag geben, ohne daß er zugleich Sakrament ist.

C.776 CCEO (S.219):

§1. *Matrimoniale foedus a Creatore conditum eiusque legibus instructum, quo vir et mulier irrevocabili consensu personali totius vitae consortium inter se constituunt, indole sua naturali ad bonum coniugum ac ad filiorum generationem et educationem ordinatur.*

§2. *Ex Christi institutione matrimonium validum inter baptizatos eo ipso est sacramentum, quo coniuges ad imaginem indefectibilis unionis Christi cum Ecclesia a Deo uniuntur gratiaque sacramentali veluti consecrantur et roborantur.*

§3. *Essentiales matrimonii proprietates sunt unitas et indissolubilitas, quae in matrimonio inter baptizatos specialem obtinent firmitatem ratione sacramenti.*

§1. Der vom Schöpfer begründete und mit seinen Gesetzen ausgestattete Ehebund, durch den Mann und Frau in einem unwiderrufbaren, personalen Willensakt unter sich die Gemeinschaft des ganzen Lebens begründen, ist durch seine natürliche Eigenart auf das Wohl der Ehegatten und auf die Zeugung und Erziehung von Kindern ausgerichtet.

§2. Aufgrund der Weisung Christi ist die gültige Ehe zwischen Getauften zugleich Sakrament, durch das die Ehegatten von Gott zu einem Abbild der unverbrüchlichen Verbindung Christi mit der Kirche verbunden und mit der sakramentalen Gnade gleichsam geweiht und gestärkt werden.

§3. Die Wesenseigenschaften der Ehe sind Einheit und Unauflöslichkeit, die in der Ehe zwischen Getauften im Hinblick auf das Sakrament eine besondere Festigkeit erlangen.

Konstitution Redditae 1746 (S.230):

... Scimus profecto esse Theologos, qui in ipso Fidelium Matrimonio Contractum a Sacramento ita dividunt, ut illum omnino perfectum quandoque consistere credant, quin ad Sacramenti excellentiam pertingat; sed quidquid sit de hac opinione, quam Nos quidem in medio relinquimus ...

... Wir wissen, daß es in der Tat Theologen gibt, die bei der Ehe von Gläubigen den Vertrag in der Weise vom Sakrament trennen, daß sie glauben, daß jener erst dann vollkommen zustandekommt, wenn er zur Würde des Sakramentes gelangt ist; aber was es auch immer mit dieser Ansicht auf sich hat, die wir auf sich beruhen lassen ...

Ex valido matrimonio enascitur inter coniuges vinculum natura sua perpetuum et exclusivum; matrimonium praeterea christianum coniugibus non ponentibus obicem gratiam confert.

Aus einer gültigen Ehe entsteht zwischen den Ehegatten ein Band, das seiner Natur nach dauerhaft und ausschließlich ist; die christliche Ehe erhält darüber hinaus die Gnade, sofern die Ehegatten kein Hindernis setzen.

STUDIENBÜCHER THEOLOGIE

Herausgegeben von
Gottfried Bitter · Ernst Dassmann · Helmut Merklein
Herbert Vorgrimler · Erich Zenger

Die **Kohlhammer Studienbücher Theologie,** konzipiert für
das Studium an der Hochschule, für das Selbststudium wie auch
für die Weiterbildung, führen in alle Bereiche der katholischen
Theologie ein. Sie stellen in didaktisch überzeugend strukturier-
ter Form das Grundwissen der einzelnen Disziplinen dar, infor-
mieren über den aktuellen Diskussionsstand und leisten einen
originären Beitrag zur Weitergabe der christlichen Traditionen in
Kirche und Gesellschaft.

Peter Krämer

Kirchenrecht I

Wort – Sakrament – Charisma
1992. 172 Seiten. Kart. DM 26,–
ISBN 3-17-010306-7
Kohlhammer Studienbücher Theologie,
Band 24,1

In zwei Teilbänden, „Kirchenrecht I/II", wird das kirchliche
Gesetzbuch vorgestellt und kritisch geprüft; hieraus ergeben
sich Ansätze für eine Fortentwicklung. Vorausgesetzt ist dabei,
daß Kirchenrecht nur in einem theologischen Kontext angemessen betrieben werden kann. Im „Kirchenrecht I" werden die
Lebensvollzüge der Kirche unter rechtlichen Gesichtspunkten
dargestellt: die Verkündigung des Wortes, die Feier der Sakramente und die Ausübung der Charismen.

Verlag   Postfach 80 04 30
W. Kohlhammer   7000 Stuttgart 80

596-1191437 MFG